DROIT CIVIL

FRANÇAIS.

DE L'IMPRIMERIE DE COUSIN-DANELLE, A RENNES.

LE DROIT CIVIL

FRANÇAIS,

SUIVANT L'ORDRE DU CODE,

OUVRAGE DANS LEQUEL ON A TÂCHÉ DE RÉUNIR LA THÉORIE
A LA PRATIQUE.

PAR Mr. C. B. M. TOULLIER,

BATONNIER DE L'ORDRE DES AVOCATS DE RENNES.

QUATRIÈME ÉDITION, REVUE ET CORRIGÉE.

On y a joint DEUX TABLES : l'*une*, générale et alpha-
bétique des matières contenues dans les onze
volumes ; l'*autre*, des articles des cinq Codes qui
y sont traités ou cités.

TOME HUITIÈME.

A PARIS,

CHEZ
WARÉE, ONCLE, LIBRAIRE DE LA COUR ROYALE ;
COUR DE LA SAINTE-CHAPELLE, N.° 13.
WARÉE, FILS AÎNÉ, LIBRAIRE, AU PALAIS DE JUSTICE.

M. DCCC. XXIV.

LE DROIT CIVIL

FRANÇAIS,

SUIVANT L'ORDRE DU CODE CIVIL.

SUITE DU LIVRE TROISIÈME.

TITRE III.

Des Contrats et Obligations convention-nelles.

CHAPITRE VI.

De la Preuve des obligations et de celle du paiement.

NOTIONS GÉNÉRALES ET RÈGLES COMMUNES A TOUTES LES ESPÈCES DE PREUVES.

SOMMAIRE.

1. Liaison de ce chapitre avec les précédens.
2. Nature et incertitude des preuves en jurisprudence; leur nécessité, leur fondement.
3. Cinq espèces principales de preuves reçues en jurisprudence.
4. Règles communes à toutes les espèces de preuves.
5. Première division des preuves. La loi veut qu'on tienne les unes pour sûres, elle abandonne les autres à la prudence du juge.

Tom. VIII.

1. Il ne suffit pas d'exposer des vérités, il faut les établir de manière à convaincre ou persuader que ce sont réellement des vérités. C'est ce qu'on appelle prouver.

Il ne suffit pas d'acquérir des droits de la manière la plus légitime ; il faut pouvoir, en cas qu'ils soient contestés, *prouver,* c'est-à-dire convaincre ou persuader les juges de la réalité et de la légitimité de ces droits.

Telle est la liaison de ce chapitre avec les précédens.

2. La preuve est en général tout ce qui détermine un homme raisonnable à juger qu'une chose existe ou qu'elle n'existe pas, qu'elle est fausse ou vraie, légitime ou condamnée par la loi; c'est, en un mot, *tout ce qui persuade l'esprit d'une vérité* (1).

Mais cette vérité qu'on a prétendu, non sans quelque apparence de raison, reléguée au fond d'un puits, existe-t-il des moyens de l'en tirer?

---

(1) Dit fort bien Domat, Lois civiles, préambule du titre des preuves et présomptions.

Comment et à quels signes la reconnaître? Ces questions, qui remontent aux premiers principes des connaissances humaines, sont du ressort de la philosophie. La jurisprudence, l'une des branches les plus utiles de cette science immense, ne s'occupe que d'objets d'une utilité pratique; des droits et des devoirs de l'homme en société, des moyens de prévenir ou de terminer les contestations qui s'élèvent entre les citoyens, de fonder leur bonheur sur des lois sages et justes, de les leur faire connaître et de les contraindre à les observer.

Elle écarte les doctrines purement spéculatives, et prend pour constant qu'il existe des moyens de découvrir la vérité. Elle se borne à tracer aux juges quelques règles pour les guider dans la recherche et dans l'application de ces moyens.

Nous connaissons la vérité des choses qui se passent en nous-mêmes par la perception immédiate que nous en avons, c'est-à-dire par le sens intime. *Je pense: donc je suis.*

C'est cette perception immédiate de ce que nous sentons intérieurement que les philosophes ont appelée *évidence;* c'est la marque caractéristique et infaillible de la vérité.

Quant aux choses qui se passent, ou sont hors de nous, les seules qui puissent devenir l'objet de la jurisprudence, nous n'en avons jamais une connaissance aussi certaine, puisque notre âme n'en peut avoir la perception immédiate; ce n'est que par des secours, ou par des moyens étrangers qu'elle en peut acquérir l'idée. Ces moyens sont les sens, le témoignage des hommes écrit ou non écrit, l'analogie ou l'induction, qui est d'un si grand usage en jurisprudence.

Aucun de ces moyens n'est par lui-même la marque caractéristique et infaillible de la vérité. Ils peuvent tous tromper, ils nous trompent souvent; mais aussi, quand ils sont dirigés par la raison, ils nous conduisent le plus souvent à la découverte de la vérité.

Ils produisent même quelquefois une persuasion aussi forte que l'évidence proprement dite : c'est par cette raison que l'on a nommé cette vive persuasion *évidence morale* (1), par opposition à l'évidence proprement dite, que l'on a nommée *évidence mathématique.*

Enfin, quoique ces moyens de rechercher la vérité et de la découvrir soient sujets à nous tromper, nous ne pouvons nous en passer. Ils sont d'une nécessité absolue dans toutes les sciences (2), et sur-tout dans la vie civile, où l'on est obligé d'y recourir à tous momens.

La certitude, ou si l'on veut les vraisemblances qu'ils nous procurent, quand ils sont bien dirigés, sont telles que quiconque leur refuse son assentiment, ne peut éviter le reproche non seulement d'une haute imprudence, mais souvent d'une insigne folie. Soyons justes, et nous reconnaîtrons que si les moyens que nous a donnés la nature, pour découvrir la vérité, nous induisent quelque-

_____

(1) *Voy.* S'gravesande, Introduction à la philosophie, liv. 2, chap. 13 et suiv.

(2) *Voy.* l'Encyclopédie, v°. *Induction.*

fois en erreur, nous ne devons nous en prendre qu'à la précipitation de nos jugemens.

Tout ce que peut faire le législateur pour prévenir les erreurs dans lesquelles cette précipitation peut nous entraîner, c'est de ne point abandonner entièrement l'usage et l'effet des preuves, à l'arbitraire du magistrat appelé pour prononcer sur les droits comme sur le sort des citoyens, et de lui prescrire des règles pour le guider.

Il faut ici remarquer, avec d'Aguesseau, qu'il y a toujours cela de commun à toutes les espèces de preuves en général, que leur force consiste dans la conséquence qu'on peut tirer de quelque vérité connue, pour en conclure la vérité dont on cherche la preuve, soit qu'on tire une conséquence d'une cause à son effet, ou d'un effet à sa cause, ou de la connexité d'une chose à une autre.

Ainsi, tout l'art de l'esprit humain, toute la prudence des juges consiste à tirer d'un fait connu une conséquence certaine, qui fasse parvenir à la connaissance d'un fait douteux (1).

3. Ces réflexions sur la nature des preuves nous ont paru nécessaires pour faire connaître les principes des règles reçues en cette matière, et pour découvrir les causes de ce qui peut établir la certitude des vérités de fait. Il nous reste à distinguer les différentes manières dont on prouve les faits en justice. Nous ne prétendons point ici les indiquer toutes, mais seulement celles qui sont les plus

---

(1) D'Aguesseau, tom. II, 25ᵉ. plaid., pag. 538.

usitées, et sur l'usage desquelles les lois nous ont tracé des règles; car on appelle preuves, en jurisprudence, les manières réglées par les lois pour découvrir et pour établir avec certitude la vérité d'un fait contesté.

On peut les réduire à cinq espèces: la preuve par écrit, la preuve par témoins, les présomptions, l'aveu ou la confession des parties, leur serment. Ces cinq espèces font dans le Code la matière d'autant de sections.

4. Mais parce qu'il y a des règles communes à toutes les espèces de preuves, nous commencerons par expliquer ces règles, sans néanmoins y comprendre celles qui ne regardent que les procédures qu'on fait en matière de preuves, telles que les formalités des enquêtes, etc., dont les formes sont réglées par le Code de procédure.

5. Nous avons déjà remarqué que la loi ne laisse pas à l'arbitraire du juge l'effet et l'emploi de toutes les sortes de preuves.

On peut donc d'abord les diviser en deux espèces: la première contient celles que la loi veut qu'on tienne pour sûres, et auxquelles le magistrat ne peut, sans s'exposer à la censure, se dispenser de conformer son jugement, quand même il ne serait pas personnellement persuadé ou convaincu. Ainsi, par exemple, si l'acte de célébration du mariage de deux époux est représenté en due forme, le juge ne peut se dispenser de déclarer légitime l'enfant né pendant le mariage.

Ainsi, encore, le juge est obligé de se conformer à l'autorité que la loi attribue à la chose jugée, ou à un acte authentique qui fait loi entre les parties, etc.

La seconde espèce contient celles dont la loi abandonne l'effet à la prudence du magistrat, qui doit en apprécier la force, sans être obligé d'y conformer son jugement, lorsqu'il n'est pas persuadé.

Par exemple, quoique la déposition uniforme de deux témoins non reprochés suffise ordinairement pour faire preuve en matière civile, le juge n'est pas obligé d'y conformer son jugement, s'il a d'ailleurs de fortes raisons de croire qu'ils n'ont pas dit la vérité.

6. On divise encore les preuves en artificielles et inartificielles. Les premières sont dues principalement à l'art de l'orateur, dont le génie sait tirer habilement, des faits et des circonstances de la cause, des inductions ou des conséquences qui fournissent la preuve complète de la vérité, ou au moins des vraisemblances, des probabilités qui déterminent la croyance, et qui produisent une entière persuasion.

On nomme ces preuves artificielles, parce que c'est l'art ou l'esprit qui les fait trouver, et qui les crée en quelque sorte. Ce fut au moyen d'une preuve artificielle que Salomon parvint à découvrir la mère de l'enfant, dans le jugement qu'il porta entre les deux femmes. Il prévit le mouvement et le trouble que causerait à la véritable mère la vue du péril où il feignit d'exposer l'enfant.

Ce fut au moyen d'une preuve artificielle que

le jeune Daniel fit éclater l'innocence de la chaste Suzanne. Une question très-simple sur le nom d'un arbre, lui servit à confondre l'imposture des deux vieillards impudiques. (Daniel, chap. 5).

Et lorsque cet Indien pressa son adversaire d'indiquer de quel œil était borgne le cheval litigieux sur la tête duquel il venait d'étendre un manteau, ce fut encore par une preuve artificielle que le vrai propriétaire fut reconnu.

C'est l'art seul, c'est le génie qui suggère de pareilles preuves, et qui les fait trouver : de là leur nom de preuves artificielles.

Il y en a d'autres que l'orateur trouve toutes faites, et que le raisonnement ne fait que mettre en œuvre avec plus ou moins d'habileté.

Telles sont la loi, un contrat, l'aveu de la partie ou son serment. On les nomme *inartificielles ;* non que l'on n'ait souvent besoin d'art pour leur donner toute la force dont elles sont susceptibles, mais parce qu'elles existaient indépendamment de l'art, et qu'il ne contribue qu'à les mettre dans tout leur jour : *Artem quidem et præcepta duntaxat hactenùs requirunt ut certis discendi luminibus ornentur.* (Cicéron, *de orat., lib.* 2, § 119).

Cette division des preuves (1) est tirée de l'école des rhéteurs, d'Aristote, de Cicéron, de Quintilien, et c'est à la réthorique qu'appartient ce qui concerne les preuves artificielles; la jurisprudence ne s'occupe que des preuves inartificielles sur l'em-

_____

(1) *Voy.* la Rhétorique d'Aristote, chap. 2.

ploi desquelles la loi trace des règles pour guider la conduite des juges.

Nous avons déjà dit qu'on peut réduire ces preuves aux cinq espèces dont traite le Code dans les sections suivantes.

7. Les interprètes ont aussi divisé les preuves en *pleines* et *moins pleines*, ou *semi-pleines* (1). Les pleines sont celles au résultat desquelles le magistrat doit conformer son jugement, ou qui du moins produisent une persuasion suffisante pour le déterminer.

Telles sont les preuves qui résultent d'un acte authentique, ou même sous seing privé, dont l'écriture est reconnue ou non contestée ; celles qui résultent de la déposition uniforme de plusieurs témoins, de l'aveu de la partie, de son serment.

Les *moins pleines* ou *semi-pleines* sont celles qui suffisent pour ébranler la croyance, sans produire une entière persuasion, et d'où il ne résulte que des vraisemblances, des probabilités ; telles sont toutes les présomptions, à l'exception des présomptions de droit, la déposition d'un seul témoin digne de foi, etc.

8. Cette division a été critiquée, même par des jurisconsultes d'un grand nom (2), qui ont confondu la vérité avec la preuve : *Ut veritas*, dit Cu-

_____

(1) *Voy.* Mascardus, *de probat.*, tom. *I*, *quæst.* 4, n°. 5.
(2) M. Merlin, Répertoire de jurisprudence, v°. *Preuve*, sect. 3, n°. 4, pag. 655, 5e. édition.

jas, *in tit. Cod. ad leg. jul. majes.*, vers le milieu, *ità probatio scindi non potest. Quæ non est plena veritas est plena falsitas, non semi veritas. Sic quæ non est plena probatio, planè nulla probatio est.* Il ajoute que les Romains n'ont point connu de semi-preuves, *non noverunt ullam probationem semi-plenam.*

Cependant, on n'attache point le même degré de force et de confiance aux différentes probabilités qui résultent des présomptions. Les philosophes ont même fort ingénieusement démontré (1) qu'on peut, jusqu'à un certain point, soumettre au calcul les différens degrés de probabilités; aussi ne font-ils pas scrupule d'employer l'expression de *demi-certitude;* ce qu'il faut entendre non d'une demi-vérité qui ne peut exister, mais d'une demi-persuasion; car, lorsque nous cherchons la vérité d'un fait ou d'une chose qui est hors de nous-mêmes, le concours de plusieurs circonstances est presque toujours nécessaire pour nous la faire connaître.

Si, pendant qu'une partie des circonstances s'y trouve, le reste manque, la persuasion que la vérité existe est imparfaite. Il peut donc y avoir différens degrés dans cette persuasion; et ce sont ces degrés de probabilités que les philosophes ont soumis au calcul. On peut donc retenir en jurisprudence l'expression commode de demi-preuve,

---

(1) S'gravesande, Introduction à la philosophie, liv. 2, chap. 17; l'Encyclopédie, v°. *Probabilité;* Condorcet, Essai sur le calcul des probabilités.

comme on emploie en philosophie celle de demi-certitude.

Nous verrons dans la suite que la doctrine des semi-preuves n'est point hors d'usage au barreau, relativement à la délation de serment (*voy.* art. 1367 du Code), et en d'autres cas.

9. Les preuves sont encore *directes* ou *indirectes* (1); *directes*, lorsqu'elles prouvent précisément le fait dont il s'agit, soit par acte authentique, soit par témoins, etc. ; *indirectes* ou obliques, quand le fait en question n'est pas prouvé précisément, mais seulement un autre fait de la certitude duquel on peut induire la vérité de celui dont il s'agit.

Cette induction peut être nécessaire et infaillible. Par exemple, il devient certain qu'une personne n'a pas signé tel jour un contrat à Paris, s'il est rigoureusement prouvé qu'elle était le même jour à Brest.

Il est certain qu'un témoin n'a pu distinguer les traits d'un accusé pendant une nuit obscure, s'il en était éloigné de deux ou trois cents pas, etc. etc.

L'induction que l'on tire de la preuve indirecte peut aussi n'être que vraisemblable, ou même seulement probable; il n'en résulte alors qu'une présomption plus ou moins forte, plus ou moins faible : cette division des preuves peut souvent répandre du jour sur la matière.

---

(1) Danty, sur Boiceau, Observations générales, n°. 7; Duaren, liv. 1, *Disput. anniv.*, *cap.* 27, et *in tit.*, *ff et Cod. de probat.*

10. Enfin, on divise les preuves en preuves du fait et preuves du droit. Cette division est très-importante, car toutes les questions qui s'élèvent entre les plaideurs sont des questions de droit ou des questions de fait ; de droit, si le fait qui occasionne le procès est constant et reconnu, mais que l'on doute s'il existe une loi qu'on puisse lui appliquer. Ces questions sont proprement du ressort de la jurisprudence, qui est la science des lois ou la science du droit.

La question est de fait, lorsque le fait dont il s'agit n'est ni constant ni reconnu, lorsqu'une des parties l'affirme et que l'autre le nie. Les questions de fait appartiennent plutôt à l'art oratoire qu'à la jurisprudence. Les anciens jurisconsultes romains s'en occupaient fort peu ; et Aquilius Gallus avait coutume de renvoyer à son ami Cicéron, ceux qui le consultaient sur une question de fait (1) : mais quoique les questions de fait ne soient pas proprement du ressort de la jurisprudence, elles y rentrent le plus souvent ; car le législateur peut et doit tracer, aux ministres et aux interprètes de la loi, des règles sur la forme, sur l'usage et l'emploi des différentes preuves qui servent à découvrir un fait ; et l'on trouve sur ce point, dans le droit romain et dans notre Code, des règles fort sages que les jurisconsultes doivent connaître et appliquer.

---

(1) *Admonet hic locus ut quæratur quid ante rem, quid cum re, quid post rem evenerit. Nihil hoc ad jus. Ad Ciceronem, inquiebat Gallus noster, si quis ad eum tale quid retulerat ut de facto quæreretur, etc.* Cicéron, *in Top.*, n°. 12.

Quant aux preuves du droit, qui appartiennent spécialement à la jurisprudence, elles se tirent du texte même de la loi, de la propriété des expressions dont elle s'est servie, de son interprétation, des conséquences que l'on en tire; enfin, de la volonté présumée du législateur, laquelle se prouve par analogie, c'est-à-dire par les inductions que fournissent les lois analogues.

11. C'est par ce principe si fécond de l'analogie qu'on doit sur-tout décider ces questions fréquentes sur lesquelles la loi se trouve muette. On suppose, et l'on a raison de supposer, qu'à l'exemple du Créateur de l'univers, le législateur a voulu gouverner par des lois uniformes.

Ce goût de l'uniformité, qui paraît inné dans tous les hommes, est sur-tout nécessaire en législation.

Quelle étrange confusion, si chaque cas particulier y était réglé par une disposition différente et disparate! Quelle mémoire serait assez fidèle pour retenir tant de décisions, qui n'auraient pas de liaison entre elles! On doit donc supposer que le législateur a voulu rendre sa législation uniforme, et que ne pouvant tout prévoir, il a voulu que les cas nouveaux qui se présenteraient, fussent décidés par l'analogie qu'ils peuvent avoir avec les cas à peu près semblables, déjà réglés par les lois.

C'est en grande partie par leur attention à suivre le principe de l'analogie, que les jurisconsultes romains ont rendu leur jurisprudence si belle, qu'elle a mérité le nom de raison écrite, et qu'elle est devenue, pour ainsi parler, la loi des législateurs mêmes, la source la plus pure où ils vont tous puiser.

On peut donc, avec quelque certitude, décider les questions nouvelles en consultant et en suivant l'analogie. La loi a prononcé sur tels et tels cas; elle a oublié tel autre, qui se présente, et qui a beaucoup d'analogie ou de similitude avec les premiers.

On est autorisé à penser que si le législateur l'avait prévu, il aurait décidé le cas de la même manière que les autres. Si cette décision n'est pas écrite dans la lettre de la loi, elle était dans l'esprit du législateur, *in mente legislatoris.* C'est là proprement ce qu'on appelle *l'esprit* de la loi. Tel est aussi le fondement de l'axiôme devenu trivial, qu'on doit appliquer la décision de la loi à tous les cas où se trouve la même raison de décider : *Ubi eadem ratio ibi idem jus.* On suppose et on doit raisonnablement supposer que telle a été la volonté du législateur.

Le juge qui s'écarte du principe de l'analogie retombe dans l'arbitraire, et mérite de justes reproches. La raison, d'accord avec les lois, lui commande de suivre, dans les cas omis, le principe de l'analogie (1).

Ce n'est pas ici le lieu d'expliquer tous les

_____

(1) *Non possunt omnes articuli singillatim aut legibus, aut senatus-consultis comprehendi : sed cùm in aliquâ causâ sententia eorum manifesta est, is, qui jurisdictioni præest, ad similia procedere, atque ita jus dicere debet. Loi* 12, *ff de legib.*, 1. 3.

Hoc legibus in esse credi oportet, ut ad eas quoque personas, et ad eas res pertinerent, quæ quandóque similes erunt. Loi 27, *ibid.*

autres moyens de suppléer au silence de la loi, pour établir le point de droit; mais nous avons cru devoir dire un mot du moyen tiré de l'analogie, ou de l'esprit de la loi.

12. Il n'est pas nécessaire de prouver les faits qui sont naturellement certains, ou dont la vérité est présumée, si le contraire n'est pas prouvé.

Par exemple, celui qui réclame un legs ou une succession, en vertu d'un testament, n'a pas besoin de prouver que le testateur jouissait de sa raison, pour en conclure que le testament est valide, puisqu'il est naturellement présumé que tout homme a l'usage de la raison. Il suffit de produire le testament; et si l'héritier du sang prétend le faire annuler, en alléguant la démence du testateur, c'est à lui de prouver ce fait.

Par exemple encore, celui qui demande que son fonds soit déclaré libre d'une servitude dont le voisin a usurpé la quasi-possession, n'a rien à prouver, parce que la liberté est toujours présumée, et que cette présomption est plus forte que celle qui résulte de la quasi-possession d'une servitude (1).

13. On trouve dans le droit canonique et dans les interprètes, que les faits notoires n'ont pas besoin d'être prouvés.

De là une foule de distinctions entre la notoriété de fait et la notoriété de droit, la notoriété perma-

_____

(1) *Voy.* ce que nous avons dit tom. III, n°. 714; *adde* Menoch, *lib.* 3, *præsumpt.* 89, n°. 6.

neute et la notoriété passagère. (*Vid.* Boehmer *in tit.* 10, *de probat. lib.* 2, *tit.* 19, *n°.* 2; Mascardus, *de probat., conclus.* 1106, 1107 *et seq.*; Menoch, *de præsumpt. lib.* 1, *quæst.* 63, *etc.*)

On avait appliqué cette doctrine à l'obligation de fuir les excommuniés, dans le cas de l'excommunication encourue de plein droit, lorsque le fait était notoire, d'une notoriété de fait. Mais cette notoriété de fait, aussi embarrassante, et aussi difficile à prouver que le fait lui-même, n'était point admise en France, dans la jurisprudence antérieure au Code : on n'y admettait, et nous n'admettons encore aujourd'hui, que la notoriété de droit résultant d'un jugement, ou d'un acte authentique que doit produire celui qui allègue une pareille notoriété. (*Voy.* Van-Espen, tom. II, édition de 1753, pag. 39; *Tract. de censuris ecclesiast.*, chap. 7, n°. 6; d'Héricourt, Lois ecclésiastiques, chap. des peines canoniques, n°. 56, à la note; Denisart, v°.. *Notoriété*).

14. Nous verrons dans la section 3, que la présomption légale, *præsumptio juris*, c'est-à-dire celle qui est établie par la loi, dispense de toute preuve celui au profit duquel elle existe (1352) (1), ou

---

(1) Une présomption non établie par la loi peut quelquefois dispenser de la preuve. La loi 25, *ff de probat.*, 22. 3, nous en donne un exemple. Je vous ai payé une somme que je ne vous devais pas : si vous convenez l'avoir reçue, en ajoutant qu'elle vous était due, c'est à moi de prouver qu'elle ne l'était pas; car la présomption naturelle est que celui qui a payé était débiteur.

Mais si vous niez avoir reçu le paiement, et que j'en fasse la preuve, c'est alors à vous de prouver que la somme vous était due; car il est

plutôt qu'elle est une preuve en sa faveur. Hors ces cas, c'est toujours au demandeur qu'incombe le fardeau de la preuve, à défaut de laquelle le défendeur doit être renvoyé absous (1).

15. Mais si le défendeur allègue des faits ou autres moyens pour fonder sa défense, c'est à lui de les prouver, car il est à cet égard considéré comme demandeur (2).

Ainsi, un débiteur qui reconnaît la dette, mais qui allègue un paiement ou autre libération, doit en faire la preuve.

16. Au contraire, si le défendeur borne sa défense à nier le fait qui fonde la demande formée contre lui, il n'est tenu à aucune preuve. Par exemple, si vous répondez à Titius, qui prétend que vous lui devez 3,000ᶦ, *je ne vous dois rien,* vous n'aurez rien à prouver. C'est naturellement à celui qui fonde une demande sur un fait qu'il allègue, qu'incombe l'obligation de prouver ce fait, et non point au défendeur qui le nie. Loi 2, *ff de probat.*, 22. 3.

_____

absurde, dit le jurisconsulte, que celui qui a nié qu'il avait reçu la somme, puisse, lorsqu'il est convaincu de l'avoir reçue, exiger de son adversaire la preuve qu'elle n'était pas due.

Cette décision est si raisonnable, et tellement dans l'esprit du Code, qu'elle doit encore être suivie, quoiqu'on ne l'y trouve pas formellement énoncée, comme dans le droit romain.

(1) *Semper necessitas probandi incumbit illi qui agit. Loi 21, ff de prob.,* 22. 3. *Actore non probante, qui convenitur, et si ipse nihil praestet obtinebit. Loi 4, in fine, Cod. de edend., 2. 1.*

(2) *Nam reus in exceptione actor est. Loi 1, ff de except., 44. 1. In exceptionibus dicendum est reum partibus actoris fungi oportere ; ipsumque exceptionem velut intentionem implere. Loi 19, ff de probat., 22. 3.*

Si le demandeur ne prouve pas ce qu'il avance, le défendeur doit être renvoyé absous : *Actore enim non probante, qui convenitur, licet ipse nihil præstet obtinebit. Loi 4, Cod. de edendo, 2. 1.*

Ces maximes élémentaires, dictées par la raison, sont généralement reconnues comme des vérités premières que personne ne conteste, et d'où l'on part pour en démontrer d'autres.

En reconnaissant qu'il est dans l'impossibilité de prouver ce qu'il avance, le demandeur ne peut donc rejeter le fardeau de la preuve sur le défendeur : *Actor quod asseverat, probare se non posse profitendo, reum necessitate monstrandi contrarium non astringit :* CUM PER RERUM NATURAM FACTUM NEGANTIS PROBATIO NULLA SIT. *Loi 23, Cod. de probat. 3. 19.* Car, par la nature des choses, le défendeur (c'est de lui que parle la loi), le défendeur qui nie un fait, n'a aucune preuve à faire : *Probatio (rei) negantis factum nulla est.* Maxime entièrement conforme à la raison.

17. Mais au lieu d'entendre cette phrase dans ce sens qu'elle présente naturellement, d'anciens glossateurs pensèrent qu'elle en présentait un autre ; et en la séparant de ce qui précède, ils crurent que cette loi établissait pour maxime générale que, par la nature des choses, on ne peut prouver une négative, autrement que la preuve d'une négative est impossible. Proposition évidemment fausse en jurisprudence. Ils la limitèrent donc, comme le droit canonique l'a aussi limitée ; ils reconnurent qu'on peut prouver indirectement une négative, et

se bornèrent à dire qu'on ne peut la prouver directement : *Negantis factum per rerum naturam nulla est directa probatio. Cap. 2, Ẍ, de probat.*

Et comme plusieurs textes prouvent qu'on peut et qu'on doit même prouver quelquefois une négative, ils imaginèrent trois espèces de négatives, celle de droit, celle de qualité et celle de fait. (*Vid.* la Glose, *in cap. 2, Ẍ, de elect.*)

Ils enseignèrent qu'on peut et qu'on doit prouver la négative d'un droit ; par exemple, l'héritier légitime, qui attaque un testament comme nul, doit prouver qu'il n'est pas fait suivant la loi, *non jure factum.*

Ils enseignent encore que la négative d'une qualité, qui est censée se rencontrer chez tous les hommes (1), peut et doit être prouvée ; par exemple, tel n'avait pas la faculté de tester, de contracter ; telle personne, qui se présente pour héritière, n'est pas légitime.

Quant à la négative d'un fait, ils distinguent entre la négative d'un fait *défini*, c'est-à-dire qui est restreint ou déterminé par les circonstances du tems, du lieu et autres semblables, et la négative d'un fait *indéfini*, c'est-à-dire sans aucune détermination de tems, de lieu ni d'autres circonstances.

Ils reconnaissaient que la négative d'un fait *défini* peut se prouver indirectement. Je prouve que

---

(1) *Secùs*, si c'est une qualité contraire au droit commun ; par exemple la noblesse ; il faut la prouver. *Vid.* Mascardus, *conclus.* 1096.

je n'étais pas tel jour à Rennes, en prouvant que j'étais le même jour à Paris.

Quant à la négative d'un fait *indéfini*, par exemple, *Paul n'a jamais prêté mille écus à Pierre*, ils soutiennent qu'elle ne peut être prouvée *directement ni indirectement*, à moins qu'elle ne contienne implicitement une proposition affirmative : d'où la Glose elle-même conclut que la prétendue maxime qui dispense de la preuve celui qui nie, trouve rarement son application, quand sa prétention n'est fondée que sur une dénégation; car il est très-rare qu'une proposition négative ne contienne pas implicitement une affirmation. Une glose va même jusqu'à dire qu'il n'y en a aucune (1).

18. Aussi d'autres interprètes, à la tête desquels est Bartole, sans s'arrêter à ces distinctions subtiles et obscures, posèrent en principe général que celui qui fonde sa prétention sur une négative, soit en demandant, soit en défendant, doit être chargé du fardeau de la preuve, sans distinguer si c'est une négative de droit, de fait ou de qualité : *Ubicunquè negatio est causa intentionis alicujus, sive agentis, sive excipientis, ei qui negat incumbit onus probandi.* (Bartole, *in leg. 8, ff de V. O.,* n°. 5).

Sive sit negativa juris, sive facti, sive qualitatis. (Mascard., *conclus.* 1093, n°. 1).

---

(1) *Certè si diligenter attendas, non est aliqua negativa quæ tacitam non habeat affirmationem. Glos., in leg. 2, ff de probat.* En ceci, la Glose va trop loin. *Voy.* Gabriel, Essai sur la nature des preuves, tom. II, pag. 209, n°. 182.

Enfin le savant Cocceius, dans une dissertation *ex professo,* a démontré la fausseté de la doctrine des anciens glossateurs. Il a fait voir que la maxime qu'on ne peut et qu'on ne doit point prouver une négative, est contraire à la raison et aux principes du droit civil (1), et qu'il faut tenir pour principe qu'on peut prouver une négative même indéfinie, et que celui qui fonde une demande sur une négative est toujours obligé de la prouver, sans quoi le défendeur est renvoyé absous.

Il est en effet si facile de voir qu'on peut prouver même directement une négation indéfinie, que si l'on ne savait pas jusqu'à quel point l'autorité peut subjuguer les hommes, on serait étonné qu'il se soit élevé du doute sur ce point. Prenons pour exemple cette négative indéfinie dont nous avons parlé plus haut : *Paul n'a jamais prêté cent écus à Pierre.*

N'est-il pas évident que Pierre peut la prouver de plusieurs manières? Directement, en produisant une contre-lettre, en déférant le serment à Paul ; indirectement, en prouvant que Paul a toujours été notoirement dans un tel état d'indigence, qu'il ne pouvait posséder 500[1]; qu'il a toujours vécu

---

(1) L'action négatoire par laquelle je soutiens que mon héritage n'est assujetti à aucune servitude, n'est point une exception; car ma proposition negative est prouvée par la loi, qui déclare toutes les terres libres : c'est donc au défendeur à prouver son exception. Il faut en dire autant de tous les cas où, soit la loi, soit une présomption établie par la loi, sert de fondement à une demande. *Voy.* tom. III, pag. 546, n°. 714. MM. Delvincourt et Pardessus ne partagent pas cette opinion.

éloigné de Pierre, qu'il ne connaissait pas Pierre, etc. ?

Sans doute on rencontre des cas où la preuve d'une négative indéfinie est difficile, impossible peut-être; mais cette difficulté ou cette impossibilité est commune aux propositions affirmatives indéfinies.

Par exemple, si Paul affirmait indéfiniment que Pierre lui doit 150^l, sans dire pour quoi, dans quel tems, dans quel lieu, etc., il lui a donné cette somme, il serait impossible à Paul de le prouver, si Pierre le niait.

En vain des témoins assureraient que Pierre doit 150^l à Paul, s'ils ne pouvaient dire ni pour quoi, ni quand, ni où Paul a donné cette somme à Pierre; on n'ajouterait point foi à des dépositions aussi peu circonstanciées (1), comme nous le verrons dans la suite.

Cocceius (2) a donc raison de conclure que si l'on ne peut pas toujours prouver une proposition

---

(1) Bien plus : la reconnaissance *indéfinie* de devoir une somme, quoique consignée dans un billet souscrit par le débiteur, n'était une preuve suffisante, ni suivant le droit romain, ni suivant le droit canonique. *Loi* 25, § 4, *ff de probat.*, 22. 3, *cap.* 14, $\bar{X}$, *de fide instrum.*, 2. 22. Il fallait que la cause fût exprimée dans le billet. « *Si cautio quam à te* » *indebitè proponis expositam*, indeterminatè *loqualur, adversarius tuus* » *tenetur ostendere debitum quod continetur in eâ. Sed si causam propter* » *quam hujusmodi scriptura processerit, expresseris in eâdem, confessioni* » *tuæ statur, nisi probaveris te indebitè id promisisse, dict. cap.* »

(2) *Dissert. de directâ probat. negat.*, § 13. Les lecteurs qui voudront se procurer la stérile satisfaction de connaître ce qui a été écrit pour et contre sur cette question, peuvent consulter, outre la Dissertation de

négative indéfinie, ce n'est point parce qu'elle est négative, mais parce qu'elle est indéfinie, et qu'une affirmation indéfinie n'est pas moins difficile à prouver : *Si indefinita negativa probari non possit, non id inde est, quia negativa, sed quia indefinita; nec affirmativa indefinita possit.*

Bannissons donc de l'école, et pour toujours, la subtile et inutile doctrine des glossateurs; bannissions du barreau la fausse et triviale maxime qu'on ne prouve point une négative.

Restons invariablement attachés à ce principe fondamental dicté par la raison : c'est à celui qui, soit par action, soit par exception, fonde sa prétention sur une affirmative ou sur une négative, qu'incombe le fardeau de la preuve, sans exception.

19. Cependant, les Romains avaient fait une exception en faveur de ceux qui avaient indiscrètement reconnu devoir une somme, avant de l'avoir reçue, dans l'espérance qu'elle leur serait comptée, *quasi accepturi pecuniam quod numerata non est. Loi 7, Cod. de non num. pec., 4. 30.* La représentation de leur billet n'était point contre eux une preuve suffisante; s'ils niaient que la somme leur eût été comptée, ils n'étaient point obligés de le prouver : leur simple dénégation rejetait sur leur adversaire le fardeau de prouver la numéra-

---

Cocceius, Mascardus, *de probat., conclus.* 1093; Vinnius, *Quæst. sœlect., lib. 2, cap.* 12; Boehmer, *lib. 2, tit.* 19, X, *de probat.*, et les auteurs qu'ils citent; Gabriel, Essai sur la nature des preuves, tom. II, pag. 199 et suiv.

tion. Loi 8, *Cod. ibid.* Les signataires du billet pouvaient même le réclamer par voie d'action, *condictione,* en niant que l'argent leur eût été compté.

Cette disposition singulière du droit romain doit son origine au principe particulier à cette législation, qu'une obligation contractée par un simple pacte, n'était point valable sans le lien de la stipulation.

Ainsi, le billet dans lequel Titius eût reconnu devoir 1,000ᶥ à Mévius ne produisait aucune action, à défaut de stipulation.

Dans la suite (1), l'empire de la raison fit donner plus de force à de pareilles reconnaissances ; elles produisaient une action en faveur du créancier : mais si le débiteur niait la numération, cette dénégation en rejetait la preuve sur son adversaire. C'est ce qu'on appelait *exceptio non numeratæ pecuniæ* ; en vieux français *exception de pécune non nombrée.* Les empereurs limitèrent la durée de cette exception, d'abord à cinq années, et Justinien à deux, après lesquelles le débiteur ne pouvait plus l'opposer, sans prouver que réellement l'argent ne lui avait pas été compté. Loi 10, *Cod. ibid.*

Cette exception, quoiqu'absolument contraire à l'esprit du droit français, y fut néanmoins autrefois introduite sans examen, et passa même dans le texte de nos anciennes coutumes ; mais elle fut

---

(1) Heinec., *Antiq. roman., lib. 5, tit. 22,* § 8 ; *Instit. de litter. oblig., lib. 3, tit. 22.*

enfin proscrite, comme elle devait l'être, par les réformations faites dans le 16ᵉ. siècle. L'art. 293 de la Coutume de Bretagne (1), réformée en 1580, porte :

« Exception de pécune non nombrée, ni de
» marchandise non livrée, n'aura lieu. » Loisel en fit une maxime générale, liv. 5, tit. 2, en remarquant, avec la Coutume de Berri, que l'exception d'argent non *nombré n'a point lieu pour charger de preuve le demandeur qui a une obligation ou cédule reconnue.*

Ainsi, le défendeur pouvait opposer cette exception en se chargeant de la preuve.

Le Code, en la passant sous silence, a laissé cette exception dans les termes du droit commun.

Le prétendu débiteur peut donc se défendre, en alléguant qu'il n'a point reçu l'argent, pourvu qu'il se charge de prouver son exception : il peut la prouver même par témoins, mais dans les cas seulement où cette preuve est admissible.

20. Le défendeur qui se borne à nier le fait sur lequel la demande de son adversaire est fondée, n'étant assujetti à aucune preuve, n'est point obligé de lui communiquer les pièces qu'il peut avoir.

Le demandeur doit s'imputer la faute d'avoir formé son action avant de s'être assuré de ses preuves (2).

_____

(1) *Voy.* le Commentaire de Duparc-Poullain, sur cet article.
(2) *Vid. leg. ult., Cod. de edendo,* 2. 1; Pyrrhing, *in lit. de probat.,* X, § 4.

21. Il faut excepter les pièces communes, telles que les titres d'une succession, celles qui ont été confiées à l'un des cohéritiers à la charge d'en aider les autres, etc.....

Il y a encore exception à l'égard des livres des marchands, comme nous le verrons section 1re., § 2, en examinant le degré de confiance qu'ils méritent.

22. Quoique le défendeur ne soit assujetti à aucune preuve, il peut néanmoins demander à prouver le contraire des faits qu'on lui oppose; car il est également libre aux deux parties d'alléguer les faits qui peuvent servir à fonder leurs prétentions, et chacune d'elles doit être reçue à prouver, tant la vérité des faits qu'elle allègue, que la fausseté de ceux allégués par son adversaire.

Mais le juge ne doit admettre la preuve que des faits qu'on appelle *pertinens,* c'est-à-dire dont on peut tirer des conséquences qui servent à établir le droit de celui qui allègue ces faits. Le juge doit rejeter les faits dont la preuve serait inutile, quand même ils seraient véritables.

Par exemple, celui qui prétendrait évincer l'acquéreur d'un fonds, croyant en être propriétaire, parce qu'il a prêté le prix de l'acquisition, demanderait inutilement à prouver ce prêt.

Cette preuve ne serait d'aucune utilité pour sa prétention, puisque le fonds n'appartient pas à celui qui prête les deniers pour l'acquérir. Loi 21, *Cod. de probat,* 4. 19.

23. C'est en jugement même, et contradictoi-

rement avec l'autre partie, que le demandeur doit faire sa preuve. Le droit canonique avait introduit l'usage de faire entendre les témoins d'avance, c'est-à-dire avant qu'aucune action eût été formée, lorsqu'il y avait lieu de craindre que la preuve ne dépérît : c'est ce qu'on appelait des enquêtes d'examen à futur. (*Vid. cap.* 5, X̄ *ut lite non contestatâ, etc., et ibi* Boehmer, n°. 4). Mais cet usage fécond en abus fut irrévocablement proscrit en France par l'ordonnance de 1667, tit. 13, article unique.

On doit peut-être excepter les cas où les marchandises dont un voiturier était chargé, un cheval qu'on avait loué, viennent à périr par accident ou force majeure.

On peut alors faire sa déclaration devant le magistrat du lieu, ou du lieu le plus voisin, qui reçoit les dépositions des témoins sur la nature de l'accident. (*Voy:* Jousse, sur l'article cité).

24. Si la cause est portée devant une Cour d'appel, il faut y reproduire toutes les preuves faites en première instance, les titres des deux parties, les enquêtes, les procès-verbaux d'experts, etc.; en un mot, toute la procédure et toutes les pièces produites.

Les énonciations contenues dans des jugemens précédens, quoique rendus contradictoirement et sur la vue des pièces, ne prouvent ni l'existence ni la validité de ces pièces; elles ne donnent ni n'ôtent aucun droit aux parties, qui n'en sont pas moins obligées, soit dans le cours de la même instance, soit en cause d'appel, de représenter leurs titres et leurs preuves pour être contredits et examinés, tant sur la forme que sur le fond, comme on aurait pu le faire avant le jugement qui les réfère (1).

25. Les jugemens acquiescés ou rendus en dernier ressort peuvent cependant avoir la force de titres par eux-mêmes, lorsque la condamnation qu'ils prononcent n'est pas fondée sur une obligation par écrit, car alors le jugement est le titre même de l'obligation et de la condamnation.

Au contraire, lorsque la condamnation est fondée sur une obligation par écrit, le titre de créance réside toujours dans cette obligation ; le jugement ne fait qu'en attester la légitimité et en ordonner l'exécution.

Il faut donc que cette obligation existe pour que la condamnation ait son effet ; et lorsque la condamnation est fondée sur une enquête, il est impossible de décider si le jugement est bien ou mal rendu sans voir l'enquête même.

D'ailleurs, il est possible qu'un billet ait été acquitté depuis le jugement ; il peut n'être pas de l'écriture de celui qui a été condamné : il peut être, ainsi que les actes authentiques, attaqué par la voie du faux ; enfin, c'est sur-tout lors du jugement définitif que les pièces et preuves doivent être représentées, parce que c'est en ce moment que le juge doit examiner et peser les preuves pour se décider,

---

(1) *Voy.* Duparc-Poullain, Principes du droit, tom. X, pag. 233 et 234.

et le juge d'appel pour voir si les premiers juges ne se sont pas trompés.

Tout se réunit donc pour la nécessité de reproduire les titres et les autres preuves lors du jugement définitif et en cause d'appel ; sans que les énonciations d'un précédent jugement puissent suffire.

On ne peut être dispensé de représenter les titres et preuves que dans des cas rares de perte, de soustraction ou d'impossibilité absolue; nous en parlerons dans la suite.

26. Mais les preuves acquises dans une instance peuvent-elles servir dans une autre instance, soit entre les mêmes parties, soit contre des tiers?

Cette question paraîtrait étrange; elle serait absurde, si les preuves reçues en justice étaient toujours un moyen infaillible de découvrir la vérité. La vérité est une, elle est toujours la même, elle est de tous les tems, de tous les lieux, elle est indestructible.

Mais nous avons vu qu'aucune des preuves reçues en justice n'est un moyen infaillible de connaître la vérité; elles peuvent tromper, elles trompent souvent; et plusieurs fois il est arrivé que depuis un jugement rendu, on a découvert la fausseté des preuves sur lesquelles il était fondé.

Il n'est donc pas contraire à la raison que l'effet des preuves ne soit point invariable et permanent, comme une vérité mathématique, et que ces preuves ne continuent pas de nuire ou d'être utiles aux mêmes parties en d'autres instances (1), et à plus forte raison qu'elles ne puissent être opposées à des tiers.

27. Justinien, loi 20, au Code *de testibus*, 4. 20, décide (2) une question analogue à celle que nous examinons. Des témoins avaient été entendus devant des arbitres. L'une des parties révoqua l'arbitrage, et l'affaire étant portée en justice réglée, on demanda si la partie à qui l'enquête était favorable pouvait s'en servir en jugement.

Justinien décide que l'autre partie est obligée ou d'admettre l'enquête ou de permettre que les témoins soient de nouveau entendus, sauf à fournir des reproches contre eux; mais que si tous les témoins étaient morts, leurs dépositions écrites devraient être reçues comme faites en jugement; et enfin, qu'il en est de même si quelques–uns des témoins seulement sont morts, sauf à exiger que les vivans soient de nouveau entendus, et sauf aussi à faire valoir tous les moyens qui peuvent exister tant contre les dépositions déjà faites que contre les témoins entendus de nouveau : *Omni, adversùs eas et*

---

(1) L'aveu même fait par l'une des parties dans une instance ne forme point contre elle une preuve complette dans une autre instance. *Voy.* M. Merlin, Questions de droit, v°. *Confession*, § 1; Voët, sur le Digeste, au titre *de confessis*, n°. 7. Ce n'est qu'une forte présomption, *gravem inducit probationem.*

(2) M. Merlin, *ubi suprà*, pense avec raison que la décision de Justinien ne peut s'entendre que des cas où l'instance dont les juges ordinaires se trouvent saisis, n'est que la continuation de l'instance commencée devant les arbitres.

testes legitimo jure, quod ei competit adversùs quem proferuntur, integro reservato.

28. Cette question n'est décidée ni par nos anciennes lois françaises, ni par les nouvelles. Mais le Code de procédure en décide une autre très-analogue, dans le cas de la péremption d'instance.

L'art. 397, conforme en cela à l'ancienne jurisprudence du Parlement de Paris, déclare que toute instance est éteinte par la discontinuation de poursuites pendant trois ans. Cependant l'action n'est pas éteinte; on peut la renouveler lorsqu'elle n'est pas prescrite. Mais peut-on, dans la nouvelle instance, opposer les preuves acquises dans la première et consignées dans les actes de la procédure périmée, tels que les enquêtes, procès-verbaux d'experts ou de visites des lieux, les interrogatoires ou les aveux de l'une des parties, etc.?

Quoique la péremption détruise l'instance, on pensait autrefois que les enquêtes, rapports d'experts et autres probatoires, faits pendant le cours de l'instance, ne laissaient pas de subsister, et que les parties pouvaient s'en servir dans la nouvelle instance comme dans toutes les autres instances qui pourraient ensuite s'élever entre elles (1).

Ainsi l'avaient jugé plusieurs arrêts rapportés par Louet et Brodeau, lettre P., n°. 38. Mais cette jurisprudence paraît absolument changée par l'article 401 du Code de procédure civile, qui veut

---

(1) *Voy.* Pothier, Traité de la procédure civile, chap. 4, sect. 4, § 5.

que la péremption emporte extinction de la procédure, *sans qu'on puisse, dans aucun cas, opposer aucun des actes de la procédure éteinte, ni s'en prévaloir.*

On ne peut donc pas se prévaloir des preuves contenues dans ces actes (1) ; il faut les recommencer, il faut entendre les témoins de nouveau, comme le décide Justinien dans l'espèce de la loi dernière, *Cod. de test.*, 4. 20.

Mais s'ils sont morts, le Code ne porte point, comme cette loi, que leurs dépositions pourront servir. Il dit au contraire qu'on ne pourra se prévaloir des actes de la procédure éteinte, *dans aucun cas;* expression qui ne permet pas d'admettre une exception pour le cas où les témoins sont décédés.

29. Si les preuves acquises dans une instance périmée ne peuvent être opposées dans la nouvelle, l'analogie nous conduit à décider que les preuves acquises dans une instance terminée par un jugement, ne peuvent être opposées dans une autre instance, quoique entre les mêmes parties.

Il est vrai que, dans le premier cas, on peut faire, à celui qui veut opposer les preuves de l'instance périmée, un reproche qu'on ne peut lui faire dans le second, celui d'avoir laissé périmer la procédure. Mais cette différence, entre l'un et l'autre

_____

(1) *Voy.* Pigeau, Traité de la procédure civile, tom. I, pag. 452, et M. Carré, Analyse et conférences, etc., sur le Code de procédure, art. 401.

cas, paraît trop légère pour autoriser à donner une décision différente dans le silence de la loi.

Au reste, il est assez rare que les preuves acquises dans une instance puissent être utiles dans une autre dont l'objet est différent. On ne peut guère argumenter que des énonciations contenues dans les actes de la procédure, ou tirer des inductions des faits qui y sont consignés. Or, ces preuves n'ont jamais une grande force.

Il paraît donc plus sûr de s'en tenir à la règle établie par l'art 401 du Code de procédure, et de ne pas permettre d'opposer, dans une instance, les preuves acquises dans une autre terminée par un jugement, quoique entre les mêmes personnes.

Cette décision est conforme aux principes, puisque le jugement même, rendu dans une instance, ne peut être opposé dans une autre à celui contre lequel il a été rendu, à moins que *la chose demandée ne soit la même,* que la demande ne soit fondée sur la même cause, et formée par les mêmes parties en la même qualité (1351).

On ne peut, à plus forte raison, opposer les preuves dans une instance entre d'autres personnes.

30. Le même principe sert à résoudre une question agitée par les docteurs, savoir : si les preuves acquises dans un procès civil peuvent faire foi dans un procès criminel (1). Ils ont, avec raison,

---

(1) *An acta, probationes et confessiones factæ et conjecturæ et præsumptiones habitæ in judicio civili probent et fidem faciant in judicio criminali.*

résolu la question négativement, et ils étendent leur résolution aux jugemens même rendus dans les procès civils : *Talia acta neque etiam sententia super ipso crimine lata, non faciunt fidem in judicio criminali,* dit Clarus ; il n'excepte pas même l'aveu fait par le prévenu, dans une procédure civile (1).

La raison que les docteurs donnent de leur résolution, est qu'il faut des preuves plus fortes au criminel qu'au civil ; mais la véritable raison, la raison légale, est que l'autorité de la chose jugée n'a lieu qu'à l'égard de ce qui fait l'objet du jugement.

Il faut que la chose demandée soit la même ; que la demande soit entre les mêmes parties, formée par elles et contre elles, en les mêmes qualités.

Or, voilà ce qui ne se rencontre jamais, quand on passe du civil au criminel, *et vice versâ,* parce que l'objet de l'action civile est essentiellement différent de l'objet de l'action publique.

Nos auteurs français pensent aussi que les preuves acquises dans une procédure civile, et même le jugement définitif, ne doivent avoir aucune influence sur le jugement criminel, et que le juge criminel doit prononcer sur le fait imputé à crime, et sur la culpabilité de l'accusé, avec la même li-

---

Mascardus, *de probat.*, tom. *I, conclus.* 54 ; Clarus, liv. 5, § fin., quest. 54, pag. 608 de l'édition de Lyon de 1672.

(1) *Mihi semper placuit quod hujusmodi confessio facta in judicio civili, non faciat in judicio criminali plenam probationem, sed tantummodo semiplenam, et sic indicium.*

berté et la même étendue de pouvoir, que si le juge civil n'avait encore rien statué ni sur l'un ni sur l'autre (1).

La raison qu'ils en donnent est que le jugement civil n'a pas été rendu contradictoirement avec le ministère public, et que l'autorité de la chose jugée ne peut être invoquée que lorsque les jugemens ont été rendus entre les mêmes parties. On peut ajouter, comme nous l'avons déjà dit, que l'action publique et l'action civile ont toujours un objet différent. L'objet de la première est la vindicte publique et l'application de la peine; l'objet de l'autre, la réparation d'un dommage privé. Par exemple, Paul traduit Pierre au tribunal civil, pour le faire condamner de restituer une somme de 3,000ᶠ qu'il a volée. Pierre obtient un jugement qui déclare la demande de Paul calomnieuse, et qui en décharge Pierre avec dommages, intérêts et dépens. Paul acquiesce à ce jugement. Mais peu de tems après le ministère public rend plainte contre Pierre, pour avoir volé la même somme d'argent à Paul. Il offre la preuve du délit, et requiert la condamnation du prévenu. Pierre ne pourra pas opposer à cette plainte le jugement civil qui l'a déchargé de la demande de Paul; car les jugemens ne peuvent être opposés qu'aux parties avec lesquelles ils ont été rendus. D'ailleurs,

---

(1) *Voy.* les conclusions de M. Merlin, dans l'affaire de la soi-disant dame Douhault Lusignan de Champignelles, Répertoire de jurisprudence, vᵒ. *Chose jugée*, § 15.

l'objet de l'action civile de Paul n'était pas le même que celui de l'action publique. Pierre sera donc condamné par le tribunal criminel, s'il est reconnu coupable, quoique le tribunal civil l'ait précédemment jugé innocent.

Autre exemple : Un tribunal civil, saisi d'une contestation où l'une des parties s'inscrit en faux contre une pièce produite par l'autre, juge qu'en effet cette pièce est fausse, et ordonne qu'elle sera transmise au procureur général, pour rechercher et poursuivre le faussaire, s'il y a lieu. Le jugement s'exécute. La Cour spéciale qui, pendant quelque tems, a jugé les crimes de faux, aujourd'hui les jurés, ne doivent pas prendre pour constant le fait que la pièce jugée fausse l'est effectivement; ils doivent examiner le fait de nouveau, et prononcer comme s'il n'y avait point encore été statué par le tribunal civil. Ainsi l'a fort bien décidé la Cour de cassation, dans un arrêt du 18 nivôse an XII (1). Les jugemens rendus sur les ac-

---

(1) Rapporté dans le Répertoire de jurisprudence, v°. *Chose jugée*, § 15, n°. 337. En voici l'espèce : Par arrêt du 18 nivôse an XII, la Cour d'Agen avait, sur une inscription de faux incident, déclaré fausse une pièce que Pierre Pascau avait produite dans un procès pendant devant elle. En conséquence, Pierre Pascau avait été, comme auteur de ce faux, traduit devant la Cour spéciale de Lot-et-Garonne. Cette Cour avait, le 30 pluviôse suivant, rendu un arrêt par lequel, considérant la question de faux matériel comme irrévocablement jugée par la Cour d'Agen, elle s'était déclarée compétente pour juger la seule question de savoir si Pascau était l'auteur du faux. Mais, le 7 floréal an XII, la Cour de cassation rendit un arrêt par lequel...... «attendu qu'en toute affaire criminelle, la loi prescrit aux juges de vérifier personnellement, d'abord la matérialité du fait, puis l'application du fait à l'accusé....;

tions civiles n'ont donc aucune influence sur les jugemens à rendre par les tribunaux criminels.

31 (1). Mais lorsque sur un fait poursuivi criminellement par le ministère public, il est intervenu un jugement rendu, soit par un tribunal correctionnel, soit par une Cour d'assises, sur la déclaration du jury, le tribunal devant lequel la partie prétendue lésée porte son action civile est-il lié par le jugement criminel qui a précédé? Est-il

---

que l'autorité de la chose jugée ne peut être invoquée que lorsque les jugemens ont été rendus entre les mêmes parties ; — attendu que le tribunal criminel spécial du département de Lot-et-Garonne, en statuant, par son jugement du 30 pluviôse dernier, sur sa compétence à l'égard de Pierre Pascau, s'est regardé *comme lié* par la déclaration du fait de faux contenue au jugement du tribunal d'appel d'Agen, du 18 nivôse dernier ; que ledit tribunal a ainsi formellement méconnu sa compétence, qui s'étendait à la double question de savoir s'il existait un faux, et si Pascau, prévenu, en était coupable ; qu'en limitant sa compétence à la seconde question, il préjuge une question importante du fond, sur laquelle il devait être statué seulement après l'instruction et les débats suivis conformément à la loi....; que le jugement du tribunal civil d'Agen, rendu sur une action civile (celle relative à un faux incident) entre parties privées, n'a dû établir aucune autorité sur le reglement, soit de la compétence, soit du fond d'une affaire poursuivie par action publique, pour faux principal, par la voie criminelle, et que *l'admission de l'autorité de la chose jugée,* dans cette espèce, a introduit une violation des règles de la compétence de tout tribunal en matière criminelle. » — Casse et annule.

On aura rarement à poursuivre criminellement un faux déjà jugé au tribunal civil; car, dès que les juges aperçoivent des indices de faux, on doit commencer les poursuites criminelles et suspendre l'instance civile. (Art. 239 et 240 du Code de procédure).

Mais ce cas arrivant, la loi y applique la règle générale, en décidant que le demandeur en inscription de faux, qui succombe au civil, peut prendre la voie criminelle. (Art. 250).

(1) Sur ce numéro et sur les suivans, *voy.* absolument ce que nous avons dit tom. X, pag. 241 et suiv.

obligé, sans autre preuve, d'admettre ou de rejeter la demande en réparation, dommages et intérêts, etc.?

C'est une question importante dont la solution nous paraît dériver du grand principe établi par l'art. 1351 du Code civil, que l'autorité de la chose jugée n'a lieu qu'à l'égard de ce qui fait l'objet du jugement; c'est-à-dire qu'il faut que la chose demandée soit la même; que la demande soit entre les mêmes parties. Comment donc les jugemens rendus par les Cours d'assises ou par les tribunaux correctionnels, pourraient-ils avoir l'autorité de la chose jugée dans les tribunaux où se trouve portée l'action civile?

Le premier principe, en cette matière, est que l'autorité de la chose jugée n'a lieu *qu'à l'égard de ce qui fait l'objet du jugement* (1351). Or, quel est l'objet du jugement dans les Cours d'assises? C'est ce que nous apprennent les questions que l'on présente à décider aux jurés.

« La première question tend essentiellement à » savoir si le fait qui forme l'objet de l'accusation » *est constant* ou non;

» La seconde, si l'accusé est *ou non convaincu* » de l'avoir commis ou d'y avoir coopéré ». (Article 374 du Code des délits et des peines, du 3 brumaire an IV).

« Chaque juré déclare d'abord si le fait porté » dans l'acte d'accusation est *constant ou non* » (389).

«Si cette première déclaration est affirmative,

» il en fait une seconde sur l'accusé, pour décla-
» rer s'il *est ou non* convaincu» (390).

Le Code d'instruction criminelle, du 17 novembre 1808, a peut-être, sans raison suffisante, supprimé la première de ces questions.

«La question résultant de l'acte d'accusation sera,
» dit-il, posée en ces termes :

» L'accusé est - il coupable d'avoir commis tel
» crime, etc.?» (337).

L'art. 345 ajoute : « Si le juré pense que le fait
» *n'est pas constant*, ou que l'accusé *n'en est pas con-*
» *vaincu*, il dira :

» Non, l'accusé n'est pas coupable. »

En sorte que la déclaration de non culpabilité
laisse toujours incertaine la question de savoir par
quel motif le jury s'est décidé : soit parce que le
crime ne lui a point paru constant, soit parce que
le crime lui paraissant constant, l'accusé ne lui a
point paru convaincu de l'avoir commis.

Ainsi, de la manière que les questions sont po-
sées, soit conformément à la première de ces lois,
soit conformément à la seconde, il en résulte qu'on
ne peut opposer à l'action civile l'autorité ou l'exception de la chose jugée, lorsque le jury a déclaré, soit que le fait n'est pas constant, soit que
l'accusé n'est pas coupable.

32. C'est ainsi que la Cour de cassation l'a constamment décidé, tant sous l'empire de l'une que
sous l'empire de l'autre de ces lois.

Voici l'espèce d'un arrêt rendu sous l'empire de la première, le 21 messidor an IX :

Le 3 thermidor an IV, Louis Godier, l'un des fermiers des héritiers Terray, présenta en paiement de ses fermages, à Lefebvre, leur agent, un billet de 26,000¹ écus, daté du 2 nivôse an II, et signé Terray.

Lefebvre croyant ce billet faux, requit le juge de paix, au nom des héritiers Terray, de dresser procès-verbal de son état, en présence de Godier, et de faire les poursuites que la loi exige en matière de faux principal.

Le juge de paix dressa son procès-verbal, et le transmit, par l'intermédiaire de l'accusateur public, au directeur du jury, qui rendit une ordonnance par laquelle trois experts furent chargés de vérifier l'écriture et la signature du billet.

Le 12 fructidor an IV, le directeur du jury dressa un acte d'accusation contre Godier, qui fut traduit au tribunal criminel du département de l'Aube, où, après une instruction contradictoire avec le ministère public seulement, le jury déclara, le 10 frimaire an V, qu'il *n'était pas constant* que le billet de 26,000¹ fût faux.

En conséquence, ordonnance du président qui déclara Godier acquitté de l'accusation, et jugement du tribunal criminel qui ordonne que le billet lui sera remis, et lui réserve son action en dommages et intérêts contre qui il aviserait.

Godier cita les héritiers Terray au tribunal civil du département de la Seine, pour les faire condamner, tant au paiement du billet de 26,000¹ qu'aux dommages et intérêts réservés par le jugement du tribunal criminel.

Le 22 nivôse an VI, ce tribunal ordonna que Louis Godier déposerait le billet au greffe, pour être procédé, par experts, à la vérification de l'écriture et de la signature.

Il n'effectua point ce dépôt, et le tribunal rendit un autre jugement qui déclara le billet nul, et en ordonna la lacération.

Sur l'appel, le tribunal de Seine-et-Marne déclara le jugement du 22 nivôse an VI bien rendu, et accorda un délai de deux mois à Godier pour l'exécuter.

Il se pourvut en cassation, et soutint, 1°. entre autres moyens étrangers à la question qui nous occupe, que le tribunal de Seine-et-Marne avait faussement énoncé que les héritiers Terray n'étaient point parties dans le procès criminel; 2°. qu'il remettait en question ce qui avait été jugé en dernier ressort par le jugement criminel.

M. Merlin, qui portait la parole, prouva facilement que les héritiers Terray n'étaient point parties dans le jugement criminel; mais, allant plus loin, il soutint qu'alors même que les héritiers Terray eussent été parties plaignantes dans le jugement criminel, leur condition eût été la même envers Godier, et les droits de celui-ci les mêmes envers eux.

Ils sont également dans l'impuissance de rendre

une nouvelle plainte en faux contre lui ; car une fois qu'un accusé a été acquitté envers le ministère public, il n'est plus permis de le poursuivre à raison du même fait.

Mais aussi, que les héritiers aient ou n'aient pas été parties dans le jugement criminel, ils n'en sont pas moins, sur la question de savoir si le billet de 26,000¹ est vrai, à l'abri de toute exception de chose jugée, parce que le jugement ne peut former une exception de chose jugée que sur le point qu'il juge réellement.

Or, il ne juge pas que le billet est vrai, il ne juge pas que le billet n'est point faux ; il juge seulement *qu'il n'est point constant* que le billet soit faux ; qu'il n'existe point de preuves suffisantes pour établir le corps du délit et soumettre l'accusé à la peine prononcée contre le crime de faux.

Mais de ce que Godier ne peut être puni comme faussaire, il ne s'ensuit pas qu'il doive obtenir le paiement du billet argué de faux : le jugement du 10 frimaire an V n'a rien décidé à cet égard.

Autre chose est qu'il ne puisse être condamné à une peine afflictive pour crime de faux, autre chose qu'on doive lui payer le montant d'un billet de 26,000¹.

Sur la question de savoir s'il y a crime, la société est demanderesse ; c'est à elle de prouver : si elle ne prouve pas, l'accusé doit être acquitté.

Sur la question de savoir si le montant du billet est dû, Godier est demandeur : il faut qu'il prouve la vérité du billet, autrement les défendeurs doivent être absous.

Ainsi, la seule chose qu'on ne peut plus remettre en question est de savoir si, relativement à la vindicte publique, la fausseté du billet est constante ou non.

Conclure de là que, sous le rapport de l'intérêt pécuniaire, le billet doit être réputé vrai, ce serait bouleverser toutes les idées reçues, faire valoir contre un particulier une exception de chose jugée contre la société; ce serait fouler aux pieds la maxime *res inter alios judicata aliis nocere non potest.*

En un mot, juger *qu'il n'est pas constant* que le billet est faux, ce n'est point juger que le billet n'est pas faux, ce n'est pas juger qu'il est vrai; c'est seulement juger que la preuve du faux n'est pas acquise, c'est simplement déclarer un *fait négatif,* et non pas établir un *fait positif.*

Ces principes, fondés sur la plus saine dialectique, triomphèrent; et, par arrêt du 21 messidor an IX, la Cour de cassation rejeta le pourvoi et déclara qu'il n'y avait point de loi violée, « attendu » que les principes et les lois invoqués par Godier » recevraient leur application, s'il était question » de le soumettre de nouveau à une instruction » criminelle; mais que Godier étant devenu lui- » même demandeur à fins civiles, le jugement at- » taqué a professé les vrais principes, en déclarant » que les héritiers n'avaient point été parties ci- » viles. »

Et que, quand ils l'auraient été, la vérification du billet n'en pourrait pas moins être exigée, puisqu'en matière de grand criminel, il suffit que le délit ne soit pas constant pour que l'accusé soit renvoyé; tandis qu'en matière civile, il faut que le titre soit incontestablement reconnu être l'ouvrage de celui à qui il est opposé, ou de ceux qu'il représente, pour en exiger le paiement (1).

Ainsi, la Cour de cassation a décidé bien formellement que la déclaration donnée par le jury que _le délit n'est pas constant_, et l'ordonnance, qui en conséquence acquitte l'accusé, n'est point en sa faveur l'autorité de la chose jugée, lorsqu'il se rend ensuite demandeur à fins civiles, même lorsque le défendeur a été partie civile dans le procès criminel, parce qu'un jugement ne peut former une exception de chose jugée que sur le point qu'il juge réellement.

La même Cour a également pensé que, sous l'empire du Code d'instruction criminelle, la déclaration de _non coupable_, donnée par le jury, ne peut fournir d'autre conséquence, si ce n'est qu'il n'existe point de preuves suffisantes, soit de l'existence du délit, soit de la culpabilité de l'accusé, en cas qu'il y ait eu délit.

Cette doctrine est conforme à la loi, qui veut que le jury déclare l'accusé _non coupable_, soit qu'il

_____

(1) L'arrêt du 21 messidor an IX, avec les conclusions de M. Merlin, est rapporté dans ses Questions de droit, v°. _Faux_, § 6.

pense que le fait *n'est pas constant,* c'est-à-dire qu'il n'y a pas de preuves suffisantes du fait, soit qu'il pense que l'accusé n'en est pas convaincu, c'est-à-dire qu'il n'existe pas de preuves contre lui.

La déclaration de non cupabilité n'a donc point en sa faveur, quant aux actions civiles, l'autorité de la chose jugée, puisqu'elle ne juge autre chose sinon qu'il n'existe pas de preuves, soit du délit, soit de la culpabilité.

Cette déclaration ne peut lier ni les tribunaux, où les actions civiles sont ensuite portées, ni même la Cour d'assises prononçant sur les dommages et intérêts après la déclaration du jury, et l'acquittement de l'accusé.

C'est ce que, dans la fameuse affaire entre Regnier et Michel, la Cour de cassation a formellement décidé, en confirmant un arrêt de la Cour d'assises de Paris, qui l'avait ainsi jugé.

Regnier se prétendait créancier de Michel d'une somme de plus d'un million, en vertu d'un marché de rentes sur l'Etat passé sous seings privés, le 20 janvier 1806. Michel dirigea contre lui, contre Boissière et Guillo, qu'il prétendait ses complices, une plainte en faux principal, qui fut portée à la Cour d'assises de Paris. Michel s'était rendu partie civile.

Le jury déclara, à la simple majorité, que Regnier et ses coaccusés n'étaient point coupables. En conséquence, le président prononça l'ordonnance d'acquittement des accusés, qui demandèrent ensuite des dommages et intérêts pour cause de calomnie.

Michel répondit que si une déclaration de non culpabilité est une déclaration d'innocence, en ce sens que la loi ne permet pas de punir, ce n'est pas une déclaration que l'innocence soit démontrée, ni que l'accusation ait paru calomnieuse ou téméraire;

Que, d'ailleurs, l'acquittement de Regnier et de ses coaccusés est le fait des jurés prononçant sur une *action criminelle*, et l'action en dommages et intérêts une action civile que la Cour d'assises doit juger elle-même, d'après sa propre opinion, sans être liée par l'opinion du jury.

La Cour d'assises prononça qu'une déclaration du jury, favorable aux accusés, alors sur-tout qu'elle est rendue à la simple majorité, ne démontre pas nécessairement que la plainte soit calomnieuse;

Que la déclaration du jury ne peut être d'aucune influence sur l'opinion de la Cour, quant aux dommages et intérêts.

En conséquence, elle mit les parties hors de Cour sur la plainte en calomnie et sur la demande en dommages et intérêts.

Regnier se pourvut en cassation; mais son pourvoi fut rejeté sur les conclusions de M. Merlin, par le motif entre autres « que la Cour d'assises » n'a pu violer aucune loi, en prenant pour une » des bases de sa décision le fait que la déclaration » de non culpabilité rendue par le jury n'avait pas » été unanime; »

Que, d'ailleurs, si l'appreciation des faits appartient aux jurés pour ce qui est relatif *à l'action publique,* elle appartient à la Cour d'assises, relativement à l'*action civile;* que tout ce qui se rattache au jugement d'une condamnation demandée par une partie civile, rentre essentiellement dans les attributions de la Cour d'assises (1).

Nonobstant ce mauvais succès, Regnier prétendit que le traité du mois de janvier 1806 devait avoir son exécution, et qu'il devait nécessairement être considéré comme véritable, puisque la plainte en faux avait été rejetée.

Il porta cette prétention d'abord au tribunal de commerce, où il cita Michel, qui nia de nouveau la vérité du traité, et celle de sa signature.

Il représenta tous les moyens de faux dont il avait fait usage dans le procès criminel. Il aurait pu opposer à Regnier les raisons que les héritiers Terray opposaient à Godier, lors de l'arrêt du 21 messidor au IX, ci-dessus cité.

Mais Michel éleva une question nouvelle, et soutint qu'en supposant le traité véritable, il serait nul comme ayant une cause immorale, et comme étant l'œuvre du dol et de la fraude.

Regnier s'attachant au moyen de faux, soutint Michel non recevable dans ses exceptions. Il opposa le jugement rendu sur l'action criminelle, *comme preuve irrécusable, définitive et inattaquable,* de la véracité de l'acte dont il faisait usage, et dit qu'il n'était plus ni possible ni permis de remettre

_____

(1) L'arrêt est rapporté par Sirey, an 1814, pag. 151.

en question ce qui était jugé définitivement, et sur-tout par la voie criminelle.

La tribunal de commerce, au contraire, s'attacha à la question de nullité; et, d'après les présomptions les plus fortes qui s'élevaient contre Regnier, il déclara l'écrit dont il s'agissait au procès, *nul, sans effet* et *comme non avenu.*

Regnier se rendit appelant. Mais, par arrêt du 28 février 1813 (1), la Cour royale de Paris mit l'appel au néant, et ordonna que le jugement du tribunal de commerce sortirait son plein et entier effet.

Elle rappela, dans ses considérans, les raisons ci-dessus exposées, que M. Merlin avait fait valoir dans l'affaire *Godier,* et qu'avait adoptées la Cour de cassation.

La Cour royale de Paris considéra que la loi ne confère de pouvoir au jury que relativement à *l'action publique* et à la personne de l'accusé; que la déclaration de non culpabilité ne pouvant être que le résultat de l'insuffisance des preuves à l'appui de l'accusation, ne peut produire, comme conséquence nécessaire, la démonstration de la fausseté des faits; que toutes les dispositions ultérieures, *dans l'intérêt privé des parties,* et sur toutes *les demandes à fins civiles,* sont de la compétence exclusive des juges; qu'ainsi il est *reconnu en droit,* et qu'il a été jugé entre les parties, que la question des dommages et intérêts en faveur de

_____

(1) Rapporté par Sirey, an 1816, 2e. part., pag. 255 et suiv.

l'accusé acquitté était toute entière à l'arbitrage des juges;

Que la réponse des jurés devant être la même, soit parce que le crime ne leur paraîtrait pas constant, soit parce que l'accusé ne leur paraîtrait pas convaincu, l'acquittement ne peut établir, *comme vérité judiciaire*, que le crime n'a pas été commis;

Que la déclaration de non culpabilité laisse nécessairement incertaine l'existence ou la non existence de faux, et plus encore toutes les autres questions de fait et de droit relatives aux pièces arguées de faux; qu'ainsi il est reconnu en droit, *comme conséquence nécessaire de la législation actuelle, en matière criminelle, que les ordonnances d'acquittement n'ont l'autorité de la chose jugée que dans le sens unique que l'accusé acquitté ne peut plus être soumis de nouveau à une instruction criminelle, pour le fait à raison duquel il a été acquitté, etc.*

La Cour considéra, en fait, que l'état matériel du traité dont il s'agissait démontrait qu'il avait été falsifié, et que de cet état matériel, et de la réunion des faits, pièces et circonstances de la cause, il résulte des présomptions graves, précises et concordantes de la supposition du traité, et qu'il est l'œuvre du dol et de la fraude.

Regnier se pourvut en cassation contre cet arrêt, pour violation de la chose jugée, violation des règles de compétence et excès de pouvoir; mais son pourvoi fut rejeté par arrêt du 19 mars 1817 (1),

(1) Rapporté par Sirey, an 1817, 1re. part., pag. 181.

contre les conclusions de M. le baron Mourre,
avocat général, qui prétendait,

1°. Qu'en déclarant l'accusé *non coupable,* le jury
décide implicitement qu'il n'a point existé de délit.

Nous avons vu ci-dessus que la Cour de cassation avait, par les raisons les plus fortes, décidé
le contraire, tant sous l'empire du Code des délits
et des peines, du 3 brumaire an IV, que sous l'empire du Code d'instruction criminelle.

2°. M. Mourre prétendit que le tribunal de commerce et la Cour royale n'avaient en effet jugé,
et n'avaient dû juger que la question de faux, et
non pas la nullité du traité, et qu'on n'avait pu ar-
guer le traité de nullité, après avoir échoué dans
la plainte en faux, sans violer l'irrévocabilité de
l'aveu judiciaire établie par l'art. 1356 du Code
civil. Après avoir dit que le traité était faux, Michel ne pouvait, suivant M. Mourre, dire qu'il était
nul.

La Cour de cassation pensa, au contraire, que
le tribunal de commerce et la Cour royale de Paris
n'avaient en effet jugé que la question de nullité du
traité, et non la question de faux.

Elle ne vit, dans l'exception de nullité proposée
après la plainte en faux rejetée, aucune violation
à l'art. 1356, ni à l'irrévocabilité de l'aveu judiciaire, parce qu'en effet, quand je prétends qu'un
acte est faux, quand je l'attaque comme tel, je
n'avoue point qu'il n'est pas infecté d'autres vices
qui doivent en faire prononcer la nullité : il n'y a
là aucun aveu judiciaire.

55. Aussi, l'on a toujours tenu pour maxime qu'après avoir échoué dans la plainte en faux dirigée contre un acte, on est reçu à le débattre de nullité.

Ce principe, fondé sur la raison, établi par les lois romaines (1), et adopté par l'ancienne jurisprudence française, n'a point été changé par les lois nouvelles.

Le tribunal de commerce et la Cour royale de Paris le jugèrent ainsi, en admettant l'exception de nullité proposée par Michel, qui avait échoué dans sa plainte en faux, et la Cour de cassation le pensa également, en confirmant les deux jugemens. Ce sont de nouvelles autorités à joindre aux anciennes à l'appui de la maxime.

3°. Enfin, M. Mourre soutint que, dans tous les cas, la décision du jury, qui déclare le fait non constant et l'accusé non coupable, lie absolument les juges devant qui les actions sont portées; et la raison qu'il en donne, c'est que le ministère public est toujours partie principale ou partie jointe dans les procès criminels. Or, suivant lui, le ministère public est le mandataire de la société, le mandataire *de tous*; tout le monde est accusateur dans sa personne.

Donc ce qui est jugé contradictoirement avec lui

---

(1) *Loi* 47, *ff de hæred. pet.*, 5. 3; *loi* 14, *Cod. de inoffic. test.*, 3. 28; Despeisses, Traité des crimes, 1re. part., tit. 2, sect. 2, art. 9, n°. 15; Duroussaud de Lacombe, Jurisprudence civile, v°. *Faux*, n°. 12; Serpillon, Questions de droit, *ad calcem* du Code du faux, n°s. 70 et 75.

a la force de la chose jugée contre tous, et contre chacun des citoyens.

Cela est vrai, à l'égard de l'action criminelle dans laquelle le ministère public exerce les droits de tous les citoyens, quant à la vindicte publique. Ainsi, les jugemens criminels ont contre tous l'autorité de la chose jugée.

Personne ne peut plus intenter d'action criminelle, à raison du même fait, contre l'accusé déclaré non coupable ou absous; c'est le fondement de la règle *non bis in idem*, si juste et si raisonnable.

Mais appliquer ces principes à l'action civile à laquelle tous les délits donnent lieu, prétendre que le ministère public représente tous les citoyens relativement à leurs actions civiles, c'est une véritable hérésie en jurisprudence.

«L'action pour l'application des peines n'appartient qu'aux fonctionnaires auxquels elle est confiée par la loi.»

«L'action en réparation du dommage causé par un crime, par un délit ou par une contravention, peut être exercée par tous ceux qui ont souffert du dommage.» (Art. 1 du Code d'instruction criminelle).

Aussi jamais le ministère public ne peut prendre de conclusions sur l'action civile.

Cependant la Cour de cassation, qui pensait que le tribunal de commerce et la Cour royale de Paris n'avaient jugé que la question de nullité, la quelle n'avait pas été agitée devant la Cour d'assises, jugea « qu'il était inutile et sans objet (dans » cette affaire) d'examiner, soit le mérite des mo-» tifs de l'arrêt relatif au faux, soit l'effet que doit » produire, sur une pièce sous signature privée, » arguée de faux, une décision du jury, qui dé-» clare la non culpabilité de l'accusé. »

Mais nous avons vu que cette même Cour a décidé dans l'affaire de Godier, et dans la première affaire entre Michel et Regnier, qu'une pareille déclaration ne doit avoir aucune influence sur les tribunaux où sont portées les actions civiles.

34. Nous croyons donc devoir poser en principe que la déclaration donnée par le jury, que le fait n'est pas constant, ou que l'accusé n'est pas coupable, et l'acquittement de l'accusé, qui en est la conséquence, ne doivent point influer sur les jugemens des actions civiles, et ne peuvent acquérir, en faveur de l'accusé, l'autorité de la chose jugée relativement à ces dernières actions, parce que de la déclaration négative que le délit n'est pas constant, ou que le prévenu n'est pas coupable, on ne peut conclure autre chose, sinon qu'il ne s'est pas trouvé de preuves suffisantes, soit de l'existence du délit, soit de la culpabilité de l'accusé.

34 *bis*. Enfin, la déclaration du jury, que les faits ne constituent point le crime de l'accusation, n'empêche point la partie lésée de demander, et les juges civils d'accorder des dommages et intérêts à raison des mêmes faits considérés comme quasi-délits.

La Cour de cassation l'a ainsi décidé, et avec raison, dans un arrêt dont voici l'espèce :

Rolland, boulanger, soupçonnant Gosse, son garçon, de l'avoir volé, le dénonça et laissa, pendant la nuit, entrer dans sa maison le commissaire de police Berthault et le garde-champêtre Mancel, pour arrêter Gosse, qui résista, et fut tué par Mancel.

Berthault et Mancel furent traduits devant la Cour d'assises, comme coupables, 1°. d'homicide volontaire; 2°. d'acte arbitraire et attentatoire à la liberté individuelle. Rolland y fut traduit, mais comme complice. La veuve Gosse demanda des dommages et intérêts contre les principaux accusés et contre Rolland, pour avoir coopéré à la mort de son mari.

Les jurés ayant déclaré que les accusés n'étaient point coupables des faits à eux imputés, la Cour les acquitta, et les condamna solidairement, ainsi que Rolland, à 12,000' de dommages et intérêts, par le motif que la mort de Gosse était due à leur conduite imprudente.

Sur le pourvoi de Rolland, la Cour de cassation réforma cet arrêt, comme vicié d'excès de pouvoirs, en ce qu'il avait condamné Rolland à des dommages et intérêts, *à raison de la mort de Gosse,* quoique d'après l'acte d'accusation, ce fait lui fût totalement étranger, soit comme auteur, soit comme complice.

La Cour renvoya l'affaire au tribunal de Bayeux,

où la veuve Gosse fonda sa demande en dommages et intérêts sur ce que Rolland avait participé
à l'acte arbitraire exercé sur la personne de Gosse.

Rolland opposa l'exception de la chose jugée,
et dit que la Cour d'assises ayant jugé qu'il n'était
auteur ni complice d'arrestation illégale, c'était
remettre en question le point décidé.

Le tribunal de Bayeux déclara la veuve Gosse
non recevable; mais la Cour de Caen réforma le
jugement et alloua à la veuve Gosse 6,000ᶠ de dommages et intérêts, « attendu que, quoiqu'il ait été
» jugé par le jury que les faits de la cause ne cons-
» tituent point le crime ou délit d'arrestation illé-
» gale, les tribunaux civils n'ont pas moins le droit
» d'apprécier les mêmes faits sous le rapport des
» préjudices qu'ils ont causés à des tiers; qu'on ne
» peut douter que Berthault et Mancel ne se soient
» livrés à une acte arbitraire, puisqu'ils n'avaient
» reçu aucun ordre du magistrat, et qu'il ne s'agis-
» sait pas de flagrant délit; que Rolland a été l'ins-
» tigateur de cet acte arbitraire, et a donné des
» instructions pour le commettre, tandis qu'au
» contraire il lui était très-facile de l'empêcher, en
» refusant l'entrée de sa maison au commissaire de
» police, qui n'avait pas le droit d'y pénétrer pen-
» dant la nuit; que ce fait constitue un quasi-délit,
» qui produit contre son auteur l'obligation de ré-
» parer le mal qui en résulte, aux termes des ar-
» ticles 1362 et 1383 du Code civil. »

Rolland s'étant pourvu contre cet arrêt, il fut

confirmé par la Cour de cassation, le 5 novembre 1818 :

« Attendu que si la déclaration du jury, rendue
» conformément à la formule des art. 337 et 345
» du Code d'instruction criminelle, exclut le crime
» de l'accusation, elle ne décide pas nécessaire-
» ment en faveur de l'accusé les faits ou les cir-
» constances qui peuvent le soumettre à des répa-
» rations civiles; qu'ainsi, à l'occasion de l'action
» en réparation civile, les tribunaux civils peuvent
» examiner ces faits et ces circonstances, y trouver
» un quasi-délit, et fixer les dommages qui en ont
» pu résulter au préjudice de l'action civile;

» Attendu que l'arrêt attaqué a reconnu en prin-
» cipe, que tout fait quelconque de l'homme qui
» cause à autrui un dommage, oblige celui par la
» faute duquel il est arrivé à le réparer, et qu'en-
» suite le même arrêt, en appréciant les faits et les
» circonstances de la cause, a reconnu que le de-
» mandeur en cassation avait commis des fautes
» graves constituant un quasi-délit, et que de ce
» quasi-délit il était résulté des dommages au pré-
» judice de la famille Gosse; qu'en cela ledit arrêt,
» après avoir rendu hommage aux lois de la ma-
» tière, n'a fait qu'apprécier les faits et les circons-
» tances de la cause, appréciation que la loi confie
» aux lumières et à la conscience des juges; ——
» Rejette. » (*Voy.* Sirey, tom. XIX, pag. 269).

55. Mais quand, au lieu de ces déclarations négatives, le jury a déclaré positivement que le délit
est constant, ou que l'accusé est coupable, les

juges devant qui la partie lésée porte ensuite séparément son action civile en dommages et intérêts, etc., sont-ils liés par la déclaration du jury? Doivent-ils admettre cette demande sans autre preuve?

Nous ne saurions le penser. « L'autorité de la » chose jugée n'a lieu qu'à l'égard de ce qui fait » l'objet du jugement.

» Il faut que la chose demandée soit la même…, » que la demande soit entre les mêmes parties, » formée par elles et entre elles en la même qua-» lité. » (1351).

Or, l'objet de l'action publique et du jugement criminel, la chose demandée, est la vindicte publique, l'application de la peine prononcée par la loi.

L'objet de l'action civile et du jugement, la chose demandée, est une somme pécuniaire, un intérêt privé.

Le principe que l'autorité de la chose jugée n'a lieu qu'entre les mêmes parties, et lorsque l'objet de la demande est le même, est établi d'une manière générale.

La loi n'a point fait d'exceptions pour les jugemens criminels; elle ne leur a point accordé une autorité plus étendue qu'aux jugemens civils.

On ne peut faire une exception qui n'est pas dans la loi.

Loin de faire cette exception, la loi a fait aux jugemens criminels l'application du principe, lorsque l'occasion s'en est présentée, ou lorsqu'elle a craint qu'on ne l'oubliât.

Ainsi l'art. 235 du Code civil porte que, « si » quelques-uns des faits allégués par l'époux de- » mandeur, donnent lieu à une action criminelle » *de la part du ministère public*, l'action en divorce » (ce qui s'applique aujourd'hui au divorce *à thoro* » *et mensâ*, ou à la séparation de corps) restera sus- » pendue jusqu'après le jugement du tribunal cri- » minel ; alors elle pourra être reprise, sans qu'il » soit permis d'inférer du jugement criminel au- » cune fin de non-recevoir ou exception préjudi- » cielle contre l'époux demandeur (1). »

---

(1) Dans son Répertoire, v°. *Chose jugée*, § 15, pag. 342, M. Merlin, dont ce texte contrarie l'opinion, croit en éluder l'application, en re- marquant que la disposition de l'art. 235 n'est faite que pour le cas où l'époux défendeur en divorce a été acquitté par le jugement criminel. Cet article ne dit pas, suivant lui, que du jugement criminel il ne pourra résulter *aucune fin de non-recevoir ou exception préjudicielle*, contre l'un ou l'autre des époux sans distinction ; il dit seulement, il dit *taxativement* qu'il n'en pourra résulter aucune fin de non-recevoir *contre l'époux demandeur*.

M. Merlin en conclut que si l'époux défendeur est condamné, l'action en divorce se trouve préjugée.

Remarquons à notre tour que l'art. 255 ne pouvait, sans absurdité, s'expliquer autrement, puisque l'art. 232 porte que « la condamnation » de l'un des époux à une peine infamante, sera pour l'autre époux une » cause de divorce. »

Donc si la condamnation de l'époux défendeur prejuge l'action en divorce, ce n'est point, comme le dit M. Merlin, parce que la règle générale est que *le criminel emporte le civil;* c'est parce que la loi l'a voulu ainsi dans ce cas particulier ; car remarquez que l'action en di- vorce n'est pas seulement *préjugée* par la condamnation de l'époux dé- fendeur, elle est *jugée* et jugée par la loi même. Le divorce, et aujour- d'hui la séparation de corps, est alors de plein droit. Il suffit de pré- senter au tribunal une expédition du jugement de condamnation, (Art. 261).

Pourquoi cela? Pour plusieurs raisons. La première, tirée du principe général, et indiquée dans le texte même de l'article, c'est qu'un jugement rendu sur la poursuite du ministère public ne peut être opposé à l'époux demandeur, dont l'action d'ailleurs a un objet tout différent.

La seconde, tirée de l'équité, c'est qu'il peut y avoir assez de faits et des preuves assez fortes pour prononcer le divorce, sans qu'il y en ait assez pour prononcer une peine.

La troisième, applicable à toutes les actions auxquelles un délit peut donner lieu, c'est que, depuis le jugement criminel, on peut avoir découvert de nouvelles preuves.

Supposons maintenant que Pierre ait été, sur la poursuite du ministère public, condamné pour avoir volé 3,000^l dans la maison de Paul.

Paul traduit ensuite Pierre devant un tribunal civil, pour lui demander la restitution des 3,000^l.

Lui suffira-t-il, comme dans le cas spécial du divorce (1), de représenter une expédition du jugement qui condamne Pierre à la peine du vol? Non certainement; car cette manière de procéder est particulière au divorce. Chaque tribunal ne doit prononcer que sur les preuves qui lui sont présentées.

Or, le jugement rendu contre Pierre n'a point acquis la force de la chose jugée en faveur de Paul,

(1) *Voy.* la note précédente.

qui n'y était point partie, et dont la demande a un objet tout différent : il faut donc que Paul apporte d'autres preuves que le jugement rendu contre Pierre ; autrement sa demande doit être re-jetée : *Actore non probante reus absolvi debet.*

Il faut commencer une instance civile dans laquelle Paul pourra faire entendre les témoins déjà entendus dans l'affaire criminelle, et d'autres, s'il le juge à propos. Mais Pierre, de son côté, pourra également en faire entendre de nouveaux.

Il est possible, comme il est arrivé plusieurs fois, que, depuis le jugement, le condamné ait acquis des preuves de son innocence, qu'il soit en état de prouver que le vol a été commis par une autre personne, ou que les témoins entendus contre lui ont porté un faux témoignage.

Il a donc le plus grand intérêt de se défendre, non seulement pour éviter la condamnation des 3,000[1], mais encore pour confondre l'imposture des précédens témoins, pour obtenir un jugement civil qui fera peut-être éclater son innocence, et qui pourra préparer les voies à la révision d'un jugement criminel injustement rendu, ou que du moins il pourra, dans l'opinion publique, opposer à la condamnation qui le flétrit, et présenter au souverain, comme un titre à sa gracieuse jus-tice. Qu'elle serait injuste, qu'elle serait odieuse la jurisprudence qui refuserait cette ressource ou cette consolation à un innocent condamné !

56. Cependant M. Merlin, dans les conclusions qu'il donna, le 30 avril 1807, sur l'affaire de la

soi-disant Rogres de Lusignan (1), après avoir,
avec beaucoup de force, établi que le jugement
civil, lorsqu'il a précédé, ne doit jamais influer
sur le jugement criminel, soutint en passant, et
par occasion, qu'il en est autrement lorsque le jugement criminel a précédé. Il prétendit qu'alors
le tribunal, où sont ensuite portées les actions civiles, est lié par le jugement criminel, et que celui-
ci doit nécessairement entraîner le jugement civil,
lors même que la personne qui exerce l'action civile n'a point paru au procès criminel. Il en fait
même une règle ainsi conçue : *Le criminel emporte
le civil.*

Depuis ce tems, dans les conclusions qu'il donna,
le 7 mars 1813, sur une affaire portée à la Cour
de cassation, par le sieur Tourangin, contre le
sieur Charret, M. Merlin traita la question *ex professo* (1).

Il s'aperçut, sans doute, que sa prétendue règle, *le criminel emporte le civil,* telle qu'il l'avait
d'abord posée, manquait d'exactitude. Il la rec-
tifia donc en disant : *le criminel tient le civil en état;*
c'est-à-dire que l'exercice de l'action civile est suspendu, tant qu'il n'a pas été prononcé définitivement sur l'action publique.

Maxime fondée en raison, reçue dans notre ancienne jurisprudence, et adoptée par nos lois nou-

---

(1) *Voy.* le Répertoire de jurisprudence, v⁰. *Chose jugée,* § 15.
(2) *Voy.* le tom. XV de la 4ᵉ. édition du Répertoire de jurisprudence,
contenant des additions aux quatorze volumes précédens, v⁰. *Non bis
in idem,* pag. 490 et suiv.

velles, d'abord par l'art. 8 du Code des délits et des peines, du 4 brumaire an IV, et ensuite par l'art. 3 du Code d'instruction criminelle, du 9 septembre 1806, décrété le 17 novembre 1808.

C'est de cette maxime que part M. Merlin pour soutenir que, *dans tous les cas,* le jugement criminel a une influence nécessaire et forcée sur le jugement de l'action civile, *soit que le prévenu soit condamné ou absous* (1); ou, comme il le disait dans l'affaire de la soi-disant Rogres de Lusignan, que toujours *le criminel emporte le civil.*

Il ne se dissimule pas que la négative paraît d'abord *incontestable,* et semble dériver du principe que l'exception de la chose jugée n'a lieu qu'entre les parties avec lesquelles a été rendu le jugement qui l'a produit, et lorsque la chose demandée est la même, etc., suivant les règles établies par l'article 1351.

Mais, ajoute-t-il, dans l'affaire Tourangin, quelque générale que soit la disposition de cet article, il a ses exceptions. Il y a des jugemens civils qui peuvent être opposés au ministère public agissant pour la vindicte sociale, quoiqu'il n'ait pas été partie, et des jugemens criminels qui peuvent être opposés aux particuliers, quoiqu'ils n'aient figuré dans les procès, ni comme accusés, ni comme parties civiles.

_____

(1) *Voy. ubi supra,* pag. 496, col. A, *in fine.*

Cette doctrine est exacte et vraie. Ces jugemens sont ceux qui sont rendus sur des questions ou des actions qu'on appelle *préjudicielles*, parce qu'elles doivent être jugées (1) avant d'autres actions ou questions, sur le jugement desquelles elles *peuvent* influer, et dont, par ce motif, le jugement est suspendu jusqu'au jugement de la question *préjudicielle*.

Nous disons que le jugement de la question préjudicielle *peut* influer sur le jugement de l'autre question dont le jugement est suspendu. Nous ne disons pas *doit*, parce que le jugement de la question préjudicielle n'influe pas *toujours* (2) et nécessairement sur celui de l'action suspendue : c'est en cela que notre opinion s'écarte de celle de M. Merlin. L'influence du jugement de l'action préjudicielle dépend, par la nature des choses, de la manière dont les juges ont prononcé. Prouvons ce que nous venons d'avancer par l'exemple d'action préjudicielle donné par M. Merlin lui-même.

C'est le cas du prévenu d'un délit forestier, qui soutient, par exception, que le bois où le fait a été commis, les arbres enlevés, etc., lui appartiennent. Si sa prétention est fondée, il est évident qu'il n'existe point de délit. Il est donc nécessaire de faire préalablement juger la question *préjudicielle* de pro-

---

(1) *Præjudiciales actiones dicuntur ex eo quod plerumque præ, id est antè exerceantur quàm alia judicia præcurrant.* Voy. le Glossaire de Vicat., v°. *Præjudiciales actiones.*

(2) *Voy.* tom. X, n°. 258.

priété , et par conséquent de suspendre l'action
correctionnelle.

Si les juges civils décident que le bois appartient
au prévenu, leur jugement a une influence nécessaire et forcée sur l'action correctionnelle , qui
tombe d'elle-même , car il est prouvé qu'il n'a
point existé de délit.

Mais si les juges civils décident que le bois n'appartient point au prévenu , mais au domaine , le
jugement de l'action correctionnelle n'est nullement préjugé. L'instance reprend son cours ; tous
les moyens de défense subsistent : il reste à examiner ,

1°. Si le délit est constant ;

2°. S'il a été commis par le prévenu ;

3°. S'il n'a pas de moyens suffisans d'excuse, etc.,
etc. Aucune de ces questions n'est préjugée par le
jugement de la question préjudicielle ; il n'a, et il
ne peut avoir aucune influence sur le jugement de
ces questions ; ou , si l'on veut , il n'a d'autre influence que de laisser un libre cours à l'action suspendue.

Il est donc constant que l'influence ou la non
influence du jugement de la question ou action
préjudicielle sur l'action suspendue dépend , nécessairement et par la nature des choses , de la
manière dont les juges prononcent, de la manière
dont le jugement est rendu.

Dès lors il n'est pas exact, il n'est pas vrai de dire
que le jugement de la question préjudicielle a *toujours* une influence nécessaire et forcée sur le jugement de l'action suspendue ; il n'a le plus souvent

sur elle d'autre influence que de lui rendre son libre cours.

Cette doctrine, fondée sur l'observation, nous paraît évidente et d'une vérité incontestable. Faisons-en l'application aux actions criminelles intentées pour la punition d'un fait qualifié crime ou délit, et duquel, *considéré comme crime ou délit,* il naît des actions au profit des particuliers. Toutes ces actions sont nécessairement *préjudicielles,* dit M. Merlin.

D'accord. Toutes sont préjudicielles dans le sens qu'elles doivent nécessairement être jugées avant l'action civile à laquelle le délit peut donner lieu. La loi le veut et la raison le dit, parce que, s'il n'y a point de délit, il ne peut y avoir d'action civile.

Mais les actions criminelles ne sont pas préjudicielles : quel que soit le jugement criminel qui intervienne, il a une influence nécessaire et forcée sur le jugement de l'action civile.

Il n'y a dans une action criminelle préjudicielle que trois manières possibles de juger : l'une, que le délit n'est pas constant, ou que le prévenu n'en est pas convaincu ; l'autre, qu'il n'existe point de délit, ou que le prévenu n'en est pas l'auteur ; la troisième, que le délit est constant, et que le prévenu en est convaincu ou coupable.

La première de ces manières de prononcer ne préjuge nullement l'action civile, et le jugement ainsi rendu ne peut être opposé par le prévenu acquitté à celui qui exerce l'action civile, ou contre qui l'acquitté formerait lui-même une action ci-

vile. Pourquoi cela ? Parce qu'il ne peut en ce cas
invoquer l'autorité de la chose jugée. Et pourquoi
ne le peut-il pas? Parce que, comme le dit ailleurs
M. Merlin, juger qu'un délit n'est pas constant, ce
n'est pas juger qu'il n'existe point; c'est seulement
juger que son existence n'ayant point été prouvée
par le ministère public, on a été forcé d'acquitter
le prévenu, suivant la maxime, *actore non probante
reus absolvi debet.*

Celui-ci ne peut donc opposer un pareil jugement au particulier qui exerce une action civile,
ou contre qui lui-même il en dirige une, parce que,
comme le dit encore M. Merlin, dans l'affaire Godier, un jugement ne peut former une exception
de chose jugée que sur le point qu'il juge réellement.

Or, un pareil jugement ne décide point que le
délit n'existe pas, mais seulement qu'il n'en existait point de preuves suffisantes pour condamner
le prévenu à la peine prononcée pour la vindicte
publique. Ainsi, quand celui contre qui l'action
est formée par le prévenu, ou qui en exerce une
contre lui, eût été partie civile dans le procès terminé par un pareil jugement, il ne peut jamais être
opposé par le prévenu acquitté.

S'il est demandeur en action civile quelconque,
il faut qu'il prouve sa demande; s'il est défendeur
en action civile pour réparation du prétendu délit,
c'est à son adversaire à prouver sa demande. Mais
elle est recevable, et on ne peut y opposer l'autorité
de la chose jugée. Ces principes sont professés par
M. Merlin, avec sa force de logique ordinaire, dans

l'affaire Godier, dans l'affaire Regnier et dans plusieurs autres. Ils sont consacrés par les arrêts rendus dans ces deux affaires, et par d'autres qu'il est inutile de citer; c'est désormais un point de jurisprudence irrévocablement fixé.

Ainsi, des trois manières de prononcer dans une action criminelle préjudicielle, il est constant, il est reconnu que la première ne peut influer en rien sur le jugement de l'instance civile, quoique le prévenu soit acquitté.

Dès ici, nous pouvons donc prendre pour constant que de cela seul que l'action criminelle est préjudicielle, on ne saurait conclure que le jugement qui intervient ait une influence nécessaire et forcée sur l'action civile.

Au contraire, cette influence existe par la nature des choses (1), dans la seconde manière de prononcer; c'est-à-dire lorsqu'il a été formellement jugé que le délit n'existe point, ou que le prévenu n'en est pas l'auteur. Un pareil jugement n'a pas seulement de l'influence sur l'action civile qu'on voudrait fonder sur l'existence du délit; il anéantit cette action, qui n'a jamais existé; car point de délit, point d'action civile *à raison du délit.*

C'est ainsi, dans l'exemple ci-devant cité, que la propriété du bois adjugée au prévenu d'un délit forestier, anéantit l'action correctionnelle. Il y a même raison de décider dans l'un et l'autre cas: point de délit, point d'action civile.

---

(1) Erreur rétractée tom. X, n°, 258.

.Vainement celui qui veut former une action ci-vile alléguerait-il qu'on ne peut lui opposer un jugement dans lequel il n'était point partie. (Art. 1351). Le prévenu jugé innocent lui répondrait : Le jugement qui proclame mon innocence a, en ma faveur, l'autorité de la chose jugée envers et contre tous. Il est contradictoire avec le magistrat, seul chargé par la loi de poursuivre les crimes et les délits au nom de la société. Il les poursuit aux risques et fortune de tous ceux qui y sont intéressés, et qui sont censés s'en rapporter à lui, lorsqu'ils ne se rendent pas parties civiles, comme la loi leur en donne la faculté. Le jugement qui intervient avec lui ne peut jamais être attaqué par les parties privées ; il est pour moi un titre irréfragable. Je ne puis plus être recherché ni poursuivi à raison de ce prétendu délit ; la loi me couvre de son égide : *Non bis in idem* (1).

Ces principes, avoués par la raison, ont été consacrés par plusieurs arrêts sur les conclusions de M. Merlin, notamment par l'arrêt rendu le 17 mars 1813, dans l'affaire portée à la Cour de cassation,

_____

(1) Mais il faut bien remarquer qu'un pareil jugement n'empêche point les juges civils d'accorder à la partie lésée des dommages et intérêts à raison des mêmes faits considérés comme quasi-délits. *Vid. suprà*, n°. 34 *bis*. Car dire qu'il n'y a point de délit, que l'accusé n'est pas coupable du délit qu'on lui imputait, ce n'est pas dire qu'il n'est pas coupable d'imprudence ou de quasi-délit. Ainsi, pour que le jugement d'absolution ait une influence nécessaire sur l'action civile, il faut qu'il porte qu'il n'y a point de *corps de délit*, que le fait n'a point existé, et non que le fait n'est pas constant, ou qu'il n'est pas un délit. C'est dans le cas où il est jugé qu'il n'y a point de *corps de délit* que le jugement préjuge nécessairement l'action en dommages et intérêts.

par Tourangin, contre Charret (1); affaire dans laquelle la chambre correctionnelle de Bourges avait jugé *in terminis* que non seulement Charret n'avait commis ni vols ni escroquerie chez Tourangin, mais qu'il n'existait pas de *corps de délit*.

Il nous reste à examiner la troisième manière de prononcer, c'est-à-dire quand il a été décidé que le prévenu est coupable. Le jugement qui con-

---

(1) Cet arrêt est rapporté, avec les conclusions de M. Merlin, dans le tom. XV de sa 4ᵉ. édition du Répertoire de jurisprudence, pag. 499. Voici les considérans relatifs à la question qui nous occupe : « Sur le se-
» cond moyen, que le demandeur fait résulter de ce qu'il n'a pas été
» partie dans l'arrêt de la chambre correctionnelle, qui a renvoyé le
» sieur Charret de la plainte en vols, et que dès lors cet arrêt ne pou-
» vait lui être opposée, considérant que le ministère public est seul
» partie capable pour poursuivre les crimes et délits ; qu'il les poursuit
» aux périls, risques et fortune de tous ceux qui y sont intéressés, lors-
» qu'ils ne se rendent pas parties civiles, et que le jugement qui inter-
» vient avec lui ne peut jamais être attaqué par les parties privées; que
» cela résulte nécessairement de l'art. 3 du Code d'instruction crimi-
» nelle, portant que l'exercice de l'action civile..... est suspendu, jus-
» qu'à ce que l'action publique ait été définitivement jugée; que, d'après
» cette disposition, l'action publique est évidemment préjudicielle à
» l'action civile, et que dès lors le jugement qui intervient sur l'une,
» même en l'absence de la partie privée, ne peut ne pas avoir l'autorité
» de la chose jugée sur l'autre; qu'ainsi, dans l'espèce, un arrêt de la
» chambre correctionnelle de Bourges ayant jugé, sur la poursuite du
» ministère public, que le sieur Charret n'avait commis ni vols, ni escro-
» querie chez le sieur Tourangin, cet arrêt a acquis, vis-à-vis de ce der-
» nier, l'autorité de la chose jugée.... Sur le troisième moyen, résultant
» de ce que l'obligation du 9 juillet avait une cause bien connue, puis-
» qu'elle avait été souscrite pour réparation de vols commis par le sieur
» Charret...... ; considérant que la chambre correctionnelle ayant jugé
» *in terminis* que non seulement le sieur Charret n'avait commis ni
» vols ni escroquerie, mais même qu'il n'existait pas de *corps de délit*,
» etc. »

Voy. encore les conclusions de M. Merlin, et l'arrêt intervenu dans l'affaire du sieur Capelan, *ubi suprà*, pag. 500 et suiv.

damne à la peine prononcée pour la vindicte publique, a-t-il, sur l'action civile portée dans un tribunal civil, une influence telle que le condamné ne puisse plus se défendre en soutenant son innocence et en demandant à prouver? Les juges civils sont-ils forcés de repousser une demande si favorable, quelques preuves qu'il donne ou qu'il offre de donner de son innocence? Voilà ce qui nous paraît aussi contraire à la raison qu'aux principes de droit et à ceux de l'humanité.

Tâchons donc de peser les motifs de l'opinion contraire, professée par M. Merlin (1).

Supposons qu'un meurtre ait été commis; c'est l'exemple qu'il donne. Si le meutrier est déclaré coupable, la veuve et les enfans de l'homicide pourront, dit-il, même sans avoir paru dans le procès criminel, s'emparer du jugement qui aura condamné le prévenu aux peines portées par la loi, et faire valoir ce jugement devant le tribunal civil, pour obtenir des dommages-intérêts; c'est la disposition expresse de l'art. 359 du Code d'instruction criminelle.

Jusques là nous sommes d'accord. Oui, sans doute, la partie lésée peut, pour obtenir des dommages-intérêts, faire valoir devant le tribunal civil le jugement qui condamne le prévenu, sauf les défenses de celui-ci ou de ses héritiers, si c'est contre eux que l'action civile est formée.

_____

(1) Dans le tom. XV de la 4e. édition du Répertoire, v°. *Non bis in dem*, § 15, pag. 493.

Mais M. Merlin va plus loin, et prétend que le condamné n'est pas recevable à soutenir pour sa défense, et à prouver qu'il n'est pas coupable, et qu'il a été injustement condamné. C'est cette, opinion que nous ne saurions partager, et qui nous paraît une erreur. Voici comment M. Merlin essaie de la prouver :

L'art. 3 du Code d'instruction criminelle dit que l'exercice de l'action civile, quand elle est poursuivie séparément, est suspendu tant qu'il n'a pas été prononcé définitivement sur l'action publique.

« Pourquoi cela, dit M. Merlin? C'est que l'ac-
» tion publique est *préjudicielle* à l'action civile ».
Nous sommes encore d'accord sur ce point : l'action publique est *préjudicielle*. Mais il tire de là une conséquence trop étendue, et qui nous paraît fausse parce qu'elle est générale.

« C'est, par conséquent, poursuit-il, que l'ac-
» tion civile doit réussir, si l'action publique réus-
» sit, et échouer, si l'action publique échoue; c'est,
» par conséquent, que le jugement *à rendre sur*
» *l'action publique recevra à l'action civile une appli-*
» *cation nécessaire et forcée.*

» Il n'importe que, sur l'action publique, le pré-
» venu soit condamné ou absous. S'il est condamné,
» *il ne sera plus recevable à soutenir* devant le tribu-
» nal civil, lorsqu'il y sera traduit par la partie
» privée, *qu'il n'est pas coupable* du délit dont elle
» lui demande la réparation; nous avons déjà vu
» que l'art. 359 *le décide ainsi textuellement* ».

Nous avons déjà démontré que l'influence, at-tribuée par M. Merlin au jugement de l'action *préjudicielle* sur l'action qu'elle suspend, est évidemment trop étendue.

Le jugement de l'action préjudicielle peut, en effet, entraîner quelquefois le jugement de la seconde action, ou plutôt anéantir cette action même; c'est pour cela que le jugement est suspendu.

Mais le jugement de l'action préjudicielle n'a souvent sur l'action suspendue d'autre effet que de la rendre au cours ordinaire des choses. Nous l'avons prouvé en examinant le cas du prévenu d'un délit forestier, qui allègue pour sa défense que la forêt lui appartient : c'est l'exemple d'action préjudicielle choisi par M. Merlin.

Si la question de propriété est jugée en faveur du prévenu, l'action correctionnelle n'est pas seulement préjugée; elle est anéantie, parce qu'il n'y a pas de délit.

Mais si la prétention de propriété, formée par le prévenu, est rejetée, l'action correctionnelle n'est nullement préjugée; elle cesse seulement d'être suspendue; elle est rendue à son cours ordinaire, sauf les moyens respectifs de part et d'autre. Le fait qualifié délit est-il constant? Forme-t-il réellement un délit? Le prévenu en est-il l'auteur? A-t-il des moyens d'excuse, etc.?

Aucune de ces questions n'est préjugée; le jugement de l'action préjudicielle n'influe en rien sur ces questions.

Ainsi, de ce qu'une action est *préjudicielle*, on ne peut conclure que, dans tous les cas, sans distinction, le jugement rendu sur cette action a une influence forcée sur le jugement de l'action suspendue. Revenons aux actions criminelles suivies par le ministère public. De ce que ces actions sont *préjudicielles,* on n'en peut conclure que le jugement ait *une application forcée* à l'action civile : il n'a cette application que dans le cas où il est jugé qu'il n'y a point de corps de délit (1), ou que le prévenu n'en est pas l'auteur, parce qu'alors l'action civile suspendue est anéantie, comme dans le cas où il est jugé que le prévenu d'un délit forestier est propriétaire.

Mais si le délit est déclaré non constant, ou l'accusé non convaincu, *l'action publique échoue,* et cependant l'action civile n'est pas préjugée. Nous l'avons démontré d'après les principes professés par M. Merlin, et consacrés par plusieurs arrêts rendus sur ses conclusions.

Il n'est donc pas vrai que l'action civile doive nécessairement échouer, si l'action préjudicielle échoue. Il n'est donc pas vrai *que le jugement rendu sur l'action publique, lorsqu'elle est préjudicielle, reçoive à l'action civile une application forcée.*

Le jugement rendu sur l'action publique ne reçut point cette application dans les affaires Godier et Regnier.

Ainsi tombe le premier des motifs sur lesquels M. Merlin fonde son opinion, que « le condamné » ne sera plus recevable à soutenir devant le tri-

---

(1) *Voy.* ce que nous avons dit tom. X, n°. 258.

» bunal civil, lorsqu'il y sera traduit par la partie
» privée, qu'il n'est pas coupable du délit dont
» elle lui demande la réparation ».

Mais il ajoute, et c'est le second motif de son
opinion, que l'art. 359 (du Code d'instruction
criminelle) *le décide ainsi textuellement.*

Si tel était en effet le texte de l'article, il ne nous
resterait qu'à réunir nos forces pour en démontrer l'injustice, et en solliciter l'abrogation. Mais
non, mille fois non.

Cet article ne décide, ni textuellement, ni par
induction, que le condamné n'est point recevable
à soutenir devant le tribunal civil, qu'il n'est pas
coupable du délit pour lequel il a été injustement
condamné, et dont cependant la partie privée lui
demande la réparation. C'est calomnier la loi que
de lui prêter une pareille disposition.

L'article cité se borne à régler dans quels cas l'action civile doit être portée devant la Cour d'assises,
ou devant le tribunal civil. Il ne dit pas un mot
des moyens de défense que le condamné ou la partie lésée pourra employer. En voici le texte :

« Les demandes en dommages-intérêts, for-
» mées, soit par l'accusé contre ses dénonciateurs
» ou la partie civile, soit par la partie civile contre
» l'accusé ou le condamné, seront portées à la Cour
» d'assises.

» La partie civile est tenue de former sa de-
» mande en dommages-intérêts avant le jugement;
» plus tard elle sera non recevable.

» Il en sera de même de l'accusé, s'il a connu
» son dénonciateur.

» Dans.le cas où l'accusé n'aurait connu son dé-
» nonciateur que depuis le jugement, mais avant
» la fin de la session, il sera tenu, sous peine de
» déchéance, de porter sa demande à la Cour
» d'assises ; s'il ne l'a connu qu'après la clôture de
» la session, sa demande sera portée au tribunal
» civil.

» A l'égard des tiers qui n'auraient pas été par-
» ties au procès, ils s'adresseront au tribunal ci-
» vil. »

Il est évident que ce texte ne décide, ni expressément, ni par induction, que le condamné sera
non recevable devant le tribunal civil, où il sera
traduit, à soutenir qu'il n'est pas coupable du
délit dont on lui demande la réparation, et pour
lequel il a été condamné injustement.

Ainsi tombe le second et dernier moyen sur lequel M. Merlin fonde son opinion. Elle n'est fondée ni sur aucun texte de la loi, ni sur une induction nécessaire de ce que l'action criminelle
est préjudicielle.

La question reste donc sous l'empire du droit
commun, sous la disposition de l'art. 1351 du Code
civil, qui ne permet d'invoquer l'autorité de la
chose jugée que dans le cas où la chose demandée
est la même, la demande entre les mêmes parties, et formée par elles et contre elles, en la même
qualité.

57. Mais, dit M. Mourre (1), *c'est une épouvan-*

---

(1) *Voy.* les conclusions qu'il donna dans la dernière affaire entre
Regnier et Michel ; elles sont imprimées dans le Recueil de Sirey,
an 1817, 1re. part., pag. 172 et suiv.

table théorie que de faire rejuger au civil une question déjà jugée au criminel.

Mais n'est-ce point une théorie cent fois plus épouvantable que d'empêcher un innocent condamné de se défendre devant le tribunal civil où il est traduit; de lui ôter le moyen de démontrer son innocence par des moyens qu'il a pu ne connaître que depuis son injuste condamnation, et d'en préparer ainsi la révision, en prouvant que les témoins ont porté un faux témoignage, que c'est une autre personne qui a commis le délit, etc. ?

Qu'a donc de si épouvantable une théorie pleine d'humanité, puisée dans le droit romain, adoptée par l'ancienne jurisprudence, et consacrée par l'art. 1351 du Code civil ?

Il est vrai que si le jugement criminel n'a point à l'action civile une application forcée, il en pourra naître du scandale, lorsque deux jugemens, l'un criminel, l'autre civil, se trouveront en contradiction. Mais malheureusement ce scandale n'est pas rare; il est de tous les tems, de tous les pays. On a fait et on fait souvent *rejuger*, par un tribunal, ce qui a été déjà jugé par un autre.

Bien plus : on fait *rejuger* par la même Cour, par le même tribunal, une question qu'ils ont déjà jugée entre d'autres personnes, et il n'est pas rare que le second jugement soit contraire au premier. Était-ce une chose épouvantable d'entendre l'éloquent et vertueux Lally-Tollendal défendre et faire réhabiliter la mémoire de son infortuné père ? de voir la famille Calas, la famille Sirven, etc., attaquer les arrêts rendus et exécutés contre leurs auteurs?

C'est une chose à la vérité bien humiliante pour la raison humaine, que ces jugemens contradictoires sur la même question ou sur le même fait! Mais nous avons déjà observé que les preuves judiciaires ne sont jamais ou presque jamais un moyen infaillible de découvrir la vérité.

Ajoutez à cela les passions des hommes, l'esprit de parti, les erreurs dans lesquelles on peut entraîner des juges d'ailleurs honnêtes, etc., etc., et convenez que la loi est sage, quand, au lieu de regarder la chose jugée comme une vérité incontestable, elle la range au nombre des présomptions, et permet de faire *rejuger* ce qui a été déjà jugé entre d'autres personnes. Où est la loi qui excepte les jugemens criminels de la règle commune, et qui leur accorde une infaillibilité refusée aux jugemens civils?

Nous croyons donc pouvoir poser en principe que les jugemens criminels qui déclarent le délit constant et l'accusé convaincu, ne lient pas plus les tribunaux devant qui l'action civile est portée séparément, que les jugemens qui déclarent le fait non constant ou l'accusé non convaincu.

Le demandeur en action civile ou en réparation est obligé, suivant la règle ordinaire et générale, d'apporter au soutien de sa demande d'autres preuves que le jugement qui inflige au condamné la peine prononcée par la loi; et ces preuves peuvent être contredites par le condamné ou par ses héritiers.

Passons à l'effet des preuves.

38. L'effet des preuves est de persuader le juge, et même quelquefois de le contraindre à y conformer son jugement, quant même il ne serait pas pleinement persuadé; car nous avons déjà remarqué qu'il y a des preuves que la loi veut qu'on tienne pour sûres, et auxquelles le magistrat ne peut se dispenser de conformer son jugement. Telles sont toutes les présomptions légales, l'autorité de la chose jugée, un acte authentique et même sous seing privé dont l'écriture est reconnue, et où se trouvent consignées des conventions clairement exprimées.

Quant aux autres preuves, soit par témoins, soit par d'autres moyens, et desquelles la loi n'a pu déterminer l'effet précis, la question de savoir si un fait est prouvé ou s'il ne l'est point, dépend toujours de la prudence du juge, qui doit discerner si les témoignages ou les autres sortes de preuves sont suffisantes ou ne le sont point (1). De là deux sortes de discussions :

1°. Pour connaître quel doit être l'effet d'une preuve, et quel égard on doit y avoir, le juge examine premièrement si les formalités prescrites par

----

(1) *Quæ argumenta ad quem modum probandæ cuique rei sufficiant, nulla certo modo satis definiri potest.... hoc ergò solùm tibi rescribere possum summatim, non utiquè ad unam probationis speciem, cognitionem statim alligari debere, sed ex sententià animi tui æstimari oportere, quid aut credas, aut parùm probatum tibi opinaris. Loi 3, § 2, ff de testib.,* 22. 5.

les lois ont été observées. Ainsi, dans le cas où la preuve par témoins peut être reçue, il faut voir si leurs dépositions sont accompagnées de toutes les formalités exigées pour leur validité. Quand c'est par un écrit qu'on peut prouver un fait, il faut examiner si l'écrit est en bonne forme, et tel qu'il puisse servir de preuve; ou, comme on dit, s'il est en forme probante.

Le second examen des preuves consiste à discerner ce qui en résulte pour établir la vérité des faits qu'il fallait prouver.

Ainsi, pour les dépositions des témoins, le juge examine si les faits dont ils déposent sont les mêmes que ceux qu'on devait prouver, ou si ce sont d'autres faits d'où l'on puisse induire sûrement la vérité des faits contestés; si les témoignages sont conformes les uns aux autres; si, se trouvant différens, la diversité peut se concilier pour former la preuve, ou si elle laisse la chose incertaine; si le nombre des témoins ne laisse aucun doute; si, entre plusieurs témoins qui déposent différemment, la probité et l'intégrité de quelques-uns donnent plus de poids à leur témoignage; s'il n'y a point de variation dans une déposition; si quelques témoins sont suspects de favoriser une des parties ou de vouloir lui nuire, etc.

Ainsi, dans les preuves écrites et dans toutes les autres espèces de preuves, il est de la prudence du juge de discerner ce qui peut suffire pour établir la vérité d'un fait, et ce qui laisse dans l'incertitude; de considérer le rapport et la liaison

que peuvent avoir les faits qui résultent des preuves, avec ceux dont on cherche la vérité; d'examiner si les preuves sont concluantes, ou si ce sont
seulement des présomptions, des conjectures, des
indices, et quel égard on doit y avoir; enfin, de juger l'effet des preuves par toutes les différentes
vues que peut donner la connaissance des règles
jointes aux réflexions sur les faits et les circonstances. (*Voy.* Domat, chap. de la Preuve, n°. 22).

39. La distinction que nous avons faite entre les
preuves que la loi regarde comme sûres, et celles
dont elle laisse au magistrat à déterminer la force
et les effets, répand 'beaucoup de lumières sur
l'ancienne et célèbre question de savoir si le magistrat doit, en jugeant, suivre les connaissances
personnelles qu'il peut avoir du fait soumis à sa
décision, ou le résultat des preuves acquises pendant le cours de la procédure.

C'est ainsi que la question doit être posée, et
non comme l'ont fait les interprètes et les docteurs:
Si le magistrat doit juger suivant sa conscience ou
suivant les preuves acquises au procès : *An judex
judicare debeat secundùm conscientiam, an secundùm
allegata et probata.* (Mascardus , conclus. 951,
tom. II, pag. 486).

Car, ainsi posée, la question n'est douteuse ni
en morale ni en jurisprudence. Il est incontestable
que chacun doit suivre sa conscience, lorsqu'elle
est suffisamment éclairée. La conscience est le jugement que chacun porte de ses propres actions,

comparées avec la loi, qui doit leur servir de règle (1).

Or, qu'est-ce que la loi commande au juge? D'écouter les deux contendans, de peser leurs preuves dans la balance de la justice, de prononcer en faveur des plus fortes, sans acception de personnes.

Lui ordonne-t-elle, lui permet-elle de mettre, dans l'un des bassins, le poids de son propre témoignage, pour l'opposer aux preuves de l'un des contendans?

Non, certainement; elle ne pouvait le permettre sans injustice; car celui à qui ce témoignage se trouverait contraire, serait jugé sans avoir été entendu, sans avoir pu l'être.

La première règle de justice, *ne inauditus condemnetur*, est donc violée, si chaque contendant n'a pas la faculté d'examiner, de peser, de combattre les preuves de son adversaire. Or, c'est ce qu'il ne peut faire, si le juge se permet d'opposer son propre témoignage aux preuves données et discutées dans le cours de la procédure. Par exemple, Titius demande 3,000^l aux héritiers de Caïus, en vertu d'un contrat authentique. Soit faute de preuves, soit par ignorance des faits, ces héritiers n'ont point formé d'inscription de faux; mais le juge sait, de science certaine, que l'acte est faux, que jamais Titius n'a donné les 3,000^l.

---

(1) *Voy.* Barbeyrac, des Devoirs de l'homme et du citoyen, trad. de Puffendorf, tom. I, chap. 1, § 5, note 1.

Que doit-il faire? (1) Que lui prescrit sa conscience? De conformer son jugement à la loi, règle de toutes ses actions, sur-tout en qualité de juge

Or, la loi lui dit que l'acte authentique fait *pleine foi*, jusqu'à l'*inscription de faux*, de la convention qu'il renferme (1319); que cette convention a force de loi entre les parties (1134) : il doit donc prononcer en faveur de Titius, s'il veut obéir à sa conscience éclairée, qui lui prescrit de conformer son jugement à la loi.

S'il lui répugnait d'être juge dans une affaire dont il connaissait personnellement les faits, il pouvait, il devait se déporter dès le principe, afin de réserver aux héritiers de Caïus la ressource d'un témoignage qui pouvait devenir décisif en leur faveur.

En restant juge pour rejeter plus sûrement la demande de Titius, par la connaissance qu'il avait de

---

(1) Qu'eût fait Scipion l'Africain? Nommé censeur à Rome, il exerçait un jour, avec les solennités accoutumées, les fonctions de sa charge, qui lui donnait le droit de dégrader les sénateurs et les chevaliers, sans autre témoignage que celui de sa conscience, comme nos juges peuvent rejeter sans motif une adoption proposée. Au moment où les chevaliers passaient la revue devant le censeur, en présence du peuple assemblé, Scipion arrêta Licinius, chevalier romain et prêtre de Jupiter, et déclara à haute voix qu'il savait positivement que Licinius avait commis un parjure, et qu'on pourrait l'appeler en témoignage, s'il se présentait un accusateur. Personne ne s'étant présenté : Passez, lui dit Scipion, passez, prêtre de Jupiter; je vous fais grâce de la censure, afin de n'être pas contre vous en même tems accusateur, témoin et juge. *Traduc equum, inquit, sacerdos, ac lucrifac censoriam notam : ne ego in tuam personam, et accusatoris, et testis, et judicis partes egisse videar.* Valer. Maxim., *lib.* 4, *cap.* 1, n°. 10.

la fausseté de l'acte, il commet une injustice évidente; il se rend en même tems accusateur, témoin et juge, sans que le condamné ait pu être
entendu.

Quant aux preuves dont la loi n'a pu déterminer elle-même la force et les effets, qui demeurent abandonnées à la prudence et à la sagacité du
juge, il a plus de pouvoir et de facilités pour mettre
dans la balance les connaissances personnelles qu'il
peut avoir des faits soumis à sa décision.

Mais jusqu'à quel point ces connaissances doi-
vent-elles influer sur sa décision?

Supposons qu'en une affaire où la preuve testimoniale n'est pas admissible, parce qu'il s'agit
de plus de 150[1], le hasard ait procuré au juge une
connaissance personnelle des faits; devra-t-il se
décider d'après son seul témoignage?

Non, certes, ou il violera la loi qui lui défend
d'admettre la preuve testimoniale. Si les témoins
les plus irrécusables lui étaient présentés, il serait
forcé de les repousser. Pourra-t-il, après les avoir
repoussés, prendre son seul et unique témoignage
pour règle de décision? Il ne le peut, sous une législation qui ordonne aux juges de rendre compte
des motifs de leurs jugemens.

Supposons encore que plusieurs témoins, jouis-
sant d'une bonne réputation, et auxquels aucun
moyen de reproche n'a été opposé, attestent un
fait dont le juge connaît ou croit connaître personnellement la fausseté; pourra-t-il, devra-t-il
opposer son témoignage aux dépositions uniformes de plusieurs témoins non reprochés? Il ne le

peut sans injustice , sans se rendre en quelque
sorte juge dans sa propre cause.

D'abord, est-il bien assuré d'avoir bien vu,
d'avoir mieux vu que les témoins en plus grand
nombre qui lui sont contraires? Est-il bien sûr
que ces témoins , malgré leur bonne réputation,
ne sont que des imposteurs et des parjures , quoique la partie intéressée ne les en accuse pas? Quand
des témoins se trouvent contraires dans leurs dépositions, c'est au juge de balancer leurs témoignages et de prononcer entre eux; s'il s'arroge le
droit de balancer son propre témoignage avec celui des témoins publiquement entendus, et même
de lui donner la préférence, il se rend évidemment juge dans sa propre cause; il décide seul
entre lui et les autres témoins : pour comble d'injustice, il décide sans que la partie intéressée ait
pu être entendue. Ainsi, toutes les règles de la justice sont violées, lorsque, dans une question de
fait, le juge se permet d'opposer aux preuves acquises ses connaissances personnelles. On ne voit
plus alors en lui l'organe ou le ministre impartial
de la loi, que Cicéron nomme avec raison la loi vivante, *lex loquens* ; on n'y voit qu'un despote , qui
peut se jouer arbitrairement de la fortune des citoyens et favoriser les uns aux dépens des autres,
ainsi que le reconnaissent très-énergiquement ceux
même qui, comme Vinnius, (1), soutiennent l'o-
pinion que nous combattons.

_____

(1) *Arbitror*, dit-il, *Comment. in princip., instit. de offic. judic.*, n°. 5,
et divino et humano juri consentaneum esse ut judex in quæstione facti ex

Ce sont ces raisons, sans doute, qui ont porté nos derniers législateurs a imposer aux juges l'obligation de rendre compte des motifs de leurs jugemens. Sous une telle législation, il est bien évident que le juge ne peut, dans une question de fait, opposer son témoignage personnel aux preuves acquises dans le cours de la procédure. Qui ne serait révolté de lire, dans *un considérant* : Attendu que si tel fait paraît prouvé par tels ou tels actes, par les dépositions de tels et tels témoins, nous avons connaissance particulière que tel acte est faux, que tous les témoins, quoique non reprochés, sont des imposteurs et des parjures?

Restons donc fermement attachés à l'ancienne doctrine des interprètes, qui distinguent deux personnes dans le magistrat, la personne publique et la personne privée. Celle-là ne connaît et ne doit connaître les faits que par les preuves contradictoirement discutées devant son tribunal et soumises à son examen, *quatenùs de veritate facti ex actis constat,* mais non par le témoignage de la

---

animi sui sententiâ, religione et conscientiâ pronunciet, veritatemque asserat, spretis testimoniis, quamvis ille solus. Falsa ea esse sciat. Maximè si talis est judex ut ab eo nulla sit provocatio..... Sin verò is judex est a quo provocari potest, satiùs est eum à judicando abstinere.... NE TEMERÈ PUBLICA TESTIMONIORUM SPERNATUR AUTORITAS, AUT FENESTRA APERIATUR PRAVIS HOMINIBUS PASSIM GRATIFICANDI CUI VELINT, OBTENTUQUE AC COLORE SCIENTIÆ AUT CONSCIENTIÆ ID IPSUM EXCUSANDI AUT DEFENDENDI.

Comment ce commentateur, dont le jugement est ordinairement si exquis, n'a t-il pas vu que cet inconvénient qu'il blâme si énergiquement dans la personne du juge qui préfère ses connaissances personnelles aux preuves acquises au procès, est beaucoup plus dangereux dans les juges souverains que dans les juges soumis à l'appel?

personne privée, que la partie intéressée n'a pu contredire.

Ce n'est que dans les questions de droit que le magistrat, organe et ministre de la loi, doit suppléer aux omissions faites par les parties ou par leurs avocats, et rappeler les dispositions qu'ils ont oubliées (1) ; c'est pour cela que le juge est institué, et non pour rendre témoignage des faits. Les raisons que nous venons d'exposer ont leur application au cas le plus ordinaire, dans notre législation, celui où il y a plusieurs juges dont l'un prétend se déterminer par la connaissance particulière qu'il a des faits, sans faire part aux autres des motifs de son opinion. S'il leur en fait part, il est évident qu'ils ne doivent avoir aucun égard à son témoignage, puisque les procès-verbaux même, rapportés par un juge, en cette qualité, soit qu'ils l'aient été d'office ou en vertu de délégation du tribunal, ne peuvent servir de base au jugement qu'autant qu'ils ont été produits et communiqués aux parties intéressées, qui ont le droit de les con-

---

(1) On en doutait même autrefois. Le philosophe Favorinus disait que le juge qui suppléait les moyens oubliés par les parties, faisait l'office d'avocat plutôt que celui de juge, *quod patrocinari prorsùs hoc esse videatur, non judicare. Vid.* Aul. Gellius, *noct. attic., lib.* 14, *cap.* 2. Mais les empereurs Dioclétien et Maximilien décidèrent la question par la loi unique au Code, *at quæ desunt advocatis partium judex suppleat*, 2. 11.

Non dubitandum est, judicem, si quid à litigatoribus, vel ab alio qui negotiis adsistunt, minùs fuerit dictum, id supplere, et proferre quod sciat legibus et juri publico convenire. Voy. l'explication de cette loi dans Boehmer, *Jus ecclesiast. protest., lib.* 1, *tit.* 32, *nᵒˢ.* 47 et seq.

tredire et même de les inscrire en faux. Il n'y a que les jurés à qui la loi ne demande aucun compte des motifs de leur opinion (1).

Au reste, pour dissiper les scrupules des personnes qui craindraient d'apercevoir une morale relâchée dans la doctrine que nous professons, il est bon qu'elles sachent que cette doctrine est celle de saint Ambroise, *suprà, psalm.* 118*, beati immaculati, vers.* 20, des théologiens, et sur-tout de saint Thomas, surnommé l'ange de l'école, du cardinal Cajetan, son commentateur (2), et de tous les canonistes. (*Vid.* Pyrrhing, *in tit. de offic. jud., X, § 2, lib.* 1, *tit.* 32, *pag.* 571).

40. Si les preuves se trouvaient de part et d'autre tellement balancées, qu'il fût difficile de voir

---

(1) Voilà précisément ce que beaucoup de juges voudraient être. J'en ai connu un qui se faisait gloire de ne se laisser guider par aucune loi, lorsqu'il la trouvait injuste, ou qu'elle contrariait son opinion. *J'ai ma conscience de juré,* disait-il avec une sorte de fierté. Par exemple, il croyait injuste la loi qui prononce la peine de mort en certains cas; aussi s'est-il toujours et même ouvertement efforcé de l'éluder; et quand il était parvenu à son but, il s'en glorifiait. On pense bien qu'il ne traitait pas les lois civiles d'une autre manière. Qui voudrait être jugé par de pareils hommes? *Optima lex quæ minimùm relinquit arbitrio judicis, optimus judex qui minimùm sibi.* Bacon.

(2) *Summ. in secundâ secundæ part.,* quæst. 67, art. 2, pag. 158, *édition de Paris, Bilaine,* 1645. *Utrùm liceat judici judicare contrà veritatem quam novit, propter ea quæ in contrarium proponuntur.*
Voici sa conclusion :
Cùm judicium ad judices spectet, non secundùm privatam, sed secundùm publicam potestatem, oportet eos judicare, non secundùm veritatem, quam ipsi ut personæ privatæ noverunt, sed secundùm quod ipsis ut personis publicis, per leges, per testes, per instrumenta et per allegata et probata eis innotuit.
Junge ibid., quest. 64, art. 6, pag. 151.

clairement lesquelles doivent l'emporter, ce n'est pas un motif pour autoriser les juges à prononcer arbitrairement ; les lois romaines leur tracent en ce cas des règles sages et fondées sur la raison.

La première est qu'il faut prononcer contre le demandeur chargé du fardeau de la preuve : *Actore non probante, is qui convenitur, licèt ipse nihil præstet, obtinebit. Loi 4, Cod. de edend., 4. 1.* Pourquoi cela ? Parce que nul homme n'est obligé envers un autre qu'en vertu de son consentement et d'une loi précise. Si ce consentement n'est pas prouvé, si les preuves en sont douteuses, il reste dans l'état où l'avait placé la nature, libre de toute obligation. Telle est la véritable raison, la raison première de la loi *47, ff de oblig. et act.*, qui porte : *Arrianus ait, multùm interesse quæreas, utrùm aliquis obligetur, an aliquis liberetur ? Ubi de obligando quæritur propentiores esse debere nos, si habeamus occasionem, ad negandum.* Cette occasion, c'est le cas où les preuves sont douteuses. (*Voy.* Cujas et Brunnemann sur cette loi).

La seconde règle, qui n'est qu'une conséquence ou un développement de la première, est que, dans le doute, on doit prononcer en faveur de la libération : *Ubi de liberando* (*agitur*) *ex contrario, ut facilior sit ad liberationem.* Remarquez toujours que cette facilité n'est autorisée que dans les cas où les preuves laissent du doute. Mais supposons que l'obligation soit clairement prouvée par acte authentique, si l'on veut ; le débiteur la reconnaît ; il prétend seulement qu'il est libéré ; mais les preuves

qu'il en donne ne sont pas concluantes ; elles laissent du doute dans l'esprit du juge , quoiqu'elles
soient de nature à ébranler la croyance d'un homme
raisonnable. Que fera le juge? Le défendeur n'a
point prouvé son exception; c'était à lui de la prouver, *partibus actoris fungebatur.* La preuve de l'o-
bligation continue donc d'être existante ; elle n'est
pas détruite. Faut-il donc prononcer de suite en
faveur du demandeur? Non. Il faut considérer que
le doute qui s'élève sur la libération se répand nécessairement sur l'obligation ; car s'il reste douteux que le défendeur soit libéré, il reste douteux
qu'il soit obligé : il faut donc prononcer en faveur
de la libération (1).

41. Les jurisconsultes romains étendaient l'application de ces règles au cas même où les juges se
trouvaient partagés d'opinion; il en résultait que
la question était douteuse : le partage était alors
en faveur du défendeur : *Inter pares numero judices
si dissonæ sententiæ proferantur, in liberalibus causis...... pro libertate statutum obtinet; in aliis causis
pro reo. Loi* 38, *ff de re jud.,* 42. 1. Dans notre droit
français, et en matière civile, lorsqu'il y a partage
d'opinions entre les juges. on appelle un ou plusieurs autres juges ou jurisconsultes en nombre
impair, et l'affaire est plaidée ou rapportée de nouveau. (*Voy.* art. 108 et 468 du Code de procédure).
Ainsi, notre législation est moins favorable que la

(1) Ou plutôt c'est le cas d'ordonner le serment supplétoire, suivant
l'art. 1567. *Voy.* le n°. 42.

romaine au principe que, dans le doute, il faut prononcer en faveur du défendeur.

42. Nous verrons dans la section 5 ci-après, que l'insuffisance des preuves autorise les juges à déférer le serment supplétoire, même au demandeur, et nous examinerons ce qu'on doit penser de cette doctrine, si avantageusement combattue par des jurisconsultes d'une grande autorité (1).

43. La règle que, dans le doute, il faut absoudre le défendeur, et rejeter la demande qui n'est pas suffisamment vérifiée, doit, si l'on en croit certains interprètes du droit canonique et même du droit civil, fléchir, dans certaines causes, en faveur de certaines personnes. Telles sont les causes appelées pieuses, *causæ piæ,* celles des églises, des hôpitaux, des personnes misérables, des pauvres, les causes d'alimens, etc., etc., car le nombre de ces causes n'était pas déterminé. Des auteurs prétendent que, dans le doute que les preuves peuvent laisser, il faut prononcer en faveur du demandeur qui soutient une cause de cette nature. (*Voy.* Boehmer, *exercit. de collisione probationum, caput* 1, § 17.

C'est une fausse doctrine, une doctrine que tout homme juste doit détester. C'est arracher le bandeau de la justice pour déterminer ses arrêts par des considérations qu'elle ne doit pas voir. C'est

---

(1) *Voy.* Boehmer, *in tit.* 10, *de probat.*; Heineccius, *Dissertatio de lubricitate jurisjurandi suppletorii.*

lui donner deux poids et deux balances pour lui
faire juger la même cause différemment, suivant la
qualité des personnes. Il est sans doute bien odieux
et bien haïssable ce riche avare et dur, qui dispute
à un malheureux des alimens que la religion et la
charité devraient s'empresser d'accorder; mais s'ils
sont réclamés à titre de justice, la justice seule doit
être écoutée. Son bandeau cache à ses yeux les ri-
chesses et la dureté du défendeur; et si la demande
n'est pas prouvée, *reus obtinebit.*

Cette fausse doctrine que, dans les cas douteux,
on doit faire fléchir la règle en faveur de certaines
personnes ou de certaines causes, a égaré quelques auteurs au point d'admettre qu'il existe des
cas où l'amitié peut faire pencher la balance, *casus
pro amico* (1). Le magistrat intègre, dont l'esprit
formé par de profondes études est mûri par l'âge,
par la connaissance des hommes et l'habitude des
affaires, ne rencontre point de cas où sa sagacité
n'aperçoive, dans les faits, dans les preuves, dans
les circonstances de sa cause, *in visceribus causæ,*
des raisons légitimes de décider sans écouter ses
affections particulières, sans s'abandonner à l'arbitraire : il sait découvrir la vérité, malgré les ténèbres dont on l'enveloppe (2). Mais enfin si, après
un examen approfondi, les preuves lui paraissaient insuffisantes de part et d'autre, il sait que

---

(1) *Vid.* Voét, *de judic.*, n°. 42 ; Prost de Royer, v°. *Ami, Amitié.*
(2) *Voy.* d'Aguesseau, Discours sur la science du magistrat.

son devoir l'oblige à rejeter une demande qui n'est pas prouvée.

SECTION PREMIÈRE.

De la Preuve littérale.

SOMMAIRE.

44. Ce n'est que par le témoignage d'autrui que

nous pouvons connaître les faits dont nous n'avons pas été témoins. Mais ce témoignage peut être recucilli de deux manières.

1°. Il peut être recueilli et consigné par écrit au moment même où les faits se passent ; c'est cet écrit qu'on appelle preuve *littérale*.

2°. Les faits peuvent seulement demeurer gravés dans la mémoire des personnes qui en ont été les témoins, et qui les racontent de vive voix, lorsqu'elles en sont requises ; c'est ce qu'on appelle preuve *testimoniale,* et quelque fois preuve *vocale*.

Ces deux preuves ne sont donc, en dernière analyse, qu'un seul et même genre de preuve ; elles ont l'une et l'autre le même fondement, cette analogie dont nous avons déjà parlé, et dont nous parlerons encore dans la suite ; cette certitude morale que des personnes de probité ne s'accordent pas pour faire un mensonge au préjudice d'un tiers.

Si l'écrit est signé de la personne à laquelle on l'oppose, et qu'elle reconnaisse sa signature, la preuve qui en résulte se confond alors avec l'aveu de la partie dont nous parlerons dans la sect. 4. Les actes sous seing privé ne sont pas autre chose, en effet, qu'un aveu ou une reconnaissance des faits ou de l'obligation qu'ils contiennent, souscrite par les parties pour leur servir, au besoin, de titre ou de preuve.

45. Si, au moment où ils se passent, les faits sont, en présence des témoins appelés pour les attester, recueillis et consignés dans un écrit rédigé par des personnes qui ont reçu de la loi un carac-

tère public, et des parties une mission expresse, la certitude morale qui résulte de leur témoignage, acquiert le plus haut degré de force auquel puisse atteindre une pareille certitude. C'est cet écrit que la loi appelle un *acte* authentique.

46. Le mot *acte* signifie proprement tout ce qui a été fait, dit ou convenu entre les parties, *id quod actum est.* L'étymologie seule indique assez cette signification propre et primitive du mot *acte.* Et le jurisconsulte Labeon enseigne : *Actum generale verbum esse, sive verbis, sive re quid agatur, ut in stipulatione vel numeratione. Loi* 19, *ff de V. S.*

Un *acte,* dans le sens propre et primitif, est donc ce qui se passe entre les parties; c'est le fait même, c'est la convention ou le contrat qui est valable par le seul consentement exprimé verbalement ou autrement, lors même qu'il n'est point constaté par écrit.

47. Mais dans la suite on changea la signification de ce mot, et on l'employa, par métonymie, pour signifier l'écrit où sont recueillis et consignés les faits ou les conventions, l'écrit qui doit leur servir de preuve, et conserver la mémoire de ce qui s'est passé.

Nous employons donc le plus souvent le mot *acte* pour signifier l'écrit que les Latins appelaient *instrumentum,* parce qu'il sert à instruire de ce qui s'est passé, de ce qui a été fait ou convenu. C'est dans ce sens que le mot *acte* est employé dans la présente section.

48. La dénomination latine donnée aux actes, *instrumenta*, avait le grand avantage de prévenir l'équivoque et la confusion que fait naître, dans notre langue, la double acception du mot *acte*, employé tantôt dans un sens et tantôt dans l'autre, ainsi que les inconvéniens que fait naître cette équivoque (1).

---

(1) Voici un exemple de cette confusion, et des inconvéniens qu'elle entraîne.

L'art. 175 du Code pénal prononce des peines contre « *les fonction-naires et les officiers publics qui, soit ouvertement, soit par des actes* simulés, soit par personnes interposées, auront pris quelque intérêt dans *les actes,* adjudications, entreprises ou régies, dont ils ont ou au-raient eu, au tems *de l'acte,* l'administration ou la surveillance en tout ou en partie. »

Un notaire avait reçu, en 1814, un acte où il était dit que le nommé Virgantener fait cession au sieur Mathieu de la créance qu'il a sur un nommé Bassompierre, de la somme de 2,400¹, moyennant pareille somme de 2,400¹.

Dans le fait, c'était le notaire qui était le véritable cessionnaire : Mathieu ne fit que lui prêter son nom. Le prix de la cession n'était que de 1,200¹, au lieu de 2,400¹.

Le notaire fut inculpé tout à la fois de faux et du délit prévu par l'art. 175 du Code pénal.

Faux, en ce que Mathieu était absent ; en ce que le prix n'était que de 1,200¹, et non de 2,400¹ ; enfin, en ce que l'acte énonçait que la ces-sion était faite à Mathieu, tandis qu'elle était faite réellement au no-taire.

Le procureur du roi reconnut que la prévention de faux n'était pas fondée ; mais il soutint que le notaire avait encouru la peine prononcée contre le délit prévu par l'art. 175, parce qu'il était intéressé dans la cession consignée dans l'écrit ou l'acte qu'il rapportait, et que les no-taires ont la surveillance des *actes* qu'ils rapportent.

Il est certain qu'il était intéressé dans la cession que contenait l'écrit qu'il rapportait, *in eo quod actum erat;* mais il n'avait point la surveil-lance de cette cession. Virgantener était présent pour veiller à ses in-térêts ; il n'avait point chargé le notaire de la négociation ; il ne lui en avait donné ni la surveillance, ni l'administration ; il agissait pour lui-

49. Par un changement de signification contraire, quoiqu'analogue au précédent, l'usage a donné au mot *contrat*, qui signifie proprement la convention même dont l'écrit contient la preuve, un autre sens, suivant lequel il signifie précisément la même chose que le mot *acte* (1) : ainsi on dit indifféremment un *contrat* de vente ou un *acte* de vente, etc.

Bien plus : on ne se sert jamais d'une autre expression que du mot de *contrat* de mariage, pour désigner l'acte ou l'écrit renfermant les conventions matrimoniales qui précèdent ordinairement le mariage, quoique cet *acte* soit absolument différent de la convention qui forme l'essence de l'union

---

même. Le notaire pouvait donc se rendre cessionnaire, directement ou indirectement, ou par personne interposée.

Quant à *l'écrit* ou *acte* qui contenait la cession, il est certain que les notaires ont la surveillance des *actes* ou *écrits* qu'ils reçoivent, en ce sens qu'ils sont responsables des défauts de forme qui pourraient les faire annuler. Ici l'écrit était nul comme authentique, puisqu'il est défendu aux notaires de recevoir des actes dans lesquels ils sont intéressés.

Mais ce n'était pas ce dont il s'agissait. L'acte était signé de toutes les parties, et valable comme écrit privé. Le cédant n'éprouvait aucun dommage du défaut d'authenticité, et ne s'en plaignait pas. Le notaire fut donc acquitté du délit prévu par l'art. 175 du Code pénal, mais après une procédure criminelle, longue, qui éprouva plusieurs vicissitudes, et qui fut portée jusqu'à la Cour de cassation. *Voy.* l'arrêt du 18 avril 1817, rapporté par Sirey, tom. XVII, 1re. part., pag. 267 et suiv. Cette procédure n'eut d'autre fondement que l'équivoque du mot *acte*, employé par l'art. 175 dans deux sens différens.

(1) C'est dans ce sens que l'ordonnance de Moulins dit : « De toutes » choses excédant la somme ou valeur de 100r.... seront passés *contrats* » devant notaire, etc. » L'ordonnance de 1667, dont le Code a suivi la rédaction, dit : « Seront passés *actes*. » *Voy.* tom. IX.

conjugale, et qu'on appelle aussi *contrat* de mariage, suivant le sens propre de ce mot.

. 5o. On donne souvent, et presque indifféremment, aux actes, le nom de *titres,* quoique ces deux expressions ne soient pas synonymes.

Dans l'usage, on se sert du terme de *titre,* plutôt que de celui d'*acte,* quand il s'agit d'un acte *exécutoire,* c'est-à-dire qui, outre les solennités requises pour l'*authenticité,* réunit les conditions nécessaires pour qu'on puisse le mettre à exécution, sans avoir besoin d'y être autorisé par ordonnance du juge; en un mot, pour lui donner ce qu'on appelle l'*exécution parée.* (*Voy.* tom. VI, pag. 221 et suivantes).

Car tous les titres authentiques ne sont pas *exécutoires,* quoiqu'il n'y ait point de titre exécutoire qui ne soit authentique. *Authentique* et *exécutoire* ne sont donc pas synonymes; ils expriment deux idées qu'il ne faut pas confondre.

On appelle aussi les *actes* des *titres,* quand on les considère comme conférant un droit à une personne.

Un acte de vente est un titre de propriété. L'acte est l'écrit qui constate ce qui a été fait, *id quod actum est.*

Le *titre* est ce qui confère un droit. Il peut y avoir des actes qui ne confèrent pas de droits. Il y a des titres qui ne sont pas fondés sur des actes; par exemple le titre d'héritier légitime, etc.

En ce sens, le titre est la *cause* en vertu de laquelle on possède. On appelle titre gratuit, celui par lequel on acquiert sans qu'il en coûte rien;

titre onéreux, celui par lequel on n'acquiert pas gratuitement, mais à prix d'argent, ou moyennant d'autres charges.

On appelle titre *coloré* celui qui paraît légitime, qui a l'apparence de la bonne foi, quoiqu'il ne soit pas valable ni suffisant pour tranférer la propriété sans le secours de la prescription.

Titre vicieux, lorsqu'il contient un vice qui empêche la prescription de courir.

L'acte peut être valable et revêtu de toutes les formes nécessaires pour sa perfection, et néanmoins le titre qui en résulte, vicieux et nul.

Quoi qu'il en soit des différentes acceptions des mots *titre* et *acte*, le Code s'en sert presque indifféremment dans le paragraphe suivant.

51. La diversité presque infinie des faits et des conventions qu'on a coutume de constater par écrit, a fait donner aux actes des noms différens pour les distinguer les uns des autres, à raison de ce qu'ils contiennent.

Ainsi, par exemple, les actes ou écrits qui servent d'instrumens aux procédures, ont presque tous des noms particuliers, qui sont assez connus par l'usage fréquent que l'on en fait. Il n'entre point dans notre plan d'en parler.

Nous dirons seulement ici qu'on nomme les actes *judiciaires* ou *extrajudiciaires*, suivant les différentes circonstances dans lesquelles ils sont faits. On nomme actes *judiciaires* les exploits qui, dans le cours d'une contestation pendante en justice, sont signifiés d'avoué à avoué, tels que les *à venir*, les *qualités* des jugemens, etc.

Tous les autres exploits, qui sont signifiés aux particuliers à personne ou domicile, se nomment actes *extrajudiciaires.*

Suivant quelques auteurs, on doit entendre par actes *judiciaires,* tout ceux qui ont rapport à une contestation, et par *extrajudiciaires,* ceux qui n'ont rapport à aucune contestation.

Dans cette acception, l'assignation donnée en justice pour y former une demande, est un acte *judiciaire.*

Cette assignation est au contraire un acte extra-judiciaire, suivant la première acception; il ne s'agit que de s'entendre.

52. Après avoir expliqué les différens sens du mot *acte,* nous passerons aux actes dont parle ici le Code civil, c'est-à-dire aux actes qui renferment la preuve des faits convenus entre les parties, et qui leur servent de titres pour établir leurs droits.

Nous avons amplement traité dans notre tom. VI, des conditions intrinsèques requises pour la validité des conventions consignées dans les actes ou écrits destinés à leur servir de preuves; nous parlerons seulement ici des formalités qu'il faut observer en général pour donner à ces actes ou écrits. abstraction faite de ce qu'ils contiennent, ce qu'on appelle la forme probante, c'est-à-dire la forme exigée pour que les tribunaux les reçoivent comme preuves.

§ Ier.

Du Titre authentique.

SOMMAIRE.

68. *Leur ministère est forcé, mais ils ne peuvent l'exercer que dans leur territoire. Quel est ce territoire.*

69. *Ils l'exercent entre toutes personnes qui se présentent. Chacun peut choisir son notaire.*

70. *Fonctions des notaires incompatibles avec celles de juge et autres personnes en autorité. Pourquoi.*

71. *Les notaires doivent connaître le nom, l'état et la demeure des parties, sous peine de responsabilité.*

72. *Hors de leur territoire, les notaires sont personnes privées. Peines prononcées contre ceux qui reçoivent des actes hors de leur territoire.*

73. *Les notaires ne peuvent recevoir des actes dans lesquels eux ou leurs parens, à certains degrés, sont intéressés.*

74. *Un seul notaire ne peut conférer l'authenticité aux actes ; il doit être assisté d'un second notaire, et pourquoi.*

75. *Les deux notaires sont les surveillans réciproques l'un de l'autre. La responsabilité pèse sur tous les deux. Ils doivent être indépendans l'un de l'autre.*

76. *A défaut d'un second, le notaire doit être assisté de deux témoins indépendans. Qualités qu'ils doivent avoir.*

77. *Les témoins ne sont pas exempts de toute responsabilité.*

78. *Sagesse et ancienneté de la disposition qui veut que le notaire soit assisté d'un second ou de deux témoins.*

79. *Formalités à observer dans la rédaction des actes authentiques.*

80. *Pourquoi établies. Elles ont beaucoup varié suivant les tems et suivant les lieux.*

81. *Les actes doivent, sous peine de nullité, énoncer le lieu, l'année, le jour où ils sont passés. Étymologie du mot date.*

82. *Il n'est pas indispensable d'énoncer l'endroit particulier, locus loci, où l'acte a été passé. Rétractation de l'opinion contraire émise dans notre tom. V.*

83. *Les erreurs ou omissions évidentes commises par inadvertance, même dans la date des actes, ne suffisent pas pour les faire annuler.*

84. *Les actes doivent énoncer, sous peine de nullité, les nom et*

lieu de la résidence du notaire. S'il est nécessaire d'énoncer nommément sa qualité de notaire.

85. Ils doivent énoncer les noms et demeures des témoins.

86. Ils doivent être signés des notaires, des témoins et des parties qui savent signer. Celles qui ne le savent ou ne le peuvent pas, doivent le déclarer.

87. Autrefois, la signature des parties n'était pas requise sous peine de nullité. C'est l'ordonnance d'Orléans, en 1560, qui introduisit la nécessité des signatures.

88. L'ordonnance de Blois, en 1579, obligée de renouveler la disposition de celle d'Orléans.

89. Lorsque les parties ne savaient signer, les ordonnances exigeaient que le notaire fît mention de la réquisition qu'il leur avait faite de signer, et de leurs réponses.

90. Après plusieurs variations dans la législation et la jurisprudence, le Code, ainsi que la loi sur le notariat, n'exige que la mention de la déclaration des parties, qu'elles ne savent ou ne peuvent signer,

91. Mais la mention doit porter sur la déclaration des parties. Il ne suffit pas que le notaire énonce la cause qui les empêche de signer.

92. Pourquoi la mention des signatures est requise, et si la mention de la signature des notaires est requise sous peine de nullité.

93. Quid, si l'une des parties déclarait ne savoir signer, quoiqu'elle le sût faire? Distinction entre les actes entre vifs et les testamens.

94. La signature doit régulièrement être celle du nom de famille.

95. La signature, ou la mention qui en tient lieu, doivent être placées à la fin de l'acte.

96. Des signatures mal formées ou illisibles.

97. La mention de la lecture est requise, sous peine de nullité, dans les testamens. Secùs dans les autres actes.

98. Les actes doivent être écrits en français; mais les notaires peuvent écrire une traduction à mi-marge.

99. Si le notaire n'entend pas la langue des parties ou de l'une d'elles, il doit recourir à un interprète.

sentement avant leur signature, quand même ceux qui ont signé se seraient obligés envers lui solidairement avec ceux qui n'ont pas signé.

136. *Il pourrait aussi demander l'exécution du contrat contre l'un des obligés solidaires, quoique les autres n'eussent pas signé.*

137. *Ceux des obligés solidaires qui ont signé pourraient contraindre le créancier, le vendeur, par exemple, à exécuter le contrat, en payant de suite tout ce qui est dû par eux et par ceux qui n'ont pas signé.*

138. *Pourvu que le prix ne consiste pas dans une rente viagère ou autre non actuellement remboursable.*

139. *On peut offrir de signer le contrat avant et non après la rétractation de ceux qui l'ont signé, ni après leur mort.*

140. *Difficulté de rétracter le consentement donné dans un acte nul par défaut de forme, parce que la validité de l'acte ne nuit point à la validité du contrat. Quand les parties sont censées avoir mis à leur consentement ou à la perfection du contrat, la condition qu'il serait passé un acte notarié. Voy. la note.*

141. *Le défaut de signature de l'une des parties dans un écrit sous seing privé, indique que le contrat n'a point reçu sa perfection. Différence entre ce cas et celui d'un acte notarié nul par défaut de forme.*

142. *Examen d'un arrêt de la Cour de cassation, qu'on pourrait croire contraire aux principes ci-dessus exposés, et qui n'y porte point d'atteinte.*

143. *Sur quoi est fondée la foi due au témoignage du notaire dans les actes authentiques.*

144. *Il ne fait foi qu'à l'égard des choses relatives à ses fonctions.*

145. *S'il les excède, son témoignage n'a plus rien d'authentique. Exemple dans les procès-verbaux des prétendus miracles du diacre Pâris.*

146. *L'acte fait foi non seulement de* la convention, *mais encore des faits passés en présence du notaire, lorsque l'at-*

testation de ces faits ne sort pas du cercle de ses attributions.

147. *De quels faits et contre qui l'acte fait-il foi?*

148. *Il fait foi* contrà omnes, *et non pas seulement entre les parties, de tous les faits passés en présence du notaire et des témoins au moment de la rédaction de l'acte.*

149. *Les actes authentiques peuvent indirectement nuire à des tiers, et comment.*

150. *L'acte ne fait point foi des faits énoncés passés hors la présence du notaire.*

151. *Pas même de l'existence ou de la réalité d'une procuration copiée dans l'acte.*

152. *Quand même la procuration et l'acte où elle est copiée auraient été reçus par le même notaire.*

153. *La relation d'un acte antérieur ne peut faire foi que dans le cas unique où il pouvait être valablement répété au moment de la relation.*

154. *La procuration annexée à la minute doit toujours être représentée. Conséquences qui en résultent.*

155. *La relation des titres trouvés dans un inventaire n'en prouve point l'existence ou la réalité ; il faut les représenter.*

156. *Il en est de même des titres reproduits en justice et référés dans les arrêts.*

157. *Les énonciations font foi entre les parties, quand elles ont un rapport direct à la disposition.*

158. *Comment distinguer celles qui ont ce rapport.*

159. *C'est l'approbation tacite ou présumée des parties qui donne la force aux énonciations.*

160. *Les énonciations peuvent faire un commencement de preuve par écrit.*

161. *Elles ne font contre les tiers ni preuve, ni commencement de preuve.*

162. *Exception en faveur des actes anciens, relativement aux solennités et aux énonciations. Sur quoi fondée.*

163. *De la règle* in antiquis omnia præsumuntur solemniter acta.

164. *De la règle* in antiquis verba enunciativa probant, *rela-*

*tivement aux droits énoncés dans les actes. Il faut qu'ils
aient été suivis de possession.*

165. *On appliquait autrefois cette règle à la prescription des
servitudes énoncées dans les actes anciens. Elle ne peut
aujourd'hui être appliquée aux énonciations de servitudes
discontinues.*

166. *Application de cette règle aux faits énoncés dans les actes
de l'état civil et autres.*

167. *Quel tems peut conférer aux actes le caractère de l'ancienneté.*

168. *Des contre-lettres qui changent ou détruisent les dispositions d'un acte authentique.*

169. *Il ne faut pas les confondre avec les déclarations faites au
profit d'un tiers, pour lui appliquer le profit de l'acte.*

170. *Notamment avec la déclaration de* command; *sa nature,
ses effets. Plusieurs questions à ce sujet.*

171. *Il faut qu'elle soit acceptée par le command.*

172. *Il faut qu'elle soit gratuite, et aux mêmes clauses, prix et
charges que le contrat d'acquét.*

173. *Elle n'est que l'exécution d'un mandat présumé. Conse-
quences.*

174. *Dans quel délai elle doit être faite.*

175. *Du délai, relativement aux droits de la régie.*

176. *Du délai accordé à l'avoué dernier enchérisseur.*

177. *Le délai prorogé par le contrat produit son effet contre les
créanciers de l'acquéreur, hors les cas de fraude.*

178. *La déclaration doit être faite par acte public, et notifiée à
la régie.*

179. *De quel jour court le délai.*

180. *Si l'acceptation doit être notifiée.*

181. *Que doit faire le vendeur qui a négligé de faire fixer un
délai pour la déclaration de command réservée dans le contrat? Est-il présumé qu'il s'en est rapporté au délai de
vingt-quatre heures?*

182. *A la différence des déclarations de command, les contre-
lettres n'ont d'effet qu'entre les contractans, même celles
qui sont authentiques. Conséquences importantes.*

183. *La contre-lettre sous seing privé, qui reconnaît qu'une vente est simulée, est considérée comme revente dans l'intérêt de la régie.*

184. *Quid, si elle est notariée?*

185. *La contre-lettre sous seing privé, qui augmente le prix d'un contrat, est nulle, même à l'égard de l'acquéreur qui l'a souscrite, suivant un arrêt de la Cour de cassation.*

186. *Injustice révoltante et immoralité de cette décision. Si elle doit être suivie sous l'empire du Code.*

187. *La contre-lettre qui augmente le prix est nulle à l'égard de ses créanciers.*

188. *Les contre-lettres sous seing privé, qui ont un autre objet que celui d'augmenter le prix d'une vente, ont tout leur effet entre les contractans, leurs héritiers ou ayant-cause. Des présomptions ne suffisent pas pour les détruire.*

189. *Des contre-lettres relativement aux contrats de mariage.*

53. « L'ACTE *authentique,* dit l'art. 1317, est celui qui a été *reçu* par *officiers publics* ayant le droit d'instrumenter (1), dans le *lieu* où l'acte a été rédigé, et avec les solennités requises. »

54. On peut en général distinguer quatre sortes d'actes *authentiques;* savoir :

1°. Les actes législatifs, et ceux qui émanent du pouvoir exécutif ou du Gouvernement, tels que les ordonnances du Roi, les traités de paix ou d'alliance, etc.;

2°. Les actes *judiciaires,* ce qui comprend tant les jugemens que différentes sortes d'exploits et de

---

· (1) C'est-à-dire de recevoir des actes, de les rédiger, *instrumenta conficiendi.*

procès-verbaux faits par des officiers de justice, et en général tous les actes de procédure;

3°. Les actes administratifs, qui émanent des chefs et préposés des différentes administrations. On peut ranger dans cette classe les actes consignés dans les registres publics, tels que ceux de l'état civil, les registres du conservateur des hypothèques, de l'enregistrement, etc.;

4°. Enfin les actes notariés, c'est-à-dire qui sont reçus par ces officiers publics qu'on nomme *notaires*, et par ceux qu'on nommait autrefois *tabellions* (1).

Ce sont principalement ces derniers actes dont parle le Code dans ce chapitre, et dont nous allons aussi nous occuper. Mais nous commencerons par expliquer ce qu'on entend par *authenticité*.

----

(1) Anciennement, on faisait une grande différence entre *le notaire* et *le tabellion*. Le premier n'était point une personne publique; c'était un écrivain, une espèce de sténographe, qui écrivait rapidement et en notes ou abréviations, *per abreviaturas*, les points dont les contractans étaient convenus. Le tabellion, sur ces notes, rédigeait le contrat général, le faisait souscrire aux parties, et le souscrivait lui-même. En France, à certaines époques, le notaire recevait la minute de l'acte, et la portait au tabellion, qui la conservait, et qui avait seul le droit d'en délivrer des expéditions en forme exécutoire. Dans d'autres endroits, le notariat et le tabellionage étaient réunis. *Voy.*, sur tout cela, Lefebvre de la Planche, Traité du domaine, tom. III, pag. 187 et suiv.; Delaurière, sur Ragueau, v°. *Notaire*; Dumoulin, sur la loi 1, § ult., n°. 13, ff de *V. O.*; Loiseau, Danty, pag. 58. *Voy.* aussi ce que nous disons tom. VI, pag. 223 et suiv. Enfin, la loi du 6 octobre 1791, tit. 1, sect. 1, supprima tous les offices de *notaires, tabellions,* gardes-notes, etc., sous quelque dénomination qu'ils existassent, et remplaça tous ces divers officiers par des notaires publics. Le notariat a été définitivement organisé par la loi du 25 ventôse an XI, qui est aujourd'hui la loi régnante en cette matière.

55. Le mot *authentique* est dérivé du grec, et signifie proprement ce qui a un auteur certain, et par conséquent de l'autorité; ce qui mérite qu'on y ait confiance. C'est dans ce sens que ce mot est employé par Cicéron, quand il mande à son ami Atticus (1) qu'on lui avait annoncé des nouvelles comme authentiques, c'est-à-dire comme venant de bonne part, et méritant qu'on y ajoutât foi. Nous nous servons encore de ce mot dans la même acception; et c'est le sens que lui donne le Code, lorsqu'il dit que l'acte authentique fait *pleine foi* (1319); c'est-à-dire qu'on doit y ajouter foi, y avoir une entière confiance, parce que cet acte émane d'un auteur dont la loi consacre le témoignage, en un mot, d'un officier public.

56. Ainsi, l'effet de l'authenticité est que l'acte fait foi par lui-même, sans autre vérification préalable; que sa seule représentation autorise à s'en servir, et qu'on est obligé d'y déférer, quant aux choses qu'il est capable d'attester par sa nature. En disant qu'il fait *pleine foi,* la loi dit aux juges et aux magistrats : Vous aurez une entière confiance dans les actes authentiques; vous tiendrez pour véritables les faits qu'ils attestent; vous emploierez l'autorité qui vous est confiée pour faire provisoirement exécuter ces actes.

57. Cette éminente prérogative des actes authentiques est une institution du droit civil établie

---

(1) *Lib.* 5, *epist.* 4, et *lib.* 10, *epist.* 9. *Voy.* aussi Bynkershoeck, *de autoritate autoribusque authenticarum.*

par des vues d'ordre public, pour maintenir la paix entre les hommes, et pour prévenir les contestations qui pourraient s'élever sur la preuve des conventions. Naturellement nulle écriture ne fait foi que pour ceux qui la connaissent. Personne n'est obligé d'y avoir confiance, ou de croire que tel dont elle porte le nom en est l'auteur. Si elle est contestée, elle doit être reconnue ou vérifiée par quelque voie légitime.

Telles sont encore aujourd'hui les écritures privées, qui sont en cela demeurées dans la condition naturelle de toute écriture en général. Mais comme la société repose pour ainsi dire toute entière sur le témoignage et sur la foi des écrits, quels n'eussent pas été l'inconvénient et l'embarras d'avoir sans cesse à vérifier les monumens de ce qui se passe de plus important entre les hommes ?

Quelle eût été l'utilité de ces monumens, si, pour en faire usage, il avait fallu sans cesse essuyer les longueurs et les difficultés qu'emporte avec elle une vérification ? La sagesse du législateur a remédié à cet inconvénient, autant que l'imperfection des lois humaines en était capable, en donnant un caractère public à l'acte authentique.

Elles ont voulu que, dans l'état actuel de la société, la signature de celui à qui est confié le dépôt d'un registre public, ou de l'officier public dans ses fonctions et dans son ministère, fût admise sans autre vérification, et reconnue par elle-même.

Non que le législateur ait pensé ou pu penser que cette signature serait effectivement connue de tous ceux sous les yeux de qui elle peut parvenir;

on s'est fondé sur une espèce de notoriété plutôt de droit que de fait, sur une notoriété que la loi présume à peu près ; comme elle présume que personne n'ignore ses dispositions après la promulgation, elle présume aussi que la signature de l'officier public, dans ses fonctions, doit être connue de tout le monde.

58. Mais si l'effet de cette présomption, établie pour l'intérêt public, était porté trop loin, la société pourrait en éprouver du préjudice, dans le cas d'éloignement du lieu où l'acte a été passé. On y a pourvu par un remède facile, introduit autrefois par l'usage, aujourd'hui consacré par les lois nouvelles. Ce remède est celui de la légalisation (1).

L'officier public d'un ordre inférieur étant moins connu que les officiers principaux dont il dépend, on assure la vérité de sa signature par le témoignage de ces derniers, qui attestent sa signature et sa qualité. C'est ce qu'on appelle *légalisation des juges ou des principaux officiers des lieux.*

En cela on ne déroge point à la foi de l'acte public. C'est une précaution qui ne tire point à conséquence contre cet acte. La loi du 6 octobre 1791,

---

(1) Sur l'origine de la légalisation, *voy.* le nouveau Répertoire de jurisprudence, v°. *Légalisation.* La légalisation tient lieu d'une enquête que l'on ferait pour constater la qualité et la signature du notaire ou autre officier public, parce que le caractère public de ces sortes d'officiers n'est censé connu que dans l'endroit où ils ont leur résidence.

« La légalisation, dit Pothier, est une attestation donnée par le juge » du lieu, par laquelle il certifie que l'officier qui a reçu et signé l'acte » est effectivement officier public, notaire, etc. »

sur l'organisation du notariat, est la première qui
ait ordonné la légalisation des actes notariés. L'article 15, tit. 1, sect. 2, porte que : «Lorsque ces
» actes devront être mis à exécution, hors du dé-
» partement dans lequel ils auront été passés, les
» grosses ou expéditions seront en outre légalisées
» par l'un des juges du tribunal, d'immatricula-
» tion du notaire public qui les aura délivrées, sans
» qu'il soit besoin d'aucun autre scel ni de *visa.* »

L'art. 28 de la loi du 25 ventôse an XI, sur la
nouvelle organisation du notariat, développe cette
disposition. Il porte :

« Les actes notariés seront légalisés, savoir : ceux
» des notaires à la résidence des tribunaux d'appel,
» lorsqu'on s'en servira *hors de leur ressort*; et ceux
» des autres notaires, lorsqu'on s'en servira *hors de*
» *leur département.* »

«La légalisation sera faite par le président du
» tribunal de première instance de la résidence du
» notaire, ou du lieu où sera délivré l'acte ou l'ex-
» pédition. »

59. Le défaut de légalisation ne nuit point à l'authenticité de l'acte; il peut seulement en faire suspendre l'effet et l'exécution.

Si, par exemple, on avait commencé une saisie-
exécution en vertu d'un acte authentique passé
dans le ressort d'une autre Cour d'appel, mais
non légalisé, le défendeur pourrait opposer le défaut de légalisation : cependant nous ne pensons
pas que le tribunal devant qui cette exception se-

rait portée dût annuler la saisie (1); il devrait seulement la suspendre, et ordonner, avant faire droit, et toutes choses demeurant en état, que le saisissant rapportât un acte légalisé, faute de quoi la saisie serait rejetée.

60. L'art. 27 de la loi sur le notariat porte que « chaque notaire sera tenu d'avoir un cachet ou » sceau particulier, portant ses nom, qualité et ré- » sidence, etc.

» Les grosses et expéditions des actes porteront » l'empreinte de ce cachet. »

Cet article ne prononce aucune peine contre l'omission de cette formalité; il ne l'exige point comme nécessaire pour l'authenticité de l'acte, ni pour son exécution parée.

Nous ne rechercherons point ici quelle était la nature du sceau dans le moyen âge, où il tenait lieu de signature, et conférait l'authenticité, comme étant la marque de l'autorité publique.

Dans la suite il devint d'une importance beaucoup moindre, et presque nul dans certains lieux. En France, la nécessité de sceller les actes fut confirmée par les ordonnances de nos rois, par un motif de fiscalité. Les droits de sceau étaient devenus une branche du domaine de la couronne (2).

---

(1) Un arrêt de la Cour de cassation, du 10 juillet 1817, a décidé que la formalité de la légalisation n'est pas exigée sous peine de nullité, Sirey, an 1818, pag. 385.

(2) *Voy.* Lefebvre de la Planche, Traité du domaine, liv. 9, chap. 9, n°. 12, et l'éditeur Lorry; la préface du tom. XV des ordonnances de nos rois, pag. 58.

Le scellé des actes fut donc exigé, sous peine de nullité de la saisie faite en vertu d'un acte non scellé du sceau royal, ou du sceau de la jurisdiction dans laquelle le notaire était immatriculé (1).

La raison qu'en donne le savant de Laurière, est que c'était le sceau qui donnait à l'acte sa qualité de jugement ou de sentence.

Cette raison, qui pouvait alors être spécieuse, n'a plus la moindre apparence de solidité, aujourd'hui qu'on en est revenu aux vrais principes, suivant lesquels les notaires ne sont point les délégués du pouvoir judiciaire, mais les délégués directs et spéciaux du Roi et du pouvoir exécutif. (*Voy.* tom. VI, pag. 224, n°. 211, et la note).

La vraie raison de la nécessité du scel des actes était donc la raison de fiscalité, comme l'a fort bien observé Lorry. (*Voy.* la note). Aussi le sceau des actes des notaires fut supprimé par le décret sur l'enregistrement, du 5 décembre 1790, érigé en loi par la sanction royale le 19 du même mois.

En ordonnant que les notaires auront un sceau particulier pour sceller les grosses et expéditions de leurs actes, la loi du 25 ventôse an XI, sur le notariat, n'a point, comme nous l'avons déjà remarqué, prononcé de peines contre l'omission de cette formalité ; elle ne l'a point rendue nécessaire

(1) *Voy.* les commentateurs sur l'art. 164 de la Coutume de Paris, et sur-tout Delaurière ; Ferrière, *ibid.,* n°. 6 ; Denisart, v°. *Scel, Petit scel* ; le nouveau Denisart, v°. *Exécution parée,* n°. 3, et les ordonnances citées tant par ces auteurs que dans la préface du tom. XV des ordonnances des rois de France.

à l'exécution parée des actes ; et l'art. 545 du Code de procédure, postérieur à cette loi, n'exige rien autre chose, pour mettre ces actes à exécution, si ce n'est qu'ils portent le même intitulé que les lois, et soient terminés par un mandement aux officiers de justice, etc.

Les juges ne pourraient donc aujourd'hui, sans excéder leurs pouvoirs, annuler une saisie faite en vertu d'un acte non scellé du cachet du notaire; mais comme cette formalité est établie comme un moyen de plus pour prévenir les faux et déconcerter les faussaires, le saisi pourrait peut-être demander que le saisissant rapportât préalablement une grosse scellée ; les juges pourraient l'ordonner, et fixer un délai pour la rapporter : ils le devraient même, s'il s'élevait quelque soupçon sur la sincérité de la grosse non scellée.

61. La légalisation et le sceau du notaire, sont des remèdes insuffisans contre les abus que peut faire naître la présomption de vérité attachée par la loi aux actes que l'on présente comme émanés d'un officier public. Cette présomption doit donc céder aux preuves contraires.

Un acte en forme probante, et qui paraît revêtu de toutes les formalités nécessaires pour son authenticité, peut être faux, la signature de l'officier public peut être supposée. Dans ces cas et autres semblables, la voie de l'inscription de faux est ouverte par la loi. C'est une action qu'il est permis d'intenter tout à la fois contre la pièce et contre celui qui en fait usage, s'il est l'auteur ou le complice du faux. C'est une espèce d'accusation qui combat l'autorité de la pièce, et qui, si elle réussit, la détruira complètement. Cette accusation, assujettie à certaines formes qu'il est hors de mon sujet d'expliquer ici, est régulièrement la seule voie capable d'arrêter l'effet d'une pièce revêtue d'un caractère authentique. Jusque là la pièce fait foi; elle doit être exécutée sans qu'on puisse s'en défendre. L'acte authentique fait foi jusqu'à l'inscription de faux.

62. La loi du 6 octobre 1791 ne voulait même pas que l'inscription de faux suspendît l'exécution d'un acte notarié. L'art. 13 du tit. 1, sect. 2, porte : « Les actes des notaires publics seront exécutoires » dans tout le royaume, nonobstant l'inscription » de faux, jusqu'à jugement définitif ».

Cette disposition, conforme à l'ancienne jurisprudence (1), a été abrogée par la loi du 25 ventôse an XI, et par le Code civil, et avec raison, ce semble. Vouloir qu'un acte évidemment, matériellement faux, reçoive toujours son exécution provisoire, jusqu'au jugement définitif rendu sur l'accusation ou sur l'inscription de faux, ce serait donner aux faussaires les plus audacieux et les plus impudens, le droit de bouleverser toutes les fortunes; les propriétés ne seraient plus en sûreté; le préjudice qui résulterait de l'exécution provisoire serait le plus souvent irréparable en définitive, à moins que celui qui poursuit l'exécution

---

(1) *Voy.* la loi 2, *Cod. ad leg. corn. de falsis*, et Pothier, des Obligations, n°. 700,

provisoire ne fût assujetti à donner caution. D'un autre côté, la suspension de droit de l'exécution de tout acte authentique, à l'instant même où il serait argué de faux, prêterait des armes bien dangereuses à la mauvaise foi, ébranlerait les transactions et laisserait les propriétés incertaines.

La loi du 25 ventôse an XI paraît avoir évité ces deux extrêmes, en ordonnant, art. 19, que « tous » actes notariés feront foi en justice, et seront exé- » cutoires dans toute l'étendue du royaume ».

Que « néanmoins, en cas de plainte en faux prin- » cipal, l'exécution de l'acte argué de faux serait » suspendue par la déclaration du jury d'accusa- » tion (aujourd'hui par l'arrêt de la chambre d'ac- » cusation), prononçant qu'il y a lieu à accusa- » tion ; en cas d'inscription de faux, faite incidem- » ment, les tribunaux pourront, suivant la gra- » vité des circonstances, suspendre provisoirement » l'exécution de l'acte (1) ».

Le Code civil a répété cette disposition dans l'ar- ticle 1319, qui porte : « L'acte authentique fait » pleine foi de la convention qu'il renferme *entre* » *les parties contractantes*, et leur héritiers ou ayant- » cause.

« Néanmoins, en cas de plainte en faux princi- » pal, l'exécution de l'acte argué de faux sera sus- » pendue par la mise en accusation ; et en cas d'ins- » cription de faux faite incidemment, les tribunaux

_____

(1) Il nous semble que les tribunaux pourraient aussi ordonner la suspension, si mieux n'aime le poursuivant donner caution.

» pourront, suivant les circonstances, suspendre
» provisoirement l'exécution de l'acte.

Rien de plus sage que ces dispositions. A la vue
des faux devenus malheureusement si fréquens
dans ces tems de corruption, où l'art des faussaires a été porté à un point de perfection si ef-
frayant, c'était un devoir pour le législateur d'en
prévenir les effets, par la suspension provisoire de
l'exécution des actes argués de faux

Le principe de la foi due aux actes ne souffre
point d'atteinte par ces deux cas d'exception extraordinaires : c'est une mesure simplement provisoire, qui pourrait être prise même contre un jugement attaqué comme faux, si l'accusation était
admise. Le tribunal même, que l'on supposerait
avoir rendu le jugement, pourrait et devrait lui-
même en suspendre l'exécution (1).

Il serait bien étrange que le porteur d'un acte
aussi violemment suspect de faux, lorsqu'il est
obligé de se justifier lui-même d'une accusation
admise à l'occasion de ce même acte, pût néanmoins le faire exécuter provisoirement !

65. Dans ces tems de ténèbres qu'on a surnom-
més les siècles d'ignorance, on avait introduit pour
maxime que (2) *témoins passent lettres.* On pouvait
donc opposer aux actes la preuve testimoniale, et
cette preuve, lorsqu'elle leur était contraire, l'em-

---

(1) *Voy.* le rapport fait sur cette loi au Tribunat, par M. Favard,
édition de Didot, pag. 304 ; l'Exposé des motifs, par M. Réal, pag. 282.

(2) Témoins par vive voix détruisent lettres, dit Bouteiller, Somme
rurale, tit. 106. *Voy.* Danty, pag. 40, Duparc-Poullain, etc.

portait sur la foi due aux actes. Il ne faut pas s'en étonner; l'art d'écrire était alors si rare, que les personnages les plus distingués ne savaient souvent pas mettre leur signature par écrit : une croix ou autre marque, une virgule, etc., tenaient lieu de signature.

Quelquefois la seule énumération des témoins en tenait lieu. (Mabillon, *de re diplomat.*, pag. 168). S'il survenait quelques contestations, les témoins nommés étaient appelés en jugement pour reconnaître la vérité et la validité des pièces produites. On regardait comme moralement sûr qu'entre un certain nombre de témoins, il en subsisterait au moins quelques-uns, trente ans après la confection de l'acte.

Or, suivant les lois, une possession de trente ans donnait un droit légitime à la chose par la prescription (1).

64. L'ancienne maxime que *témoins passent lettres*, a été depuis long-tems abrogée par les ordonnances de nos rois, par celle de Moulins, par celle de 1667, dont la disposition a passé dans le Code civil, qui défend de recevoir aucune preuve par témoins, *contre et outre le contenu aux actes* (1341). Le seul moyen légal d'attaquer les actes en ce qui concerne l'authenticité, est donc la voie du faux.

65. Mais on peut, sans accuser l'*acte* de faux,

---

(1) *Voy.* le Dictionnaire diplomatique, par dom de Vaines, v°. *Souscription*, pag. 555 et 556; *voy.* aussi Danty, pag. 57, n°°. 27 et 38.

attaquer la convention qu'il renferme par voie de nullité ou de rescision, pour cause de dol, violence ou autres vices intrinsèques (1).

Car l'acte ou l'écrit peut être vrai et authentique, quoique la convention ou le contrat qu'il renferme soit nul ou sujet à rescision.

Pour être authentique, l'écrit ou l'acte n'a besoin que d'être revêtu des formalités auxquelles les lois ont attaché le caractère de l'authenticité.

Pour être valable et légitime, il ne doit manquer au contrat aucune des conditions essentielles pour la validité d'une convention (1108).

Vice versâ, l'acte peut être nul comme authentique, si l'on y a omis quelque formalité requise, sous peine de nullité pour l'authenticité, quoique le contrat consigné par écrit dans l'acte soit valide et légitime.

La validité de la convention est indépendante de la validité de l'acte, de son authenticité, et même de l'existence de tout acte.

Ainsi l'acte authentique, nul comme tel, pour incompétence du notaire, ou pour vice de forme, vaut comme écriture privée, s'il est signé de toutes les parties (2).

Ainsi, quand l'acte nul ne serait pas signé de toutes les parties, le contrat qu'il renfermait, et auquel il devait servir de preuve, n'en serait pas

---

(1) *Voy.* l'arrêt de la Cour de cassation, du 10 juin 1816, Sirey, 1817, pag. 447. Mais la demande en rescision ne détruit pas l'authenticité de l'acte, et ne doit pas empêcher son exécution provisoire.

(2) Art. 1318 du Code; art. 68 de la loi sur le notariat, du 25 ventôse an XI.

moins valide, et pour en faire la preuve, on pourrait recourir au serment, de même que s'il n'avait point existé d'écrit. On ne saurait trop répéter qu'il ne faut jamais confondre le contrat ou la convention, avec l'acte qui est destiné à lui servir de preuve (1). Passons aux conditions requises pour l'authenticité des actes, et d'abord aux personnes qui concourent à leur donner cette authenticité.

66. Nous avons vu que les actes authentiques doivent être reçus par des officiers publics (1517), et principalement par des notaires, dont les fonctions et les devoirs sont expliqués dans la loi du 25 ventôse an XI, *contenant organisation du notariat.*

C'est la dernière loi, la loi vivante en cette matière. Tâchons d'en développer les dispositions.

« Les notaires, dit l'art. 1er., sont des fonction-
» naires publics, établis pour recevoir tous les actes
» et contrats auxquels les parties doivent ou veulent
» faire donner le caractère d'authenticité, attaché
» aux actes de l'autorité publique, et pour en as-
» surer la date, en consacrer le dépôt, en délivrer
» des grosses et expéditions ».

Ainsi les fonctions des notaires se réduisent à ces quatre points :

1°. Recevoir les actes et contrats ;

2°. En assurer la date ;

3°. En conserver le dépôt ;

4°. En délivrer des actes et expéditions.

67. Les fonctions des notaires sont tellement im-

---

(1) *Junge* n°. 153.

portantes, que la loi a voulu, avec raison, art. 2, qu'ils soient institués à vie, afin de les rendre indépendans, comme les juges, et les mettre à l'abri des infâmes et obscures pratiques des délateurs, des intrigues de la malveillance, de la jalousie, et du ressentiment des hommes puissans et en crédit.

68. En qualité de fonctionnaires publics, ils sont tenus de prêter leur ministère, lorsqu'ils en sont requis. (Art. 3).

Mais ils ne peuvent l'exercer que dans l'étendue du territoire qui leur est assigné par leur institution. Ce territoire s'étend dans le ressort, soit d'une Cour d'appel, soit d'un tribunal de première instance, soit d'une justice de paix.

Ainsi, les notaires des villes où est établie une Cour d'appel, exercent leurs fonctions dans l'étendue du ressort de cette Cour.

Ceux des villes où il n'y a qu'un tribunal de première instance, dans l'étendue du ressort de ce tribunal.

Ceux des autres villes ou communes, dans l'étendue du ressort de la justice de paix. (Art. 5).

69. Ils ne les exercent pas seulement entre les personnes domiciliées dans leur territoire, mais entre toutes les personnes qui s'y présentent volontairement devant eux, quelque part qu'elles aient leur domicile.

Il peut en résulter des inconvéniens. Des personnes peuvent venir de loin surprendre la bonne foi d'un notaire qui ne les connaît pas, ou qui les connaît peu. Mais d'abord, la défense de recevoir des actes entre autres personnes que les domiciliés du ressort, priverait les citoyens du droit de rendre authentiques les actes qu'ils sont obligés de faire dans l'éloignement de leur domicile ; de plus, on ne pourrait sans injustice contraindre les citoyens à confier le secret de leurs affaires aux notaires du ressort, lorsqu'ils n'ont pas de confiance en eux, ni les priver du droit de choisir leurs notaires, comme ils peuvent choisir leurs juges.

La foi due aux actes repose en grande partie sur la liberté qu'ont les particuliers de choisir, pour témoins de leurs conventions, les notaires en qui ils ont placé leur confiance, et dont par conséquent ils ne peuvent plus récuser le témoignage.

70. La loi a tellement voulu que la confiance des citoyens dans la personne des notaires fût entièrement libre et absolue, qu'elle a craint que cette liberté ne fût gênée par la considération du pouvoir que les notaires, revêtus de quelqu'autre fonction publique, pourraient éventuellement exercer, directement ou indirectement, contre ceux qui s'adresseraient à d'autres. Elle a voulu que les fonctions de notaires soient incompatibles avec celles de juges, procureurs du roi près les tribunaux, leurs substituts, greffiers, avoués, huissiers, préposés à la recette des contributions directes et indirectes, juges, greffiers et huissiers des justices de paix, commissaires de police et commissaires aux ventes. (Art. 7).

71. Enfin, pour prévenir les abus que peut entraîner la liberté de faire recevoir des actes par des notaires étrangers, la loi, conformément à nos

anciennes ordonnances (1), veut que « le nom,
» l'état et la demeure des parties, soient connus
» des notaires, ou leur soient attestés dans l'acte,
» par deux citoyens connus, ayant les mêmes qua-
» lités que celles requises pour être témoins ins-
» trumentaires ».

La violation de cette disposition n'entraîne pas
la nullité de l'acte.

Les notaires qui négligeraient de l'observer,
s'exposeraient à une responsabilité qu'on ne saurait rendre trop sévère.

72. Hors du territoire qui leur est assigné, les
notaires ne sont plus fonctionnaires publics, mais
simples personnes privées. Il leur est défendu
d'instrumenter (2), c'est-à-dire de recevoir des
actes hors de leur ressort : autrement les actes sont
nuls, et les notaires soumis aux dommages et intérêts que la nullité peut causer. Ils sont de plus
exposés à être suspendus de leur fonctions pendant trois mois, et destitués en cas de récidive.
(Art. 6 et 68).

Si un notaire datait du lieu de son domicile
un acte reçu hors de son territoire, il s'exposerait
à être poursuivi comme faussaire. (*Voy.* l'arrêt
du 1er. avril 1808, rapporté dans le nouveau Répertoire, v°. *Témoin instrumentaire,* tom. XII,
pag. 556, col. B.)

---

(1) *Voy.* Serpillon, Code du faux, pag. 412.

(2) Les actes sont appelés en latin *instrumenta.* Instrumenter est donc *conficere instrumenta*; le droit d'instrumenter, *jus conficiendi instru-menta.*

73. La loi, d'accord avec la raison, exige que les notaires qui reçoivent les actes, n'y aient aucun intérêt direct ni indirect assez puissant pour les détourner de leurs devoirs. Il ne peuvent donc, sous peine de nullité, « recevoir des actes dans les- » quels leurs parens ou alliés, en ligne directe à » tous les degrés, et en collatérale jusqu'au degré » d'oncle ou de neveu inclusivement, seraient par- » ties, ou qui contiendraient quelque disposition » *en leur faveur;* » c'est-à-dire en faveur des notaires qui reçoivent l'acte, ou de leur parens au degré prohibé. (Art. 8 et 68).

Le notaire qui rapporterait un acte à son profit, sous le nom d'une personne interposée, serait soumis aux dommages et intérêts qu'occasionnerait la nullité de l'acte; mais il ne serait pas soumis aux peines prononcées par l'art. 175 du Code pénal, contre les officiers publics qui ont pris un intérêt dans les *actes* et entreprises dont ils ont la surveillance ou l'administration. (*Voy.* la note du n°. 48).

Mais il en serait autrement si, étant chargé par un tribunal de vendre les immeubles d'une succession, il s'en rendait adjudicataire sous le nom d'une personne interposée : il serait alors soumis aux peines prononcées par l'article cité. (*Voy.* l'arrêt rendu par la Cour de cassation, le 28 octobre 1816, Sirey, an 1818, pag. 26).

74. En accordant au témoignage des notaires l'éminente prérogative de faire pleine foi jusqu'à l'inscription de faux; en ordonnant aux juges et

aux autres dépositaires de l'autorité publique, de prendre pour certain ce que renferment les actes notariés, et de les faire exécuter, la loi, qui n'a pas voulu confier à un homme le droit de juger seul, dans une affaire de quelque importance (1), n'a pas voulu non plus donner à un homme le droit d'en être cru sur son propre témoignage, ni de conférer seul aux contrats qu'il reçoit le caractère d'authenticité attaché aux actes de l'autorité publique. Les actes doivent être reçus par deux notaires, ou par un notaire assisté de deux témoins, *citoyens français,* sachant signer, et domiciliés dans l'arrondissement communal où l'acte est passé. (Art. 9).

L'homme est faible quand il est seul ; il peut être facilement séduit ou induit en erreur ; il a moins de force pour résister aux combats que l'intérêt ou la séduction livrent à la probité et à la bonne foi. C'est pour soutenir, c'est pour fortifier le notaire autant que pour l'éclairer, que la sagesse de la loi l'a placé à côté d'un surveillant devant lequel il rougirait de se montrer faible, partial ou injuste.

75. Le second notaire n'est pas en effet autre chose qu'un surveillant que la loi donne à chaque notaire, surveillance que chacun d'eux est per-

_____

(1) Le juge de paix juge seul les affaires personnelles au-dessous de 50^f; mais la loi veut qu'en ce cas il soit assisté de son greffier. Le greffier n'est pas seulement la main du juge, son secrétaire, c'est un témoin de sa fidélité, c'est un surveillant que la loi place près de lui. *Vid. cap.* 2, *V, de probat.*

sonnellement très-intéressé à exercer; car tous les deux pendant leur vie, et après leur mort leurs héritiers (1), répondent solidairement des dommages et intérêts que peut occasionner la nullité des actes; tous les deux peuvent être condamnés comme faussaires, si l'acte se trouvait faux.

Pour rendre entièrement libre la surveillance que doivent mutuellement exercer les notaires qui reçoivent des actes, la loi a voulu qu'ils fussent indépendans l'un et l'autre.

Ainsi, deux notaires ne peuvent concourir au même acte, sous peine de nullité de l'acte, s'ils sont parens ou alliés; savoir : en ligne directe, à tous les degrés, et en collatérale, jusqu'au troisième, c'est-à-dire jusqu'au degré d'oncle ou de neveu inclusivement. (Art. 10).

76. Comme il peut être difficile de trouver et d'assembler deux notaires au moment précis où l'on a besoin de leur ministère, la loi a voulu qu'on pût suppléer à la présence de l'un des deux par celle de deux témoins; mais le choix de ces deux surveillans n'est point entièrement abandonné à l'arbitraire : ils doivent d'abord être indépendans du notaire, et sans intérêt direct ou indirect dans l'affaire dont il s'agit.

Ainsi, les parens ou alliés, soit du notaire, soit des parties contractantes, à tous les degrés en ligne directe, et jusqu'au troisième inclusivement

---

(1) *Foy.* Duparc-Poullain, addition aux douze volumes de ses Principes.

en ligne collatérale, les élèves du notaire, ses serviteurs ni ceux des parties, ne peuvent être témoins instrumentaires. (Art. 10).

De plus, ces témoins doivent être des hommes connus, et domiciliés dans l'arrondissement communal où l'acte est passé. On ne doit pas recevoir des hommes sans aucune éducation ; ils doivent savoir au moins signer.

Enfin ils doivent être *citoyens français,* c'est-à-dire jouir non seulement des droits civils, mais encore des droits politiques, qui consistaient principalement, au moment où la loi fut faite, non seulement dans le droit d'éligibilité à toutes les places, mais encore dans le droit de suffrages aux assemblées du peuple.

Pour excuser un notaire qui s'était montré trop facile dans le choix ou l'admission de témoins, de très-estimables avocats ont soutenu que l'expression de *citoyens français,* employée par la loi sur le notariat, n'avait pas d'autre signification que celle de *né français,* parce que tous les Français ont l'aptitude à devenir citoyens.

Nous croyons avoir suffisamment réfuté cette interprétation, qui nous paraît démontrée fausse par l'absurdité seule de ses conséquences, puisqu'il en résulterait qu'on peut appeler pour témoins instrumentaires les banqueroutiers, les serviteurs à gages, les individus même qui ont subi des condamnations infamantes, et qui n'ont point été réhabilités, quoiqu'ils soient reprochables dans une enquête (art. 283 du Code de procédure); car ils continuent de jouir des droits civils.

Mais la Charte constitutionnelle a introduit un nouvel ordre de choses; elle ne règle point les conditions qui confèrent les droits de citoyen.

Nous devons donc attendre que les lois ou ordonnances relatives à son exécution, règlent ce point important de la législation.

Quoi qu'il en soit, il serait du plus grand danger d'admettre comme témoins instrumentaires toutes personnes indifféremment, celles même dont la conduite peut avoir rendu la probité équivoque, et celles dont la fortune ou la condition ne présente aucune garantie.

77. Car il ne faut pas croire que les témoins instrumentaires ne soient assujettis à aucune responsabilité. Si la loi sur le notariat ne contient aucune disposition sur ce point, les art. 1382 et 1383 du Code civil nous avertissent que tout fait quelconque de l'homme, qui cause du dommage à autrui, oblige celui par la faute de qui il est arrivé à le réparer, et qu'il est responsable du dommage qu'il a causé, non seulement par son fait, mais encore par sa négligence.

Si donc les témoins instrumentaires ont eu connaissance d'une prévarication du notaire qui a reçu l'acte, s'ils ne s'y sont pas ouvertement et vigoureusement opposés, comme leur devoir le leur prescrivait, ils se rendent par leur silence, et plus encore par leur signature, complices de la prévarication, et deviennent en cette qualité responsables du dommage qu'elle a causé, sans préjudice de la poursuite criminelle, si le cas y échoit; par exemple, s'ils avaient commis un faux, en signant un acte reçu hors de leur présence, ils pourraient être poursuivis et condamnés comme faussaires (1).

78. La disposition de la loi qui ordonne que les actes seront reçus par deux notaires, ou par un notaire assisté de deux témoins, est conforme aux anciennes ordonnances (2); mais elles n'avaient point énergiquement prononcé la peine de la nullité des actes où cette importante disposition n'avait pas été observée. Il en était arrivé qu'elle était tombée presqu'en désuétude, et que son omission n'était point tirée à la rigueur, si ce n'était à l'égard des testamens et codicilles, et de quelques autres actes.

L'art. 48 de l'ordonnance de 1735 prononçait même la peine de mort contre les notaires qui auraient signé les testamens, codicilles ou autres actes de dernière volonté, sans avoir vu le testateur et l'avoir entendu prononcer sa disposition. A l'égard des autres actes, les auteurs de la Collection de jurisprudence, connue sous le nom du nouveau Denisart, v°. *Acte notarié,* § 7, n°. 13, attestent que, « suivant l'usage constant, il n'est pas néces- » saire que les actes publics passés devant deux no- » taires aient été faits en présence de tous deux;

---

(1) *Voy.* l'arrêt de cassation, du 12 novembre 1812, Sirey, tom. XI, 1re. part., pag. 192, et sur-tout d'Aguesseau, tom. IX, pag. 120.

(2) Ordonnance de Louis XII, du mois de mars 1498, art. 66; ordonnance de Blois, art. 165 et 166; déclaration du 14 février 1747, art. 1. La nécessité de la présence des témoins remonte jusqu'au tems de Justinien. *Vid. Nov.* 47, *cap.* 5; Huberus, *in tit.*, *ff de fide instrum.*, n°s. 4 et 5; Gudelinus, *de jure noviss.*, *lib.* 4, *cap.* 11.

» que la présence d'un seul suffit, et que l'on se
» contente de la signature de l'autre, qu'on nomme
» notaire *en second.* Jousse, Traité de l'administra-
» tion de la justice civile, part. 5, tit. 2, n°. 50,
» cite même un grand nombre de réglemens qui
» autorisent cet usage. »

Ces réglemens, qui n'existaient point en Bretagne, ont véritablement le droit de surprendre. On
est étonné de voir que les ministres de la loi se
fussent portés à la détruire aussi ouvertement.
Mais la nouvelle loi sur le notariat prononce expressément la nullité des actes qui ne sont pas reçus par deux notaires, ou par un notaire assisté
de deux témoins. (Art. 9 et 68).

Et suivant l'esprit de notre législation actuelle,
il n'est pas plus permis aux juges de créer arbitrairement des nullités qui ne sont point établies par
la loi, que de n'avoir point d'égard aux nullités
qu'elle a prononcées. Dans l'un comme dans l'autre
cas, le jugement serait soumis à la censure.

Que les notaires, que les témoins instrumentaires se tiennent donc pour avertis qu'ils s'exposent à être poursuivis et condamnés comme faussaires, toutes les fois qu'ils signent des actes quelconques, où ils n'ont point été présens.

Mais il est bien difficile de les convertir sur ce
point; et malgré la rigueur des peines auxquelles
ils s'exposent, on trouve encore aujourd'hui des
notaires qui reçoivent des actes hors de la présence
du notaire second, ou des témoins instrumentaires; et on trouve d'autres notaires et des hommes

assez complaisans, disons mieux, assez coupables, pour signer ces actes hors de leur présence (1).

Aussi l'on peut observer que le notaire-rapporteur énonce rarement, au commencement de l'acte, le nom du notaire second, ou les noms des témoins instrumentaires : la raison en est qu'il ne peut savoir quels seront ceux qui pourront le signer, sans exposer l'acte à être attaqué par la voie du faux.

79. Après avoir expliqué les qualités requises dans les personnes qui reçoivent les actes, et qui leur confèrent ou qui concourent à leur conférer l'authenticité, il faut voir les formalités dont les actes doivent être revêtus. Ces formalités sont de

---

(1) Voici comme s'exprime sur ce point le chancelier d'Aguesseau, dans sa lettre 66, tom. IX, pag. 120 : « Le second point, sur lequel » roule le mémoire que vous m'avez envoyé, regarde le fond même du » jugement, et tend à me faire voir la justice des raisons qui ont engagé » votre chambre à ne pas avoir égard aux conclusions réitérées que » M. le procureur général avait prises contre......, notaire, et les nom- » més......, *prétendus* témoins de l'acte que ce notaire a passé.

» Quelque prévention que j'aie pour ce qui a paru juste au plus » grand nombre des juges, j'avoue que ces raisons font peu d'impres- » sion sur mon esprit.

» Toute énonciation fausse qui se trouve dans un acte suffit pour le » faire regarder et condamner comme faux, et sur-tout quand elle » tombe sur ce qui appartient à la forme essentielle de l'acte, comme » *la présence des témoins instrumentaires de l'acte.* Je sais que, par un » mauvais usage, il arrive souvent aux notaires de tomber dans la même » faute qu'on reproche ici à......., et que, lorsque le fait n'est point » relevé, les juges ferment les yeux sur cet abus, qui cependant ne de- » vrait pas être toléré ; mais toutes les fois que cet abus paraît claire- » ment aux yeux de la justice, et *qu'il y a des preuves suffisantes de l'ab-* » *sence des témoins,* qu'on a employés comme présens dans un acte, *il* » *n'est pas permis aux juges d'user de dissimulation à cet égard, etc.* »

Voy. aussi l'arrêt de la Cour de cassation, du 7 novembre 1812, Sirev, tom. XIII, 1.re part., pag. 192.

deux espèces : les unes doivent être observées sous peine de nullité; l'omission des autres n'entraîne pas la nullité de l'acte; elle soumet seulement le notaire à une amende, et quelquefois à une destitution. Ajoutez à cela que l'omission des formalités d'usage contribue à rendre un acte suspect.

Nous ne parlerons ici que des formalités communes à tous les actes. Nous avons expliqué dans le tom. V ce qu'il y a de particulier relativement aux formalités des testamens, et aux témoins appelés pour y assister.

En réfléchissant sur la nature et sur la destination des actes, sur les dispositions des lois qui en règlent les formes, on voit que les conditions nécessaires pour remplir le but qu'on se propose en passant un acte, se réduisent à y énoncer,

1°. Le tems;

2°. Le lieu où il se passe;

5°. Les noms des notaires qui le reçoivent, ceux des témoins qui sont appelés pour y assister;

4°. Le nom des parties contractantes;

5°. La rédaction claire et nette de leurs volontés;

6°. Enfin leur signature et celle des notaires et des témoins.

On peut même dire avec vérité que l'expression du tems et du lieu où l'acte est passé n'est point nécessaire pour lier les contractans, et pour la validité de leurs promesses; et nous verrons bientôt que l'omission du tems et du lieu où sont passés les actes sous seing privé n'entraîne pas la nullité.

Qu'importe en effet le tems, le lieu où j'ai promis de vous donner 300ᶠ? par exemple, si j'ai reconnu que je vous les ai réellement promis, si j'ai consigné ma promesse dans un écrit destiné à vous servir de titre, que vous me représentez, et dont je ne puis nier ni l'écriture ni la signature?

80. Mais la mauvaise foi des hommes et leur perversité portèrent les législateurs de tous les tems à exiger, dans tous les actes publics auxquels la loi imprime le caractère de l'authenticité, et confère le privilége éminent, mais dangereux, de faire foi par eux-mêmes, différentes formalités plus ou moins nombreuses, destinées à confirmer de plus en plus leur authenticité, à prévenir les faux qu'on serait tenté d'y commettre, ou du moins à faciliter les moyens de les découvrir. Ces formalités ont beaucoup varié suivant les tems et les lieux (1). Voici celles que prescrit la loi *régnante* en cette matière, la loi sur le notariat, du 25 ventôse an XI, dont les dispositions sont pour la plupart puisées dans les ordonnances de nos rois.

---

(1) Ceux qui désireront connaître ce point d'antiquité fort curieux et très-utile, quoique moins utile aujourd'hui que sous l'ancienne législation, pourront consulter les auteurs qui ont écrit sur ces matières. Danty, sur Boiceau, addition à la préface, et les auteurs qu'il cite ; le savant Mabillon, *de re diplomat.*, le Dictionnaire diplomatique, l'Art de vérifier les dates, etc. etc. ; les docteurs qui ont écrit sur les titres du Digeste, du Code et des Décrétales, *de fide instrument.*

Le père Richard Simon, dans son ouvrage pseudonyme, l'Histoire des revenus ecclésiastiques, a donné des règles pour découvrir la fausseté des anciens actes ; elles sont répétées dans le Dictionnaire du droit canonique de Durand de Maillane, vᵒ, *Diplôme.*

81. Tous les actes doivent énoncer le *lieu, l'année et le jour* où ils sont passés (art. 12), et cela sous peine de nullité, et même de faux, si le cas échoit.

La désignation du tems où un acte a été passé, l'indication du jour de sa célébration, est ce qu'on appelle la *date,* expression venue de ce qu'autrefois les actes étaient écrits en latin, et qu'avant d'exprimer le jour où ils étaient passés, on mettait le mot *datum,* donné, quelquefois *datum et actum,* que nous rendons en français par *fait et passé, le,* etc. (*Voy.* le Dictionnaire canonique de Durand de Maillane, v°. *Date*).

Outre l'énonciation de l'*année et du jour* de la célébration de l'acte, la date contient ordinairement *le mois,* quelquefois même l'*heure;* mais l'heure n'est exigée que dans certains actes de procédure. (*Voy.* art. 678 du Code de procédure).

L'art. 167 de l'ordonnance de Blois enjoignait aux notaires d'exprimer dans les actes s'ils étaient faits avant ou après midi. C'était une précaution de plus contre les faux, et un moyen de fixer l'instant précis où prenait naissance l'hypothèque, résultant alors de tous les actes notariés. L'omission de cette formalité, qui d'ailleurs n'était pas exactement observée, n'emportait point la nullité de l'acte; le silence de la loi nouvelle annonce assez que cette énonciation n'est pas aujourd'hui nécessaire, quoiqu'elle puisse être utile.

Quant à l'énonciation du mois, l'art. 12 n'en parle point, sans doute parce qu'on n'indique ordinairement le jour que par le quantième du mois:

peut-être aussi parce que le jour peut être suffisamment indiqué par l'énonciation d'une fête publique, par exemple la veille de Noël, la veille de
Pâques, etc. On sait que les fêtes des saints tenaient
anciennement lieu d'indication du jour et du mois
dans la date des actes. (*Voy.* l'Art de vérifier les
dates). Quel qu'ait pu être le motif du silence de
la loi sur l'énonciation du mois, il en résulte qu'un
acte public daté d'un jour de fête reconnue et fixée
par la loi ou l'usage, ne serait pas nul s'il contenait
d'ailleurs l'énonciation de l'année.

82. L'expression du lieu fait partie de la date ;
elle est nécessaire, tant pour faire connaître la compétence des notaires, que pour prévenir ou découvrir les faux ; aussi est-elle exigée sous peine de nullité. L'art. 167 de l'ordonnance de Blois voulait de
plus que le notaire référât la maison où les *actes
étaient passés.*

L'énonciation de l'endroit particulier où l'acte
est passé, *locus loci,* comme dit Dumoulin, était un
moyen de plus contre le faux. Les docteurs avaient
remarqué l'utilité de cette énonciation (1), que
néanmoins ils ne regardaient pas comme absolument nécessaire. Le silence de la loi du 25 ventôse
an XI prouve qu'elle ne l'a point également jugée
indispensable ; ainsi son omission n'emporterait
pas la nullité de l'acte, et nous rétractons l'opinion
contraire énoncée dans le tom. V de cet ouvrage,
pag. 442.

---

(1) *Vid.* Mascardus, *de probat.*, quæst. 6, n°. 91; Pyrrhing, *in tit.*,
X. *de fide instrument.*, lib. 2, tit. 22.

Au reste, quand un notaire dit qu'il a reçu un acte à Rennes, par exemple, sans indiquer le lieu particulier, la maison, la rue, le hameau, si c'est à la campagne, il est présumé que c'est dans son étude que l'acte est passé : c'est la conséquence naturelle de cette formule ordinaire, *devant nous, notaire,* etc., *ont comparu* ou *ont été présents* tels et tels, etc.

Néanmoins il ne suffirait pas, pour faire déclarer l'acte faux, de prouver que, pendant ce jour-là, le notaire était absent de sa maison; il pourrait se défendre en indiquant le lieu particulier, la maison où l'acte a été passé.

83. N'oublions pas que les erreurs ou omissions qui se glissent, par l'inadvertance du notaire, dans les actes ou même dans la date des actes, ne sont pas le plus souvent suffisantes pour annuler les actes, lorsqu'on peut facilement les réparer ou les suppléer; par exemple, s'il avait écrit l'an *huit cent dix-sept, l'an mil cent-dix-sept,* le *mardi premier janvier,* quoique ce fût un *mercredi,* etc., la règle est que les erreurs ou omissions de plume ne nuisent point : *Error librarii in transcribendis verbis non nocet* (1).

84. Tous les actes doivent énoncer *les nom et lieu*

---

(1) *Loi 92, de R. J.,* et *ibi interpretes.* Voy. ce que nous avons dit tom. V, pag. 330; ajoutez la loi 7, *Cod. de testam.,* 6. 23, et un arrêt de la Cour de cassation, du 20 février 1816, Sirey, tom. XVII, 1ʳᵉ. part. pag. 44, et l'arrêt rendu par la Cour royale de Caen, le 2 août 1817, Sirey, 1817, 2ᵉ. part., pag. 401 et suiv.

de la résidence du notaire qui les reçoit, à peine de 100^f d'amende contre le notaire, et en outre de la nullité de l'acte (art. 12); nullité qui le soumet aux dommages et intérêts des parties, parce qu'elle ne provient que de sa faute.

L'édit du mois de juin 1550, art. 3, ordonnait « que foi ne soit ajoutée aux instrumens reçus par les notaires, s'il n'y est fait mention *de la qualité* desdits notaires, du lieu où ils sont enregistrés, *et de leur demeurance* ».

Des arrêts rendus par le Parlement de Paris, les 2 août 1742 et 15 mars 1752, avaient, en conformité de cette loi, enjoint aux notaires d'insérer *le lieu de leur résidence* dans leurs actes. (*Voy.* le nouveau Denisart, v°. *Acte notarié*, § 7, n°. 5). C'est dans ces sources qu'est puisée la disposition de l'art. 12 de la nouvelle loi.

Mais on peut remarquer que, suivant l'édit de 1550, il ne suffisait pas d'énoncer le nom du notaire et sa résidence; il fallait y ajouter sa *qualité* de notaire, qui seule constitue en lui la personne publique, lui donne le droit de recevoir des actes et de leur conférer l'authenticité; car on tient pour principe que, dans tous les actes, il faut prendre la qualité qui donne le droit de les faire. Nous en avons conclu (tom. V, n°. 356), que si la *qualité* de notaire était omise, ou si l'on y en substituait une autre, dans un testament, il y aurait nullité. L'acte serait certainement nul, si l'on avait substitué une autre qualité à celle de notaire, qui seule donne le droit de recevoir les actes auxquels les parties veulent donner le caractère de l'authenti-

cité; mais la simple omission de la *qualité* de notaire n'entraînerait pas la nullité de l'acte, si, d'ailleurs, le *lieu de résidence* était énoncé.

Le projet de loi sur le notariat, présenté à la
discussion du Tribunat, et discuté dans la séance
du 15 frimaire an XI, ne réglait point les formes intrinsèques des actes, quoique le tit. 2 fût, comme
l'est aujourd'hui la sect. 2 de la loi, intitulé *des
actes, de leur forme, etc.*; le Tribunat pensa que
cette omission devait être réparée, et proposa plusieurs articles qui furent ensuite adoptés (1); l'un
de ces articles, qui est aujourd'hui le 12ᵉ., portait:

« Tous les actes doivent énoncer, 1°. les noms,
» *qualités* et lieu de résidence des notaires qui les
» reçoivent, ainsi que des témoins instrumentaires,
» à peine de 100ᶠ d'amende ». Cet article, ainsi que
l'édit de 1550, exigeait conséquemment l'énonciation de la *qualité* de notaire, mais il ne prononçait
point la peine de nullité contre l'omission de cette
énonciation. L'article fut adopté, et on lui ajouta
la peine de nullité, outre l'amende prononcée
contre le notaire; mais on retrancha cette expression, les *qualités* du notaire; et l'art. 12 exige seulement l'énonciation *des nom et lieu de résidence du
notaire qui les reçoit* (les actes). Il n'y aurait donc

---

(1) Le procès verbal de la discussion faite au Tribunat, tant du Code
que de la loi sur le notariat, n'a point été imprimé, mais il existe ma-
nuscrit dans les bibliothèques de plusieurs anciens membres du Tribunat. J'ai travaillé sur l'exemplaire qui se trouve dans celle de mon
savant confrère M. Malherbe.

pas nullité si l'acte portait : « Devant nous tel, *à* *la résidence* de tel endroit, ou *résidant* en tel endroit, etc. » Ces expressions annoncent suffisamment que celui qui reçoit l'acte est notaire ; car on ne dit point ordinairement qu'un particulier est à telle *résidence*, qu'il *réside* en tel endroit ; on dit qu'il y demeure. Au contraire, l'obligation de *résider* dans le lieu qui lui est fixé par le gouvernement, est imposée au notaire par l'art. 4 de la loi. Les mots *résidence* et *résider* s'entendent proprement du séjour actuel et ordinaire d'un officier, d'un bénéficier, etc. ; en un mot, d'une personne à qui la place impose l'obligation de résider ; ainsi les mots *résidence et demeure* ne sont point synonymes ; et si l'acte portait : « Devant nous tel, » demeurant en tel endroit, ont comparu, etc., » sans énoncer la qualité de notaire, il serait à » craindre que l'acte ne fût déclaré nul (1) ».

85. Tous les actes doivent encore énoncer, sous peine de nullité, *les noms des témoins instrumentaires et leurs demeures.* (Art. 12).

L'art. 167 de l'ordonnance de Blois, donnée en 1579, imposait aux notaires l'obligation d'exprimer dans les actes la qualité, demeurance et paroisses des parties *et des témoins y dénommés*, etc. ; mais cet article ne prononçait pas la peine de nullité contre l'omission de ses dispositions. L'art. 12

---

(1) *Imò*, il ne devrait pas être déclaré nul. L'art. 12 de la loi sur le notariat ne prononce point la nullité pour le défaut d'énonciation des [...] et résidence du notaire.

de la loi sur le notariat ne laisse plus aucun doute sur cette nullité ; mais il n'exige pas l'énonciation de la qualité des témoins.

86. La formalité la plus essentielle des actes est aujourd'hui la signature des parties, des notaires et des témoins, ou la déclaration des parties qu'elles ne savent ou ne peuvent signer. L'art. 14 porte : « Les actes seront signés par les parties, les té- » moins et les notaires, qui doivent en faire men- » tion à la fin de l'acte.

» Quant aux parties qui ne savent ou ne peuvent » signer, le notaire doit faire mention, à la fin de » l'acte, de leurs *déclarations* à cet égard ».

87. Nos mœurs sont aujourd'hui tellement dif- férentes de ce qu'elles étaient autrefois, que bien des personnes seront surprises d'apprendre qu'a- vant 1560, les actes notariés n'étaient point signés par les parties contractantes ou disposantes, ou que du moins le défaut de leur signature n'empor- tait pas la nullité des actes. S'ils étaient signés, c'était une surabondance ; cette formalité n'était ordonnée par aucune loi, et n'était pas même en usage dans toute la France. Les notaires et les ta- bellions étaient comme des juges ou personnes publiques, qui recevaient les déclarations des parties, et qui en rendaient un témoignage au- thentique : on ne croyait pas qu'il fût nécessaire d'ajouter la signature des parties qui savaient si- gner, ou de faire mention dans l'acte qu'elles ne si- gnaient point. Le notaire apposait le sceau royal ou

seigneurial; c'était le signe de la vérité qu'il imprimait à l'acte. La foi publique n'était pas autrement attestée : elle était principalement fondée sur le caractère et la probité présumée de l'officier public, qui en était comme le dépositaire (1).

Mais la simplicité des mœurs n'étant plus une sûreté suffisante contre les fraudes et les faussetés multipliées, il fallut se prémunir par de nouvelles formes, et chercher des preuves plus sûres de la vérité.

C'est pour cela que l'ordonnance d'Orléans, faite sous Charles IX, en 1560, enjoignit, art. 84, à tous notaires de faire signer aux parties et aux témoins instrumentaires, *s'ils savent signer,* tous contrats et actes, soit testamens ou autres qu'ils recevront, à peine de nullité des testamens, contrats et actes; et en cas que les parties ou témoins ne sachent signer, les notaires feront mention de la *réquisition* par eux faite aux parties et témoins de signer, et de leur réponse qu'ils ne savent signer.

88. Malgré cette ordonnance si juste et si nécessaire, les peuples, attachés à leurs vieilles coutumes, n'observèrent pas d'abord exactement une loi qui gênait les notaires, et qui dérogeait à l'ancien usage. Dix-neuf années après l'ordonnance d'Orléans, fut faite, sous Henri III, en 1579, l'ordon-

---

(1) Les personnes du commun faisaient leurs conventions verbalement, en présence de témoins et sous caution. Vely, tom. IV, pag. 107. En cas de dénégation de ce qui avait été convenu, on demandait à faire preuve par témoins.

nance de Blois, qui, dans l'art. 165, renouvela dans les mêmes termes l'art. 84 de l'ordonnance d'Orléans. Ce n'est que depuis l'ordonnance de Blois que les notaires s'assujettirent à faire signer les témoins et les parties, ou à faire mention de leurs signatures, et de la cause pour laquelle ils n'ont pas signé. Les auteurs ont observé qu'après l'ordonnance d'Orléans, et avant l'enregistrement de celle de Blois, on trouve beaucoup d'actes qui ne sont point dans les formes prescrites par ces ordonnances (1).

89. Il est à remarquer que les ordonnances d'Orléans et de Blois exigent deux choses pour suppléer à la signature des parties; la mention *de la réquisition* ou interpellation que le notaire leur a faite de signer, et la mention de la réponse qu'elles ont faite à cette interpellation, en déclarant qu'elles ne savent ou ne peuvent signer.

On en avait conclu que la simple mention que le testateur n'a pu signer, et même la mention des causes qui l'en ont empêché, ne suffit pas, d'après ces ordonnances, pour tenir lieu de la signature effective, du moins à l'égard des testamens et actes

_____

(1) *Voy.* Raviot, sur Perrier, quest. 164; sur les formes des actes anciens, Danty, sur Boiceau, addition sur la préface; Pasquier, dans ses Recherches, liv. 4, chap. 15; Loiseau, des Offices, liv. 2, chap. 4; Mabillon, *de re diplomat.*, le Dictionnaire diplomatique, v°. *Chartes*; sur quelques manières de découvrir les faux dans les actes, *voy.* Durand de Maillane, Dictionnaire de droit canonique, et les auteurs qu'il cite; et sur-tout Richard Simon, dans son Histoire des revenus ecclésiastiques, publiée sous le nom de Jérôme Acosta.

de dernière volonté. Plusieurs arrêts (1) l'avaient ainsi jugé. (*Voy.* les Questions de droit de M. Merlin, v°. *Signature,* § 2).

90. Mais si le notaire avait dit que le testateur a déclaré ne savoir ou ne pouvoir signer, l'interpellation du notaire ou sa *réquisition* n'avait pas besoin d'être exprimée; on la regardait comme sousentendue, parce que la déclaration du testateur suppose la réquisition ou l'interpellation du notaire. Telle était la doctrine de plusieurs auteurs, appuyée de plusieurs arrêts. (*Voy.* les Questions de droit, *ubi suprà*).

Cette jurisprudence fut confirmée par l'ordonnance de 1735, donnée sur le fait des testamens. Les art. 5 et 23 disent simplement qu'*en cas* que le testateur *déclare* qu'il ne sait ou ne peut signer, il en sera fait mention.

Mais cette loi fut diversement entendue et exécutée. En Provence et à Lyon, on croyait qu'il n'était pas nécessaire de faire mention de la *déclaration* du testateur, et que la simple mention qu'il ne savait ou ne pouvait signer était suffisante. A Paris, on pensait et on jugeait le contraire.

Les électeurs de Villeneuve de Berg demandèrent, en 1789, une loi sur ce sujet. Cette demande fut répétée deux ans après par les administrateurs du département du Rhône et par les officiers municipaux de Lyon. Sur ces demandes il fut rendu,

---

(1) Mais on n'en trouve pas un seul qui ait appliqué cette nullité aux contrats et actes entre vifs.

le 8 septembre 1791, un décret sanctionné le 10, qui, après avoir déclaré valides, dans le Lyonnais et ailleurs, les testamens où l'on s'était borné à énoncer que le testateur ne savait ou n'avait pu signer, déclara « qu'à l'avenir, *dans les testamens ou* » *actes de dernière volonté,* lorsque les testateurs ou » les témoins ne sauront ou ne pourront signer, les » notaires seront tenus de faire *mention formelle de* » *la réquisition* par eux faite aux testateurs ou té- » moins de signer, et de leur *déclaration* ou réponse » de ne pouvoir ou ne savoir signer ; le tout à peine » de nullité. »

En conséquence, les arrêts ont annulé les testa- mens faits avant la promulgation du Code, quand on y avait omis la mention de la *réquisition* ou in- terpellation du notaire.

L'art. 973 du Code civil est revenu à l'ordon- nance des testamens ; il n'exige, comme cette loi, que la *mention* expresse de la *déclaration* du testa- teur de ne savoir ou de ne pouvoir signer.

« Le testament doit être signé par le testateur : » s'il *déclare* qu'il ne sait ou ne peut signer, il sera » fait dans l'acte **mention** expresse de sa *déclara-* » *tion.* »

L'article ajoute : *Ainsi que de la cause qui l'em-* *pêche de signer.* Cette dernière disposition est par- ticulière aux testamens. Dans les autres actes, la mention de la cause qui empêche la partie de si- gner, n'est pas nécessaire sous peine de nullité.

L'art. 14 de la loi sur le notariat, dont nous avons rapporté le texte *suprà,* n°. 86, se borne à exiger.

quant aux parties qui ne savent ou ne peuvent signer, que le notaire fasse mention, *à la fin de l'acte,*
de leurs *déclarations* à cet égard.

91. Mais remarquez que la mention doit porter
spécialement sur la *déclaration* des parties, de ne
pouvoir ou de ne savoir *signer* (1). S'il était dit
que telle partie ne sait ou n'a pu signer par tel
motif, l'acte serait nul.

Le notaire ne doit pas seulement attester le
fait, il doit l'attester d'après la *déclaration* de la
partie. Le texte de notre art. 14 est précis sur ce
point.

92. Ce même article porte que les actes seront
signés par les *parties,* les *témoins* et les notaires,
qui doivent en faire *mention à la fin de l'acte* : formalités exigées sous peine de nullité par l'art. 68.

Rien n'est en effet plus essentiel que ces formalités. La signature des parties contient l'aveu
muet, mais formel et permanent, des obligations
qu'elles ont contractées, des promesses qu'elles
ont consenties.

C'est lorsqu'ils sont revêtus de la signature des
parties, que les actes présentent le plus haut degré
de certitude que nous puissions acquérir à l'égard
des choses qui se passent hors de nous. Ils réunissent les deux genres de preuves les moins sujets
à tromper ; l'aveu des parties intéressées, le témoi-

---

(1) La déclaration de ne savoir *écrire,* au lieu de celle de ne savoir
signer, serait-elle suffisante ? Oui, si l'on s'attache au simple bon sens.
Voy. ce que nous avons dit tom. V, n°. 438, pag. 426 et suiv.

gnage écrit d'hommes publics et choisis par elles
pour attester ce qui s'est passé en leur présence,
et pour donner à la signature de chacune d'elles
l'authenticité que cette signature n'a point par
elle-même. Tel est l'objet de la mention exigée
par la loi.

Cette mention n'est donc pas nécessaire à l'égard
de la signature des personnes qui, quoique présentes, quoique même intéressées, n'y contrac-
tent cependant elles-mêmes aucune obligation,
comme lorsque l'acte ne renferme qu'une obligation unilatérale : par exemple, la reconnaissance
d'une dette, ou d'un prêt que le débiteur s'oblige
de rendre; la signature, ni la présence du créancier n'étant point nécessaires pour la validité d'un
pareil acte, la mention de sa signature ni de sa
présence, en cas qu'il fût présent et qu'il ait signé,
n'est point également nécessaire sous peine de nullité, quand même l'acte porterait qu'il était présent et stipulant.

Ainsi l'a décidé avec raison la Cour de cassation, le 8 juillet 1818, en confirmant un arrêt
rendu par la Cour royale de Dijon, le 12 janvier
1817, et dont on peut voir l'espèce dans Sirey,
tom. XIX, 1re. part., pag. 241.

Mais une autre difficulté s'est élevée au sujet de
la mention ordonnée par notre art. 14.

On a demandé si la peine de nullité doit être
appliquée au défaut de mention de la *signature
des notaires* à la fin des actes par eux reçus, comme
au défaut de mention de la signature des parties
et des témoins? Cette question fut, en 1810, por-

tée au Conseil d'état, qui pensa qu'elle ne pouvait être résolue que négativement, d'après l'esprit de la loi et des réglemens qui l'ont suivie ;

Qu'en effet, l'arrêté du 15 prairial an XI, qui donne une formule pour rendre les grosses des actes exécutoires, ne comprend point au nombre des relations nécessaires celle de la signature même des notaires ;

Que toute interprétation contraire serait sans aucune utilité pour la société, et lui deviendrait même nuisible par l'application d'une nullité inusitée dans tous les tems ;

Que si cette nullité a un but utile, en tant qu'elle s'applique au défaut de mention des signatures des parties ou des témoins, qui n'ont pas un caractère authentique, cette raison cesse à l'égard des notaires eux-mêmes, dont la signature est publique, et devient la certification des autres.

En conséquence, le Conseil fut d'avis que la peine de nullité ne doit être appliquée qu'au défaut de mention de la signature, soit des parties, soit des témoins, et ne doit pas être étendue au défaut de mention de la signature des notaires qui ont reçu l'acte. Cet avis fut approuvé le 20 juin 1810 (1).

93. Si l'une des parties déclarait ne savoir si-

---

(1) Par un arrêt du 15 avril 1808, antérieur à l'avis du Conseil, la Cour de Rennes avait jugé que le défaut de mention de la signature du notaire second emportait la nullité de l'acte. Mais cet arrêt fut cassé le 11 mars 1812. L'arrêt de cassation est rapporté dans la 4e. édition d Répertoire, v°. *Signature*, § 3, art. 3, n°. 5.

gner, quoiqu'elle le sût faire, l'acte serait-il nul?
Il faut sur ce point distinguer entre les testamens
ou actes de dernière volonté, et les actes entre vifs.
Celui qui dit qu'il ne sait pas signer, quoiqu'il le
sache faire, fait un mensonge.

Si c'est un testateur, on présume qu'il a disposé
contre son gré, ou plutôt qu'il n'a pas voulu disposer, puisqu'il ne donne point à son acte le témoignage nécessaire de sa volonté, qu'il pouvait
lui donner, puisqu'il ne lui imprime point ce sceau
de vérité et de liberté qui était entre ses mains.
Son testament est donc nul; c'est ainsi qu'on l'a
constamment jugé sous l'ancienne jurisprudence
et sous la nouvelle.

Il en est autrement des actes entre vifs. La partie
qui aurait fait une fausse déclaration de ne savoir
signer, ne pourrait ensuite s'en prévaloir, pour se
jouer de la bonne foi de l'autre partie, en refusant d'exécuter des obligations authentiquement
consenties. (*Voy.* ce que nous avons dit, tom. V,
n°. 439, pag. 431, et les autorités que nous avons
citées. On peut y ajouter l'arrêt du 31 juillet 1713,
dans le Journal des audiences).

Si l'acte était attaqué pour cause de violence,
la fausse déclaration de ne savoir signer pourrait,
suivant les circonstances, être un indice de plus
du défaut de liberté.

94. La signature doit être celle du nom de famille, qui est le véritable nom. Nous avons examiné tom. V, n°. 373, si un testament signé d'une
autre manière pourrait être déclaré nul. Mais dans

les actes autres que ceux de dernière volonté, il nous paraît qu'il suffit que les parties signent de la manière dont elles ont l'habitude de signer.

95. La place de la signature est indiquée par la nature des choses; elle marque l'accomplissement de la volonté des parties : c'est la dernière approbation qu'elles donnent à l'acte. Il est donc nécessaire que l'acte soit terminé par la signature des parties, ou par la mention de la déclaration qui tient lieu de signature, c'est-à-dire qu'elles ne savent ou qu'elles ne peuvent signer.

L'art. 14 exige que la mention de cette déclaration soit faite *à la fin de l'acte;* il y aurait nullité si elle se trouvait au commencement ou dans le corps de l'acte.

96. Les signatures mal formées ou illisibles n'entraînent pas la nullité des actes (*voy.* tom. V, n°. 443); autrefois même, il était assez d'usage de signer par simples *monogrammes;* et aujourd'hui, plusieurs gens d'affaires, des financiers sur-tout, affectent de signer d'une manière illisible.

97. Une formalité très-importante est la lecture des actes que le notaire doit faire à toutes les parties et aux témoins avant la signature. Cette lecture est requise sous peine de nullité dans les testamens. (Art. 972 du Code). Dans les autres cas, l'art. 15 de la loi sur le notariat se borne à prononcer une amende de 100ᶠ contre le notaire qui négligerait de faire mention *que lecture de l'acte a été faite aux parties;* mais cet article n'ajoute point la peine de nullité, qu'on ne peut jamais suppléer.

L'ordonnance de 1535, chap. 19, art. 4, veut aussi *que les notaires lisent au long, en la présence des parties, les contrats passés devant eux avant qu'ils les signent.*

Cette règle paraît tenir à l'essence même des conventions, qui, ayant pour fondement nécessaire le consentement de ceux qui les souscrivent, ne sauraient être valables, à moins que ces derniers n'aient une parfaite connaissance de ce que l'acte contient.

Mais comme on ne présume pas que personne soit assez imprudent pour signer un écrit sans savoir ce qu'il renferme, on a pensé que la mention de la lecture des actes n'était pas indispensable.

98. Il a été long-tems en usage, en France, d'y rédiger en latin les actes concernant les dernières volontés et les conventions des particuliers, ainsi que tous les actes de procédure : la difficulté d'entendre cette langue et de l'interpréter occasionnait beaucoup de procès.

Ce fut pour obvier à cet inconvénient que François Ier., dans l'ordonnance de 1539, art. 10 et 11, ordonna que dorénavant « tous arrêts, ensemble » toutes autres procédures, enquêtes, *contrats,* » commission, sentences, *testamens* et autres quel- » conques, actes et exploits de justice, ou qui en » dépendent, fussent prononcés, enregistrés et dé- » livrés aux parties en langage *maternel* français, » et non autrement. » (*Voy.* ce que nous avons dit, tom. V, pag. 443 et suiv.)

Cette sage disposition fut répétée dans plusieurs

lois et réglemens anciens et nouveaux. On peut en voir la série dans le Répertoire de jurisprudence, v°. *Langue française.*

Un arrêté du Gouvernement du 24 prairial an XI permet néanmoins, art. 2, aux officiers publics des lieux où l'on ne parle pas français, d'écrire à mi-marge de la minute française la traduction en idiôme du pays, lorsqu'ils en seront requis par les parties.

Les notaires de Bruxelles, ville alors réunie à la France, crurent qu'il était impossible d'accorder cet arrêté avec l'exécution littérale de l'art. 972 du Code, qui veut que le testament soit écrit par le notaire, tel qu'il a été dicté par le testateur.

Ils fondèrent, sur ce motif, une demande en rapport de l'arrêté du 24 prairial an XI. Elle fut rejetée, et le grand-juge, ministre de la justice, leur répondit, le 4 thermidor an XII, que la loi «ne met point obstacle à l'exécution de cet ar- » rêté, lorsqu'elle dit, art. 972, que le testateur » dictera son testament, elle ne dit point que ce » sera en français.

» On ne peut forcer quelqu'un de parler une lan- » gue qu'il ne sait point; le notaire est seulement » tenu de rédiger le testament en langue française. » Rien n'empêche qu'il n'en fasse une traduction » en flamand à mi-marge : l'arrêté même du 24 » prairial an XI l'y autorise, art. 2; mais cette tra- » duction n'aura pas l'autorité de la rédaction fran- » çaise. »

Cette lettre est rapportée dans le nouveau Répertoire, v°. *Langue française* (1).

99. Mais cette lettre suppose, comme l'arrêté du 24 prairial an XI, que le notaire entend la langue de celui qui ne sait pas le français ; c'est cependant ce qui peut ne pas être. Ce dernier cas n'est prévu ni par cet arrêté, ni par la loi sur le notariat : la nécessité force donc à recourir, par analogie, au ministère d'un interprète.

L'art. 332 du Code d'instruction criminelle porte que, dans le cas où l'accusé, les témoins, ou l'un d'eux, ne parleraient pas la même langue ou le même idiôme, le président se servira du ministère d'un interprète.

Le notaire appelé pour recevoir un acte par une personne qui ne sait pas le français, et dont lui-même il n'entend pas la langue, doit, *à pari*, appeler un interprète ; la loi n'ayant pas prévu ce cas, n'a pu déterminer les qualités de cet interprète : il faut dire, encore par analogie, qu'il doit avoir les qualités qu'exige la loi sur le notariat dans les témoins instrumentaires ; il paraît même que l'un d'eux peut servir d'interprète, s'il entend la langue de la partie qui ne sait pas le français.

Les art. 367 et 368 de la loi du 3 brumaire an IV, permettaient à l'un des témoins ou des jurés d'être interprètes dans les procès criminels. Si l'art. 332 du Code d'instruction criminelle a défendu aux témoins, aux jurés et même aux juges de faire les

---

(1) *Voy.* le président Favre, *Cod. fabr.*, lib. 4, tit. 16, defin. 13.

fonctions d'interprètes, sa prohibition ne paraît pas devoir être étendue aux interprètes que le notaire est forcé de prendre, puisque les réglemens existans lui permettent d'être lui-même interprète et traducteur, s'il sait la langue du déposant. S'il y avait dans le lieu des interprètes jurés, le notaire devrait les employer lorsqu'il ne peut lui-même être interprète.

Si les parties s'accordaient pour nommer un interprète, c'est celui-là qu'il faudrait prendre; soit que le notaire fasse lui-même les fonctions d'interprète, soit qu'il en appelle un autre pour les faire, il doit avoir soin de référer que telle partie, ne sachant pas le français, a manifesté, dans sa langue maternelle, ses volontés, qui ont été rendues en français, soit par lui notaire, soit par tel qui a fait les fonctions d'interprète, et qui a reporté et expliqué son interprétation à la partie intéressée.

Il faut également, à la fin de l'acte, faire mention que la lecture a été faite par l'interprète dans la langue maternelle de la partie; et, dans tous les cas, il est à propos, comme le permet l'arrêté du 24 prairial an XI, de mettre à mi-marge de l'original français, la traduction dans la langue que parle celui qui ne sait pas le français.

100. Pour ne plus revenir sur ce point, nous observerons ici qu'à l'égard des actes sous seing privé, ils peuvent être écrits dans une autre langue que la française, sur-tout entre personnes qui ne l'entendent pas, ou dont l'une ne l'entend pas.

L'art. 3 de l'arrêté du 24 prairial an XI exige

seulement, lorsqu'on présente ces actes à l'enregistrement, qu'on y joigne une traduction française certifiée par un traducteur juré.

101. On peut demander si un acte notarié, rédigé dans une langue étrangère, vivante ou morte, contre le précepte de la loi qui ordonne de rédiger les actes en français, est nul. Il est certain que les anciennes lois françaises en prononçaient la nullité.

On peut voir un édit donné pour la Flandre, au mois de décembre 1684; un arrêt du Conseil rendu pour l'Alsace, le 30 janvier 1685; un édit du mois de février 1700, donné pour les pays du Roussillon, Conflans et la Cerdagne; une déclaration du 24 mars 1753, donnée pour les mêmes pays; ces lois sont rapportées dans le Répertoire de jurisprudence, v°. *Langue française.*

Le décret de la Convention, du 2 thermidor an II, prononce, art. 3, la peine de six mois d'emprisonnement et la destitution, contre tout fonctionnaire ou officier public qui rédigera ou recevra des actes quelconques en une autre langue que la française; mais ni le décret, ni l'arrêté du Gouvernement du 24 prairial an XI, n'ont répété la peine de nullité prononcée par les anciennes lois. Cependant, il n'en faut pas conclure que cette peine soit abrogée.

D'abord, il est certain que les lois et réglemens nouveaux ont eu en vue d'augmenter plutôt que d'adoucir la sévérité des anciens, sur le point qui nous occupe. D'ailleurs, c'est un principe reçu que les lois anciennes ne sont tacitement abrogées par les postérieures, qu'à l'égard des dispositions qui sont inconciliables avec les nouvelles.

C'est en conformité de ces principes que la loi du 25 ventôse an XI, sur le notariat, porte, article 69, que « la loi du 6 octobre 1791, et toutes autres, sont abrogées, *en ce qu'elles* ont de contraire à la présente. »

Enfin, l'abrogation générale des lois précédentes, portée dans l'art. 7 de la loi du 30 ventôse an XII, ne s'étend qu'aux matières qui sont l'objet des lois dont la réunion forme le Code civil, lequel ne s'est point occupé de la langue dans laquelle les actes doivent être rédigés, et qui, par conséquent, s'en rapporte à cet égard aux lois précédentes, tant antérieures que nouvelles.

Il paraît donc que la peine de nullité n'est point abrogée à l'égard des actes publics ou notariés rédigés dans une autre langue que la française. Nous n'avions pas assez approfondi la question, quand nous avons dit, tom. V, pag. 446 et suiv., que les lois ne prononçaient pas la peine de nullité contre les actes publics rédigés en langue étrangère (1).

102. Mais si ces actes étaient signés de toutes les parties contractantes, ils auraient la force d'un écrit sous signature privée; car nous avons vu que les actes sous seing privé sont valables, quoique rédigés dans une langue étrangère. Or, c'est un point commun à tous les actes nuls pour cause

(1) Mais *voyez* M. Merlin, Questions de droit, tom. VI, v°. *Testament*, § 17, art. 3, pag. 350, à la note. L'auteur nous reproche d'avoir abandonné notre première opinion; je crois qu'il a raison, et j'y reviens avec une entière conviction.

d'omission de quelques-unes des formalités requises pour leur authenticité, qu'ils sont valides comme écrits sous signature privée, s'ils sont revêtus de la signature de *toutes* les parties. L'article 68 de la loi du 25 ventôse an XI, et l'art. 1318 du Code, ne laissent aucun doute à cet égard.

103. Mais ces articles exigent les signatures de *toutes* les parties contractantes. S'il en manque une seule, l'acte ne peut, comme écrit sous seings privés, faire preuve qu'il a existé une convention entre ceux qui l'ont signé et celui qui ne l'a pas signé. Le défaut de signature de ce dernier fait que rien ne prouve qu'il s'est engagé; et s'il n'est pas engagé, les autres ne le sont point envers lui, malgré leurs signatures (1). La preuve qu'il a existé un contrat reste donc imparfaite, quand même ceux qui ont signé l'acte se seraient obligés envers un autre qui l'a aussi signé, solidairement avec celui qui ne l'a point signé (2). Quand même la partie dite obligée solidairement, et qui n'a point signé, serait la femme de l'un des coobligés solidaires, qui ont signé; quoique le mari et la femme soient, en certains cas, considérés comme une seule personne, s'ils sont l'un et l'autre aux qualités, la signature de l'un et de l'autre est nécessaire pour rendre l'acte parfait : il reste imparfait jusqu'au

_____

(1) Mais celui qui n'a point signé pourrait-il, en offrant de le faire, contraindre ceux qui ont signé à exécuter le contrat ? *Vid. infrà,* n°. 139.

(2) *Voy.* l'arrêt de la Cour de cassation, du 27 mars 1812, rapporté par Sirey, an 1812, pag. 169, 1re. part.

moment de la signature de celui qui n'a pas signé; car on peut penser que l'autre partie qui a signé ne l'eût point fait et ne se serait pas engagée, si elle n'avait pas compté, pour sa sûreté, sur la signature de tous ceux qui s'obligeaient solidairement envers elle; signature qui seule rend parfaite la preuve de leur obligation.

104. Nous examinerons dans la suite si un acte ainsi demeuré imparfait ne peut pas servir de commencement de preuve écrite contre ceux qui l'ont signé, et s'il peut être confirmé par l'exécution qu'on y a donnée (1).

105. Quant à la rédaction des actes, l'ordonnance de 1535, chap. 19, art. 3, défend aux notaires « d'insérer aucune chose dans les actes qu'ils » passeront, outre ce qu'ils auront ouï et entendu » des parties, en présence des témoins ». Elle veut de plus qu'ils ne mettent choses superflues, ni grande multiplication de termes synonymes, à peine d'amende arbitraire.

La loi du 25 ventôse an XI, sur le notariat, n'a point répété cette dernière disposition, quelque sage qu'elle soit. Il est impossible de la faire exécuter, tandis qu'on n'exigera pas des candidats au notariat, plus d'étude, de science et d'instruction. Aujourd'hui que nos lois sont très-simplifiées, une grande partie des procès vient de la mauvaise rédaction des actes, des équivoques, des redondances, de cette *grande multiplication de termes sy-*

---

(1) *Voy.* Sirey, an 1812, 1re, part., pag. 369.

nonymes si énergiquement défendus par l'ordon-donnance. Mais, sur ce point, les notaires sont incorrigibles.

106. L'art. 13 de la même loi sur le notariat porte que « les actes des notaires seront inscrits » en un seul et même contexte, lisiblement, sans » *abréviation, blanc,* lacune ni intervalle; ils con-» tiendront les noms, prénoms, qualités et de-» meure des parties, ainsi que des témoins.... Ils » énonceront en toutes lettres les sommes et les » dates; les procurations des contractans seront an-» nexées à la minute, qui fera mention que *lecture* » de l'acte a été faite aux parties; *le tout* à peine de » 100ᶠ d'amende contre le notaire contrevenant ».

La crainte de cette amende nous délivrera sans doute pour toujours de ces *et cætera* (1), dont on se plaignait depuis si long-tems, mais aussi depuis long-tems fort peu usités par les notaires de Bretagne.

Mais nous devons signaler ici, et dénoncer au public et aux magitrals, un abus très-dangereux que cependant se permettent presque journellement quelques notaires d'ailleurs très-probes, qui n'en sentent pas assez les inconvéniens ni les suites auxquelles ils s'exposent.

Afin de prolonger le délai de dix ou quinze jours, accordé par l'art. 20 de la loi du 22 frimaire an VII, pour l'enregistrement de leurs actes, ils en laissent la date en blanc au moment où ils les reçoivent,

---

(1) *Voy.* Danty, sur Boiceau, 2ᵉ. part., chap. 1, nᵛ. 26.

et ne la remplissent souvent que plusieurs jours après, sans songer que, dans cet intervalle, quelque court qu'il soit, l'une des partie peut faire des actes préjudiciables aux droits de l'autre ou des tiers. J'en ai vu plusieurs exemples, notamment celui d'un homme de campagne, qui, en sortant de l'étude d'un notaire, où il venait de vendre un héritage au comptant, s'en alla chez un autre hypothéquer le même héritage au paiement d'une somme qu'il emprunta. Ce droit d'hypothèque, inscrit le jour même où l'acte en fut passé, eut tout son effet contre l'acquéreur, parce que la date de la vente, qui était restée en blanc, ne fut mise que du lendemain ou surlendemain. Sans doute il suffira, pour faire cesser cet abus, d'avertir les notaires des inconvéniens de ces dates en blanc, qui les exposent d'ailleurs à être poursuivis comme faussaires.

Il est à remarquer que, suivant la disposition finale de l'art. 13, l'amende de 100^f est prononcée contre toutes les inobservations des formalités ordonnées par cet article. Ainsi l'amende est encourue par la contravention à une seule de ces formalités.

107. Mais est-elle encourue si la contravention ne se trouve que dans la grosse ou dans l'expédition, qui est aussi un acte du notaire, ainsi que la minute? Il faut distinguer. Elle ne serait pas encourue, si la contravention pouvait n'être regardée que comme une erreur de copiste. Ainsi la question dépend des circonstances et de la prudence des juges, toujours plus portés à l'indul-

gence qu'à la sévérité. Il est pourtant vrai que trop d'indulgence amène le relâchement. Le maintien des règles tient à la juste fermeté que l'on met à punir les infractions.

108. Un usage très-ancien en France a fait excepter les procurations de la règle générale, qui défend aux notaires de laisser aucun blanc dans les actes qu'ils reçoivent. Les procurations en blanc, c'est-à-dire où le nom du mandataire reste en blanc, furent introduites pour donner la faculté de charger plus commodément une personne de nous choisir un mandataire dans un lieu où nous n'avons point de connaissances. La remise ou l'envoi d'une procuration en blanc n'est pas en effet autre chose qu'un mandat de choisir un mandataire, et de remplir de son nom l'espace laissé en blanc. En vous remettant, en vous envoyant une procuration en blanc, je vous charge nécessairement, ou, si l'on veut, je vous prie, verbalement ou par écrit, de me choisir un mandataire pour l'affaire mentionnée dans la procuration. Ainsi, deux choses à considérer :

1°. La remise ou l'envoi à une certaine personne de la procuration en blanc : cette remise ou cet envoi est un véritable mandat de choisir un procurateur ;

2°. La procuration elle-même, qui n'est point encore un contrat, et qui ne le deviendra que par l'acceptation du mandataire choisi, dont le nom remplira le blanc de l'acte. Pourquoi, en attendant le choix et son acceptation, son nom ne pourrait-il pas rester en blanc? L'usage des procurations en blanc n'a donc rien de contraire à la raison et aux principes de droit. On peut même dire que la loi 2, *ff de procur.*, 3. 3, n'y est point opposée, comme on l'a cru ; elle dit qu'on peut nommer pour mandataire un absent, pourvu que ce soit une personne certaine, et qu'elle accepte : *Dummodò certus sit qui datus intelligetur, et is si ratum habuerit.* Lorsque j'envoie une procuration en blanc, je l'envoie à une personne certaine, chargée de remplir le blanc ; si elle le remplit ou le fait remplir, ce sera du nom d'une personne certaine.

Au reste, si l'on prétendait que le sens de cette loi est que la procuration en blanc est nulle, même après que le nom du mandataire choisi a été inscrit dans le blanc de l'acte, je répondrais que jamais, dans ce sens, cette loi n'a été suivie en France. (*Voy.* Lacombe, Jurisprudence civile, v°. *Procureur*, sect. 1, n°. 4, et les auteurs cités ; le nouveau Denisart, v°. *Acte notarié*, § 7, n°. 12 ; Ferrière, Dictionnaire de droit, v°. *Procuration en blanc*).

109. Après la rédaction des actes, en *un seul et même contexte*, il peut arriver, et il arrive souvent qu'avant de les signer les parties veulent y faire des corrections, des additions ou des retranchemens, qu'on fait ordinairement par des apostilles, des renvois ou des ratures, qui peuvent faire naître plusieurs questions importantes, pour la solution desquelles il est bon de comparer le droit ancien avec le droit nouveau.

L'ordonnance concernant l'administration de la justice, donnée par François 1er., au mois d'octo-

bre 1535, porte, tit. 19, art. 8 : « Quant èsdits re-
» gistres et livres de protocolle (des notaires) il n'y
» aura rien en blanc, ains sera écrit tout d'un da-
» tille, sans y faire apostille en marge ni en tête,
» n'interlinéature, ou qu'ils y laissent aucun blanc
» entremi; ains si faute y est, elle sera réparée et
» mise à la fin de la note, et au-dessous avant qu'il
» soit signé, et sera signé si près de la lettre que
» l'on ne puisse plus rien ajouter, et s'il y a quelque
» peu de blanc, qui demeure à la fin de la der-
» nière ligne, il sera rayé d'une raie double cor-
» dée, en sorte que l'on n'y puisse rien écrire ».

Cet article garde le silence sur les ratures des
actes. On peut induire de ses dispositions que les
mots rayés sont nuls, puisqu'il ordonne, pour les
empêcher, ainsi que les additions et apostilles,
que les blancs seront rayés. Mais comme la nullité
n'est point formellement prononcée, la décision
demeurait abandonnée à la prudence des juges.

Un arrêt de réglement rendu par le Parlement
de Paris, le 27 décembre 1627, fit défense à tous
les notaires de mettre ès actes qu'ils recevront, ni
d'y insérer aucune chose hors la présence des parties, et sans le leur *faire approuver;* et l'espèce à
l'occasion de laquelle fut rendu cet arrêt de réglement peut répandre du jour sur la matière. Un
notaire refusait de délivrer une quittance autrement qu'avec toutes les apostilles; même une qui
n'avait pas été approuvée ni paraphée de la partie.
Il fut ajourné pardevant le prévôt de Paris, qui
ordonna que la quittance serait produite, *avec
toutes les apostilles.* Mais le jugement fut réformé,

et la Cour ordonna que ce notaire délivrerait la quittance *avec les apostilles signées et approuvées des parties, sans y insérer celle dont était question* (1).

Un autre arrêt du 4 septembre 1685, rendu contre un notaire de Novion, répéta la plupart des règles établies par l'ordonnance de 1535, mais avec de notables additions. Il lui ordonna de « lais-
» ser trois doigts de marge dans toutes les pages de
» ses minutes, pour y ajouter commodément les
» apostilles qu'il conviendra y mettre;

» Lui fait défense de faire aucune *apostille* dans
» les minutes, comme aussi de *raturer*, soit des
» lignes entières ou des mots, que la radiation ou
» apostille ne soient approuvées à la marge, l'ap-
» probation *signée et paraphée dans l'instant* des par-
» ties, des témoins et des notaires; le tout à peine
» *de nullité des actes*, des dommages et intérêts, et
» de 100ᵗ d'amende;

» Ordonne que les ratures seront faites par une
» barre ou trait de plume simple, passant sur les
» mots, afin de pouvoir compter et distinguer fa-

---

(1) Cet arrêt est rapporté, à sa date, au Journal des audiences, et l'arrêtiste ajoute avec raison « qu'il n'est pas permis aux notaires d'ajou-
» ter même des paroles inutiles, ni celles qui sont de l'essence de la
» chose ou de leur style, sans les faire parapher ou approuver. »
Mais l'addition faite après coup à un acte public, de mots inutiles ou indifférens à sa validité et aux effets qu'il doit produire, ne constitue pas un faux de la nature de ceux prévus par le Code pénal. Arrêt de la Cour de cassation, du 9 janvier 1806, rapporté dans le nouveau Réper-toire, v°. *Faux*, § 15.

» cilement la quantité de mots rayés, à peine d'a-
» mende arbitraire;

» Fait défenses d'ajouter quoi que ce soit à la fin
» des actes, si ce n'est *à l'instant de la passation,* et
» en le faisant dans le même instant approuver et
» parapher par les parties et témoins, et par lui no-
» taire, et à condition que ce qui sera ajouté n'en-
» trera point dans la signature des parties, des té-
» moins et notaires, à peine de *nullité des actes,*
» dommages et intérêts des parties, et de 100^l d'a-
» mende (1) ».

Les principaux changemens et additions que fait
cet arrêt à l'ordonnance de 1535 consistent, comme
on le voit, 1°. en ce qu'il autorise les additions *en
marge,* qu'elle défendait; 2°. en ce qu'il prononce
la peine de nullité *des actes* où se trouveraient des
additions, apostilles ou *ratures* non approuvées;
nullité que ne prononçait point l'ordonnance:
Utile per inutile vitiabatur.

110. C'est dans ces sources qu'ont été puisés les
art. 15 et 16 de notre loi du 25 ventôse an XI, qui
cependant s'écartent des lois et réglemens anciens
en plusieurs points remarquables.

L'art. 15 ordonne que « les renvois et apostilles
» ne pourront être écrits qu'en marge; ils seront
» signés et paraphés, tant par les notaires que par
» les autres signataires, à peine de nullité des *ren-*

---

(1) Cet arrêt est rapporté dans le nouveau Denisart, v°. *Acte notarié,*
§ 7, n°. 9.

» *vois et apostilles.* Si la longueur du renvoi exige
» qu'il soit transporté à la fin de l'acte, il devra être
» non-seulement signé ou paraphé, comme les
» renvois écrits en marge, mais encore expressé-
» ment approuvé par les parties, à peine de *nullité*
» *du renvoi* ».

Ainsi le défaut d'approbation des renvois et
apostilles n'emporte plus la *nullité de l'acte,* comme
le voulait, contre toute raison, le réglement de
1685, mais seulement la nullité des renvois et apostilles.

L'art. 16 porte :

Il n'y aura ni surcharge, ni interligne, ni ad-
» ditions, dans le corps de l'acte, et les mots surchargés, interlignés ou ajoutés, *seront nuls.* »

Quoique l'art. 15 porte que les renvois et apostilles *ne pourront* être écrits *qu'en marge,* et l'article 16 qu'il n'y aura ni surcharge ni addition dans
le corps de l'acte, et que les mots surchargés, interlignés ou ajoutés seront nuls, ils ne le seraient
pas s'ils étaient expressément approuvés par les
parties à la fin de l'acte et avant la signature; car
c'est toujours leur volonté qui fait la loi.

L'approbation faite à la fin de l'acte, avant les
signatures, a même un grand avantage, en ce
qu'elle rend impossible que le notaire, d'accord
avec l'une des parties, puisse rien ajouter après
coup, au lieu que l'approbation, avec simple paraphe à *la marge,* laisse aux notaires qui s'enten-
draient avec celle des parties qui sait signer, lorsque l'autre ne le sait pas faire, la facilité de faire

après coup, sans le concours de cette dernière et après la perfection de l'acte, telles apostilles, telles additions qu'il leur plairait, sans que la partie lésée pût avoir d'autres ressources que la plainte en faux, dont le succès est toujours incertain à cause du défaut de preuves. La disposition de l'ordonnance de 1535 était donc en cela préférable à celles du réglement de 1685 et de la loi sur le notariat.

111. La loi déclarant nuls les renvois, apostilles et interlignes non approuvés, le notaire ne doit pas les insérer dans la grosse ou expédition de l'acte qu'il délivre à chacune des parties.

C'est ce que jugea fort bien l'arrêt rendu par le Parlement de Paris, le 27 décembre 1627. Sa disposition est d'autant plus applicable à notre législation actuelle, qu'elle prononce plus expressément que l'ancienne, la nullité des renvois, apostilles et interlignes non approuvés.

Les notaires doivent y faire une attention d'autant plus sérieuse, qu'en insérant dans leurs expéditions des renvois, additions et interlignes déclarés nuls par la loi, ils paraissent exposés à se voir traités comme faussaires, puisque les art. 145 et 147 du Code pénal punissent comme des faux caractérisés, les altérations, additions ou intercalations faites aux actes publics.

112. Si le notaire s'aperçoit qu'il existe dans sa minute des renvois, apostilles ou interlignes non approuvés, et néanmoins convenus par les parties, il doit les rassembler toutes pour réparer le défaut d'approbation. Si l'une d'elles s'y refusait,

il ne resterait à l'autre que le recours à la justice, et le succès serait fort incertain, parce qu'il serait difficile de trouver des preuves pour appuyer ce recours.

Mais alors la faute qu'a commise le notaire, en négligeant de faire approuver les additions et interlignes convenues, le soumet aux dommages et intérêts, et à une amende de 50^f. (Art. 16 et 68).

113. Il faut observer que le notaire ne peut après coup, du consentement même des parties, faire des additions ou approbations qui seraient de nature à porter préjudice à des tiers. J'ai emprunté 5,000^f de Caïus par un acte dans lequel je n'ai point donné d'hypothèque, ou dans lequel l'hypothèque n'est donnée que par une addition ou interligne non approuvée; le notaire ne peut, même de mon consentement ou de celui de Caïus, approuver cette addition ou la faire, parce qu'il est possible qu'elle nuise à un tiers, en faisant remonter le droit d'hypothèque au jour de la signature de l'acte, quoique dans la réalité il n'existe que du jour de l'addition ou approbation. Par exemple, si Caïus, en vertu de son acte, avait pris une inscription au bureau des hypothèques, cette inscription serait validée par l'addition ou par l'approbation faite sous la date de l'acte.

Elle demeurerait nulle, si l'addition et l'approbation sont d'une date postérieure à l'inscription. (*Vid. Cod. fabr., lib.* 4, *tit.* 16, *dist.* 8).

114. L'art. 16 de la loi sur le notariat déclare nuls les mots surchargés ou interlignés. On en a

conclu (1) que, si la date entière était surchargée ou interlignée, sans que la surcharge ou l'interligne fût approuvée, l'acte serait nul comme acte public ; car il n'y a aucune différence entre un

---

(1) C'est ce qu'a décidé la Cour de cassation, à l'égard d'une date surchargée. L'arrêt est du 27 août 1812, et rejeta le pourvoi contre un arrêt de la Cour de Poitiers. L'un des considérans porte : « Attendu » qu'il a été fait une juste application à la cause des art. 12, 16 et 68 » de la loi du 25 ventôse an XI, qui prononçaient la nullité de l'acte, » *considéré comme authentique*, puisqu'il a été déclaré qu'au moyen de » la nullité ci-dessus et des mots concernant la date, qui étaient sur- » chargés, ledit acte n'était réellement point daté. » L'arrêt est rap- porté, avec le plaidoyer de M. Merlin, dans la 4e. édition du Réper- toire de jurisprudence, vo. *Ratification*, no. 9, et dans Sirey, an 1812, pag. 369.

Cette décision est très-rigoureuse. Dans l'espèce, il n'y avait que deux mots de la date surchargés. *Quid*, s'il n'y en avait qu'un ? L'acte serait-il nul ? Nous avons vu que l'omission d'un mot, faite par inadver- tance, ne doit pas vicier l'acte. On gâte la jurisprudence, et l'on com- met des injustices contre l'esprit de la loi par une rigueur mal entendue.

La Cour d'appel de Grenoble a jugé, par arrêt du 22 février 1809, que la méprise du notaire qui, datant un testament, écrit un mois pour l'autre, et rectifie son erreur au moyen d'une surcharge qui laisse aper- cevoir les deux noms, n'emporte pas la nullité de l'acte, si d'ailleurs il est indifférent que le testament ait été fait dans un tems plutôt que dans l'autre. Sirey, tom. IX, 2e. part.

Voilà les décisions auxquelles la raison applaudit.

Au reste, la surcharge de la date d'un testament olographe n'est pas un moyen de nullité, si d'ailleurs il y a date fixe. Arrêt de la Cour de cassation, du 11 juillet 1810, Sirey, pag. 289. L'art. 16 de la loi du 25 ventôse an XI ne s'applique point aux testamens olographes. *Voy.* les Questions de droit, vo. *Testament*, § 16, pag. 285.

Mais *quid*, si le testateur laissait la date indécise, s'il disait le 6 ou le 10 mai, laissant à deviner si le testament a été écrit le 6 ou le 10 ? *Dans ce cas*, le jour reste incertain : c'est donc comme si le testateur se bornait à énoncer le mois et l'an, sans indiquer le jour. M. Merlin, Questions de droit, vo. *Testament*, § 16, pag. 283, col. B, pense que le testament serait nul sous l'empire de l'ordonnance de 1735, qui exi- geait *le jour*, *le mois* et *l'an* ; mais le Code civil n'exige pas le jour. *Voy.* tom. V, pag. 370.

acte qui ne porte point de date, et un acte dont la date n'est formée que par des mots surchargés ou interlignés, puisque l'art. 16 de la loi dit expressément que ces mots seront nuls.

115. Quant aux ratures non constatées ni approuvées, nous avons vu que, suivant le réglement de 1685, elles entraînaient la *nullité des actes.*

La loi du 25 ventôse an XI s'est, en ce point, totalement écartée de cet ancien réglement. Après avoir dit que les surcharges, interlignes et additions non approuvées sont nulles, l'art. 16 ajoute immédiatement :

« Les mots qui devront être rayés le seront de
» manière que le nombre puisse en être constaté à
» la marge de leur page correspondante ou à la fin
» de l'acte, et approuvé de la même manière que
» les renvois écrits en marge ; le tout à peine d'une
» *amende* de 50^f contre le notaire, ainsi que de tous
» dommages et intérêts, même de destitution, en
» cas de fraude. »

Ainsi, non seulement l'article ne dit pas que le défaut d'approbation des ratures entraîne la nullité de l'acte ; il ne dit pas non plus, comme il le dit des surcharges et additions, que les mots rayés *seront nuls.*

116. Mais comme nos auteurs français n'ont traité que fort légèrement la matière des ratures, qui néanmoins peuvent faire naître beaucoup de difficultés, il est bon de la soumettre à un examen plus approfondi, et de comparer l'ancienne doctrine à la législation nouvelle. C'est dans le droit

romain, c'est aussi dans le droit canonique, qui l'a perfectionné en plusieurs points, sur-tout concernant la pratique, qu'il faut chercher l'ancienne doctrine sur les ratures.

Il existe dans le Digeste un titre qui traite des ratures des testamens (1) ; on y trouve plusieurs règles applicables aux ratures de tous les actes. Les ratures, en général, indiquent que celui qui les a faites ou fait faire, improuve les mots de la disposition rayée. Ulpien, loi 1, *ibid.*, pose donc en principe :

1°. Que les ratures faites à dessein par le testateur, *consultò,* annulent les dispositions rayées, *non valent ;*

2°. Que les dispositions rayées sans dessein, ou inconsidérément, *inconsultò,* n'en sont pas moins valables, *nihilominùs valent,* pourvu qu'on puisse encore les lire ;

3°. Qu'elles sont nulles ou comme non avenues, si elles ne sont plus lisibles : il appelle lisible ce qu'on peut apercevoir par le sens de la vue, et non ce qu'on peut suppléer par l'intelligence : *Legi autem sic accipiendum, non intelligi, sed oculis perspici, quæ sunt scripta ; cæterùm, si extrinsecùs intelliguntur, non videbuntur legi posse ;*

4°. Enfin, les ratures faites à dessein n'annu-

_____

(1) *De his quæ in testamento delentur,* 28. 4. *Voy.* les interprètes, Voet, Huberus, etc., et ce que nous avons dit sur les ratures des testamens, tom. V, pag. 609 et suiv.

lent, dans un testament, que ce qui s'y trouve rayé. Les autres dispositions subsistent, et quoiqu'il n'y eût point en droit romain de testament sans institution d'héritier, si le nom de l'héritier avait été rayé par le testateur, le testament était regardé comme un codicille, et les legs devaient être payés par les héritiers légitimes.

Si les ratures faites à dessein n'annulent dans un acte que les dispositions raturées, il s'ensuit, à plus forte raison, que les ratures de mots ou même de phrases indifférentes, inutiles ou surabondantes, ne sauraient nuire à la validité d'un acte.

Ainsi les interprètes du droit canonique, qui se sont occupés de ce point de doctrine, plus particulièrement que ceux du droit romain, posent en principe :

1°. Que si les ratures existent dans un endroit essentiel de la pièce ou de l'acte, ou bien dans un endroit suspect, elles le font présumer faux, en sorte qu'on ne peut y ajouter foi (1) ;

2°. Que si les ratures, au contraire, ne frappent que sur une partie indifférente ou purement accessoire, et sans laquelle on pourrait dire que l'acte n'en eût pas été moins passé, ni l'engage-

---

(1) *Vitiatur instrumentum, et falsum præsumitur, itâ ut ei fides habenda non sit. Vid.* Pyrrhing, § 12, *in tit. de fide instrum.*, $\ddot{X}$, 2. 22; Gonzalez, Barbosa et les autres interprètes, *in cap. 3 et 6,* $\ddot{X}$, *de fide instrum. in cap. vener. vers. Sed si pars.,* $\ddot{X}$, *de relig.,* cap. 5, $\ddot{X}$, *de crim. falsi.* C'est le siége de la matière.

ment moins contracté, elles ne nuisent point à la validité de l'acte, et n'ont point l'effet de le faire entièrement rejeter.

Mais comme il est impossible de déterminer, d'une manière bien précise, quels sont les endroits essentiels de l'acte, et les endroits que l'on appelle suspects, les interprètes enseignent que ces questions sont abandonnées à la prudence des juges.

On regarde comme essentiel tout ce qui contient quelque disposition ou obligation, et comme endroits suspects ceux par lesquels il serait plus facile de découvrir les faux, comme la date : *Ubi potuisset falsitas faciliùs deprehendi,* cap. 6, *X, de fide instrum.,* et *ibi* Barbosa.

On ne peut mettre au rang des parties essentielles ou suspectes, toutes les redondances qui n'ajoutent rien, qui ne retranchent rien aux dispositions de l'acte, sans lesquelles il n'en serait que plus clair et plus précis, et qui devraient être raturées *judicio peritorum,* dit fort bien Barbosa.

Ce principe que les ratures, dans un endroit suspect ou essentiel de l'acte, en annulent toutes les dispositions, s'écarte des lois romaines, qui n'annulent dans un testament que les dispositions rayées, et laissent subsister les autres. Aussi les interprètes du droit canonique apportent plusieurs exceptions à leur principe.

1°. Il n'est point applicable, suivant eux, au cas où il paraît clairement démontré que c'est le notaire lui-même qui a fait les ratures, ou écrit quelque chose au-dessus des mots rayés ; car, disent-ils, comme dans tout le cours de l'acte, c'est la foi du notaire qu'il faut suivre, on doit avoir en lui la même confiance, en ce qui concerne les ratures et les corrections (1).

· Cette exception était bonne dans un tems où l'on ne suivait en effet que la seule foi du notaire. Elle n'est plus recevable aujourd'hui, que la loi ne veut pas qu'on ait confiance dans le seul témoignage du notaire, et où elle veut au contraire que toutes les corrections et les ratures soient approuvées par les parties et par les témoins. La circonstance que les ratures ont été faites par le notaire lui-même, ne doit donc rien changer à la décision.

2°. Le principe souffre encore exception, suivant les canonistes, et les ratures ne nuisent point à la validité de l'acte, s'il paraît par ce qui précède et par ce qui suit, que les mots rayés ou interlignés sont nécessaires pour compléter le sens : *Ut sensus rectus percipi possit.*

Cette exception s'applique au cas où toute une disposition ne se trouve point raturée, mais seulement quelques mots utiles ou nécessaires au sens de la phrase.

Le surplus de la disposition demeurant intact, il est naturel de penser que les ratures n'ont été faites que par imprudence, que les mots interlignés n'ont été mis que pour compléter le sens.

---

(1) *Nam sicut in totius instrumenti confectione, ipsi fides haberi debet : ita etiam in loco raturæ, aut factæ correctionis.* Pyrrhing, § 12, in tit. *de fide instrum.,* X, 2, 22.

C'est ainsi que des mots omis par inadvertance, ou mis l'un pour l'autre par erreur de plume, ne nuisent point à la validité de l'acte : *Si librarius in transcribendis stipulationis verbis errasset, nihil nocere. Loi 92, ff de R. J.* Si ce qui précède ou ce qui suit, en un mot, si le sens de la phrase indique clairement qu'il faut rétablir l'omission ou corriger l'erreur : *In contractibus rei veritas potiùs quàm scriptura perspici debet. Loi 1, Cod. plus valere quod agitur, 4. 22.* Pourvu que l'erreur soit évidente ; car, dans le doute, elle ne se présume point : il faut s'en tenir à la lettre de l'acte. Il est censé, jusqu'à la preuve du contraire, que telle a été la volonté des parties au moment où l'acte a été passé : *Interdùm plus valet scriptura, quàm peractum sit. Loi 19, ff de usu et usuf. leg., 33. 2.*

De la seconde exception ainsi expliquée, il nous paraît résulter qu'en général les ratures, même dans un endroit essentiel de l'acte, ne peuvent que rarement l'annuler, si ce n'est dans le cas où une disposition entière se trouve rayée ; mais, dans ce cas-là même, les interprètes distinguent, et c'est une autre exception qu'ils font à leur principe.

Si toutes les dispositions de l'acte sont connexes, la rature d'une seule entraîne la nullité de toutes les autres. L'acte est nul dans son entier.

Si elles ne sont pas connexes, la rature d'une des dispositions ne nuit point à la validité des autres, si d'ailleurs elles ne présentent rien de suspect. Les interprètes appliquent à ce cas la décision du droit romain, relative aux ratures des testamens, et la règle *utile per inutile non vitiatur. Reg.* 30, *de R. J., in* 6°. *Loi* 1, § 5, *ff de V. O.*

117. On applique ordinairement cette distinction aux faux commis dans les actes; et l'opinion commune est que le faux dans une partie de l'acte ne l'infecte point en entier, et ne rend pas nulles les autres dispositions, lorsqu'elles n'ont point de connexité avec celles qui sont falsifiées : *Cùm instrumenti capitula sunt separata et æquè principalia* (1).

Quelques auteurs regardent néanmoins comme plus vraie l'opinion de ceux qui pensent que le faux, dans une partie essentielle de l'acte, annule les autres dispositions, quoique séparées ou non connexes, et quoiqu'également principales. On en donne pour motif que la confiance ou la foi due à l'acte est une et indivisible, *cùm totius instrumenti fides una et individua sit.*

Cette raison, quoique donnée par le président Favre, le plus subtil des interprètes (2), n'en est pas pour cela plus solide. Pourquoi la confiance

---

(1) *Voy.* Serpillon, Code du faux, pag. 391; Muyard de Vouglans, Institutes du droit criminel, pag. 532, et les auteurs qu'ils citent, et sur-tout le président Favre, *Cod. fab., lib.* 4, *tit.* 16, *defin.* 29. Cette opinion commune, que nous soutenons ici contre la prétendue indivisibilité de la foi due à un acte dont les dispositions ne sont point connexes, nous paraît consacrée par l'art. 463 du Code d'instruction criminelle, dont le texte, qui nous avait échappé, porte : « Lorsque des » actes authentiques auront été déclarés faux, en tout ou en partie, la » Cour ou le tribunal qui aura connu du faux ordonnera qu'ils soient » rétablis, rayés ou réformés, et du tout il sera dressé procès-verbal. »

(2) *Audacissimus interpretum*, dit Gravina.

ou la foi que l'on doit à un acte ne peut-elle pas être divisée, quand ses dispositions sont séparées et indépendantes les unes des autres : *Separata et æquè principalia?*

N'est-il pas évident, au contraire, qu'on peut très-bien ajouter foi à la partie de l'acte qui ne présente par elle-même rien de suspect, et contre laquelle on n'allègue même aucun soupçon particulier? Un acte est l'histoire de ce qui s'est passé entre les parties contractantes au moment où l'acte a été passé; le notaire est l'historien qui l'écrit. Or, qui oserait dire que la foi due à une histoire, à Tite-Live, par exemple, est une et indivisible, *una et individua*, et que si l'on ne croit pas sur sa parole que l'augure Navius a coupé un caillou par la moitié avec un rasoir, que des rats, que des corbeaux ont rongé et mangé de l'or dans le temple de Jupiter, il faut également rejeter tout ce qu'il dit d'Annibal, de Scipion et de la dernière guerre punique, à laquelle il assista en personne? (*Vid. lib.* 31, *in pr.*)

Cette vieille règle, ou plutôt ce faux raisonnement, que *la foi due aux actes est indivisible,* ne peut donc soutenir un examen sérieux dans l'application. Suposons que j'aie reconnu par acte authentique que je dois à Caïus, 1°. 2,000^f pour des vins qu'il m'a vendus; 2°. 3,000^f qu'il m'a prêtés pour acheter le fonds Cornélien; 3°. enfin, 1,200^f prêtés à la foire de Caen, pour y acheter un cheval. Une blessure m'empêche de souscrire l'acte, qui porte que j'ai déclaré ne pouvoir signer. J'attaque ensuite l'acte comme contenant un faux ou

une fausse énonciation, en ce qu'il porte que Caïus
m'a prêté 1,200^f à la foire de Caen pour y acheter
un cheval, et je prouve qu'il était à cette époque
à Bordeaux; que c'est Titius qui m'a prêté cette
somme, que je lui ai rendue.

Après avoir prouvé la fausseté du troisième
chef de l'acte, pourrai-je en conclure que je ne
dois ni les 2,000^f, ni les 3,000^f référés dans les
deux premiers, sous prétexte que la foi due aux
actes est indivisible? Cette prétention serait injuste.

La rescision de l'un des chefs d'un acte, qui en
contient plusieurs séparés et indépendans, n'entraîne point la nullité ou la rescision des autres
chefs; c'est un principe reçu en cette matière. (*Voy.*
tom. VII, pag. 702, n°. 593).

Pourquoi en serait-il autrement lorsque l'un des
chefs d'un acte est rejeté comme infecté de faux?

Il est même certain, *illud planè constat*, dit le
président Favre (1), que si le faux a été commis
sur l'un des chefs, depuis la perfection de l'acte,
il n'entraîne point la nullité des autres chefs indépendans et non connexes.

Cette distinction du faux commis avant ou depuis la perfection de l'acte, répand un grand jour
sur ce que nous avons dit des ratures d'après la

---

(1) *Illud planè constat, si jam confecto instrumento aliquid falso adjec-
tum sit, non debere ex ejus modi adjectione in totum vitiari instrumentum
quod aliquandò totum constitit. Ità judicatum in causâ Antonii Tanioli,
april. 1614.*

doctrine des interprètes, qu'il faut maintenant résumer, et sur-tout appliquer à l'état actuel de notre législation, qui, loin de dire que les **ratures** annulent l'acte entier, ne dit même pas que les mots rayés soient nuls.

118. Il nous semble que, pour établir la théorie des ratures sur des principes raisonnables, et en faire l'application aux différentes questions qui peuvent se présenter dans la pratique, il faut d'abord distinguer les ratures constatées et approuvées de celles qui ne le sont pas. Il est évident que les premières annulent les mots ou les dispositions rayées, sans nuire à la validité du surplus de l'acte: les ratures non constatées peuvent seules faire naître des difficultés et des doutes.

A cet égard, il faut distinguer,

1°. Les ratures faites par les tiers, des ratures faites par les parties ou de leur consentement;

2°. Les ratures faites à dessein, *consultò,* des ratures faites inconsidérément ou par mégarde, *inconsultò;*

3°. Les ratures antérieures, des ratures postérieures à la perfection de l'acte;

4°. Les ratures sur une partie essentielle de l'acte, et sans laquelle il ne peut être valable, des ratures sur une partie indifférente, sans laquelle l'acte pourrait également subsister, ou sur une disposition indépendante, séparée des autres, et non connexe;

5°. Les ratures encore lisibles, de celles qui ne le sont plus.

119. Dans quelque tems que les ratures aient

été faites, sur quelques parties de l'acte qu'elles portent, soit qu'elles aient été faites à dessein ou par mégarde, si elles l'ont été par des tiers, sans le concours ou le consentement des parties intéressées, il est certain qu'elles ne peuvent nuire à la validité de l'acte, ni à celle des dispositions rayées.

Les droits acquis aux parties par un acte une fois parfait, ne sauraient être détruits par le fait d'un tiers, par son imprudence ou par sa méchanceté.

La seule difficulté qui puisse exister sur ce point, est de prouver que les ratures ont été faites par des tiers; c'est un fait qui peut être prouvé par témoins.

120. Il est encore certain que les ratures faites par les parties, ou par l'une d'elles inconsidérément (1), ou sans dessein, *inconsultò,* ne nuisent ni à la validité de l'acte, ni même à celle des dispositions rayées.

Il ne peut s'élever de doute que sur le point de savoir si les ratures ont été faites à dessein ou par imprudence.

121. Quant aux ratures faites à dessein par les parties, par l'une d'elles ou par le notaire, il faut distinguer si elles sont antérieures ou postérieures à la perfection de l'acte.

Au premier cas, il est évident que la partie rayée est annulée, mais le surplus de l'acte sub-

_____

(1) Comme dans un accès de fureur.

siste, quand même la rature eût été faite d'abord contre l'aveu de l'autre partie, puisque depuis, et nonobstant cette radiation, elle a consenti à signer l'acte et à lui donner sa perfection.

Au second cas, c'est-à-dire si les ratures sont postérieures à la perfection de l'acte, elles l'annulent en entier, ou seulement la partie rayée, si les deux contractans ont concouru à la radiation.

Si l'un d'eux seulement s'ingère de rayer, ou tout l'acte, ou quelques-unes de ses dispositions, sans que l'autre y ait consenti, s'il le fait à dessein de préjudicier à l'autre, il commet un délit plus ou moins grave, qui ne peut nuire en aucune manière aux droits de l'autre partie.

Si, au contraire, celui qui rature l'acte ou une disposition de l'acte, sans le concours de l'autre partie, a eu le dessein de gratifier celle-ci, la radiation la dégage et opère la remise de la dette; car la destruction ou l'anéantissement volontaire du titre ne saurait avoir moins de force que sa remise volontaire, qui fait preuve de libération, suivant les art. 1282 et 1283.

122. Dans les différens cas ci-dessus, si les ratures faites postérieurement à l'acte, sans le concours de toutes les parties, étaient absolument illisibles, celui qui aurait intérêt de faire valoir l'acte dans son intégrité aurait, contre l'auteur des ratures, s'il était connu, une action en dommages et intérêts, et contre la partie qui voudrait injustement profiter du fait de ces ratures, une action pour le contraindre à exécuter l'acte, si

l'on peut parvenir à en connaître la teneur. Ce cas est comparable à celui de la suppression des actes, dont nous aurons dans la suite occasion de parler.

123. Ces principes, avoués par la raison, paraissent certains dans la théorie, mais leur application devient difficile dans la pratique; car on ignore le plus souvent l'époque des ratures, quel en est l'auteur, et si elles ont été faites à dessein ou par mégarde : on est donc réduit à des présomptions.

C'est alors qu'il faut, avant tout, examiner si les ratures portent sur une partie essentielle de l'acte, ou bien sur des mots inutiles, sur des phrases indifférentes, sans lesquelles l'acte n'en serait pas moins valable, quand elles auraient été omises ou rayées dès le principe.

124. Dans ce dernier cas, par quelque personne, à quelque époque, à quelque dessein que les ratures aient été faites, il est inutile de s'en occuper sérieusement, puisqu'elles ne peuvent influer sur la validité de l'acte. C'est seulement lorsque les ratures portent sur une partie essentielle de l'acte que les questions peuvent devenir intéressantes.

125. S'il s'agit d'un acte notarié, il faut d'abord distinguer entre les ratures faites sur la minute, et les ratures faites sur l'expédition ou la grosse.

A l'égard des ratures faites sur la minute, il faut savoir quand, par qui et à quel dessein elles ont été faites.

Dans le plaidoyer qui prépara l'arrêt de la Cour de cassation du 27 août 1812, rapporté dans la quatrième édition du Répertoire, v°. *Ratification,* n°. 9, M. Merlin avança que lorsqu'il existe sur la minute d'un acte des mots surchargés, les surcharges sont censées exister dès le moment de la perfection ou de la signature de l'acte, à moins qu'il ne soit attaqué par la voie du faux principal ou incident, parce que, dit-il, de pareilles altérations, commises en écritures publiques et authentiques, constituent un faux caractérisé, suivant les art. 145 et 147 du Code pénal.

Or, l'acte authentique fait foi par lui-même. La seule voie qu'ouvre la loi pour détruire cette foi, est l'inscription ou la plainte en faux. Donc, si cette voie n'a pas été prise, la minute est nécessairement censée, dès le principe, avoir été dans le même état où elle se trouve encore aujourd'hui.

L'arrêt ne prononça point, et n'avait point à prononcer sur ce principe, que nous ne saurions adopter. Si l'acte authentique fait foi par lui-même de ce qu'il contient, c'est seulement lorsqu'il est régulier.

Or, s'il existait des ratures au moment de la perfection de l'acte, elles devaient être constatées et approuvées avant la signature. Si elles ne l'ont pas été, l'acte est irrégulier en ce point. Il ne peut donc servir à prouver que ces ratures existaient au moment où il a reçu sa perfection. D'ailleurs, comment concevoir qu'un acte prouve un fait dont il ne parle point?

126. Au contraire, le défaut d'approbation des ratures est une preuve, ou tout au moins une forte présomption qu'elles n'existaient pas au moment de la signature; car la loi ordonne de les constater et de les approuver avant la signature :

elle soumet même le notaire qui néglige de les faire constater, aux dommages et intérêts, et à la destitution en cas de fraude.

Le notaire qui néglige de se conformer à ce précepte de la loi, commet donc une contravention, et tout au moins une faute lourde, que les lois assimilent au dol : *Lata culpa quæ dolo æquiparatur.*

Or, il est contraire à la justice et aux règles du droit de présumer une pareille faute (1); il faut la prouver. Donc jusqu'à la preuve du contraire, on doit présumer que les ratures n'existaient pas au moment de la perfection de l'acte, et qu'elles sont postérieures (2).

127. Il nous semble donc qu'on doit poser en principe que jusqu'à la preuve du contraire, les ratures faites sur la minute d'un acte sont censées postérieures à sa perfection, par cela seul qu'elles ne sont ni constatées ni approuvées. Cette proposition est conforme à la doctrine des interprètes et des jurisconsultes, ou plutôt elle en est une conséquence directe et nécessaire. Au lieu de présumer que les ratures dont l'auteur n'est point connu existent dès le moment de la perfection de l'acte, ils enseignent unanimement que ces ratures font soupçonner que l'acte a été falsifié (3), et qu'elles

---

(1) *Nemo delinquere præsumitur, multò minùs notarius.* Menoch, *lib.* 5, *præsumpt.* 11, n°. 2.

(2) Mais la preuve qu'elles sont antérieures peut-elle être faite par tous genres de preuves, même par témoins ? Quoiqu'en général cette preuve ne soit pas reçue « sur ce qui serait allégué avoir été dit avant, lors ou depuis les actes », on peut dire qu'il s'agit ici d'un fait, mais cela n'est point sans réponse.

(3) Il y a présomption de falsification, quand il y a sur la minute

sont présumées faites par celui chez qui l'acte se trouve : *Cancellatio præsumitur ab eo inducta penès quem reperitur instrumentum.* (Mascardus, *de probat., conclus.* 256, *n°.* 9).

C'est en conséquence de ces principes que les ratures des testamens sont présumées faites par le testateur ou de sa volonté, *consultò,* lorsque l'acte est demeuré chez lui, et présumées faites contre son gré ou par mégarde, *inconsultò,* si l'acte était chez un tiers. (Mascardus, *ibid, n°.* 8; Voët, *in tit., ff de his quæ in testam. del., n°.* 4, 28. 4).

C'est encore par une conséquence du même principe que le débiteur est libéré, si le titre de créance se trouve raturé chez le créancier, Menoch, *lib.* 3, *præsump.* 141; parce que ce dernier étant présumé avoir fait ou laissé faire les ratures, il est censé, en détruisant son titre, avoir fait la remise de la dette, ou reconnaître le débiteur libéré.

Ce principe paraît conforme à la raison ; car si les ratures non constatées sont par cela même présumées postérieures à la signature ou à la perfection de l'acte, il en résulte naturellement qu'elles sont censées faites par celui qui avait l'acte en sa possession, ou du moins qu'elles n'ont pas été faites à son insu et contre sa volonté. Ces deux propositions, que les ratures non constatées sont postérieures à la signature de l'acte, et qu'elles

---

des ratures non constatées, ou quand elle se trouve déchirée chez le notaire. Menoch, *lib.* 5, *præsumpt.* 20, *n°s.* 10 et 11. Donc les ratures ne sont pas présumées exister dès le moment de la perfection de l'acte.

sont présumées faites par le possesseur ou le gardien de l'acte, sont une conséquence l'une de l'autre.

Si donc il se trouve des ratures non constatées sur la minute d'un acte, on doit présumer qu'elles ont été faites par le notaire qui en était gardien (1), et non par les parties contractantes ou par l'une d'elles.

Bien plus : quand le notaire ajouterait de sa main, en marge ou à la fin de l'acte, qu'il a été rayé du consentement des parties, cette apostille ne suffirait pas sans leurs signatures, pour prouver qu'elles ont consenti aux ratures ou à la radiation (2).

M. Merlin nous paraît le seul qui se soit écarté de l'ancienne doctrine, en enseignant que les surcharges non constatées, ce qu'il faudrait par identité de raison appliquer aux ratures, étaient censées exister dès le moment de la perfection de l'acte. Son profond savoir nous a forcé d'examiner son opinion et le peu de solidité des motifs qui la fondent.

128. Maintenant, soit que les ratures aient été

---

(1) Mais cette présomption ne suffirait pas sans d'autres circonstances aggravantes pour accuser le notaire de faux. Barbosa, *in cap.* 3, *X, de fide instrum.* Une simple présomption ne peut suffire pour motiver une condamnation criminelle.

(2) *Cancellatio sine testibus facta etiam manu ejusdem notarii, in margine ipsius instrumenti opposita non probat instrumentum cancellatum, etiamsi dicat sic deletum partibus consentientibus.* Mascardus, *conclus.* 255, n°. 1.

faites par le notaire, par un tiers, par l'une des parties, sans le consentement de l'autre, ou enfin par hasard, il est certain qu'elles ne peuvent nuire aux droits acquis à l'autre partie, ni annuler un acte une fois parfait, soit dans son entier, soit même dans la disposition rayée; autrement il faudrait dire qu'un pur accident, la maladresse ou la méchanceté d'un tiers ou de l'autre partie, ont la force de la dégager et de détruire les droits légitimes de l'autre; ce qui serait évidemment absurde.

Concluons donc qu'on ne doit avoir aucun égard aux ratures non constatées, qui se trouvent sur la minute conservée par le notaire : elles doivent être regardées comme non avenues dans l'intérêt des parties qui n'y ont point consenti (1), de même que les additions non approuvées.

C'est donc avec sagesse et réflexion qu'après avoir ordonné que les interlignes, additions et ratures seront constatées et approuvées par toutes les parties signataires, par les notaires et les témoins, qu'après avoir prononcé la nullité des mots *interlignés ou ajoutés,* l'art. 16 de la loi sur le notariat s'est bien gardé de prononcer la nullité des mots *raturés.* La même raison qui a porté le législateur

---

(1) Néanmoins, en délivrant expédition d'une pareille minute, le notaire doit avertir la partie qu'il existe des mots rayés, et que les ratures ne sont ni constatées ni approuvées; car ce n'est point à lui de juger quel doit être l'effet de ces ratures. Les parties, ou l'une d'elles, peuvent avoir des raisons pour en tirer des inductions contre la validité de l'acte, ou contre les droits l'une de l'autre. En n'avertissant point de ces ratures, le notaire se rendrait suspect.

à déclarer nuls les mots *interlignés* ou *ajoutés*, devait le déterminer et l'a en effet déterminé à ne point déclarer nuls les mots *raturés*.

Les additions et interlignes non approuvées sont par cela même présumées ne pas exister avant la perfection de l'acte; elles n'en font donc point parties, et par conséquent les mots interlignés ou ajoutés sont nuls, mais sans nuire à la validité de l'acte ni d'aucune de ses parties.

Les ratures non constatées ni approuvées sont également présumées ne pas exister au moment de la perfection de l'acte : elles sont donc nulles ou comme non avenues, et par conséquent elles ne peuvent nuire à la validité des mots raturés. Les ratures sont nulles, mais non pas les mots raturés; car puisqu'ils existaient sans ratures lors de la perfection de l'acte, les ratures faites postérieurement par malice ou par mégarde n'ont pu les annuler, ni nuire à la validité de l'acte et aux droits de la partie, sans le consentement de qui elles ont été faites.

Telle est la véritable théorie des ratures, qui n'avait pas été jusqu'ici bien développée, mais que le législateur a très-bien sentie. Cependant, si la réflexion et le respect pour les biens acquis l'ont empêché de prononcer la nullité des mots rayés, la prudence et la circonspection l'ont empêché d'en prononcer expressément la validité, de peur qu'une disposition impérative ne liât trop étroitement les juges dans les cas extraordinaires, où la force et le nombre des présomptions pourraient exiger qu'on rejetât les mots raturés, ou même l'acte en entier.

Mais l'affectation bien marquée dans la loi, de prononcer la nullité des mots ajoutés ou interlignés, et non la nullité des mots raturés, et les motifs raisonnables qui fondent cette différence, ne laissent aucun doute sur l'intention du législateur.

Il est évident qu'il a pensé qu'en général les mots raturés ne sont pas nuls, et qu'on ne peut détruire en tout ou en partie un acte une fois parfait, en le raturant par mégarde ou par malice : ajoutez à cela le grand principe qu'en fait de formalité sur-tout, on ne doit point suppléer les nullités que la loi n'a pas prononcées (1).

Finissons cette discussion par la comparaison des anciennes et des nouvelles dispositions sur le fait des ratures.

L'ordonnance de 1535 n'en parlait point, mais elle semblait supposer que les mots rayés devaient être regardés comme nuls, puisqu'elle ordonnait de tirer une ligne sur les blancs qui existaient dans la minute de l'acte; mais cette présomption ne pouvait s'appliquer qu'aux ratures faites à la fin d'un alinéa, car on ne laisse point de blancs ailleurs.

Le réglement de 1685 défendait de raturer, soit des lignes entières, soit des mots, sans ap-

_____

(1) *La loi seule peut prononcer des nullités*, disait fort bien le tribun Favard, dans son rapport sur la loi du 25 ventôse an XI, relative au notariat.

prouver la radiation, *sous peine de nullité des actes.* Cette dernière disposition était essentiellement vicieuse : on ne peut la justifier par aucune bonne raison ; car si les ratures rendent les actes suspects de falsification, suivant les interprètes, c'est seulement lorsqu'elles portent sur un endroit essentiel, et le réglement ne distinguait pas.

D'ailleurs, le soupçon ne suffit pas pour annuler un acte ; enfin, le faux commis dans une disposition de l'acte n'annule pas les autres dispositions non connexes.

Notre loi sur le notariat est revenue aux vrais principes. Elle ordonne, ce que toutes les lois et la raison prescrivent, de constater les ratures existantes au moment de la signature de l'acte. Supposant donc ce précepte ponctuellement exécuté, il est très-rare qu'il ne le soit pas, il en résulte naturellement que les ratures non constatées, qui se trouvent dans la suite, sont censées postérieures à la perfection de l'acte, et par conséquent elles ne peuvent ni nuire à la validité de l'acte, ni annuler les mots sur lesquels les ratures sont présumées n'avoir pas existé dès le principe.

129. Si le notaire avait par oubli omis de faire constater les ratures convenues et effectuées sur la minute avant la signature, ou s'il s'était glissé des erreurs même évidentes ou des omissions, il commettrait une faute notable, tout au moins une haute imprudence, s'il s'ingérait d'approuver les unes ou de corriger ou réparer les autres après

coup, sans l'aveu de toutes les parties (1). Il peut se tromper en faisant seul ces corrections ou approbations, qui d'ailleurs sont nulles sans la signature des parties, comme nous l'avons déjà observé. Le texte d'un acte est sacré : la main plus qu'imprudente qui oserait y toucher, sous prétexte d'en corriger les erreurs, s'habituerait facilement à l'altérer et à le falsifier.

Le notaire qui aperçoit des fautes pareilles dans sa minute, doit en avertir les parties, afin qu'elles se rassemblent pour les corriger et signer les corrections. Si l'une d'elles s'y refusait, le recours à la justice deviendrait nécessaire de la part de l'autre.

Le succès de la demande en correction dépendrait des circonstances et des preuves, indépendamment de l'amende encourue par le notaire. et de la condamnation aux dépens et aux dommages et intérêts auxquels il pourrait être soumis, suivant la nature et le degré de la faute.

La manière dont furent corrigées les ratures et additions faites après coup, dans un arrêt de la Cour de cassation, est un exemple qui peut répandre du jour sur la matière. Voici l'espèce :

En cassant un arrêt de la Cour de Rouen, rendu

---

(1) Le président Favre, dans son Code, *lib. 4, tit. 16, defin. 9,* dit qu'un notaire peut corriger seul les erreurs que lui seul a commises dans ses *notes;* mais cela ne peut convenir à nos usages. Autrefois, le notaire prenait des notes par abréviation pour la rédaction de l'acte. On appelait ces notes *matrix;* c'était ce que nous appelons *le brouillon* de l'acte; il mettait ensuite ces notes au net en les rédigeant. C'était l'original de l'acte, que nous appelons la minute; on l'appelait *protocollum.* C'est sur le protocolle qu'on faisait les expéditions ou grosses.

au profit du sieur d'Héricy, contre la dame de Lambre, la Cour de cassation, à son audience du 12 août 1812, avait *prononcé* le renvoi du fonds à la *Cour de Paris.*

En rédigeant cet acte, M. le rapporteur, par erreur de plume, substitua aux mots *Cour impériale de Paris,* qui avaient été prononcés à l'audience, les mots *Cour impériale de Rouen.* Il signa la minute ainsi rédigée; M. le premier président la signa également sans s'apercevoir de la méprise; mais le greffier, à qui la minute fut remise, s'en aperçut. Il raya de son autorité privée le mot *Rouen,* et, par une nouvelle erreur, il substitua le mot *Caen,* qu'il écrivit de sa main sur ce qui restait de blanc dans la même ligne.

La dame de Lambre aperçut l'erreur; et comme elle avait intérêt de plaider à Paris plutôt qu'à Caen, elle présenta une requête pour demander que la minute de l'arrêt fût rectifiée et rétablie telle que l'arrêt l'avait prononcé. La requête fut communiquée au sieur d'Héricy.

Le procureur général posa en principe que la demande en rectification eût dû être rejetée, si la minute de l'arrêt n'avait pas présenté d'irrégularités, parce que les actes publics une fois revêtus de toutes les formes, par les fonctionnaires à qui la loi en confie la rédaction, ne peuvent plus éprouver aucun changement, et que nul témoignage ne peut être admis pour établir qu'ils sont rédigés autrement qu'ils auraient dû l'être.

Mais il lui parut que l'irrégularité qui existait dans la minute de l'arrêt devait le faire excepter de la rigueur du principe. En effet, l'addition du mot *Caen*, écrit dans le corps de l'acte et non approuvé, était déclarée nulle par la loi. Quant au mot *Rouen*, il y avait erreur reconnue par le témoignage unanime de tous les membres de la Cour, erreur manifeste d'ailleurs, puisque la Cour de cassation ne peut renvoyer le fond d'un procès à la même Cour dont l'arrêt a été cassé. En conséquence, « at- » tendu que sur la minute le mot *Rouen* a été écrit » de la main du rapporteur, et a été rayé sans que » cette rature ait été approuvée par le premier pré- » sident, ni par le rapporteur ni par le greffier; at- » tendu que le mot *Caen*, substitué à celui de » *Rouen*, n'est point écrit de la main du rappor- » teur, mais de celle d'un commis du greffe: d'où » résulte que l'erreur qui a donné lieu à cette subs- » titution doit être réparée; la Cour, faisant droit » sur la rectification demandée, rapporta le renvoi » fait à la Cour de Rouen, comme l'effet d'une er- » reur matérielle, et renvoya les parties à la Cour » de Paris, comme elle l'avait prononcé publique- » ment à l'audience ». L'arrêt est du 8 mars 1815, et rapporté dans la 4e. édition du Répertoire, v°. *Rature.*

130. Ce que nous avons dit des ratures trouvées sur la minute des actes, nous laisse peu de choses à dire des ratures faites sur la grosse ou expédi- tion. Si le notaire qui l'a délivrée a constaté et ap- prouvé les ratures, les mots ou lignes raturés sont évidemment nuls, et ne peuvent être considérés que comme une erreur de copiste que le notaire a corrigée, sauf à la partie qui croirait avoir à se

plaindre, à demander la représentation de la minute, qui peut toujours être exigée (1334).

Si les ratures ne sont pas constatées, elles sont censées postérieures à la délivrance de la grosse, et il faut alors appliquer les distinctions que nous avons déjà indiquées, et qui dérivent du principe que les ratures sont présumées faites par celui chez qui l'acte se trouve.

131. Si les ratures tendaient à décharger celui qui était possesseur de la grosse, ou d'un acte en brevet, et qui le produit pour s'en servir, elles seraient considérées comme non avenues, parce qu'étant présumé l'auteur des ratures jusqu'à la preuve du contraire, il n'a pu par son fait rendre sa condition meilleure, au préjudice de l'autre partie.

Si les ratures tendent à libérer celui contre lequel l'acte est produit, elles peuvent en certains cas opérer sa libération, lorsqu'elles peuvent faire présumer la remise de la dette, ainsi que nous l'avons déjà remarqué, n°. 127.

Hors ce cas, elles doivent être considérées comme non avenues et sans effet.

132. Il en est de même des ratures d'une grosse ou d'un acte en brevet trouvé chez un tiers sans intérêt dans l'affaire.

Les ratures sont présumées faites par hasard, et ne nuisent point à la validité de l'acte. Les auteurs le décident ainsi à l'égard des ratures d'un testament trouvé chez un tiers. (*Vid. suprà,* n°. 128).

133. On ne peut trop répéter qu'il ne faut pas confondre les actes avec les conventions ou contrats qui s'y trouvent écrits.

Les conventions existent indépendamment des actes qui les contiennent ; elles existent même nécessairement avant les actes, qui ne sont faits que pour en rendre la preuve plus facile et plus durable : *Fiunt scripturæ, ut quod actum est per has facilius probari poterit ; et sine his autem valet quod actum est, si habeat probationem* (1).

Il peut donc arriver que la convention soit valable, quoique l'acte qui la contient soit nul, et au contraire que l'acte soit valable, quoique la convention soit nulle : ces deux cas arrivent même fréquemment ; car, en général, les vices qui annulent les conventions et ceux qui annulent les actes ne sont pas les mêmes, et sont d'une nature très-différente.

Les nullités des conventions proviennent du défaut des conditions que les lois exigent pour leur

---

(1) *Loi 4, ff de pign., 20. 1 : loi 13, Cod. de pact., 1. 2. Pactum quod bonâ fide interpositum docebitur, etsi scripturâ non existente : tamen si aliis probationibus rei gestæ veritas comprobari possit, præses provinciæ secundùm jus custodiri efficies.*

Loi 38, ff de oblig. et act., 44. 5. Non figurâ litterarum, sed oratione quam exprimunt litteræ obligamur. Quatenùs placuit non minùs valere quod scripturâ, quàm quod vocibus linguâ figuralis significantur. Marcull, *lib. 2, form.* 29 ; Balus, *pag.* 48. *Licèt empti venditique contractus, solâ pretii adnumeratione et rei ipsius traditione consistat, ac tabularum aliorumque documentorum ad hoc tantùm interponatur instructio ut fides rei factæ et veri ratio comprobetur, idcircò vendidisse me tibi constat et illâ vendidi, etc.*

validité : ce sont des vices *intrinsèques*, qui empêchent la convention d'exister. La nullité des actes, au contraire, provient des vices *extrinsèques* que présentent ces pièces, comme l'incompétence du notaire, l'incapacité des témoins, le défaut de date ou de signature, etc.; en un mot, de l'inobservation de quelques-unes des formalités requises, sous peine de nullité par la loi, pour donner l'authenticité à ces actes.

Ces vices ne peuvent empêcher la convention d'exister et d'être valable; il en résulte seulement que ces actes ne forment point une preuve suffisante de la convention.

On peut donc en demander l'exécution en justice, lorsqu'on peut se procurer d'autres preuves de son existence : *Si aliis probationibus rei gestæ veritas comprobari potest. Loi* 17, *Cod. de pactis.*

154. C'est ce qui arrive toutes les fois qu'un acte notarié, nul dans la forme, a été signé par toutes les parties. Cet acte est nul comme acte public ou authentique, mais il n'en fait pas moins preuve de la convention qu'il contient; il est valable comme écrit sous signature privée, s'il est signé des parties. Ainsi le portent expressément l'art. 68 de notre loi sur le notariat, et l'art. 2318 du Code.

La peine de nullité prononcée dans les cas d'inobservation des différentes formalités qu'elle prescrit, n'influe donc que sur l'authenticité de l'acte, et sur les effets attachés à l'authenticité; elle n'influe point sur la preuve qui résulte d'un écrit auquel *toutes* les parties ont opposé leur signature, sur la foi due à un écrit sous seing privé; tant il est vrai que la foi due aux actes n'est pas une et indivisible. La loi ne veut pas qu'on ajoute foi à l'acte nul, en tant qu'acte authentique; mais elle veut qu'on y ajoute la foi due à un acte sous signature privée, qui, après qu'elle a été reconnue, prouve l'existence de la convention antérieure à l'acte et indépendante de l'acte.

Ainsi, la convention n'en serait pas moins valable et moins obligatoire, quand même l'acte nul pour défaut de forme ne pourrait valoir comme écrit sous signature privée, faute de signature de l'une des parties, s'il existait d'autres preuves de la convention, par exemple, par l'aveu des parties.

Ce principe, que l'acte nul pour défaut de forme est valide, comme écrit sous signature privée, s'applique à toutes les nullités de formes prononcées par la loi, mêmes celles qui résultent de l'inobservation de l'art. 12, telle que le défaut de date.

On pourrait objecter que cet article n'est point rappelé dans l'art. 68, qui porte :

« Tout acte fait en contravention aux dispositions contenues dans les art. 6, 8, 9, 10, 14, » 20, 52, 64, 65, 66 et 67, est nul, s'il n'est pas » revêtu de la signature de toutes les parties, etc. »

La réponse est que l'art. 12 renvoie à l'art. 68. Il était donc inutile d'en parler dans ce dernier article. Si celui-ci rappelle les art. 6, 8, 9, 10, etc., c'est parce que, dans ces textes, le législateur n'avait pas, comme dans l'art. 12, renvoyé à l'art. 68; parce que ces textes n'avaient pas dit, comme l'art. 12, que les peines prononcées par l'art. 68 seraient encourues par la contravention à leurs dispositions. Le silence de l'art. 68 sur l'article 12 est donc insignifiant.

135. Mais pour valoir comme acte sous seing privé, il faut que le contrat soit *signé* de toutes les parties qui y figurent.

Si l'une d'elles ne l'a pas signé, quand même il serait dit dans l'acte qu'elle ne sait pas signer, il ne peut avoir la force d'un acte sous seings privés; il pourrait seulement former un commencement de preuve écrite contre ceux qui l'ont signé.

Si l'acte était passé entre une personne envers laquelle plusieurs autres s'obligeraient solidairement, l'acte serait nul par le défaut de signature de l'un des obligés solidaires, quand même il s'agirait d'un mari et d'une femme (1) solidairement *obligés*. Il serait nul par défaut de lien, car le créancier a voulu avoir deux ou plusieurs obligés solidaires. Il pourrait donc se refuser à l'exécution du contrat, jusqu'à ce que tous les obligés solidaires eussent signé, ou autrement accepté le contrat : il pourrait même rétracter son consentement avant l'acceptation de ceux qui n'ont pas signé.

_____

(1) *Voy.* l'arrêt rendu par la Cour de cassation, le 17 mars 1812, dont on peut voir l'espèce dans Sirey, 1812, pag. 309; *voy.* aussi la 4e. édition du *Répertoire*, v^o. *Ratification*, n°. 9, où l'on trouve le plaidoyer de M. Merlin dans cette affaire. Nous reviendrons sur cet arrêt dans la sect. 5, en expliquant l'art. 1338.

136. Il pourrait aussi demander l'exécution du contrat contre l'un des débiteurs solidaires, quoique les autres ne l'eussent pas signé ; car, bien qu'en contractant il eût voulu avoir deux ou plusieurs débiteurs solidaires, il était libre de se contenter d'un seul. Celui des débiteurs solidaires qui a signé ne serait pas recevable à opposer le défaut de signature et le défaut d'obligation de ceux qui n'ont pas signé, parce qu'il a consenti à s'obliger pour le tout. Si le défaut de signature des autres le prive de son recours contre eux, il doit s'imputer d'avoir signé seul et sans eux, ou de n'avoir pas rayé sa signature en voyant qu'ils ne voulaient pas signer.

On peut opposer que si, faute de signature de l'un d'eux, le créancier n'est pas lié envers les autres obligés solidaires qui ont signé l'acte, ils ne doivent pas être liés envers lui, parce qu'un contrat synallagmatique ne peut être obligatoire pour l'une des parties, lorsqu'il ne l'est pas pour l'autre.

La réponse est que, du moment où le créancier a manifesté la volonté de faire exécuter le contrat contre les obligés solidaires qui l'ont signé, quoique les autres ne l'aient pas fait, il est irrévocablement lié envers les premiers. Ceux-ci avaient, ainsi que lui, la faculté de se dégager, en lui notifiant qu'ils rétractent leur consentement, et regardent le contrat comme non avenu, parce que l'un d'entre eux ne l'ayant pas signé, ils sont privés, le cas arrivant, d'un recours sans lequel ils ne se seraient pas engagés, et qui était une condition de leur engagement (1).

137. Comme aussi ils pourraient contraindre le créancier à exécuter le contrat, en offrant réellement de satisfaire sur-le-champ, et dans toute leur étendue, aux obligations contractées solidairement. Supposons que j'aie vendu le fonds Cornélien à Primus, Secundus et Tertius, pour une somme de 10,000^f payable solidairement par les acquéreurs.

Tertius n'ayant point signé l'acte, les deux autres me font offre réelle des 10,000^f; je ne suis pas en droit de les refuser pour faire déclarer le contrat nul, sous le prétexte que j'ai eu l'intention d'avoir trois obligés solidaires pour mieux assurer l'exécution de mon contrat.

138. Mais si les obligations des acquéreurs ne pouvaient être acquittées de suite en entier, parce qu'elles s'étendent dans l'avenir; par exemple, si le prix consistait dans une rente viagère, ou dans une rente remboursable dans trente ans et non *auparavant* (art. 530 du Code), Primus et Secundus ne pourraient me forcer d'exécuter le contrat, à défaut de la signature de Tertius, que j'ai voulu avoir pour obligé.

---

(1) M. Merlin, dans le plaidoyer ci-dessus cité, semble croire que l'omission de la signature de l'un de ceux qui figurent dans l'acte comme solidaires, ne l'annule que dans l'intérêt du créancier en faveur de qui devait être contractée l'obligation solidaire, et non dans l'intérêt de ceux qui ont signé. Cette doctrine nous paraît inexacte et contraire aux principes. Au reste, le lecteur pourra comparer et juger. C'est du choc des opinions que naît la vérité.

139. **Mais Tertius pourrait-il contraindre le ven-deur à exécuter le contrat en offrant de le signer, comme coobligé solidaire avec Primus et Secundus? Il faut distinguer.**

Il le pourrait sans doute, et je ne pourrais refuser ses offres si elles étaient faites avant que j'eusse légalement manifesté la volonté de rétracter mon consentement; car le consentement est censé durer jusqu'à l'acceptation, s'il n'a pas été rétracté auparavant. (*Voy.* tom. VI, n°. 26).

Et l'offre écrite et dûment notifiée de signer le contrat en est une acceptation qui, du moment où elle est faite, le rend parfait par le concours de toutes les volontés.

Il ne le pourrait plus si j'avais légalement manifesté la rétractation de mon consentement; tandis que le contrat est encore imparfait, on peut toujours rétracter ses offres ou son consentement : *Locus est pœnitentiæ.*

Tertius ne pourrait plus encore réparer la nullité de l'acte en offrant de le signer, si j'étais décédé avant ses offres : car le contrat ne peut plus se former après la mort de l'une des parties, puisque le concours des deux volontés n'est plus possible.

Il paraît même que dans ce cas Primus et Secundus ne pourraient plus offrir le prix de la vente à mes héritiers, pour les forcer d'exécuter le contrat : ceux-ci répondraient avec avantage que je suis mort avant que le contrat fût parfait, et qu'il ne peut plus se former après ma mort.

140. Au reste, la rétractation du consentement donné au contrat devient bien difficile, dans le cas où l'acte notarié se trouve nul par défaut de forme; par exemple dans l'espèce proposée, par le défaut de la signature de l'une des parties, qui a déclaré ne savoir signer : car si l'acte est nul, le contrat est valide.

C'est un principe incontestable que le seul consentement suffit pour la perfection des contrats consensuels, et qu'il n'est pas nécessaire d'en passer acte et de les rédiger par écrit, à moins que les parties, en contractant une vente, par exemple, ou une convention, ne soient expressément convenues d'en passer un acte devant notaire, avec intention que le contrat ne serait parfait et conclu que lorsque l'acte aurait reçu sa forme entière et légale : car alors, quoique d'accord sur tous les points, chaque partie peut se dédire jusqu'à la perfection de l'acte : *Datur pœnitentiæ locus.* C'est la décision de la loi 17, *Cod. de fide instr.*, répétée dans les Institutes, au titre *de empt. et vend.*

La raison en est que les parties contractantes l'ont ainsi voulu, et qu'il leur est permis de faire dépendre leur obligation de telle condition que bon leur semble.

Mais la convention qu'il sera passé acte devant notaire, ne fait point par elle-même dépendre de cet acte la perfection du contrat; il faut qu'il paraisse clairement que l'intention des parties, en faisant cette convention, a été de faire dépendre leur obligation de la perfection de l'acte. C'est ce

qu'atteste Pothier (1), n°. 11. Il appuie ce principe sur un arrêt de 1595, rapporté par Mornac.

Maintenant, supposons que j'aie vendu le fonds
Cornélien à Primus, Secundus, Tertius, pour une
somme de 20,000ᶠ, payable solidairement. Il a été
rédigé un acte notarié, dans lequel Tertius a déclaré ne savoir signer. Il se trouve que l'acte est
nul par un défaut de forme, par exemple l'incapacité de l'un des témoins, ou bien parce qu'on
n'a pas énoncé leurs demeures. (Art. 12). Puis-je
profiter de cette circonstance pour me rétracter,

(1) L'arrêt cité par Pothier jugea qu'une partie ne pouvait se dédire
d'un traité de vente fait sans la signature des parties, quoiqu'il y eût la
clause qu'il en serait passé acte devant notaire, et que cet acte n'eût
point encore été passé, parce qu'on ne pouvait pas conclure de cette
clause seule que les parties eussent voulu faire dépendre de l'acte notarié la perfection de leur contrat, la clause ayant pu être ajoutée seu
lement pour en assurer davantage l'exécution. *Voy.* aussi Vinnius, *in
Instit. de empt. vend.* ; l'Instruction facile sur les conventions, *lib. 2,
tit. 3, § 8, tit. 4, in pr.* ; Pocquet de Livonière, liv. 4, chap. 6, §§ 4
et 5 ; Bourjon, tom. I, pag. 409 et 410 ; le président Favre, *Cod. fab.,
lib. 4, tit. 15, defin. 23. In scriptis autem contractum dicetur*, dit cet
auteur, *non quotiès de negotio in contractum deducto scriptura confecta
est, solent enim ut plurimum scripturæ confici, non ut formam dent con-
tractui, sed facilioris, probationis gratiâ, et ad futuram rei memoriam.
At tunc demum cùm id actum est ut non aliter contractus valeat quàm si in
scriptum et mundùm redigatur ; aut quod ferè item est, cùm alteruter
contrahentium, aut in ipso actu contrahendi, aut paulò antè contractum
petiit ; ut iretur ad notarium, aut ut notarius accersaretur, vel calamus
afferretur, contrahendi et conficiendi instrumenti gratiâ.*

*Alioqui si post creditam fortè pecuniam, aut alium initum contractum,
ad cujus substantiam non erat scriptura necessaria, instrumentum de eo
confectum fuerit, scriptus potiùs quam in scriptis contractus dicetur........
In dubio autem, si non appareat quid actum sit, credendum ad probationem potius, quàm ad validitatem actûs interpositam fuisse scripturam,
cùm actus talis est, qui sine scriptura potest subsistere, et jure communi
magis quàm speciali contrahentes usi videantur.*

et pour répondre aux trois acquéreurs qui me demandent la délivrance du fonds Cornélien : L'acte de vente est nul, comme acte public ou authentique, parce qu'on n'y a pas référé la demeure des témoins, ainsi que l'exige l'art. 12. Il ne peut valoir comme acte sous signatures privées, puisqu'il n'est pas signé de Tertius, qui figure dans l'acte comme partie contractante?

Ils répondront avec avantage : Si l'acte est nul, le contrat n'en est pas moins valide. Vous n'avez fait dépendre sa validité ni de la rédaction, ni de la perfection de l'acte qui en avait été rédigé pour en perpétuer le souvenir et rendre la preuve plus facile. Osez-vous, pouvez-vous en nier l'existence? Votre signature l'atteste; et si vous ne la regardez pas comme suffisante, elle est au moins un commencement de preuve qui nous autorise à faire entendre des témoins. Nous vous accablerons du poids de leurs témoignages; et si nous en manquions, il nous resterait la ressource de votre serment.

Le vendeur aurait les mêmes moyens à opposer à Primus et à Secundus, s'ils prétendaient se rétracter sous prétexte de la nullité de l'acte. Quant à Tertius, qui ne l'a pas signé, si la rigueur des principes empêchait de considérer l'acte nul, qu'il n'a pas signé, parce qu'il ne le savait faire, comme un commencement de preuve contre lui, on aurait la ressource de l'interrogatoire et du serment.

Or, comment aurait-il l'impudence de jurer qu'il n'a pas consenti un contrat, quand le notaire et les témoins, quand ses deux coacquéreurs savent le contraire !

Il nous semble donc que, dans le cas proposé, le vendeur, ni aucun des acquéreurs, ne peuvent rétracter le consentement qu'ils ont donné au contrat, sous prétexte que l'acte qui en a été rédigé est nul par défaut de forme.

141. Mais lorsqu'il existe un acte sous seings privés d'un contrat qui n'a pas reçu sa perfection entière, par les signatures de toutes les personnes qui ont figuré dans l'acte comme parties contractantes; si l'une d'elles se retire sans signer, celles qui ont signé peuvent se dédire : il est censé qu'elles ont eu l'intention de faire dépendre leur convention de la perfection de cet acte. C'est ce qu'enseigne Pothier, n°. 11, *in fin.*

Ce cas est bien différent de celui où il a été rédigé un acte notarié, qui se trouve nul par un simple défaut de forme; car alors il n'est pas douteux qu'il y a eu consentement, et que le contrat a existé. L'une des parties ne peut donc plus se dédire sans le consentement des autres, qui peuvent la contraindre à exécuter la convention; à plus forte raison si elle avait été exécutée, aucune des parties ne pourrait faire rescinder le contrat sous prétexte de la nullité de l'acte, quoiqu'il ne pût valoir comme acte sous seings privés, à défaut de signature de l'un des contractans.

Par exemple, j'ai vendu le fonds Cornélien à Caïus pour 10,000 francs, payables moitié dans un an et moitié dans deux ans. J'ai déclaré ne savoir signer ; j'ai fait la délivrance du fonds Cornélien. Caïus en a joui sans trouble, et m'a payé le prix en deux quittances notariées.

Mais je m'aperçois qu'il existe dans l'acte de vente un défaut de forme prescrite sous peine de nullité. Puis-je sur ce moyen revendiquer le fonds Cornélien, sous prétexte que l'acte en vertu duquel je l'ai livré est nul, et qu'il ne peut valoir, ni comme acte authentique, ni comme acte sous seings privés?

Non, certes ; deux moyens également victorieux s'opposent à cette demande : 1°. si l'acte est nul, le contrat est valide ; or, son existence est prouvée par son exécution, par les quittances que j'ai données ; 2°. l'exécution volontaire d'un acte emporte la renonciation aux moyens et exceptions que l'on pouvait opposer contre cet acte (1338), et à plus forte raison la renonciation à se prévaloir d'un simple vice de forme.

142. Il est nécessaire de parler ici d'un arrêt de la Cour de cassation, du 17 mars 1812, d'où l'on pourrait tirer des inductions contraires aux principes que nous venons d'établir, et qui cependant, bien examiné, n'y porte aucune atteinte, et les laisse subsister en leur entier. Voici l'espèce :

Le 19 juin 1807, la veuve Crespin vendit, par acte notarié, ses immeubles aux sieur et dame Fillon, qui s'obligèrent de lui payer solidairement la rente viagère de 2,100'. La dame Fillon déclara ne savoir signer.

Cet acte fut exécuté pendant plusieurs années.

La veuve Crespin reçut les termes de sa rente viagère, et en donna quittance. Les 5 juin et 8 juillet 1809, elle fit signifier aux sieur et dame Fillon le contrat du 19 juin 1807, avec sommation de l'exécuter, mais en réservant de l'attaquer.

Les filles de la veuve Crespin firent elles-mêmes exécuter le contrat à leur profit, en saisissant les arrérages de la rente due à leur mère, et en prenant d'elle une permission de les recevoir; elles les reçurent en effet.

La veuve Crespin mourut sans avoir attaqué le contrat. Ses filles le présentèrent comme une donation déguisée, et comme nul pour vileté ou absence de prix.

Enfin, elles proposèrent un dernier moyen de nullité, consistant en ce que la date de la minute de l'acte était altérée et surchargée : or, l'art. 16 de la loi du 25 ventôse an XI déclare nuls les mots surchargés. Elles en conclurent qu'il y avait absence de date, et que, par conséquent, l'acte était nul.

Le tribunal de Fontenai trouva la date suffisamment indiquée et rejeta la demande des filles Crespin.

La Cour de Poitiers, au contraire, réforma le jugement et déclara *l'acte* nul, par les motifs,

1°. Que la date de la minute était surchargée, ce qui la rendait nulle, aux termes de l'art. 16 de la loi du 25 ventôse an XI, et que, suivant l'art. 12, les actes notariés sont nuls, lorsque la date n'y est pas énoncée;

2°. Que l'acte ne pouvait valoir comme acte sous

signature privée, puisqu'il n'était pas signé de toutes les parties contractantes;

3°. Que si la veuve Crespin avait exécuté le contrat, fait commandement de l'exécuter, ce commandement n'avait été fait que sous les réserves et protestations de se pourvoir en nullité pour dol et fraude;

4°. Que *l'acte* étant nul, il est inutile de s'occuper des circonstances qui pourraient prouver le dol et la fraude, etc. Remarquez que, dans les considérans, il n'est pas question du grand moyen, du moyen péremptoire que la nullité de *l'acte* n'entraîne pas la nullité de la *convention* ou du *contrat*.

Les sieur et dame Fillon se pourvurent en cassation, et proposèrent quatre moyens :

1°. La violation de l'art. 1338 du Code, en ce que l'arrêt dénoncé refuse tout effet à l'exécution volontaire d'un acte nul;

2°. Fausse application des art. 12 et 16 de la loi du 25 ventôse an XI, en ce que l'arrêt considère comme nul, pour défaut de date, un acte dont la date est surchargée;

3°. Contravention à l'art. 68, en ce que l'arrêt a refusé de valider, comme acte sous seings privés, un acte public nul pour défaut de forme, quoique signé du vendeur et de l'un des acquéreurs solidaires;

4°. Enfin, la violation de l'art. 1134 du Code, en ce que l'arrêt faisait résulter la nullité *des conventions* des parties de la nullité de *l'écriture des-*

tinée à les constater, sans examiner si les conventions n'étaient pas suffisamment prouvées.

Nous reviendrons sur le premier de ces points dans le § 5 de cette section, en expliquant l'article 1338 : nous avons déjà parlé des deuxième et troisième points.

Quant au quatrième moyen, il fut écarté par le procureur général, M. Merlin, qui prouva, dit l'arrêtiste, que la Cour de cassation ne pouvait s'en occuper, parce que le demandeur n'ayant pas à la Cour d'appel présenté l'affaire sous ce point de vue, le moyen n'était pas proposable en Cour de cassation. Cette manière d'écarter le moyen en question ne se trouve pas dans les conclusions de M. Merlin, imprimées dans la 4e. édition du Répertoire, v°. *Ratification*, n°. 9. On y voit seulement qu'il écarta la question, en disant, ce qui était vrai, que rien ne prouvait que la *convention* écrite dans le contrat de 1801 fût légalement formée, indépendamment du vice de ce contrat, indépendamment de la circonstance qu'il n'était pas signé par la dame Fillon, qui n'avait jamais manifesté son adhésion personnelle au contrat.

Peut-être que les conclusions de M. Merlin ne sont pas imprimées en entier, et qu'on en a retranché le passage cité par l'arrêtiste. Enfin, soit par l'une, soit par l'autre raison, ou pour toutes les deux ensemble, la Cour de cassation ne s'occupa point de la question; elle rejeta le pourvoi,

· 1°. Parce que l'art. 1338 du Code n'est applicable qu'aux obligations contre lesquelles la loi admet l'action en nullité ou rescision, et non aux *actes* nuls par défaut de convention (1) et faussement qualifiés de contrats ; qu'au surplus les actes d'exécution de l'acte litigieux ne portaient pas les caractères qui renferment confirmation et ratification, particulièrement la connaissance du motif de nullité et l'intention de la réparer ;

2°. Parce qu'il avait été fait une juste application des art. 12, 16 et 68 de la loi du 25 ventôse an XI ;

3°. Parce que *l'acte contentieux* ne pouvait valoir comme acte sous seing privé, puisqu'il ne porte pas la signature de toutes les parties, et qu'ainsi le défaut d'engagement de la part de l'une des parties mettait obstacle à la perfection du contrat. L'arrêt est du 17 mars 1812, et rapporté par Sirey, an 1812, pag. 369 et suiv.

Quant à la question de savoir si la nullité de *l'acte* entraînait la nullité *de la convention*, en cas qu'on pût prouver d'ailleurs l'existence de cette dernière, on voit que la Cour ne s'en occupa nullement : elle n'avait pas en effet à s'en occuper, puisque l'affaire n'avait point été présentée sous ce point de vue à la Cour d'appel.

Ainsi, nulle induction à tirer de l'arrêt du 17 mars 1812, contre les principes que nous avons établis. Si la Cour de cassation avait eu à décider la question de savoir si la nullité de *l'acte* entraîne la nullité de la *convention* ou du *contrat*, lorsqu'on peut d'ailleurs en prouver l'existence légale, elle

---

(1) *Voy.* tom. VII, pag. 664, n°. 561.

l'eût infailliblement décidée négativement, comme nous l'avons fait.

Il est du moins certain que le procureur général l'eût résolue de cette manière, car peu d'auteurs l'ont traitée plus nettement et plus solidement. « Il faut bien distinguer dans un *acte,* dit-il, » v°. *Double écrit,* n°. 7, ce qui appartient au contrat et forme le *vinculum juris,* ce qui en est l'essence, de ce qui n'est relatif qu'à la preuve. — » Dès que deux parties ont donné leur consentement, l'obligation est formée; et soit qu'on puisse » la prouver ou non, elle n'en a pas moins la vertu » intrinsèque de lier les contractans. En bonne logique, le défaut de preuve d'un acte ne peut pas » en emporter la nullité; il n'en peut résulter qu'un » empêchement de fait à son exécution; et si l'on » parvient à suppléer à ce défaut, à lever cet empêchement par des preuves tirées d'ailleurs, pour-» quoi l'acte ne serait-il pas pleinement exécuté? » En vain dirait-on que, dans le principe, et d'a-» près l'acte même, l'obligation n'était pas suscep-» tible d'exécution forcée : l'obligation était valable » en elle-même dans le principe, et cela suffit pour » qu'elle ait tout son effet, du moment que la » preuve en est acquise. » Il cite à ce sujet la loi 4, *ff de pignoribus,* ci-dessus citée, dont la décision est si vraie, dit-il, qu'elle est admise dans tous les tribunaux.

Voilà les vrais principes, qu'il ne faut jamais perdre de vue.

143. Après avoir vu comment se forment les actes authentiques, il faut examiner la foi qui leur est

due. Nous avons fait voir que la preuve qui résulte des actes n'est pas autre chose qu'une preuve testimoniale de faits consignés par écrit, en présence des parties intéressées, du notaire et des témoins, au moment même où ils sont passés. Ces actes ne sont, dans la réalité, que les monumens historiques, non de ces faits éclatans qui intéressent plus ou moins directement le corps de la nation ou ses chefs, mais de ces faits privés qui intéressent des familles particulières ou des individus, leur état, leur fortune ou leurs propriétés.

La confiance que l'on doit au notaire qui rapporte un acte, est infiniment plus forte que celle qu'on doit à l'historien qui raconte les faits passés de son tems, et dont il a conservé le souvenir. Celui-ci n'a aucune mission pour consigner ces faits par écrit, et les transmettre à la postérité.

Il écrit seul, il n'écrit pas au moment où les faits se passent, le plus souvent il n'est personnellement témoin que d'une partie de ces faits, quelquefois d'aucun; il n'appelle personne qui puisse contredire son écrit ou le confirmer. Il peut être égaré par l'intérêt, par la prévention ou l'esprit de parti; sa mémoire peut le tromper, on a pu l'induire en erreur.

Au contraire, le notaire a reçu de la loi et de l'autorité publique une mission expresse pour rendre témoignage des actes qu'il est appelé à recevoir; il les reçoit au moment même où ils se passent, et il ne les reçoit pas seul, mais en présence des parties intéressées et d'un autre notaire, ou bien de deux témoins, et même d'un plus grand nombre à l'égard de certains actes; il leur donne lecture de sa rédaction, que chacun peut et doit lire, contredire, ou faire corriger, si elle manque d'exactitude en quelque point.

C'est après avoir pris toutes les précautions nécessaires pour imprimer au témoignage du notaire le caractère de la vérité, que la loi ordonne qu'on ajoute foi à ce témoignage, jusqu'à l'inscription de faux. Le notaire, l'officier de l'état civil, et autres officiers publics qui rédigent des actes dans l'exercice de leurs fonctions, ne sont que des témoins qu'on ne peut reprocher autrement qu'en les accusant d'être faussaires.

144. Mais de quelles choses ce témoignage authentique fait-il foi? Autrement, quelles sont les choses sur lesquelles la loi veut qu'il en soit cru jusqu'à l'inscription de faux?

Il faut considérer d'abord quelles sont les fonctions publiques des notaires. Ils sont établis par la loi pour recevoir *tous les actes et contrats* auxquels les parties *doivent ou veulent* donner le caractère d'authenticité attaché aux actes de l'autorité publique (1); c'est-à-dire *les actes* et *les contrats* qui intéressent les familles ou les individus, leur état, leur fortune; les actes qui peuvent conférer quelque droit ou imposer quelqu'obligation particulière à ceux qui les passent; tous les actes, en un mot, que l'on comprend sous l'expression générale de *transactions* de la vie sociale, *id quod transigitur inter cives.*

_____

(1) Loi du 25 ventôse an XI, sur le notariat, art. 1.

145. Là se bornent les fonctions des notaires ; là finissent leur mission et leurs pouvoirs. S'ils les excèdent, ils ne sont plus que des personnes privées, qui ne peuvent donner à leurs écrits aucune espèce d'authenticité, de quelque formalité qu'ils les aient revêtus, quelque forme qu'ils leur donnent.

Par exemple, s'il s'est passé ou si l'on croit qu'il se soit passé dans un lieu quelque fait dont, par curiosité ou par quelqu'autre motif, on désire conserver la mémoire, l'acte qu'on en ferait rapporter par des notaires assistés de témoins dans les formes prescrites par la loi sur le notariat, n'en aura pas pour cela plus d'authenticité, parce que le notaire n'était plus dans ses fonctions, et n'était plus une personne publique ; il n'avait aucune mission de la loi pour consigner de pareils faits par écrit (1).

Loin de commander qu'on y ajoute foi, la loi abandonne un pareil écrit à la critique, qui le juge suivant les règles que donne cet art pour démêler l'imposture de la vérité.

Ainsi, pour en citer un exemple, les nombreux procès-verbaux, rapportés dans le dernier siècle à dessein de constater les prétendus miracles du diacre Pâris, non seulement ne prouvent point la

---

(1) Le notaire sort également de ses fonctions, lorsqu'il insère ou relate dans ses actes des choses que ses fonctions ne lui donnent point le droit de constater ; par exemple, que le testateur était *sain d'esprit*. De pareilles énonciations n'ont aucune force, et, pour le contredire, on n'est point obligé de prendre la voie du faux. On peut prouver le contraire par témoins.

vérité des faits qui s'y trouvent attestés, quel que soit le nombre, quelle que soit la qualité des personnes qui ont souscrit ces procès-verbaux, mais encore la critique a su les apprécier à leur juste valeur.

Ce que nous disons des notaires qui sortent des bornes de leurs fonctions, s'applique à tous les fonctionnaires publics. Ce n'est que lorsqu'ils sont dans l'exercice de leurs fonctions qu'ils peuvent conférer l'authenticité aux actes qu'ils reçoivent.

146. C'est donc seulement lorsque le notaire s'est renfermé dans les limites de ses fonctions ou de son ministère, que les actes qu'il reçoit ont *le caractère de l'authenticité attaché aux actes de l'autorité publique,* et qu'ils font pleine foi de la convention et des faits qu'ils contiennent. Pierre et Paul comparaissent devant deux notaires, ou devant un notaire et deux témoins, en présence desquels ils conviennent l'un de vendre, l'autre d'acheter le fonds Cornélien, avec ses édifices, etc., pour 20,000ᶠ que Paul, en présence des notaires, a payés comptant à Pierre, qui s'en est saisi, et qui en donne quittance.

Voilà des faits sur lesquels le notaire ne peut être trompé : ces faits se passent en sa présence; l'acte qu'il rédige au moment même pour les constater et en perpétuer la mémoire, souscrit par lui, par les parties et les témoins, fait donc une preuve complète, ou, comme dit l'art. 1319, fait *pleine foi,* tant du fait de la convention, que de celui de la numération des espèces. Cet acte n'est point, comme les monumens historiques, abandonné à l'art de la critique; c'est un acte auquel la loi commande d'avoir confiance, un acte qu'elle ne permet d'attaquer que par la voie de la plainte ou de l'inscription de faux. Pourquoi? Parce qu'elle a pris toutes les précautions que la prudence humaine peut suggérer pour constater la vérité, et que c'est sur les actes de cette nature que repose la paix intérieure des familles particulières, et par conséquent celle de la société, qui est la grande famille, la famille qui renferme toutes les autres. Mais continuons.

En vertu de son contrat, Paul, acquéreur du fonds Cornélien, désirant faire constater l'époque précise de son entrée en possession, requiert les mêmes notaires ou d'autres de se transporter avec lui sur les lieux. Il entre dans les maisons, parcourt les domaines, et fait tous les actes qui caractérisent la possession.

Le notaire présent rédige un procès-verbal de ces faits; il en rapporte ce qu'on appelle un acte de prise de possession. Cet acte, revêtu des formes légales, prouve ces faits aussi complètement que le contrat de vente prouve la convention (1).

---

(1) Je ne prétends pas que cet acte de prise de possession soit nécessaire aujourd'hui pour déterminer le moment où la prescription a commencé de courir; mais il peut être utile en certains cas. Cela suffit pour le but que je me propose ici, qui est de faire voir que les contrats notariés ne font pas seulement preuve des *conventions*, mais encore des *faits*.

Il est certain que la prescription ne commence à courir que du jour où l'acquéreur est entré en possession; mais pour le mettre en possession, suffit-il d'énoncer dans le contrat qu'il est censé entrer en pos-

147. Il y a donc une légère imperfection, une légère inexactitude dans la rédaction de l'art. 1319, qui semble borner à la convention la preuve qui résulte de l'acte authentique. « L'acte authentique » fait foi de la convention qu'il renferme ».

Il eût été plus exact de dire : L'acte authentique fait pleine foi, tant *de la convention* que *des faits*

---

session de ce jour, ou qu'il y entrera à telle époque? Cela ne suffisait pas sous l'ancienne législation, ou la propriété n'était transférée que par la possession, qui ne s'acquérait que par l'appréhension corporelle. *Corpore et animo,* dit Pothier, Traité de la possession, n° 41. Il fallait donc se transporter sur l'héritage, et faire rapporter *un acte de prise de possession.*

On y suppléait dans les autres provinces par les clauses de constitut et autres expliquées par Pothier, Traité de la propriété, n°s. 208 et suiv. La clause de constitut était celle par laquelle le vendeur, en continuant de retenir la chose vendue, déclarait s'en constituer possesseur au nom de l'acquéreur; il en était de même, à plus forte raison, de la clause de relocation, par laquelle il déclarait prendre la chose vendue à ferme ou à loyer du vendeur, pour un prix convenu.

Mais ces clauses ne pouvaient avoir lieu quand l'immeuble vendu était dans les mains d'un fermier. La Coutume d'Orléans y suppléait par la clause de *saisine* et *dessaisine,* par laquelle le vendeur déclarait se *dessaisir* de l'héritage, et en saisir l'acquéreur. Toutes ces clauses n'avaient été imaginées que pour éluder l'application du faux principe que la propriété n'est pas transférée par la convention seule dans l'état de société.

Le Code, au contraire, pose en principe que la propriété est transférée par le seul effet des conventions, sans qu'il soit besoin d'autre tradition (711—938—1583). Il en résulte que du moment même où il est dit que l'acquéreur entrera en possession, ce n'est plus que dans son nom que possède le fermier de l'immeuble, que l'acquéreur exerce dès ce moment le droit de propriété qui lui est acquis par les mains de ce fermier, qui est le sien, et qui n'est plus celui du vendeur. L'acheteur est donc en possession réelle du moment fixé par le contrat pour son entrée en possession, et si ce moment n'est pas fixé, du jour du contrat même, et c'est de ce jour que la prescription commence à courir.

qu'il renferme, etc. L'acte ne fait même foi de la convention, que parce qu'elle est un fait qui se passe en présence du notaire, et c'est par le même motif qu'il fait preuve de la numération des espèces.

L'art. 1 de la loi sur le notariat s'exprime donc avec plus d'exactitude que le Code, quand il dit que les notaires sont établis pour recevoir tous les *actes* (1) et *contrats;* car si les contrats renferment nécessairement une convention, il y a beaucoup d'actes qui n'en renferment aucune, et qui ne contiennent que des faits; nous venons d'en donner un exemple dans les prises de possession.

Tels sont encore les actes de l'état civil, les testamens, etc.

148. Mais de quels faits et contre quelles personnes l'acte authentique fait-il foi? Il faut d'abord faire une distinction importante. Les actes peuvent contenir des faits de deux espèces : les uns se sont passés au moment même de la rédaction de l'acte, et en présence des notaires et des témoins; tels que le fait de la convention qui forme le contrat, celui de la numération des espèces, le fait de l'entrée en possession, dans l'exemple ci-dessus donné, etc. Il est certain que l'acte fait pleine foi des faits de cette espèce, non seulement entre les parties contractantes, leurs héritiers ou ayant-cause, mais encore contre toutes personnes, *contra omnes,* même

_____

(1) *Id quod actum est et conventum.*

contre les tiers qui n'ont été ni parties ni appelés à la réception de l'acte.

La rédaction de l'art. 1319 contient donc encore une inexactitude ou une imperfection, en ce qu'il dit que « l'acte authentique fait pleine foi de la convention qu'il renferme, *entre les parties contractantes et leurs héritiers ou ayant-cause* ». Cette rédaction semble présenter l'induction assez naturelle que l'acte authentique ne fait pas foi, contre les tiers, de la convention qu'il renferme ; mais cette conséquence serait une erreur grave, qui entraînerait les suites les plus fâcheuses pour la société.

Il en résulterait que le légitime propriétaire, dépouillé par un usurpateur dont la possession remonterait à plus d'une année, se trouverait réduit à l'impossibilité de prouver sa propriété, puisqu'il ne pourrait opposer ses titres, ses contrats d'acquêt, ses partages à l'usurpateur, qui pourrait lui répondre : Ces titres, ces contrats, ces partages, sont des actes qui me sont parfaitement étrangers, et qui, suivant l'art. 1319, ne font foi qu'*entre les parties contractantes, leurs héritiers ou ayant-cause.*

Ce serait une doctrine fausse, une doctine pernicieuse. Il est certain, et ainsi le veulent l'intérêt public et la loi, que les actes authentiques font pleine foi *contre tous,* même contre les tierces personnes, *contra omnes,* tant de la convention que des autres faits qu'ils renferment, lorsque ces faits se sont passés en présence du notaire et des témoins. C'est la doctrine de Pothier, n°. 704 de son Traité des obligations, dans lequel les rédacteurs du Code ont puisé la plupart de ses dispositions relatives aux obligations : « L'acte prouve » contre un tiers, *rem ipsam*, c'est-à-dire que la » convention qu'il renferme est intervenue (1). »

Dumoulin, où Pothier lui-même a puisé ce principe, le développe avec plus d'étendue et de clarté. Il recherche, dans son Commentaire sur la Coutume de Paris, § 8, n°. 8, quelle est la force d'un acte, et il distingue entre les actes publics et authentiques et les actes privés d'authenticité. *Aut est in formâ publici instrumenti......, aut caret formâ publicâ et authenticâ. Primo casu, nihil aliud requiritur, sed statìm plenè probat.*

Et de quoi fait-il preuve? *Aut quæritur quoad veritatem rei gestæ, sive actûs et facti in eo contenti et plenam fidem facit* QUOAD OMNES, *nedum inter patronum et clientem et eorum hæredes vel causam habentes, sed etiam* CONTRA QUOSCUNQUE EXTRANEOS : *quoniam acta, vel quæcunque scripta publica probant seipsa, id est rei aliter gestæ fidem faciunt* INTER QUOSCUNQUE.

Il ajoute, n°. 9 : *Quod ego intelligo et limito esse verum, ad limites et substantiam facti tempore instrumenti gesti, et in ejus tenore contenti et affirmati.*

---

(1) Pourquoi l'art. 1319 n'a-t-il pas dit, comme Pothier, que l'acte fait foi contre les tiers, etc. ? *Voyez-en* la raison dans mon tom. IX, Traité de la preuve testimoniale, où je parle de la preuve de la simulation.

Posons donc en principe que l'acte authentique fait preuve complète contre toutes personnes, même contre les tiers, de tous les faits qu'il contient, et qui se sont passés en présence du notaire et au moment de l'acte, *tempore gesti instrumenti.*

149. Il suit de ce principe que, si les actes et les faits qu'ils contiennent ne peuvent nuire aux droits des tierces personnes, dans ce sens qu'ils ne peuvent leur enlever des droits qui leur appartenaient pour les conférer à un autre, il n'en est pas moins vrai que la réalité du fait contenu dans l'acte se trouvant prouvée contre ces tierces personnes, la conséquence que la loi attache à ce fait peut préjudicier et préjudicie en effet, *ex dispositione juris, non ex vi conventionis* (1), aux tiers à qui l'acte préjudicierait s'ils y avaient consenti.

Par exemple, le contrat de vente consenti *à non domino,* à un acquéreur de bonne foi, et suivi de possession, préjudicie au véritable propriétaire, en ce que ce contrat donne à l'acquéreur le droit de faire les fruits siens, non pas en vertu du contrat, mais en vertu de la disposition du droit, en vertu des articles 549 et 550 du Code civil ; articles qui veulent que le possesseur de bonne foi fasse les fruits siens, lorsqu'il possède en vertu

_____

(1) Dumoulin, *ibid.*, n°. 10 : *Res inter alios acta non nocet, nec obligat nec facit jus inter alios..., nisi in quantùm ex dispositione juris actus gestus eis præjudicaret, puta quoad acquisitionem tituli et conditionis usucapiendi, necnon bonæ fidei fructuum lucrandorum, etc.*

d'un titre habile à transférer la propriété, et dont il ignore les vices.

Ce contrat préjudicie encore au propriétaire, en ce qu'il confère à l'acquéreur le droit de prescrire les biens acquis par une possession continuée pendant dix ans entre présens, et vingt ans entre absens, en vertu de l'art. 2265 (1).

Mais remarquez bien que le droit de faire les fruits siens, et celui d'acquérir par prescription l'immeuble vendu, ne sont point conférés par l'effet de la convention ou du contrat; ils sont conférés directement par la disposition de la loi, quoique par le moyen de l'acte qui prouve contre les tiers l'existence ou la réalité d'un fait auquel la loi attache un effet que les parties ne pouvaient lui donner.

C'est ainsi qu'il faut entendre et expliquer la règle *res inter alios acta tertio non nocet, Cod., lib.* 7, *tit.* 60, et la maxime enseignée d'une manière trop générale par les docteurs : *Instrumentum publicum inter extraneos non probat.* A parler proprement, cette maxime est fausse par trop de généralité. L'acte authentique est authentique envers et contre tous; il fait contre tous une preuve complète; Dumoulin, *ubi suprà,* n°. 18, parce qu'il est le *critère* de vérité le plus certain que l'on connaisse dans la vie civile. C'est un des fondemens les plus solides de la paix dans la société. Mais c'est seulement des faits qui se sont passés en présence du notaire,

---

(1) Pourquoi ? *Voy.* tom. IX, n°. 75, à la note.

tempore gesti instrumenti, que les actes authentiques font foi contre les tierces personnes, *contra omnes,* jusqu'à la plainte ou l'inscription en faux.

150. Quant aux choses dont le notaire n'a pas été témoin, parce qu'elles ne se sont point passées en sa présence, qu'il ne rapporte que sur la foi des parties ou de l'une d'elles, ou sur ce qui a été dit dans les conférences, il est évident que le témoignage du notaire n'a plus la même authenticité. Ce n'est plus qu'un témoin qui dépose sur un *oui-dire,* et dont la déposition ne peut avoir plus de force que n'en aurait celle de l'individu sur la foi duquel il rapporte les faits ou leurs circonstances. L'acte authentique ne saurait donc faire foi contre des tiers, quant à tous les faits qui ne s'y trouvent exprimés qu'en termes énonciatifs, *quoad facta et circumstantias quæ tunc non fiunt nec disponuntur, sed tantùm recitantur.* (Dumoulin, *ibid.,* n°. 10). L'acte prouve seulement, *contra omnes,* que les choses y énoncées ont été dites en présence des notaires, mais non pas que les choses soient vraies.

Par exemple, Caïus se présente devant deux notaires, en présence desquels, et comme mandataire de Titius en vertu de procuration donnée à Paris tel jour, il vend à Paul le fonds Cornélien, échu à Titius de la succession de Sempronius. Cet acte prouve contre tous que Caïus a vendu le fonds Cornélien à Paul; que Caïus se disait mandataire de Titius; qu'il disait que le fonds Cornélien était échu à ce dernier de la succession de Sempronius. Le contrat prouve tout cela, parce que la vente s'est passée en présence des notaires, et que c'est également en leur présence que Caïus a énoncé sa qualité de mandataire et l'origine du fonds Cornélien. Mais ce même acte ne saurait prouver, ni que Caïus fût réellement mandataire de Titius, ni que le fonds Cornélien fût avenu à ce dernier de la succession de Sempronius ; car les notaires n'ont aucune connaissance personnelle de ces faits, qui ne se sont point passés en leur présence, et dont ils ne parlent que sur la foi de Caïus. On peut donc contester ces faits sans attaquer l'acte par la voie du faux ; et s'ils sont contestés, Caïus, ou celui qui les prétendrait vrais, serait obligé de les prouver.

151. Bien plus : en supposant que la prétendue procuration de Caïus ait été copiée en entier et mot à mot dans le contrat, cette relation ne serait point contre Titius, ni contre ses héritiers ou ayant-cause, une preuve suffisante de l'existence de la procuration, si elle n'était pas représentée. C'est ainsi que le jugea le Parlement de Paris, du tems de Dumoulin, *ubi suprà,* n°. 57, dans l'affaire du duc de Nivernois.

On demandait à celui-ci une rente considérable, prétendue créée par Engelbert de Clèves, son auteur, en vertu de procuration spéciale, copiée en entier dans le contrat de constitution ; mais le demandeur n'ayant point produit d'autre preuve du mandat, il perdit son procès.

152. Dumoulin va plus loin. Il suppose que Titius ait donné devant notaires une procuration de vendre, en vertu de laquelle son mandataire vend ensuite à Caïus, devant les mêmes notaires, qui remettent à l'acquéreur le contrat dans lequel la

procuration est copiée en entier; Dumoulin décide que le contrat, quoique la procuration y soit copiée en entier, quoiqu'elle se trouve ainsi souscrite par les mêmes notaires qui l'avaient reçue, ne forme point une preuve suffisante du mandat contre le mandant, parce que les actes authentiques ne font pleine foi que des choses qui se passent au moment même où l'acte est reçu et rédigé, et non pas des faits antérieurs, quoique les notaires en eussent une parfaite connaissance.

La procuration qu'ils avaient précédemment reçue était un fait passé; ils n'avaient plus ni mission ni qualité pour l'attester et en rendre témoignage; ce n'était point pour cela qu'ils étaient appelés, mais pour recevoir un contrat de vente. S'ils avaient été précédemment appelés pour recevoir la procuration, leur mission avait fini au moment même où ils en avaient remis le brevet ou l'expédition.

153. La relation de la teneur d'un acte antérieur, insérée dans un acte postérieur, peut cependant, suivant Dumoulin, *ibid.*, nos. 48 et suivans, faire pleine foi dans un cas unique, qui, loin d'être une exception à la règle, rentre au contraire dans son application, et n'en est qu'un développement et une conséquence. Ce cas est celui où l'acte antérieur pouvait être répété au moment même de sa relation dans l'acte postérieur (1). Par exemple,

---

(1) *Nisi eodem tempore quo fit secundus actus, vel secundum instrumentum posset primus actus iterum repeti et fieri ab eâdem parte, et*

j'ai fait un testament authentique en bonne forme; dans la suite, j'en fais un second devant les mêmes notaires, ou même devant d'autres, peu importe; et dans le second testament, je fais insérer la teneur du premier, en déclarant que j'y déroge en telle ou telle chose, que j'y ajoute, que j'y retranche, etc.

Ce second acte fait pleine foi de l'existence et des dispositions du premier, que j'y ai référées, quand même celui-ci ne se trouverait plus à ma mort, parce qu'au moment de la relation, je pouvais en répéter les dispositions; parce qu'en les référant, je les répète, et leur donne une nouvelle force; parce qu'enfin le premier et le second actes ne tirent leur force que de ma volonté, que je confirme en la rappelant.

Second exemple : Pendant ma minorité, j'ai donné à Caïus le fonds Cornélien, entre vifs. Devenu majeur, je fais un second acte de donation dans lequel, après avoir référé le premier tout entier, je déclare y persister.

Ce second acte fait pleine foi de l'existence du premier, parce qu'au moment même où le second acte a été passé, je pouvais le répéter, et je le répète en effet, en déclarant que j'y persiste : *Etiamsi non totus tenor, sed tantùm dispositiva repetantur in secundo instrumento.* (Dumoulin, n°. 49, *ibid.*)

---

154. Supposons maintenant qu'en vendant le fonds Cornélien, Caïus ait représenté la procuration de Titius pour être annexée à la minute, comme c'est l'usage ; l'acte de vente ne prouvera pas autre chose que la représentation de la procuration, et non sa validité. Si Titius voulait attaquer la vente en niant qu'il ait donné une procuration à Caïus, il ne serait pas obligé de s'inscrire en faux contre le contrat ; car, en supposant la procuration nulle ou fausse, il n'en est pas moins vrai que le contrat ne contient aucun faux. puisque le notaire n'y a énoncé que ce qui s'est réellement passé en sa présence, savoir : la représentation d'une procuration.

La procuration ainsi annexée à la minute doit être représentée à la réquisition de la partie intéressée. Si elle est sous seing privé, celui au nom de qui elle est donnée peut arrêter l'exécution de l'acte fait en vertu de cette procuration, en désavouant son écriture et sa signature ; ses héritiers ou ayant-cause peuvent également l'arrêter, en déclarant qu'ils ne la connaissent pas (1323). Il faut alors procéder à la vérification, aux risques de celui qui poursuit l'exécution de l'acte.

Si la procuration est notariée, on ne peut arrêter l'exécution de l'acte auquel elle sert de fondement, qu'en prenant contre elle la voie du faux ; car il paraît qu'en ce cas les juges peuvent, suivant les circonstances, suspendre provisoirement l'exécution du contrat, comme dans le cas où le contrat lui-même est argué de faux.

155. Des principes que nous venons d'exposer,

il suit que la relation, dans un inventaire, des actes
et titres trouvés à la mort d'un défunt, ne suffit
pas pour prouver leur réalité, s'ils ne sont pas représentés. (*Voy.* Pothier, n°. 706).

Par exemple, s'il était dit qu'il s'est trouvé un
acte en brevet reçu par tel notaire, dans lequel
Caïus reconnaît devoir au défunt une somme de....
pour cause de prêt, cette relation ne prouverait
point la réalité de la dette, si l'acte n'était pas représenté. Elle prouverait bien *contra omnes* qu'il a
réellement été trouvé une pièce qu'on a regardée
comme l'acte d'un prêt fait à Caïus ; car le fait s'est
passé au moment de l'inventaire, *tempore instrumenti gesti,* et en présence du notaire, à qui la
pièce a été remise pour l'inventorier. Mais cet acte
était-il sincère? Etait-il légitime? La somme avait-
elle réellement été prêtée? La signature était-elle
celle de Caïus, celle du notaire?

Voilà des faits que ne saurait prouver l'énonciation ou la relation faite dans l'inventaire (1) ; car
ils ne se sont point passés en présence du notaire ;
et quand l'acte de prêt eût été reçu par le notaire,
la relation de cette pièce, qu'il fait dans l'inventaire, ne formerait point contre Caïus une preuve
suffisante, suivant les principes de Dumoulin.
(*Voy.* ci-dessus, n°. 152).

----

(1) Pothier, n°. 706, pense seulement que, si depuis l'inventaire,
les titres du défunt ont été consumés par un incendie, la relation de
l'acte de prêt pourrait, suivant les circonstances, faire foi de la dette.
Nous reviendrons sur ce point en expliquant l'art. 1348, qui permet la
preuve testimoniale dans le cas où le créancier a perdu ses titres par
suite d'un cas fortuit.

156. Ces principes s'appliquent même aux arrêts et aux jugemens passés en force de chose jugée. L'énonciation ou la relation des actes et pièces produites et référées dans le jugement ou l'arrêt, ne dispense point de les représenter, suivant un acte de notoriété du Châtelet de Paris, du 24 avril 1700, qui porte que l'énonciation des sentences sur la lecture faite des pièces des parties, ne prouve point l'existence ni la validité des pièces ; qu'elle ne donne et n'ôte aucun droit aux parties, qui d'ailleurs ne sont pas moins obligées, ou sur les procès par écrit, ou en cause d'appel, de justifier de leur titre, pour être contredits et examinés, tant sur la forme que sur le fonds, comme on aurait pu faire avant la sentence.

Ainsi, lorsqu'un jugement, même en dernier ressort, ou un arrêt, est fondé sur une obligation écrite, le titre de la créance réside toujours dans cette obligation. Le jugement en atteste seulement la légitimité, et en ordonne l'exécution. Il est donc nécessaire que cette obligation soit représentée, pour que la condamnation de la payer ait quelque effet. Il est possible qu'un billet sous seings privés ait été acquitté depuis la sentence, ou bien le billet peut n'être pas de l'écriture de celui qui a été condamné. Quand même l'écriture aurait été vérifiée, le billet peut néanmoins être attaqué par la voie du faux. La grosse de la minute de l'acte notarié sur lequel la condamnation est intervenue, peut être inscrite en faux.

Tout se réunit donc pour la nécessité de représenter le titre de la créance, sans que la produc-

tion du jugement de condamnation puisse suffire :
on n'en serait dispensé qu'en cas de perte ou de
soustraction du titre de l'obligation. (*Voy.* Duparc-
Poullain, Principes du droit, tom. IX, pag. 233
et suivantes).

157. Mais si l'énonciation ou la relation des faits
qui ne se sont point passés en présence du notaire, *tempore gesti instrumenti,* et qu'il ne rapporte que sur la parole des parties, ou de l'une
d'elles, ne saurait faire preuve contre les tierces
personnes, elle peut faire preuve *entre* les parties,
avec une distinction importante qu'il faut développer.

« L'acte, soit authentique, soit sous seings privés,
» fait foi *entre* les parties, même de ce qui n'y est
» exprimé qu'en termes énonciatifs, pourvu que
» l'énonciation ait un rapport direct à la disposi-
» tion. Les énonciations étrangères à la disposition
» ne peuvent servir que d'un commencement de
» preuve ». (1320)

158. Mais comment distinguer les énonciations
qui ont un rapport direct à la disposition, de celles
qui lui sont étrangères ? Pourquoi les premières
et non les secondes font-elles foi entre les parties ?
C'est ce que Pothier, n°s. 702 et 703, où notre article a été puisé, explique par des exemples.

Je souscris un acte par lequel je reconnais devoir à Robert, présent, une rente perpétuelle de
500^r, *dont les arrérages ont été payés jusqu'à ce jour.*
Dans cet acte, la disposition est la reconnaissance
de la vente ; l'énonciation est que les arrérages en

ont été payés jusqu'à ce jour. Il est évident que cette énonciation a un rapport direct à la disposition, et que, si elle était fausse, Robert pouvait et devait s'opposer à ce qu'elle fût insérée dans un acte fait en sa présence, qu'il allait souscrire, et dans lequel, par conséquent, il est censé approuver tacitement l'énonciation d'un fait dont il devait avoir connaissance.

L'énonciation fait donc contre Robert une preuve complète, quoiqu'il ne soit pas dit expressément qu'il reconnaît avoir reçu les arrérages de la rente.

C'est la reconnaissance tacite de Robert, qui donne à l'énonciation de ce fait la force d'une preuve complète contre lui. Il en résulte un aveu qu'il ne peut plus rétracter, parce qu'il est fait en présence du notaire et de l'autre partie.

Si l'acte de nouvelle reconnaissance de la rente était reçu par le notaire hors de la présence de Robert, l'énonciation que les arrérages en ont été payés ne formerait aucun degré de preuve contre lui, jusqu'à ce qu'il eût approuvé l'acte expressément ou tacitement, en l'exécutant, en recevant et donnant quittance des arrérages postérieurs.

Mais aussi, jusqu'à l'approbation expresse ou tacite de Robert, je puis rétracter ma reconnaissance, sauf à lui à prouver par d'autres moyens que je suis réellement débiteur de la rente dont il s'agit.

La reconnaissance rétractée pourrait même, s'il en était resté minute, être, suivant les circonstances, regardée comme un commencement de preuve par écrit, qui ferait admettre contre moi la preuve testimoniale.

159. Toute la force que peuvent avoir entre les parties les énonciations insérées dans un contrat, vient donc uniquement du point de savoir si la partie à qui elles peuvent préjudicier, y a donné ou est censée y avoir donné son consentement. C'est aussi parce que l'une des parties n'est point censée approuver ou reconnaître la vérité des énonciations faites par l'autre, lorsqu'elles sont étrangères à la disposition de l'acte, que ces énonciations ne font point foi contre elle. Pothier, n°. 703, en donne pour exemple le contrat par lequel Pierre m'a vendu un héritage qui, suivant l'énonciation de l'acte, lui est parvenu de la succession de Jacques. Il est ensuite évincé d'une partie de cette succession par un tiers héritier de Jacques, pour une moitié. Ce tiers ne pourra pas revendiquer contre moi sa portion dans cet héritage, en vertu de la seule énonciation insérée dans mon contrat, que l'héritage dépendait de la succession de Jacques, quoique je sois partie dans l'acte où se trouve cette énonciation, *parce qu'elle est absolument étrangère à la disposition de l'acte, et que je n'avais pour lors, dit* Pothier, *aucun intérêt à m'y opposer.*

160. Ces sortes d'énonciations ne font donc point une preuve entière, même contre les personnes qui ont été parties dans l'acte, dit Pothier. *Etiam inter easdem partes.* (Dumoulin, n°. 10). Mais, suivant les auteurs, elles font une demi-preuve, et notre article dit qu'elles *ne peuvent servir que d'un*

commencement de preuve. Ce qu'il faut entendre d'un commencement de preuve par écrit, qui *peut* faire admettre la preuve testimoniale, même lorsqu'il s'agit d'une chose dont la valeur est supérieure à 150ᶠ.

Car on appelle commencement de preuve tout écrit qui est émané de celui contre lequel la demande est formée, ou de celui *qu'il représente,* et qui rend vraisemblable le fait allégué (1347).

Or, dans l'exemple proposé, l'énonciation que l'héritage vendu vient de la succession de Jacques, est émanée de Pierre, vendeur, et rend le fait énoncé très-vraisemblable. Elle forme donc contre lui un commencement de preuve par écrit ; elle en forme également un contre moi, parce que je représente Pierre, je suis son ayant-cause.

161. Si les énonciations insérées dans un acte, de faits qui ne se sont point passés en présence du notaire, *tempore instrumenti gesti,* font *entre* ou contre les parties, tantôt une preuve complète, tantôt un commencement de preuve, il en est autrement contre les tiers qui n'étaient point parties dans l'acte. C'est à leur égard une chose absolument étrangère, qui ne peut leur préjudicier, ni les obliger, ni faire contre eux aucun degré de preuve : *Res inter alios acta quæ non nocet, nec obligat, nec facit jus inter alios.* (Dumoulin, nº. 10. *Rubric. Cod., lib.* 7, *tit.* 60).

La raison en est qu'on ne saurait présumer qu'ils aient donné aucune approbation à ces énonciations.

162. On fait cependant à ce principe, en faveur des actes anciens, une exception notable qu'il faut développer, en rappelant ce que nous avons dit plus haut.

L'effet de l'authenticité est, comme nous l'avons vu, que l'acte fait foi par lui-même, sans qu'il soit besoin d'en vérifier l'écriture; que sa seule représentation autorise à s'en servir.

Nous avons encore vu que ce privilége attaché à l'authenticité est une institution du droit civil, introduite pour le bien de la société, et fondée sur la présomption de droit que la signature de l'officier public est connue de tout le monde, comme la loi après sa promulgation.

Enfin, nous avons vu que la légalisation lève les doutes qui peuvent s'élever sur l'existence, le caractère et la signature de l'officier public qui a reçu un acte dans un lieu éloigné, et hors de la portée des relations ordinaires du lieu où cet acte est présenté.

Mais la légalisation est impraticable pour les actes d'un tems éloigné souvent de plusieurs siècles. Plus l'acte est ancien, plus donc il semble qu'il y a lieu de douter du caractère et du pouvoir de son auteur, plus en général il peut paraître suspect.

D'un autre côté, plus il est ancien, plus il est difficile de donner les indications et les preuves nécessaires pour en établir la sincérité; moins donc il semble juste de les exiger. D'ailleurs, il est une présomption générale qu'on est forcé d'admettre en jurisprudence, c'est qu'une chose qui subsiste, qui se fait, qui s'exécute depuis long-tems, a un fondement solide et légitime.

Ainsi, d'un côté, difficulté, souvent impossibilité de se procurer des preuves complètes et régulières d'un fait ancien; de l'autre, présomption raisonnable que ce qui existe a un fondement légitime : voilà deux motifs qui doivent influer d'une manière favorable sur les preuves qu'on fait résulter des actes anciens, principalement lorsqu'ils sont invoqués au soutien d'une longue possession.

163. L'ancienneté, suivant les jurisconsultes les plus célèbres de tous les tems, opère donc deux effets remarquables par rapport aux actes. Le premier est que, dans un acte ancien, on présume que les solennités requises ont été gardées, quoique le fait n'apparaisse pas. Ce qui a été fait anciennement, est présumé avoir été fait solennellement : *In antiquis omnia præsumuntur solemniter acta.* (Dumoulin, sur l'art. 8 de la Coutume de Paris, n°s. 75—79). Présomption néanmoins toujours soumise à la prudence du juge : *In summâ judex ex omnibus circumstantiis debet arbitrari.* (*Ibid.*, n°. 80) (1).

Dumoulin observe avec raison que si l'ancienneté de l'acte fait présumer la solennité requise, quoiqu'il n'apparaisse de son observation, ce n'est pas à dire qu'un acte, quoiqu'ancien, dût être ré-

---

(1) *Voyez-en* un exemple dans le nouveau Denisart, tom. I, pag. 19.

puté solennel, s'il apparaissait que la solennité n'eût pas été observée.

Au contraire, la présomption de solennité, qui, dans tout autre cas, résulterait de l'ancienneté de l'acte, serait détruite dans le cas particulier par la preuve du fait qu'il n'y a point eu de solennité.

Ainsi, dit Dumoulin, on produit une ancienne copie collationnée par une personne qui a indiqué sa qualité, et on voit que ce n'était qu'une personne privée. L'ancienneté de cette copie ne fera pas présumer qu'elle ait été faite avec les solennités requises, parce que son énoncé même prouve qu'elle n'a été faite que par une personne privée.

Au reste, la présomption de solennité, en faveur des actes anciens, est beaucoup moins importante aujourd'hui qu'autrefois. Dans l'ancienne législation, la nullité des actes qu'entraînait l'omission des formalités prescrites, ne se prescrivait par aucun laps de tems. (*Voy.* ce que nous avons dit tom. VII, pag. 705, n°. 597).

Par exemple, la nullité de l'aliénation des biens ecclésiastiques, quand on voyait par le titre que toutes les formalités n'avaient pas été remplies, ne pouvait être couverte par la prescription, pendant que le titre paraissait, suivant la maxime *melius est non ostendere titulum quàm ostendere vitiosum* (1).

---

(1) Dupuic-Poullain, Principes du droit, tom. I, pag. 91.

Dans d'autres cas, la nullité des actes n'était couverte que par trente ans, à la différence de la rescision, qui ne pouvait plus être demandée après dix ans.

Sous l'empire du Code civil, nous ne connaissons plus les imprescriptibilités établies par l'ancienne législation. L'action en nullité se prescrit par dix ans, comme l'action en rescision : il n'est donc plus nécessaire de recourir à la présomption de solennité, introduite par les docteurs en faveur des actes anciens.

Il est vrai que l'exception de nullité ne se prescrit pas par dix ans, et qu'elle dure autant que l'action : mais l'action elle-même se prescrivant par trente ans, sauf les cas où la prescription est interrompue ou suspendue pour cause de minorité, etc., il sera bien difficile, sous l'empire du Code, de trouver l'occasion d'appliquer la présomption de solennité en faveur des actes anciens.

164. Quant au second effet qu'opère l'ancienneté de l'acte, elle ajoute à la preuve qui existe déjà dans un certain degré; mais elle ne crée pas une preuve qui n'existe point du tout : *Non potest antiquitas inducere in totam probationem quæ nulla est, sed eam demùm quæ aliqua est coadjuvare.* (Dumoulin, n°. 86).

C'est par une suite nécessaire de ce second effet, d'ajouter à une preuve incomplète et imparfaite, que l'ancienneté donne la consistance d'une preuve aux simples énonciations des actes anciens, même contre des tiers : *In antiquis verba enunciativa pleně probant, etiam contra alios, et in præjudicium tertii;* quand même ce ne seraient que des énonciations incidentes : *Etiamsi essent incidenter prolata, et propter aliud prolata.* (Dumoulin , n°. 77).

Mais il faut, s'il s'agit de l'énonciation d'un droit, qu'elle soit soutenue de la longue possession. (Pothier, n°. 705). C'est alors qu'elle est fondée sur cette présomption générale et raisonnable qu'une chose qui subsiste, qui se fait et qui s'exécute depuis long-tems, a un fondement solide et légitime : ce fondement se trouve dans le titre énonciatif ou moins solennel.

Si ce titre n'avait pas été suivi de possession, il serait prescrit, et son ancienneté, loin d'élever une présomption favorable, en éleverait une invincible contre lui. On dirait avec juste raison : La preuve que ce titre obscur et oublié n'est pas légitime, c'est que jamais il n'a été suivi d'exécution ni de possession.

Ainsi, pour appliquer la règle *enunciativa probant in antiquis,* il faut que l'acte soit soutenu par la possession. C'est alors que la règle a toute sa force, et que le possesseur troublé dans son droit peut repousser le trouble, en opposant sa possession soutenue par l'ancienneté et par les énonciations de son titre. Vainement lui opposerait-on que le droit qu'on lui conteste n'est pas de nature à s'acquérir par la possession ; il répondrait que sa possession est soutenue d'un titre, énonciatif il est vrai, mais à qui son ancienneté donne la force d'une preuve complète, parce qu'une possession paisible aussi longue est présumée avoir un fondement légitime, et que ce fondement est indiqué dans un titre ancien.

165. On appliquait autrefois ce principe aux droits imprescriptibles par le seul usage, et notamment aux droits de servitude, qui, suivant la Coutume de Paris, ne pouvaient s'acquérir sans titre et par le long usage seul.

Ainsi, par exemple, dit Pothier, n°. 705, « quoi-
» que le long usage n'attribue pas le droit de ser-
» vitude, néanmoins, si ma maison a depuis long-
» tems une vue sur la maison voisine, et que, dans
» les anciens contrats d'acquisition, il soit énoncé
» qu'elle a ce droit de vue, ces anciens contrats,
» soutenus de ma possession, feront foi du droit
» de vue contre le propriétaire de la maison voi-
» sine, quoiqu'il soit un tiers, et que ses auteurs
» n'aient jamais été parties dans ces contrats. »

Aujourd'hui les servitudes continues peuvent s'acquérir par le long usage, et sans titre. Il n'est donc pas besoin, en ce qui les concerne, de recourir à l'énonciation des titres anciens, et d'invoquer la règle *verba enunciativa probant in antiquis.* Mais peut-on l'appliquer aux servitudes discontinues, et aux servitudes continues non apparentes, qui sont imprescriptibles, et qui ne peuvent s'acquérir sans titres ?

Les textes du Code semblent s'opposer à cette application.

« Les servitudes continues non apparentes, et les
» servitudes discontinues apparentes ou non appa-

» rentes, ne peuvent s'*établir que par titres* », dit l'art. 671.

« Le titre *constitutif* de la servitude, à l'égard » de celles qui ne peuvent s'acquérir par prescrip- » tion, ne peut être remplacé que par un titre ré- » cognitif de la servitude, et émané du proprié- » taire du fonds asservi, » dit l'art. 695.

D'un autre côté, l'art. 1520 ne donne de force aux énonciations des actes, même comme commen- cement de preuve, qu'*entre les parties.* On peut donc conclure qu'ils n'ont aucune force contre les tiers; c'est aussi le **principe général.** L'exception admise relativement aux énonciations des actes anciens, soutenus d'une longue possession, n'est fondée que sur une présomption.

Or, l'art. 1353 ne permet aux juges d'admettre les présomptions comme preuves, que dans les cas seulement où la loi admet les preuves testi- moniales.

Il nous semble donc qu'on ne peut appliquer aujourd'hui aux servitudes discontinues la règle *enunciativa probant in antiquis,* si ce n'est dans le cas où le titre ancien dans lequel se trouvent les énonciations, est émané du propriétaire du fonds asservi, ou passé contradictoirement avec lui.

166. Nous venons de dire que pour appliquer la règle *enunciativa probant in antiquis,* il faut qu'elle soit soutenue de la possession. Cela paraît incontestable, quant aux énonciations qui se rap- portent à un droit qu'elles supposent actuellement établi en faveur de l'une des parties.

Mais il y a souvent dans des actes authentiques ou sous seing privé, des énonciations qui n'ont de rapport qu'à des faits, dont, en les supposant vrais, on peut dans la suite, et dans des tems plus ou moins reculés, tirer des conséquence décisives en faveur des droits de certaines personnes.

Telles sont la parenté reconnue ou énoncée dans les actes, la qualité de fils, de frère ou de sœur, d'oncle, neveu, ou cousin paternel ou maternel, énoncée dans le procès-verbal d'un conseil de famille (1): tel est encore l'âge des personnes dénommées dans les actes de l'état civil (34); celui du défunt dans l'acte de sépulture (79), celui des témoins dans une enquête, celui du porteur d'un passe-port, etc., et autres faits de nature à ce qu'on en puisse dans la suite tirer des inductions.

La difficulté de se procurer des preuves dans des tems reculés, a fait admettre par tous les docteurs que les énonciations de pareils faits font foi dans les actes anciens.

Il est facile d'apercevoir les conséquences qu'on peut tirer des énonciations de parenté ou du degré de parenté, pour établir son droit dans le cas d'une pétition d'hérédité, ou pour combattre les titres des autres prétendans, en prouvant sa descendance de l'individu que ces énonciations concernent.

---

(1) Ces énonciations prouvent une possession ou quasi-possession des qualités de parens, etc., à l'époque des actes. C'est une des preuves de ce que les docteurs appellent *tractatus,* en matière de possession d'état.

Le fait de l'âge d'une personne, énoncé dans un acte ancien, auquel cette énonciation n'est point étrangère, peut aussi souvent fournir des argumens très-forts ou même décisifs contre l'identité de cette personne, et de telle autre personne dont un des prétendans à la succession se dit descendre, ou de laquelle il dit tenir son droit.

Il n'est pas douteux que dans des actes récens des énonciations pareilles ne peuvent avoir la force de preuve contre des tiers. La parenté et ses différens degrés se prouvent, ainsi que l'âge, par les actes de l'état civil, spécialement établis pour cet effet.

Il serait du plus grand danger de donner la force de preuve a des énonciations qui peuvent avoir été dictées par un motif secret et intéressé, ou être le fruit de l'ignorance et de l'erreur.

Mais lorsque ces énonciations sont anciennes, il est bien difficile de supposer qu'elles ont eu pour but de favoriser un droit ou une prétention qui n'existaient point, et dont l'existence éventuelle ne pouvait guère être soupçonnée au tems des actes où se trouvent les énonciations.

D'un autre côté, il devient difficile, souvent impossible, de se procurer des preuves régulières d'un fait passé dans un tems reculé. Ces énonciations acquièrent donc de la force et de l'importance, en raison de leur ancienneté, de la qualité des personnes qui les ont faites, de la connaissance qu'elles pouvaient avoir; enfin, des circonstances qui peuvent favoriser ces énonciations, telles que la perte ou la non existence des registres du tems. En voici un exemple :

Un acte de sépulture de 1686 portait que le défunt était mort à tel âge. Les prétendans à une succession en tiraient une induction contre l'identité de sa personne et de telle autre dont leurs adversaires disaient tenir leur droit à la succession.

Cette induction était décisive, si réellement le défunt était mort à l'âge énoncé dans son acte de sépulture, en 1686. Fallait-il prendre le fait pour constant ?

L'affirmative ne nous paraît pas douteuse ; c'était là vraiment le cas d'appliquer la règle *enunciativa verba probant in antiquis.* La personne qui avait fait l'énonciation ne pouvait avoir aucun intérêt à déguiser la vérité ; c'était un bon curé de paroisse. Il était censé savoir à peu près l'âge de ses paroissiens, sur-tout dans une campagne, où ils sont moins nombreux et plus connus du ministre de la religion ; enfin une circonstance particulière ajoutait une grande force à l'énonciation.

Le même curé en avait fait de semblables dans d'autres actes de même nature, et elles s'étaient trouvées conformes à la vérité, en les comparant aux actes du tems.

Si elles s'y étaient trouvées contraires, cette circonstance eût affaibli la force de la règle *enunciativa probant in antiquis,* qui peut aussi être écartée ou combattue par une foule d'autres circonstances ; car elle ne peut jamais produire qu'une présomption, toujours abandonnée à la sagacité du magistrat, qui n'est point obligé d'y conformer son ju-

gement, mais qui ne peut faire mieux que de la
suivre, lorsque son effet n'est pas détruit par d'autres circonstances (1).

167. Les auteurs ne sont pas d'accord sur la question de savoir quel tems il faut pour donner à un
acte la qualité d'ancien, relativement aux deux effets de l'ancienneté que nous venons d'expliquer.

Le célèbre jurisconsulte Dumoulin, dans son
Commentaire sur l'art. 5 de l'ancienne Coutume
de Paris, art. 8 de la nouvelle, n°s. 81—83, nous
rend compte de leurs différentes opinions.

Les uns, dit-il, veulent un laps de quarante années ; d'autres exigent cinquante ans.

Le sentiment commun, celui qui se trouve le
plus fréquemment adopté, *crebrior et communis
sententia*, est qu'il ne faut pas moins de cent ans.

Son opinion personnelle est que le laps de cent
années ne saurait être exigé que dans les matières
où l'on ne prescrit que par un tems immémorial :
dans tout autre cas, il pense qu'une date de soi-
xante-dix ans mérite le nom de date ancienne. Il va
plus loin : il pense qu'on peut appeler ancienne une
date qui remonte au-delà de trente ou quarante
ans, lorsqu'il s'agit de choses où l'on ne peut pas
espérer, à raison des circonstances et de la ma-

---

(1) Il existe de Nicolas des Passeraux, *Nicolai de Passeribus*, un
Traité *de verbis enunciativis*, à la suite de son Traité *de scripturâ privatâ.*
On peut le consulter ; on peut aussi consulter sur cette matière trop
négligée par les auteurs français, Mascardus, *de probat.*, *conclus.* 106,
411, n°s. 15, 17, 20 et seq. ; *conclus.* 791, n°s. 5 et 6, et les auteurs qu'il
cite ; Menochius, *de præsumpt.*, *lib.* 3, *præsumpt.* 133, n°s. 22 et seq.

tière, de preuves certaines, en remontant au-delà de trente, quarante ou soixante ans.

Ainsi, tout espace de tems notable, continue Dumoulin, qui rend les preuves difficiles, justifie le nom d'ancien, relativement au sujet que nous traitons.

La conclusion générale de Dumoulin est que le nombre d'années requises pour qu'une date soit appelée ancienne n'étant pas déterminé par le droit, et ne pouvant même pas l'être à cause des circonstances de fait dont cette détermination dépend, c'est au juge à arbitrer le nombre d'années qui sera nécessaire.

Il ajoute, n°. 83, que lorsqu'il s'agit de présumer que les solennités ont été observées, dix ans peuvent suffire, lorsqu'il ne s'agit que d'un préjudice modique. Pothier adopte cette opinion, n°. 737.

En suivant ces auteurs, le Code a donné plus de précision à leur doctrine. L'art. 1335 porte, n°. 2, que les copies qui, sans l'autorité du magistrat, ou sans le consentement des parties, et depuis la délivrance des grosses ou premières expéditions, auront été tirées sur la minute de l'acte par le notaire qui l'a reçu, ou par un autre dépositaire des minutes, peuvent, en cas de perte de l'original, faire foi quand elles sont *anciennes*. Il ajoute qu'elles sont considérées comme *anciennes* quand elles ont plus de trente ans.

Cette disposition, relative à la foi due aux copies des actes quand elles sont anciennes, doit,

sans contredit, s'appliquer par analogie à la foi
due aux énonciations contenues dans les actes anciens.

Quant à la présomption que les solennités ont
été observées dans les actes anciens, nous avons
déjà remarqué, n°. 163, qu'il sera bien difficile de
trouver occasion d'en faire l'application sous l'empire du Code, qui fixe à dix ans la prescription de
l'action en nullité, *dans tous les cas* où elle n'est pas
limitée à un moindre tems par une loi particulière (1304).

168. Quelle que soit la force des actes authentiques, comme elle ne prend sa source que dans la
volonté des contractans, ils peuvent toujours en
changer les dispositions, y ajouter, y retrancher,
les modifier ou les détruire; mais nous avons déjà
observé qu'ils ne pouvaient le faire au préjudice
des droits acquis à des tierces personnes, soit par
l'acte même, soit par des contrats intermédiaires,
c'est-à-dire postérieurs au premier acte, et antérieurs aux changemens ou modifications qu'on y
veut faire; car les droits des tiers doivent toujours
être respectés : il faut prendre garde de les blesser.
C'est pour cela qu'une fois le contrat signé, les notaires n'y doivent, *ex post facto*, rien changer sur
leur minute, même du consentement des parties,
et en leur présence ; car ils ignorent et doivent
ignorer si ces changemens peuvent ou non nuire
à des tiers.

Ce n'est point à eux d'en juger.

L'expérience a prouvé que les plus honnêtes et

les plus intelligens peuvent être surpris par les parties ou par l'une d'elles (1).

Si les contractans désirent faire, *ex post facto,* des changemens à un acte déjà parfait, le notaire doit les faire par un acte séparé, daté du jour où ces changemens ont été convenus.

Cependant il arrive souvent que par des motifs particuliers qu'ils veulent tenir secrets, les contractans changent, expliquent ou détruisent, en tout ou en partie, un acte destiné à devenir public, par un autre acte destiné à demeurer caché, au moins pendant quelque tems.

C'est ce dernier écrit qu'on appelle une *contre-lettre,* c'est-à-dire un acte contraire à un autre acte authentique (2).

Le Code s'en est occupé dans cette section, pour consacrer le principe que « les contre-lettres ne » peuvent avoir d'effet qu'entre les parties contrac- » tantes : elles n'ont point d'effet contre les tiers » (1323).

169. Il ne faut pas confondre les *contre-lettres* avec les déclarations qui se font quelquefois au profit d'un tiers. Ces mêmes déclarations ne détruisent pas l'acte, et n'en changent pas les dispo-

---

(1) *Voy. suprà,* n°. 105.

(2) On sait qu'autrefois le mot *lettres* avait la même signification qu'*acte public, lettres-royaux, lettres de rescision,* etc. On opposait et on oppose encore la preuve par *lettres,* ou preuve *littérale,* à la preuve par témoins ou testimoniale. C'est de là que s'est formé le mot de *contre-lettre.*

sitions; elles ne font qu'en appliquer le profit à une autre personne.

Elles forment en sa faveur un titre qui n'existait point; au lieu que la contre-lettre n'est relative qu'à l'intérêt des parties : c'est une reconnaissance que le premier acte n'est pas sérieux dans sa totalité ou dans quelques-unes de ses parties.

170. L'exemple le plus ordinaire des déclarations qui se font au profit d'un tiers, est celui d'un acquéreur qui déclare qu'il a acquis pour lui ou pour un ami qu'il nommera. C'est ce qu'on appelle déclaration d'*ami* ou de *command*. Il est bon d'en expliquer ici la nature et les effets.

Ce mot *command* est synonyme de *commettant*. Il désigne la personne inconnue qui a commandé, ou qui est censée avoir commandé d'acquérir pour elle. La déclaration du command est donc l'indication du nom et de la personne pour laquelle avait acquis celui qui, au lieu de nommer d'abord son commettant, avait réservé de le nommer ou de le choisir.

On peut sans mandat acquérir au nom d'une tierce personne, en promettant qu'elle ratifiera le contrat (1120); et si cette personne refuse de tenir l'engagement, celui qui l'avait pris en son nom demeure lui-même personnellement engagé.

On peut aussi taire le nom de la personne pour laquelle on acquiert, et réserver de la nommer dans un délai convenu, si le vendeur y consent. C'est laisser le choix de l'acquéreur à l'arbitrage d'un tiers, comme on peut y laisser le prix de la

vente. Tout dépend de la convention. C'est au vendeur de voir s'il doit consentir à recevoir pour acquéreur une tierce personne qu'il ne connaît pas
encore, et que se réserve de nommer celui qui se
présente pour contracter ; mais il est bien évident
que celui-ci doit expressément réserver cette faculté dans le contrat.

Du reste, il est indifférent dans quels termes il
l'ait réservée, qu'il ait déclaré, par exemple, acquérir pour lui et ses héritiers, *et* pour un ou plusieurs associés, amis ou commands qu'il réserve de
nommer, ou bien pour lui *ou* amis et associés, etc.

Toutes ces formules produisent le même effet,
et lui donnent également le droit de déclarer un
ou plusieurs commands pour la totalité du contrat. Il n'y a d'essentiel que la réserve (1). S'il ne
l'a pas faite, il ne peut se dégager pour mettre une
autre personne à sa place, il demeure irrévocablement acquéreur ; et si depuis la perfection du contrat, il cède ses droits à une tierce personne qu'il
nomme, en déclarant qu'il n'a acquis que pour
elle, cette cession ne peut plus être une déclaration
de command : c'est une revente qui produit de
nouveaux droits de mutation, et qui ne le dégage
point envers le vendeur.

---

(1) *Voy.* l'arrêt de la Cour de cassation, du 27 janvier 1808, rapporté
par Sirey dans ses additions, tom. VII, pag. 830. Cet arrêt proscrit la
trop subtile distinction entre le cas où l'acquéreur achète pour lui et
amis, et le cas où il achète pour lui *ou* amis.

Ainsi la loi sur l'enregistrement, du 22 frimaire an VII (1), ne dispense les déclarations d'ami ou de command du droit proportionnel de mutation, que dans les cas où la faculté d'élire un command a été réservée dans le contrat de vente ou dans *l'acte d'adjudication.*

Il faut remarquer qu'alors toutes personnes indistinctement étaient reçues à faire des enchères, soit en justice, soit pardevant notaires. Mais le Code de procédure, art. 707 et suivans, ayant voulu que les enchères et les adjudications faites en justice ne pussent être faites que par les avoués seulement, à l'exclusion de toutes autres personnes, on en a conclu, avec raison, qu'il n'est pas nécessaire que, dans l'acte d'adjudication, l'avoué dernier enchérisseur réserve la faculté d'élire (*voy.* Sirey, tom. V, addit. à la 2e. part., pag. 269), parce que le ministère particulier que la loi confie aux avoués dans les procédures en expropriations forcées ou dans les enchères judiciaires, n'est qu'une fonction d'avoué, qui ne les constitue point adjudicataires en leur nom, et qu'ainsi la déclaration ou désignation de l'adjudicataire, leur client, que l'art. 709 leur ordonne de faire dans les trois jours, n'est point une déclaration de command.

Arrêt de la Cour de cassation, du 3 septembre 1810, Sirey, 1811, pag. 26.

Et si l'avoué, dernier enchérisseur, avait fait

---

(1) Art. 68, § 1, n°. 24; art. 69, § 5, n°. 4, et § 7, n°. 3.

insérer dans l'acte d'adjudication la réserve du droit de command, celui pour le compte de qui il déclarerait avoir enchéri, pourrait user de cette faculté, et nommer un command dans le délai de la loi, c'est-à-dire dans les vingt-quatre heures, comme nous le verrons bientôt (1).

Mais il faut pour cela que l'avoué ait réservé la faculté d'élire un command. C'est seulement lorsque cette faculté est réservée, que la déclaration faite par l'acquéreur ou l'adjudicataire, et acceptée par la personne en faveur de qui elle est faite, rend cette dernière propriétaire *ab initio,* dès le moment de la vente ou de l'adjudication. Cette personne tient sa propriété du vendeur immédiatement, de manière que l'acquéreur ou l'adjudicataire ne peut pas plus être recherché, soit pour le prix, soit pour les droits de mutation, que celui qui a contracté pour un autre en vertu d'un mandat dont l'acte est annexé au contrat. L'adjudication ou la vente, la déclaration et l'acceptation, ne sont considérées que comme un même acte.

Ainsi, quoique l'art. 41 de la loi du 20 frimaire an VII défende aux notaires de faire aucun acte non enregistré, ils peuvent néanmoins recevoir une déclaration de command avant l'enregistrement de l'acte qui contient la réserve de la faire (2).

___

(1) Arrêt de la Cour de cassation, du 14 avril 1811, rapporté dans la 4ᵉ. édition du Répertoire, vᵒ. *Command,* nᵒ. 8.

(2) Décision du ministre de la justice, des 31 décembre 1808 et 18 janvier 1809, Sirey, tom. IX, 2ᵉ. part., pag. 52; du ministre des finances, des 22 septembre et 7 octobre 1807, tom. VII, 2ᵉ. part., pag. 305.

Aussitôt que l'acquéreur a fait sa déclaration de command, il n'a plus de droit ni à la chose ni au contrat, puisqu'il est censé n'avoir acquis que pour le command. Il n'a plus rien à céder, et les déclarations qu'il ferait ensuite seraient sans force et sans effet par défaut de pouvoir.

Ainsi, les créanciers de l'acquéreur qui a acquis pour lui et ami ou command, n'ont, après la déclaration faite, aucune hypothèque sur les héritages vendus.

Ainsi, lorsque les héritages sont acquis par des père et mère, pour eux ou leur command, et qu'ils déclarent un de leurs enfans pour command, l'enfant est censé avoir acquis lui-même, lors même que les père et mère en ont payé le prix. Il n'est tenu de rapporter que des deniers à l'ouverture de leur succession, parce que ce n'est pas l'héritage qu'ils ont donné, mais des deniers pour l'acquérir. Cet héritage est donc un acquêt, qui entre dans la communeauté conjugale, si l'enfant est marié, sauf la récompense, s'il y a lieu.

171. Mais pour produire les effets dont il s'agit, il faut que la déclaration de command ait été acceptée expressément ou tacitement, pendant la vie de l'adjudicataire ou de l'acquéreur, sans quoi la propriété demeurerait sur la tête de ce dernier.

172. Il faut de plus que la déclaration soit gratuite, et faite aux mêmes prix, charges et conditions que le contrat d'acquêt ou l'adjudication ; qu'elle soit faite dans le délai convenu ou prescrit

par la loi, et notifiée aux parties intéressées à la connaître.

173. Les effets de cette déclaration viennent de la présomption qu'il existait un mandat entre le command et l'acheteur ou l'adjudicataire : la déclaration ne fait que consommer le mandat donné ou censé donné.

Or, l'exécution d'un mandat n'est point un nouveau contrat ; la déclaration en deviendrait un, si elle n'était pas gratuite, si elle n'était pas faite aux mêmes prix, charges et conditions (1) que le contrat d'acquêt ou l'adjudication, comme l'exige la loi du 5 décembre 1790 ; elle formerait une véritable revente, qui produirait un nouveau droit de mutation, et ne dégagerait pas le premier acquéreur de ses obligations envers le vendeur ; en un mot, pour peu que le prix, les clauses et les conditions du premier contrat soient changés, la déclaration de command en forme un nouveau : elle passe et doit passer pour une revente. (*Voy.* Sirey, tom. V, 2ᵉ. part., pag. 257).

174. Quant au délai dans lequel la déclaration doit être faite, le vendeur, en ce qui concerne son intérêt particulier, peut l'accorder plus ou moins long, même d'un ou deux ans, etc., et pourvu que la déclaration soit faite dans le délai convenu,

---

(1) *Sans novation de clauses, de conditions et de prix*, dit une lettre ministérielle du 15 mars 1808, Sirey, an 1808, 2ᵉ. part., pag. 204.

l'acquéreur sera dégagé pour l'avenir de toutes les obligations qui resteraient à remplir, en mettant à sa place le command, qui reste seul obligé envers le vendeur. Celui-ci ne pourrait opposer que l'acquéreur a fait, avant sa déclaration, des actes de propriétaire; qu'il a payé une portion du prix, loué ou affermé; qu'il a hypothéqué les biens acquis, et même les siens propres, à des emprunts destinés à payer portion du prix; tous ces actes et autres semblables n'empêcheront point que la déclaration de command, faite en tems utile, ne produise tous ses effets contre le vendeur, qui ne peut s'en plaindre, puisqu'il n'a imposé à l'acquéreur d'autre condition que celle de nommer, dans le délai convenu, le command qu'il pouvait subroger ou mettre en sa place.

175. Mais cette prorogation conventionnelle du délai accordé pour élire ou nommer un command, donnerait lieu aux plus grands abus contre l'intérêt du fisc, et faciliterait les moyens de frauder les droits de mutation.

Les lois ont donc fixé un délai de rigueur dans lequel la déclaration doit être faite, sous peine d'être considérée comme une revente qui donne ouverture à un droit nouveau.

La loi sur l'enregistrement, du 5 décembre 1790, et celle du 13 septembre 1791, accordaient six mois après la vente ou l'adjudication. La loi du 14 thermidor an IV, et celle du 22 frimaire an VII, article 68, § 24, n'accordent plus que le court délai de vingt-quatre heures.

176. Ce délai ne s'applique point à la déclara-

tion (1) que l'avoué, dernier enchérisseur, doit faire dans les trois jours, suivant l'art. 709 du Code de procédure, du client pour lequel il a surenchéri; nous avons déjà observé que cet acte n'est point une déclaration de command : mais si l'avoué a réservé pour son client la faculté d'élire ou de nommer command, cette élection doit être faite dans les vingt-quatre heures. .

177. Au reste, ce délai de rigueur n'est établi que dans l'intérêt de la régie; ainsi, lorsqu'il est prorogé par le contrat, il ne paraît pas que les créanciers de l'acquéreur puissent prétendre une hypothèque sur les biens achetés, lorsque cet acquéreur a déclaré, dans le délai convenu, qu'il n'a acquis que pour telle personne.

Il faut toujours néanmoins excepter le cas de la fraude, qui peut être prouvée par de simples présomptions, pourvu qu'elles soient graves, précises et concordantes.

Par exemple, dans le cas ci-dessus proposé, où l'acquéreur aurait fait des actes annonçant qu'il se regardait comme propriétaire en son nom propre, la déclaration de command qu'il ferait dans la suite pourrait être considérée comme frauduleuse, sur-tout si elle était faite depuis que les créanciers ont fait des poursuites. Il serait bien plus difficile de la faire considérer comme frauduleuse, si elle était faite auparavant : tout dépend des circonstances.

178. La loi du 24 frimaire an VII, art. 68, § 1,

---

(1) Arrêt de la Cour de cassation, du 3 septembre 1810, Sirey an 1811, pag. 26.

n.° 24, porte que, pour être dispensée du droit proportionnel, la déclaration de command doit être faite *par acte public,* et notifiée dans les vingt-quatre heures.

Une lettre ministérielle, du 15 mars 1808 (1), ajoute qu'une déclaration faite sous seing privé ne jouirait pas de la même faveur; la raison en paraît d'abord difficile à saisir, puisqu'il semble que la déclaration sous seing privé devient acte public par la notification, qui n'en peut être faite que par un officier public.

La date est donc assurée par la notification, qui d'ailleurs doit être enregistrée : il est donc certain que la déclaration a été faite dans le délai prescrit. Mais la signature peut n'être pas véritable; elle peut être désavouée par celui au nom de qui la déclaration a été faite, et qui, par conséquent, ne serait point engagé. La loi a donc eu des raisons pour exiger que la déclaration soit faite par acte public.

Du reste, elle doit être notifiée à la régie, quand même elle serait faite aussitôt que l'adjudication, et devant le même notaire (2).

179. Le délai pour faire la notification court du jour même de l'acte de vente ou d'adjudication, et non pas seulement du jour de l'enregistrement de

---

(1) Sirey, an 1808, 2.e part., pag. 204.

(2) Arrêt de la Cour de cassation, du 3 ventôse an XI, tom. III, 2.e part., pag. 291; autre du 18 janvier 1806, tom. VI, 2.e part., pag. 521.

cet acte (1) ; mais elle peut être faite avant qu'il ait été préalablement enregistré.

180. La loi n'exige point que l'acceptation de command soit notifiée à la régie, dont les droits ne peuvent souffrir du défaut de notification de cette acceptation, puisqu'ils sont payés au moment même de l'enregistrement. Mais il est dans la nature des choses que l'acceptation de command soit notifiée au vendeur, si l'acquéreur veut se dégager de toute obligation envers lui.

181. Si, en réservant la faculté de nommer un command, l'acquéreur n'a fixé aucun délai pour cette nomination, est-il obligé de la faire dans le court délai de vingt-quatre heures, ainsi que la notification? On peut en douter ; car ce délai n'est établi que dans l'intérêt de la régie, et pour empêcher qu'on abusât d'un plus long délai pour frauder les droits de mutation. Si l'acquéreur tarde à nommer son command, le vendeur ne peut s'en plaindre ; il pouvait fixer un délai dans le contrat, et même s'opposer à la réserve. Au surplus, s'il ne veut pas rester dans l'incertitude, il peut presser l'acquéreur, et lui faire fixer par la justice un délai après lequel la déclaration de command ne sera plus reçue.

D'un autre côté, ne peut-on pas dire qu'en ne fixant aucun délai, le vendeur et l'acquéreur s'en sont reposés sur la loi, qui fixe le délai à vingt-quatre heures?

182. Nous venons de voir que les déclarations

---

(1) Arrêt du 13 brumaire an XIV, Sirey, tom. VI, 2ᵉ part., pag. 77¹.

de command, qui, par leur nature, doivent être publiques, font preuve contre toutes personnes, même contre les tiers. Au contraire, les contre-lettres, destinées à demeurer secrètes, au moins pendant quelque tems, ne peuvent avoir leur effet *qu'entre les parties contractantes; elles n'ont point d'effet contre les tiers* (1321).

On distinguait autrefois entre la contre-lettre sous seings privés, et la contre-lettre passée devant notaire, ou reconnue en justice, et dont il restait minute.

La première ne pouvait être opposée à des tiers; il en était autrement de la seconde, lorsqu'elle avait été passée en même tems que l'acte auquel elle dérogeait ou qu'elle détruisait. (*Voy.* le nouveau Denisart, v°. *Contre-lettre,* n°. 2).

Le Code n'a point admis cette distinction : c'est dans le paragraphe qui traite du *titre authentique* qu'est placé l'art. 1321, où il est dit que les contre-lettres *n'ont point d'effet contre les tiers.* Cette disposition s'applique donc aux contre-lettres authentiques ou passées devant notaire, et dont il resterait minute, aussi bien qu'à celles qui sont faites sous seings privés. Les unes ne peuvent pas plus que les autres être opposées à des tiers.

Ainsi une contre-lettre portant qu'une vente n'est pas réelle, étant sans effet à l'égard des tiers, l'acquéreur qui a donné la contre-lettre peut valablement transmettre la propriété à un tiers de bonne foi. (*Voy.* l'arrêt de la Cour de cassation, du 18 décembre 1810, Sirey, tom. XI, 1re. part., pag. 83).

Ainsi encore, si j'ai eu l'imprudence de reconnaître, dans un acte de vente, que j'en ai reçu le prix comptant, quoique réellement je ne l'aie pas reçu, et que l'acquéreur ait reconnu ce fait par une contre-lettre dans laquelle il s'oblige de me payer, je ne pourrai plus, faute de paiement, faire résoudre le contrat au préjudice de la régie ni des créanciers de l'acquéreur, auxquels la contre-lettre ne peut être opposée. La résolution sera considérée comme une revente qui donnera ouverture à un nouveau droit de mutation, et qui ne purgera point les hypothèques créées par l'acquéreur. (*Voy.* un arrêt de la Cour de cassation du 11 juillet 1814, Sirey, 1815, pag. 248).

Ainsi, tout acte portant qu'une vente publique est feinte ou simulée, en un mot, qu'elle n'est pas réelle, est considéré comme une contre-lettre qui ne peut être opposée à des tiers, quand même elle serait passée devant notaire, puisqu'à leur égard le Code ne donne pas plus de force aux contre-lettres notariées qu'aux autres.

183. La contre-lettre sous seings privés, portant qu'une vente est feinte ou simulée, est même, relativement à la régie, considérée comme une rétrocession qui donne ouverture à un second droit de mutation. Ainsi l'a décidé un arrêt de la Cour de cassation, du 25 octobre 1808 (Sirey, tom. X, 1re. part., pag. 167).

184. En serait-il de même, si la contre-lettre était notariée? Il faut distinguer si l'acquéreur avait réservé le droit d'élire command; la contre-lettre notariée, passée et notifiée dans les vingt-

quatre heures à la régie, ne pourrait donner ouverture à un second droit de mutation ; ce point paraît sans difficulté.

Mais que la faculté d'élire command ait été réservée ou non, si la contre-lettre notariée qui déclare la vente feinte ou simulée est passée après les vingt-quatre heures, il ne paraît pas douteux qu'elle donne ouverture à un second droit de mutation ; car la propriété est transférée à l'acquéreur au moment où la vente est parfaite.

La contre-lettre qui, après vingt-quatre heures, déclare cette vente simulée, ne peut donc nuire aux droits de la régie ; elle ne peut être considérée, à son égard, que comme une rétrocession par laquelle l'acquéreur rétrocède sa propriété au vendeur.

Si, au contraire, cette contre-lettre est faite dans les ving-quatre heures, si elle est présentée à l'enregistrement en même tems que la vente, il ne serait pas juste de la soumettre à un second droit de mutation ; car l'on n'a pu ni voulu frauder les droits de la régie. C'est déjà beaucoup que deux actes, dont le second détruit le premier, deux actes qui lui sont présentés au même instant, produisent un droit de mutation, quoiqu'ils laissent la propriété sur la tête du vendeur, qui réellement ne l'a jamais perdue. Que la contre-lettre soit sans effet à l'égard des tiers à qui la connaissance en a été dérobée, auxquels, pour les tromper, on a présenté l'acte de vente en leur laissant ignorer la contre-lettre qui le détruit, cela est conforme à la justice ; mais la régie, qui n'a pu ignorer l'existence de la contre-lettre, qui l'a connue en même tems que l'acte de vente, ne saurait s'en prévaloir pour exiger deux droits de mutation.

Cette décision, conforme à l'équité, paraît dans l'esprit de la loi sur l'enregistrement, du 22 frimaire an VII, dont l'art. 40 porte : « Toute contre- » lettre, faite *sous signature privée*, qui aurait pour » objet une augmentation du prix stipulé dans un » acte public, ou dans un acte sous signature pri- » vée, précédemment enregistré, est déclarée nulle » et de nul effet.

» Néanmoins, lorsque l'existence en sera cons » tatée, il y aura lieu d'exiger, à titre d'amende, » une somme triple du droit qui aurait eu lieu sur » les sommes et valeurs ainsi stipulées ».

Pourquoi la contre-lettre *notariée*, qui contient une augmentation du prix d'une vente précédemment enregistrée, n'est-elle pas nulle dans l'intérêt de la régie? C'est qu'à la différence de la contre-lettre sous signature privée, elle est destinée à être présentée à l'enregistrement, puisque tous les actes notariés doivent l'être dans un délai déterminé; c'est que, par conséquent, on n'a pas cherché à frauder les droits. Il en est de même de la contre-lettre notariée, par laquelle on déclare la vente feinte ou simulée, sur-tout lorsqu'on présente ensemble ces deux actes à l'enregistrement.

185. Revenons à la nullité de la contre-lettre sous signature privée, qui a pour objet d'augmenter le prix d'une vente. Un arrêt de la Cour de cas-

sation, du 13 fructidor an XI (1), décida que cette
nullité, prononcée dans l'intérêt de la régie ou du
fisc, est absolue, et que l'acquéreur qui l'a souscrite peut refuser de payer la somme convenue
pour augmentation du prix, « attendu, dit le con-
» sidérant, que la loi prononce la nullité, *en gé-*
» *néral,* sans exception ni réserve d'un effet quel-
» conque dans l'intérêt privé des parties, et qu'il
» n'est point permis aux juges de distinguer là où
» la loi ne distingue point. »

186. Si tel est l'esprit de la loi, il faut l'avouer,
voilà une bien inique législation, puisqu'elle est
ouvertement en contradiction avec la morale, puisqu'elle favorise ouvertement la mauvaise foi.

L'arrêt qu'on vient de citer est antérieur à la
promulgation du Code. Ne pourrait-on pas dire
que l'art. 40 de la loi du 22 frimaire an VII, en ce
qui regarde l'intérêt privé des parties, est abrogé
par l'art. 1321 du Code? (2) Il pose en principe

---

(1) Rapporté dans le Répertoire de jurisprudence, v°. *Contre-lettre;*
dans Sirey, tom. IV, 2e. part., pag. 22.

(2) Ce raisonnement est fortifié par la conférence tenue au Conseil
d'état pour la discussion du Code, séance du 2 frimaire an XII. La
commission n'avait proposé aucun article sur les contre-lettres : on
demanda que l'usage en fût proscrit. « Le consul Cambacérès dit qu'il
» existe déjà une disposition législative contre l'usage des contre-lettres
» (loi du 22 frimaire an VII); mais elle ne lui *semble pas juste.* Ces
» actes doivent avoir tout leur effet *entre les parties;* il suffit, pour en
» prévenir l'abus, de les soumettre au droit d'enregistrement, lorsqu'ils
» sont produits.
» Tronchet dit qu'il faut en effet distinguer. Une contre-lettre doit
» être valable *entre les parties,* et nulle contre les tiers : or, *la régie de*
» *l'enregistrement est un tiers* par rapport à l'acte.
» Defermon dit qu'il serait contre les principes d'annuler indistinc-

que les contre-lettres ont leur effet *entre les parties contractantes*. Il pose ce principe d'une manière générale, sans exception ni réserve quelconque, relativement aux contre-lettres qui ont pour objet l'augmentation du prix stipulé dans un acte public. On peut donc dire, avec la Cour de cassation, que les juges ne doivent point distinguer là où la loi ne distingue pas, et, par conséquent, que la disposition du Code a dérogé à la loi du 22 frimaire an VII. Cette conséquence est d'autant plus naturelle qu'elle nous ramène aux principes de la morale et de la bonne foi.

Mais lorsqu'une Cour a une fois adopté une opinion sur un point de jurisprudence, il est bien difficile de l'en faire changer.

Par un arrêt postérieur à la promulgation du Code, rendu le 10 janvier 1809, rapporté par Sirey, tom. IX, 1re. part., pag. 159, la Cour de cassation a confirmé sa première opinion en décidant que la nullité, prononcée par la loi du 22 frimaire an VII, à l'égard des contre-lettres sous seing privé, qui ont pour objet l'augmentation du prix d'une

---

» tement les contre-lettres. L'intérêt du fisc serait beaucoup mieux as-
» suré, si, lorsqu'elles sont produites, la peine de l'amende était infli
» gée aux parties pour ne les avoir pas fait enregistrer.

» Duchâtel dit que plus la peine sera forte, et plus on s'appliquera
» à dérober à la régie la connaissance de l'acte. »

La proposition fut renvoyée à la section, qui rédigea l'art. 1321 tel qu'il existe dans le Code. Il nous paraît résulter de cette discussion que l'article dérogea à la loi du 22 frimaire an VII, que Cambacérès ne trouvait pas juste, et qu'on entendit que les contre-lettres sans excep-tion sont valables entre les parties, mais nulles dans l'intérêt de la régie.

vente publique, est tellement absolue, que le vendeur n'a aucune espèce d'action civile pour réclamer le surplus du prix de la vente, lors même qu'indépendamment de la contre-lettre, l'acquéreur avoue que le prix réel était supérieur au prix apparent porté dans le contrat, parce que « ce se-
» rait contrarier l'esprit et la lettre de la loi, que de
» supposer qu'après que la contre-lettre a été dé-
» clarée nulle et de nul effet, l'obligation naturelle
» et civile de celui qui l'a souscrite subsiste encore,
» et qu'on peut en chercher la preuve dans les
» aveux de l'acquéreur, lesquels ne peuvent avoir
» plus de force que la contre-lettre, et laissent sub-
» sister la dissimulation du prix que la loi a voulu
» punir. »

Ainsi l'acquéreur, posant le masque, peut répondre effrontément au vendeur : Oui, le prix réel de la terre que vous m'avez vendue est de 150,000^f; mais le contrat n'en porte que 100,000, et pour encourager mon impudence et ma mauvaise foi, les tribunaux m'invitent à gagner la somme de 50,000^f; elle est à moi, je l'achète au prix de mon honneur : *Virtus post nummos.*

On peut remarquer que les considérans de l'arrêt cité ne répondent point à la dérogation que fait à la loi du 22 frimaire an VII, l'art. 1321 du Code.

Ceux qui auront le courage de défendre la jurisprudence de la Cour de cassation, pourront répondre que, dans les affaires qui intéressent le Gouvernement, la loi commune doit céder à la loi spéciale : d'où il suit que l'art. 40 de la loi cilée, porté pour un cas spécial et pour l'intérêt du fisc, n'a pas été abrogé par le Code. C'est le raisonnement que fait la Cour de Bruxelles, dans un arrêt du 25 mars 1812, rapporté par Sirey, tom. XIII, 2ᵉ. part., pag. 351. Car lorsque la Cour supérieure a une fois adopté une jurisprudence, les inférieures ne s'étudient guère qu'à trouver des raisons pour la justifier. Raison de plus pour combattre vigoureusement cette jurisprudence, quand elle est injuste.

Quant à nous, qui ne saurions trouver la réponse suffisante, nous nous bornerons à faire des vœux pour que le Gouvernement, investi du droit d'initiative, prenne en considération un point de jurisprudence aussi immoral; et si nous avions l'honneur de siéger dans une Cour souveraine, nous combattrions cette jurisprudence avec courage et respect, afin d'en préparer la réformation, soit par la Cour de cassation elle-même (1), soit par une loi.

---

(1) Notre vœu a été rempli. La Cour de cassation, présidée par le savant Henrion de Pansey, vient d'avoir encore une fois l'honorable courage de réformer sa jurisprudence, par un arrêt du 10 janvier 1819, dont voici le considérant : « Attendu que la contre-lettre, ou acte sous » seing privé, du 10 mars 1813, pour supplément de prix, étant pos- » térieure à la publication du Code, la matière se trouve réglée par » l'art. 1341 du Code, et non par l'art. 40 de la loi de frimaire an VII; » rejette, etc. »

Nouvel exemple donné par la Cour supérieure aux autres Cours, de rétracter des erreurs qui peuvent échapper aux meilleurs esprits : *Aut humana parùm cavit natura.* Sous de tels magistrats, la science de la jurisprudence ne peut manquer de faire de grands progrès.

187. Observons, en terminant cette discussion, que la Cour d'appel de Paris a jugé par un arrêt du 2 germinal an XIII (*Voy.* Sirey, tom. VII, 2e. part., pag. 876), que la jurisprudence que nous venons d'exposer ne peut s'appliquer aux créanciers du vendeur; que la contre-lettre sous seing privé portant une augmentation du prix de la vente, doit avoir son effet en leur faveur, et qu'ils peuvent réclamer de l'acquéreur l'augmentation de prix stipulée par la contre-lettre, par le motif que la loi du 22 frimaire an VII, en déclarant nulle une pareille contre-lettre, n'a eu pour objet que de punir les seuls contractans de la contravention qu'ils commettent sciemment au droit d'enregistrement; que ce serait par conséquent faire une fausse application de la loi, que de l'appliquer au cas où il s'agit de l'intérêt des tierces personnes, de créanciers légitimes qu'on a trompés à leur insu, par la contre-lettre dans laquelle ils ne sont point parties, et que le vendeur, d'intelligence avec l'acquéreur, a voulu priver d'une partie de leur gage; que ce serait autoriser le dol contre les créanciers, et les rendre victimes d'une fraude et d'une simulation qu'ils n'ont pu empêcher, si on annulait à leur égard le titre qui la constate.

Ainsi, le vendeur au profit de qui est la contre-lettre, pourra en éviter la nullité, en agissant dans le nom des créanciers fictifs. Quelle incohérente jurisprudence !

188. Au reste, les contre-lettres sous seings privés, qui ont un autre objet que celui de dissimuler le prix d'une vente, eussent-elles même pour ob-

jet de l'annuler, et de la déclarer simulée et feinte, ont entre les parties contractantes la même force que les contre-lettres notariées. Des présomptions ne suffiraient pas pour en détruire l'effet et les anéantir, ainsi que l'a jugé la Cour de Paris, dont l'arrêt fut confirmé par la Cour de cassation, dans l'espèce suivante :

Le 8 messidor an IV, Antoine Sanzé vendit une maison au Palais-Royal, à Jean-Baptiste, son frère, pour 125,000ᶠ en mandats, que le vendeur paya au même instant, et dont l'acquéreur donna quittance. Mais le même jour cet acquéreur souscrivit une contre-lettre par laquelle il reconnaissait que la vente n'était pas réelle.

Il entra en jouissance, et, un an après l'acquisition, il loua une partie de cette maison par bail notarié.

En l'an VIII, Antoine Sanzé demanda et obtint l'interdiction de ce même frère Jean-Baptiste, qui mourut dans l'année.

Dans cette même année, Antoine, interrogé dans une procédure criminelle, avait répondu que la vente du 8 messidor an IV était réelle et sincère, qu'il en avait reçu le prix.

Il était, sur ce point, entré dans le détail des faits.

Il disait, dans un mémoire à consulter, que l'officier de police qui avait reçu la plainte s'était imaginé qu'il avait dû être fait une contre-lettre entre lui Antoine Sanzé et Jean-Baptiste, son frère, lors de la vente de la maison, et que vainement on en avait cherché la preuve, puisque *cette contre-lettre n'avait jamais existé* (1).

Après la mort de Jean-Baptiste, Antoine prit la qualité de son seul héritier, paya le droit de mutation, déclara que la succession mobilière consistait dans cette même maison qu'il lui avait vendue en l'an IV.

Un troisième frère, Joseph Sanzé, revint ensuite d'Egypte, et demanda partage de la succession de Jean-Baptiste, et notamment de la maison. Antoine alors représenta la contre-lettre sous seing privé, qui annulait la vente apparente de cette maison.

Joseph Sanzé fit valoir les circonstances nombreuses qui semblaient détruire la contre-lettre. Elle fut vérifiée et tenue pour reconnue quant aux écriture et signature.

En conséquence, le tribunal de première instance de Paris, le 19 ventôse an XII, déclara nulle la vente du 2 messidor an IV. Ce jugement fut confirmé par la Cour d'appel de Paris, le 29 frimaire an XIV, et le pourvoi contre cet arrêt fut rejeté par la Cour de cassation, le 9 avril 1807. (*Voy.* Sirey, tom. VII, 1re. part., pag. 178).

189. Nous finissons en observant que les contre-lettres relatives aux contrats de mariage en quelque forme qu'elles soient faites, quelques solennités qu'on puisse leur donner, n'ont aucun

---

(1) *Nota.* L'aveu dans une affaire n'a aucune force dans une autre. *Voy. suprà*, n°s. 26 et suiv.

effet entre quelques personnes que ce soit, si elles sont postérieures à la célébration du mariage (1395).

Elles n'ont également aucun effet, même entre les parties contractantes, quoique faites avant la célébration du mariage, si elles sont sous seings privés.

Enfin, quoique passées devant notaires, et avant la célébration du mariage, elles ne sont pas valables, même entre les parties contractantes, « sans » la présence et le *consentement simultané* de toutes » les personnes *qui ont été parties* dans le contrat » de mariage. » (1396)

L'art. 258 de la Coutume de Paris, lequel formait autrefois le droit commun de la France en cette partie, portait :

« Toutes contre-lettres faites à part et hors la » présence des *parens* qui ont *assisté* au contrat de » mariage, sont nulles. »

Ainsi, la présence des parens qui n'avaient assisté que par honneur ou par amitié au contrat, sans y figurer comme parties, sans s'obliger en aucune manière, était nécessaire pour la validité des contre-lettres : car, quoique de nouvelles conventions de mariage ne soient pas vicieuses par cela même qu'elles ont été séparées du contrat et faites à l'insu des parens, néanmoins, cette affectation de les cacher fait présumer qu'elles ont été dictées par la passion, plutôt que par de justes motifs; que les conjoints en ont honte, comme dit Pothier, préface du Traité de la communauté, n°. 15, pag. 11 et 12, édit. in-12.

Cet auteur pensait néanmoins qu'il ne fallait pas outrer la disposition qui exige, pour la validité de la contre-lettre, la présence *des parens* qui ont assisté au contrat, et que, si un seul de ces parens n'avait pas été présent à la contre-lettre, elle n'était pas nulle par ce seul défaut, sur-tout si l'absent n'était qu'un parent éloigné, et si les plus proches, ceux qui avaient le plus d'intérêt et d'autorité dans la rédaction des conditions du contrat de mariage, avaient assisté à la contre-lettre.

Le Code est allé plus loin : il n'exige plus que les parens, qui n'ont assisté au contrat de mariage que par honneur ou par amitié, soient présens à la contre-lettre pour qu'elle soit valable (1); mais il exige « la présence et le consentement *simultané* de » toutes les personnes (parentes ou étrangères) qui » ont été parties dans le contrat de mariage » (1396). Le concours *simultané de toutes les personnes* est nécessaire, quand même il s'agirait dans la contre-lettre de changer une clause qui ne paraît avoir aucun rapport avec les autres; par exemple, l'une des donations faites par un donateur même étranger à la famille; parce qu'on suppose qu'il y a toujours corrélation et indivisibilité entre les clauses d'un contrat de mariage; que celui qui a été partie au contrat ne se fût pas obligé, si telle autre clause, qu'on veut changer à son insu, n'y avait pas été insérée. Il faut donc, en cas de changement d'une

_____

(1) C'est ainsi qu'on s'en expliqua dans les conférences au Conseil d'état. *Voy.* le Procès-Verbal, et Maleville, sur l'art. 396.

seule des clauses, que toutes les parties y concourent. L'absence d'une seule d'entre elles vicierait la contre-lettre, et la frapperait d'une nullité absolue.

Bien plus : les changemens et contre-lettres, même revêtus des formes que nous venons d'expliquer, sont « sans effet à *l'égard des tiers*, s'ils » n'ont été rédigés à la suite de la minute du con- » trat de mariage, et le notaire ne pourra, à peine » des dommages-intérêts des parties, et sous plus » grande peine, s'il y a lieu, délivrer ni grosses ni » expéditions du contrat de mariage, sans trans- » crire à la suite le changement de la seconde » contre-lettre » (1397).

Ainsi, par exemple, un donateur, parent ou étranger, s'est obligé, par le contrat de mariage, de faire au futur époux une rente annuelle de 1,200ᶠ; mais, par une contre-lettre notariée, passée en présence de toutes les personnes qui ont été parties au contrat, la rente est réduite à 600ᶠ. Les créanciers du futur n'en pourront pas moins saisir et se faire payer la rente de 1,200ᶠ en entier, si la contre-lettre n'a pas été rédigée à la suite de la minute du contrat de mariage, ou si le notaire ne l'a pas transcrite à la suite de la grosse ou de l'expédition qu'il a délivrée. Nous renvoyons au tit. 5 les autres questions qui peuvent s'élever à l'occasion des contre-lettres relatives à des contrats de mariage.

§ II.

De l'Acte sous seing privé.

SOMMAIRE.

204. *Des actes reçus par un tabellion, appelés à Rome actes forenses.*

205. *On devait appeler trois témoins aux actes qui n'étaient pas reçus par un tabellion.*

206. *Des actes sous seing privé faits hors de la présence des témoins et du tabellion.*

207. *Motifs de l'ordonnance de Moulins, qui voulut, en 1566, que l'on prouvât, par actes notariés ou sous seing privé, les contrats d'une valeur supérieure à 100ᶠ, sans recevoir la preuve testimoniale outre le contenu aux actes.*

208. *Cette loi fut regardée comme dure et odieuse.*

209. *Le changement principal que fit cette ordonnance à l'ancien droit, consiste en ce qu'il ne fut plus permis de prouver les conventions verbales par trois témoins, comme en droit romain.*

210. *Elle ne fit aucun changement relativement aux actes sous seing privé.*

211. *Elle ne défend pas de prouver la convention par témoins, si la signature de ces actes est déniée, et pourquoi.*

212. *Les lois postérieures le permettent également. Elles autorisent simultanément trois genres de vérification des écritures privées, par titres, par témoins, par experts, par les agens de change ou courtiers.*

213. *Comment se fait la vérification par titres, et si elle doit l'emporter sur les autres.*

214. *La vérification par témoins se fait de trois manières.*

215. *Si l'on doit admettre la vérification d'un écrit privé, par des témoins qui n'étaient pas présens à la signature, mais qui attestent des faits, lesquels supposent nécessairement l'existence de l'acte, la vérité des faits et de la signature.*

216. *Si l'écriture privée ne peut former un commencement de preuve qu'autant qu'elle a été auparavant vérifiée par experts.*

217. *Résolution. L'acte sous seing privé en bonne forme est un commencement de preuve écrite qui peut faire admettre la preuve testimoniale.*

247. *Application des principes aux constitutions d'hypothèques, servitudes, usufruits.*

248. *Différence à cet égard entre l'usufruitier et le fermier. Explication de l'art. 1743.*

249. *Le débiteur d'une rente peut opposer une quittance sous seing privé à la saisie-arrêt formée entre ses mains par le créancier du créancier.*

250. *L'acquéreur d'une rente ou d'une créance ne peut opposer un contrat sous seing privé au créancier saisissant du vendeur, si le contrat n'a pas été signifié au débiteur.*

251. *L'acquéreur sous seing privé d'un immeuble ne peut opposer son contrat au créancier saisissant du vendeur, parce que le saisissant n'est pas l'ayant-cause du vendeur.*

252. *Par la même raison, celui qui a obtenu par défaut un jugement que le débiteur a déclaré, par un acte sous seing privé, tenir pour exécuté, ne peut opposer cet acte aux autres créanciers qui attaquent le jugement comme périmé, faute d'exécution dans les six mois.*

253. *Si l'adjudicataire d'un bien vendu par expropriation forcée est l'ayant-cause du propriétaire exproprié.*

254. *Actes sous seing privé du propriétaire exproprié qui peuvent être opposés à l'adjudicataire. Par exemple, des quittances.*

255. *Arrêt de la Cour de Bruxelles, dont les considérans, mais non le dispositif, sont contraires aux principes ci-dessus exposés.*

256. *Leur application aux paiemens faits par les sous-locataires au locataire principal. Renvoi.*

257. *Tous les contrats peuvent être faits sous seing privé, excepté ceux que la loi ordonne de passer devant notaires.*

258. *Les actes sous seing privé ne sont assujettis à aucune forme. Les dispositions de la loi sur le notariat ne leur sont point applicables.*

259. *Ils sont valides, même sans date, excepté les testamens olographes.*

260. *Il suffit qu'ils soient signés. Il y a même des écrits privés qui ont de la force sans signature.*

261. *Il n'est pas nécessaire que ceux qui sont signes soien, écrits par celui qui les signe, ni que l'écriture en soit approuvée.*

262. *Il y a des actes qui ne sont pas lus, et dont la teneur n'est pas connue des parties avant la signature. Exemple.*

263. *Autre exemple dans les blancs-seings. Leur nature. C n'est qu'une procuration plus générale.*

264. *On la restreint souvent par des instructions secrètes données au mandataire; mais s'il excède ses instructions, l'acte n'en est pas moins valide.*

265. *Les législations voisines, ainsi que la nôtre, autorisent l'usage des blancs-seings. Cette dernière punit l'abus qu'en en fait.*

266. *Exemple remarquable de l'abus des procurations.*

267. *Les actes faits en vertu d'un blanc-seing, ou d'une procuration en blanc, peuvent être annulés en prouvant le dol, mais ils subsistent au profit du tiers de bonne foi qui a contracté avec le mandataire infidèle, sauf à poursuivre celui-ci pour abus de confiance.*

268. *Celui qui s'empare, pour en abuser, d'un blanc-seing qu'on ne lui a point confié, est puni comme faussaire, et pourquoi.*

269. *En ce cas, l'acte fait en vertu du blanc-seing dérobé est annulé, même contre celui qui a contracté de bonne foi avec le faussaire.*

270. *Si la demande en faux échoue, on peut former l'action en dol.*

271. *Les blancs-seings peuvent être révoqués avant que le porteur en ait fait usage.*

272. *L'abus qu'on fit des blancs-seings, au commencement du dernier siècle, occasionna la loi de circonstance du 22 septembre 1733, qui déclara nuls les billets non écrits par celui qui les a souscrits, et dont la somme n'est pas approuvée par lui.*

273. *Cette disposition était de droit nouveau. Auparavant, les actes sous seing privé, souscrits par celui qui s'oblige, étaient valables, quoiqu'écrits d'une autre main.*

274. *Il n'y a point d'exception pour les billets. Celui qui le*

souscrit s'en approprie l'écriture, et approuve ce qu'elle contient, lors même qu'il ne l'a pas lue.

275. S'il ne l'a pas lue, c'est un fait qu'il doit s'imputer, et qui rejette sur lui la preuve de la surprise.

276. L'abus des blancs-seings n'est pas une raison suffisante pour annuler les billets dont la somme n'est point approuvée en toutes lettres.

277. Cette formalité ne remplit point son but; car, au moyen des exceptions, elle ne protége que ceux qui ont le moins besoin de la protection de la loi.

278. Elle est insuffisante pour prévenir l'abus des blancs-seings.

279. Elle fait naître des abus plus grands que ceux qu'elle a voulu prévenir, favorise la mauvaise foi, multiplie les procès. Résumé des vices de la déclaration de 1733.

280. On sentait la nécessité d'en adoucir la rigueur.

281. Le Code l'a adoucie en ne prononçant point la nullité du billet pour défaut d'approbation de la somme. Il a seulement voulu que ce défaut rendît le billet insuffisant pour établir seul le fait de l'obligation, sans autres adminicules, présomptions ou preuves accessoires.

282. Cette insuffisance est la sanction de l'art. 1326. Son texte.

283. Il forme exception à l'art. 1322, en ce que la signature, quoique reconnue, du billet, n'a point la même foi qu'un acte authentique.

284. La comparaison des textes de l'art. 1326 et de la déclaration de 1733, prouve que le billet non approuvé n'est point absolument nul.

285. La Cour de cassation n'a point décidé le contraire. Examen de son arrêt du 3 novembre 1812.

286. L'arrêt qui condamnerait sur le seul fondement d'un billet dont la somme n'est pas approuvée, serait contraire à la loi, et, comme tel, soumis à la censure.

Scoùs, s'il prononçait qu'il résulte de tels faits, de telles présomptions ou de telles pièces, un commencement de preuve qui complète celle commencée par le billet.

287. *Les arrêts qui apprecient la force des présomptions ou des pièces qui forment un commencement de preuve, ne sont point soumis à la censure.*

288. *Principes et conséquences qui résultent de l'art. 1526.*

289. *Le billet dont la somme n'est pas approuvée, forme un commencement de preuve qui autorise à admettre la preuve testimoniale. Et infrà, n°. 293.*

290. *Mais il faut que la preuve porte sur le fait de la réalité ou de l'existence de l'obligation, non sur le fait de la signature seulement; car, en ce cas, elle serait inutile, et pourquoi.*

291. *Discussion d'un arrêt de la Cour de Paris, contraire à nos principes.*

292. *Il n'est pas vrai, comme l'annonce cet arrêt, qu'on ne peut déférer le serment au signataire du billet, sur le point de savoir s'il n'en a pas reçu la valeur.*

293. *Que le billet forme un commencement de preuve écrite.*

294. *Arrêts conformes de la Cour de Trèves et de la Cour de cassation.*

295. *Le billet forme-t-il un commencement de preuve, si la signature n'est pas reconnue?*

296. *Des présomptions graves, précises et concordantes, réunies au billet, suffisent pour motiver une condamnation.*

297. *Des cas où les sommes exprimées dans le corps du billet et dans l'approbation sont différentes. On peut prouver de quel côté est l'erreur, et comment.*

298. *Si le billet doit être écrit en entier de la main de celui qui le souscrit.*

299. *A quelles personnes s'appliquent les dispositions de l'article 1526, quelles personnes en sont exceptées.*

300. *Si plusieurs personnes s'obligent conjointement, toutes doivent approuver la somme, lors même que l'une d'elles est exceptée, lors même qu'il s'agit d'un mari et d'une femme. Ce qui en résulte pour la division de la dette.*

301. *Il en est de même lorsqu'elles s'obligent solidairement.*

302. *Le défaut d'approbation ne peut être opposé, si le billet a été exécuté en tout ou partie. Exemples.*

520. *Différence entre ce qui est nul et ce qui n'est pas valable.*

521. *L'acte non valable est celui qui ne suffit pas par lui-même pour faire une preuve complète, mais à qui des faits postérieurs peuvent ajouter la force qui lui manquait. Exemple dans l'exécution de l'acte.*

522. *Il forme un commencement de preuve qui autorise l'admission de la preuve testimoniale.*

523. *Le commencement de preuve peut être complété par des présomptions graves, précises et concordantes;*

524. *Ou par le serment supplétoire.*

525. *On peut réparer l'omission d'avoir fait l'acte double, ou de la mention qu'il l'a été, 1°. en notifiant une acceptation; 2°. en le déposant pour minute chez un notaire. Application de ces principes aux contrats par lettres missives.*

526. *A quels actes s'applique l'art. 1325. Imperfection de sa rédaction. Junge n°. 333.*

527. *Quand la convention synallagmatique a été exécutée par l'une des parties, il n'est pas nécessaire que l'acte soit fait double.*

528. *Si l'obligation de celui qui reste obligé se réduit au paiement d'une somme, l'acte doit être écrit de sa main, ou la somme approuvée suivant l'art. 1326.*

529. *Mais si le défaut d'approbation est opposé, l'autre partie peut prouver par témoins qu'elle a de sa part exécuté la convention.*

530. *Quid, si, quoique le vendeur ait livré la chose, l'acte est rédigé double en forme de vente? Faut-il que la somme soit approuvée en toutes lettres?*

531. *Un arrêté de compte doit-il être fait double?*

532. *Le compromis doit-il être fait double? Distinction.*

533. *Imperfection dans la rédaction de l'art. 1325. L'exécution de la convention couvre-t-elle, tant le défaut de mention, que le défaut d'avoir fait l'acte double?*

534. *L'exécution, même partielle, de l'acte couvre le défaut de l'avoir fait double.*

335. *Le fait d'exécution doit-il être postérieur à l'acte? Peut-il résulter de l'acte même? Difficulté de cette question. Exemple.* Vid. infrà, n°. 337.

336. *L'obligation existe, quoique l'acte n'ait pas été fait double. Elle doit être exécutée, si son existence est avouée ou prononcée par d'autres moyens de droit.*

337. *Résolution de la question, si le fait d'exécution consigné dans l'acte peut couvrir l'irrégularité du défaut du double.*

338. *La preuve de l'exécution d'un compromis peut résulter du jugement arbitral ou du procès-verbal des arbitres.*

339. Quid, *si le compromis non fait double n'avait été remis aux arbitres que par une seule des parties?*

340. Quid, *si le compromis ou autre acte non fait double avait été remis aux arbitres, ou à un notaire, pour rester au nombre de ses minutes?*

341. *Explication de la dernière disposition de l'art.* 1325, *qui paraît d'abord obscure, et de ces mots,* celui qui a exécuté de sa part la convention.

342. *L'art.* 1325 *n'est applicable, en matière de commerce, que dans le cas où une disposition expresse l'a ordonné.*

343. *Il ne l'est point aux contrats d'assurance.*

344. *Il n'est pas nécessaire que chaque original d'un acte fait double soit signé des deux parties.*

345. *L'acte sous seing privé peut être fait double entre absens. L'un des doubles est signé dans un lieu, le second dans un autre.*

346. *Celui qui a omis de signer un acte sous seing privé peut réparer son omission, en offrant de le signer avant la rétractation des signataires.*

347. *Quand les signataires peuvent se rétracter, avant que les autres parties aient signé. Développement des principes par un exemple.*

348. *L'acte demeuré imparfait, faute de signature de quelques-uns des contractans, ne peut produire d'effet entre les signataires. Exemples.*

349. *Les actes unilatéraux ne font pas preuve d'obligation*

contre celui qui les a souscrits, pendant qu'ils demeu- rent en sa possession.

350. *Il en est de même des actes de libération, tels qu'une quit- tance.*

351. *De pareils actes peuvent, suivant les circonstances, for- mer un commencement de preuve écrite contre les héritiers du défunt.*

352. *Il y a des actes qui font preuve d'obligation ou de libé- ration, quoique non signés. On les réduit à trois espèces: 1°. les livres-journaux ou tablettes; 2°. les écritures sur feuilles volantes; 3°. les écritures à la marge, au dos ou à la suite d'un acte signé.*

353. *Des écritures mises à la suite, en marge ou au dos d'un acte signé, lorsqu'elles tendent à la libération du débi- teur de celui qui les a faites. Explication de l'art. 1332 Vices de sa rédaction.*

354. *Des écritures mises au pied du titre par celui qui en était dépositaire.*

355. *Des écritures non signées mises à la suite d'un titre, lors- qu'elles tendent à rendre plus forte l'obligation du débi- teur. On distingue si elles ont ou non rapport à l'acte.*

356. *Des écritures tendant à la libération, mais qui se trouvent rayées. Opinions de Pothier examinées.*

357. *Des écritures non signées qui n'ont aucun rapport à l'acte, et des écritures sur feuilles volantes. Examen d'une opi- nion de Pothier.*

358. *Des registres, livres et journaux des commerçans; quelle exception on fait en leur faveur au principe qu'on ne peut se créer un titre à soi-même.*

359. *Quand et comment font-ils foi pour et contre le commer- çant? Ancienne législation française sur ce point.*

360. *Législation nouvelle. Forme que doivent avoir les livres de commerce. La loi exige que tout commerçant en tienne trois.*

361. *Les livres où les formalités prescrites n'ont pas été obser- vées ne peuvent être représentes, ni faire foi au profit de ceux qui les ont tenus.*

562. *Le plus important des livres est le journal; il est indispensable. Ce qu'il doit contenir.*

563. *Du livre des copies de lettres.*

564. *Du livre des inventaires.*

565. *Outre ces trois livres, il y en a d'autres auxiliaires; surtout le grand-livre ou livre de raison, livre de débit et de crédit, etc. Ce qu'il contient; son importance. Autres livres auxiliaires.*

566 *Le livre-journal est, à proprement parler, le seul qui fasse foi. Les articles qui y seraient omis ne pourraient être suppléés par les livres auxiliaires.*

567. *Foi que font en justice les livres de commerce. On distingue, 1°. les contestations de commerçant à commerçant, des contestations entre commerçans et personnes qui ne le sont pas; 2°. s'ils sont invoqués pour ou contre celui qui les tient.*

568. *Ces livres ne font point contre les commerçans une preuve complète, mais un commencement de preuve, qui peut être complétée par des présomptions, par le serment supplétoire.*

569. *Ou par la preuve testimoniale. Réponse à une objection tirée de l'art. 1347.*

570. *Les livres font foi en faveur du commerçant, quand l'autre partie offre d'y ajouter foi.*

571. *La représentation des livres peut être ordonnée d'office.*

572. *Elle peut être offerte par le demandeur, et requise par le défendeur non commerçant, sans offrir d'y ajouter foi.*

573. *Leur représentation ne peut être refusée, lors même que la demande est fondée sur un acte notarié ou sous seing privé.*

574. *Le refus de les représenter, quand l'autre partie refuse d'y ajouter foi, autorise le juge à déférer à celle-ci le serment décisoire.*

575. *Celui qui demande la représentation des livres, en alléguant un paiement, doit en déterminer l'époque, afin qu'on puisse le vérifier; car on ne peut demander la communication des livres pour les feuilleter que dans les af-*

faires de succession, partage de société, ou en cas de faillite.

576. *Différence de* la communication *des livres et de leur re-*présentation, *pour en extraire ce qui concerne le diffé-*rent.

577. *Le défendeur peut aussi demander la représentation du grand-livre, pour vérifier le compte qui a dû y être ouvert en son nom. Le refus de le représenter peut lui faire déférer le serment décisoire, nonobstant les titres qui fondent la demande.*

578. *Quid, si le commerçant soutenait n'avoir point tenu de grand-livre ou autres auxiliaires?*

579. *Le commerçant qui soutiendrait n'avoir point de journal serait constitué en mauvaise foi, et le serment pourrait être déféré à son adversaire.*

580. *Celui qui a offert d'ajouter foi aux livres de commerce n'est pas obligé de s'y rapporter, s'ils se trouvent irréguliers.*

581. *Si la créance du commerçant n'est pas relative au commerce, on ne peut, pour la distraire, demander la représentation de ses livres.*

582. *Mais le refus de les représenter, joint à des présomptions de fraude, peut autoriser les juges à rejeter la demande.*

583. *Les livres de commerce* peuvent faire *preuve* entre commerçans pour faits de commerce, *et pourquoi.*

584. *Quid, si les livres de l'un ne s'accordent point avec ceux de l'autre?*

585. *La loi laisse à la prudence du juge d'admettre ou non les livres pour preuve complète entre commerçans.*

586. *Mais ils ne peuvent être admis comme tels que pour faits* de commerce.

587. *Et dans le cas où ils sont régulièrement tenus.*

588. *Le commerçant ne peut refuser de les représenter, sous prétexte qu'ils sont irréguliers. Si l'autre partie veut en tirer avantage, elle ne peut les diviser.*

589. *Les commerçans ne sont tenus de conserver leurs livres que pendant dix ans.*

590. *Si les livres de commerce font preuve en faveur des tiers, notamment les livres des agens de change et courtiers. Ancienne jurisprudence sur ce point.*

591. *Suppression et réorganisation des agens de change; nature de leurs fonctions.*

592. *Ils sont tenus de représenter leurs registres et carnets aux juges et aux arbitres; mais la nouvelle loi ne dit point qu'ils auront foi en justice.*

593. *La proposition de donner à leurs livres la force de constater les achats et les ventes, a été rejetée. Discussion sur ce point.*

594. *Disposition du Code de commerce sur ce point.*

595. *Il ne défend point d'avoir égard aux livres des agens de change.*

596. *Des bordereaux ou arrêtés des agens de change, signés par les parties. Ils assurent la vérité des signatures, sans autre vérification; mais ils ne sont point actes publics.*

597. *Il en est de même des contrats d'assurance, que les courtiers ont le droit de rédiger concurremment avec les notaires.*

598. *Les livres d'un commerçant ou banquier ne suffisent pas pour faire preuve d'un paiement fait par son entremise.*

599. *Des registres et papiers domestiques d'un particulier non commerçant. Ce qu'il faut entendre par papiers domestiques.*

400. *Les registres ne font point un titre pour celui qui les a écrits, et n'autorisent point à lui déférer le serment suppletoire.*

401. *Pas même les registres des pères et mères entre leurs enfans.*

402. *Distinction entre les notes du registre domestique qui tendent à imposer une obligation à celui qui les a écrites, et celles qui tendent à libérer son débiteur. Explication de l'art. 1331.*

403. *Les notes par lesquelles celui qui a écrit le registre se reconnaît débiteur, peuvent servir de commencement de preuve écrite.*

190. Aucune écriture ne fait foi par elle-même, ni de ce qu'elle contient, ni de la main qui en a tracé les caractères, ni du tems où ils l'ont été. Les écritures qu'on a trouvées et qu'on trouve encore sur des marbres, dans la Grèce, dans l'Italie et ailleurs, ont donné lieu aux érudits et aux antiquaires de former différentes conjectures plus ou moins vraisemblables, pour éclaircir certains points d'histoire ou d'antiquité, fixer tel point de chronologie, etc.

Mais ces conjectures, uniquement fondées sur l'analogie, la raison se refuse à les admettre comme des certitudes, parce qu'il n'y a aucune liaison nécessaire entre ces écritures et la réalité ou l'existence à telle époque des faits qu'elles contiennent. C'est sans doute ce qui a fait dire à quelques philosophes que l'histoire est une fable convenue.

Si, des écritures qui n'ont de rapport qu'à l'histoire, qu'à des faits plus ou moins anciens, plus ou moins indifférens, nous passons aux écrits plus récens qui peuvent intéresser nos biens ou nos fortunes, nos actions ou même nos personnes, qui paraissent préjudicier à nos droits, qui nous imposent des devoirs, des obligations, combien de nouveaux motifs ne trouverons-nous pas pour éveiller notre défiance, accroître et fortifier notre scepticisme, et enfin pour nous détourner d'ajouter foi aux écrits, s'ils ne sont pas soutenus par d'autres preuves! La main qui les a tracés ne pouvait-elle pas être guidée par l'intérêt, par d'autres passions ou par d'autres motifs quelconques ? Comment donc m'assurer que tel écrit a réellement pour auteurs les personnes dont il porte le nom, et qu'il ne contient que la vérité?

Cependant les transactions les plus importantes de la vie civile, reposent presque toujours sur la foi due aux écrits où elles sont presque nécessairement consignées pour en conserver et pour en perpétuer le souvenir.

191. Qu'on imagine donc quelles incertitudes, quel embarras, quelles difficultés de toute espèce répandrait dans la société, dans le commerce et dans les affaires, l'observation rigoureuse du principe, d'ailleurs très-vrai, philosophiquement parlant, qu'aucune écriture ne fait foi par elle-même, si elle n'est pas reconnue, ou si elle n'est pas aidée et soutenue par d'autres preuves, en un mot, si elle n'est pas *vérifiée?*

C'est donc par nécessité, c'est pour le repos et la paix de la société, que la loi a fait au principe une exception à l'égard des écritures où l'on a observé toutes les formalités qu'elle prescrit pour leur conférer le caractère de l'authenticité, qui leur donne l'éminente prérogative de faire foi par elles-mêmes, jusqu'à l'inscription de faux, sans autre preuve, sans autre vérification préalable.

192. Mais en attachant à l'authenticité des actes cette prérogative qui n'existait point dans la nature des choses, ni avant l'établissement des lois ci-

viles, le législateur a laissé et dû laisser les écritures
privées dans leur ancien état. Personne ne peut s'en
plaindre, puisqu'on avait la faculté de leur conférer le caractère de l'authenticité, en suivant les
formes prescrites. L'omission de ces formes est tout
au moins un reproche qu'on peut faire avec justice
aux personnes intéressées ou à leurs ayant-cause:
il n'est même pas sans raison de dire que cette omission peut, en certains cas, devenir un motif de
soupçon contre la sincérité de l'acte qu'on a négligé
de rendre authentique.

Posons donc en principe que les écritures privées ne peuvent seules, et par elles-mêmes, prouver ni contre ceux à qui elles sont attribuées, et
dont elles portent le nom, ni à plus forte raison
contre des tiers, rien autre chose que l'existence
des caractères qu'on y voit tracés, et qui tombent
sous nos sens.

193. Cependant, lorsque ces écritures présentent l'aspect ou la forme d'un acte, c'est-à-dire
d'un de ces écrits qu'on a coutume de faire pour
conserver la mémoire et prouver l'existence d'un
contrat ou d'une promesse, quand elles contiennent une obligation contractée par les personnes
dont le nom s'y trouve apposé comme signature,
elles forment une apparence de preuve à laquelle
on suppose assez naturellement quelque réalité:
car il n'est pas d'usage de faire de tels écrits par
un pur jeu d'imagination, ou pour s'exercer la
main; d'ailleurs, on ne suppose pas qu'une personne connue et bien famée, osât compromettre sa
réputation en formant une demande en justice sur

un tel écrit, si elle n'avait pas des raisons pour le croire sincère et véritable.

194. Si donc les écritures privées ne sauraient former une preuve seules et par elles-mêmes, la loi a voulu qu'elles forment une apparence de preuve qui produit deux effets remarquables.

195. L'un, d'obliger la personne à qui on l'oppose, si c'est à elle à qui l'écrit est attribué, d'avouer ou de désavouer formellement son écriture ou sa signature, sous peine de voir l'écrit reconnu, et d'être condamnée sans autre preuve, comme si elle l'avait formellement reconnu. Son silence équivaut à un aveu.

196. L'autre, en cas qu'il dénie la signature, ou en cas qu'elle ne soit pas connue par les héritiers ou ayant-cause de la personne à qui elle est attribuée, d'autoriser celui qui fonde sa demande sur un acte sous seing privé, à en faire la vérification par tous les genres de preuves, même par la déposition des experts, et par la preuve testimoniale, quoique la loi défende de l'admettre pour une valeur supérieure à 150ᶠ.

C'est ce que nous apprend l'art. 195 du Code de procédure, qui porte : «Si le défendeur dénie la » signature à lui attribuée, ou déclare ne pas re- » connaître celle attribuée à un tiers, la vérifica- » tion en *pourra* être ordonnée, tant par titres que » par experts, et par *témoins*. »

197. Il reste à développer les deux effets que produisent les actes sous seing privé, comment s'en fait la vérification, quelles sont les conséquences de cette vérification.

Mais, auparavant, il nous paraît nécessaire de résumer, et de comparer au droit français la doctrine du droit romain sur la foi due aux écritures, soit publiques, soit privées, et sur la vérification de ces dernières.

Cette comparaison répand le plus grand jour sur la matière.

198. Les Romains distinguaient trois sortes d'écritures : les unes publiques proprement dites, les autres forenses, les autres privées.

Les premières étaient celles qu'on avait déposées dans les archives publiques destinées à conserver les actes : *Quæ in publico instrumenta deponuntur, in archio, aut grammato phylacio. Loi* 9, *ff,* § 6, *de pænis,* 48. 19.

Par cette loi, qui est d'Ulpien, on voit, sans remonter à des époques plus anciennes, que l'usage d'avoir des archives, pour y déposer les titres importans, était observé sous les empereurs romains.

Le jurisconsulte Paul nous dit aussi que c'était dans ces archives qu'on déposait les actes privés, comme les testamens, afin d'y avoir recours au besoin. (*Recept. sentent., lib.* 4, *tit.* 6, § 1).

C'était là encore qu'on déposait et qu'on insinuait les donations, *ut obtinerint inconcussam et perpetuam firmitatem. Loi.* 30, *Cod. de donat.,* 8. 54.

Cet usage de déposer les actes privés dans les archives publiques s'étendit aux principales villes de l'empire.

Justinien le rendit général en ordonnant par sa Novelle 15, chap. 5, § 2, d'établir des archives dans tous les lieux où il n'en existait point encore (1).

C'est le dépôt dans ces archives qui seul rendait les actes authentiques ; c'est l'attestation du gardien des archives qui donnait aux actes qu'on en retirait *publicum testimonium* (2).

Il n'était pas nécessaire que les écritures qu'on déposait dans les archives fussent rédigées par un tabellion, ou signées par trois témoins, ni même par les parties : il suffisait que toutes les deux, ou au moins celle qui contractait l'obligation contenue dans l'acte, se présentassent au préposé ou gardien des archives, lequel était une personne publique, pour lui déclarer que la convention ou l'obligation contenue dans l'acte déposé était leur volonté, et pour demander qu'il fût enregistré dans les archives, afin d'y avoir recours au besoin. C'est ce qu'on appelait insinuer, *insinuare*, expression qui signifie proprement faire connaître, intimer, attester (3). Celui ou ceux qui déposaient l'acte at-

---

(1) Elle est adressée au préfet du prétoire : *Præcepta verò faciat tua eminentia per unamquamque provinciam, ut in civitatibus habitatio quædam publica distribuatur, in quâ conveniens est defensores (civitatum) monumenta recondere, eligendo quemdam in provinciâ, qui horum habeat custodiam, quatenùs incorruptæ maneant hæc, et velociter inveniantur à requirentibus, et sic apud eos archivum, et quod hactenùs prætermissum est in civitatibus emendetur.*

(2) *Et quod ex publicis archivis præfertur, et publicum habet testimonium. Nov.* 49, *cap.* 2, *n.º* 2; *authent. ad hæc, Cod. de fide instrum.*

(3) La loi 31, *Cod. de donat.*, 8. 54, dit : *Atque ut ipsa donatio sita est in voluntate donantis, itâ ei liceat donationem suam apud quemcunque ex memoratis (magistratibus) intimare.*

Cette loi se sert indifféremment des mots *insinuare* et *intimare. Voy.*

testaient, intimaient ou déclaraient au gardien ou préposé des archives que cet acte contenait leur volonté; et pour qu'elle fût stable et perpétuelle, *ut inconcussam et perpetuam obtineant firmitatem,* ils demandaient que l'acte fût déposé dans les archives, *inter monumenta publica.*

199. Cette insinuation était donc bien différente de l'*insinuation* fiscale supprimée depuis la publication du Code, et de ce qu'est aujourd'hui la transcription des actes translatifs de propriété, établis par le même Code pour purger les propriétés des priviléges et hypothèques antérieurs à la translation.

Dans nos anciennes insinuations, de même que dans les transcriptions actuelles, les parties ne remettaient point en dépôt les originaux des actes au préposé du fisc chargé de les insinuer. Celui-ci se bornait, comme il le fait encore aujourd'hui, à les copier ou à les transcrire sur un registre particulier, qui ne fait et qui ne peut faire aucune foi de l'existence ni de l'authenticité des actes ainsi copiés ou transcrits; car les parties n'étaient point présentes à l'insinuation, et ne le sont point aujourd'hui à la transcription, pour attester la vérité de ce qui est contenu dans le papier copié ou transcrit pour déclarer qu'il contient leurs conventions ou leurs volontés. L'acte à transcrire peut être pré-

---

aussi, loi 1, *Cod. theod., de denunciat. et edit. rescript.,* 2. 4, et les notes de Jacques Godefroi; les glossaires, au mot *Insinuare;* Godefroi, not. 10, sur la loi 27, *Cod. de donat.,* 8. 54; Cujas, sur le même titre : *Quod ad actorum testationem, sive insinuationem.*

senté au préposé du fisc par toute personne indifféremment, sans qu'on exige d'elle aucune procuration des parties intéressées.

Au contraire, c'étaient les originaux mêmes des
actes, qui étaient à Rome déposés dans les archives
publiques ; ils l'étaient par les parties elles-mêmes
ou par celle qui contractait l'obligation (1), et qui
attestait que l'acte déposé contenait ses volontés.

Cet acte ainsi déposé devenait donc ce que sont
aujourd'hui nos minutes ; il ne pouvait plus être
facilement détruit.

Ce fut par ce motif, pour le dire en passant, que
Constantin exigea que les donations fussent insi-
nuées, c'est-à-dire attestées devant le préposé ou
gardien, et déposées dans les archives : *Ut dona-
tiones interveniente actorum testificatione confician-
tur : quod vel maximè inter necessarias conjunctasque
personas convenit custodiri. Si quidem clandestinis et
domesticis fraudibus facilè quidvis pro negotii oppor-
tunitate confingi potest , vel id quod verè gestum est,
aboleri, etc. Loi* 27, *Cod. de donat.,* 8. 54.

On ne peut guère douter que le gardien ne rédi-

---

(1) Loi 31 , *Cod. de donat.,* 8. 54 ; Gudelinus, *de jure novissimo,*
lib. 4, cap. 11, pag. 182, vers. insuper. La preuve s'en trouve dans la
Novelle 73, cap. 7, § 3, où Justinien dit que si les contractans veulent prévenir tous les embarras d'une vérification par témoins, ou par
comparaison d'écritures, ils doivent se présenter en personne au gardien des archives, pour y faire insinuer leur contrat : *De quibus licebit
sese liberare contrahentes, si consenserint utrique ad hoc venire, ut insi-
nuent instrumenta, et profiteantur ea sub gestis monumentorum ipsi contrahentes, etc.*

geât un acte du dépôt et de la déclaration faite par les parties, ou qu'il n'en fît mention sur son registre, ou au pied de l'acte. Il n'est donc pas étonnant que les actes ainsi *attestés* et déposés fussent authentiques et fissent foi en justice : *Publicum habebant testimonium.* Ils n'avaient pas besoin d'être vérifiés, et la preuve qui en résultait l'emportait sur la preuve testimoniale : *Census et monumenta publica potiora testibus esse senatus sensuit,* dit le jurisconsulte Marcellus, loi 10, *ff de probat.,* 22. 3. *Superfluum est privatum testimonium, cùm publica monumenta* (1) *sufficiant. Loi* 31, *Cod. de donat.,* 8. 54.

200. C'est ainsi, dans nos usages, que les actes sous seing privé, déposés chez un notaire pour être annexés à ses minutes, deviennent authentiques par l'acte de dépôt qui en est rédigé, pourvu que la reconnaissance en ait été faite au moment du dépôt, par ceux contre lesquels ils font preuve. Le droit d'hypothèque conventionnelle est alors conféré, du jour du dépôt, sur les biens spécialement désignés dans l'acte originairement sous seing privé. (*Voy.* l'arrêt rendu par la Cour de cassation, le 11 juillet 1815, Sirey, tom. XV, 1re. part., pag. 326).

La reconnaissance ne serait pas complète, si l'acte n'était déposé que par l'une des parties, à moins que ce ne fût par ce débiteur. Il est évident

_____

(1) Les donations et actes déposés ou insinués dans les archives publiques sont appelés *monumenta publica. Voy.* aussi la Novelle 15, cap. 5 et 5, § 2.

que le dépôt fait par le créancier seul au notaire ne saurait être une reconnaissance de la signature du débiteur.

C'est encore ainsi que, dans le cas du testament mystique, la déclaration du testateur, que le papier même non signé ni écrit par lui, qu'il dépose entre les mains du notaire, après l'avoir cacheté, et en déclarant qu'il contient ses dernières volontés, fait la même foi en justice que le testament par acte public, reçu par deux notaires et en présence de deux témoins.

201. Quel était donc le fondement de la foi pleine et entière que les lois accordaient à Rome aux actes tirés des archives publiques? Le même absolument que celui de la confiance qu'accordent les lois françaises à nos actes authentiques; le témoignage d'une personne publique ou d'un officier public, autorisé par la loi à recevoir la déclaration des parties qui s'obligent, que l'écrit qu'elles présentent contient leurs volontés : *testimonium publicum.*

C'est sur ce témoignage que repose la preuve qui résulte d'un pareil écrit.

202. A l'exemple des archives publiques établies dans l'empire romain, l'usage d'en établir s'introduisit dans les états qui se formèrent de ses débris. Les papes, les évêques eurent aussi leurs archives. Les moines, dès leur origine, formèrent des archives à l'exemple des évêques; ils y déposèrent les diplômes de leur fondation, les instrumens ou actes des donations faites à leurs monastères, leurs

priviléges, etc. La piété des évêques et des abbés, le respect pour les lieux ecclésiastiques, engagèrent souvent les fidèles, dans les tems d'anarchie, à déposer leurs titres dans ces archives. Enfin, les seigneurs particuliers eurent aussi des archives dans leurs châteaux forts (1).

Quoique les pièces entassées dans ces différentes archives ne méritassent pas toutes à beaucoup près la même confiance, quoique leur dépôt n'eût pas la même origine ni la même authenticité que le dépôt fait par les parties dans les archives des villes de l'empire romain avant sa décadence, les anciens docteurs prétendirent appliquer à tous les écrits qu'on en tirait la disposition des lois romaines : *Charta quæ proferetur ex archivo publico testimonium publicum habet. Authentic. ad hæc, Cod. de fid. inst.* Ils proposèrent d'établir pour maxime qu'un écrit tiré des archives publiques fait preuve complète, quand même il manquerait de la souscription du notaire, des témoins et des autres parties, et des autres caractères d'un acte public : *Etiamsi careat solennibus publici instrumenti;* maxime dont l'application entraîne des injustices et des abus sans nombre.

203. Dumoulin, sur l'art. 5, *hodiè* 8 de la Coutume de Paris, n°. 26—30, exige, pour appli-

---

(1) Ceux qui voudront faire des recherches sur l'établissement des archives en Europe, peuvent consulter dom de Vaines, Dictionnaire diplomatique, v°. *Archives*, et les auteurs qu'il cite pour et contre la confiance due aux écrits tirés des archives et des monastères. On peut voir aussi le nouveau Dénisart, v°. *Archives*, etc.

quer la maxime, que les archives soient établies par l'autorité souveraine, dans un lieu public, c'est-à-dire appartenant à l'Etat; qu'elles soient confiées à la garde d'un officier public, et qu'on n'y reçoive que des écritures authentiques. Il pense qu'alors, avec le certificat du gardien des archives, que la pièce a été trouvée parmi les écritures authentiques conservées dans les archives, elle doit faire foi.

Nous ne saurions le croire, nous ne saurions penser qu'une maxime née à une époque encore peu éloignée des tems d'ignorance, fût admise aujourd'hui, même avec les modifications de Dumoulin. Le certificat de l'archiviste, en le supposant officier public, peut bien prouver que la pièce a été trouvée dans les archives, qu'elle y était avec d'autres pièces qui sont ou qui lui ont paru être authentiques; mais comment la pièce est-elle entrée dans les archives? Par qui et pourquoi y a-t-elle été déposée? Voilà ce que ne prouve ni ne peut prouver le certificat de l'archiviste. Si la pièce n'est pas revêtue des caractères d'un acte public, son existence dans les archives ne peut les lui donner, à moins qu'on ne sache quand, par qui, pourquoi et comment elle y a été déposée; en un mot, à moins qu'il n'existe un acte de dépôt, rédigé par un officier public compétent, qui atteste que la partie elle-même a déposé la pièce, en déclarant qu'elle contient ses volontés, qu'elle forme un titre qu'elle désire faire conserver. Sans cet acte, auquel doit demeurer annexée la pièce déposée, son existence dans les archives, dont la cause et l'origine sont inconnues, ne saurait lui conférer l'authenticité qu'elle n'a point par elle-même. Autrement, voici le raisonnement qu'il faudrait admettre : Cette pièce est informe ; elle n'est revêtue d'aucun des caractères qui peuvent y faire ajouter foi ; mais elle a été trouvée dans le dépôt des archives où l'on garde des actes authentiques : donc elle doit être présumée authentique ; donc vous devez y avoir une pleine confiance ou y ajouter foi : *Credat judæus Appella.* Nous ne saurions donc souscrire à l'opinion de Pothier, qui enseigne, n°. 716, que les actes sous signature privée, tirés des archives publiques, avec la seule attestation du trésorier des archives qu'ils en ont été tirés, font foi, quoiqu'ils n'aient point été reconnus. Cette exception, qui n'est point dans le Code, ne peut être admise aujourd'hui.

204. Après les actes tirés des archives publiques, où ils avaient été déposés par les parties, les actes reçus par un tabellion, en présence de deux témoins, étaient à Rome ceux en qui l'on avait le plus de confiance. Justinien les appelle actes *forenses*, actes faits publiquement, *instrumenta* ou *documenta publicè confecta, publicè celebrata* (1), parce qu'ils étaient faits publiquement par les tabellions établis autour du *forum*. Cependant ces actes ne faisaient point foi par eux-mêmes : *Testimonium publicum non habebant.* La signature du ta-

_____

(1) *Voy.* les Novelles, et sur-tout la Novelle 73, *cap.* 5 et 7, § 1; la Novelle 49, *cap.* 2, etc.

bellion, mise pour supplément, ne suffisait pas pour leur conférer l'authenticité (1). Si l'écriture, si les signatures n'étaient pas reconnues, on appelait le tabellion en témoignage : il comparaissait en personne, après avoir prêté serment pour attester la vérité des faits et reconnaître son écriture. S'il était mort, il fallait appeler les autres témoins. (*Nov.* 73, *cap.* 8, §§ 1 et 2). Si tous étaient morts, on pouvait recourir à la vérification par la comparaison des écritures.

205. Quant aux actes faits sans le concours du tabellion, *quæ non habebant tabellionum supplementum* (*Nov.* 73, *cap.* 5), Justinien (*ibid., cap.* 1), ordonna qu'on y appelât au moins trois témoins honnêtes et dignes de foi, qui pussent, en cas de dénégation de l'écriture et de la signature, attester

***

(1) *Voy.* la préface de la Novelle 44; la Novelle 73; Gudelinus, *de jur. noviss., lib.* 4, *cap.* 11, et Cujas, sur la Novelle 73, tom. I, col. 524, édition Fabrot. *Quid igitur? Tabellionis fides non sufficit, forense instrumentum, publicum testimonium non habet? Ita videtur. Hoc jure censetur, id solum quod actis insinuatum est apud magistratum consûs.*

Danty sur Boiceau, addition à la préface, n°. 13, dit aussi : « A Rome, les contrats ne faisaient pas pleine foi, comme parmi nous; il fallait auparavant qu'ils fussent vérifiés par témoins, c'est-à-dire que les témoins dont les noms y étaient inscrits eussent été entendus devant le juge sur la vérité de l'acte, ou qu'ils fussent vérifiés par comparaison d'écritures, comme il paraît par la Novelle 73, qui en prescrit la forme. Et pour s'exempter de cette vérification, on les publiait et on les insinuait *apud acta*, c'est-à-dire en présence du juge (ou plutôt du gardien des archives) et des parties contractantes. *Leg. ult., Cod. de re judic.,* 7, 52. On appelait les actes ainsi insinués, *scripturas publicas*; au lieu que les actes passés seulement devant les tabellions, se nommaient *forenses*, quoique quelquefois on les appelaît aussi publics. »

que l'acte a été fait et souscrit en leur présence, par telle personne de leur connaissance : *Quia his præsentibus subscripsit qui documentum fecit, et hunc noverunt.* (*Cap.* 1, 2 et 8).

206. Enfin, quant aux actes faits sous la seule signature des parties, hors de la présence de témoins, le même empereur voulut que leur effet et leur force dépendissent uniquement de l'aveu et de la bonne foi de celui qui les a souscrits, et que l'autre partie n'eût contre lui d'autre ressource que le serment, sans pouvoir demander la vérification par la comparaison des écritures, qu'il regardait comme incertaine, dangereuse et insuffisante seule pour asseoir un jugement de condamnation. (*Ib.*, *cap.* 4. *Voy.* le Vayer, Traité de la preuve par comparaison d'écritures, pag. 630, 632, 633, et les auteurs qu'il cite).

Cependant la convention ou le fait contenu dans un acte passé sous la seule signature des parties, pouvait, comme toutes les conventions verbales, être prouvé par la déposition de trois témoins. (*Nov.* 73, *cap.* 8; Cujac, *ibid.*; Gudelinus, *de jure novissimo*, *lib.* 4, *cap.* 11, *pag.* 183). Revenons à notre droit français.

207. On suivit long-tems en France les maximes du droit romain. La preuve testimoniale était le moyen le plus usité, et presque le seul de prouver les conventions et les contrats.

Elle l'emportait même sur la preuve littérale, comme nous l'avons déjà vu *suprà*, n°. 63, suivant la vieille maxime, *témoins passent lettres*. Il en

était arrivé que. les procès étaient devenus plus
compliqués par la multiplication des faits que les
parties alléguaient et demandaient à prouver. Ce
fut dans l'intention de faire cesser cet abus que fut
fait l'art. 54 de l'ordonnance de Moulins, donnée
par Charles ix, au mois de février 1566. Cet article porte :

« Pour obvier à multiplication de faits que l'on
» a vu ci-devant être mis en avant, en jugemens
» sujets à preuve de témoins et reproches d'iceux,
» dont adviennent plusieurs inconvéniens et in-
» volutions de procès (1), avons ordonné et or-
» donnons : Que doresnavant de toutes choses ex-
» cédant la somme ou valeur de cent livres pour
» une fois payer, seront passés contrats par devant
» notaires et témoins, par lesquels contrats seule-
» ment sera faite et reçue toute preuve èsdites ma-
» tières, sans recevoir aucune preuve par témoins,

---

(1) Il faut donc bien remarquer quel a été le motif de la loi : *Quæ
fuerit autem ejus legis condendæ ratio , et occasio demonstrat princeps in
principio suæ constitutionis his verbis :* Pour obvier, dit fort bien le
commentateur de cette loi, le savant Boiceau : *Ratio ergò hujus legis
est ut obviam iretur pluribus et diversis factorum positionibus , quæ, non
nisi testibus probari poterant , è quibus infinitæ litium implicationes
ac multiplicationes quotidiè nascebantur, quæ non tam juris conservandi
animo , quàm vitiligatorum technis et artibus exquirebantur, quod ut plurimum eam falsorum testium subornatione factitatum est. His, inquam ,
rationibus abrogata est testium probatio.......... Ex ratione ergò supradictâ,
qua motus fuit princeps ad legem condendam planâ dijudicari, poterunt
omnes ferè quæstiones et omnia dubia quæ huic legi quotidiè occurrunt ,
quæ secundum legem judicabuntur, si legis ratione conveniant ; vel à lege
excipiuntur, si à legis intentione vel ratione dissedeant.* Boiceau , préface
de son Commentaire sur l'ordonnance de Moulins,

» outre le contenu au contrat, ni sur ce qui serait
» allégué avoir été dit ou contenu, avant icelui,
» lors et depuis. »

Mais en supprimant la preuve testimoniale, en
ordonnant de passer des contrats devant notaires,
l'ordonnance ne porta aucune atteinte à la preuve
qui résulte des écritures privées.

L'article ajoute :

« En quoi n'entendons exclure les preuves des
» conventions particulières, et autres, qui seraient
» faites par les parties, sous leurs seings, sceaux
» et écritures privées. »

208. Cette loi, qui faisait un changement si considérable au droit romain, alors suivi comme droit
commun, parut généralement dure et odieuse,
aussitôt qu'elle fut publiée : *Plerisque visa est dura
et odiosa et juri contraria,* dit Boiceau, dans la préface de son Commentaire.

Dure, en ce qu'elle réduisait le menu peuple,
et ceux qui ne savaient pas écrire ou signer, à
l'impossibilité de prouver leurs conventions et
marchés, sans mener par-tout un notaire avec eux;
raison qui, pour le dire en passant, a fait excepter
de la prohibition générale les matières de commerce, où la preuve testimoniale est admise.

Odieuse, en ce qu'au lieu d'étendre les preuves
suivant le vœu (1) d'un législateur sage, qui cherche la vérité, elle les restreint de telle sorte, qu'elle
semble défendre aux hommes de se fier les uns

---

(1) *V id. loi. 12, Cod. de reb. cred., 4. 1; loi 7, ff de test., 22. 2.*

aux autres, comme s'il n'y avait plus de bonne foi parmi eux.

Contraire à la disposition du droit, qui n'accorde pas moins de confiance à la déposition des témoins qu'aux dispositions des actes (1), lesquels, en dernière analyse, se réduisent à la preuve testimoniale, et ne tirent leur force que de la foi due aux témoignages muets qui y sont consignés, *surda testimonia* (2), dont il est plus difficile au juge de découvrir la véracité que celle des témoins, qu'il lui est loisible d'interroger, et qui rendent raison des faits qu'ils attestent, ainsi que des doutes qu'on leur propose.

On pourrait ajouter qu'en admettant la preuve par écritures privées, qu'il n'était pas possible de rejeter, en même tems que la preuve testimoniale, l'ordonnance de Moulins en revient indirectement à cette dernière preuve, puisque les écritures privées ne faisant pas foi par elles-mêmes, lorsqu'elles ne sont pas reconnues, il faut nécessairement en venir à les vérifier, et que le moyen de vérification le plus indubitable, ou le moins sujet à l'erreur, est la déposition des témoins.

Aussi, cette ordonnance déclare positivement qu'elle n'exclut point en ce cas la preuve testimoniale, puisqu'après l'avoir défendue pour une valeur au-dessus de 100ᶠ, elle ajoute qu'elle n'entend

---

(1) Loi 15, *Cod. de fid. instrum.*, 4. 21.

(2) *Voy*. ci-dessus nº. 143, et Boiceau, dans sa préface, qui observe fort bien *omnem probationem à testibus pendere*.

comprendre dans cette prohibition *les preuves* des conventions particulières faites sous les seings, sceaux (1) et écritures privés des parties.

209. Le grand changement que l'ordonnance de Moulins fit à l'ancien droit, consiste en ce que le droit romain admettait la preuve testimoniale des conventions verbales ou faites sans écrits, *sine scripto,* par les dépositions de trois témoins dignes de foi.

Au contraire, l'ordonnance de Moulins la rejette; elle veut qu'il soit passé *contrats pardevant notaires,* par lesquels contrats *seulement* sera faite toute preuve èsdites matières, sans recevoir aucune preuve par témoins, outre le contenu au contrat, etc. Le développement de cette disposition appartient à la section suivante.

210. Quant aux actes sous seings privés, passés en présence ou sous la signature de plusieurs témoins, l'ordonnance de Moulins n'y fit aucune innovation. Nous avons vu qu'à Rome ces actes ne faisaient pas foi seuls, et par eux-mêmes, lorsque l'écriture n'en était pas reconnue. Il fallait que les témoins vinssent en personne reconnaître leurs signatures pardevant le juge, ou affirmer qu'ils avaient été présens à la rédaction de l'acte, et qu'ils avaient vu les parties l'écrire, le faire écrire ou le signer.

_____

(1) Ainsi, les sceaux apposés au bas des écritures privées, quoique non signées, suffisaient pour autoriser l'admission de la preuve par témoins des conventions qu'elles contenaient. C'était un commencement de preuve écrite.

En un mot, les conventions sous seings privés pouvaient, à Rome, comme les conventions verbales, être prouvées par témoins. Loin d'abroger cet usage, l'ordonnance le confirme (1), en déclarant qu'elle n'entend exclure en général les preuves des conventions particulières qui seraient faites par les parties sous leurs seings et écritures privés. Ce qui ne peut s'entendre que du cas où les seings et écritures sont déniés ou méconnus. S'ils étaient reconnus, la preuve serait complète.

211. Or, comme en France, ainsi qu'à Rome, on a toujours tenu pour maxime que les écritures privées ne font point foi, sans avoir été préalablement reconnues ou vérifiées, si elles étaient déniées, il fallait, depuis comme avant l'ordonnance, recourir par nécessité à la preuve testimoniale, pour établir la vérité de la signature apposée au bas de l'écrit et de la convention qu'il contenait. Sur quoi le savant commentateur de cette ordonnance, Boiceau, et son annotateur Danty, ont fort bien remarqué, 2e. part., chap. 1, qu'il n'y a rien en cela de contraire à l'ordonnance, qui ne rejette point la preuve testimoniale absolument et en toute occasion, mais qui entend seulement rejeter celle qui n'est point *soutenue par d'autres ad-*

---

(1) Aujourd'hui même encore, la précaution de faire souscrire les actes sous seings privés par les témoins qui y ont été présens, est d'une grande utilité; 1°. leur déposition est le moyen le plus sûr de vérifier l'écriture en cas qu'elle soit déniée; 2°. si l'un d'eux vient à mourir, la date de l'acte est assurée contre les tiers, du jour de la mort de l'un de ceux qui l'ont souscrit. (Art. 1328).

minicules ou présomptions de droit, comme dans les cas de conventions arrêtées verbalement, que l'on demande à prouver uniquement par la déposition des témoins : *Pacta testibus tantùm probabilia.*

Mais si les conventions sont déjà soutenues par quelque écrit, *qualiscunque scriptura fuerit,* quoique cet écrit ait besoin d'être vérifié ou fortifié par la déposition des témoins, *tametsi aliquibus testibus sit aliquando juvanda,* l'ordonnance ne rejette point cette preuve accessoire à la preuve principale qui résulte de l'écriture privée : ainsi ces deux preuves se prêtent un secours mutel; la corruption des témoins devient plus difficile, et ne doit pas être présumée, parce qu'il y a déjà une cause d'obligation préexistante, et une apparence de preuve écrite.

Concluons donc, dit Boiceau, que les écritures privées de toute espèce font foi, quand elles sont reconnues, et que, si elles sont déniées, la preuve par témoins est admissible (1), *ad confirmandam scripturam.*

Cette doctrine est fondée en raison. L'acte sous seing privé, lorsque la signature n'en est pas reconnue, a besoin d'une autre preuve auxiliaire qui fasse connaître ce qu'il ne peut seul prouver par

---

(1) *Maneat ergò hæc conclusio, omnes cautiones privatas et manuscriptas, probationem facere, si agnoscantur; et si denegentur, testium probationem ad confirmandam ejusmodi scripturam admitti.* Boiceau, 2ᵉ. part., chap. 1.

lui-même, si ce qu'il contient est conforme à la vérité, et quelle est la main qui l'a souscrit ou signé.

Je vous présente un écrit dans lequel il est dit que vous m'avez vendu le fonds Cornélien pour 20,000ᶠ, que je vous ai comptés à l'instant même, ou bien que je vous ai prêté 10,000ᶠ, que vous vous obligez de me rendre dans un an.

On lit, au pied de cet écrit, votre nom tracé en forme de signature. Voilà bien *l'apparence* d'une preuve complète; mais ce n'est encore qu'une apparence, car rien ne prouve que ce soit vous qui ayez souscrit l'acte, et tracé les caractères qui en forment la signature; or, c'est de ce fait que dépend la réalité ou l'existence de la preuve.

Cependant cette apparence mérite considération, et la loi ne la laisse pas sans effet. D'abord, quoiqu'on tienne pour maxime générale que, faute de preuve, la demande doit être rejetée, et le défendeur renvoyé absous, d'où paraîtrait résulter qu'on ne peut, avec succès, former aucune demande légale en vertu d'une écriture privée, ou du moins que la demande dût être rejetée, si le défendeur garde le silence, puisque l'écriture privée ne forme aucune preuve par elle seule; cependant le respect que vous devez à votre nom, ainsi qu'à la justice, vous oblige d'avouer ou de désavouer formellement un écrit qui porte votre signature. Si vous gardez le silence, si vous ne vous présentez pas devant le magistrat, pour reconnaître ou dénier votre écriture, *l'écrit sera tenu pour reconnu.* (Code de procédure, art. 194).

Ce qui est parfaitement juste et raisonnable ; car vous manquez à votre devoir en ne vous présentant point à la justice pour rendre à la vérité l'hommage que tout homme lui doit, quand il est appelé à le lui rendre.

La présomption que fait naître votre silence, plus que suspect, tourne en réalité l'apparence de preuve qui résulte de l'écrit au pied duquel on lit votre signature. Il est légalement tenu pour reconnu ; il formera désormais une preuve complète contre vous, contre vos héritiers ou ayant-cause ; il aura la même foi qu'un acte authentique (1322).

Si vous vous présentez pour dénier votre signature, le magistrat reste sans motifs suffisans pour asseoir un jugement. J'affirme et vous niez, j'attaque et vous défendez. Toutes choses égales d'ailleurs entre vous et moi, vous devriez être absous ; c'était à moi de prouver : on ne peut sans preuve vous supposer obligé. Mais, au soutien de mon affirmation et de ma demande, j'ai pour moi l'apparence de preuve que forme l'écrit qui porte votre signature, vraie ou fausse.

En la présentant comme vraie, je ne puis ignorer que si elle est fausse je m'expose à une peine afflictive et infamante, la peine de la reclusion prononcée contre celui qui aura fait usage d'une pièce fausse, (Code pénal, art. 150 et 151).

On ne saurait présumer que je m'expose sciemment à un pareil danger : on doit donc moralement supposer que je me crois certain de la vérité de la pièce. De là une présomption de vérité insuffisante, il est vrai, pour faire condamner mon adversaire, mais suffisante pour faire ordonner un approfondissement ultérieur, et pour faire admettre l'offre de prouver, par tous genres de preuves, même par témoins, que la pièce est vraie.

Si l'acte sous seing privé que je vous présente au soutien de ma demande, n'est ni écrit ni souscrit par vous, mais seulement par l'un de vos auteurs, vous pouvez vous borner à déclarer que vous ne connaissez pas leur écriture. Les raisons pour ordonner ou permettre une preuve ultérieure deviennent en ce cas plus pressantes; puisque personne ne contredit la demande, et que le défendeur, seul intéressé à la contredire, se borne à déclarer qu'il est dans l'ignorance. On ne peut donc se dispenser d'admettre le demandeur à prouver la vérité de l'écriture ou de la signature, et l'existence de la dette ou de la convention, par tous les genres de preuves, même par témoins.

212. C'est aussi ce que permettent les lois postérieures à l'ordonnance de Moulins. L'ordonnance donnée par Louis xiv, en 1667, tit. 12, art. 7, porte que si l'écriture privée n'est pas reconnue, « il sera permis de la vérifier, tant par *témoins* que » par comparaison d'écritures publiques ou au- » thentiques. »

Le nouveau Code de procédure contient la même disposition, un peu plus développée. L'article 195 porte que « si le défendeur dénie la si- » gnature à lui attribuée, ou déclare ne pas re- » connaître celle attribuée à un tiers, la vérification

» en pourra être ordonnée tant par titres que par
» experts, et *par témoins.* »

Ainsi voilà trois genres (1) de vérification autorisés comme auxiliaires, pour confirmer les actes sous seing privé, *ad coadjuvandam scripturam.*

Les expressions de la loi prouvent qu'ils peuvent être ordonnés simultanément, afin que le demandeur puisse faire usage de tous les trois, et les faire concourir ensemble, s'il le juge à propos, et s'il est dans le cas de le faire, ou bien se borner à un seul, car il est possible qu'un seul suffise. Nous les expliquerons successivement tous les trois, et nous examinerons lequel doit l'emporter en cas de contrariété.

213. En raisonnant par analogie, il semblerait que ce doit être la vérification par titres contradictoires et authentiques, puisque la preuve écrite, consignée dans les actes de cette nature, est celle en qui la loi a le plus de confiance. Cependant le titre authentique, qu'on ne saurait ni changer ni corrompre, mais aussi qui ne saurait donner aucune explication relative à ce qui s'y trouve contenu, peut souvent se trouver insuffisant, pour établir qu'un acte sous seing privé est ou n'est pas écrit ou signé par celui à qui on l'attribue.

Sans doute encore si un acte sous seing privé, souscrit par un tuteur ou par un subrogé-tuteur au profit du père des mineurs, était référé dans un

_____

(1) On peut en ajouter un quatrième en matière de commerce : c'est l'attestation des agens de change et des courtiers. *Voy.* ci-après numéros 396 et 397.

inventaire, sa relation, jointe à la chiffrature d'u-
sage, prouverait contre le tuteur, le subrogé-tuteur, ou contre leurs héritiers, à qui dans la suite
l'acte serait opposé, que l'acte représenté est réellement le même que l'acte qui fut référé dans l'inventaire en leur présence, et qu'ils approuvèrent
tacitement, en ne faisant insérer aucune réclamation, aucune réserve.

Enfin, si la substance d'un acte sous seing privé
était référée dans un acte authentique, de manière
à faire évidemment reconnaître son identité avec
celui qui serait dans la suite représenté, dans tous
les cas on ne devrait pas recourir à un autre genre
de vérification.

On n'en devrait pas admettre d'autre, parce
que la vérification par titre authentique doit l'emporter.

Mais si l'acte privé, référé dans un titre authentique, n'avait pas été enregistré, ou s'il ne s'y trouvait référé que d'une manière vague, qui sup-
posât seulement l'existence d'un acte antérieur
sous seing privé, l'identité de cet acte et de la
pièce représentée pourrait être douteuse et contestée. Il faudrait donc alors recourir à un autre
genre de vérification pour prouver cette identité.
Ainsi la force de la vérification d'un acte privé,
par sa relation dans un acte authentique, peut dépendre des circonstances.

214. La vérification par témoins demande une
explication plus étendue. Elle peut se faire de trois
manières :

1°. Lorsque les témoins déposent qu'ils étaient

présens au moment où l'acte sous seing privé a été passé et souscrit, qu'ils l'ont vu signer ou sous-crire par la personne à qui la signature en est at-tribuée : *Quia his præsentibus subscripsit, qui docu-mentum fecit, et hunc noverunt.* (*Nov.* 76, *cap.* 1 et 2).

En ce cas, dit fort bien Boiceau, 2°. part., cha-pitre 6, la déposition des témoins est une preuve indubitable, parce qu'ils déposent d'un fait passé sous leurs yeux et en leur présence.

Cette déposition claire et évidente par elle-même n'a pas besoin d'être vérifiée par la comparaison des écritures : *Ideòque hujusmodi depositio per se satis clara; litterarum comparatione non indiget.*

Ce genre de vérification mérite en effet une grande confiance.

Quand des témoins dignes de foi attestent qu'ils ont vu souscrire par le défendeur ou par son au-teur la pièce qu'on leur présente, et qu'ils recon-naissent; quand, à plus forte raison, ils ont eux-même signé cette pièce comme amis ou conseils, ainsi qu'il arrive souvent dans les transactions de famille, on ne peut s'empêcher d'ajouter une pleine foi à de pareils témoignages, à moins qu'on ne veuille rejeter toute espèce de preuve fondée sur le témoignage des hommes.

2°. La seconde manière de vérifier par témoins les actes sous seing privé est beaucoup moins in-faillible.

C'est lorsque les témoins déposent, non pas qu'ils ont été présens à la signature de l'acte dont il s'agit, non pas qu'ils ont vu les parties le signer, mais quand ils affirment qu'ils connaissent parfaitement la signature de celui à qui il est attribué, parce qu'ils l'ont fréquemment vu écrire et signer, parce qu'ils ont plusieurs fois signé des actes ensemble et au même instant ; par exemple, des notaires habitués à recevoir des actes avec d'autres notaires, des administrateurs, des juges et autres qui sont dans l'usage d'écrire et de signer sous les yeux les uns des autres, et qui soutiennent par cette raison que la signature en question est de la personne à qui elle est attribuée, parce qu'elle s'est toujours servie de la même sorte d'écriture, des mêmes traits, des mêmes caractères de lettres dont est composée celle qu'il s'agit de vérifier.

De pareilles dépositions paraissent concluantes à certains docteurs ; mais Boiceau, liv. 2, chap. 6, observe avec raison qu'il faut y joindre la comparaison des écritures, qui se fait par des gens de l'art, par des experts, à qui on présente la pièce en question pour la comparer à celles dont on est convenu pour pièces de comparaison, et pour déclarer ou juger, suivant les règles de leur art, si les écritures, si les signatures leur paraissent semblables. Nous parlerons bientôt de cette vérification par comparaison d'écritures.

3°. Enfin la vérification des actes sous seings privés peut se faire par témoins, d'une troisième manière, lorsqu'au lieu d'attester qu'ils ont vu signer l'acte en question, ou qu'ils connaissent la signature de la personne à qui il est attribué, ils déposent des faits qui supposent nécessairement l'existence et la signature de l'acte en question et des conventions qu'il contient.

Par exemple trois témoins dignes de foi, personnages graves, habitués à diriger les familles, *totius civitatis oracula*, déposent que le jour même de la date de l'acte en question, ils ont eu avec les personnes qui l'ont signé, ou dont les noms sont au pied de l'écrit, une conférence pour terminer un long procès de famille, ou bien pour faire le partage des biens de telle succession, à laquelle elles étaient appelées; qu'ils furent assez heureux pour mettre les parties d'accord, et qu'il fut convenu que Caïus aurait tel bien dans sa lotie, Titius tel autre; et qu'enfin toutes les difficultés étant applanies, toutes les clauses et conditions convenues, il fut arrêté qu'on allait de suite rédiger sous seings privés, et signer l'acte de partage ou de transaction; mais qu'alors les trois témoins n'ayant plus rien à faire, s'étaient retirés, laissant les parties occupées à écrire l'acte.

Supposons encore que trois autres témoins attestent que le même jour ou le lendemain de la signature de l'acte, ils eurent l'occasion de voir les parties, qu'ils trouvèrent très-satisfaites d'avoir terminé toutes leurs contestations par l'avis de messieurs tels, et aux conditions qu'elles expliquèrent, et dont elles assurèrent avoir signé l'acte sous seings privés.

La représentation de cet acte est en bonne forme, et les dépositions précises et détaillées des témoins, se prêtent une force telle que le scepticisme le plus intrépide ne peut résister à la persuasion que l'acte représenté, dont on refuse de reconnaître la signature, qui néanmoins porte la date, et contient les clauses et conditions indiquées, est sincère et vrai; qu'il est le même que celui qui, suivant l'attestation des témoins, fut convenu et arrêté tel jour, par l'avis de messieurs tels, et enfin que les signatures en sont véritables. Que peut laisser à désirer dans l'esprit d'un homme raisonnable une pareille vérification?

215. Mais doit-on admettre celui qui représente l'acte, à demander la vérification par témoins (1), lorsque les signatures en sont déniées ou non reconnues? Nul doute dans les principes du droit romain, qui permettait de prouver par la déposition de trois témoins, même les conventions non écrites.

Nul doute encore qu'on pouvait autrefois demander et admettre, en France, une pareille vérification; mais quelques auteurs ont paru en douter, depuis l'ordonnance de 1667, qui défend de recevoir la preuve testimoniale pour une valeur au-dessus de 100¹, à moins qu'il n'existe un commencement de preuve par écrit.

Nous avons déjà vu que Boiceau pensait que la prohibition de l'ordonnance de Moulins ne s'appliquait qu'aux conventions verbales et non écrites, arrêtées seulement en présence de témoins : *Coràm testibus tantùm factæ.* Mais que si ces conventions sont soutenues par l'adminicule d'une écriture quelconque, quoique cette écriture ait besoin d'être soutenue, aidée par la preuve testi-

(1) *Voy.* les arrêts rapportés par Sirey, tom. XXIII, 2ᵉ. part., pag. 16.

moniale, cette preuve est alors admise, parce
qu'elle n'est qu'accessoire à la preuve principale,
qui résulte de l'écriture privée; ce qui fait que la
subornation des témoins n'est pas facilement présumée en ce cas, parce qu'il y a déjà une cause
d'obligation préexistante, et une espèce de preuve
écrite qui n'est pas présumée fausse.

La preuve, comme le disent certains auteurs (1),
devient en ce cas une preuve mixte, c'est-à-dire
qui se fait tant par l'écriture privée, que par la déposition des témoins, et qui se prêtent l'une à
l'autre une force qu'elles n'auraient pas isolées.

Cette doctrine raisonnable est aussi celle de Mornac (2), de Théveneau (3), qui admet la preuve
par témoins, lorsqu'il y a des écritures privées
signées *des parties et non d'autres.* Elle est suivie par
Bornier, commentateur estimé de l'ordonnance
de 1667, qui n'a fait que traduire le texte de Boiceau, en expliquant l'art. 7 du tit. 12.

Cet article établit en règle générale, comme
nous l'avons déjà dit, que si l'écriture privée n'est
pas reconnue, il sera permis de la vérifier, tant
par témoins que par comparaison d'écritures, etc.

Pourquoi donc excepterait-on la vérification si
concluante et si satisfaisante qu'on peut faire par

_____

(1) Menterentius, cité par Danty, dans ses additions au chap. 1 du
liv. 2 du Commentaire de Boiceau, sur l'art. 64 de l'ordonnance de
Moulins.

(2) *In leg.* 96, *quoniam ff de reb. cred.,* 12.

(3) Sur l'art. 54 de l'ordonnance de Moulins, v°. *Écritures privées,*
dans son Commentaire sur les ordonnances, liv. 3, tit. 9

témoins qui, sans avoir été présens à la signature de l'acte, sans avoir vu les parties souscrire, attestent des faits qui supposent nécessairement l'existence et la signature de l'acte en question, et des conventions qu'il renferme, comme dans l'espèce que nous avons proposée?

Il est de principe qu'on ne doit pas admettre une exception qui n'est pas dans la loi. Où est la disposition qui autorise celle-ci? On n'en cite aucune; il n'en existe pas.

Prenons donc pour constant que, si l'écriture ou la signature d'un acte sous seing privé n'est pas reconnue, la loi autorise la preuve testimoniale, et permet de la vérifier non seulement par des témoins qui ont été présens à la signature de l'acte, mais encore par des témoins qui attestent des faits supposant nécessairement l'existence et la signature de l'acte, ainsi que des conventions qu'il renferme; en un mot, qu'un acte sous seing privé en bonne forme, qui ne présente aucun soupçon, forme un commencement de preuve par écrit qui autorise la preuve testimoniale.

216. On en convient assez généralement. Mais Danty (1), qui écrivait sous l'empire de l'ordonnance de 1667, a avancé que les *écritures privées doivent être vérifiées* (ce qu'il entend sans doute par la comparaison d'écritures), *avant de pouvoir tenir lieu de commencement de preuve par écrit.*

_____

(1) Dans ses additions sur le chap. 1 du liv. 2 du Traité de Boiceau, n°. 1.

Cette opinion a eu des partisans. On cite même, pour l'appuyer, un arrêt rendu par la Cour de cassation, mais rendu avant la promulgation du Code de procédure, le 19 frimaire an XIV (1). Il est certain que cette opinion est contraire à l'ordonnance de 1667, qui met en première ligne la vérification des écritures privées *par témoins*, et qui n'exige point qu'elle soit précédée par la comparaison des écritures.

On a prétendu que cette même opinion est conforme à l'art. 4 de l'édit de 1684 : il est facile de prouver que c'est une erreur. Cet article porte que si le défendeur dénie la vérité des pièces sous seing privé, la vérification en sera faite pardevant l'un des juges.

Oui, sans doute, si le demandeur veut avoir recours à la vérification par comparaison d'écritures ; mais s'il ne la demande pas, s'il ne peut se procurer des pièces de comparaison, s'il est privé de la ressource de faire faire un corps d'écriture par le signataire de l'acte, qui est décédé, sera-t-il privé du droit de recourir à la vérification par

---

(1) Il est rapporté par Sirey, tom. VI, pag. 185. Il paraît avoir décidé que, quand la signature d'une écriture privée est déniée, il faut en faire la vérification par la comparaison des écritures, avant qu'elle puisse être considérée comme un commencement de preuve par écrit, avant que la preuve testimoniale soit admise. Cet arrêt est appuyé par l'édit de 1684, dont il n'a pas fait une juste application. Mais, ce qui est sans réplique, c'est que cet arrêt est antérieur au Code de procédure, qui permet d'ordonner simultanément les trois genres de vérification par titres, par témoins et par experts, et qui, dans l'art. 211, permet d'entendre comme témoins ceux qui auront connaissance de faits pouvant servir à découvrir la vérité.

témoins, que lui accorde expressément l'ordonnance de 1667? Et pourquoi serait-il contraint
de recourir d'abord à la vérification par comparaison d'écritures, que la loi ne met qu'en seconde
ligne, et qu'il est souvent dans l'impossibilité de
faire, faute de pièces de comparaison, tandis qu'il
offre la vérification par témoins, beaucoup plus
sûre que les conjectures des experts?

Tous les auteurs (1) nous enseignent, et la jurisprudence des arrêts est conforme à leur opinion,
que dans le concours de la vérification par témoins, et de la vérification par comparaison d'écritures, si leurs résultats sont contraires, la première doit prévaloir.

Si la vérification par témoins doit l'emporter sur
la vérification par experts, on ne peut soutenir,
sans contradiction, que celle-ci doive précéder
celle-là; car dire que la vérification par témoins
doit l'emporter sur la vérification par experts, c'est
supposer nécessairement de deux choses l'une :

Ou que la vérification par experts a précédé,

---

(1) *Voy.* Serpillon, Questions de droit, *ad calcem* de son Code du
faux, n°s. 57 et 76; le même auteur, sur les art. 12, 15 et 22 de l'ordonnance de 1737, sur le faux principal, et les auteurs qu'il cite;
Muyart de Vouglans, sur l'art. 12 de la même loi. « La question s'étant
» présentée au Parlement de Toulouse, qui des deux devait prévaloir,
» d'une enquête qui prouvait la vérité de l'acte, ou d'un rapport d'ex
» perts qui déclaraient le même acte faux, on jugea sans difficulté que
» l'enquête devait prévaloir. » Catellan, liv. 9, chap. 1; Boutaric, sur
l'art. 14 du tit. 8 de l'ordonnance de 1670. *Voy.* aussi d'Aguesseau,
tom. IV, pag. 190; Cochin, tom. II, pag. 462, plaidoyer pour le marquis d'Hautefort; M. Carré, sur l'art. 195 du Code de procédure. *Voy.*
la Novelle 73, cap. 3.

et que leur avis n'ayant point été favorable à la sincérité de la pièce en question, on a ensuite ordonné la vérification par témoins, dont les dépositions se sont trouvées contraires à l'avis des experts; et alors, comment soutenir que la vérification par témoins ne peut être ordonnée qu'après la vérification des experts, tandis qu'elle peut l'être même contre leur avis, ainsi que l'a fort bien jugé le tribunal d'appel de Pau, par un arrêt du 22 floréal an XI? (1)

Ou bien c'est supposer que les deux vérifications ont été ordonnées simultanément, et alors on ne peut plus dire qu'il est nécessaire que la vérification par experts précède la vérification par témoins. C'est en effet ce qu'on ne peut soutenir sous l'empire du Code de procédure, dont l'article 195 permet d'ordonner en même tems les trois genres de vérification par titres, par témoins et par experts (2).

Si l'on prétendait distinguer entre la vérification par témoins qui ont assisté à la signature de l'acte, et la vérification par témoins dont la déposition atteste des faits qui supposent nécessairement la vérité de l'acte et de sa signature, ainsi que des conventions qu'il renferme, je répondrais que cette distinction n'est pas proposable sous l'em-

---

(1) Rapporté dans le Journal du Palais, 2ᵉ. sem. an XI, pag. 844 et suiv.

(2) *Voy.* M. Carré, sur cet article.

pire du Code de procédure, dont l'art. 211 porte formellement :

« Pourront être entendus comme témoins ceux
» qui auront vu écrire ou signer l'écrit en ques-
» tion, ou qui auront connaissance *de faits pou-*
» *vant servir à découvrir la vérité.* »

217. Concluons donc que l'acte sous seing privé en bonne forme, dont l'écriture n'est pas reconnue, forme un commencement de preuve écrite, qui autorise à demander et à admettre la véfica-tion ou la preuve par témoins.

218. Objectera-t-on que cette doctrine est dangereuse, et peut être un moyen d'éluder la loi, parce que celui qui voudrait se ménager les moyens d'obtenir la preuve par témoins d'une convention, pourrait fabriquer un faux acte sous seing privé qu'il produirait ensuite, en offrant d'en justifier la foi par des témoins subornés ?

À cela plusieurs réponses. D'abord, celui qui agirait de la sorte s'exposerait avec ses complices à être poursuivi comme faussaire. Or, il n'est pas à présumer que trois ou quatre personnes, au moins, s'accordent pour courir un risque pareil.

Ajoutez que l'objection s'appliquerait également au cas où le faussaire offrirait de soutenir l'acte faux par des témoins subornés qui déposeraient avoir assisté à la signature et l'avoir vu souscrire : cependant, nul doute qu'on puisse vérifier, par de pareils témoignages, un acte sous seing privé.

Enfin, remarquez que quand nous disons que l'acte sous seing privé forme un commencement de preuve écrite, qui autorise à faire admettre la preuve testimoniale, nous supposons qu'il ne présente pas de soupçons légitimes, soit par sa forme extérieure, soit par les circonstances de l'affaire.

Car, et c'est un principe commun à tous les commencemens de preuve écrite, les juges ne sont point obligés d'admettre, pour commencement de preuve, tel ou tel écrit, s'ils le trouvent insuffisant ou suspect, s'il ne leur paraît pas avoir le caractère d'un commencement de preuve.

Un jugement qui rejetterait la preuve testimoniale par des motifs pareils, ne pourrait être exposé à la censure de la Cour de cassation (1), quand même quelque disposition de la loi indiquerait les écrits de cette nature comme pouvant servir de commencement de preuve par écrit; car la question de savoir si telle pièce présentée à la justice forme un commencement de preuve écrite, n'est qu'une question de fait.

Ainsi, quand on présente un écrit sous seing privé dont la signature n'est pas reconnue, s'il existe contre cet écrit des motifs légitimes de soup-

_____

(1) *Voy.* l'arrêt du 30 avril 1807, rapporté dans le Répertoire de jurisprudence, v°. *Chose jugée,* § 16. La Cour de cassation dit, dans l'un des considérans : « Attendu que la loi s'en référant sur les commencemens de preuve par écrit, comme sur la force des présomptions, à la conscience des juges, la Cour d'appel ne peut avoir violé la loi, en jugeant que les pièces présentées par la réclamante ne formaient pas de véritables commencemens de preuve par écrit. »
La loi ne serait violée que dans le cas où, pour justifier le refus d'admettre la preuve par témoins, les juges auraient dit que des commencemens de preuve par écrit ne peuvent pas faire admettre la preuve testimoniale. *Voy.* le Répertoire, v°. *Commencement de preuve par écrit, in fine.*

çon, qui induisent à penser qu'il a été fabriqué pour éluder la loi et se procurer la preuve testimoniale, les juges peuvent la refuser, quoique le demandeur offre de soutenir la foi de son écrit par témoins, quand même il prétendrait que ces témoins ont été présens à la signature, qu'ils l'ont vu écrire et souscrire par les parties.

219. Passons maintenant à ce qui concerne la vérification par experts ou par comparaison d'écritures, et voyons quelles sont sa nature, son origine, quand et comment elle doit être demandée; enfin, quel degré de preuve il en résulte.

Elle consiste uniquement dans l'examen et dans la comparaison que font les experts de deux écritures, pour voir si elles leur paraissent semblables ou dissemblables, et pour conclure de la similitude ou de la dissemblance, qu'elles sont ou ne sont pas de la même main.

Balde (1) a donc donné, de la vérification par comparaison d'écritures, une idée très-juste et très-lumineuse, en disant qu'elle n'est autre chose, en résultat, qu'un argument tiré de la ressemblance et de la vraisemblance : *Nihil aliud est nisi argumentum à simili et verisimili.*

Mais il y a loin de la vraisemblance à la vérité. Qui oserait faire dépendre la fortune ou l'honneur d'un homme de ce raisonnement : Ces deux écritures ont beaucoup de traits de ressemblance : il est donc vraisemblable qu'elles sont de la même

---

(1) *In leg.* 20, *Cod. de fide instrum.*, §. 21.

main; or, il est reconnu, il est prouvé que l'une est de la main de Paul : donc l'autre en est également?

220. Aussi la vérification par la comparaison des écritures eut beaucoup de peine à s'établir à Rome, d'où elle nous est venue.

Entre les empereurs qui précédèrent Justinien, les uns avaient admis, les autres rejeté la vérification par la comparaison des écritures. Ce prince crut devoir l'admettre, en défendant de se servir de pièces de comparaison qui ne fussent pas authentiques ou reconnues.

Mais il remarqua que cette admission n'avait fait que multiplier le nombre des faussaires, qui, voyant que l'on faisait consister la foi due à une pièce dans la ressemblance des écritures, s'étaient étudiés à les imiter. Il nous apprend que c'était le motif qui avait porté certains empereurs a défendre la vérification (1) par comparaison d'écritures : *Hæc talia prohibuerunt ; illud studium falsatoribus esse credentes ut ad imitationem litterarum semet ipsos maximè exercerent.* (Nov. 73).

221. Pour montrer combien l'art des experts est

---

(1) Remarquons ici l'instabilité des opinions humaines. Quelques empereurs, antérieurs à Justinien, défendaient la vérification par comparaison d'écritures, parce qu'ils pensaient qu'elle avait multiplié le nombre des faussaires. Le même motif portait ce prince a la redouter.

Et notre célèbre avocat général Talon, ainsi que nos législateurs, n'ont osé, comme nous le verrons bientôt, dire que cette vérification ne suffit pas pour condamner, et cela dans la crainte d'enhardir les faussaires.

incertain, Justinien rapporte qu'il les avait vus en Arménie trouver une entière disparité entre l'écriture des pièces de comparaison et celle des pièces de question, qui furent ensuite reconnues vraies par ceux qui les avaient signées.

Il soumit donc à la révision les lois qu'il avait précédemment rendues sur ce point. Il ne voulut pas rejeter entièrement les comparaisons des écritures, comme moyen d'instruction; mais il ne voulut pas qu'elle fût seule suffisante : *Litterarum examinatione penitùs non repulsâ, sed solâ non sufficiente, augmento autem testium confirmandâ, Nov. 73, cap. 2, ut non in solâ scripturâ et ejus examinatione pendamus. Ibid. cap. 1.*

Il ordonna, *cap. 3*, ce qui est parfaitement raisonnable et conforme à la doctrine de nos auteurs français, que la vérification par témoins l'emportât sur la vérification par comparaison d'écritures, qu'il n'admet que dans le cas de nécessité, lorsqu'il était impossible d'avoir des témoins.

Mais si tous les témoins présens à l'acte, si le tabellion qui l'avait rédigé étaient morts ou absens, de manière qu'il fût impossible d'invoquer leur témoignage, et qu'il fût absolument nécessaire de recourir à la comparaison d'écritures : *Sed necesse est omninò collationem litterarum suppletiones eorum qui scripserint assumere,* Justinien permet alors d'avoir recours à la comparaison des écritures, qu'il ne défend pas, dit-il, entièrement : *Tunc competens est properare ad comparationes, neque enim eas modis omnibus interdicimus.*

Il recommande néanmoins d'y procéder avec

beaucoup de précaution (1) ; laissant du reste à la
prudence du juge d'accorder ou de refuser sa confiance à la comparaison des écritures, pourvu que,
dans le cas où il pense y devoir ajouter foi, *si pu-
taverit judex eis credi*, il défère au demandeur le
serment de malice. (*Nov.* 73, *cap.* 7).

222. Nous avons cru nécessaire de donner une
courte analyse de cette Novelle, qui est la source
où depuis tous les législateurs ont puisé.

C'est à cette loi que se rapportent nos anciennes
ordonnances qui parlent de *cédules dûment vérifiées*, sans indiquer ni le mode, ni les règles de la
vérification (2).

L'ordonnance de 1667 est la première loi, en

___

(1) Il veut, par exemple, que l'on compare non seulement la signature des contractans, mais encore celle du tabellion, celles des témoins qui ont souscrit l'acte : *Fiat quidem completionum collatio; non
autem sola hæc ad hoc sufficiet, sed et aliorum subscribentium forte aut
contrahentium scripturæ examinentur, ut ex plurimis comparationibus
tum completionis* (du tabellion), *quàm subscribentium, forte aut contrahentium una quædam colligatur undique, et efficiatur fides.*

En effet, les comparaisons des écritures de plusieurs signataires
d'un même acte ont plus de force que la comparaison de l'écriture
d'un seul.

Il paraît donc que, suivant la Novelle de Justinien, on ne pouvait
recourir à la comparaison d'écritures, si la pièce qu'on voulait faire
vérifier n'était pas signée de trois témoins, d'un notaire et de deux témoins, ou du moins passée en présence de trois témoins.

Voy. le Vayer du Boutigny, Traité de la preuve par comparaison
d'écritures, pag. 630 et 652; *ad calcem* du Traité de Boiceau, et
Danty, sur la preuve par témoins, édition de Paris, 1777; *voy.* aussi
Ritherhusius, *Exposit. method. novell.*, 9e. part., chap. 25. Il est cité par
le Vayer, pag. 633.

(2) *Voy.* l'art. 145 de l'ordonnance d'Orléans; l'art. 95 de l'ordonnance de 1539; l'art. 8 de l'ordonnance de 1563. Les commentateurs
Fontanon, Thévenau, etc., recouraient tous au droit romain.

France, **qui ait parlé ouvertement et avec quelque détail de la vérification par comparaison d'écritures.**

L'art. 7 du tit. 12 porte que si le défendeur *ne comparaît pas* (1) **pour reconnaître une écriture privée, qui n'est pas de sa main,** « il sera permis » de la vérifier, tant par témoins que par comparaison d'écritures publiques et authentiques. »

On peut remarquer que cet article réunit, comme la Novelle 73, ces deux genres de vérification par témoins et par comparaison d'écritures, et qu'il donne la préséance à la vérification par témoins.

Les art. 8 et 9 portent que la vérification par comparaison d'écritures sera faite par experts nommés par les parties.

L'édit du mois de décembre 1684 régla fort en détail la procédure à suivre en pareil cas. Ces deux lois sont aujourd'hui abrogées par le nouveau Code de procédure, qui est la loi vivante en cette matière.

Mais avant d'en développer les dispositions principales, il faut voir quand la reconnaissance et la vérification des écritures privées peuvent être demandées.

223. Régulièrement le créancier ne peut agir contre son débiteur avant l'échéance ou l'exigibi-

---

(1) N'oublions pas qu'aujourd'hui, si le défendeur ne comparaît pas, l'écrit est tenu pour reconnu. (Art. 194 du Code de procédure), *Junge infrà*, n°. 231.

lité de la dette. Ce principe est sans exception, quand il s'agit de contraindre le débiteur à exécuter l'obligation ; mais il en est autrement quand l'action n'a pour objet que de conserver le droit du créancier, d'en préparer l'exercice au terme convenu, en un mot, de se mettre en mesure de faire exécuter l'obligation au jour fixé.

Les actes sous seings privés ont le grand inconvénient de ne pouvoir, comme les actes authentiques, conférer ni le droit d'hypothèque, ni le droit d'exécution parée. Il faut obtenir un jugement de condamnation avant de les pouvoir mettre à exécution, et ce jugement doit être précédé d'une vérification qui peut entraîner beaucoup de longueurs. Pendant ces délais, un débiteur de mauvaise foi peut avoir le tems de prendre ses mesures pour frauder les droits d'un créancier légitime, qui se trouve exposé à perdre, pour avoir trop légèrement suivi la foi de son débiteur.

Nos législateurs ont donc pensé qu'il était convenable et juste d'autoriser le créancier, même avant l'échéance ou l'exigibilité de l'obligation sous seings privés, à demander à ses frais la reconnaissance et la vérification de l'écriture et de la signature. En cela rien de contraire aux principes du droit. (*Voy.* ce que nous avons dit tom. VI, n°. 662 et suiv.)

Ainsi, dans l'ancienne jurisprudence, l'ordonnance de 1539, art. 92 et 93, permettait au créancier à terme de citer son débiteur en justice avant l'échéance, dans quelque lieu qu'il le trouvât, et sans qu'aucune incompétence pût être alléguée.

pour le faire condamner à reconnaître ou à dénier l'écriture d'un billet sous seing privé.

Si le débiteur laissait défaut, l'écriture était tenue pour confessée, et emportait hypothèque du jour de la sentence, comme si elle avait été confessée.

Si le débiteur comparaissait pour dénier son écriture, l'hypothèque avait lieu du jour de la dénégation, lorsque la dénégation se trouvait mal fondée.

Les frais de l'instance étaient supportés par le créancier, si le débiteur reconnaissait franchement son écriture, et par le débiteur, s'il l'avait mal à propos déniée, ou s'il avait laissé défaut.

Mais les hypothèques que les débiteurs se procuraient au moyen de ces demandes en reconnaissance d'écriture, formées avant l'échéance du terme, furent trouvées contraires aux intérêts du commerce, et susceptibles de beaucoup d'abus. Pour les prévenir, une déclaration du 2 janvier 1717 (imprimée dans le Recueil de Jousse) ordonna, non pas que ces demandes ne pourraient plus à l'avenir être formées en matière de commerce, mais que le jugement qui interviendrait n'emporterait point hypothèque.

224. La loi du 3 septembre 1807 a pris un parti mitoyen entre l'ordonnance de 1539 et la déclaration du 2 janvier 1717.

Le législateur a pensé que la première blessait les intérêts du débiteur et la loi du contrat; qu'elle

changeait la condition dans laquelle les parties se
sont placées, quand l'une a suivi la foi de l'autre,
quand toutes les deux ont traité dans une forme
qui exclut l'hypothèque, et ne permet de l'acquérir qu'en recourant au juge, dans le cas d'inexécu-
tion du contrat.

On ne peut nier que le débiteur ait intérêt de
conserver ses immeubles libres de toute hypothèque, sur-tout dans le nouveau système hypothécaire, où les hypothèques sont rendues publiques,
où toutes les hypothèques conventionnelles ne peuvent être que spéciales, tandis que l'hypothèque
judiciaire est générale, et frappe tous les biens du
débiteur.

La loi du 3 septembre 1807 a respecté les droits
et ménagé les intérêts du débiteur, sans nuire à la
conservation des droits du créancier. Elle laisse à
celui-ci la faculté de former, avant l'échéance du
terme ou de l'exigibilité, une demande en reconnaissance d'écriture sous seing privé ; mais elle ordonne en même tems qu'il ne pourra être pris aucune inscription hypothécaire, en vertu du jugement intervenu sur cette demande, *qu'à défaut de
paiement de l'obligation après son échéance ou son
exigibilité, à moins qu'il n'y ait eu stipulation contraire.*

L'art. 2 ajoute que les frais relatifs à ce jugement
ne pourront être répétés contre le débiteur que
dans le cas où il aura dénié sa signature : d'où
il résulte que si le débiteur laisse défaut, les frais
du jugement demeurent également à la charge du
demandeur ; car, en ce cas, l'écriture est tenue

pour vérifiée, de même que si le débiteur l'avait reconnue (1).

Ce n'est pas le cas d'appliquer la maxime que le défaut emporte contestation.

Le même article porte que les frais d'enregistrement seront à la charge du débiteur, tant dans le cas dont il vient d'être parlé, que lorsqu'il aura refusé de se libérer après l'échéance ou l'exigibilité de l'obligation.

225. Cette loi étant générale, doit s'appliquer aux matières de commerce aussi bien qu'aux matières ordinaires ; car ce que l'on a trouvé contraire aux intérêts du commerce, ce n'est pas la reconnaissance avant l'échéance d'un billet souscrit par un marchand, mais l'hypothèque qu'on faisait résulter de cette reconnaissance. Nous avons déjà remarqué que la déclaration du 2 janvier 1717 ne défendait pas les demandes en reconnaissance d'écritures dans les matières de commerce; qu'elle supposait même que ces demandes pouvaient être formées, puisqu'elle statuait que les jugemens rendus en pareil cas n'emporteraient point d'hypothèque.

226. Mais en demandant avant l'échéance ou l'exigibilité un jugement qui donne l'écriture pour reconnue, le créancier peut-il demander que le débiteur soit condamné de payer la dette *à l'échéance,* afin de se procurer l'avantage de l'exécution parée pour cette époque?

Il faut distinguer. Il ne le peut pas, si le débi-

---

(1) Art. 194 du Code de procédure, conforme à l'ordonnance de 1559.

teur n'a témoigné aucune mauvaise foi, aucune
mauvaise volonté, s'il n'a rien fait qui puisse donner de l'inquiétude au créancier (1).

Il le peut si le débiteur, dont l'obligation n'est
point encore échue ou exigible, a tenu une con-
conduite qui avertit le créancier de se mettre en
garde, et de veiller à la conservation de ses droits;
par exemple, si le débiteur avait dénié sa signature, s'il avait vendu une partie de ses biens, si
vergebat ad inopiam.

227. On peut demander si le créancier d'une
obligation contractée sous une condition suspen-
sive peut, avant l'accomplissement de la condition,
provoquer la reconnaissance et la vérification de
l'écriture; car il y a une différence sensible entre
ce cas et celui d'une obligation à terme.

Dans ce dernier cas, l'obligation existe, l'exécution en est seulement retardée; dans le premier,
l'obligation ne prend naissance qu'au moment
même où la condition s'accomplit; elle n'existe
point encore avant ce tems; il n'y a qu'une espérance : *Spes est tantùm debitum iri.*

Néanmoins, nous sommes porté à croire que la
disposition de la loi du 3 septembre 1807 doit s'appliquer à l'obligation conditionnelle sous seing
privé, aussi bien qu'à l'obligation à terme.

La demande en reconnaissance ou vérification,
formée avant l'accomplissement de l'obligation,
ne cause aucun préjudice au débiteur condition-

_____

(1) *Voy.* ce que nous avons dit, sur cette distinction, dans notre
tom. VI, n°. 664, pag. 694.

uel, et peut être avantageuse ou nécessaire au créancier, pour prévenir ou déconcerter les mesures d'un débiteur de mauvaise foi, qui, prévoyant l'arrivée de la condition, chercherait à frauder les droits du créancier.

Enfin le texte de la loi paraît favoriser notre opinion; il porte que la demande peut être faite avant l'échéance ou l'*exigibilité* de l'obligation. Il est vrai que le terme d'*exigibilité*, dans sa signification très-rigoureuse, suppose que l'obligation est née, quoique l'exécution en soit retardée; mais l'exécution n'est guère suspendue que par un terme ou par une condition, et la loi semble faire une différence entre l'échéance et l'exigibilité.

228. Que la demande en reconnaissance soit formée avant ou après l'échéance de l'obligation, si le défendeur n'a point dénié sa signature, les frais de la vérification sont à la charge du demandeur (1). (Code de procédure, art. 193). Il n'a même pas la répétition des frais d'enregistrement de l'écrit, à moins que le débiteur n'ait refusé de se libérer après l'échéance ou l'exigibilité de la dette. (Loi du 4 septembre 1807).

Mais « s'il est prouvé que la pièce est écrite ou

---

(1) Ce qui est conforme au droit ancien. L'art. 173 de la Coutume de Bretagne porte : « Celui à qui on fait demande de quelque dette » qui ne vient de son fait, *après que la dette lui est vérifiée*, s'il persiste » à la denier, il doit dépens et intérêts de toute l'instance ; mais, après » la vérification, s'il veut reconnaître la dette et la payer, il ne devrait » aucuns depens. » *Voy.* le Commentaire de Duparc-Poullain, sur cet article.

» signée par celui qui l'a déniée, il sera condamné
» à 150¹ d'amende envers le domaine, outre les
» dépens, dommages et intérêts de la partie, et
» pourra même être condamné par corps, même
» pour le principal ». (Code de procédure, art. 213).

229. Celui qui forme une demande fondée sur
un acte sous seing privé n'est point obligé d'en
demander la vérification par son exploit; il peut
se borner à donner copie de l'acte en tête de l'assignation, et conclure à ce qu'il soit ordonné que
l'obligation qu'il renferme sera exécutée (1).

C'est au défendeur qui se présente en justice à
proposer pour exception qu'il dénie l'écriture, ou
qu'il ne la connaît point. En ne proposant pas
cette exception, il est censé reconnaître l'écriture,
et à plus forte raison, s'il demande un terme ou
un délai, car la reconnaissance tacite n'a pas
moins de force que la reconnaissance expresse.

230. Cependant, il est plus sûr et plus prudent
d'assigner le défendeur, *pour avoir acte de sa reconnaissance* et de la signature mise au pied de l'écriture sous seing privé, dont la copie est donnée en
tête de l'exploit, *ou pour faire tenir l'écrit pour reconnu.* (Art. 173 du Code de procédure).

Car, sur une pareille assignation, « si le défen-
» deur ne comparaît pas, il sera donné défaut,
» et l'écrit sera tenu pour reconnu, » suivant
l'art. 194.

---

(1) *Voy.* l'ouvrage de M. Carré, sur le Code de procédure, question 675.

Mais si le demandeur s'était borné, dans son assignation, à conclure au paiement de sa promesse,
ou à l'exécution de l'acte sous seing privé, sans
demander que le défendeur reconnût l'écriture,
ou qu'elle fût donnée pour reconnue, et que, sur
une pareille assignation, le défendeur laissât défaut, le tribunal ne pourrait adjuger les conclusions, parce que l'art. 150 du Code de procédure,
conforme à l'ordonnance de 1667 et à la raison,
ne permet d'adjuger contre le défendeur défaillant
les conclusions du demandeur, que lorsqu'elles
sont *justes* et bien vérifiées.

Or, on ne peut considérer comme telles des conclusions fondées sur une écriture privée, dont la
signature n'est ni reconnue ni vérifiée (1).

Les juges ne pourraient non plus ordonner,
avant de faire droit, que l'écriture sera vérifiée à
la diligence du demandeur.

Ce serait lui accorder ce qu'il ne demandait
point par son assignation : il lui faudrait donc en
donner une seconde au défendeur défaillant.

Au contraire, si le défendeur appelé pour avoir
acte de la reconnaissance et de la signature, pour

---

(1) Il faut excepter les tribunaux de commerce, à l'égard desquels
la déclaration du 15 mai 1703 faisait une exception, et voulait que les
porteurs de billets ou actes passés sous signature privée pussent obtenir des condamnations contre leurs débiteurs, sur de simples assignations en la manière ordinaire, sans qu'au préalable il fût besoin
de procéder à la reconnaissance en la forme portée par l'édit de 1684,
sinon au cas où le défendeur dénie la vérité des actes, ou soutienne
qu'ils ont été signés d'un autre main que la sienne. *Voy.* l'ouvrage de
M. Carré, sur le Code de procédure civile, quest. 675.

l'avouer ou la désavouer, pour déclarer la reconnaître ou ne pas la reconnaître, ne comparaît pas, il est en faute de ne pas s'être présenté à la justice pour rendre à la vérité l'hommage que tout homme lui doit, et, pour l'en punir, l'écriture est provisoirement donnée pour reconnue ; il est condamné par défaut à exécuter l'obligation, sauf l'opposition dans le délai de la loi.

231. Les art. 6 et 7 de l'édit du mois de septembre 1684 faisaient une distinction. Ce n'était que dans le cas où le défendeur était appelé pour reconnaître son écriture, ou pour la voir donner pour reconnue, que le juge pouvait la déclarer telle sur son défaut, sans autre vérification préalable.

Mais si le défendeur était appelé pour reconnaître l'écriture de son auteur, le juge, sur son défaut de comparaître, ne devait point donner l'écriture pour reconnue, sans en ordonner préalablement la vérification.

Cette marche, tracée par l'édit de 1684, est certainement la plus régulière. Elle est dans le véritable esprit du Code civil, qui autorise formellement le défendeur à se contenter de déclarer qu'il ne connaît point l'écriture de son auteur, ce que l'édit de 1684 ne lui permettait qu'implicitement.

Il existe en effet des raisons de différence très sensibles entre le cas où l'écriture est attribuée au défendeur, et celui où elle est attribuée à un tiers. Au premier cas, le défendeur est rigoureusement obligé d'avouer ou de désavouer sa signature ; il ne l'est point, il ne peut l'être dans le second ; il peut

se contenter de déclarer son ignorance : la prudence lui ordonne souvent de borner là sa déclaration.

Au premier cas, à défaut ou en cas d'insuffisance des pièces de comparaison, le juge peut,
pour en servir, ordonner que le défendeur fera
en sa présence un corps d'écriture dicté par les
experts. (Art. 206 du Code de procédure). C'est
donc avec justice que, s'il ne comparaît pas pour
avouer ou désavouer sa signature, l'écrit est tenu
pour reconnu.

Mais dans le second cas, le défaut du défendeur ne prive là justice d'aucun éclaircissement.
C'est au demandeur de lui en procurer ; c'est à
lui de prouver que sa demande est juste et bien
vérifiée. Le juge doit donc ordonner une vérification : ainsi l'exigeait l'art. 7 de l'édit de 1684.

Cependant le Code de procédure n'a point fait
cette distinction si raisonnable.

L'art. 193 porte, en général, que, quand le défendeur est assigné par le demandeur *pour avoir
acte de la reconnaissance, ou pour faire tenir l'écrit
pour reconnu,* et l'art. 194 ajoute : «Si le défen-
» deur ne comparaît pas, il sera donné défaut, et
» l'écrit sera tenu pour reconnu. »

Il faut donc s'en tenir à cette disposition, et ne
pas faire une distinction qu'elle n'a pas faite,
quelque raisonnable que paraisse cette distinction.

252. Si, au lieu de laisser défaut, le défendeur
se présentait, mais éludait de s'expliquer sur la

reconnaissance de l'écrit sous seing privé, le demandeur pourrait faire fixer un délai dans lequel il serait tenu de s'expliquer; faute de quoi l'écrit serait donné pour reconnu.

Ainsi l'a décidé la Cour de cassation, dans une espèce à la vérité très-favorable.

Les héritiers Boulainvilliers éludaient, depuis plusieurs années, tantôt par un moyen, tantôt par un autre, de payer un billet de 57,500ᶠ, consenti par leur auteur. Mortenart, porteur de ce billet, demanda enfin, et la Cour d'appel de Paris ordonna, par arrêt du 4 août 1807, « que les hé-
» ritiers Boulainvilliers seront tenus de déclarer,
» dans deux mois, s'ils reconnaissent l'écriture et
» la signature du billet; qu'en cas de non recon-
» naissance, elles seront vérifiées, mais que, faute
» par eux de s'expliquer dans le délai fixé, elles
» seront tenues pour reconnues; auquel cas, les
» héritiers condamnés au paiement du billet. »

Ils se pourvurent en cassation; mais le substitut de M. le procureur général pensa qu'en décidant qu'à défaut par les héritiers de déclarer s'ils connaissaient l'écriture et la signature de leur auteur, elles seraient réputées reconnues, la Cour de Paris n'avait *contrevenu à aucune loi.* Ces conclusions furent suivies, et le pourvoi fut rejeté par arrêt du 17 mai 1808, rapporté par Sirey, an 1808, 1ʳᵉ. part., pag. 435.

233. Il n'entre point dans le plan que nous nous sommes proposé d'expliquer ici les formalités de la vérification de la comparaison d'écritures, ni

les nombreuses questions de procédure qu'elles peuvent faire naître dans la pratique.

On peut sur ce point consulter l'ouvrage de notre savant collègue, M. Carré, sur le Code de procédure.

Mais nous ne pouvons nous dispenser d'examiner avec attention quel est le degré de confiance que mérite la vérification par la comparaison d'écritures, si elle suffit, dans notre législation, pour asseoir une condamnation, sur-tout en matière criminelle; car c'est l'instrument dont on a trop fréquemment usé depuis la révolution, pour faire alternativement des victimes, sous le masque de la loi, tantôt dans un parti et tantôt dans un autre.

Nous avons vu, en expliquant sa nature, que cette vérification n'est que le résultat d'un argument *à simili et verisimili,* dont, en bonne logique, on ne peut tirer une conséquence sûre. Les experts sont chargés d'examiner *la pièce de question,* c'est-à-dire celle dont l'écriture et la signature sont à vérifier; de la comparer avec une ou plusieurs autres pièces dont l'écriture est reconnue ou prouvée, et que l'on appelle *pièces de comparaison;* enfin, de donner leur avis sur le résultat de cette comparaison.

Or, il est bien évident que tout ce que peut, dans un pareil examen, la sagacité des plus habiles experts, est de rechercher et de remarquer les traits de conformité et de dissemblance qui se rencontrent entre les caractères ou le corps d'écriture de la pièce de question, et les caractères ou le corps d'écriture des pièces de comparaison. Suivant que les uns ou les autres de ces traits sont plus ou moins nombreux, plus ou moins frappans, les experts peuvent et doivent dire que les écritures sont ou leur paraissent plus ou moins semblables : nous disons *plus ou moins*, car la ressemblance ne peut jamais être parfaite. C'est à découvrir et à faire remarquer cette conformité ou cette disparité, plus ou moins grande dans les écritures, que la nature a borné les facultés et l'art des experts les plus exercés ; elle ne leur a point donné de règles sûres pour connaître et conclure, avec certitude, que deux écritures sont ou ne sont pas de la même main, parce qu'elles ont plus ou moins de ressemblances. L'induction qu'on peut tirer de ce fait peut être plus ou moins vraisemblable ; mais la certitude en est au-dessus de la portée de l'esprit humain. Ce n'est, on le répète, qu'un argument *à simili et verisimili*, proscrit par la saine logique, non seulement parce que la conséquence qu'on en peut tirer n'est nullement nécessaire, mais encore parce qu'il est prouvé qu'elle trompe souvent. Pour conclure avec certitude que deux écritures semblables sont de la même main, ou que des écritures dissemblables sont de mains différentes, il faudrait qu'il n'arrivât jamais que deux écritures tracées par la même main fussent dissemblables, ni que deux écritures tracées par des mains différentes fussent semblables.

254. Or, l'expérience et des exemples nombreux dans tous les siècles, ont prouvé que des écritures dissemblables peuvent être de la même main, et

que des écritures semblables peuvent être de mains différentes. La taille de la plume, la position de la main, l'état de santé ou de maladie (1), le plus ou moins d'application, d'habitude et d'habileté à déguiser son écriture, peuvent produire et produisent en effet des différences telles que l'écriture d'une personne, dans tel tems ou dans telle occasion, n'est point semblable à son écriture dans telle autre, comme il arriva en Arménie, du tems de Justinien, qui rapporte (Novelle 73), que l'écriture d'un contrat d'échange, jugée par les experts différente de l'écriture des pièces de comparaison, fut ensuite reconnue par ceux qui avaient signé l'acte.

Au contraire, l'art d'imiter les écritures a été dans tous les tems, et est encore aujourd'hui, porté à un tel point de perfection, qu'il trompe l'œil des experts les plus habiles, et l'œil même des personnes à qui l'écriture est attribuée. C'est une vérité de fait, prouvée par une foule d'exemples : il suffit d'en citer quelques-uns.

Des chanoines de Beauvais furent, en 1689, accusés de conspiration contre l'État. M. de la Reynie, lieutenant de police, leur ayant représenté huit lettres en chiffres, qui contenaient le détail

---

(1) *Quando litterarum dissimilitudinem sæpè quidem tempus facit; non enim itá quis scribit juvenis et robustus, ac senex et forté tremens, sæpè autem et languor hoc facit; et quidem hoc dicimus, quandò calami et atramenti immutatio, similitudinis per omnia aufert puritatem, et nec invenimus de reliquo dicere quanta natura generans innovat, Nov. 73, in præf.*

de la conspiration, ils les *reconnurent sans hésiter pour être de leur écriture.* Après en avoir entendu lecture, ils protestèrent qu'ils ne les avaient point écrites, et qu'on avait imité leur écriture. Quatre maîtres écrivains de Paris avaient décidé que ces lettres étaient de la main des accusés. Cependant Raoul de Foy, autre chanoine de Beauvais, était l'auteur de la calomnie; il avait fabriqué les lettres. Il fut arrêté, avoua son crime, et fut pendu en place de Grève, le 10 septembre 1691 (1).

A peu près dans le même tems, un commis au greffe du Parlement de Paris dénia la signature de son frère. Elle fut vérifiée par quatre experts, qui la déclarèrent véritable; mais un arrêt du 13 juin 1691 ayant permis l'inscription de faux, la même pièce fut déclarée fausse par quatre autres experts.

Trois experts, maîtres écrivains de Meaux, et quatre autres habiles experts de Paris, avaient décidé que des lettres injurieuses, écrites au cardinal de Bissy et à l'abbesse de Jouarre, étaient de la main du sieur Colot, vicaire à Jouarre. Un interdit fut prononcé contre lui. Heureusement l'auteur du délit fut touché de repentir; il découvrit la vérité, et Colot fut pleinement justifié.

Il n'y a donc en général rien de plus incertain, rien qui soit si peu digne de déterminer l'opinion

_____

(1) *Voy.* Denisart, v°. *Pièces de comparaison,* n°. 4; le nouveau Denisart, v°. *Comparaison d'écritures,* § 2, n°. 4; le Répertoire de jurisprudence, v°. *Comparaison d'écritures.*

d'un juge raisonnable, lorsqu'il s'agit de condamner, que l'avis donné par les experts sur la comparaison des écritures, lorsqu'il n'est pas soutenu par d'autres preuves.

D'ailleurs, si cet art est par lui-même purement conjectural, si les règles qu'il donne peuvent tromper et trompent souvent, sur-tout dans l'application, comment espérer de trouver un écrivain qui ait acquis le degré de perfection nécessaire pour que l'on n'eût à craindre que les défauts et l'insuffisance de l'art même? L'incapacité, l'inattention, les préjugés même dans l'artiste sont encore plus dangereux, sur-tout quand on réfléchit qu'il n'est point punissable pour avoir fait un rapport contraire à la vérité.

235. Ces raisons qui s'élèvent contre la vérification par comparaison d'écritures, ont paru si fortes dans tous les tems, que les législateurs ne l'ont admise qu'avec répugnance, non pas comme une preuve, mais comme une simple présomption, comme un moyen qui peut éclairer le magistrat, et le guider dans la recherche de la vérité.

Nous avons déjà vu ce qu'en pensait Justinien. Il ne voulait pas que l'avis seul des experts, sur la comparaison d'écritures, fût suffisant pour condamner même au civil, *ut non in solâ scripturâ, et ejus examinatione pendamus. (Nov.* 73, *cap.* 1).

236. L'ordonnance de 1667, et l'édit de 1684, gardèrent le silence sur le point de savoir si l'avis des experts suffit, en matière civile, pour prononcer une condamnation; ce silence autorisait à

croire que la loi s'en rapportait à la prudence des juges. C'est aussi ce que pensaient quelques auteurs, qui d'ailleurs enseignaient que la vérification par comparaison des écritures était fort au-dessous de la vérification par témoins, laquelle forme une preuve complète (1).

Néanmoins, le auteurs les plus récens enseignaient que l'avis des experts ne formant pas une preuve entière, mais une simple présomption de la vérité ou fausseté de la pièce de question, il fallait en général qu'il s'y réunît d'autres indices puissans, dont le concours, joint au témoignage des experts, ne permît pas de rester dans l'incertitude.

Telle est la doctrine professée par les auteurs de la Collection des décisions nouvelles de jurisprudence (2).

Ils rapportent un arrêt du 16 juillet 1764, qui, confirmant une sentence rendue au Châtelet, ordonna que le testament olographe du sieur le Trogneux serait exécuté et mis au rang des minutes d'un notaire, quoique, sur une plainte en faux, cet acte eût été déclaré faux par les experts qui avaient procédé à la vérification par comparaison d'écritures. Il résulte de cet arrêt qu'en matière civile, l'avis des experts ne lie point les juges, qui

____

(1) *Voy.* Duparc-Poullain, Principes du droit, tom. IX, pag. 257 et 258.

(2) Connue sous le nom de nouveau Denisart, v°. *Comparaison d'écritures*, § 2, n°. 9. On sait que les rédacteurs du Code ont beaucoup puisé dans cette collection.

peuvent s'en écarter, si d'autres circonstances ne
se réunissent pas pour en appuyer la vraisemblance. Ce point est devenu une maxime incontestable sous l'empire du Code de procédure, qui
porte, art. 325 : « Les juges ne sont point astreints
» à suivre l'avis des experts, si leur conviction s'y
» oppose. »

Les experts appelés pour la vérification des écritures ne sont point exceptés de la règle générale.

En matière criminelle, nos plus sages législateurs ont ouvertement témoigné la défiance que
leur inspirait la vérification par la comparaison
des écritures, lorsqu'elle est seule et sans autres
preuves.

On sait que Louis XIV avait chargé de savans
commissaires de préparer les projets de lois qu'il
méditait pour la réformation de l'ordre judiciaire.

Dans le procès-verbal des conférences tenues
pour l'examen de l'ordonnance de 1670, sur la
justice criminelle, après les articles réglementaires sur la reconnaissance des écritures privées
par comparaison d'écritures, on lit, tit. 8, un article ainsi conçu : « Sur la simple déposition des
» experts, sans autres preuves, adminicules ou
» présomptions, ne pourra intervenir aucune con-
» damnation de peine afflictive ou diffamante. »

M. l'avocat général Talon, dont le nom est si
respecté dans la jurisprudence française, était loin
de penser qu'on pût condamner un accusé sur un
rapport d'experts écrivains ; cependant il fut d'avis
de retrancher l'article.

Voici ses expressions : « Bien que l'on sache as-

» sez que l'on ne doit pas ajouter une entière
» croyance à la déposition des experts, et que leur
» science étant toujours conjecturale et trompeuse,
» il serait périlleux de prononcer une condamna-
» tion sur leur simple témoignage, il est pourtant
» à craindre que la défense portée par l'article ne
» rende les faussaires plus hardis, et qu'étant ins-
» truits qu'ils n'ont rien à craindre pour leur vie
» ni pour leur honneur, pourvu qu'ils soient assez
» adroits pour n'appeler personne en participation
» de leur crime, et ne pas tomber dans d'évidentes
» contradictions, ils n'entreprennent avec moins
» de scrupule toutes sortes de faussetés. Les juges
» ne sont déjà que trop circonspects sur ces ma-
» tières, sans qu'il soit besoin de leur lier les mains,
» et bien que ces mots, *sans autres preuves, admi-*
» *nicules ou présomptions,* semblent leur laisser la
» liberté toute entière, et par là rendre l'article
» inutile, cette assurance qu'auront les faussaires
» de ne pas être condamnés, non pas même à une
» amende, sur la déposition des experts, rendra
» sans doute plus fréquent le crime de faux, qui
» est celui qui fait le plus de procès, et qui trouble
» le plus la société civile. »

M. Pussort, rédacteur de la commission, dit
que ces observations paraissaient considérables,
et qu'il en fallait parler au Roi. Sa Majesté y eut
égard, et l'article fut retranché. Tels furent les
motifs qui privèrent la France d'une loi positive
sur la matière; mais les considérations qui la firent
écarter sont aussi fortes qu'une loi, pour des magistrats instruits. Elles nous apprennent que le sen-

timent qui avait dicté la loi était gravé dans le cœur de tous les hommes; qu'il n'y avait pas de juge qui n'en fût pénétré, et qu'un principe tiré de l'essence même de la chose n'avait pas besoin d'être consacré par une loi positive; enfin elles nous apprennent que l'objet du retranchement a été de ne pas laisser les faussaires lire dans le livre de la loi qu'ils ne pourraient être condamnés sur un rapport d'experts.

Ainsi, la loi n'était pas nécessaire pour décider et éclairer les juges; sa publication pouvait être dangereuse par les connaissances qu'elle eût données aux faussaires.

Tel est le motif du retranchement et de l'esprit de l'ordonnance de 1670.

C'est dans le même esprit que furent rédigées les lois postérieures en matières criminelles. Elles ne rejetèrent pas le genre d'instruction par la comparaison d'écritures, parce qu'il peut être utile, parce qu'il peut être important quand il cadre avec les charges du procès, parce qu'il peut servir à fortifier les inductions, les présomptions que font naître les dépositions des témoins; parce qu'il peut rassurer des juges auxquels, quoique persuadés par les dépositions des témoins que l'accusé est coupable, il reste néanmoins encore quelque chose à désirer pour être pleinement convaincus.

D'ailleurs, même isolée, la comparaison d'écritures peut servir d'indice pour découvrir le crime, pour faire arrêter un prévenu, pour l'interroger, pour ordonner des approfondissemens ultérieurs, etc. Voilà des motifs suffisans pour conserver ce genre d'instruction.

Loin de le donner comme suffisant pour motiver une condamnation, l'ordonnance sur le faux, donnée au mois de juillet 1737, et rédigée par le célèbre chancelier d'Aguesseau, commence par annoncer que le législateur s'en est défié, et ne l'a point regardé comme un moyen suffisant pour découvrir la vérité.

L'art. 2 du tit. 1, et l'art. 2 du tit. 2, portent que l'accusation en faux peut être admise contre une pièce, quoiqu'elle ait déjà été vérifiée, même *avec le plaignant*, et qu'en conséquence il soit intervenu *un jugement* sur le fondement desdites pièces *comme véritables*.

Cet article prouve, comme le remarquent les commentateurs, que le législateur s'est défié de l'art des experts et de la vérification par comparaison d'écritures. Il est bien évident que la loi ne la considère point comme suffisante pour découvrir la vérité, puisqu'elle ne veut pas qu'on prenne pour *véritable* une pièce déclarée telle par les experts, et sur le fondement de laquelle est intervenu un jugement.

Même remarque sur les art. 14 du tit. 1, et 55 du tit. 2, qui défendent d'admettre pour pièces de comparaison des pièces déjà vérifiées par l'accusé, s'il ne les a pas reconnues.

Nouvelle preuve que la loi ne regarde point les pièces vérifiées comme véritables, ni la vérification comme un moyen suffisant pour découvrir la vérité.

Les lois nouvelles n'ont pas jugé plus favorablement la vérification par comparaison d'écritures. L'art. 200 du Code de procédure applique aux matières civiles la défense que les anciennes lois n'avaient faite qu'en matière criminelle, d'admettre pour pièces de comparaison des pièces déniées ou non reconnues par le défendeur, *encore qu'elles eussent été précédemment vérifiées et reconnues pour être de lui.* Preuve authentique du peu de confiance qu'on doit avoir en cette matière à l'art conjectural des experts, puisqu'à l'exemple de nos anciennes lois criminelles, le Code de procédure nous avertit que, même au civil; il ne faut pas prendre des pièces *vérifiées* pour *véritables,* et que cette *vérification,* si mal nommée, qui se faisait par la comparaison des écritures, n'est point du tout la pierre de touche de la vérité.

Le législateur pouvait-il mieux faire entendre ce qu'il jugeait dangereux de dire ouvertement, dans la crainte d'enhardir les faussaires, que des magistrats intègres ne doivent pas prendre cette vérification incertaine pour règle de leurs jugemens, lorsqu'elle n'est pas accompagnée d'autres preuves ou présomptions, dont le concours lui prête assez de force pour déterminer ?

Le législateur ne s'est même pas borné à le faire entendre; il s'en est formellement expliqué, même en matière civile, quoiqu'en termes généraux, en disant, art. 323, « que les juges ne sont point as-

» treints à suivre l'avis des experts , si *leur convic-*
» *tion* s'y oppose. »

Les tribunaux, les Cours royales, et la Cour
de cassation, font avec bien de la raison l'application de cet article aux experts chargés de comparer les écritures. La Cour de Paris a plusieurs
fois décidé que les juges ne sont point obligés de
suivre l'avis des experts écrivains.

1°. Le 30 germinal an XI, elle confirma un jugement du tribunal de Chartres, qui posait en
principe qu'aucune loi ancienne ni nouvelle n'impose aux juges l'obligation de prendre la déclaration des experts pour base de leur jugement, et
que la raison, il aurait pu ajouter *et la loi*, ne la
leur présente que comme un avis qui peut les
éclairer et les diriger dans leur opération (1).

2°. Autre arrêt du mois de janvier 1813, rendu
par la même Cour, qui jugea, dans l'affaire Du-
riou, que deux rapports d'experts, qui s'accordaient à présenter un testament olographe comme
n'étant pas l'ouvrage du défunt, ne liaient point les
juges; en conséquence, l'exécution du testament
fut ordonnée malgré l'avis des experts (2).

Cet arrêt est d'autant plus remarquable, qu'il
est conforme à un arrêt rendu le 16 juillet 1764,
par le Parlement de Paris, qui ordonna l'exécution du testament et du codicille olographes du

---

(1) Ce jugement et l'arrêt qui le confirme sont rapportés dans le
Journal du Palais, an XI, 2e. sem., n°. 169, pag. 581.
(2) Cet arrêt est rapporté par M. Dupin, dans le Dictionnaire des
arrêts modernes, v°. *Vérification d'écritures.*

sieur le Trogneux, quoique les experts eussent décidé que ces pièces étaient fausses, parce que leur écriture ne ressemblait pas aux pièces de comparaison (1). Ainsi voilà une succession de jurisprudence établie sur ce point sous les anciennes et sous les nouvelles lois.

La Cour de cassation professe les mêmes principes, et pense que, même en matière civile, les rapports d'experts sur la vérité ou la fausseté d'une pièce ne lient pas les juges, et qu'aucune loi ne les empêche de joindre l'opinion de leur *conviction* à celle des gens de l'art qu'ils ont consultés (2).

La même Cour tient encore pour maxime que l'art. 195 du Code de procédure n'impose point aux juges la nécessité d'ordonner la vérification des signatures méconnues; qu'il leur en accorde seulement la faculté, en sorte qu'ils peuvent s'en abstenir, quand il leur est démontré que la pièce est vraie (3). C'est une conséquence du principe que l'avis des experts ne lie point les juges.

Mais il faut remarquer que lorsqu'une fois ils ont, pour s'éclairer, ordonné la vérification par experts, ils ne doivent s'écarter de leur opinion que lorsqu'ils ont la *conviction* personnelle que les experts se sont trompés.

C'est encore ce qu'a décidé la Cour de cassa-

---

(1) *Voy.* le nouveau Denisart, v°. *Comparaison d'écritures*, § 2, n°. 10.

(2) *Voy.* l'arrêt du 16 thermidor an X, rapporté dans les Questions de droit de Merlin, v°. *Vérification d'écritures*, § 2.

(3) *Voy.* l'arrêt du 25 août 1815, Sirey, an 1815, pag. 151.

tion, conformément au texte de l'art. 323, dans un arrêt du 7 août 1815, dont les considérans sont remarquables :

« Attendu que l'art. 323 du Code de procédure » civile n'autorise les tribunaux à s'écarter de l'avis » des experts que lorsqu'ils ont la *conviction* per- » sonnelle que les experts se sont trompés, et que, » dans l'espèce, la Cour de Douai, qui a fait pré- » valoir l'opinion solitaire d'un des experts, n'a pas » déclaré qu'elle se décidait d'après sa propre con- » viction, mais seulement sur ce que l'expert, » dont elle adoptait l'opinion, semblait rendre la » question incertaine ; — Casse, etc. (1) »

---

(1) Sirey, an 1815, pag. 545 et 546. Cet arrêt est littéralement con forme à l'art. 323 du Code ; mais il l'est, comme on dit, un *peu judi- quement ;* car, en faisant prévaloir l'opinion solitaire de l'un des experts, la Cour de Douai disait assez clairement qu'elle était *convaincue,* ou qu'elle avait *la conviction* que l'opinion des autres ne devait pas être suivie. Le considérant porte : « Que le troisième expert pense que la » somme des dissemblances est supérieure à celle des ressemblances;

» Que l'inspection *faite par la Cour* de toutes les pièces *confirme,* à » cet égard, l'opinion de ce dernier expert. »

Or, dire : L'inspection que j'ai faite *confirme* l'opinion du troisième expert, n'est-ce pas dire : Je suis convaincu que son opinion est pré- férable : je ne puis donc suivre celle des autres, *ma conviction s'y op- pose?*

Si donc la Cour de Douai, après ces mots : *L'inspection faite par la Cour de toutes les pièces, confirme l'opinion du troisième expert,* avait seulement ajouté ceux-ci : *Qu'elle est convaincue qu'il a raison, et que sa conviction s'oppose à ce qu'elle suive l'avis des autres,* l'arrêt eût été à l'abri de toute censure, d'après les principes même de la Cour de cas- sation. Elle a donc cassé pour la seule omission du mot conviction, dont elle a fait un mot *sacramentel : Verbis non rebus legem imposuit.* Leg. 2, Cod. comm. de legib., 6, 42.

Il est à croire que le mal jugé influa, comme il arrive souvent, sur la cassation de l'arrêt. La Cour de Douai avait annulé un testament

Si l'avis des experts chargés de comparer les écritures ne lie point les juges en matière civile, à plus forte raison en matière criminelle, par exemple lorsqu'il s'agit de faux. Mais les lois nouvelles ont imité le silence circonspect des anciennes, sur le point de savoir si l'avis des experts suffit ou ne suffit pas pour condamner à une peine afflictive ou infamante. Cependant le Code de procédure se déclare, mais implicitement, pour la négative, en établissant une ligne formelle de démarcation entre la vérification par titres ou par témoins qu'il met au rang *des preuves,* et la vérification par comparaison d'écritures, qu'il n'y met point et qu'il paraît même en exclure.

L'art. 252 porte : « Le jugement ordonnera que » les moyens (de faux) admis seront *prouvés,* tant » par *titres* que par *témoins,* devant le juge com- » mis, sauf au défendeur *la preuve contraire.* »

---

dont l'écriture avait, à *l'unanimité,* paru conforme à celle de trois des pièces de comparaison. Les trois experts déclarèrent, en conséquence, qu'ils étaient persuadés que le testament olographe et sa signature étaient de la même main que les trois pièces.

Deux des experts pensaient encore qu'il était de la même écriture que les autres pièces, quoiqu'il y eût des dissemblances qui pouvaient provenir des différentes époques, ou de l'état de la personne qui avait écrit ces pièces : leur avis était donc que le testament et sa signature étaient de la même main que ces dernières pièces de comparaison. Le troisième expert était d'un avis contraire, parce que la somme des dissemblances lui paraissait plus forte que celle des ressemblances.

Du reste, on ne voit pas que les circonstances offrissent des inductions contraires à l'opinion des experts. Quoi qu'il en soit, cet exemple et tant d'autres doivent avertir les Cours que la moindre omission, le moindre changement dans les expressions de la loi, peuvent quelquefois devenir un motif de censure et un prétexte de cassation contre leurs arrêts.

Voilà donc les deux genres de *preuve* reconnus, *titres* et *témoins*.

L'article ajoute ensuite, « qu'il sera procédé à la » vérification des pièces arguées de faux, par trois » experts écrivains, qui seront nommés d'office par » le même jugement. »

Il est évident que la loi ne met point ici la vérification par experts sur la même ligne que les vérifications par titres et témoins : elle n'est point, comme les dernières, mise au rang des preuves.

La loi ne dit nulle part, elle a affecté de ne pas dire, que les moyens seront *prouvés* tant par *titres* que par *témoins,* et par *experts,* ou vérification d'écritures ; parce que cette vérification n'est point une *preuve,* ce n'est qu'un genre d'instruction toujours utile, souvent nécessaire pour éclairer les juges et pour achever une preuve déjà commencée. Concluons donc que la vérification par experts ne pouvant jamais former seule une preuve, ne doit pas suffire à des juges instruits pour les déterminer à condamner. En permettant aux experts de faire telles observations dépendantes de leur art qu'ils jugeront à propos, l'art. 225 ajoute expressément : *Sauf aux juges à y avoir tel égard que de raison.*

237. Cette circonspection du législateur, qui a craint de s'expliquer ouvertement sur le point de savoir si ou non l'avis des experts sur la comparaison des écritures suffit pour motiver une condamnation, soit au civil, soit au criminel, peut répandre quelque incertitude dans les esprits de ceux

qui, bornés à la routine d'une pratique aveugle, ne remontent jamais aux premiers principes. La théorie de cette matière est néanmoins assez simple; elle est fondée sur l'analogie, de même que presque toutes les preuves reçues en jurisprudence. Quoique l'art des experts écrivains soit de sa nature purement conjectural, et que, par conséquent, la vérification par la comparaison des écritures ne puisse jamais former seule une preuve complète, elle forme une présomption dont voici le fondement :

Quelque fautif que soit l'art des experts, il n'en est pas moins vrai qu'il y a *ordinairement* et en général, dans les écritures tracées par la même main, une ressemblance assez grande pour les faire reconnaître. Il est fort peu de personnes qui ne reconnaissent pas sans se tromper, ou du moins rarement, l'écriture de leurs proches, de leurs amis, de leurs connaissances.

Voilà donc un premier point fondé sur l'expérience : on peut reconnaître les écritures sans beaucoup se tromper. Des experts versés dans l'art de l'écriture peuvent donc acquérir la facilité d'apercevoir les ressemblances et de discerner les disparités de deux écritures, et en conclure qu'il leur *semble* qu'elles sont ou ne sont pas de la même main. Ils peuvent se tromper à la vérité ; mais souvent ils ne se trompent pas : donc la comparaison des écritures est un moyen qui *peut* conduire à la vérité, et qui aide à découvrir si tel écrit est de la personne à qui on l'attribue.

D'un autre côté, la loi ne pouvant rendre l'art des experts, et encore moins leurs personnes infaillibles, a pris du moins tous les moyens qu'on pouvait prendre pour rendre leurs erreurs plus rares. Elle veut qu'il en soit nommé trois, que le juge les nomme d'office, à moins que les parties ne s'accordent pour les nommer tous les trois, et enfin qu'ils prêtent serment.

Or, il est rare, il est contre l'ordre ordinaire et naturel des choses, que trois hommes honnêtes nommés par la justice ou agréés par les parties, s'accordent pour tromper. C'est sur cette analogie que repose aussi la foi due aux témoins; mais ceux-ci, n'attestant que des faits passés en leur présence, ne peuvent guère se tromper : leur mauvaise foi seule est à redouter. D'ailleurs, la crainte retient ceux que la probité seule n'arrête pas; leur mauvaise foi peut être découverte, et la justice les punit alors très-sévèrement.

Les experts, au contraire, parlent d'un fait qu'ils ne peuvent connaître que par induction. Or, cette induction qu'ils tirent de la similitude ou de la disparité des écritures peut les tromper, quoiqu'ils soient dans la bonne foi : leur erreur ne peut donc pas être punie, car ils ne peuvent être convaincus de mauvaise foi.

Ils peuvent encore être trompés sur le fait même de ressemblance ou de disparité des écritures, puisqu'il est arrivé que trois experts ont trouvé semblables deux écritures que trois autres n'avaient pas jugées telles.

Enfin, ils peuvent être de mauvaise foi, et s'écarter impunément de la vérité.

Leur rapport ne peut donc avoir la même force ni la même garantie morale que la déposition des témoins; ce n'est qu'une présomption.

Tout cela est vrai. Mais en est-il moins vrai qu'*ordinairement* deux écriture tracées par la même main ont des traits de ressemblance suffisans pour les faire reconnaître, et que cette ressemblance trompe assez rarement? Le législateur ne devait donc pas rejeter la vérification des écritures; il devait l'admettre, on l'a en effet admise, non pas comme une preuve, mais comme une présomption plus ou moins forte, suivant les circonstances, suivant que la personne à qui la pièce de question est attribuée avait, dans le tems où on la suppose écrite, plus ou moins d'intérêt à déguiser son écriture, plus ou moins d'adresse et de moyens pour réussir.

Ne pouvant donc déterminer le degré de force de cette présomption dans chaque cas particulier, le législateur s'en est reposé sur la prudence et sur la sagacité du magistrat; il ne pouvait, sans danger, lui lier les mains dans un sens ni dans l'autre, en un mot, lui prescrire des règles impératives. Mais il l'a suffisamment prévenu qu'il serait périlleux de se déterminer sur cette simple présomption. Il n'a point voulu la mettre au nombre des *présomptions légales*, qui dispensent de toute autre preuve (1352). Elle reste donc au nombre des autres présomptions, abandonnées aux lumières et à la prudence du magistrat, qui ne doit admettre que *des présomptions graves, précises et concordantes* (1353). Il faut donc, dans l'esprit de la loi, que la vérification par comparaison d'écritures soit soutenue ou accompagnée par d'autres présomptions *concordantes*. Le magistrat qui prendrait sur lui-même de se déterminer à condamner, soit au civil, soit au criminel, sur le seul rapport des experts, se chargerait d'une responsabilité effrayante (1) pour un homme honnête et délicat; il répondrait moralement des erreurs qui ont pu leur échapper par ignorance, fausse induction ou mauvaise foi. Telle est la véritable théorie de la matière.

Résumant, la vérification par comparaison d'écritures, soit en matière civile, soit en matière criminelle, est un moyen d'instruction toujours utile, souvent nécessaire pour aider à découvrir la vérité. La sagesse du législateur ne devait pas le rejeter.

L'avis des experts ne lie point les juges; il ne forme qu'une *présomption* qui doit être soutenue par d'autres présomptions *concordantes*.

Il est périlleux pour le magistrat de se déterminer sur cette seule présomption; mais de quelque manière qu'il prononce, il est difficile que son jugement puisse être avec succès soumis à la censure de la Cour de cassation : il n'est soumis qu'à

_____

(1) C'en est une en effet bien effrayante, que celle que la loi laisse peser tout entière sur la tête du magistrat.

la censure toute-puissante et sévère de l'opinion publique.

258. Passons maintenant à la foi qui est due aux actes sous seings privés, lorsqu'ils sont reconnus ou légalement tenus pour tels.

« L'acte sous seing privé, dit l'art. 1322, reconnu » *par celui auquel on l'oppose,* ou légalement tenu » pour reconnu, a, *entre ceux qui l'ont souscrit,* et » entre leurs héritiers *et ayant-cause,* la même foi » que l'acte authentique. »

Remarquons d'abord que cet article ne peut s'appliquer avec justesse qu'au cas où l'acte sous seing privé est opposé à la personne même qui l'a reconnu, ou bien à ses héritiers ou ayant-cause. Sa reconnaissance lie irrévocablement ces derniers; aucun d'eux ne peut plus méconnaître la signature ni en demander la vérification.

Mais si l'écrit est opposé à l'un des héritiers ou ayant-cause de la personne qui l'a souscrit, et qui est décédée sans l'avoir reconnu, si cet héritier, si cet ayant-cause le reconnaît, cette reconnaissance ne peut préjudicier aux autres héritiers ou ayant-cause; elle ne donne point contre eux, à l'acte reconnu par un tiers, la foi d'un acte authentique, mais seulement contre les héritiers ou ayant-cause de celui qui a fait la reconnaissance. La rédaction de l'art. 1322 est donc inexacte: il faut en avertir pour le cas d'une révision.

Remarquons encore que cet article est dans un parfait accord avec l'art. 1351, qui porte « que, » pour opposer avec succès l'autorité de la chose

» jugée, il faut que la chose demandée soit la
» même, etc. »

Supposons qu'un acte sous seing privé contienne
plusieurs clauses, plusieurs déclarations indépendantes les unes des autres, qui ne doivent pas être
exécutées dans le même tems. En vertu de cet acte,
je forme une première demande à Caïus, qui déclare ne point reconnaître la signature de son auteur; elle est vérifiée, et il intervient un jugement
qui donne la signature pour reconnue. Caïus est
condamné et paie.

Un an après, je forme une seconde demande
fondée sur une autre clause de l'acte vérifié, mais
dont l'objet est tout différent. Caïus refuse, et déclare encore ne pas reconnaître la signature de son
auteur. Il prétend que je ne puis lui opposer l'autorité du premier jugement, parce que la chose
que je lui demande n'est pas la même. Il se trompe:
l'objet demandé n'est réellement pas le même que
dans la première action; mais la demande en reconnaissance ou vérification, qui formait le préliminaire de la première action, serait absolument
le même dans la seconde.

Ainsi le premier jugement a sur ce point acquis l'autorité de la chose jugée, conformément à
l'art. 1351, et l'acte a désormais la même foi qu'un
acte authentique contre Caïus, contradictoirement avec qui il a été légalement tenu pour reconnu, contre ses héritiers ou ayant-cause (1322).

259. Enfin, remarquons que ce n'est pas uniquement entre et contre ceux qui ont souscrit

l'acte sous seing privé, contre leurs héritiers ou ayant-cause, que cet acte reconnu ou légalement tenu pour tel fait preuve; il prouve encore contre les tiers, que la convention qu'il renferme, ou dont il contient la preuve, est effectivement passée : *probat rem ipsam,* ainsi que l'enseigne très-bien Pothier, n°. 715. Il y a donc encore une légère inexactitude dans la rédaction de l'art. 1322, en ce qu'en disant que cet acte fait foi *entre ceux qui l'ont souscrit, leurs héritiers ou ayant-cause,* on en pourrait induire, *à contrario,* qu'il ne fait pas foi contre les tiers; nous avons déjà fait cette remarque sur l'art. 1319. Elle est importante pour la pratique, dans le cas de la prescription; car si les actes sous seing privé, reconnus ou tenus pour tels, ne prouvaient pas contre les tiers la convention qu'ils renferment, *rem ipsam,* il en résulterait que les ventes et autres aliénations sous seing privé ne pourraient jamais servir de titre et de fondement à la prescription par dix et vingt ans.

Or, on a toujours pensé et jugé le contraire (1) : la seule difficulté consistait à déterminer l'époque à laquelle la prescription commence à courir.

240. Car si ces actes sous seing privé prouvent même contre les tiers *rem ipsam,* c'est-à-dire que la convention qu'ils renferment s'est réellement passée, ils ne prouvent point qu'elle se soit passée

---

(1) *Voy.* Pothier, Traité de la prescription, n°. 99. Il cite un arrêt du 29 décembre 1716, qui l'a ainsi jugé. Il est rapporté à sa date dans le Journal des audiences.

précisément à la date fixée par les actes (Pothier, n°. 715), mais seulement qu'elle était déjà passée au jour qu'ils sont produits. La raison en est que ces actes peuvent facilement être antidatés. On pensait donc anciennement, comme aujourd'hui, que leur date n'est point assurée contre des tiers, et qu'elle ne peut préjudicier à ces derniers, lorsque le soupçon qui la fait présumer frauduleuse n'est pas dissipé par des circonstances capables de le détruire.

Mais quoique ces actes ne fassent point preuve de leur date contre les tiers, on a toujours pensé qu'ils forment un commencement de preuve écrite suffisant pour faire admettre à prouver la date par témoins. Ainsi, l'acquéreur de bonne foi qui oppose à l'action de vendication un contrat d'acquêt sous seings privés, d'une date antérieure aux dix années requises pour la prescription, peut être admis à prouver par témoins que la possession qui procède de son titre remonte au-delà de ces dix années. C'est ce que jugea, sur les conclusions de M. Joly de Fleury, l'arrêt du 29 décembre 1716, rapporté au Journal des audiences, et cité par Pothier, Traité de la prescription, n°. 99.

241. Pothier, n°. 715, donne pour exemple des circonstances qui assurent la date d'un acte sous seing privé, le décès d'une des parties qui aurait souscrit l'acte.

Dans ce cas, dit-il, l'acte ferait foi, même contre un tiers, que la chose contenue dans l'acte s'était déjà passée au moins au tems de la mort de la personne qui l'a souscrit.

On peut trouver, et nous verrons bientôt, beaucoup d'exemples où la date est assurée par des circonstances qui rendent l'antidate impossible. Ce n'est que par démonstration que Pothier donne celui du décès de l'un des signataires.

Ces principes, conformes à la raison, n'étant autrefois consacrés par aucune loi, le magistrat qui s'en serait écarté aurait mal jugé; mais son jugement n'eût pas été soumis à la cassation. Le Code a rendu ces principes obligatoires par une disposition positive. L'art. 1328 porte : « Les actes » sous seing privé n'ont de date contre les tiers » que du jour où ils ont été enregistrés, du jour » de la mort de celui ou de l'un de ceux qui les » ont souscrits, ou du jour où leur substance est » constatée dans des actes dressés par des officiers » publics (1), tels que procès-verbaux de scellé ou » d'inventaire. »

242. Voilà donc trois exceptions au principe que les actes sous seing privé n'ont point de date assurée contre les tiers. Deux sont fondées sur la foi due à l'authenticité des actes, qui assure la date; la troisième, sur le fait qui rend l'antidate *impossible*, le décès de l'un des signataires.

---

(1) Des raisons particulières engagent Caïus à tenir secrète la vente qu'il fait sous seing privé. Mais l'acquéreur, pour en assurer la date, exige que l'acte soit fait triple et déposé cacheté chez un notaire. L'acte porte : Fait triple, l'un desquels sera déposé chez tel notaire, pour être ouvert au besoin à la réquisition de l'acquéreur. Tous les deux vont chez le notaire, lui présentent le paquet cacheté; il dresse un acte de dépôt. Ce cas rentre évidemment sous la disposition de

Mais il y a d'autres cas qui rendent l'antidate impossible (1). La veille d'une bataille, un militaire passe un acte de vente sous seing privé. Le lendemain il a les deux bras emportés d'un coup de canon.

Il guérit, mais il est réduit à l'impossibilité de signer.

La veille de partir pour les Grandes-Indes, Caïus passe un contrat de vente sous seing privé.

Le lendemain, il s'embarque à Saint-Malo, et, depuis douze ans, on n'a reçu ni de ses nouvelles, ni de celles du vaisseau sur lequel il s'était embarqué.

Dans ces deux cas et autres semblables, la date de l'acte ne sera-t-elle pas assurée contre des tiers, au moins de la veille de la bataille, de la veille du départ de Caïus ?

On n'en peut raisonnablement douter, si la signature est reconnue ou dûment vérifiée; car, au premier cas, celui qui n'a plus de bras ne peut pas plus signer un acte ni l'antidater, que s'il était

---

notre article, puisque l'existence de l'acte est constatée dans un acte dressé par des officiers publics. Ajoutez que ce dépôt, auquel le vendeur a personnellement concouru, est un moyen puissant pour vérifier sa signature, en cas qu'elle ne fût pas reconnue.

(1) Par un arrêt du 27 mai 1825, la Cour de cassation a décidé que la disposition de l'art. 1328 est limitative, et qu'il « n'attache la certitude de la date des actes sous signature privée, qu'on n'oppose aux » tiers, que dans les trois circonstances précises qu'il détermine. » Ainsi, toute discussion doit désormais cesser. L'arrêt est rapporté dans le Journal des audiences de la Cour de cassation, par l'exact et savant M. Dalloz, avocat à la Cour de cassation, an 1825, pag. 190.

réellement mort (1) ; au second cas, il y a également impossibilité physique, telle qu'elle suffit pour détruire l'effet de la règle *pater is est quem nuptiæ demonstrant.* L'enfant que la femme de Caïus aura mis au monde pendant son absence pourrait être désavoué. Comment pourrait-on soutenir que cette circonstance ne suffirait pas pour détruire la présomption de l'antidate d'un acte? La disposition de l'art. 1328 n'est donc pas, comme on dit, *limitative,* mais seulement *démonstrative.*

Passons à un autre cas. Après avoir vendu le fonds Cornélien par acte sous seing privé, Caïus disparaît, sans qu'on sache ce qu'il est devenu. Ses héritiers présomptifs se sont fait envoyer en possession de ses biens. Après plus de quinze ans d'absence, Titius revendique le fonds Cornélien contre l'acquéreur, qui se défend par la prescription de dix ans, avec titre et bonne foi. Titius répond que l'acte de vente sous seing privé n'a de date contre les tiers que du jour de l'enregistrement, ou du jour du décès de l'un des signataires. L'acquéreur réplique que la date de l'acte est assurée par le jugement qui déclare l'absence de Caïus, par les enquêtes qui prouvent qu'il a disparu depuis plus de quinze ans, et qu'on n'a point reçu de ses nouvelles; qu'on ne peut même supposer qu'il ait reparu et gardé le silence, puisque ce silence lui fait perdre les neuf dixièmes de ses revenus, suivant l'art. 127 du Code.

---

(1) *Funerata est pars illa corporis mei, quæ quondam Achilles eram,* peut il dire avec Pétrone.

Nous pensons qu'en ce cas la date de l'acte est suffisamment assurée : le soupçon d'antidate ou de fraude paraît pleinement détruit par une présomption plus forte.

243. Pour soutenir que la distinction de l'article 1328 est *limitative,* on invoquerait inutilement la formule de sa rédaction : Les actes sous « seing » privé *n'ont de date* contre les tiers *que* du jour » de la mort, etc. »

On doit répondre que la limitation ne tombe pas sur l'énumération qui suit, *du jour de la* mort, etc.; de l'enregistrement, etc.; *du jour ou leur substance est constatée par des actes publics,* etc. La raison et l'ancienne doctrine que les rédacteurs du Code ont voulu confirmer, ne permettent pas de limiter la disposition à ces seuls cas. Le véritable sens de l'article est donc que les actes sous seing privé *n'ont de date* contre les tiers, *que du jour* où cette date est assurée; par exemple par le décès de l'un des signataires, par l'enregistrement, etc. C'est ainsi que Pothier l'entendait, et c'est sa doctrine qu'ont voulu confirmer les rédacteurs du Code. C'est ainsi que la raison veut qu'on l'entende. Il n'est pas raisonnable de dire que la date n'est point assurée, lorsque l'un des signataires, au lieu d'être mort, est réduit néanmoins à l'impossibilité de signer et d'antidater (1).

_____

(1) On pourrait dire encore, car de quoi l'esprit de litige n'argumente-t-il point? que, suivant l'art. 1352, « nulle preuve n'est admise contre la présomption de la loi, lorsque, sur le fondement de

244. La disposition de l'art. 1328, qui porte que les actes sous seing privé n'ont point de date certaine contre les tiers, est-elle applicable aux matières de commerce? C'est une question très-importante qui paraît abandonnée à la prudence des tribunaux de commerce. Ils peuvent, d'après les circonstances, appliquer le principe, le modifier ou en écarter l'application, suivant que l'équité et l'intérêt du commerce paraissent l'exiger (1).

Les tribunaux peuvent admettre la preuve testimoniale, même des conventions non écrites excédant 150ᶠ. Ils pourraient, à plus forte raison, l'admettre pour établir la vérité ou la fausseté de la date d'un acte sous seing privé. D'ailleurs, dans les affaires de commerce, il se trouve le plus souvent, outre la ressource des livres, des circonstances à l'appui de la date des actes sous seing privé.

Voici une espèce qui peut répandre du jour sur cette matière :

Par acte sous seing privé du 23 juillet 1810, Chandenier avait vendu à Armet-de-Lisle une cer-

---

« cette présomption, elle annule certains actes ou dénie l'action en « justice, *à moins qu'elle n'ait réservé la preuve contraire.* »

Ce n'est point ici le cas. L'art. 1328 n'annule point les actes sous seing privé; elle ne dénie point l'action fondée sur ces actes. D'ailleurs, il faut se souvenir que tous les argumens fondés sur la rédaction imparfaite d'un texte sont bien peu décisifs aux yeux de la raison et d'un magistrat éclairé. L'imperfection dans la rédaction des lois et dans celle des actes sont deux sources de procès intarissables, qui tiennent du défaut d'attention des rédacteurs, trop souvent de leur ignorance, quelquefois de l'imperfection du langage.

(1) *Voy.* Pardessus, Cours de droit commercial, tom. IV, pag. 247.

taine quantité de tuiles livrables sur le port de Gizy. Il reconnaissait en avoir reçu le prix.

Une partie de ces tuiles fut effectivement transportée à Gizy; mais le vendeur Chandenier fit faillite avant qu'elles fussent enlevées. Les syndics s'opposèrent à l'enlèvement, et prétendirent que ces tuiles faisaient partie de la masse, parce que la vente n'ayant été enregistrée qu'après la faillite, n'avait point de date certaine à leur égard. Le tribunal de Sens le jugea ainsi.

En cause d'appel, Armet-de-Lisle soutint, en point de droit, que l'art. 1328 n'était point applicable aux matières de commerce; en fait, que la vente faite par Chandenier n'était pas seulement établie par l'acte sous seing privé, mais encore par une foule de faits concluans, qui prouvent qu'elle était antérieure à la faillite, par la correspondance d'Armet-de-Lisle avec son voiturier par eau, par l'exécution libre du marché, et par le transport d'une partie des tuiles sur le port de Gizy, etc.

Par arrêt du 12 avril 1811 (1), la Cour de Paris réforma le jugement de Sens :

« Attendu qu'il résulte des faits de la cause, que
» le marché a été fait à la date du 23 juillet; qu'il
» a été exécuté de la part de l'acheteur, par la sous-
» cription de billets à ordre, faits le 23 juillet, paya-
» bles à des échéances énoncées dans le marché,
» et de la part du vendeur par le fait de la livrai-
» son commencée. »

_____

(1) Rapporté par Sirey, an 1812, 2e. part., pag. 76.

245. (1) Ceci nous conduit à la question de savoir si les créanciers sont des *tiers*, ou quand ils doivent être considérés comme des *tiers*, relativement aux actes sous seing privé souscrits par leur débiteur ; car ce n'est que dans l'intérêt des tiers que la date des actes sous seing privé reste incertaine, suivant l'art. 1328. Ainsi, lorsque d'ailleurs l'écriture est reconnue ou légalement tenue pour telle, la date est pleinement assurée entre et contre ceux qui les ont souscrits, et leurs héritiers ou *ayant-cause*. C'est une conséquence nécessaire de l'art. 1322, qui donne à l'acte sous seing privé la même foi qu'à l'acte authentique, entre ceux qui l'ont souscrit, et leurs héritiers et *ayant-cause*.

Il faut bien remarquer ces derniers mots de la loi, et suivre la différence qui existe entre *un tiers* et *un ayant-cause;* c'est de là que dépend la juste application de la règle, que les actes sous seing privé n'ont point de date assurée contre *les tiers;* car les *ayant-cause* ne sont pas, en cette matière, considérés comme des *tiers*.

L'ayant - cause est celui à qui les droits d'une

---

(1) La doctrine développée dans ce numéro et les suivans a trouvé beaucoup de contradicteurs, même parmi les jurisconsultes du premier rang. M. Merlin l'a combattue dans ses Questions de droit, v°, *Tiers.* Ses raisons ne m'ayant pas convaincu, j'ai cru devoir lui répondre dans une dissertation imprimée *ad calcem* de mon tom. X. Le lecteur peut y recourir et nous juger. Je pense, plus que jamais, qu'on ne peut détruire ma doctrine, sans réformer la rédaction de l'art. 1322. M. Merlin n'est pas éloigné d'en convenir. On trouve des inconvéniens dans les conséquences de mon opinion ; j'en trouve de plus forts dans celles de l'opinion contraire.

personne ont été transmis à titre particulier, comme par legs, donation, vente, échange, etc.; en un mot, celui qui représente cette personne seulement à l'égard des droits transmis. Tel est le sens que l'usage et les auteurs ont toujours donné à ce mot. On oppose communément le titre d'héritier au titre d'ayant-cause, comme le fait l'article 1322, qui dit que l'acte sous seing privé, reconnu ou légalement tenu pour reconnu, a la même foi que l'acte authentique entre ceux qui l'ont souscrit, et leurs *héritiers* et *ayant-cause.*

Ainsi le donataire, l'acquéreur, etc., sont les *ayant-cause* du vendeur, du donateur, en ce qui concerne les biens vendus ou donnés, etc.; on n'en saurait douter.

Ce point bien établi nous conduit à l'examen de diverses questions dont la discussion est nécessaire pour le développement des principes, et dont la solution n'en est que la juste application.

246. Caïus vend à *Primus* le fonds Cornélien, le 1er. janvier 1817, par un acte en bonne forme, mais sous seing privé. Le 1er. mars suivant, Caïus vend de nouveau le même fonds Cornélien, mais par acte authentique, à *Secundus*, qui ignore l'existence du premier contrat. Laquelle des deux ventes doit prévaloir entre ces deux acquéreurs également de bonne foi? La première, sans contredit; car, dans les principes du Code, la propriété étant définitivement transférée par le seul consentement des parties contractantes, encore que la tradition de la chose n'ait pas été faite, l'ancien propriétaire ne peut, après la perfection du contrat de

vente, vendre un bien, ni transférer des droits qui ne lui appartiennent plus. La vente sous seing privé ne diffère point en ceci de l'acte authentique ; car la loi permet de vendre *par acte authentique ou par acte sous seing privé* (1582). L'une et l'autre vente ont la même force ; elles produisent le même effet. Le vendeur par acte sous seing privé n'est pas moins dépouillé de la propriété, que le vendeur par acte authentique. Il ne peut pas plus vendre une seconde fois l'immeuble qu'il a déjà vendu : ce serait une vente de la chose d'autrui, déclarée nulle par l'art. 1599 (1).

Vainement *Secundus* opposerait à *Primus* l'article 1328, qui porte que les actes sous seing privé n'ont de date *contre les tiers* que du jour de l'enregistrement, etc.

Primus répondrait avec avantage que les acquéreurs ne sont point *des tiers* respectivement au vendeur qui a souscrit les deux actes de vente ; ils sont ses *ayant-cause* : c'est un point démontré. Il faut donc leur appliquer la disposition de l'ar-

---

(1) *Voy.* ce que nous avons dit tom. VI, n°. 204, pag. 215 ; tom. IV, pag. 52, n°s. 55 et suiv.; tom. VII, n°s. 55 et suiv., pag. 54.

Trompé par la lecture trop peu approfondie de l'art. 1328, nous avons dit, par simple énonciation à la vérité, mais enfin nous avons dit, 1re. édition, tom. IV, pag. 71, tom. VI, pag. 242, et tom. VII, pag. 60 et 64, peut-être ailleurs, que, pour l'emporter sur le second contrat, il fallait que *la date du premier fût assurée,* etc. C'est une erreur que nous nous empressons de rétracter. En rapprochant l'article 1322 de l'art. 1328, il devient évident que les acquéreurs par actes authentiques ne sont pas des tiers, relativement aux premières ventes sous seing privé, souscrites par leur vendeur : ils sont ses ayant-cause. On doit donc leur appliquer la disposition de l'art. 1322, et non celle de l'art. 1328.

ticle 1522, qui porte que l'acte sous seing privé, reconnu ou légalement tenu pour reconnu, a la même foi qu'un acte authentique, entre ceux qui l'ont souscrit *et leurs ayant-cause.*

Vainement encore Secundus objecterait la facilité de remonter, par un concert frauduleux, la date d'une vente sous seing privé, pour lui donner l'antériorité sur une vente authentique; l'inconvénient est réel.

Mais si l'on admettait, ce que la loi seule pourrait faire par une disposition expresse, que la vente authentique doit toujours, sans preuve de fraude, l'emporter sur la vente sous seing privé, on retomberait dans un second inconvénient, qui n'est pas moindre : on donnerait au vendeur de mauvaise foi un moyen sûr d'anéantir les ventes sous seing privé qu'il aurait précédemment faites. Entre ces deux écueils, le législateur ne pouvait rien faire de plus sage que de rester attaché au principe, en laissant à la première vente la préférence qui lui est due, sauf à l'autre acquéreur de bonne foi à prouver la fraude (1).

_____

(1) On dit souvent, et l'on dit gravement et sérieusement, que si la loi s'entendait de telle manière, il en résulterait tel abus; d'où l'on prétend conclure qu'il faut chercher à la loi un sens autre que celui que présente naturellement son texte.

Rien de plus vicieux que cette manière de raisonner; elle ne pourrait être concluante qu'en posant en principe que la législation est parvenue à un tel point de perfection, qu'il n'existe pas une seule loi qui puisse donner lieu à des abus; tandis qu'au contraire, il n'en existe pas une seule, sur-tout parmi les lois réglementaires, qui ne donne, en certains cas, lieu à des abus, et quelquefois à plus d'abus que n'en prévient la disposition réglementaire. Nous en verrons bientôt des exemples.

Celle du vendeur stellionataire est prouvée par la représentation des deux contrats; mais la complicité de l'un des deux acquéreurs est un fait qu'il faut prouver, car la fraude ne se présume point. Il est possible que tous les deux aient été de bonne foi, et que le second acquéreur ait ignoré la première vente. Jusqu'à la preuve de la fraude, la loi présume les deux acquéreurs de bonne foi, et maintient en conséquence la première vente, quoique sous seing privé, parce que les deux acquéreurs sont également les *ayant-cause* du vendeur, en ce qui concerne l'héritage vendu (1).

_____

(1) Un savant magistrat de Paris, M. Nicod, qui m'a fait l'honneur de m'envoyer d'excellentes observations sur la première édition de cet ouvrage, a été frappé de l'explication que j'ai donnée du mot *ayant-cause*, employé dans l'art. 1522 du Code, et de celle du mot *tiers*, qui lui est opposé dans l'art. 1328. Néanmoins, cet estimable magistrat, dont l'opinion est pour moi d'un très-grand prix, trouve de la difficulté à admettre les conséquences de mon explication, de laquelle il résulte que le premier acquéreur d'un immeuble par acte sous seing privé doit être, dans les principes du Code, préféré au second acquéreur par acte authentique. Ce serait, m'objectera-t-on, ouvrir la voie aux fraudes, et laisser au vendeur un moyen d'anéantir la vente authentique par une vente sous seing privé postérieure, mais remontée de date.

Mais, si vous admettez que l'acte authentique, quoique postérieur, l'emporte toujours sur une vente précédente faite sous seing privé, vous laissez au vendeur de mauvaise foi un moyen d'anéantir la vente qu'il a consentie antérieurement sous seing privé. Ainsi, l'inconvénient est égal dans l'un et l'autre cas.

On en convient. Mais il faut, dit-on, distinguer entre les fraudes auxquelles une personne s'expose volontairement, et celles qu'il lui est impossible d'éviter. L'acquéreur sous seing privé *a su ou dû savoir* qu'il pourrait être évincé par une vente postérieure authentique : il s'est donc volontairement exposé à cet événement, qu'il pouvait prévenir par l'enregistrement de son contrat, ou en lui faisant donner la forme authentique.

Je réponds d'abord que l'acquéreur sous seing privé *n'a ni su ni dû*

247. Appliquons ceci aux constitutions d'hypothèque ou de servitude. Après avoir vendu le fonds
Cornélien, je ne puis pas plus l'hypothéquer, le

---

savoir qu'il pouvait être évincé par une vente postérieure sous seing
privé; il n'a pu le savoir, parce qu'aucune loi ne l'en avertissait; ce
qui est si vrai, qu'entre un magistrat et un jurisconsulte qui cherchent
la vérité avec une égale bonne foi, l'un affirme que cette éviction
peut avoir lieu, l'autre le nie positivement : l'acquéreur n'a donc dû
connaître que la disposition de la loi, qui lui disait, en termes exprès,
que la vente « peut être faite par acte authentique ou sous seing privé »
(1582). Il devait donc penser que ces deux ventes avaient une force
égale, et que la priorité devait seule l'emporter.

Je réponds encore que ni la forme authentique, ni l'enregistrement
d'une vente sous seing privé, ne suffisent pour mettre l'acquéreur à
l'abri des fraudes d'un vendeur de mauvaise foi, qui, par exemple,
après avoir vendu, à Nantes, un immeuble authentiquement, vient à
Rennes, le surlendemain, revendre le même immeuble aussi par acte
authentique. Bien plus : j'ai vu, dans la même ville, à Rennes, un
particulier vendre au comptant un immeuble, pardevant notaire, et
le même jour, immédiatement après avoir signé le contrat, comu
chez un autre notaire, où il constitua sur le même immeuble une hypothèque de 600ℓ. *Vid. suprà*, n°. 106. On ne peut donc pas argumenter
des fraudes et des abus que peut occasionner la préférence donnée au
premier contrat sous seing privé, sur le second contrat authentique,
pour rejeter cette préférence, qui, d'ailleurs, résulte du texte de la
loi, puisque la préférence donnée au contrat authentique postérieur
sur le contrat sous seing privé antérieur, emporte les mêmes abus, et
que l'authenticité même ne met point l'acquéreur à l'abri des fraudes
d'un vendeur, qui ne craint ni la peine ni l'infamie attachées au stel-
lionat. Revenons donc au texte de la loi.

Le seul moyen de ne pas s'égarer, en l'expliquant, est de rester attaché au sens littéral et naturel qu'elle présente, ainsi qu'aux conséquences directes qui dérivent de son texte, sans se mettre en peine des
abus qu'il peut occasionner, parce qu'il n'est point de lois dont on ne
puisse abuser.

L'art. 1322 dit formellement que l'acte sous seing privé, reconnu ou
tenu pour tel, a la même foi que l'acte authentique, entre ceux qui
l'ont souscrit, leurs héritiers et *ayant-cause*. Or, certainement l'acquéreur est l'ayant-cause du vendeur.

On en convient; mais, dit-on, l'acquéreur n'est l'ayant-cause du

soumettre à un droit de servitude, que le vendre
une seconde fois; car celui à qui je consens un
droit d'hypothèque ou de servitude est mon *ayant-*

---

vendeur qu'à l'égard des actes passés avant la vente. Oui; mais, dans
notre espèce, le premier acquéreur oppose un contrat antérieur à la
seconde vente. La date de la première vente n'est point assurée, dit-on;
mais on oublie donc que cette vente a la même foi contre le second acquéreur, qui est *l'ayant-cause* du vendeur, que contre les héritiers de
ce dernier? Or, ni le vendeur, ni ses héritiers, ne pourraient contester
la date du premier contrat sous seing privé : donc le second acquéreur,
qui est son ayant cause, ne peut également la contester. Ce raisonnement me paraît sans réplique.

Allons plus loin : les actes sous seing privé ont contre les tiers la
force de prouver la réalité de la convention : *rem ipsam.* Ils peuvent
être opposés même à l'ancien propriétaire par l'acquéreur de bonne
foi, qui tient son titre *à non domino.* L'ancien propriétaire peut seulement objecter qu'un titre sous seing privé n'ayant point de date assurée contre un tiers, il n'est point prouvé que la prescription soit acquise par le laps de dix années.

Mais alors l'acquéreur est admis à prouver par témoins la date de
son contrat, en prouvant que sa possession remonte à cette époque.
C'est ce qu'enseigne Pothier, dans les écrits duquel a été puisée la disposition du Code qui porte que les actes n'ont point de date assurée
contre les tiers. Il cite un arrêt rapporté dans le Journal des audiences,
qui jugea que la preuve par témoins est admissible en ce cas. *Vid. su-*
prà, n°. 240.

Or, si l'acquéreur de bonne foi par contrat sous seing privé émané *à*
non domino, peut opposer ce contrat au véritable propriétaire pour
opérer la prescription, en prouvant par témoins que sa possession remonte à plus de dix ans, il peut certainement l'opposer au second
acquéreur, ayant-cause du même propriétaire.

Cela posé, la raison dit que le droit de l'acquéreur sous seing privé,
qui tient son titre *à vero domino*, doit être plus fort que celui de l'acquéreur, qui le tient *à non domino.* Si celui-ci peut opposer son
titre sous seing privé au vrai propriétaire, comme commencement de
preuve écrite de la date, celui-là peut opposer le sien comme une
preuve complète de la date, à l'ayant-cause de l'ancien propriétaire,
comme il pourrait l'opposer à ce dernier même; car l'art. 1322 du
Code veut que le contrat sous seing privé ait la même foi qu'un acte
authentique contre l'ayant-cause de celui qui l'a souscrit, c'est-à-dire
qu'il prouve tant la date de l'acte que la réalité de la convention.

cause, en ce qui concerne ce droit que j'ai voulu, mais que je n'ai pu détacher d'une propriété transférée irrévocablement pleine et entière, à un autre ayant-cause, par le contrat de vente.

Ceci s'applique encore à la constitution d'un usufruit. Après avoir vendu l'usufruit du fonds Cornélien, par acte sous seing privé, je ne puis plus vendre la propriété pleine et entière du même héritage. Celui à qui je l'aurais vendue ne pourrait expulser l'usufruitier; car celui-ci ,comme l'acquéreur de la pleine propriété, représente l'ancien propriétaire, qui leur a transmis des droits sur la chose, *jura in re.* Ils sont l'un et l'autre ses *ayant-cause,* en ce qui concerne les droits vendus.

248. Au contraire, le fermier qui, par son bail, n'acquiert point *un droit réel* sur la chose, *jus in re,* mais seulement une action personnelle contre le propriétaire, *jus ad rem,* ne peut opposer un bail sous seing privé à l'acquéreur de la propriété, quand même le contrat d'acquêt serait également sous seing privé; parce que le fermier n'est point l'ayant-cause de l'ancien propriétaire, en ce qui concerne les droits réels transmis à l'acquéreur.

Ainsi la disposition de l'art. 1743, qui paraît contenir une exception à l'art. 1322 (1), n'est réellement qu'une juste application du principe que l'acte sous seing privé n'a pas de date assurée *contre les tiers,* et qu'il n'a une pleine foi qu'entre ceux qui l'ont souscrit et leurs *ayant-cause.*

_____

(1) Oui, il est une exception. *Voy.* l'addition *ad calcem* du tom. V. n°. 30.

249. Voici d'autres exemples qui continueront de faire sentir la distinction très-réelle qui existe entre les ayant-cause et les tiers. Caïus, créancier légitime de Titius. forme entre mes mains une saisie-arrêt sur le capital et sur les arrérages d'une rente que je dois à ce dernier. Il me suffira, pour faire tomber la saisie, de représenter une quittance sous seing privé, tant du capital que des arrérages, ne fût-elle antérieure que de peu de jours à la saisie. Caïus, créancier saisissant, ne pourra la critiquer avec succès, qu'en prouvant la fraude; car en saisissant ce que je dois à son débiteur, il exerce les droits de ce dernier, il est à mon égard son ayant-cause, et par conséquent la quittance sous seing privé a contre lui la même foi que contre son débiteur (1322).

250. Supposons au contraire que je sois encore débiteur de la rente et des arrérages saisis; mais Seïus intervient et présente un acte sous seing privé en bonne forme, par lequel Titius, quelques mois avant la saisie, lui a transporté le capital et les arrérages de la rente que je lui dois. Il ajoute que Titius lui a fait remise du titre de constitution de la rente, et qu'ainsi tout est consommé.

Caïus saisissant répond que, suivant l'art. 1689, ce n'est qu'entre *le cédant et le cessionnaire,* et non à l'égard d'un tiers, que la délivrance est opérée par la remise du titre; que lui, Caïus, n'est, à l'égard de Seïus, qu'un tiers exerçant un droit qui lui est propre sur les biens de son débiteur, un droit qu'il ne tient point de ce dernier, mais de la loi. Il n'est donc point en cela l'ayant-cause de son débiteur ; il n'est qu'un tiers contre lequel l'acte sous seing privé n'a de date assurée que dans les cas de l'art. 1328 et autres semblables.

251. Le cas que nous venons de proposer revient à celui dont parle Pothier, n°. 715. Un créancier légitime fait saisir les biens de son débiteur, pour les faire vendre par expropriation forcée. Un acquéreur, par acte sous seing privé, ne peut faire tomber la saisie, ni réclamer l'héritage saisi en vertu d'un contrat sous seing privé, dont la date est antérieure à la saisie, parce que le saisissant n'est point l'ayant-cause du débiteur : il exerce un droit qu'il tient de la loi, et non de son débiteur ; c'est contre lui qu'il agit.

Au contraire, l'acquéreur n'est que l'ayant-cause de son vendeur.

252. En un mot, le créancier saisissant n'est point l'ayant-cause de son débiteur, relativement aux biens saisis. Sa créance ne lui donne qu'un droit sur la personne de ce dernier : il ne tient que de la loi celui qu'il exerce sur ses biens. Ceci sert à résoudre une question diversement jugée par les Cours souveraines, et sur laquelle est intervenu un arrêt de la Cour de cassation ; c'est de savoir si l'acte sous seing privé par lequel un débiteur, condamné par défaut, déclare tenir le jugement pour exécuté, y acquiescer et renoncer à y former opposition ou appel, peut être opposé aux autres créanciers qui attaquent ce jugement comme périmé, faute d'exécution dans les six mois, afin d'anéantir l'hypothèque judiciaire et les inscriptions prises en vertu du même jugement.

Par un arrêt rendu le 26 avril 1814, la Cour de Caen jugea qu'un pareil acte, quoique sous seing privé, pouvait être opposé aux autres créanciers, qui n'avaient le droit de l'attaquer qu'en prouvant la fraude, et non par le seul motif qu'il n'a pas de date certaine contre eux (1).

Au contraire, la Cour d'Amiens jugea, le 17 août 1815, qu'un acte sous seing privé, pareil à celui dont nous venons de parler, n'a point de date certaine, aux termes de l'art. 1328, et ne peut être opposé aux autres créanciers qui ont qualité, droit et intérêt d'attaquer le jugement qui forme le titre en vertu duquel l'un d'eux a pris une inscription hypothécaire qui les prime.

Cet arrêt fut déféré à la censure de la Cour de cassation, qui rejeta le pourvoi par arrêt du 10 novembre 1817, « attendu que Poullain, créan- » cier hypothécaire de Thomas, avait droit et qua- » lité pour contester la collocation faite en vertu » d'un jugement par défaut......., et de soutenir » que ce jugement, qui servait de base aux inscrip- » tions qui le primaient, devait être à son égard » considéré comme périmé et non avenu, faute » d'exécution dans les six mois de sa date, dans » les formes prescrites par les art. 156 et 159 du » Code de procédure ;

» Attendu, au fond, que le jugement par dé- » faut susdaté n'a point été réellement exécuté dans » le sens et suivant les formes prescrites par les

---

(1) Cet arrêt est rapporté par Sirey, an 1814, 2e. part., pag. 401.

» art. 156 et 159 du Code de procédure, et qu'il
» n'a été produit au procès aucun acte dont on pût
» et dût nécessairement induire cette exécution,
» même à l'égard des tiers ;

» Attendu que de là il suit, 1°. que la preuve
» légale de l'exécution du jugement manquant, il
» devait être considéré comme non avenu à l'égard
» de Poullain ; 2°. que les inscriptions hypothé-
» caires devaient être écartées comme le titre vi-
» cieux qui leur avait servi de fondement, et qu'en
» le jugeant ainsi, la Cour d'Amiens n'a violé au-
» cune loi. » Rejette, etc. (1).

Cet arrêt rendu dans les vrais principes, fixera
sans doute la jurisprudence. On ne voit pas, en
effet, comment on pourrait considérer les créanciers saisissans ou poursuivans l'ordre, comme les
ayant-cause du débiteur. On ne peut donc leur opposer les actes sous seing privé, consentis à l'un
d'eux par ce dernier. Ils ont le droit de critiquer,
comme périmé, un jugement par défaut non exécuté, en vertu duquel l'un d'entre eux prétend
exercer une hypothèque judiciaire. La péremption est une prescription ; et l'art. 2225 porte que
« les créanciers ou toute autre personne ayant in-
» térêt à ce que la prescription soit acquise, peuvent
» l'opposer, encore que le débiteur ou le proprié-
» taire y renonce. »

253. On peut demander si l'adjudicataire, dont
le titre ne consiste que dans le jugement d'adjudi-

---

(1) L'arrêt est rapporté par le continuateur de Denevers, an 1815,
pag. 1.

ration, rendu par la justice, et non dans un contrat volontairement consenti par le propriétaire, est néanmoins l'ayant-cause de ce dernier, de même que l'acquéreur volontaire? On pourrait d'abord être tenté de le croire; car la justice, lorsqu'elle adjuge un héritage vendu par expropriation forcée, ne fait que prêter, pour le débiteur, un consentement qu'il eût dû donner lui-même directement; c'est son injuste refus qui contraint la justice de le donner pour lui.

L'adjudicataire paraît donc se trouver dans le cas d'un acquéreur volontaire, lorsque, sur le refus de livrer la chose vendue volontairement, l'huissier, exécuteur de la justice, l'en met en possession.

Mais un peu de réflexion suffit pour nous convaincre que l'adjudicataire ne peut pas être, du moins en ce qui concerne la foi due aux actes sous seing privé souscrits par l'ancien propriétaire, considéré comme son ayant-cause. Nous avons vu que l'acquéreur sous seing privé ne peut opposer son contrat, lorsque la date n'en est point assurée, au créancier du vendeur qui saisit l'immeuble pour le faire vendre par expropriation forcée; et s'il ne peut l'opposer au créancier saisissant et poursuivant la vente par expropriation forcée, il ne peut certainement l'opposer à celui qui, sur ces poursuites, est devenu adjudicataire en justice.

254. Il y a néanmoins des actes sous seing privé souscrits par l'ancien propriétaire, qui peuvent, en certains cas, être opposés à l'adjudicataire.

L'art. 691 du Code de procédure porte que «si » les immeubles saisis sont loués par un bail dont » la date ne soit pas certaine avant le commande- » ment, la nullité en peut être prononcée, si les » créanciers ou l'adjudicataire le demandent. » C'est une application des principes qui ont dicté l'art. 1743, dont nous avons parlé, n°. 248.

Le même art. 691 ajoute que «si le bail a une » date certaine, les créanciers *pourront saisir et ar-* » *rêter* les loyers ou fermages, etc. »

De ce texte les auteurs concluent, avec raison, que le saisi peut continuer de percevoir à son pro- fit les loyers et fermages, dans le cas où les créan- ciers ne les auraient pas saisis-arrêtés (1).

S'il peut les percevoir, il peut en donner quit- tance; et ces quittances, que l'usage est d'ailleurs de donner sous seing privé, peuvent être oppo- sées à l'adjudicataire, comme l'a jugé fort bien, à notre avis, la Cour de Turin, le 26 février 1812 (2). Voici l'espèce : La dame du Mouland se rendit adjudicataire, par expropriation forcée, d'une maison sise à Turin, dont le comte Galli et le sieur Reggio étaient locataires. Elle réclama d'eux les loyers échus depuis l'adjudication. Ils opposèrent des quittances sous seing privé, qui constataient le paiement des loyers *par anticipa- tion.*

---

(1) *Voy.*, sur cet article, la quest. 2121°. de l'Analyse du Code de procédure, de M. Carré, 2 vol. in-4°.

(2) L'arrêt est rapporté par Sirey, an 1813, 2°. part., pag. 45.

Elles portaient une date antérieure à l'adjudication ; mais elles n'étaient enregistrées que depuis :
au reste, il ne paraît pas qu'elles fussent arguées
de fraude.

Le propriétaire exproprié n'étant point en cause
pour reconnaître sa signature, les locataires demandaient à la vérifier par témoins, ainsi que la
réalité du paiement; ils soutenaient que les quittances sous seing privé formaient, suivant l'article 1347, un commencement de preuve écrite,
parce qu'elles étaient émanées de l'ancien propriétaire, que l'adjudicataire représentait.

Elle prétendait, au contraire, n'être qu'un tiers
relativement aux quittances souscrites par l'ancien
propriétaire, parce qu'elle ne le représentait pas
à titre universel. Les premiers juges avaient admis
cette prétention, et rejeté la preuve testimoniale.

Mais la Cour considéra que si l'acheteur ou l'adjudicataire ne sont successeurs qu'à titre singu-
lier, il n'en est pas moins vrai que, relativement
à la chose, ils sont les ayant-cause de l'ancien propriétaire qu'ils représentent; qu'ainsi les quittances qu'il a données portent le caractère d'un commencement de preuve, aux termes de l'art. 1347.
En conséquence, la Cour permit aux appelans de
faire preuve, tant de *l'intrinsèque* que de l'extrinsèque des deux quittances.

On peut remarquer qu'il s'agissait, dans cette
espèce, d'un paiement fait par anticipation. Mais
nous avons prouvé, tom. VI, nos. 363 et suiv., *junge*
tom. VII, nos. 80 et suiv., que le paiement par an-

ticipation, à l'égard des dettes non commerciales, n'est point présumé frauduleux; il faut prouver que les débiteurs, qui ont payé d'avance, avaient connaissance de la situation de celui à qui ils ont payé. Or, les créanciers qui avaient saisi réellement la maison dont la dame du Mouland resta adjudicataire, n'avaient point donné connaissance de la saisie aux locataires; ils n'avaient point saisi-arrêté les loyers.

255. Avant de terminer cette importante discussion, sur le sens et l'application des art. 1322 et 1328 du Code, il faut examiner un arrêt de la Cour de Bruxelles, du 15 novembre 1809, dont les considérans, et non pas le dispositif, contiennent des principes contraires à ceux que nous avons exposés.

Voici l'espèce :

Par acte sous seing privé du 5 germinal an VIII, Fontaine s'obligea de payer à la veuve des Rumaux, sa belle-mère, 2,500 florins. Elle transporta cette créance, le 8 floréal an X, au sieur Belin, par écrit sous seing privé mis au pied de l'acte. Le 10 septembre 1806, Belin la transporta à Bouvier, aussi par acte sous seing privé, enregistré le 8 octobre 1807, et signifié le même jour à Fontaine, qu'il fit appeler au tribunal de Tournai pour payer le capital et les intérêts du billet.

Fontaine opposa une quittance que lui avait donnée sa belle-mère, le 31 germinal an XI, enregistrée le 22 septembre 1807. Le transport fait au sieur Belin, le 8 floréal an X, n'ayant point été si-

gnifié à Fontaine, il est certain qu'il pouvait payer
à sa belle-mère, le 31 germinal an XI, si la quittance avait été sincère. Elle portait que la veuve
des Rumaux avait reçu de Fontaine la somme de
2,500 florins pour éteindre l'obligation du 3 germinal an VIII; que si elle n'avait pas remis le titre,
c'est qu'il ne lui est pas tombé sous la main; qu'elle
s'engage à le remettre aussitôt qu'elle l'aura. En
opposant cette quittance à Bouvier, Fontaine ap-
pela sa belle-mère en garantie.

Bouvier répondit qu'on ne peut lui opposer un
titre qui n'a de date certaine que postérieurement
à la signification du transport fait par lui Bouvier.

La veuve des Rumaux reconnut avoir signé la
quittance, en affirmant qu'elle n'était pas sérieuse,
et elle déféra le serment à Fontaine sur le point de
savoir, 1°. si la quittance est sérieuse; 2°. s'il n'est
pas vrai qu'elle ne lui a été donnée que momen-
tanément et confidentiellement, sans dessein d'en
faire un titre de libération; 3°. s'il a réellement
compté les 2,500 florins : ainsi la veuve des Rumaux ne reconnaissait pas la vérité de la quittance;
c'est un point à remarquer.

Le tribunal de Tournai pensa que la quittance
ne devait avoir son effet qu'entre la veuve et Fontaine, et qu'elle ne pouvait être opposée à Bouvier,
qu'on devait considérer comme un tiers.

Au reste, le tribunal ordonna que Fontaine com-
paraîtrait en personne pour prêter ou référer le
serment.

Appel de la part de Fontaine, qui soutint que

Bouvier devait être considéré comme *l'ayant-cause* de la veuve des Rumaux, et que c'était le cas d'appliquer l'art. 1322, et non l'art. 1328 du Code; qu'au reste, la délation de serment n'ayant pas eu de suite, elle ne mérite aucune considération. Il demanda subsidiairement à prouver par témoins la vérité de sa quittance, qui formait, suivant lui, un commencement de preuve par écrit, comme émanée de la veuve des Rumaux.

Bouvier répondit que la reconnaissance de cette manière n'avait pas le caractère que doivent avoir les reconnaissances d'écrits sous seings privés pour faire preuve, conformément à l'art. 1322; que, si elle a reconnu la signature, elle a contesté la vérité de la quittance, en soutenant qu'elle n'était point sérieuse, et que sa déclaration ne peut être divisée; enfin, que la quittance ne peut lui être opposée, parce qu'il n'est l'*ayant-cause* de la veuve des Rumaux que pour l'obligation, et non *pour la quittance.*

La Cour, par les motifs énoncés au jugement dont est appel, et quant aux conclusions subsidiaires, attendu que Bouvier n'étant pas l'*ayant-cause* de la veuve des Rumaux, *en ce qui concerne la quittance,* cette pièce ne peut servir contre lui de commencement de preuve par écrit, sans s'arrêter à la demande subsidiaire, met l'appel au néant. L'arrêt est du 15 novembre 1809. (*Voy.* Sirey, tom. X, 2ᵉ. part., pag. 282).

Dans l'état où se trouvaient les choses, cet arrêt est bien rendu. La quittance opposée par Fontaine n'était point reconnue ; au contraire, la vérité en était formellement contestée : elle ne pouvait donc former en sa faveur ni une preuve ni un commencement de preuve écrite.

Il devait préalablement prêter le serment que lui déférait la veuve des Rumaux, ou le lui référer ; c'est alors qu'il eût pu s'aider de la quittance, au moins comme d'un commencement de preuve par écrit.

Mais dire que Bouvier n'était l'ayant-cause de la veuve des Rumaux que pour l'obligation, et non pour la quittance, c'est éluder la question. Celui à qui j'ai cédé ou transporté une créance de 2,500 florins, est mon ayant-cause. Si celui qui devait cette somme et auquel il la demande, lui représente une quittance qui prouve que j'ai reçu la somme avant la cession que j'ai faite de la créance, il est aussi mon ayant-cause. Voilà donc deux ayant-cause de la même personne, l'un et l'autre pour le même objet, pour les mêmes 2,500 florins. L'un demande cette somme, l'autre soutient l'avoir payée. L'un, à l'appui de sa demande, l'autre, à l'appui de son exception, présentent un acte sous seing privé souscrit par l'auteur commun. L'ancien débiteur répond à la demande du cessionnaire : Voilà une quittance de votre cédant ; vous êtes son ayant-cause : elle doit donc avoir contre vous la même foi qu'un acte authentique. (Art. 1322). Ce raisonnement nous paraît sans réplique. Il y a donc erreur évidente dans le *considérant* de l'arrêt de Bruxelles, quoique d'ailleurs bien rendu dans l'état.

Bouvier disait qu'en admettant ces principes, le créancier qui a vendu sa créance pourrait frauder l'acquéreur en colludant avec le débiteur, et en lui remettant une quittance antidatée. Cela est vrai : c'est un inconvénient; mais en rejetant ces mêmes principes, vous retombez dans un inconvénient beaucoup plus grand ; c'est que tout créancier, après avoir reçu ce qui lui est dû, après en avoir donné une quittance qu'il est d'usage de donner sous seing privé, pourrait frauder son débiteur en vendant la créance éteinte, dont il n'aurait pas encore remis les titres. Entre ces deux écueils, le législateur a dû rester attaché au principe, comme nous l'avons dit *suprà*, n°. 246, *in fin.*

256. Ce que nous venons de dire peut s'appliquer à beaucoup d'autres cas; par exemple, aux paiemens faits par le sous-locataire au locataire principal. (*Voy.* ce que nous avons dit tom. VII, n°. 84 et n°ˢ. 32 et suiv).

257. Tout ce qui se passe entre les hommes, et qu'ils ont intérêt de constater, toutes les conventions, tous les contrats, peuvent être prouvés par des actes sous seings privés, à l'exception de ceux pour la validité desquels la loi exige un acte notarié, tels que les donations, les contrats de mariages, les adoptions, etc.

Les actes sous seings privés sont donc d'une grande importance dans la société; ils y sont d'une nécessité indispensable, sous une législation qui proscrit la preuve testimoniale pour les choses excédant la valeur de 150ᶠ. Enfin ils y sont d'un usage journalier; car, outre qu'on ne peut pas toujours avoir un notaire à sa suite, le fisc a rendu les actes notariés très-dispendieux.

Ainsi, le législateur a montré beaucoup de sagesse en ne soumettant les actes sous seing privé, en général, à aucune forme particulière. Il eût été dangereux de soumettre ces actes, le plus souvent passés entre des hommes simples et de bonne foi, à ces dispositions réglementaires, qui font presque toujours naître plus de procès qu'elles ne préviennent d'abus.

258. La forme des actes sous seing privé, en général, est donc restée dans les purs termes du droit naturel. Il suffit, pour les rendre valables et obligatoires, que le fait ou la convention qu'ils renferment, et le consentement des parties qui s'obligent, y soient exprimés d'une manière claire. Les dispositions de la loi sur le notariat, du 25 ventôse an XI, ne leur sont point applicables (1).

259. La date même dont l'omission entraîne la nullité des actes notariés, et celle des testamens olographes, n'est pas nécessaire pour la validité des actes sous seing privé.

Les lois romaines avaient une disposition expresse sur ce point, et cette disposition est conforme à la raison. Qu'importe (2) en effet, entre

_____

(1) Par exemple, celle qui ordonne d'approuver les ratures. Arrêt de la Cour de cassation, du 11 juin 1810, Sirey, tom. X, 1re. part., pag. 289.

(2) On pourrait dire qu'il importe au débiteur que la date de son

vous et moi, entre nos héritiers ou ayant-cause, quelle est la date d'une obligation que j'ai contractée en votre faveur, d'une vente que je vous ai consentie, etc., lorsque l'existence de cette obligation ou de cette vente est certaine? La loi 34, § 1, *ff de pignor. et hyp.*, 20. 1, établit donc pour règle que, quoiqu'un traité sous seing privé soit sans date, il n'en est pas moins valable (1).

Cette loi était suivie en France, suivant Mornac, Sauvageau sur Dufail, liv. 1, chap. 244; et notre savant maître Duparc-Poullain, Journal du Parlement, tom. 2, chap. 56, rapporte un arrêt du Parlement de Bretagne, du 27 mars 1738, qui jugea valable une transaction sous seing privé, quoiqu'elle ne fût pas datée.

260. La seule formalité essentielle pour la validité des *actes* sous seing privé, si cependant on peut l'appeler formalité, est la signature ou la souscription de la personne qui s'oblige.

C'est cette signature qu'on regarde comme le témoignage nécessaire de sa volonté; c'est le signe

---

obligation soit certaine, sans quoi il lui sera difficile d'invoquer la prescription, à laquelle il ne peut renoncer d'avance.

Mais c'est à lui seul qu'il peut imputer cette difficulté, puisqu'il pouvait mettre la date. Aussi cette difficulté n'a point paru, et n'est pas en effet suffisante pour prononcer la nullité des actes sous seing privé, qui n'ont point de date.

(1) *Idem quæsiit......... an verò ea epistola nullius momenti sit, respondit : Cùm convenisse de pignoribus videtur, non idcircò obligationem pignorum cessare, quod dies et consules additi, vel tabulæ signatæ non sint.* Aujourd'hui, la date du contrat de gage doit être assurée pour donner un privilége au créancier contre les tiers. *Voy.* l'art. 2074 du Code.

de son consentement donné librement ; c'est le sceau de la vérité de l'acte. Avant la signature, l'acte peut n'être considéré que comme un projet qui n'a point encore reçu sa perfection. Telle est la règle générale.

Mais ce n'est qu'aux *actes* proprement dits, et sur-tout aux actes contenant une première obligation, que s'applique la nécessité de la signature. Il y a des écritures privées qui peuvent former un commencent de preuve, ou même une preuve entière, contre celui qui les a faites ou fait faire, ou rédigées ou fait rédiger, quoiqu'il ne les ait pas signées ; telles sont les écritures mises à la suite d'un acte ou d'une quittance, les livres, registres ou journaux et tablettes, dont nous parlerons bientôt.

261. Quant aux actes souscrits par les parties, il n'est pas nécessaire qu'ils soient écrits de la main de ceux qui les souscrivent, ni même qu'ils en approuvent l'écriture et le contenu.

On n'est jamais censé avoir souscrit un acte, sans avoir lu ou entendu lire ce qu'il contient. La signature que l'on y met en est l'approbation non équivoque.

262. Il y a même des actes sous seing privé dont le contenu n'a point été lu par les parties, et dont elles n'ont point entendu lecture avant de les signer. Il arrive assez souvent que deux personnes honnêtes, deux amis, deux parens, ayant à démêler quelque affaire d'intérêt, et voulant prévenir la froideur qu'entraîne souvent une pareille discussion, remettent leurs pièces à deux avocats,

et les chargent de leur rédiger une transaction qu'ils conviennent de signer avant de la lire. Après la rédaction, les conseils respectifs présentent aux parties les deux actes rédigés et mis au net, les leur font signer, puis en remettent à chacune d'elles un double pour le lire et lui servir de titre. Cette méthode était fort en usage en Bretagne, avant la révolution, entre les personnes bien élevées : on n'a jamais douté de la validité de pareils actes.

263. Les blancs-seings sont d'un usage encore plus fréquent, quoiqu'il ne soit pas sans danger. Le blanc-seing est une signature au-dessus de laquelle on laisse plus ou moins de blanc, suivant l'acte auquel on veut qu'elle corresponde. On remet le papier à une ou plusieurs personnes chargées de le remplir, conformément aux intentions de ceux qui l'ont signé.

On a voulu mettre en problème la validité des actes écrits au-dessus d'un blanc-seing, par celui à qui il a été confié. La question pourrait en effet paraître douteuse, si l'on prétendait, comme autrefois, la résoudre par ce qu'on appelle la jurisprudence des arrêts ; car on en trouve de rendus pour et contre par les différens Parlemens (1).

En Bretagne, on ne doutait pas de la validité des actes écrits au-dessus des blancs-seings, et l'on avait raison : ils tiennent de la nature du mandat et de celle des compromissions, qui elles-

_____

(1) *Voy.* le nouveau Denisart et le Répertoire, v°. *Blanc-seing.*

mêmes ne tirent leur force que du mandat ou du pouvoir que les parties donnent aux arbitres de terminer leur différent.

Un blanc-seing n'est pas autre chose qu'une procuration (1) ; c'est la procuration la plus générale et la plus illimitée qu'il soit possible de donner.

Les actes écrits au-dessus d'un blanc-seing ne sont donc pas moins valables que les actes faits en vertu d'une procuration générale ; par exemple, celle de traiter aux conditions que le mandataire jugera convenables.

264. Presque toujours on restreint ces pouvoirs généraux par des instructions particulières et secrètes, écrites ou verbales, que l'on donne au mandataire. Mais si ce dernier, abusant de ses pouvoirs, passe ses instructions secrètes, sans que néanmoins l'acte qu'il a fait excède les pouvoirs généraux et connus dont il était porteur, cet acte n'en est pas moins obligatoire pour le mandant ; car il s'est, par sa procuration, engagé envers les tiers qui traiteraient avec son mandataire, à tenir pour bon et valable tout ce que celui-ci ferait, en se renfermant dans ses pouvoirs publics et connus. C'est à lui seul qu'il peut imputer de les avoir donnés trop étendus. Le mandataire était, à la vérité, lié par ses instructions secrètes : il est donc assujetti à tous les dommages et intérêts qu'entraîne son infidélité envers son commettant ; mais celui-

_____

(1) C'est ce qu'a très-bien vu Puffendorf, Droit de la nature et des gens, liv. 3, chap. 9, § 2, et *ibi* Barbeyrac.

ci n'en est pas moins engagé envers le tiers de bonne foi, qui ne connaissait pas les instructions secrètes

265. Ces principes sont communs à la procuration illimitée donnée par un blanc-seing. « Celui » qui livre son blanc-seing, sans déterminer l'af- » faire à laquelle il est destiné, ne peut se défendre » du mandat tracé au-dessus de sa signature, quoi- » que ajouté depuis elle, » dit fort bien le Code prussien (1).

Nous n'avons point dans notre législation de texte qui autorise aussi positivement l'usage des blancs-seings; mais aucune loi ne le condamne: il est donc permis; car tout ce qui n'est pas défendu est permis. La loi seule peut annuler des actes qui ne sont contraires ni à l'ordre public, ni aux bonnes mœurs.

Bien plus: nous avons un texte qui suppose légitime l'usage des blancs-seings, en prononçant des peines contre l'abus qu'on en peut faire. L'art. 401 du Code pénal porte : « Quiconque abusant d'un » blanc-seing *qui lui aura été confié,* aura fraudu- » leusement écrit au-dessus une obligation ou dé- » charge, ou tout autre acte pouvant compromettre » la personne ou la fortune du signataire, sera puni » des peines portées en l'art. 405. » (La prison, une amende, et l'interdiction des droits politiques, etc.)

« Dans le cas où le blanc-seing ne lui aurait pas » été confié, il sera poursuivi comme faussaire et » puni comme tel. »

_____

(1) Titre des procurations, n°. 113.

L'induction naturelle de cet article est que la loi ne proscrit que l'abus des blancs-seings, et que par conséquent elle en permet l'usage légitime. L'abus qu'on peut faire d'une chose légitime n'est point en effet un motif suffisant pour en proscrire l'usage.

266. Car, de quoi n'abuse-t-on pas? Combien n'a-t-on pas abusé dans tous les tems des procurations, dont l'usage est si nécessaire dans la vie civile? Nous n'en citerons qu'un seul exemple rapporté par Mornac. Un procureur des chartreux, en vertu d'une procuration de sa communauté, qui l'autorisait à emprunter 10,000^l, emprunta six fois cette somme de six personnes différentes ; et les chartreux, par arrêt de 1589, furent condamnés de payer la somme de 60,000^f, 10,000^f à chaque créancier : *Lis pudenda*, dit Mornac (1). C'était leur faute de n'avoir pas choisi un procureur plus fidèle.

Posons donc en principe que les blancs-seings sont aussi permis que les procurations où on laisse en blanc le nom de la personne qui en fait usage, et qu'on peut contracter par blanc-seing de même que par procuration.

267. Ces contrats, comme tous les autres, peuvent être annulés pour cause de dol ou de fraude; nul doute sur ce point. Mais il faut ici rappeler un principe important, applicable à tous les contrats, et notamment aux procurations.

---

(1) In leg. fin., ff de exercitoriâ actione.

Le dol annule les contrats, lorsqu'il a été le motif ou la cause déterminante du contrat, lorsque les manœuvres pratiquées *par l'une des parties*, dit l'art. 1116, sont telles qu'il est évident que, sans ces manœuvres, l'autre partie n'aurait pas contracté.

Mais si le dol a été commis par un tiers, sans collusion, sans complicité de l'autre partie contractante, le contrat subsiste et ne peut être annulé, sauf à la partie trompée à poursuivre l'auteur du dol, pour l'obliger à payer l'indemnité ou les dommages et intérêts qu'il doit (1).

Appliquons ces principes aux actes passés en vertu d'une procuration ou d'un blanc-seing. Le procureur des chartreux, dont nous venons de parler, commit certainement un dol bien caractérisé, en empruntant 60,000ᶠ au lieu de 10,000ᶠ. Cependant la communauté fut, avec raison, condamnée à payer les 60,000ᶠ, parce qu'aucun des créanciers n'avait participé au dol du moine infidèle; parce que la communauté s'était, par la procuration, engagée de payer 10,000ᶠ à chacun des créanciers.

Je donne une procuration à Caïus de vendre le fonds Cornélien, ou de transiger sur un procès que j'ai avec Titius, *aux conditions qu'il jugera convenables*. Il vend à un prix fort inférieur au prix fixé par mes instructions secrètes; il transige à des conditions tout autres que celles que je lui

_____

(1) *Voy.* ce que nous avons dit tom. VI, nᵒˢ 95 et suiv., pag. 102 et suiv.

avais prescrites ; la vente et la transaction n'en sont
pas moins valables, si l'autre partie n'a point participé au dol ou à l'infidélité de mon mandataire;
je ne puis imputer qu'à moi seul d'en avoir choisi
un infidèle.

Si, au lieu d'une procuration, j'ai confié un
blanc-seing à Caïus, qui en abuse en écrivant au-
dessus une vente ou une obligation, quoiqu'il ne
fût destiné qu'à servir de procuration ou à être
remis à des arbitres, Caïus a commis un dol caractérisé, et si la vente ou l'obligation est à son profit,
elle est radicalement nulle aux yeux de la raison
et de la loi.

L'art. 116 veut que le dol soit une cause de nullité, lorsqu'il est pratiqué *par l'une des parties*
pour tromper l'autre. Il est évident que je n'ai jamais consenti de vendre à Caïus : la vente est nulle
par défaut de consentement.

Mais si la vente a été consentie au profit d'un
tiers de bonne foi, qui en a payé le prix au porteur
du blanc-seing, le contrat est valable, sauf à moi
à poursuivre Caïus pour abus de confiance.

Je ne pourrais pas former contre l'acquéreur
une action en nullité du contrat, en demandant à
prouver par témoins que Caïus a abusé de ma confiance, comme l'observe fort bien Boiceau (1).
« On n'est pas reçu, dit cet auteur, à prouver que
» celui à qui on a confié un blanc-seing en a abusé,
» en écrivant au-dessus une vente ou une obliga-

_____

(1) Sur Danty, liv. 2, chap. 3, n°. 9.

» tion, quoiqu'il ne fût donné que pour servir de
» procuration. »

La raison en est qu'en supposant le fait prouvé,
l'acte écrit par abus de confiance, au-dessus du
blanc-seing, n'en conserve pas moins toute sa force
à l'égard du tiers de bonne foi.

268. Si ce n'est pas celui à qui le blanc-seing
était confié qui en a abusé; si c'est un tiers qui
s'en est emparé pour écrire au-dessus un acte contraire à ma volonté, et préjudiciable à mes intérêts, ce tiers doit, suivant l'art. 407 du Code pénal,
être poursuivi comme faussaire et puni comme tel.

Il y a une grande différence entre ce cas et le
précédent. Quand celui à qui j'ai confié mon blanc-
seing en abuse pour écrire au-dessus un acte contraire à mes intentions et à mes intérêts, il n'en
est pas moins vrai qu'il était mon mandataire.

L'écriture qui se trouve au-dessus du blanc-
seing est celle qui devait s'y trouver, celle de mon
homme de confiance ou de celui qu'il a choisi.
Cette écriture n'est donc pas fausse; seulement il
a fait ce qu'il ne lui était pas permis de faire. Cette
fraude est une véritable escroquerie, mais ce n'est
pas un faux.

Au contraire, si celui qui s'est emparé d'un
blanc-seing qui ne lui était pas destiné, le remplit
d'écritures quelconques, il n'abuse pas de ma confiance; je ne lui ai jamais rien confié. Mais il commet un faux, « parce que la main qui a tracé l'é-
» criture n'est point celle par qui le blanc devait
» être rempli, et qu'ainsi le blanc contient un corps
» d'écriture qu'il ne devait pas contenir. »

C'est la raison qu'en donnèrent les orateurs du Gouvernement, chargés de présenter au Corps législatif le liv. 3, tit. 2, chap. 2 du Code pénal.

269. Supposons qu'un tiers ait dérobé le blanc-seing que j'avais confié à Caïus, et qu'il ait écrit au-dessus une procuration de vendre le fonds Cornélien qui m'appartient, et qu'il vend à un acquéreur de bonne foi. Le prix en est payé comptant.

L'acquéreur me demande la délivrance du fonds Cornélien, en me présentant son contrat.

Ne pouvant désavouer ma signature, qui se trouve au pied de la procuration, je prends la voie du faux, et je soutiens que la procuration a été écrite au-dessus d'un blanc-seing dérobé chez Caïus, à qui je l'avais confié. Si je parviens à faire cette preuve, la procuration sera déclarée fausse, et par conséquent le contrat nul, quoique l'acquéreur n'ait point participé à la fraude ni au faux.

270. Si j'échoue dans la preuve, s'il se trouve qu'il y ait eu simple abus de confiance de la part de Caïus, à qui j'avais confié mon blanc-seing, et qui l'a imprudemment ou méchamment confié lui-même à un tiers pour le remplir, la procuration ne sera pas déclarée fausse, parce que le blanc-seing se trouve rempli de l'écriture qui devait s'y trouver.

Mais nonobstant le jugement qui rejette la demande en faux, je pourrai, par une nouvelle action, demander à prouver que l'acquéreur a participé à la fraude, sans qu'on puisse m'opposer l'autorité de la chose jugée; car si ma nouvelle demande a le même objet, c'est-à-dire de faire prononcer la nullité de la vente; si elle est formée contre la même personne, elle n'est pas *fondée sur la même cause*, comme l'exige l'art. 1351, pour accorder l'exception de la chose jugée.

271. Au reste, les blancs-seings n'étant autre chose que des procurations illimitées, peuvent toujours être révoqués, de même que toutes les procurations, pourvu que ce soit avant qu'ils aient été remplis, et avant qu'il y ait un droit acquis à un tiers en vertu de l'usage qu'on en a fait.

Ceux qui les ont souscrits ne pourraient critiquer l'acte écrit au-dessus, sous prétexte que les actes sous seings privés n'ayant point de date assurée, l'acte est censé écrit depuis la révocation; car ce n'est que *contre les tiers*, et non contre ceux qui les ont souscrits, que les actes sous seings privés n'ont point de date assurée (1328).

272. L'abus qu'on fit des blancs-seings, au commencement du dernier siècle, porta le feu roi Louis xv à prendre des mesures de circonstances, qui néanmoins peut-être ont plus souvent favorisé que réprimé la mauvaise foi, et consacré plus d'injustices qu'elles n'en ont corrigé.

Différens particuliers, des escrocs, ayant trouvé le moyen de se procurer des signatures vraies de plusieurs personnes, avaient écrit ou fait écrire des billets dans le blanc qui se trouvait au-dessus; d'autres avaient même enlevé l'écriture qui se trouvait au-dessus de la signature, pour y substituer des billets. On crut prévenir ces faux et les arrêter dans leur source, en déclarant *nuls* les billets qui ne seraient pas écrits ou du moins approuvés de la main de celui qui paraîtrait les avoir signés.

En conséquence, il fut ordonné, par la déclaration du 22 septembre 1733, « que tous les bil-
» lets sous signature privée, *au porteur, à ordre* ou
» *autrement,* causés pour valeur *en argent,* autres
» néanmoins que ceux qui seront faits par des ban-
» quiers, négocians, marchands, manufacturiers,
» artisans, fermiers, laboureurs, manouvriers, et
» autres de pareille qualité, seront *de nul effet et*
» *valeur,* si le corps du billet *n'est écrit de la main*
» *de celui qui l'aura signé,* ou du moins si la
» somme portée audit billet n'est reconnue par
» une approbation écrite *en toutes lettres,* aussi de
» sa main. »

Cependant la loi ordonne que celui qui refusera d'acquitter de pareils billets, sera tenu d'affirmer qu'il n'en a point reçu la valeur.

273. Cette disposition introduisit en France un droit absolument nouveau.

Avant la promulgation de la déclaration de 1733, on y suivait la règle générale que, sauf les cas de fraude, tous les actes sous seing privé sont valables, non seulement lorsqu'ils sont écrits en entier de la main des contractans, mais encore lorsqu'ils sont écrits d'une autre main, mais souscrits par eux : *Instrumenta conscripta vel manu propriâ contrahentium, vel ab alio quidem scripta à contrahentibus autem subscripta* (1).

_____

(1) *Inst.,* in princ.; *de empt. vend.*

274. Le droit romain, où cette règle est puisée, n'en exceptait point les billets ou promesses par lesquels une seule partie s'engage envers l'autre à lui payer une somme d'argent. On peut en juger par la loi 26, *ff de V. O.*, § 2, *Chrysogonus*, où l'on trouve l'exemple d'un billet écrit de la main d'un esclave, mais souscrit par le maître, qui s'obligeait à payer une somme d'argent. La validité de ce billet n'est pas même mise en question (1).

---

(1) On trouve dans les lois romaines, relativement aux billets de prêt fait en argent, une disposition qui a quelque analogie avec celle de la déclaration de 1733. C'est l'exception de *pécune non nombrée*, *vid. suprà, n°. 19, pecuniæ non numeratæ*, introduite pour remédier aux abus qu'entraînait l'usage ou la coutume de donner le billet ou la reconnaissance avant d'avoir reçu l'argent. Il en était arrivé que plusieurs personnes gardaient billet et argent. Pour prévenir ces escroqueries, les empereurs ordonnèrent que le billet, même écrit de la main du débiteur, qui reconnaissait avoir reçu la somme qu'on lui avait prêtée, ne ferait point une preuve suffisante de la dette, si l'emprunteur niait que l'argent lui eût été compté. *Vid. tot. tit. ; Cod. de pecun. non num.*, 4. 30, *et ibi* Perez.

Justinien permit même au créancier de proposer contre la quittance qu'il avait donnée l'exception *pecuniæ non solutæ.*

Mais si le billet, si la quittance ne formaient pas une preuve suffisante, en cas de dénégation ou d'exception d'argent non compté, il était permis, dans le premier cas, au créancier, de prouver la numération; dans le second, au débiteur, de prouver le paiement. Rien de plus sage.

La déclaration de 1733, en prononçant durement la nullité du billet non écrit par le débiteur, lorsqu'il n'avait pas approuvé la somme, sans réserver au créancier la faculté de prouver la légitimité de la dette, pouvait faire croire qu'elle ne le lui permettait pas, et qu'elle considérait le billet comme absolument nul : *Pro nihilo habeatur hujusmodi scriptura tanquàm nec confecta, nec penitùs scripta. Leg. 25, § 2, Cod. ad senat. Veilleian*, 4. 29. Par là, l'ordonnance favorisa la mauvaise foi du débiteur, et introduisit un abus pire que celui qu'elle voulait prévenir.

Les docteurs tenaient donc pour maxime que celui qui signe ou souscrit un billet écrit d'une autre main, n'est pas moins obligé que s'il l'avait écrit lui-même; car, en le souscrivant, il s'en approprie l'écriture, et il est censé approuver tout ce qu'elle contient.

Nous avons vu que cette maxime s'applique toujours, sauf les cas de fraude, au cas même où le souscrivant n'a pas lu ce que contient l'écriture mise au-dessus de la signature, comme dans le cas des blancs-seings, dont nous avons parlé, parce que le papier est rempli par son mandataire auquel il l'a confié.

Si la signature n'a pas été mise au pied d'un papier blanc, si l'acte a été rédigé d'abord, ensuite signé, ce qui est le cas le plus ordinaire, c'est une raison de plus en faveur de la validité de l'acte.

C'est alors sur-tout qu'on doit dire, et qu'on ne peut s'empêcher de prononcer que le souscrivant s'est approprié l'écriture, et qu'il a par sa signature approuvé tout ce qu'elle contient.

275. S'il prétendait qu'il a signé l'acte sans le lire, ce fait, s'il est vrai, est une faute qu'il ne peut imputer qu'à lui-même. Le fait n'est même pas vraisemblable; et tous les docteurs s'accordent à dire qu'on ne saurait croire qu'une personne signe ou souscrive un acte sans le lire : *Credendum est non facilè quemquam ei syngraphæ subscribere quam non legerit et diligenter perpenderit......*

Celui qui prétend n'avoir pas lu l'acte qu'il a souscrit, doit donc être chargé du fardeau de la

preuve : *Qui igitur se non legisse consensisseque di-*
cit , onere probandi gravabitur, idque omnium cal-
culis receptum, dit fort bien Alciat (1).

Il ne suffirait même pas pour faire annuler l'acte
de prouver qu'on l'a signé sans le lire, s'il n'existe
pas d'autres conjectures ou présomptions de fraude
et de surprise.

C'est dans ce dernier cas seulement, c'est lorsque l'acte est attaqué comme frauduleux et comme
surpris à la facilité de celui qui l'a souscrit sans le
lire, que la preuve de ce fait, jointe aux autres circonstances qui peuvent se rencontrer, devient d'un
grand poids pour déterminer les juges à prononcer la nullité de l'acte sur des présomptions graves, précises et concordantes (1355).

276. Ces principes, aussi anciens que la jurisprudence, sont fondés sur la raison. Si l'abus qu'on
peut faire des blancs-seings, si la facilité de souscrire un acte sans le lire peuvent entraîner et entraînent en effet quelquefois des abus, ce n'est pas
un motif suffisant pour frapper de nullité tous les
actes sous seing privé, lorsqu'il n'est pas prouvé par
une approbation expresse que ceux qui les ont
souscrits les ont lus ; parce que la nécessité de
cette approbation, prescrite sous peine de nullité, peut faire naître et occasionne en effet d'autres abus plus grands.

277. D'abord, cette formalité remplit-elle le but
de la loi? Non, certes.

_____

(1) Sur la loi 26, § 2, Chrysogonus, ff de V. O ; voy. aussi Menoch.
lib. 3, *præsumpt.* 66. tom. I, pag. 433.

Ce fut pour prévenir les abus des blancs-seings, que des escrocs étaient parvenus à se procurer par divers moyens, que la déclaration de 1733 exigea que la somme exprimée dans les billets causés pour valeur en argent, fût approuvée en toutes lettres de la main du signataire.

Mais le législateur s'aperçut qu'on ne pouvait étendre cette disposition nouvelle aux banquiers, négocians, marchands, manufacturiers, artisans, fermiers, laboureurs, vignerons, manouvriers, et autres de pareille qualité.

Ainsi, voilà déjà la classe la plus nombreuse de la société, la plus facile à surprendre, qui ne peut invoquer le secours prétendu que la loi crut devoir accorder contre les surprises faites à la facilité de ceux qui ont souscrit un billet sans le lire.

Au moyen de l'exception, ce secours ne s'applique guère qu'aux gens assez aisés pour vivre de leurs rentes, aux personnes adonnées aux professions savantes, telles que les avocats, professeurs, juges et magistrats, les médecins, chirurgiens, les gens de lettres, les personnes adonnées aux hautes sciences, les administrateurs, les commis de toute espèce; enfin, aux militaires, au clergé, etc.

Ainsi, il se trouve que la loi n'accorde son secours qu'à ceux précisément qui paraissent en avoir le moins de besoin.

278. Mais enfin, à leur égard au moins, cette loi remplit-elle le but qu'elle s'est proposé? Empêche-t-elle un faussaire ou un escroc d'abuser du blanc-seing ou de la signature qu'il a pu se pro-

curer? Non, encore. Rien de plus habile, rien de plus délié que les faussaires et les escrocs.

Une fois prévenus que les billets écrits au-dessus des signatures ou blancs-seings qu'ils ont en leur possession, sont déclarés nuls par la loi, ils se garderont bien de les remplir d'un pareil billet: ils écriront au-dessus un autre acte quelconque, par exemple une procuration d'emprunter, et. avec cette pièce, ils trouveront facilement des complices.

Ils pourront même surprendre un prêteur de bonne foi dont le contrat sera valable, à moins que la procuration ne soit jugée fausse, comme nous l'avons dit *suprà*, n°. 269.

La nullité des billets non écrits ou non approuvés par celui qui les a souscrits, ne remplit donc point son but; elle ne prévient point l'abus des blancs-seings ou des signatures surprises.

279. De plus, elle fait naître des abus plus grands que ceux qu'on voulait prévenir, en favorisant la mauvaise foi et en multipliant à l'excès le nombre des procès.

Il est notoire que les citoyens de la classe aisée vivent en général dans une grande ignorance des formalités requises pour la validité des actes. Ils s'en reposent sur les notaires, en ce qui concerne les actes authentiques; et quant aux actes sous seings privés, ils croient avoir fait tout ce qui est nécessaire, lorsqu'ils ont clairement exprimé leurs volontés, signé l'acte qui les contient, et que l'un des contractans a écrit, ou qu'ils ont fait écrire en leur présence (1).

Une longue observation nous a convaincu, et sans doute beaucoup d'autres l'auront observé comme nous, qu'une foule de billets légitimement consentis, ne sont ni écrits ni approuvés par ceux qui les ont souscrits, ou qu'ils ne sont pas approuvés de la manière exigée par la loi.

Ajoutons encore qu'une longue expérience nous a également démontré que le nombre des billets argués de nullité par des débiteurs de mauvaise foi, qui cherchent à se dégager d'une dette légitime, à obtenir une injuste réduction, ou au moins de longs délais sans intérêts, est infiniment plus grand que celui des billets frauduleusement écrits au-dessus d'un blanc-seing, ou d'une signature surprise.

Résumant donc les vices de la déclaration de 1733, il nous semble :

1°. Qu'elle a le grand défaut de ne point protéger la classe la plus nombreuse de la société, celle qui

---

(1) Au moment où j'écris ceci, j'ai sous les yeux un billet souscrit par un magistrat aussi vertueux qu'éclairé, par lequel il s'oblige solidairement avec son épouse au paiement d'une somme de 6,000f qu'ils ont reçue en prêt. Le billet est écrit de la main de l'épouse, souscrit par elle et par son mari, qui n'a point approuvé la somme. Ils sont aussi incapables l'un que l'autre d'invoquer cette circonstance. Mais si le mari mourait, ses héritiers pourraient-ils refuser le paiement du billet, pour défaut d'approbation de la somme, tandis que l'épouse resterait légalement obligée, parce qu'elle a écrit le billet ?

Supposons que les héritiers du mari soient mineurs, leur tuteur pourra-t-il reconnaître la dette ?

a le plus besoin d'être protégée, parce qu'elle est plus facile à surprendre;

2°. Qu'elle ne remplit point son but même à l'égard des personnes qu'elle a eu l'intention de protéger, et qu'elle ne prévient point efficacement l'abus des blancs-seings ni des signatures surprises;

3°. Qu'elle favorise la mauvaise foi, et qu'elle devient un piége pour les hommes simples;

4°. Ajoutons enfin qu'elle multiplie excessivement les procès, ce qui est le caractère infaillible d'une mauvaise loi.

Cette proposition est démontrée par le grand nombre des questions et des procès qu'a fait naître, avant et depuis le Code, la formalité de l'approbation en toutes lettres de la somme contenue dans un billet.

280. La raison, dont l'empire finit tôt ou tard par l'emporter sur les mauvaises lois, l'expérience, l'observation, avaient enfin ouvert les yeux sur les vices de cette loi de circonstances, dont les inconvéniens n'avaient pas d'abord été prévus.

Les Cours de Parlemens, les jurisconsultes, dont les opinions influent tant à la longue sur la législation, avaient senti la nécessité d'adoucir la rigueur de l'ordonnance de 1733. Voici comme s'expriment sur ce point deux jurisconsultes célèbres, MM. Camus et Bayard, dans la nouvelle collection de jurisprudence, connue sous le nom du nouveau Denisart, tom. III, pag. 531 :

« Au surplus, comme ce n'est que pour empê-
» cher les surprises que la loi exige cette approba-
» tion (celle de la somme en toutes lettres), si les

« circonstances étaient telles qu'on ne pût présu-
» mer de surprise de la part du porteur du billet,
» celui qui l'a signé serait condamné à payer. »

Ils se fondent sur un arrêt du 5 juillet 1748.

On sait que ce recueil, l'un des meilleurs qui
existent, est une des sources où les rédacteurs du
Code ont puisé.

Nous avons eu plusieurs fois l'occasion d'en faire
l'observation.

281. Nos sages législateurs, avertis par l'expérience, ont donc voulu, sur ce point, bannir de
la nouvelle législation les vices et les inconvéniens
de l'ancienne. Ils en ont conservé ce qui peut être
utile, et rejeté ce qui était nuisible.

Ainsi, en conservant la nécessité de l'approbation en toutes lettres des sommes portées dans un
billet, ils se sont bien gardés de répéter la peine
de nullité contre l'omission de cette formalité purement intrinsèque.

Mais aussi ils n'ont pas voulu qu'un billet non
écrit ni approuvé par le signataire, dans la forme
exigée, pût suffire seul et par lui-même pour établir ou prouver le fait du prêt ou de l'obligation.
Il faut qu'il s'y réunisse d'autres adminicules, d'autres présomptions ou d'autres preuves nécessaires,
dont le concours complète la preuve déjà commencée par la signature du débiteur.

L'omission de l'approbation prive le billet du
grand avantage que l'art. 1322 accorde en général
à tous les actes sous seing privé, qui, lorsqu'ils

sont reconnus ou légalement tenus pour tels, ont *la même foi que l'acte authentique,* c'est-à-dire qu'ils font seuls par eux-mêmes *pleine foi* de la convention qu'ils renferment.

Au contraire, le billet non approuvé, lors même que la signature en est reconnue, ne fait pas seul et par lui-même, contre le signataire, pleine foi du fait ou de la convention qu'il renferme ; il faut qu'il s'y joigne des circonstances capables de dissiper le soupçon de surprise que la loi autorise le débiteur à élever contre sa signature ainsi isolée.

Telle est la véritable théorie de la nouvelle législation, le véritable sens, le véritable esprit de l'art. 1326, qui forme exception à l'art. 1322.

282. Ainsi, quoique la loi n'ait pas attaché la peine de nullité à l'omission ou au défaut de l'approbation qu'elle prescrit, elle a sanctionné d'une autre manière la disposition qui prescrit cette approbation, en refusant au billet et à la signature, quoique reconnue vraie, l'avantage de faire seule et par elle-même preuve du fait ou de la convention.

Voyons maintenant le texte de l'art 1326 :

« Le billet ou la promesse sous seing privé, par » lequel une seule partie s'engage envers l'autre à » lui payer une somme d'argent ou une chose ap- » préciable, *doit* être écrit en entier de la main » de celui qui le souscrit, ou au moins *il faut* » qu'outre sa signature il ait écrit de sa main un » bon ou un approuvé portant en toutes lettres la » somme ou la quantité de la chose, etc. »

285. Pourquoi le billet *doit-il* être écrit de la main du débiteur, ou pourquoi *faut-il,* s'il ne l'a pas écrit, que la somme soit approuvée de sa main?

Il le faut, pour qu'il fasse par lui-même, contre la signature, *foi pleine et entière* de la promesse de rendre la somme mentionnée dans le billet.

Sous quelle peine *faut-il* que la formalité extrinsèque de l'approbation de la somme soit observée dans le billet? Sous peine de ne point faire par lui-même *foi pleine et entière,* comme un acte authentique.

Car, remarquez que notre art. 1326 vient à la suite de l'art. 1322, et qu'il contient une exception manifeste à la disposition de ce dernier article.

L'art. 1322 établit la règle générale que l'acte sous seing privé reconnu, ou légalement tenu pour reconnu, a, contre le signataire, ses héritiers ou ayant-cause, *la même foi que l'acte authentique,* c'est-à-dire qu'il fait seul et par lui-même *pleine foi* de la convention qu'il contient.

Voilà la règle générale pour l'application de laquelle la loi n'exige autre chose que la signature de celui qui s'oblige, quoiqu'il n'ait pas écrit le corps de l'acte, quoiqu'il n'en ait pas approuvé l'écriture ni la teneur, autrement que par sa signature.

Mais si c'est un simple billet causé pour valeur en argent, *il faut* de plus, suivant l'art. 1326, ou qu'il soit écrit en entier de la main du signataire, ou que la somme en soit approuvée en toutes lettres; faute de quoi il ne fera point de preuve par lui-même de la convention qu'il renferme; il pourra être écarté, et la demande, uniquement fondée sur ce billet, rejetée faute de preuve, si le défendeur déclare n'en avoir point reçu la valeur.

284. (1) Mais le billet sera-t-il absolument (2) nul? Non; car la loi n'a point prononcé la peine de nullité contre l'omission de l'approbation de la somme en toutes lettres, qui n'est qu'une formalité extrinsèque. Or, les nullités ne peuvent être suppléées; il faut qu'elles soient prononcées par la loi. (*Voy.* tom. VII, n°. 482).

Pour se convaincre que l'art. 1326 n'a point voulu attacher la peine d'une nullité absolue à l'omission de l'approbation de la somme en toutes lettres, il suffit d'en comparer le texte avec celui de la déclaration de 1733. Cette dernière loi porte expressément que les billets seront *nuls,....... de nul effet et valeur,* si le corps du billet n'est écrit de la main de celui qui l'aura signé, ou du moins si la somme n'est reconnue par une approbation écrite en toutes lettres de sa main; *faute de quoi le paiement n'en pourra être ordonné en justice....., défendons à tous nos juges d'en ordonner le paiement,* etc.

Voilà comment s'exprime un législateur (3), quand il veut attacher la peine de la nullité à l'omission d'une formalité extrinsèque qu'il prescrit:

---

(1) Sur ce numéro et les suivans, il faut absolument voir ce qu'a écrit M. Merlin, dans le tom. XVI de son Répertoire, imprimé en 1824, v°. *Billet,* pag. 115 et suiv.

(2) *Voy.* ci-après, n°. 319, ce qu'on entend par une nullité absolue qui fait considérer l'acte comme n'ayant jamais existé, et l'empêche de produire aucun effet.

(3) *Voy.* la note ci-dessus.

ce n'est point ainsi que se sont exprimés les sages rédacteurs du Code, quoiqu'ils eussent sous les yeux le texte de la déclaration de 1733. C'est donc avec réflexion qu'au lieu de prononcer, comme elle, la nullité du billet, et après avoir, dans l'article 1322, établi la règle générale que les actes sous seings privés, quand ils sont reconnus, ont la même foi que les actes authentiques, quoique non écrits de la main de celui qui s'oblige, ils ont limité cette règle, à l'égard des simples billets causés valeur en argent, en disant que ces billets *doivent* de plus être écrits de la main du signataire, ou *qu'il faut* du moins que la somme en soit approuvée en toutes lettres ; mais ils se sont arrêtés là.

Ils se sont bien gardés d'ajouter, comme la déclaration de 1733 : Faute de quoi, les billets seront de *nul effet et valeur.......; le paiement n'en pourra être ordonné ; défendons à tous juges d'en ordonner le paiement* : ce n'était pas ce qu'ils voulaient. Ils ont seulement voulu, on ne peut trop le répéter, que la signature du souscrivant ainsi isolée élevât un soupçon de surprise qui l'empêche de suffire seule pour faire une preuve complète du fait ou de la convention, comme les autres actes sous seing privé. La signature du billet isolée, et sans une approbation de la somme, ne forme qu'un commencement de preuve qui a besoin, pour devenir complète, d'être fortifiée par les circonstances ou par d'autres preuves accessoires. Cette interprétation nous paraît résulter du texte et de l'es-

prit du Code, et de plus conforme à la raison et
aux principes du droit.

285. On nous opposera peut-être que la Cour
de cassation a semblé la rejeter dans un arrêt du
3 novembre 1812 (1).

S'il en était ainsi, nous pourrions répondre
qu'un seul arrêt ne suffit point pour fixer la jurisprudence; que si notre interprétation est vraie,
conforme à la raison, au texte et à l'esprit du Code,
la Cour de cassation ne manquera point de l'adopter tôt ou tard, à la première occasion qui s'en
présentera.

Mais en pesant les motifs de l'arrêt cité, on
trouve au contraire qu'il présente des inductions
favorables à notre interprétation. Voici l'espèce:

Le 31 août 1811, par jugement en dernier ressort, le tribunal de la Seine avait condamné la
veuve Fradiel à payer une somme de 600ᶠ à Simonin, en vertu d'un billet consenti par Fradiel, écrit,
il est vrai, d'une main étrangère, mais souscrit de
lui, et dont la somme était approuvée seulement
en chiffres. Les motifs du jugement étaient que le
billet de 600ᶠ était signé par Fradiel; que sa signature n'est pas contestée, et qu'il résultait des faits
et des pièces de la cause joints à cette signature, que
la somme des 600ᶠ était réellement due à Simonin.

Ce jugement fut cassé le 3 novembre 1812. Voici
les motifs de l'arrêt : « Considérant qu'il est re-

---

(1) Rapporté par Sirey, an 1813, 1ʳᵉ. part., pag. 55. Mais il ne faut
pas s'arrêter à la notice qui se trouve en tête de l'arrêt. *Voy.* le Répertoire de M. Merlin, tom. XVI, v°. *Billet*, n°. 3, pag. 115 et suiv.

» connu et avéré, en fait, que le billet dont il s'a-
, git n'est pas écrit de la main du signataire ; qu'il
» n'est point revêtu du bon ou de l'approuvé voulu
» par l'art. 1326; qu'enfin le signataire ne se trou-
» vait dans aucune des classes exceptées par cet ar-
» ticle : d'où il suit, en droit, que le billet dont il
» s'agit était *sans effet,* aux termes de la disposition
» dudit article, et que, par suite, le jugement at-
» taqué, en condamnant la veuve Fradiel à payer
» le montant de ce billet, et *en motivant* cette con-
» damnation, *non sur un titre de créance* qu'il dé-
» clare exister, mais uniquement *sur une énoncia-*
» *ciation vague de faits* qu'il n'articule pas, *et de*
» *pièces* desquelles *il n'énonce pas même* qu'il soit ré-
» sulté *un commencement de preuve* par écrit, a con-
» trevenu aux art. 1326 et 1341. Par ces motifs,
» la Cour casse, etc. »

Il y a dans ce considérant une inexactitude frappante, en ce qu'il est dit que le billet était *sans
effet,* aux *termes de la disposition de l'art.* 1326. Ce
sont les termes de la déclaration de 1733, qui portaient que le billet était *sans effet,* faute d'approbation en toutes lettres; mais cette rédaction a été
rejetée.

L'art. 1326 dit seulement : Il faut que celui qui
souscrit le billet ait, outre sa signature, écrit un
bon ou approuvé, etc.

Le rédacteur des considérans de l'arrêt de la Cour
de cassation prit donc manifestement les termes
de la déclaration de 1733, pour les termes tout
différens de l'art. 1326. C'est cette confusion des
termes et de l'esprit de l'ancienne loi , avec les

termes et l'esprit de la nouvelle, qui seule répand de l'obscurité sur une question très-claire, en ne consultant que le Code.

Malgré cette confusion, la Cour de cassation laisse clairement entendre, dans la seconde partie du considérant, qu'elle n'eût point annulé le jugement du tribunal de la Seine, s'il avait été motivé d'une autre manière. En quoi donc ce jugement avait-il contrevenu à la loi?

286. Dans la première partie du considérant, la Cour dit que le billet était sans effet, parce que la somme n'était pas approuvée en toutes lettres. Si ce défaut d'approbation eût opéré une nullité absolue et indépendante de toutes autres circonstances, il n'y avait plus à chercher, dans la manière dont le jugement est motivé, d'autres moyens de l'annuler.

Cependant la Cour ajoute, dans la seconde partie du considérant : « Et en motivant cette condamna-» tion, non sur un titre de créance qu'il déclare » exister, mais uniquement sur *une énonciation va-* » *gue de faits qu'il n'articule pas,* et de pièces des-» quelles *il n'énonce même pas* qu'il résulte *un com-* » *mencement de preuve* par écrit, etc. »

Ainsi, la contravention commise par le jugement ne consiste pas seulement en ce qu'il ordonnait le paiement d'un billet non approuvé par le signataire, mais en ce qu'il n'avait motivé la condamnation que sur une énonciation vague de faits qui n'étaient même pas articulés sur des pièces aussi vaguement énoncées, sans déclarer qu'elles formaient un commencement de preuve : il résultait de là que le billet non approuvé restant isolé, ne pouvait pas faire preuve, aux termes de l'art. 1326, ni par conséquent suffire pour condamner.

Mais si le jugement avait déclaré qu'il résultait de tels et tels faits des présomptions précises et concordantes à l'appui du billet, ou que de telles ou telles pièces produites, il résultait un commencement de preuve, qui, se réunissant à la signature reconnue du billet, formait une preuve complète, la Cour de cassation n'eût pas annulé le jugement, quand même elle eût trouvé faible le commencement de preuve.

287. Car il est de maxime en cette matière, et la Cour l'a formellement décidé dans un arrêt du 30 avril 1807, que le jugement en dernier ressort, rendu sur la question de savoir quelles pièces forment un commencement de preuve par écrit, ne peut être soumis à la cassation, parce que la loi s'en est référée à la conscience des juges sur le commencement de preuve par écrit, commé sur la force des présomptions, et qu'elle n'a investi la Cour de cassation que du droit de réprimer les violations formelles à la loi (1).

288. C'est au principe consacré par cet arrêt du 29 avril 1807, que se rapportent la seconde partie et les derniers mots du considérant de l'arrêt du

---

(1) *Voy.* l'arrêt du 30 avril 1807. Sirey, tom. VII, dans les additions (119).

novembre 1812, qui, loin d'être contraire à l'interprétation que nous avons donnée de l'art. 1326, n'en est qu'une conséquence naturelle. Il en résulte, et c'est le véritable sens, le véritable esprit de cet article,

1°. Qu'un billet non écrit par le signataire, dont la signature est isolée, sans approbation de la somme en toutes lettres, ne peut seul et par lui-même faire preuve du fait ou de la promesse qu'il renferme;

2°. Que ce billet n'est point, comme sous l'empire de la déclaration de 1733, *nul, sans effet et valeur;* qu'il forme un commencement de preuve qui, étant soutenu par des présomptions graves, précises et concordantes (1353), ou par un autre commencement de preuve résultant de pièces produites, suffit pour opérer une preuve complète, et pour faire condamner le signataire, ou ses héritiers, à payer la somme;

3°. Que les tribunaux et les Cours royales étant seuls investis du droit d'apprécier la force des présomptions, et des pièces capables de former un commencement de preuve, les jugemens ou arrêts qui prononcent sur ces questions, en déclarant suffisans, pour opérer une preuve complète, les présomptions et commencemens de preuve qui se réunissent au billet dont la signature est isolée, mais reconnue, ne sont pas soumis à la censure de la Cour de cassation;

4°. Mais que, s'ils condamnent sur le simple billet non approuvé, et en n'énonçant que des faits vagues, que des pièces desquelles ils ne déclarent

pas qu'il résulte un commencement de preuve par
écrit, les jugemens ou arrêts peuvent être annulés, parce qu'alors il y a contravention formelle à
l'art. 1326, qui ne veut pas que la signature isolée
d'un billet non écrit par le signataire, suffise seule
pour faire preuve, faute d'approbation en toutes
lettres.

289. Tout cela est raisonnable. Comment douter en effet que la signature d'un pareil billet forme
un commencement de preuve par écrit?

L'art. 1347 appelle ainsi « tout acte par écrit,
» qui est émané de celui contre lequel la demande
» est formée, ou de celui qu'il représente, *et qui.*
» *rend vraisemblable le fait allégué.* »

Or, qui oserait soutenir qu'un billet de 600ᶠ non
écrit, mais souscrit par le signataire, ou dont la
somme est approuvée, mais en chiffres seulement,
ne rend pas *vraisemblable* qu'il a reçu réellement
la somme de 600ᶠ, et qu'il a promis de la rendre?
On doit donc en ce cas admettre supplétivement
la preuve testimoniale sur la légitimité ou réalité
de la dette, pour achever la preuve et former cette
preuve mixte, comme l'appellent les auteurs, et
dont nous avons parlé *suprà,* nᵒˢ. 211, 217.

C'est ce que la Cour de Turin, ville alors réunie à la France, jugea fort bien par un arrêt du
20 avril 1808 (1), qui contient les vrais principes
de la matière.

290. Remarquez cependant que pour admettre

_____

(1) Rapporté par Sirey, tom, IX, 2ᵉ, part., pag, 509.

en ce cas la preuve testimoniale, il faut, comme nous venons de le dire, qu'elle porte sur la réalité ou sur l'existence de l'obligation ; par exemple, si le porteur du billet demandait à prouver que la somme a été comptée en présence de tels ou de tels témoins, que le signataire du billet a reconnu en leur présence qu'il a réellement reçu la somme; qu'elle lui a été prêtée pour tel usage; qu'il a demandé du tems pour la payer, ou autres faits semblables; en ce cas la preuve devrait être admise.

Mais si le porteur du billet demandait uniquement à prouver la vérité de la signature, en soutenant que le billet a été signé en présence de tels et tels témoins, cette preuve ne devrait pas être admise; parce qu'elle serait inutile; car, supposant que les témoins attestent le fait de la signature, qu'en résulterait-il? Leur déposition ne peut avoir plus de force que l'aveu du défendeur, qui reconnaît ou qui ne dénie pas sa signature, ou celle de son auteur, et qui se borne à soutenir, en vertu de l'art. 1326, qu'elle ne peut faire preuve, parce qu'elle n'est pas accompagnée de l'approbation de la somme en toutes lettres, exigée par cet article.

On doit donc, lorsque les faits posés ne tendent qu'à prouver la vérité de la signature, d'ailleurs reconnue, rejeter la preuve testimoniale, en appliquant la maxime *frustrà probatur quod probatum non relevat.*

C'est ce que jugea la Cour de Bruxelles, par un

arrêt du 13 août 1811 (1). L'admission à la preuve était, suivant ses expressions, *irrélevante.* Les compilateurs d'arrêts opposent celui-ci à l'arrêt que la Cour de Turin rendit le 20 avril 1808. C'est une nouvelle preuve du peu d'attention qu'ils apportent aux notices des arrêts insérés dans leurs recueils.

L'arrêt de Turin a jugé que le billet dont la signature est reconnue, mais non accompagnée de l'approbation de la somme en toutes lettres, est un commencement de preuve qui autorise à recevoir la preuve par témoins sur l'existence de l'obligation.

L'arrêt de Bruxelles a jugé qu'il est inutile d'admettre la preuve sur le fait seulement de la vérité de la signature, d'ailleurs non déniée : il n'y a donc point de contrariété entre ces deux arrêts.

291. Mais la Cour royale de Paris en a rendu un, le 5 décembre 1816, diamétralement opposé à nos principes.

Le grand préjugé qu'élève en faveur de ces décisions l'autorité d'une Cour aussi éclairée, nous force de discuter cet arrêt, qui nous paraît contenir encore une autre erreur très-grave.

Cette discussion répandra du jour sur la matière, et pourra aider à fixer la jurisprudence. Voici l'espèce :

Le 1er. décembre 1810, les sieur et dame Lenferna souscrivirent, au profit de la veuve Gaudry,

(1) Rapporté par Sirey, tom. XII, 2e. part., pag. 277.

une obligation solidaire de 5,000ᶠ. Le billet était de la main du mari; la femme n'avait point approuvé la somme. Il mourut; elle renonça à la communauté. La veuve Gaudry lui demanda les 3,000ᶠ par voie de solidarité.

La veuve Lenferna invoqua la disposition de l'art. 1326, et soutint qu'elle n'avait jamais su ce que contenait le billet, *ni pour quelle somme son mari s'obligeait.*

La veuve Gaudry demanda à prouver différens faits qui auraient démontré que la veuve Lenferna avait bien connu toutes les charges du billet, et la quotité de la somme qui y était énoncée.

Le 5 juillet 1815, les premiers juges admirent la preuve, attendu que l'approbation de la somme en toutes lettres, prescrite par l'art. 1326 du Code, n'est point une *formalité essentielle de l'engagement;* qu'elle n'a d'autre but que de rendre constant que le signataire a connu l'étendue de son engagement; que cet objet est rempli lorsqu'il est également prouvé que le souscripteur n'a apposé sa signature qu'après avoir pris connaissance de la somme portée au billet, ou que depuis il a reconnu qu'il en était réellement débiteur;

Que l'art. 1347 permet la preuve testimoniale lorsqu'il y a un commencement de preuve par écrit; que la signature apposée par la dame Lenferna au bas du billet, et plus encore le paraphe qu'elle ne disconvient pas avoir mis au bas du renvoi, à la marge du billet, rendent vraisemblable le fait allégué par la veuve Gaudry, que la

euve Lenferna a signé et s'est obligée en pleine
connaissance de cause, et que cette vraisemblance
se convertira en certitude, si les faits posés par la
dame Gaudry sont prouvés.

Ce jugement plein de sagesse nous paraît aussi
conforme aux principes de droit (1) qu'à l'équité.
Cependant il fut réformé par la Cour de Paris,
le 5 décembre 1816 (2), « attendu que la formalité prescrite par l'art. 1326 du Code est *véritablement constitutive de l'acte*, et que son omission
ne produit pas uniquement une présomption
simple de surprise, mais une présomption absolue ;

» Que cela résulte, d'une part, de la comparaison de cet article du Code avec la déclaration
de 1733, qui, à défaut de l'approuvé de la somme
en toutes lettres, autorisait à exiger *le serment* du
défendeur, ce que *ne permet pas* l'article du Code,
plus rigoureux en cette partie que la déclaration
de 1733 ;

» D'autre part, de la comparaison de ce même
article avec l'ensemble du titre, où le législateur,
après avoir réglé les formalités constitutives de
l'acte authentique, et celles de l'acte synallagmatique sous seing privé, venant à l'acte unilatéral,
et déterminant la forme dans laquelle il doit être

(1) Il est conforme aux principes qui commençaient à prévaloir,
même sous l'empire de la déclaration de 1733. *Voy.* la nouvelle Collection de jurisprudence, tom. III, pag. 551, citée *suprà*, n°. 280.

(2) L'arrêt est rapporté par Sirey, an 1819, 2°. part., pag. 579 et 400.

» rédigé, prescrit *également* la formalité dont il s'a-
» git, comme *essentielle* à la confection de l'acte;

» Qu'il est contre toute règle qu'un acte, ré-
» prouvé par la loi comme suspect, soit présenté
» comme formant un commencement de preuve
» par écrit, et qu'un tel principe, qui tendrait à
» admettre la preuve par témoins dans toutes les
» affaires de cette nature, serait d'une dangereuse
» conséquence. »

292. J'éprouve toujours une profonde défiance
de moi-même, quand je vois des hommes plus
éclairés avancer avec autant d'assurance des maximes qui me paraissent aussi contraires à la morale
et à la justice naturelle, qu'à la loi civile; mais
mon devoir est de combattre l'erreur, quand je
crois l'apercevoir. Si mes raisons sont bonnes, tôt
ou tard elles prévaudront.

Quoi donc! j'ai prêté dans la bonne foi, et par
pure bienfaisance, une somme de 6,000ᶠ à un
homme qui passait pour honnête : il m'en a donné
son billet, mais n'a point approuvé la somme en
toutes lettres; et quand je lui présente cet écrit
pour réclamer mon argent, il peut me répondre
avec sécurité : Non, je ne vous dois rien. J'ai, à la
vérité, signé cet écrit; mais je n'ai approuvé la
somme qu'en chiffres, et l'approbation en toutes
lettres est nécessaire, suivant le Code!

C'est une formalité *constitutive* de l'acte, une formalité *essentielle;* ainsi votre billet n'est rien aux
yeux des juges.

Je réplique qu'il est beaucoup aux yeux de la

justice, et que, sans examiner s'il est ou n'est pas quelque chose aux yeux des juges, il n'en est pas moins vrai que le défendeur a reçu de moi la somme de 6,000ᶠ; qu'il ne saurait le nier, et que je lui défère le serment sur ce point.

Non, encore, me répond-il; vous n'êtes pas en droit de me déférer le serment : l'art. 1326, plus rigoureux que la déclaration de 1733, *ne le permet pas;* la Cour royale de Paris l'a décidé.

Voilà ce qui me paraît aussi contraire au bon sens et à la justice naturelle qu'à l'esprit et au texte du Code civil.

Loin d'être plus rigoureux que la déclaration de 1733, l'art. 1326 en a beaucoup mitigé les dispositions; nous l'avons prouvé *suprà,* nᵒˢ. 281—283, par la comparaison même des textes de ces deux lois.

Si l'art. 1326 n'a pas dit expressément, comme la première loi, qu'on peut déférer le serment au défendeur, sur le point de savoir s'il n'a pas reçu la valeur du billet, c'est qu'il était inutile de le dire, sur-tout en supprimant la peine de nullité, puisque la règle générale, établie par l'art. 1358, est que «le serment décisoire peut être déféré sur quelque espèce de contestation que ce soit.»

Prenons donc pour constant, malgré l'assertion contraire échappée à la seconde chambre de la Cour royale de Paris, que celui qui demande le paiement d'un billet où la somme n'est point approuvée par le signataire, peut lui déférer le serment sur le point de savoir s'il n'est pas vrai qu'il en a reçu la valeur.

295. Mais ce billet forme-t-il un commencement de preuve par écrit? Comment en douter? L'article 1347 dit qu'on appelle ainsi tout écrit émané de celui contre lequel la demande est formée, *et qui rend vraisemblable le fait allégué.*

La question se réduit donc à demander si un billet souscrit par un homme éclairé, mais qui n'a point approuvé la somme en toutes lettres, rend *vraisemblable* le prêt qu'il a reçu et la promesse de le rendre.

La vraisemblance est un aperçu de l'esprit qui nous porte à penser qu'une chose a tout au moins l'apparence du vrai. La vraisemblance est produite par un ensemble de causes différentes, souvent imperceptibles; en sorte qu'une chose peut être vraisemblable aux yeux de telle personne, et ne l'être pas aux yeux de telle autre.

Il y a cependant des choses qui ont une telle apparence du vrai, que tout le monde s'accorde à les trouver vraisemblables.

C'est précisément le cas d'un billet de Caïus, dont la signature est reconnue, mais qui ne contient pas l'approbation de la somme en toutes lettres. Présentez ce billet à tout ce qui existe de négocians en France, et à tous les tribunaux de commerce; demandez-leur s'il rend *vraisemblable* que Caïus ait reçu la somme et promis de la rendre; ils croiront que ce n'est pas seulement une vraisemblance, mais une preuve complète qui résulte du billet, et que si Caïus nie la dette, c'est un malhonnête homme. Si la question est portée devant un tribunal de commerce, Caïus sera condamné (1).

Présentez le même billet aux personnes de toutes les classes, de toutes les professions, présentez-le aux jurisconsultes des nations voisines, tous vous diront que le billet ne forme pas seulement une vraisemblance, mais une preuve complète.

Et ce billet, reçu dans les tribunaux de commerce comme formant une preuve complète, ce billet, que les hommes simples qui n'écoutent que le bon sens, que les hommes instruits qui suivent les leçons de la raison, que les lois romaines et les Codes des nations voisines (2) s'accordent à considérer comme formant une preuve complète, n'aurait pas, dans les tribunaux civils de France, la force de former un commencement de preuve! Ces tribunaux seraient donc dispensés d'écouter et de suivre le bon sens et la raison? Oui, pour soutenir que le billet dont la signature n'est pas déniée, mais dont la somme n'est pas approuvée en toutes lettres, est insuffisant pour former un commencement de preuve, et ne rend pas *vraisemblable* la promesse qu'il contient, il faut sou-

---

(1) *Nota.* Si le billet est souscrit par un marchand et par un avocat, sans approbation de l'un et de l'autre, il fera preuve complète contre le marchand, *vid. infrà*, n°. 299; et ce même billet ne formerait pas même une vraisemblance contre M. l'avocat.

(2) Le Code prussien, liv. 1, tit. 2, n°. 727, en contient une disposition expresse : « Par le simple reçu du prêt, le débiteur est obligé, même sans contrat par écrit, à la restitution. » *Junge* n°s. 730 et 732.

tenir qu'en jurisprudence on doit renoncer au bon sens et à la raison.

Quant à ceux qui pensent qu'aux yeux de la justice, le bon sens et la raison doivent céder aux arrêts, en voici deux qui répandent un grand jour sur les principes relatifs aux commencemens de preuves.

Ils ont jugé qu'une simple lettre missive, où le défendeur se reconnaissait débiteur, sans énoncer de quelle somme, formait un commencement de preuve par écrit qui autorisait à prouver par témoins la quotité de la dette. Voici l'espèce :

294. Les époux Descornaix demandaient à Saint-Aubin 2,400^l ou cent louis que la dame Descornaix lui avaient prêtés.

Elle produisait une lettre dans laquelle il lui mandait qu'il était au désespoir de ne pouvoir pas rembourser l'argent qu'elle lui avait si obligeamment prêté. Il promettait de vendre un tiers de maison pour acquitter *cette dette sacrée.*

Les Descornaix regardèrent cette lettre comme un commencement de preuve par écrit, et demandèrent à la compléter par témoins.

Saint-Aubin mit beaucoup d'adresse dans sa défense; il reconnut devoir dix-sept louis seulement, et soutint que la lettre ne pouvait servir de preuve par écrit de la *quotité* de la dette, puisqu'elle était muette sur ce point. Néanmoins, le premier tribunal et la Cour de Trèves, ville alors réunie à la France, regardèrent la lettre comme un commencement de preuve, admirent la preuve testimoniale et le serment des demandeurs. Définitivement Saint-Aubin fut condamné.

Il se pourvut en cassation pour fausse application de l'art. 1347, et pour excès de pouvoir, en ce que la Cour avait admis le serment supplétoire. L'existence du prêt, disait-il, était convenue; il n'y avait de contestation que sur sa *quotité.* S'élevait-il à cent louis, ou seulement à dix-sept? Telle était la seule question du procès. Pour qu'il y eût commencement de preuve, il faudrait donc, disait-il, que les lettres déterminassent, ou au moins indiquassent une quotité plutôt que l'autre. Or, elles étaient muettes sur le point contesté : donc elles ne le rendaient pas vraisemblable. Si l'art. 1347 était entendu d'une manière plus large, disait Saint-Aubin, il suffirait d'avoir un écrit où il fût question d'argent, pour y trouver la vraisemblance d'un prêt très-considérable : il ne s'agirait plus que de corrompre des témoins.

M. Daniels (1), qui exerçait si dignement le ministère public, dit qu'il était impossible de déterminer les règles générales et absolues de vraisemblance, parce qu'elle consiste dans un aperçu de l'esprit, résultant d'un ensemble de causes imperceptibles; qu'ainsi les juges sont, à cet égard, livrés à l'impulsion de leur conscience.

Il pensa néanmoins que, tout en ne s'exprimant pas sur la *quotité* de la somme prêtée, les écrits de

(1) Magistrat intègre et savant, que la France regrette, mais que son souverain a rappelé dans sa patrie, pour l'admettre dans ses conseils.

l'emprunteur, appréciés d'après son état de fortune, ses rapports avec le prêteur, les causes de l'emprunt et les moyens indiqués pour le paiement, pouvaient très-bien rendre *vraisemblable* l'assertion que le prix consistait dans telle quotité plutôt que dans telle autre. Il conclut au rejet, qui fut prononcé par arrêt du 29 prairial an XIII (1) :

« Attendu que, de la dette écrite par le récla-
» mant, il résultait un commencement de preuve
» par écrit, qui autorisait l'admission de la preuve
» testimoniale ; que l'existence d'une dette impor-
» tante et *sacrée* se trouvant constatée tant par écrit
» que par le résultat de l'enquête, les juges ont pu,
» sans violer aucune loi, ordonner un serment sup-
» plétoire, et le déférer à la partie qu'ils ont jugée
» la plus digne d'après leur conscience. »

Si des lettres qui parlent d'un prêt sans en indiquer la quotité forment un commencement de preuve, à plus forte raison un écrit où la somme reçue, où la promesse de rendre, et le délai de la restitution sont fixés.

295. Si le billet, dont la signature d'ailleurs reconnue ou non contestée, n'est point accompagnée de l'approbation de la somme en toutes lettres, est un commencement de preuve, qui autorise l'admission de la preuve testimoniale, en est-il de même lorsque la signature n'est pas reconnue? Il existe alors plus de difficulté; car deux présomptions semblent alors s'élever contre le billet : 1°. le

_____

(1) Rapporté par Sirey, an XIII, 1re. part., pag. 551.

défaut d'approbation ; 2°. le défaut de reconnaissance. Mais il nous paraît que le demandeur peut
requérir la vérification de la signature, si elle est
déniée (1).

296. Nous finissons par observer qu'en admettant, ce qui nous paraît incontestable, que le billet
non écrit par le signataire, ni revêtu de la forme
extrinsèque de l'approbation en toutes lettres,
forme un commencement de preuve qui autorise
la preuve testimoniale, il faut dire qu'en ce cas,
indépendamment de cette preuve, les juges peuvent condamner au paiement du billet, sur-tout en
déférant le serment supplétoire au demandeur,
lorsque les circonstances de la cause présentent,
sur l'existence et la légitimité de l'obligation, des
présomptions graves, précises et concordantes.
Cela résulte de l'art. 1353, qui permet aux juges
de se déterminer sur des présomptions, *dans le cas
où la loi admet les preuves testimoniales.*

297. Lorsque la somme exprimée dans le corps
de l'acte, et celle exprimée dans le *bon* ou dans
l'approuvé, sont différentes, il s'élève des difficultés
que n'avait point prévues la déclaration de 1733.
Pothier, n°. 711, les résout suivant les principes
du droit, et son opinion a été érigée en loi par
l'art. 1327 du Code. Il porte : « Lorsque la somme
» exprimée au corps de l'acte est différente de celle

---

(1) M. Merlin est de cet avis, et je crois mon opinion certaine,
quand elle est partagée par ce grand jurisconsulte. *Voy.* le Répertoire,
tom. XVI, pag. 115, col. B., 4°. alinéa. « Nous pensons absolument,
» dit-il, comme M. Toullier. »

» exprimée au *bon*, l'obligation est présumée n'être
» que de la somme moindre, lors même que l'acte,
» ainsi que le *bon, sont* écrits en entier de la main
» de celui qui s'est obligé, à moins qu'il ne soit
» prouvé de quel côté est l'erreur. »

L'erreur peut être prouvée, lorsque la cause de
la dette exprimée dans le corps de la promesse fait
connaître quelle est la somme véritablement due.
Pothier en donne l'exemple suivant : Si la promesse
porte : Je reconnais devoir à tel la somme de 3oo^t
pour quinze aunes de drap de Pagnon qu'il m'a
vendu et livré, et qu'il soit constant que ce drap
était du prix d'environ 20^t l'aune, la promesse vau-
dra pour 3oo^t, quoiqu'il soit écrit *bon pour* 200^t.

Mais dans le cas de contrariété entre les sommes exprimées dans le corps de l'acte et dans le
bon, la preuve testimoniale peut-elle être offerte
par le créancier, et admise pour rectifier l'erreur?
Nous croyons qu'on n'en doit pas douter. Un premier fait est déjà prouvé par écrit : il y a erreur; il
ne reste plus qu'à voir où elle existe. Le billet forme
donc un commencement de preuve qui doit faire
admettre la preuve testimoniale.

Si le bordereau des espèces était joint à l'acte ou
contenu dans l'acte même, il n'est pas douteux
que c'est la somme que composent les espèces exprimées qui est la somme due, quoique la somme
exprimée dans le corps de l'acte ou dans le bon
soit différente : c'est, dans ce cas, une erreur de
calcul. (Pothier, n°. 713).

298. Avant de terminer l'explication du texte

de l'art. 1326, il faut remarquer qu'il exige que le billet soit écrit *en entier* de la main de celui qui le souscrit.

Cependant il ne faut pas croire que le billet ne fût point valable, si quelques mots, ou même quelques lignes, étaient écrits d'une main étrangère, pourvu que l'énonciation de la somme fût de la main du souscrivant; car, quand le billet en entier serait écrit d'une main étrangère, il n'en serait pas moins valable si la somme était approuvée en toutes lettres. Or, qu'elle soit approuvée dans le corps même de l'acte, ou au pied, la chose est parfaitement égale: ces mots *en entier* paraissent donc surabondans; ils ne se trouvaient point dans le texte de la déclaration de 1733.

299. Après avoir fixé le véritable sens de l'article 1326, il faut voir à quelles personnes et à quels actes s'appliquent ses dispositions.

Elles s'appliquent d'abord à toutes les personnes qui n'en sont point exceptées.

La déclaration de 1733 exceptait, dans son préambule, « les actes nécessaires pour le commerce, ou » faits par des gens occupés aux arts et métiers ou » à la culture des terres, qu'il serait difficile et » même souvent impossible d'assujettir à l'obser-» vation de cette formalité. » Ce sont, suivant le dispositif, « les banquiers, négocians, marchands, » manufacturiers, artisans, *fermiers*, laboureurs, » vignerons, manouvriers et autres de pareille qua-» lité. »

L'art. 1326 contient à peu près les mêmes exceptions, exprimées d'une manière plus concise. Il porte : « Excepté dans le cas où l'acte émane de » marchands, artisans, laboureurs, vignerons, » gens de journée et de service. »

Il n'est pas douteux que les *banquiers, négocians, manufacturiers,* nommément exceptés par la déclaration de 1755, sont compris dans l'art. 1526, sous le nom générique de marchands.

Mais les *fermiers,* que la déclaration exceptait aussi nommément, ne sont pas tous compris sous la dénomination de *laboureurs,* exceptés par l'article 1526. Il y a des fermiers qui ne sont pas laboureurs, tels que les fermiers généraux, les personnes aisées, qui, par spéculation, afferment des biens qu'ils font exploiter par des manœuvres. Sous l'ancienne loi même on distinguait ces espèces de fermiers, des fermiers et laboureurs de profession, *dont les actes sont nécessaires à la culture des terres,* dit le préambule de la déclaration (1).

C'est sans doute pour favoriser ou établir cette distinction, que le Code a retranché de l'exception le mot *fermiers,* et s'est borné à excepter les *laboureurs.* Il en résulte que les magistrats peuvent, suivant les circonstances, appliquer ou ne point appliquer *aux fermiers* l'exception de l'art. 1526.

Si l'on s'en tenait aux termes de la loi, il faudrait que l'individu qui oppose l'exception fût du nombre des exceptés au moment où il a souscrit le bil-

---

(1) *Foy.* un arrêt de la Cour de cassation, du 12 brumaire an XI. Sirey, an XI, 2e. part., pag. 26 et 27.

let, quoique depuis il ait quitté le commerce ; car le billet n'en est pas moins émané d'un marchand. Mais celui qui, après avoir été marchand, quitterait entièrement le commerce, pour vivre de ses revenus ou pour embrasser une profession non exceptée, cesserait d'être dans le cas de l'exception, à l'égard des billets souscrits depuis qu'il a quitté le commerce.

Le Code dit : « Excepté dans le cas où l'acte émane des marchands, etc. ». L'acte n'est pas émané d'un marchand, s'il est fait par un homme qui a publiquement quitté le commerce dans le tems où il signe l'acte (1).

On cite cependant un arrêt de la Cour d'appel de Paris (2), qui a décidé qu'un maçon avait continué d'être dans le cas de l'exception depuis qu'il avait quitté sa profession pour vivre du produit de ses économies. Il est à croire que la Cour aperçut de la mauvaise foi de la part du créancier, et que ce fut le motif qui la détermina ; la déclaration de 1733 ne fut qu'un prétexte pour motiver sa décision.

Il serait à désirer que de pareils arrêts, où les juges interrogent plutôt leur conscience de jurés que le devoir rigoureux du magistrat uniquement chargé d'appliquer la loi, lors même qu'elle est dure ou mauvaise, ne fussent point insérés dans les recueils, qui deviennent ainsi les arsenaux de la chi-

---

(1) *Voy.* un arrêt de la Cour de Bruxelles.
(2) Du 18 février 1808, Sirey, tom. VIII, 2e. part., pag. 786.

cane, toujours assurée d'y trouver des armes pour et contre.

300. Mais si une ou plusieurs des personnes non exceptées s'obligent par le même billet écrit de la main de l'une d'elles, faut-il qu'outre leur signature, chacune des autres approuve la somme en toutes lettres? (1) Nul doute, si elles ne s'obligent pas solidairement; car alors l'obligation se divise de plein droit entre elles. (*Voy.* tom. VI, n^os, 709 et 710). Primus, Secundus et Tertius souscrivent un billet écrit par le premier, dans lequel ils reconnaissent avoir reçu de Caïus la somme de 9,000^f, qu'ils s'obligent de lui rendre dans un an. Cette somme est de plein droit divisée entre les trois emprunteurs, de la même manière que si chacun avait donné un billet séparé de 3,000^f.

Ainsi celui qui a écrit le billet n'avait aucun intérêt de veiller à ce que la signature des autres ne fût pas surprise; il n'était pas leur agent. Il faut donc, dans l'esprit de la loi, que chacun approuve la somme qu'il s'oblige de payer : *Bon pour 3,000^f.*

Si Secundus approuvait pour 2,000^f seulement, il ne devrait que cette somme. Primus, qui a écrit le corps du billet, n'ayant pas spécifié la somme qu'il doit personnellement, devrait le surplus, si Tertius n'avait rien approuvé.

Mais la signature de celui-ci formerait un commencement de preuve par écrit, qui autoriserait,

_____

(1) *Voy.* le Répertoire de M. Merlin, tom. XVI, v°. *Billet*, n°. 4, pag. 119.

soit Primus, soit le créancier, à prouver par témoins que Tertius a reçu telle somme.

Si, dans un billet écrit d'une main étrangère,
Primus, Secundus et Tertius avaient reconnu devoir à Caïus la somme de 9,000ᶠ qu'il leur a prêtée, et que la somme entière fût approuvée en
toutes lettres par Primus seulement, *bon pour neuf
mille francs,* Caïus n'aurait point d'action contre
les deux autres. On peut même douter que leur
signature formât contre eux en ce cas un commencement de preuve ; car cette preuve paraît détruite
par le *bon* de Primus, duquel semble résulter qu'il
a reçu la somme en entier.

Ce que nous venons de dire s'applique également
au cas où une femme aurait souscrit un billet écrit
par son mari, dans lequel elle s'oblige avec lui
sans solidarité. Faute d'approbation de la somme
en toutes lettres, le créancier n'aurait point d'action contre elle (1).

Si, entre les personnes qui ont souscrit un billet dont la somme n'est point approuvée en toutes
lettres, une d'elles seulement se trouvait par sa
profession dans le cas des exceptions prononcées
par l'art. 1326, le billet ferait une preuve complète
contre elle, mais non contre les autres. Les exceptions attachées à la profession des personnes ne
se communiquent point aux autres signataires.

Si le billet est signé par un marchand et par une

---

(1) La Cour de Paris l'a ainsi jugé le 16 mai 1812, Sircy, 1812,
2ᵉ. part., pag. 318 et suiv. *Voy.* aussi l'arrêt de la Cour de cassation,
du 6 mai 1816, Sircy, 1816, pag. 227.

personne vivant de ses rentes, le marchand reste obligé, et non l'autre, contre qui il n'existe point de preuve suffisante.

Mais il paraît que, dans ce cas, en vertu de la division de la dette, le marchand n'en devrait que la moitié; le créancier doit s'imputer de n'avoir pas veillé à ce que l'autre signataire écrivît de sa main une approbation en toutes lettres.

Les exceptions attachées à la profession passent si peu d'une personne à l'autre, que celle qui s'applique à un mari marchand ne s'étend point à sa femme, non marchande publique; car si la femme suit en général la condition du mari, il ne résulte pas de ce principe que la profession du mari lui soit nécessairement commune (1).

Au contraire, suivant les art. 4 et 5 du Code de commerce, la femme n'est réputée marchande publique que dans le cas où elle exerce, du consentement de son mari, un commerce séparé du sien; il peut même arriver que la femme soit marchande publique, et que le mari ne le soit pas.

301. Si, au lieu de s'obliger conjointement, sans solidarité, les personnes qui souscrivent un billet s'obligent solidairement, faut-il que chaque signataire approuve la somme en toutes lettres? (2)

On a cherché entre ce cas, et celui où l'obligation est seulement conjonctive et sans solidarité, des raisons de différence qui ne nous paraissent

---

(1) Voy. l'arrêt de la Cour de cassation, du 6 mai 1816, Sircy. 1816. pag. 226 et 227.

(2) Voy. Merlin, *ubi supra,* pag. 121, n°. 5.

pas exister dans la nature des choses. L'obligation solidaire diffère de la conjonctive, en ce que le créancier peut exiger la somme entière de chaque coobligé, quoique celui à qui il s'adresse n'en ait reçu qu'une partie ou même rien du tout; mais c'est toujours en supposant qu'il existe une preuve suffisante de l'obligation solidaire.

Or, suivant l'art. 1326, cette preuve n'existe point suffisamment dans la simple signature du billet sans approbation de la somme.

L'un des débiteurs solidaires peut reconnaître la dette, et sa reconnaissance interrompt la prescription contre les autres coobligés; mais il faut pour cela qu'il soit prouvé que l'obligation solidaire existait avant la reconnaissance. Lorsqu'il s'agit de constituer cette obligation, il faut que l'acte contienne la preuve de l'obligation, non seulement contre l'un ou plusieurs des signataires, mais encore contre les autres.

Or, encore une fois, la signature de ces derniers ne suffit pas sans l'approbation de la somme en toutes lettres; et l'on ne voit pas pourquoi l'approbation des uns pourrait dispenser de l'approbation des autres, que la loi exige pour donner à l'acte toute sa force.

On a dit que, dans le cas de l'obligation solidaire, il n'existe aucun soupçon de surprise *de la part du créancier.* Cela n'est point exact; car le créancier peut très-bien s'entendre avec celui qui a écrit le billet, ou qui en a approuvé les sommes, pour surprendre la signature de ceux qui ne les ont point approuvées.

On a cru trouver dans le texte même de l'article 1326, qu'il n'est point applicable aux obligations solidaires. Il porte que le billet par lequel *une seule partie* s'engage envers l'autre, *doit être écrit*, etc. Donc, dit-on, ce texte ne s'applique point au cas *où plusieurs personnes,* et non pas une seule, s'obligent envers une autre.

Cette interprétation ingénieuse pèche par trop de subtilité.

La Cour de cassation y a fort bien répondu (1), en disant « qu'il résulte du texte bien entendu de » l'article, et de l'esprit bien connu du législateur, » que l'article comprend tout acte unilatéral qui » renferme obligation de payer, soit que l'obliga- » tion soit souscrite par un seul, soit qu'elle le soit » par plusieurs. »

Cette interprétation, conforme à l'esprit, est aussi rigoureusement conforme à la lettre de l'article 1326. Il porte :

« Le billet par lequel *une seule partie* s'engage, etc., et non pas *une seule personne.* »

Or, en rapprochant ces expressions de celles de l'art. 1326, qui précède immédiatement, on voit que le Code entend par une *partie,* les personnes ayant le même intérêt, comme si elles ne formaient qu'une seule personne morale.

L'art. 1325 veut que les actes qui contiennent des conventions synallagmatiques, soient faits en

_____

(1) Dans le considérant de l'arrêt du 6 mai 1816, Sirey, an 1816; pag. 229.

autant d'originaux qu'il y a de *parties* ayant un intérêt distinct; il ajoute qu'il suffit d'un seul original pour *toutes les personnes ayant un même intérêt.*

Aussi la Cour de cassation n'a point admis la distinction qu'on voulait faire entre les billets par lesquels plusieurs personnes s'engagent solidairement ou sans solidarité envers un autre. Elle a décidé que, dans le premier cas comme dans le second, il faut l'approbation en toutes lettres par tous les débiteurs solidaires, comme par tous les débiteurs simplement conjoints, mais non solidaires (1). On le jugeait aussi de la même manière sous l'ancienne législation (2).

302. S'il était constant que l'obligation contenue dans le billet dont la somme n'est point approu-

---

(1) *Voy.* l'arrêt du 6 mai 1816, Sirey, an 1816, pag. 227; celui du 8 août 1816, *ibid.,* pag. 99.

(2) *Voy.* un arrêt du 19 avril 1784, dans la nouvelle Collection de jurisprudence, connue sous le nom de nouveau Denisart, v°. *Billet,* § 2, n°. 5.

L'interrogatoire sur faits et articles peut être une ressource contre les débiteurs qui cherchent à couvrir leur mauvaise foi du rempart de l'art. 1326. On en voit un exemple dans l'arrêt rendu par la Cour d'Angers, le 30 mai 1816, Sirey, tom. XVIII, 2e. part., pag. 168. Étienne Bignon avait, solidairement avec son frère, souscrit pour 19,500l de billets au profit du sieur Delclée. Il paraît que la somme était pour le frère d'Étienne, qui, sous le nom de débiteur solidaire, n'était que caution. Au lieu de mettre l'approbation en toutes lettres, il se borna à mettre les mots *vu et lu* au-dessus de sa signature; mais, interrogé sur faits et articles, il reconnut qu'en écrivant ces mots, il savait qu'ils n'étaient pas suffisans pour l'obliger.

La Cour pensa, avec raison, que cette réponse décelait de sa part l'intention de tromper le prêteur, un véritable dol, dont il était obligé de réparer les suites. Il fut condamné.

vée, a été exécutée en partie par le débiteur, celui-ci, ni ses héritiers, ne pourraient plus opposer le défaut d'approbation; la raison; la justice et l'analogie conduisent à le décider ainsi.

L'art 1325, qui exige que les actes synallagmatiques soient faits en double pour qu'ils soient valables, veut néanmoins que le défaut de mention que les originaux ont été faits en double ne puisse être opposé par celui qui a exécuté de sa part la convention portée dans l'acte. *A pari*, le débiteur qui a exécuté en partie l'obligation contenue dans le billet, ne peut plus opposer le défaut d'approbation de la somme. Voici un exemple :

On trouve à ma mort, et l'on comprend dans l'inventaire de mes papiers, une quittance que j'ai reçue pour une année d'intérêts, ou à valoir au capital d'une somme de 20,000ᶠ prêtée par Paul, à qui j'en ai donné un billet non écrit de ma main, et au pied duquel je n'ai point approuvé la somme: mes héritiers ne pourront pas opposer le défaut d'approbation.

De même, s'il était constant que le créancier a réellement compté la somme mentionnée au billet, le débiteur ne serait pas écouté à opposer le défaut d'approbation. J'ai souscrit et non écrit un billet dans lequel je reconnais que Paul m'a compté la somme de 4,000ᶠ, en deux billets à ordre payables par tel, banquier à Paris, laquelle somme je m'oblige de lui rendre en un an. Ce délai expiré, Paul demande son argent; je lui oppose que le billet ne prouve point que je l'aie reçu, parce que je n'ai point approuvé la somme en toutes lettres.

Il me répond que cette exception n'est pas fondée, parce qu'il a exécuté le prêt en me délivrant les deux billets, et pour le prouver, il me les représente avec les deux acquits qui sont au pied ; il m'oppose encore les livres du banquier, etc.

Il est d'autant moins douteux que mon exception doit être rejetée, que le billet forme un commencement de preuve par écrit (1), qui autorise l'admission de la preuve testimoniale.

303. Quant aux actes auxquels s'applique la disposition de l'art. 1326, ce n'est, suivant son texte, qu'aux *billets* ou *promesses* sous seing privé par lesquels *une seule partie* s'engage envers l'autre à « lui » payer une somme d'argent ou une chose *appréciable* », comme des denrées ou des marchandises.

On ne peut donc appliquer cette disposition qu'aux actes unilatéraux, et non pas aux actes synallagmatiques ou obligatoires de part et d'autre.

304. Il n'est pas douteux qu'elle est applicable à un acte de dépôt ; c'est un acte unilatéral, comme un acte de prêt.

On a donc toujours jugé, tant sous l'ancienne que sous la nouvelle législation, que la déclaration de 1733, sous l'ancienne, et l'art. 1326, sous la nouvelle, sont applicables aux actes de dépôt.

305. Mais on a demandé si les contrats de *constitution de rente*, soit en perpétuel, soit en viager,

_____

(1) *Vid. suprà*, n°s. 289 et 293.

faits sous seing privé, sont soumis à la formalité de l'approbation de la somme en toutes lettres, exigée pour les *billets* et *promesses* par l'art. 1326.

Il ne paraît pas que cette question se soit élevée sous l'ancienne législation ; on n'en trouve du moins aucune trace dans les recueils d'arrêts. En effet, la décision ne semble pas douteuse, si l'on s'en tient au texte de la loi et aux conséquences naturelles qui en dérivent ; car, sans examiner si le contrat de rente perpétuelle ou viagère est un contrat synallagmatique, comme il est assez raisonnable de le croire, il suffit de dire que jamais dans le langage ordinaire, ni dans celui des jurisconsultes, on n'a confondu *les contrats de constitution* avec les *billets* ou *promesses*, dont parlent la déclaration de 1733 et l'art. 1326 du Code.

Pothier nous enseigne, dans son Traité du contrat de constitution, n°. 1, que les constitutions de rente, soit *perpétuelle*, soit *viagère*, sont des espèces de *contrats de vente*. Il définit la constitution de rente perpétuelle un *contrat* par lequel *un des contractans vend à l'autre* une rente annuelle et perpétuelle, dont il se constitue le débiteur pour un prix convenu..., sous la faculté de pouvoir toujours racheter la rente pour le prix qu'il a reçu..., sans qu'il puisse y être contraint.

La nature synallagmatique de ce contrat ne pouvait paraître douteuse dans les tems où il ne pouvait se faire que par *assignat*. (*Voy.* ce que nous avons dit tom. IV, pag. 533 et suivantes).

On n'avait donc jamais confondu les contrats de

constitution de rente avec les billets dont parle la déclaration de 1733.

Mais la question se présenta au tribunal de Paris, le 16 ventôse an IX, au sujet d'un contrat de rente viagère souscrit, mais non écrit par la dame de la Vieuxville-Baude, née Butler. Elle s'obligeait de payer au sieur Arrighy une rente viagère de 4,000^f, constituée pour un capital de 40,000^f, qu'elle reconnaissait avoir reçu, à diverses époques, pendant le séquestre de ses biens.

Il s'agissait de corriger une grande injustice. Le fait était qu'en quittant la France, la dame de la Vieuxville avait confié plusieurs blancs-seings au sieur Pesse, qui se plaignait qu'on les lui avait volés. Faute de preuve de l'escroquerie du sieur Arrighy, ou de l'abus de confiance de Pesse, elle opposa la déclaration de 1733 au contrat ou billet dont Arrighy exigeait la reconnaissance et le paiement. Il offrit sous l'appel de prouver, tant par titres que par témoins, que l'obligation avait des causes légitimes. Mais on était tellement persuadé de la fraude et de la mauvaise foi, que, laissant les principes à l'écart, le tribunal de Paris, sans s'arrêter à la preuve offerte, et s'étayant sur la déclaration de 1733 et sur le défaut d'approbation de la somme, confirma le premier jugement qui avait repoussé la demande d'Arrighy (1).

Celui-ci se pourvut en cassation. Le ministère public pensa que le tribunal de Paris eût dû au-

---

(1) L'arrêt est rapporté par Sirey, tom. II, 1re. part., pag. 355.

toriser Arrighy à prouver que l'acte avait des causes légitimes; mais il était tellement persuadé que l'écrit était frauduleux, qu'il conclut au rejet du pourvoi, qui fut en effet rejeté le 7 thermidor an X, sur le fondement de la déclaration de 1733, et du défaut de l'approbation de la somme en toutes lettres.

Mais la question s'étant représentée en l'an XI, au sujet d'une rente perpétuelle de 100ˡ, constituée pour un capital de 2,000ˡ, la Cour de Liège refusa de faire aux contrats de constitution l'application de la déclaration de 1733, invoquée par les débiteurs dont l'auteur n'avait pas approuvé la somme. L'affaire fut portée devant la Cour de cassation, qui désavoua et rétracta son précédent arrêt, « attendu que *les constitutions de rente* ne » sont pas expressément comprises dans la déclaration de 1733; attendu que la jurisprudence n'a » étendu l'application de cette loi aux obligations » de cette espèce, que quand les circonstances » ont donné lieu à de justes soupçons de fraude, » etc. (1). »

Nouvel exemple de la manière honorable dont la Cour de cassation sait réparer les erreurs qui peuvent lui échapper, lorsque les Cours inférieures lui en procurent l'occasion, en persistant à s'attacher aux vrais principes, plutôt que de suivre servilement une décision qui s'en écarte.

306. On a dit qu'un arrêté de compte écrit de

_____

(1) L'arrêt est rapporté par Sirey, an XII, 2ᵉ. part., pag. 25 et 26.

main étangère est soumis à la formalité du *bon* ou de l'approbation de la somme en toutes lettres (1). La question ainsi posée est trop vague : la solution dépend de la manière dont l'arrêté est rédigé. S'il était écrit au pied du compte, comme c'est l'usage, il nous paraît évident qu'il ne serait pas soumis à la formalité de l'approbation de la somme.

Mais un billet écrit de main étrangère, dans lequel une partie s'engage de payer à l'autre une somme en argent pour solde d'un arrêté de compte, est-il soumis à la formalité du *bon* ou de l'approbation de la somme? Nous croyons qu'on n'en saurait douter. La cause du billet est indifférente; il n'est pas nécessaire qu'elle y soit exprimée (1132).

Mais quelle qu'elle soit, si elle s'y trouve exprimée, l'écrit n'en conserve pas moins la nature d'un acte unilatéral, d'un billet ou d'une promesse, par lequel, dit l'art. 1326, une seule partie s'engage envers l'autre à lui payer une somme d'argent. C'est ce que décida le tribunal de cassation, sous l'empire de la déclaration du 22 septembre 1733, par un arrêt du 7 juin 1793, dont voici l'espèce :

Perrinne Crosnier, fille majeure, et Pierre Vittalis, souscrivirent, le 28 juin 1790, un écrit dit fait double sous leurs seings, contenant énonciation d'un arrêté de compte et avances faites par Pierre Vittalis pour Perrinne Crosnier, à raison d'achats de matériaux et prêt d'argent, dont le ré-

---

(1) *Voy.* Merlin, *ubi suprà*, pag. 129, n°. 9, et *infrà*, n°. 351.

sultat était une promesse consentie par cette dernière de payer à Vittalis une somme de 16,760¹.

Un premier jugement du tribunal de la Rochelle, un second du tribunal de Fontenay, comme tribunal d'appel, avaient condamné Perrinne Crosnier à payer la somme.

Elle se pourvut en cassation pour contravention à la déclaration du 22 septembre 1733, qui déclare *nuls* les billets causés *pour valeur en argent,* lorsque la somme n'est pas approuvée en toutes lettres.

Vittalis répondit que l'écrit étant un acte synallagmatique, et contenant un arrêté de compte, n'était point de la nature des promesses ou billets pour lesquels la loi exige l'approbation des contractans.

La Cour de cassation annula le jugement de Fontenay, par la considération « que l'écrit en » question, quoiqu'énoncé fait double, ne conte- » nait point d'engagement réciproque, et qu'en *ré-* » *sultat c'est une promesse de payer une somme dé-* » *terminée pour avances et prêt d'argent,* faits par » Vittalis pour Perrinne Crosnier, sans que la somme » contenue soit approuvée par elle. »

Cet arrêt nous paraît contenir une juste application de la déclaration de 1733. Qu'importe, en effet, quelle est la cause du billet, s'il se réduit en résultat à la promesse de payer une somme en argent? Le billet souscrit par Perrinne Crosnier serait également soumis à la disposition de l'art. 1326, suivant lequel tout billet ou promesse, par lequel une seule partie s'engage envers l'autre *à lui payer une somme en argent,* doit être revêtu de la formalité du *bon*, ou de l'approbation de la somme, sans distinguer quelle est la cause de l'engagement.

307. La Cour de cassation décida encore un autre point dans l'arrêt cité; c'est qu'il ne suffit pas de donner à un billet ou à une promesse la forme d'un acte synallagmatique, en référant qu'il a été fait double, pour le soustraire à la formalité du *bon* ou de l'approbation de la somme.

Cette décision est conforme aux principes du droit; car il est de maxime que, pour connaître la nature de l'obligation contenue dans un acte, ce n'est ni la dénomination, ni la forme extrinsèque qu'on lui a données qu'il faut consulter, mais la substance même de l'obligation, c'est-à-dire en quoi elle consiste, ce qu'elle contient.

308. Ceci nous conduit à la question de savoir s'il suffit de donner à une convention synallagmatique de sa nature et dans son principe la forme d'un billet, pour l'assujettir à la formalité extrinsèque du *bon* ou de l'approbation de la somme, et pour la soustraire à une autre formalité aussi extrinsèque exigée par l'art. 1325, pour les actes synallagmatiques sous seing privé.

C'est ce que nous examinerons après avoir expliqué cet article. Il porte :

309. « Les actes sous seing privé, qui contien- » nent des conventions synallagmatiques, ne sont » valables qu'autant qu'ils ont été faits en autant » d'originaux qu'il y a de parties ayant un intérêt » distinct.

» Il suffit d'un original pour toutes les personnes
» ayant le même intérêt.

» Chaque original doit contenir la mention du
» nombre des originaux qui en ont été faits.

» Néanmoins, le défaut de mention que les ori-
» ginaux ont été faits *doubles, triples,* etc. etc., ne
» peut être opposé par celui qui a exécuté de sa part
» la convention portée dans l'acte. »

310. On pensait, on jugeait autrefois en France,
conformément au principe du droit romain, qu'il
n'est pas nécessaire, même à l'égard des conventions synallagmatiques, que l'acte où elles sont
écrites ou consignées fût passé en double. Il paraît
que le doute sur cette question se présenta, pour
la première fois, dans l'affaire de l'abbé Tallemant.
Son fermier lui avait fait proposer de renouveler
le bail de son prieuré de Saint-Irénée, et ce fermier
avait même envoyé procuration notariée de passer
cette renovation. L'abbé lui écrivit, le 10 mars,
une lettre missive, où il lui mandait qu'il accep-
tait les conditions qui lui avaient été proposées de
sa part par son fils; qu'il permettait de renouveler
son bail, et que, pour le passer, il n'attendait que
le retour de son homme d'affaires; mais ayant ap-
paremment trouvé de meilleures conditions, il passa le 21 mai un bail à un nouveau fermier.

L'ancien en ayant eu connaissance, fit assigner
l'abbé Tallemant au Châtelet de Paris, pour le faire
condamner de lui passer le bail promis. Le Châtelet ordonna, avant faire droit, que le fermier re-
présenterait la procuration qu'il avait donnée, et

quelques sous-baux qu'il avait passés sous seing privé, sur la foi de la promesse contenue dans la lettre de l'abbé.

Sous l'appel qu'il interjeta au Parlement de Paris, l'abbé soutint que le bail étant un contrat synallagmatique, la lettre qu'il avait écrite ne pouvait l'obliger à le passer, parce qu'elle n'obligeait point à le prendre le fermier, qui n'avait donné de son côté ni écrit ni promesse, et qui pouvait, en supprimant la lettre, réduire l'appelant à l'impossibilité de prouver la convention; qu'ainsi, dans l'incertitude de ce qui pourrait arriver de sa lettre, il avait eu raison de disposer de son prieuré.

Le défenseur du fermier répondit que le contrat de louage était parfait par le seul consentement; *qu'en demandant à passer bail, l'intimé s'obligeait de le prendre*; que, s'il avait supprimé la lettre, la preuve de la convention en eût été à la vérité plus difficile; mais que le fermier représentant la lettre, rien ne peut dispenser l'abbé Tallemant d'exécuter la promesse qu'elle contient.

Par arrêt du 3 septembre 1680, la Cour condamna le sieur Tallemant de passer le bail en question, si mieux n'aimait payer 1,000ᵗ de dommages et intérêts. L'arrêt est rapporté par Brillon, vᵉ. *Bail,* nᵒ. 16.

Ainsi, la première fois qu'on proposa la nouvelle doctrine sur la nécessité des doubles originaux, elle fut rejetée; et l'on ne peut s'empêcher d'applaudir à une décision conforme aux principes de droit, et qui proscrivait la mauvaise foi de cet abbé Tallemant, lequel n'avait pas même averti son ancien fermier, avant de contracter un nouvel engagement.

311. Cette doctrine pèche, en effet, par son fondement. Le contrat synallagmatique oblige, dit-on, les deux parties : donc l'acte qui en contient la preuve doit être fait double.

Le vice de ce raisonnement consiste à confondre le contrat avec l'acte destiné à servir de preuve au contrat.

Le contrat et l'acte sont deux choses tellement différentes, que le contrat peut exister, quoiqu'il n'y ait point d'acte, puisqu'on peut contracter verbalement; et, s'il y a un acte, le contrat peut être valable, quoique le contrat soit nul; par exemple, un contrat extorqué par erreur, fraude ou violence, est nul, quoique consigné dans un acte revêtu de toutes les formes légales.

Mais, dit-on, si l'acte n'est pas fait double, un seul des contractans a la preuve de l'existence du contrat; il peut la supprimer : donc il n'est pas obligé.

Ce raisonnement n'est pas moins vicieux que le précédent.

Celui qui supprimerait l'unique original de l'acte n'en resterait pas moins obligé, puisqu'il le serait quand même il n'aurait pas existé d'acte; l'autre n'est pas même dénué de toute espèce de preuve contre lui; il peut lui déférer le serment, l'interroger sur faits et articles, informer contre lui de la suppression frauduleuse de l'acte, etc. : la nouvelle doctrine est donc sans fondement.

On fut long-tems sans oser la faire reparaître. Les plus savans avocats de la capitale la combattaient. Elle n'avait point obtenu l'assentiment du savant et judicieux Domat, qui, loin d'enseigner que les conventions sont nulles lorsque la facilité ou la faculté de les prouver par écrit n'est pas réciproque, enseignait qu'elles peuvent se former valablement sans écrit, verbalement par lettres (1); qu'il y a des conventions synallagmatiques de leur nature, où l'engagement, le lien de droit n'est pas réciproque (2),

Il en donne pour exemple le contrat passé entre un majeur et un mineur, où le premier est engagé irrévocablement, quoique le second ne le soit pas, s'il ne veut pas l'être.

On en trouve un autre exemple dans le cas de l'acquisition faite sous la condition de rendre si la chose déplaît : *Si emptori displicuerit* (3).

On pourrait en citer beaucoup d'autres. Il peut donc y avoir inégalité dans le lien de la convention, et à plus forte raison dans la manière de la prouver.

Celui qui contracte de cette manière ne peut imputer qu'à lui seul de n'avoir point, dans le premier cas, lié l'autre contractant aussi étroitement qu'il se liait lui-même; dans le second, de n'avoir pas exigé, de ne s'être pas procuré le même genre de preuve qu'il donnait à l'autre.

---

(1) Titre des conventions en général, sect. 1re., nos. 10 et 16.
(2) *Ibid.*, sect. 5, n°. 7.
(3) *Voy.* tom. VI, n°. 100, pag. 102.

Pothier n'a point également mis au rang des conditions requises pour la validité des contrats synallagmatiques, celles que l'acte en soit fait double ou déposé en minute chez un notaire. Il a constamment enseigné la même doctrine que Domat; c'est celle du droit romain et de la raison.

312. Cependant la question s'étant, le 30 août 1736, présentée à la quatrième chambre des enquêtes du Parlement de Paris, il fut jugé non seulement qu'il fallait, sous peine de nullité, que l'acte qui contient la convention fût passé en double, mais qu'on devait de plus, sous peine de nullité, faire mention, dans l'écrit même, qu'il avait été fait double.

Voici l'espèce de cet arrêt :

Oger avait vendu trois métairies à Verrier par un écrit sous signature privée, fait double, mais dans lequel on n'avait point énoncé qu'il eût été fait double ; la veuve Verrier en demanda l'exécution; Oger prétendit que l'acte était nul, parce que ni l'exemplaire qu'elle produisit, ni celui qu'il représentait lui-même, ne portaient que l'écrit eût été fait double.

Ainsi les deux doubles étaient représentés, les signatures n'en étaient pas déniées, et Oger n'alléguait ni surprise ni fraude.

Sa défense se réduisait (1) à soutenir que le dé-

---

(1) Oger opposait encore quelques variations entre les deux doubles; mais ce moyen fut entièrement écarté, parce que la veuve Verrier déclara s'en tenir au double représenté par Oger.

faut de mention que l'acte eût été fait double le rendait nul. Ce fut aussi le seul motif qui le fit déclarer tel par arrêt du 3o août 1736 (1).

513. Si l'on examine la défense d'Oger sous le point de vue moral, elle est d'une mauvaise foi qui va jusqu'à l'infamie. Elle se réduisait à dire : Oui, j'ai signé l'écrit qu'on m'oppose; j'en ai même eu un double; le voilà : je ne me plains pas d'avoir été surpris; mais je soutiens que l'acte est nul, parce qu'on n'y a point énoncé qu'il a été fait double.

Pour admettre une défense aussi contraire à la bonne foi, il faudrait y être forcé par quelque loi formelle; il faudrait pouvoir dire : *Dura quidem, sed scripta lex est.*

On est donc frappé d'étonnement, quand on voit que non seulement il n'en existait aucune, mais que les motifs de l'arrêt que nous a transmis M. de Grainville, l'un des magistrats qui assistaient au jugement, ne sont que de méchans sophismes, aussi réprouvés par la saine logique, que contraires aux principes élémentaires de la morale et de la jurisprudence.

Il pose en principe qu'un engagement synallagmatique doit procurer à l'une et à l'autre des parties une action réciproque pour contraindre l'autre à l'exécuter.

Ce principe est une vérité élémentaire. Sans cette action réciproque, les engagemens restent impar-

---

(1) Rapporté par M. de Lépine de Grainville, dans le Recueil d'arrêts de la 4e. chambre des enquêtes, pag. 164.

faits. Point d'engagement parfait sans action, c'est-à-dire sans le droit de poursuivre l'exécution de la promesse.

M. de Grainville ajoute : « On ne peut former » de convention fixe et certaine que *par un acte*. Un » acte est *absolument nécessaire* pour établir qu'il y » a eu convention entre les parties. » Ce sont ses expressions.

Cette seconde proposition est aussi fausse que la première est vraie. Mais continuons l'argument.

Si réellement un acte est nécessaire pour former la convention, il s'ensuit qu'il faut que l'acte soit double, s'il contient des obligations réciproques ; autrement il n'y a d'obligation que d'un côté. La partie saisie de l'acte non fait double pourrait seule agir, ou supprimer l'acte, qui forme en même tems la convention et la preuve de la convention. Il n'existe donc point d'obligation ou de convention dans le principe.

Partant de là, M. de Grainville conclut qu'il ne suffit pas que l'acte soit fait double ; il faut de plus que la preuve s'en trouve dans l'acte même ; que la mention qu'il a été fait double s'y trouve écrite : car si l'une des parties a pu soustraire la preuve qu'il a été fait double, l'acte est nul ; *il n'a formé aucun engagement entre les parties* dans le principe ; et ce même engagement ne peut se former entre elles par la représentation volontaire qu'elles font des deux doubles.

« Cette représentation ne rectifie pas le défaut » d'énonciation qu'ils ont été faits doubles ; elle ne

» donne point à l'acte le caractère qu'il n'avait pas.
» Il était nul dans son principe, parce que *ni l'un*
» *ni l'autre des doubles ne donnait aux parties la preuve*
» *que la convention était réciproque, et par conséquent*
» *obligatoire.* »

Tels sont les raisonnemens qui, suivant M. de
Grainville, déterminèrent en 1736 la majorité des
magistrats de la première chambre des enquêtes;
et ce sont ces mêmes raisonnemens, un peu plus
délayés, qu'emploie M. Lepage, auteur de l'article
écrit double, inséré dans la nouvelle Collection de
jurisprudence (1), connue sous le nom du nouveau Denisart.

Un jurisconsulte à qui on ne peut refuser une
vaste érudition, une grande force de raisonnement,
et une connaissance profonde de la nouvelle législation (2), a remarqué, non sans raison, que l'arrêt du 30 août 1736 est d'une époque où les magistrats de Paris s'habituaient, comme le leur avait
déjà reproché le célèbre d'Aguesseau dans plusieurs de ses Mercuriales, à ne pas étudier la jurisprudence dans ses véritables sources; ils croyaient
pouvoir suppléer par l'imagination et l'esprit na-

---

(1) Ce recueil, demeuré imparfait, a été donné au public par
MM. Camus et Bayard. Les principes sont clairement et savamment
exposés dans les articles composés par ces deux savans jurisconsultes;
mais l'immensité de la tâche qu'ils avaient entreprise les força d'admettre des collaborateurs, parmi lesquels il s'en est trouvé de moins
exacts, de moins savans.

(2) M. Merlin, Questions de droit, v°. *Double écrit,* 2e. édition,
tom. II, pag. 308, col. A.

turel aux laborieuses veilles des de Thou, des Bignon, des Talon, etc.

Si M. de Grainville, et les magistrats qui embrassèrent la nouvelle doctrine, avaient consulté les premiers élémens de la jurisprudence et de la morale, ils auraient appris que les conventions sont parfaites par le seul consentement des contractans, *solo consensu ;* qu'on ne les rédige par écrit que pour s'en procurer une preuve plus facile ; mais qu'elles n'en sont pas moins valables et moins obligatoires sans l'écriture : *Fiunt scripturæ ut quod actum est* (1), *per eas faciliùs probari poterit, sine his autem valet quod actum est, si habeat probationem.* Loi 4, *ff de pign.* 20, 1. Principe d'une vérité éternelle, enseigné par tous les moralistes (2), naturalisé en France comme maxime de pratique dès le tems du moine Marculfe (3).

Il faut en effet bien distinguer le lien de droit,

---

(1) *Non figurâ litterarum, sed oratione quam exprimunt litteræ obligamur; quatenùs placuit non minùs valere quod scriptura, quàm quod vocibus linguâ figuratis significaretur.* Loi 38, *ff de oblig. et act.*, 44. 7.

Pactum quod bonâ fide interpositum docebitur, etsi scripturâ non existente, tamen si aliis probationibus rei gestæ veritas comprobari potest, præses provinciæ secundum jus custodiri efficiet. Loi 17, *Cod. de pact.*, 2. 3.

(2) Je n'en citerai qu'un seul, Wolf, qui, sous le titre de Droit naturel, a soumis les principes de la jurisprudence à l'examen de la raison et de la morale. Voici comment il s'exprime, 3e. part., § 846 : *Naturaliter pactum valet antequàm in scripturam referatur; pacta enim fiunt mutuo consensu pasciscentium....; quamobrem.... obligatio statim, id est quamprimùm consensus iste fuit declaratus, consequenter non alia de causâ pactum in scripturam refertur, quam ut in posterum certa constet de quonam fuerit conventum.*

(1) *Formul., lib.* 2, *form.* 19, *pag.* 418, édition de Baluze.

qui forme l'essence de l'obligation, de ce qui n'est relatif qu'à la preuve de l'obligation.

Dès que les deux parties ont librement, et en connaissance de cause, donné leur consentement, le lien de droit existe, la convention est parfaite, l'obligation est formée ; et soit qu'on puisse la prouver ou non, elle n'en a pas moins la vertu intrinsèque de lier les contractans.

En logique ainsi qu'en morale, le défaut de preuve d'une convention n'en peut opérer la nullité ; il n'en peut résulter qu'un empêchement de fait à son exécution. Si l'on parvient à suppléer à ce défaut, à lever cet empêchement par des preuves tirées d'ailleurs, la convention doit être pleinement exécutée.

En vain dirait-on que dans le principe la convention n'était pas susceptible d'exécution forcée faute de preuve ; il n'en est pas moins vrai que l'obligation était valable en elle-même dans le principe ; c'en est assez pour qu'elle ait tout son effet, du moment que la preuve en est acquise d'ailleurs.

Dire que la convention, que l'obligation n'existe pas lorsqu'il n'y en a point de preuve écrite, c'est véritablement la morale des hommes de mauvaise foi et des scélérats, qui ne pensent pas avoir commis un crime, quand ils sont parvenus à en dérober la connaissance aux hommes.

Si l'ordonnance de Moulins et les lois suivantes ont jugé à propos de défendre la preuve testimoniale des conventions au-dessus de 100^f ou 150^f, on ne s'est jamais avisé de croire que l'écriture fût requise dans les conventions, pour autre chose que pour la preuve.

On a toujours jugé qu'à défaut de titre, on peut déférer le serment sur l'existence des conventions verbales, et l'on a toujours condamné à l'accomplissement de leurs obligations ceux qui, tout en avouant les avoir contractées, soutenaient qu'ils n'étaient point liés valablement, faute d'écrit.

Cette jurisprudence est adoptée par le Code civil, qui admet comme preuves irréfragables l'aveu judiciaire et le serment, et qui permet (art. 1358) de déférer le serment décisoire sur quelque espèce de contestation que ce soit, et par conséquent sur l'existence d'une convention verbale.

Il est donc bien clair que l'écriture n'est point requise pour la validité des conventions et pour former la substance des obligations.

Cela posé, comment concevoir qu'on puisse annuler un contrat synallagmatique uniquement parce que l'écrit destiné à en faire la preuve n'a pas été fait double?

Car enfin, juger qu'une convention dont il n'y a aucune preuve écrite doit avoir son effet quand elle est avouée par la partie, c'est beaucoup plus que d'ordonner l'exécution d'un acte synallagmatique, qui, après sa confection, est resté entre les mains d'une des parties; et si l'on admet le plus, comment ne pas admettre le moins?

Faut-il une nouvelle preuve que l'écriture n'est point requise pour la validité des conventions?

On en trouve une dans le texte de l'art. 1583, qui porte que la vente est *parfaite* entre les parties, *dès qu'on est convenu de la chose et du prix :* elle est donc *parfaite* avant d'être rédigée par écrit.

En voici encore une autre preuve tirée aussi des textes de nos lois. Toutes les conventions verbales au-dessous de 150ᶠ peuvent être prouvées par témoins ; il en est de même des conventions en matière commerciale, même au-dessus de 150ᶠ. (Article 109 du Code de procédure).

Or, si l'écriture n'est pas nécessaire pour la validité de la convention et pour former l'obligation dans les contrats relatifs aux matières commerciales, ou à des valeurs au-dessous de 150ᶠ, comment soutenir, avec M. de Grainville, qu'on ne peut *former de convention* que par un acte ou par un écrit ? qu'un acte est absolument nécessaire pour établir *qu'il y a eu une convention,* et qu'une des parties n'est point obligée quand il n'y a pas d'écrit double ?

514. Ne craignons donc point d'affirmer que cette doctrine nouvelle est aussi contraire aux principes du droit qu'à la morale, et qu'elle est fausse même *in apicibus juris.* Que reste-t-il donc pour la soutenir ? Des arrêts tant du Parlement de Paris que des autres ; car il est plus facile de trouver des arrêts que des raisons.

Le 6 août 1740, le Parlement de Paris rendit un nouvel arrêt, par lequel l'archevêque de Reims fut dispensé d'accomplir (1) la promesse qu'il avait

_____

(1) Il n'en eût pas été dispensé par le grave auteur du Traité *de offi-* *ciis ;* Traité sublime, qu'on a justement appelé le Bréviaire des honnêtes gens. Quel exemple donné par un prince de l'Église !

faite par écrit d'acquérir l'hôtel de Conti pour 450,000ᶠ.

Les 23 janvier 1767 et 27 novembre 1781, le Parlement de Paris rendit deux nouveaux arrêts dans les mêmes principes; et comme on ne sait plus où s'arrêter quand on s'est écarté de la règle, celui du 23 janvier 1767 jugea que, malgré *l'exécution* d'un acte, la convention qu'il contient est nulle, s'il n'a pas été fait double. Il s'agissait d'un partage sous seing privé, non fait double à la vérité, mais déposé chez le curé de la paroisse; en sorte qu'aucune des parties ne pouvait supprimer l'acte. Toutes en désiraient l'exécution, à l'exception de François Noël, qui en avait *exécuté les clauses pendant six ans*; il avait joui des biens dont son lot était composé; il avait même coupé des arbres.

Le Parlement de Rouen s'égara encore davantage en suivant les conséquences de la nouvelle doctrine; car les conséquences d'un principe erroné vont toujours s'écartant de la règle de plus en plus, même jusqu'à l'absurdité.

Il jugea, par un arrêt du 5 mars 1785 (1), que, quoiqu'un acte soit référé fait double, on pouvait demander, faute d'un commencement de preuve écrite, à prouver, par interrogatoire sur faits et articles, que réellement il n'avait pas été *fait double*; qu'il avait été rédigé en présence de plusieurs témoins, et déposé chez un tiers; en sorte qu'au-

_____

(1) Cet arrêt est rapporté dans les *Questions de droit* de M. Merlin, v°. *Double écrit*, tom. II, pag. 308, 2ᵉ. édition.

cune des parties ne l'avait eu à sa disposition. Il faut remarquer que celui qui refusait d'exécuter l'acte ne niait point l'existence de la convention; il se bornait à soutenir qu'elle était nulle radicalement faute d'écrit double.

La décision de cet arrêt, quelque contraire qu'elle soit aux principes du droit et de l'équité, est une conséquence nécessaire des principes de M. Grainville, adoptés par les arrêts cités, que la convention ne peut se former que par un écrit double; qu'elle est nulle *dans le principe,* s'il n'existe pas un écrit double.

315. Au milieu de ces écarts plusieurs Parlemens, tels que ceux de Grenoble et de Flandre, étaient restés fidèles aux anciens principes, et rejetaient la nouvelle doctrine. On en cite plusieurs arrêts (1).

Il y avait même encore au Parlement de Paris des magistrats attachés à la saine doctrine, et un fils du célèbre d'Aguesseau, qui y ramenaient la Cour autant qu'ils le pouvaient.

En voici un exemple :

La veuve Bracoignier avait affermé quelques héritages au sieur Matraire, par un bail sous seing privé fait en double ; ce bail fut résilié par un acte sous seing privé, mais non fait double. Pour couvrir cette irrégularité, la veuve Bracoignier imagina d'accepter le résiliement dont l'acte était dans

---

(1) *Voy.* les articles *Double écrit* dans le nouveau Répertoire, et dans les Questions de droit.

les mains de Matraire, et de lui faire signifier ce résiliement par acte dûment contrôlé.

Nonobstant cette signification, Matraire demanda l'exécution de son bail, prétendant que le résiliement était nul faute d'avoir été fait double. Cette prétention fut adoptée par le bailliage de Mâcon, dont la sentence était conforme aux arrêts que nous avons cités.

Mais sur l'appel porté au Parlement de Paris, M. l'avocat général d'Aguesseau observa que le résiliement devait être double, mais que la signification du résiliement faite par la veuve Bracoignier rendait cette convention vraiment synallagmatique, et équivalait *parfaitement* à un écrit double, puisqu'il n'avait plus été depuis au pouvoir de la veuve Bracoignier de rendre le résiliement sans effet.

Sur ces conclusions, arrêt du 3o août 1777, qui infirme la sentence, et « ordonne que l'acte de ré- » siliation du 24 septembre 1775, et celui d'accep- » tation du 9 décembre suivant; seront exécutés » selon leur forme et teneur; et que le bail du 29 » octobre 1774 sera et demeurera résilié à compter , de la Saint-Martin 1775, etc. » (1).

En suivant les principes de cet arrêt il en résulte évidemment, 1°. que la convention écrite dans un' acte non fait double n'est point radicalement *nulle dans son principe,* comme l'enseigne M. de Grain-

_____

(1) Cet arrêt est rapporté dans la nouvelle Collection de jurisprud ance, v°. *Ecrit double,* n°. 7, pag. 406.

ville, d'après l'arrêt du 30 août 1736 ; 2°. que la notification de l'acceptation de l'acte non fait double lui rend le caractère *vraiment synallagmatique,* et qu'elle équivaut *parfaitement* à un écrit double, comme le dit M. d'Aguesseau.

Voilà donc la doctrine de M. de Grainville, sur la nécessité des actes doubles pour former la convention dans son principe, sappée jusque dans son fondement et dans ses conséquences ; car remarquez bien que si la notification de l'acceptation de l'acte non fait double suffit pour le rendre obligatoire, comme l'a jugé l'arrêt, il s'ensuit nécessairement que la signification donnée à l'autre partie, pour faire exécuter l'acte non fait double, lui rend également le caractère obligatoire, puisqu'en demandant l'exécution d'un acte, le demandeur s'oblige incontestablement à l'exécuter lui-même, comme le disait fort bien le défenseur du fermier de cet abbé Talemant, auquel abbé l'arrêt du 3 décembre 1680 ne permit pas de manquer à sa parole, comme le permit à l'archevêque de Reims l'arrêt du 6 août 1740.

316. Résumant l'état de la jurisprudence au moment de la rédaction du Code, on voit,

1°. Qu'après avoir été long-tems repoussée, la fausse et immorale doctrine sur la nécessité des actes doubles fut admise enfin au Parlement de Paris, par l'arrêt du 30 août 1736 ;

2°. Que cet arrêt jugea, non seulement qu'il fallait que l'acte fût fait double, mais encore que la mention en fût écrite dans l'acte, sous peine de nullité radicale de la convention ;

3°. Que *l'exécution* d'un acte synallagmatique non fait double, ne suffisait pas pour en couvrir la nullité;

4°. Que, suivant le Parlement de Rouen, on pouvait même demander à prouver, pour faire ensuite prononcer la nullité de la convention, que l'acte n'avait pas été fait double, quoiqu'il y fût écrit qu'il l'avait été;

5°. Que le dépôt chez une tierce personne n'empêchait point la nullité résultant du défaut de mention que l'acte a été fait double;

6°. Enfin, que quelques Parlemens, et même quelques magistrats du Parlement de Paris, s'opposaient encore à la nouvelle doctrine qui paraissait prévaloir.

317. Les rédacteurs du Code, auxquels la France doit une éternelle reconnaissance, furent contraints de travailler avec une telle précipitation, qu'ils n'eurent pas le tems de soumettre à un examen approfondi chaque point de doctrine qui se présentait (1).

Mais leur excellent esprit et la droiture de leur cœur leur découvrirent, au premier aperçu, ce que la doctrine, sur la nécessité des actes doubles, avait de plus vicieux et de plus immoral. Ils n'osèrent cependant la rejeter entièrement; elle avait jeté à Paris des racines trop profondes; mais ils ne

_____

(1) Nous en avons vu un exemple, tom. VI, dans la doctrine de l'indivisibilité des obligations.

l'admirent qu'avec des modifications considérables qui nous restent à developper.

318. (1) Ils rejetèrent d'abord cette doctrine perverse, suivant laquelle la convention ne peut se former sans écrit ; d'où l'on concluait qu'il n'y a point d'obligation , c'est-à-dire que l'obligation est radicalement nulle, si l'écrit destiné à lui servir de preuve n'est pas fait double. Il distinguèrent avec soin les *conventions* des *actes* (2) qui les contiennent. Ils se gardèrent même bien de déclarer *nuls* ces actes, faute d'avoir été faits doubles ; ils se bornèrent à déclarer qu'ils ne sont pas *valables*, ce qui n'est point du tout la même chose que *nuls*.

Voici comment s'exprime l'art. 1325, dont il faut bien peser les expressions, en s'attachant à la propriété des termes :

« Les *actes* sous seing privé, qui contiennent des
» *conventions* synallagmatiques, ne sont *valables*
» qu'autant qu'ils sont faits en autant d'originaux
» qu'il y a de parties, etc. »

---

(1) *Voy.* Répertoire, v°. *Double écrit,* tom. XVI, pag. 205.

(2) Cette distinction a déjà été remarquée par un professeur célèbre. « Remarquez, dit M. Delvincourt, tom. II, pag. 386, que la loi ne » prononce pas la nullité de *la convention,* mais seulement celle de » *l'acte,* c'est-à-dire que l'on ne pourra se servir de *l'acte* pour prouver » la convention ; mais si elle peut être prouvée de *toute autre manière* » *admise par la loi,* l'exécution devra en être ordonnée. » Cet habile professeur pense donc que la convention peut, en ce cas, être prouvée par témoins.

Dans la nouvelle édition, tom. II, pag. 825, il ajoute : « Mais, dans » ce cas, l'original représenté devrait-il être regardé comme un com- » mencement de preuve par écrit suffisant pour faire admettre la preuve » testimoniale. Je pencherais volontiers pour l'affirmative, d'après l'ar- » ticle 1347. »

Cet article distingue bien nettement, comme on le voit, deux choses en effet très-distinctes et très-différentes, les *conventions* contenues dans les actes, et les *actes* qui contiennent les conventions. En jurisprudence comme en logique, le *contenant* et le *contenu* sont deux choses très-distinctes; l'une peut exister sans l'autre. De cette distinction que fait si justement le Code entre la *convention* contenue dans l'acte, et l'*acte* qui contient la convention, il résulte bien évidemment que la *convention* peut être valide, quoique l'*acte* soit insuffisant pour la prouver.

Le Code ne s'occupe point ici des conditions *essentielles pour la validité des conventions;* il les a recueillies dans l'art. 1108. Elles se réduisent à quatre : le consentement de la partie qui s'oblige, sa capacité, un objet certain qui forme la matière de l'engagement, une cause licite dans l'obligation. Voilà tout ce qui est nécessaire pour la validité d'une obligation conventionnelle.

Le Code n'a point mis et n'a point dû mettre au nombre de ces conditions, qui forment l'*essence* de la convention, la nécessité d'un écrit, pour en faire la preuve, encore moins la forme de cet écrit, parce que l'obligation conventionnelle existe indépendamment de toute preuve : *Solo consensu contrahitur etiam scripturâ non existente.* Le Code a précieusement conservé (1) ce principe de jurisprudence puisé dans la morale.

_____

(1) La vente est parfaite entre les parties, dit l'art. 1583, *dès qu'on est convenu de la chose et du prix* : donc elle est parfaite avant d'être rédigée par écrit.

Après avoir réglé dans un chapitre exprès les conditions essentielles pour la validité des conventions, il n'avait plus à s'occuper dans celui-ci que de la preuve de ces conventions, laquelle est absolument indépendante de leur validité; car une convention peut être nulle ou rescindable, quoique l'acte qui la contient soit revêtu de toutes les formalités requises pour la validité des actes; et *vice versâ*, un acte peut manquer de quelques-unes de ces formalités, quoique la convention qu'il contient soit valable et légitime.

C'est ce que fait entendre notre art. 1325, en distinguant si nettement les *conventions contenues* dans l'acte, de l'*acte* qui les contient.

« Il résulte clairement de cet article qu'une vente » (ou tout autre contrat) faite par acte sous seing » privé ou double, n'est pas nulle de droit », comme l'a fort bien remarqué l'un des jurisconsultes qui connaissent le mieux l'esprit de notre législation(1). La convention n'en est pas moins parfaite.

319. Quant à l'acte qui la contient, nous avons déjà observé que l'art. 1325 ne l'a point déclaré *nul*. Il s'est borné à dire qu'il n'est *pas valable*; ce qui est fort différent, en suivant la propriété des termes, à laquelle il faut toujours s'attacher, surtout quand il s'agit de conserver à la loi le sens qu'exigent la raison et l'équité.

320. *Nul* signifie proprement ce qui n'existe pas, ce qui n'est pas dans la nature des choses, disent

---

(1) *Voy.* le nouveau Répertoire, v°. *Double écrit*, n°. 9, pag. 326, 5°. édition.

fort bien nos lexiques. Au figuré, il signifie ce qui n'a pas plus d'effet que s'il n'existait point : *Quæ si fuerint facta, non solùm inutilia, sed pro infectis etiam habeantur. Loi 5, Cod. de legib.* Or, comme dit la loi 25, § 2, *Cod. ad senat. consult. Vellëian., 4, 29, pro nihilo habeatur hujusmodi scriptura........ tanquàm nec confecta nec penitùs scripta;* en un mot, ce qui est *de nul effet et valeur,* comme disait la déclaration de 1733, aujourd'hui abrogée ; ce à quoi les juges ne doivent pas plus s'arrêter que s'il n'existait point.

C'est dans ce sens qu'on dit que ce qui est *nul* de droit ne produit aucun effet ; que ce qui est *nul* ne peut être ratifié. L'exécution même qui suit une convention nulle de droit n'en couvre pas la nullité : *Sed etsi quid fuerit subsecutum ex eo...., illud quoque casum atque inutile præcipimus. D. L. 5, Cod. de leg.*

C'est pour cela que Justinien dit que l'on ne doit pas admettre le serment sur l'existence d'un acte nul : *Certum est nec stipulationem ejusmodi tenere.... nec sacramentum admitti, ibid.,* parce qu'en effet le serment serait inutile.

Au contraire, ce qui est *non valable* ou invalide n'est pas nul, n'est pas comme s'il n'existait point. C'est dans le sens propre et physique ce qui manque de force, ce qui n'a pas des forces suffisantes (1).

_____

(1) C'est dans ce sens qu'on appelle des soldats *invalides, invalidi,* et *imbécilles* ceux qui n'ont pas toute la force, toute la santé qu'ils devraient avoir.

Au figuré, on dit qu'une preuve n'est pas valable, lorsqu'elle n'a point par elle-même toute la force nécessaire pour déterminer le juge, lorsqu'elle est insuffisante ; mais que, néanmoins, elle mérite d'être prise en considération, quand des circonstances qu'apprécie la sagacité du magistrat ajoutent ce qui lui manque de force pour compléter la preuve.

C'est dans ce sens que parle Ulpien, loi 1, § 6, *ff de pœnis,* 48. 18. Il demande si le témoignage des brigands, *latronum,* qui accusent de complicité celui qui les a livrés, *qui eos prodidit,* est valable contre ce dernier.

Les rescrits de quelques empereurs disaient qu'il fallait rejeter de pareils témoignages, à qui on peut reprocher d'être dictés par la haine, par la récrimination et le mensonge.

D'autres rescrits plus sages, *pleniora,* dit Ulpien, veulent que le magistrat pèse ces témoignages pour les admettre ou les rejeter en connaissance de cause ; car s'il ne faut pas que des scélérats puissent se procurer l'impunité par la trahison, il ne faut pas aussi négliger le reproche de récrimination, de haine et de mensonge, parce que ce reproche n'est point sans quelque valeur : *Neque enim in validum argumentum haberi debet mendacii, sivè calumniæ in se instructæ.*

321. Tel est donc en jurisprudence le sens propre du mot *non valable* ou *non valide ;* c'est ce qui n'est pas suffisant par soi-même, mais ce qui pourtant a quelque force, quelque valeur.

C'est aussi dans ce sens que notre art. 1325 dit que les actes qui contiennent des conventions synallagmatiques *ne sont valables* qu'autant qu'ils ont été faits doubles, etc., c'est-à-dire qu'ils ne suffisent pas pour faire par eux-mêmes une preuve complète.

Car quels sont l'effet et la force des actes *valables* suivant le Code? Il prend soin de nous l'apprendre dans les art. 1319 et 1322.

L'acte authentique fait *pleine foi* par lui-même (1319), indépendamment de toutes autres circonstances, de tous autres adminicules, présomptions, etc. Les présomptions les plus fortes ne peuvent anéantir la foi qui lui est due.

L'acte sous seing privé, reconnu ou légalement tenu pour tel, a, entre les parties, *la même foi que l'acte authentique* (1322), c'est-à-dire qu'il fait par lui-même *foi pleine et entière.* Telle est la règle générale applicable à tous les actes sous seing privé, reconnus ou tenus pour tels.

Mais cette règle souffre deux exceptions notables, qui viennent à la suite de l'art. 1322 : la première, contenue dans l'art. 1326, est relative aux billets causés pour valeur en argent; nous en avons amplement parlé; la seconde, contenue dans l'article 1325, est relative aux actes contenant des conventions synallagmatiques.

Le Code veut que, s'ils n'ont pas été faits doubles, ils ne soient pas *valables,* c'est-à-dire suffisans pour faire *foi pleine et entière,* comme le actes compris sous la règle générale établie par l'art. 1322 (1).

Ainsi donc, l'acte non fait double ne vaut pas, n'est pas valable pour faire *foi pleine et entière* de la convention synallagmatique qu'il contient. C'est la seule conséquence qu'on puisse et qu'on doive tirer du texte de l'art. 1325.

Est-ce donc à dire pour cela que cet acte insuffisant pour faire *pleine foi* soit de *nul effet et valeur,* qu'il soit absolument *nul,* considéré comme n'ayant point existé, *pro infecto habeatur?*

Non, sans doute, car le Code ne le dit pas; il s'est bien gardé de le dire. Il dit, au contraire, que l'acte non-fait double peut, *ex post facto,* recevoir la force qui lui manquait, s'il a été exécuté : donc il n'était pas nul dans son principe.

Je vous ai vendu le fonds Cornélien par un acte non fait double. Vous êtes entré en possession, vous m'avez payé le prix; la propriété vous est irrévocablement transférée. Je ne pourrai plus, mes héritiers ne pourront plus réclamer le fonds Cornélien, même en vous rendant le prix que vous avez payé. Ce qui manquait de force à l'acte de vente est suppléé par le fait de l'exécution (2).

L'acte de vente n'était pas *valable;* il était insuffisant par lui-même pour faire preuve de la con-

---

(1) Nous avons vu *suprà,* n°. 318, que c'est aussi dans ce sens que M. Delvincourt entend cet article.

(2) C'est ce qui n'avait pas lieu sous la jurisprudence du Parlement de Paris, où l'on regardait comme *nul, sans effet et valeur,* l'acte non fait double. *Voy.* les arrêts des 23 janvier 1767 et 29 novembre 1781; *voy.* le Répertoire, v°. *Double écrit,* n°. 5, pag. 525, 3°. édition.

vention : l'exécution survenue lui rend la force qui lui manquait ; elle complète la preuve qu'il ne faisait que commencer ; ce qui n'a pas lieu à l'égard des actes *nuls.* (*Vid. suprà,* n°. 318).

322. Prenons donc pour certain que l'acte non *valable,* faute d'avoir été fait double, n'est point absolument sans effet et valeur ; il forme un commencement de preuve qui peut être complété.

De là plusieurs conséquences :

1°. Il forme un commencement de preuve par écrit, qui autorise l'admission de la preuve testimoniale (1) ;

2°. D'où suit qu'il autorise les juges à admettre des présomptions graves, précises, concordantes (1353), pour compléter la preuve commencée par un écrit non fait double ;

3°. D'où suit enfin que la demi-preuve, ou preuve incomplète qui en résulte, les autorise encore à déférer d'office le serment à celui qui produit, au soutien de sa demande ou de son exception, un acte non fait double contenant une convention synallagmatique (1367).

Ces propositions sont des conséquences directes des textes du Code. L'art. 1347 nous dit qu'il faut considérer comme un commencement de preuve par écrit « tout acte par écrit qui est émané de celui » contre lequel la demande est formée, ou de celui » qu'il représente, et qui rend vraisemblable le fait » allégué. »

---

(1) *Voy.* le Répertoire, v°. *Double écrit,* tom. XVI, pag. 209 et 210.

L'acte non fait double réunit éminemment toutes ces qualités : il fait plus que de rendre *vraisemblable* la convention qu'il contient, il la prouve complètement aux yeux de tout homme sensé, et ce n'est qu'à regret que le juge honnête et probe, qui se sent convaincu et persuadé, comme homme, prononce, pour obéir à une loi dure, que la preuve est insuffisante, quand, par oubli, distraction ou ignorance, le rédacteur de l'acte a omis les mots *fait double.*

Si l'on voulait nier qu'un pareil acte forme un commencement de preuve par écrit, il faudrait rayer du Code l'art. 1347, ou dire que les règles les plus sûres de la logique ne sont point applicables à la jurisprudence; il faudrait, en un mot, renoncer à décider les questions de droit par le raisonnement.

Sous la jurisprudence même du Parlement de Paris, qui regardait comme nulle *la convention* synallagmatique contenue dans un acte non fait double, la force de la raison n'en avait pas moins porté les auteurs les plus exacts à enseigner qu'un acte de vente, quoique vicieux, parce qu'on n'y a pas observé les formalités requises, peut néanmoins être employé comme un commencement de preuve d'après lequel la preuve testimoniale peut être admise (1).

Bien plus : les auteurs les plus suivis, Danty,

_____

(1) *Voy.* la nouvelle Collection de jurisprudence, connue sous le nom du nouveau Denisart, v°. *Commencement de preuve.*

Pothier, des Obligations, n°. 768, enseignent qu'il y a un commencement de preuve dans une lettre par laquelle je vous prie de me prêter 300ᶠ, vous assurant que je les rendrai dans six mois; et qu'une pareille lettre vous autorise à prouver par témoins que vous m'avez réellement prêté cette somme, ou que j'ai avoué l'avoir reçue.

Les mêmes auteurs (*voy.* Pothier, n°. 770), enseignent qu'il y a également un commencement de preuve, dans une lettre où je vous mande que je vous satisferai *sur ce que vous savez,* ou bien sur ce que je vous dois.

La première de ces lettres ne prouve pas qu'il existe une dette, et la seconde n'en prouve point la quotité.

La jurisprudence antérieure et la jurisprudence postérieure au Code, ne s'accordent pas moins à les considérer comme des commencemens de preuve écrite.

Nous avons rapporté *suprà,* n°. 294, deux arrêts, l'un de la Cour de Trèves, l'autre de la Cour de cassation, qui l'ont ainsi décidé.

Si des lettres qui parlent d'un prêt, sans en indiquer la quotité, peuvent former un commencement de preuve par écrit, à plus forte raison un écrit où tous les points de la convention sont exactement détaillés, et à qui on ne peut reprocher autre chose que l'omission commise par distraction ou ignorance du mot *fait double,* dont la nécessité n'a été introduite que sur une doctrine immorale et contraire aux principes du droit.

Posons donc en principe que l'acte non fait

double, qui contient des conventions synallagmatiques, forme un commencement de preuve qui autorise l'admission de la preuve testimoniale.

323. Ce premier point bien établi nous conduit à décider avec certitude qu'indépendamment de la preuve testimoniale, lorsqu'il existe un commencement de preuve résultant d'un acte fait double, la preuve peut être complétée par des présomptions graves, précises et concordantes, abandonnées à la prudence et à la sagacité des juges.

Cela résulte de l'art. 1363, qui porte :

« Les présomptions qui ne sont point établies » par la loi sont abandonnées aux lumières et à la » prudence du magistrat, qui ne doit admettre que » des présomptions graves, précises et concordan- » tes, *et dans les cas seulement où la loi admet les* » *preuves testimoniales, etc.* »

Ainsi, outre la preuve testimoniale, ou bien quand il manque de témoins, celui qui réclame l'exécution d'un acte non fait double peut compléter sa preuve par des présomptions qui résultent des circonstances, et les juges peuvent se déterminer par ces présomptions.

Ainsi, par exemple, dans un arrêt du 14 frimaire an XIV, la Cour de cassation pensa, comme la Cour de Liége, que si un écrit fait double ne suffit pas pour faire seul et par lui-même la preuve complète d'une convention synallagmatique, la réunion de plusieurs écrits qui, considérés séparément, n'auraient pu faire preuve, avait néanmoins l'effet de compléter la preuve que le premier écrit n'aurait pu faire seul et isolé (1).

324. Enfin nous avons dit que la demi-preuve, ou preuve complète, qui résulte de l'acte non fait double, autorise les juges à déférer d'office le serment supplétoire à celui qui produit un pareil acte au soutien de sa demande ou de son exception.

C'est ce qui résulte de l'art. 1367, qui porte :

« Le juge ne peut déférer d'office le serment, » soit sur la demande, soit sur l'exception qui y » est opposée, que sous les deux conditions sui- » vantes. Il faut,

» 1°. Que la demande ou l'exception ne soit pas » pleinement justifiée;

» 2°. Qu'elle ne soit pas totalement dénuée de » preuves. »

C'est précisément le cas où se trouve la demande fondée sur un écrit non fait double. Elle n'est pas pleinement justifiée, puisque la loi veut qu'un écrit soit fait double pour faire preuve complète d'une convention synallagmatique.

Elle n'est pas non plus *totalement dénuée de preu- ves,* puisque cet écrit forme un commencement de preuve qui peut être complété, soit par la preuve testimoniale, soit par des présomptions.

Ainsi, dans l'affaire de Saint-Aubin et des époux Descornaix (*vid. suprà,* n°. 294), la Cour de cassa- tion pensa, comme la Cour de Trèves, que les

_____

(1) L'arrêt est rapporté dans le Répertoire de jurisprudence, au mot *Double écrit,* n°. 11, pag. 527, 3e. édition.

juges pouvaient déférer le serment supplétoire, quoiqu'il n'existât aucune preuve de la quotité du prêt.

325. Nous avons vu, n°. 314, qu'un arrêt du Parlement de Paris, rendu sur les conclusions de M. l'avocat général d'Aguesseau, avait jugé que, dans le cas où une convention a été consignée dans un acte non fait double, resté entre les mains de l'un des contractans, la notification que l'autre lui fait faire de l'acceptation du contrat rend cet acte vraiment synallagmatique, et équivaut parfaitement à un écrit double, parce que, depuis cette notification, il n'est plus au pouvoir de l'acceptant de rendre la convention sans effet.

Il en est de même, à plus forte raison, lorsque la partie saisie de l'acte non fait double fait notifier son acceptation à l'autre contractant, avec copie de l'acte qu'elle a souscrit; car alors il n'est plus au pouvoir de l'un ni de l'autre contractant de supprimer la preuve du contrat ou de la convention.

Cette décision est aussi conforme aux principes du droit qu'à l'équité. C'est une maxime élémentaire qu'il n'est pas nécessaire que les offres et l'acceptation soient faites au même instant; qu'elles peuvent être faites dans des tems différens et par des actes séparés. (*Voy.* tom. VI, n°. 26).

Or, qui oserait refuser à l'acte non fait double la force d'une offre? Comment nier que Caïus, qui remet entre mes mains un acte, non fait double à la vérité, mais écrit de sa main, terminé par sa signature, par lequel il déclare me vendre le fonds Cornélien pour 20,000ᶠ, soit au moins une offre de me le vendre, si ce n'est pas encore un contrat parfait? Je puis donc, le lendemain, le surlendemain, etc., accepter son offre. Et si je lui notifie mon acceptation par un exploit en tête duquel je copie en entier l'acte qu'il m'a remis, en lui déclarant que je l'accepte, que je m'oblige à l'exécuter en tout son contenu, n'est-il pas évident que cet acte devient parfaitement synallagmatique ou réciproquement obligatoire, et qu'il forme désormais, tant contre l'un que contre l'autre contractant, une preuve complète et irréfragable qu'il n'est plus au pouvoir de l'un ni de l'autre de supprimer? C'est ainsi que, suivant l'art. 932 du Code, le donataire, qui n'était pas présent à l'acte de donation, peut, du vivant du donateur, notifier son acceptation par un acte postérieur.

Notre décision, fondée d'ailleurs sur un arrêt du Parlement de Paris, est donc aussi conforme aux principes du Code qu'à la raison et à l'équité; il faudrait pour la rejeter un texte formel et positif, qu'on ne trouve point dans l'art. 1325, qui porte que chaque original des actes doubles doit contenir la mention du nombre des originaux qui ont été faits.

Le but et l'esprit de cette disposition se trouvent remplis par la notification, dont une copie est délivrée à celui à qui elle est faite, tandis que l'original demeure à celui qui l'a fait faire.

Nous croyons donc que l'omission d'avoir passé l'acte en double, ou d'avoir référé qu'il a été fait double, peut être réparée par la notification faite par l'un des contractans à l'autre.

Cette manière de réparer l'irrégularité d'un acte synallagmatique est d'ailleurs nécessaire pour adoucir une disparate un peu choquante, qu'on a, peut-être sans y penser, introduite dans notre législation, en adoptant trop légèrement la doctrine nouvelle de la nécessité des actes doubles, de laquelle il résulte qu'on ne peut plus en France contracter aujourd'hui par lettres avec sûreté, *per epistolam.*

Cependant, suivant la doctrine des moralistes et des jurisconsultes de tous les tems et de tous les pays, lorsqu'à une proposition faite par une lettre missive, celui à qui elle est adressée a répondu par une autre lettre missive, de manière à ne pas laisser de doute sur son acceptation, le contrat est formé; il est parfait, il oblige les deux parties. Par exemple, je vous mande que je suis dans l'intention de vendre le fonds Cornélien, qui vous convient, et que j'en trouve 20,000ᶠ, mais que, par égard pour notre ancienne amitié, je vous en offre la préférence, et consens à vous le vendre moyennant cette même somme de 20,000ᶠ, payable dans six mois, vous priant de me répondre, parce qu'en cas d'acceptation, je regarderai la vente comme irrévocablement conclue.

Vous me répondez en me déclarant que vous acceptez mes offres, et que vous consentez à acheter le fonds Cornélien 20,000ᶠ, que vous vous obligez de me payer dans six mois; qu'ainsi la vente est conclue.

Voilà bien un contrat parfait suivant le droit naturel et suivant le droit romain. Il l'est également en droit français, puisque l'art. 1583 du Code porte que la vente « *est parfaite entre les parties*, et que la » propriété est acquise de droit à l'acheteur, à l'è- » gard du vendeur, *dès qu'on est convenu de la chose* » *et du prix.* »

Mais ces deux lettres si précises forment-elles une preuve suffisante de l'existence du contrat? Non (1), suivant le même Code civil, art. 1325; et si vous voulez manquer à votre parole, la loi vous en offre le moyen. Vous pourrez me dire impudemment : Je ne suis point légalement engagé, parce qu'il n'y a point d'écrit double; vous pouviez supprimer ma réponse, comme je pouvais supprimer votre lettre.

La faveur du commerce et la nécessité, ont contraint le législateur d'en revenir à la raison et à la bonne foi.

L'art. 109 du Code de commerce porte :

« Les achats et les ventes se constatent *par la* » *correspondance.* »

Ainsi, des lettres missives suffiront devant les tribunaux de commerce, pour prouver la vente d'une partie de marchandises de 300,000ᶠ; et elles ne suffiront pas devant les tribunaux civils, pour

_____

(1) M. Merlin a fort bien prouvé, tom. XVI du Répertoire, au mot *Double écrit*, pag. 210 et suiv., que le Code n'a point défendu de contracter par correspondance, et il a bien raison. Je me range à son avis avec un grand plaisir; je n'avais énoncé une opinion contraire qu'à regret, comme il l'observe fort bien.

prouver la vente d'un cheval ou celle d'un petit coin de terre de 300'! Quelle législation!

En vous notifiant que je persiste dans les offres que je vous ai faites par ma lettre du..., et que vous avez acceptées par votre réponse du...; qu'en conséquence, je regarde la vente comme parfaite et irrévocable, je remplis parfaitement le vœu de l'art. 1325, puisque nous avons alors chacun un titre qu'aucun de nous ne peut supprimer sans l'aveu de l'autre.

Posons donc en principe que l'omission d'avoir référé dans un acte qu'il a été fait double, peut être réparée par la notification d'acceptation faite par l'un des contractans à l'autre. Si cette décision n'est encore confirmée par aucun arrêt depuis la publication du Code, qu'importe cela, si elle est confirmée par la raison? Ne doutons point qu'à la première occasion qui s'en présentera, nos Cours et nos tribunaux ne trouveront pas cette décision moins raisonnable sous la nouvelle jurisprudence, que ne la trouvèrent sous l'ancienne l'avocat général d'Aguesseau et le Parlement de Paris. L'empire de la raison est tel, qu'elle finit toujours par prévaloir à la longue.

L'omission de la relation qu'un acte synallagmatique a été fait double, peut encore être réparée d'une autre manière, en le déposant pour minute chez un notaire, et en notifiant le dépôt à l'autre contractant, pour qu'il puisse se retirer vers le notaire chargé d'en délivrer des expéditions aux parties intéressées.

C'est ce qu'a fort bien jugé la Cour de Paris par un arrêt du 27 janvier 1806, rapporté par Sirey, tom. VII, 2ᵉ. part., pag. 924.

On agita au Conseil d'état, lors de la discussion de l'art. 1318, une question tout-à-fait analogue. Il s'agissait des actes notariés nuls par vice de forme, mais signés de toutes les parties. Voici ce qu'on lit dans le procès-verbal :

« M. Jollivet demande si l'acte sera valable, lors- » qu'étant synallagmatique, il n'a pas été fait dou- » ble entre les parties? À la vérité l'art. 2219 (au- » jourd'hui 1325) ne s'applique point au cas de l'ar- » ticle en discussion; il faudrait donc le rédiger » ainsi : Les actes sous seing privé, et ceux qui sont » l'objet de l'art. 2213, etc.

» M. Regnault (de Saint-Jean-d'Angély) dit que » la question est décidée par l'art. 68 de la loi du » 25 ventôse an XI, sur le notariat.

» M. Tronchet dit que lorsque l'acte est *retenu* » *dans un dépôt public,* il n'y a plus de raison pour » exiger qu'il soit fait double, puisqu'il n'est plus » à la disposition d'une seule des parties. — L'ar- » ticle est adopté. »

Cette raison décisive donnée par M. Tronchet s'applique également à l'acte non fait double déposé chez un notaire pour servir de minute. Il ne peut exister aucun doute sur ce point, si le dépôt a été fait par les deux parties, puisqu'alors l'acte devient authentique, comme nous l'avons dit n°. 200. Si le dépôt n'était fait que par une des parties, l'acte ne deviendrait pas authentique ; mais comme la notification du dépôt, faite à l'autre partie, ôte-

absolument aux deux le pouvoir de supprimer l'acte, le vœu de la loi est parfaitement rempli, et l'omission d'avoir fait l'acte en double, ou d'en avoir fait mention, pleinement réparée. Seulement en ce cas, celle des parties qui n'était pas présente au dépôt, conserve le droit de désavouer sa signature, comme elle l'eût pu faire si l'acte avait été dans le principe fait double, avec mention qu'il était fait tel.

326. Après avoir fixé le véritable sens de l'article 1325, et indiqué comment on peut réparer le défaut d'avoir fait l'acte en double, il faut voir à quels actes s'applique la disposition de cet article, et quand elle cesse d'être applicable.

Elle s'applique, suivant le texte, aux « actes sous » seing privé qui contiennent des *conventions synal-* » *lagmatiques* »; mais il est évident que cette rédaction pèche par trop de généralité.

Le mandat, par exemple, est de la classe des contrats synallagmatiques, car il produit des obligations réciproques (1).

Il est cependant certain qu'il n'est point nécessaire que les procurations soient faites en double; la nature même du contrat s'y oppose, puisque le plus souvent la procuration est donnée à un absent.

Aussi le Code dit que le contrat de mandat ne se forme que par l'acceptation du mandataire, qu'il peut être donné par lettre, etc. (1984, 1985). Il y a donc vice de rédaction dans l'art. 1325.

---

(1) Pothier, Traité du contrat de mandat, n°. 5.

Pour réparer ce vice, M. Delvincourt, tom. II, pag. 386, propose d'ajouter au texte le mot *par-faites.* « Les actes qui contiennent des conventions » synallagmatiques *parfaites,* etc. »

327. Cette addition, évidemment nécessaire, nous conduit à la solution d'une autre question.

Quand une convention synallagmatique *parfaite* dans son principe a cessé de l'être, parce que l'obligation directe et principale a été exécutée par l'une des parties, il n'est plus nécessaire que l'acte soit fait double ; par exemple, si l'acte de vente contient la reconnaissance du vendeur qu'il a reçu le prix, il suffira d'un seul original remis aux mains de l'acheteur (1).

J'ai reçu de Caïus la somme de.... pour prix de la vente que je lui ai faite du fonds Cornélien, ou de mon cheval alezan que je m'oblige de lui livrer. Cet acte ne peut être critiqué pour n'avoir pas été fait double. « Les actes qui doivent être faits dou-» bles sont ceux qui énoncent des engagemens res-» pectifs », dit fort bien la Cour de cassation (2).

Cet acte ne contient autre chose, si ce n'est, 1°. la quittance du prix d'une vente antérieure, quittance qui ne renferme nul engagement de la part de Caïus, mais qui prouve seulement le fait de sa libération; 2°. ma promesse ou mon obliga-

---

(1) Ainsi le pensent MM. Maleville, sur l'art. 1525, et Delvincourt, tom. II, pag. 386.

(2) Dans les considérans d'un arrêt du 26 octobre 1808, Sirey, tom. IX, 1re. part., pag. 154.

tion de liver le fonds que j'ai vendu. Je reste donc seul engagé, et par conséquent l'acte que je donne à Caïus pour preuve de mon engagement unilatéral, n'a pas besoin d'être fait double, suivant l'article 1325.

328. Si c'est le vendeur qui a exécuté le contrat, en livrant la chose dont le prix reste dû; si l'acheteur reconnaît la tradition et s'oblige d'en payer le prix; par exemple, je reconnais devoir à Caïus la somme de 1,200ᶠ que je m'oblige de lui payer dans six mois, pour prix de son cheval alezan qu'il m'a vendu et livré; il est encore évident qu'il n'est point nécessaire que l'acte ainsi conçu soit fait double.

La convention était à la vérité synallagmatique parfaite dans son principe et par sa nature; mais elle a cessé de l'être, quand Caïus a rempli son obligation directe et principale, en livrant la chose : je reste seul obligé au paiement du prix.

L'acte n'est destiné à prouver que cet engagement unilatéral : ce n'est point un acte de vente, quoiqu'il se rapporte à une vente antérieure.

Il est vrai que Caïus reste obligé à la garantie; mais elle n'est point l'obligation directe et principale du contrat.

Mais pour être valable, c'est-à-dire pour faire une preuve suffisante, pour faire pleine foi de ma promesse de payer la somme de 1,200ᶠ, l'acte que je donne à Caïus doit être écrit de ma main, ou du moins il faut que j'en aie approuvé la somme en toutes lettres, suivant l'art. 1326, dont la disposition est applicable à tout billet ou *promesse* sous seing privé, par lequel *une seule partie* s'oblige envers l'autre à lui payer *une somme d'argent*, quelle que soit la cause de la dette, car l'article ne distingue point.

329. Si j'opposais à Caïus l'insuffisance de l'acte ou du billet dont je n'ai point approuvé la somme, il pourrait prouver par témoins, tant le fait de la livraison que celui de la vente et du prix convenu. S'il ne pouvait prouver ce dernier point, c'est-à-dire quel a été précisément le prix de la vente, les juges pourraient lui déférer le serment. (*Vid. suprà*, n°. 322).

330. Supposons au contraire que l'acte soit fait double : Entre nous soussignés a été passé le présent, par lequel moi Titius ai vendu et livré de suite à Caïus mon cheval alezan, pour 1,200', qu'il s'oblige de me payer dans trois mois. Fait double, sous nos seings, à Rennes, le........

On peut dire que, dans cette formule comme dans la précédente, il n'y a réellement plus d'engagement synallagmatique; que l'acte se réduit à la reconnaissance faite par l'acheteur que le vendeur a rempli son engagement en livrant la chose vendue, et à l'engagement qu'il prend d'en payer le prix fixé à 1,200'. Faut-il donc, outre la mention que l'acte a été fait double, que l'acheteur approuve encore la somme en toutes lettres ?

Nous ne le pensons pas. L'acte est, en ce cas, un véritable contrat de vente, et la circonstance que l'acte contient la reconnaissance que le vendeur a livré la chose, ne saurait changer la nature ni la forme de l'acte.

Si la Cour de cassation a décidé, par un arrêt dont nous avons rapporté l'espèce *suprà*, nᵒˢ. 306 et 307, qu'il ne suffit pas de donner à une promesse unilatérale la forme d'un acte synallagmatique, pour soustraire sa promesse à la formalité du bon ou de l'approbation de la somme, il en est autrement quand il s'agit d'une convention synallagmatique de sa nature, consignée dans un acte fait double.

La circonstance qu'il est dit que l'une des parties a satisfait à son obligation directe, ne change point la nature de l'acte que l'on a fait double, comme la loi l'exige.

Si donc, au lieu d'un simple billet où je m'oblige de payer la somme de 1,200ᶠ pour prix du cheval que Caïus m'a vendu, l'acte était rédigé en contrat de vente : Entre les soussignés a été reconnu que Caïus a vendu et livré à Titius son cheval alezan, pour la somme de 1,200ᶠ, laquelle somme Titius s'oblige de payer dans le délai de six mois, l'acte devrait être fait double, et il ne serait pas nécessaire que Titius, qui l'a souscrit, approuvât la somme en toutes lettres.

331. On a demandé si un arrêté de compte doit être fait double. Il faut distinguer. S'il s'agissait de régler les comptes respectifs que se devaient les uns aux autres des associés réciproquement liés par un contrat synallagmatique parfait, duquel naissait pour chacun d'eux contre les autres une action légale, la question pourrait dépendre de la manière dont l'acte serait rédigé et des clauses qu'il renfermerait.

Mais s'il s'agit du compte d'un mandataire ou d'un gérant, arrêté par le mandant, l'arrêté d'un pareil compte, qui ne contient point d'engagement synallagmatique, n'est point soumis à la formalité du double, prescrite par l'art. 1325. Ainsi l'a pensé la Cour d'appel d'Aix, dans un arrêt du 15 juillet 1813 (1).

332. Le compromis est un mandat donné aux arbitres de terminer une contestation existante ou près d'exister entre les parties. Tout mandat étant révocable de sa nature, le compromis ne pouvait guère autrefois être considéré comme un contrat synallagmatique parfait, chaque partie pouvant le révoquer à volonté, *en faisant signifier aux arbitres qu'elle ne voulait plus tenir à l'arbitrage.* (Loi du 24 août 1790, tit. 1, art. 3).

Mais l'art. 1008 du Code de procédure ordonne que, pendant le délai de l'arbitrage, les arbitres ne pourront être révoqués que du consentement unanime des parties. Le compromis a donc aujourd'hui un caractère vraiment synallagmatique, soit que les compromettans aient ou non renoncé à l'appel d'un jugement arbitral.

C'est une convention par laquelle chaque partie s'oblige réciproquement l'une envers l'autre de s'en tenir à ce qui sera jugé par les arbitres, soit comme à un jugement en dernier ressort, si les compromettans ont renoncé à l'appel; dans le cas con-

---

(1) *Voy.* Sirey, 1814, 2ᵉ part., pag. 234 et 255.

traire, comme à un jugement en première instance.

Si le compromis est fait par un acte sous seing privé entre les parties, il doit donc être fait double, afin que, s'il n'y avait qu'un seul original, celle qui en serait saisie ne reste pas maîtresse de l'arbitrage, en supprimant le compromis.

Mais l'art. 1005 du Code de procédure porte que le compromis pourra être fait par procès-verbal devant les arbitres choisis, par acte devant notaire, ou sous signature privée.

Si l'acte du compromis est fait devant les arbitres par un procès-verbal souscrit des parties, il n'est pas nécessaire qu'il soit fait en double, puisqu'il demeure aux mains des arbitres ; la condition de chacune des parties est égale, et il n'est point à craindre que l'une d'elles supprime le compromis.

Elles se trouvent au point où elles se trouveraient si, après avoir compromis par un acte double, elles avaient, suivant l'usage et suivant la destination de ces actes, remis les deux originaux aux arbitres.

Si le compromis contenu dans un acte sous seing privé non fait double, avait été remis par les deux parties à l'arbitre ou aux arbitres nommés, aucune d'elles ne pourrait plus en opposer l'irrégularité, ni s'en prévaloir pour le révoquer ; car cette remise est une véritable exécution du compromis.

Or, suivant l'art. 1338, la confirmation, la ratification ou l'*exécution* d'un acte, emporte la renonciation aux moyens et exceptions que l'on pourrait opposer contre cet acte. Cette disposition est générale, et s'applique par conséquent à l'exécution des actes qui n'ont pas été faits en autant d'originaux qu'il y a de parties ayant un intérêt distinct, comme l'exige l'art. 1325.

335. Cependant une imperfection (1) dans la rédaction de cet article en avait fait douter.

La troisième disposition est ainsi conçue :

« Chaque original doit contenir la mention du » nombre des originaux qui en ont été faits. »

La quatrième ajoute :

« Néanmoins, le défaut de mention que les ori» ginaux ont été faits doubles, triples, etc., ne peut » être opposé par celui qui a exécuté de sa part la » convention portée dans l'acte. »

Cette dernière disposition ne parlant que du défaut de mention que les originaux ont été faits doubles, plusieurs tribunaux, plusieurs Cours en avaient conclu que l'exécution de la convention couvre bien le défaut de mention que l'acte a été fait double, mais non pas le défaut de l'avoir fait double.

Cette distinction paraissait fondée sur la lettre de l'art. 1325, et sur le brocard de droit, ou sur la règle de logique si trompeuse, *qui dicit de*

_____

(1) Il en existe une autre. *Vid. suprà*, n°. 326.

uno negat de altero. Il y avait donc sur ce point contrariété entre les arrêts rendus par différentes Cours.

Bien plus : la Cour de Gênes, ville alors réunie à la France, avait, dans l'espace de deux mois, jugé la question de deux manières différentes.

Le 12 décembre 1810, la première chambre avait jugé que l'exécution du compromis ne couvre point le défaut de l'avoir fait double, mais seulement le défaut de mention qu'il a été fait double.

En conséquence, dans l'affaire des frères Bonzi, elle annula et le compromis et le jugement arbitral, quoiqu'il fût prouvé que Louis Bonzi, appelant, eût en personne prorogé le délai de l'arbitrage, et présenté le compromis aux arbitres, qui acceptèrent par un acte notarié.

Mais, deux mois après, le 15 février 1811, la seconde chambre jugea la question d'une manière tout opposée, dans l'affaire des frères Morone, en confirmant un jugement arbitral rendu sur un compromis non fait double, mais exécuté par les parties, qui avaient en personne remis leurs pièces et le compromis aux arbitres (1).

Ces deux arrêts furent déférés à la Cour de cassation, qui confirma le second, attendu qu'il n'avait

---

(1) Ces deux arrêts sont rapportés par Sirey, an 1811, 2e. part., pag. 135—141. *Voy.* aussi un arrêt de la Cour de Turin, du 12 messidor an XIII, Sirey, tom. XIII, 2e. part., pag. 346, et un autre arrêt de la Cour de Bruxelles, du 2 décembre 1807, Sirey, 1808, pag. 76.

fait qu'une juste application de l'art. 1325, et qui cassa le premier, attendu qu'aux termes de l'article 1338, l'exécution volontaire des conventions emporte la renonciation aux moyens et exceptions que l'on aurait pu opposer aux actes qui les contiennent; que cette disposition générale est applicable à tous les cas, à moins d'une exception expresse qui n'existe point par rapport aux actes privés et synallagmatiques, non écrits en autant d'originaux qu'il le faut (1).

Prenons donc pour maxime constante que l'exécution des actes synallagmatiques non faits doubles, couvre non seulement le défaut de mention de leur nombre, mais encore le défaut de les avoir faits doubles.

334. La Cour de Bruxelles a même jugé, et avec raison, par arrêt du 22 avril 1812 (2), que l'approbation d'un acte non fait double résulte aussi bien de l'exécution partielle que de l'exécution entière, et que, dans l'un comme dans l'autre cas, celui qui l'exécute est censé renoncer aux moyens et exceptions qu'il pouvait faire valoir contre cet acte.

335. Mais faut-il que le fait d'exécution soit postérieur à l'acte? Pourrait-il résulter de l'acte même?

Ce sont des questions embarrassantes qui font sentir de plus en plus les inconvéniens de la doc-

_____

(1) Sirey, an 1814, 1re. part., pag. 154 et 155.
(2) *Voy.* Sirey, an 1813, 2e. part., pag. 15.

trine des doubles, et la difficulté de l'accorder avec la bonne foi et les principes, si l'on donne à l'article 1325 une autre interprétation que celle que nous lui avons donnée, et si on ne regarde pas l'acte non fait double comme un commencement de preuve qui autorise la délation du serment et l'admission de la preuve testimoniale. **Prouvons ceci par un exemple :**

La veuve Lauwers vendit à Lang une maison à Anvers, pour 2,000 florins. L'acte de vente sous seing privé portait que la venderesse avait reçu la moitié du prix, c'est-à-dire 1,000 florins comptant ; mais il n'avait pas été fait double : elle prétendit que cette irrégularité le rendait nul.

Au fait d'exécution contenu dans l'acte elle répondit, 1°. que l'exécution ne couvrait que le défaut de mention du nombre des doubles, et non le défaut de l'avoir fait double ; 2°. que l'exécution, dans le sens de l'art. 1325, ne pouvait résulter que d'un fait postérieur à l'acte, parce que cette postériorité peut seule déposer en faveur de l'acte, et lui ajouter l'effet d'une ratification.

La Cour de Bruxelles adopta ces deux moyens par un arrêt du 2 décembre 1807 (1) ; mais elle se garda bien de déclarer l'acte *nul;* l'art. 1325 le déclare seulement *non valable,* et la Cour de Bruxelles n'ignorait pas la différence qu'il y a entre un acte *nul* et un acte *non valable.* (*Vid. suprà,* n°s. 320 et 321).

---

(1) *Voy.* Sirey, an 1808, 2e. part., pag. 76.

Elle déclara donc le contrat de vente dont il s'agissait *non valable*.

Mais cet acte portait que la veuve Lauwers avait reçu 1,000 florins comptant, moitié du prix de la vente. Les magistrats ne doutaient point de ce fait, et la venderesse ne niait point la réalité de la vente; elle se bornait à dire que l'acte était nul.

Or, cet acte, que la Cour déclara *non valable*, c'est-à-dire insuffisant pour faire preuve par lui-même de la vente ou de la convention, était-il suffisant pour prouver la numération des 1,000 florins? Non, sans doute; la Cour ne pouvait le déclarer tel sans une contradiction palpable.

Cependant personne ne doutait de cette numération. Nous avons vu *suprà*, n°. 327, que si la totalité du prix avait été comptée contrat faisant, la convention n'étant plus synallagmatique, l'acte eût été valable quoique non fait double.

D'un autre côté, déclarer l'acte non valable purement et simplement, c'eût été favoriser la mauvaise foi de la veuve Lauwers.

En déclarant l'acte non valable, la Cour de Bruxelles la chargea de *rembourser* ce qui *pouvait avoir été payé sur le prix de ladite vente*.

Par cette manière équivoque de prononcer, la Cour ne jugeait point que l'acte fût valable pour prouver la numération des 1,000 florins : elle ne jugeait pas non plus le contraire; elle faisait même entendre qu'elle était persuadée qu'il y avait eu vente, et qu'une partie du prix avait été payée.

Or, s'il y a eu vente, l'obligation résultant du contrat, quand son existence est d'ailleurs prouvée, doit être exécutée nonobstant la nullité de l'acte, comme l'a fort bien jugé la même Cour par un arrêt que nous allons rapporter.

C'était donc le cas de déférer à Lang le serment supplétoire, en vertu de l'art. 1367 du Code civil, comme nous l'avons dit *suprà*, n°. 322. Cette manière de prononcer eût concilié les principes avec l'équité.

Un avant faire droit était nécessaire pour prévenir une injustice; car si la veuve Lauwers rendit, comme cela est vraisemblable, la moitié du prix de la vente, savoir, les 1,000 florins qu'elle avait reçus, il en résulta que réellement il y avait eu vente et par conséquent que cette vente étant prouvée, elle devait être exécutée nonobstant l'irrégularité de l'acte, et par une conséquence ultérieure, que l'arrêt de la Cour de Bruxelles qui en avait empêché l'exécution, contenait une injustice réelle, et favorisait la mauvaise foi et le manque de parole de la venderesse.

336. Mais alors la Cour de Bruxelles n'avait point encore saisi le véritable sens, le véritable esprit de l'art. 1325, qui introduisit un droit nouveau, absolument inconnu dans la Belgique.

Quelques années plus tard, cette Cour eût autrement jugé l'affaire de la veuve Lauwers : elle eût rejeté la fausse prétention que l'exécution du contrat ne couvre que le défaut de mention du nombre des originaux, et non le défaut d'en avoir fait plusieurs; elle eût appliqué le principe de raison éternelle, que l'irrégularité de l'*acte* destiné à prouver une *convention*, ne nuit point à la validité *de cette convention*, si l'existence en est prouvée par d'autres moyens ou avouée; que par conséquent cette convention doit être exécutée.

C'est ce que cette Cour a très-bien jugé dans un arrêt dont voici l'espèce, et qui répand un grand jour sur les principes de la matière.

Blomme et consorts avaient annoncé une vente d'immeubles aux enchères. Debuschère s'y présenta, et mit une enchère au pied du cahier qui devait tenir lieu d'acte de vente, et il souscrivit son enchère.

Les vendeurs lui adjugèrent le bien; mais le cahier des charges et l'adjudication mise au pied furent rédigés sous seings privés, et ne furent point faits doubles.

Debuschère demanda donc la nullité de la vente pour défaut d'avoir fait l'acte double; mais, par arrêt du 9 janvier 1813 (1), la Cour de Bruxelles rejeta sa demande, comme l'avait rejetée le tribunal de Bruges, par le motif,

1°. Que Debuschère avouait avoir surenchéri, et qu'il ne mettait point en fait qu'il eût révoqué son enchère, si tant est qu'il le pût, avant l'adjudication, qui a rendu le contrat parfait par le concours des deux volontés;

_____

(1) Rapporté par Sirey, an 1814, 2e. part., pag. 49.

2°. Que si *l'acte* non fait double n'est pas suffisant pour prouver l'existence du *contrat* qu'il contient, *l'obligation* résultant du *contrat* n'en est pas moins existante, et n'en doit pas moins être exécutée, si son existence est avouée ou prouvée par d'autres moyens de droit (1);

3°. Que cela résulte du texte même de l'article 1525, qui n'annule que les *actes* qui n'ont pas été faits doubles, et non pas les *contrats* y contenus, et qui se trouve classé sous la rubrique de la *preuve* des obligations.

Voilà des principes avoués par la raison, enseignés par les jurisconsultes romains, à qui seuls, suivant d'Aguesseau (2), la justice avait pleinement révélé ses mystères.

Si la Cour de Bruxelles, qui a si énergiquement professé ces principes, en avait fait l'application à l'affaire de la veuve Lauwers, elle l'eût certainement jugée d'une autre manière.

337. Revenons à la question de savoir si un fait d'exécution consigné dans l'acte, qui contient une convention synallagmatique, peut couvrir l'irrégularité résultant de ce qu'il n'a pas été fait double.

_____

(1) Sirey, tom. VII, 2ᵉ. part., pag. 925, nous donne la notice d'un arrêt de la Cour de cassation, qui le décida ainsi, le 14 frimaire an XIV, dans une affaire entre Libert et la dame Maréchal, en rejetant le pourvoi contre un appel de la Cour de Liége. Voici la notice : « Encore qu'une convention synallagmatique ait eu lieu sans acte » double, elle peut être prouvée par un ensemble de pièces communes » aux parties contractantes, par exemple par leur correspondance mu- » tuelle. »

(2) Treizième Mercuriale, tom, I de ses Œuvres, pag. 157.

Nous pensons qu'en général il faut répondre négativement; car si l'acte n'est pas valable pour prouver la convention, il ne doit pas l'être pour prouver le fait d'exécution, sans quoi il y aurait contradiction.

Cependant lorsque l'acte contient un fait d'exécution partielle, comme dans l'affaire de la veuve Lauwers, si d'ailleurs l'acte n'est pas attaqué comme l'œuvre du dol et de la suprise, c'est une présomption de plus, et une forte présomption, que la convention a réellement existé, et que le contrat a été en partie consommé. Cette présomption, jointe à d'autres circonstances, peut suffire pour faire ordonner l'exécution de l'acte (art. 1353), en tout cas pour déférer le serment supplétoire à celui qui demande cette exécution, ou au moins pour faire admettre la preuve testimoniale.

338. Il faut remarquer que si la preuve de l'exécution ne peut résulter de l'acte seul qui contient une convention synallagmatique, la preuve de l'exécution d'un compromis peut résulter du jugement arbitral ou du procès-verbal des arbitres, qui réfèrent la comparution des parties devant eux, la remise du compromis, des pièces et mémoires, etc. (1).

Car en autorisant les arbitrages pour juger les procès élevés ou près de s'élever entre les particuliers, la loi confère par cela même aux arbitres

---

(1) Arrêt de la Cour de cassation, du 5 janvier 1821, conforme à ces principes, Sirey, 1822, pag. 199.

nommés une sorte de caractère public, qui donne
aux actes qu'ils font, dans leurs fonctions d'arbitres, l'authenticité nécessaire pour faire pleine foi
de ce qui s'y trouve contenu. C'est ainsi que la
Cour de cassation a décidé, dans un arrêt du 1er. nivôse an IX, que la date d'un jugement arbitral
se trouve *authentiquement* fixée par le jugement
même (1).

339. Si le compromis non fait double n'avait été
remis aux arbitres que par l'une des parties, il est
bien difficile que cette remise ne soit pas considérée comme un fait d'exécution de la part même
de l'autre partie ; car le compromis était destiné à
être remis aux arbitres ; et celui des compromettans qui a eu assez de confiance pour le laisser aux
mains de l'autre, est censé lui avoir donné le mandat tacite de remettre cette pièce à sa destination.

On n'en pourrait douter, si cette remise avait
été accompagnée de celle des pièces et du mémoire du compromettant absent, ou si ces pièces
se trouvaient aux mains des arbitres, et référées
dans leur jugement, puisque celui à qui elles appartiennent a pu seul les remettre ou les faire remettre aux arbitres.

340. Si les deux parties confiaient le compromis
ou autre acte non fait double à une tierce personne, chargée de le remettre aux arbitres nommés ou à un notaire, pour en délivrer des expé-

---

(1) L'arrêt est rapporté par Sirey, tom. VI, pag. 107. Il y rapporte
plusieurs arrêts conformes, en sorte que la jurisprudence paraît irrévocablement fixée sur ce point.

ditions, et que la remise eût été effectuée, aucune d'elles ne pourrait plus le critiquer pour n'avoir pas été fait double. Cette doctrine raisonnable est professée par la Cour de Paris, dans les considérans d'un arrêt du 27 janvier 18o6 (1) :

« Considérant qu'en tout cas, l'acte ayant été » dès l'instant même mis en main tierce, et ensuite » déposé pour minute à un notaire, qui en a dé-» livré des expéditions aux parties, il est devenu » par cela même irrévocable, et aussi indépendant » de la volonté des contractans, que si, dans le » principe, il avait été fait double. »

34i. L'application de l'art. 1325 aux compromis peut nous faciliter l'intelligence d'une disposition qui paraît obscure et louche, quand on l'applique aux autres contrats synallagmatiques.

Elle porte que « le défaut de mention que les » originaux ont été faits doubles, triples, etc., ne » peut être opposé par celui qui a exécuté *de sa* » *part* la convention portée dans l'acte. »

Que signifient ces mots *de sa part?* Quand un des contractans a exécuté ses obligations, l'autre n'a-t-il pas pris part, n'a-t-il pas concouru à l'exécution? Par exemple, lorsque l'acquéreur a payé tout ou partie du prix de son contrat, le vendeur a concouru à l'exécution en recevant, il l'a approuvé en donnant quittance.

Cependant il n'a pas exécuté la convention *de sa part,* s'il n'a point encore livré la chose. Mais,

---

(1) Rapporté par Sirey, tom. VII, 2e. part., pag. 924.

comme il a volontairement concouru à l'exécution du contrat *de la part* de l'acquéreur, ce concours est de sa part une approbation ou ratification tacite du contrat; c'est même un commencement d'exécution : il ne peut donc, plus opposer que l'acte de vente n'a pas été fait double, quand même il offrirait de rendre ce qu'il a reçu.

Mais il y a des cas où l'un des contractans peut exécuter le contrat sans le concours de l'autre. Le compromis peut nous en offrir un exemple : Primus et Secundus compromettent et nomment un arbitre; mais l'acte n'est pas fait double; il reste aux mains de Primus. Secundus se présente chez l'arbitre, lui remet ses pièces et son mémoire, dont il retire un récépissé. Il a exécuté le compromis de sa part; mais Primus, n'ayant point concouru à cette exécution, pourra opposer à Secundus l'irrégularité du compromis.

Il y a beaucoup d'autres cas où l'un des contractans ne concourt point à l'exécution du contrat de la part de l'autre contractant. Cela peut arriver, même dans le cas d'une vente; par exemple, si je vous ai vendu le fonds Cornélien pour 10,000ᶠ, à la charge de payer 3,000ᶠ à Caïus, la numération de cette somme à Caïus est, de votre part, un fait d'exécution auquel je n'ai point concouru.

L'art. 1325 deviendrait donc plus clair, si l'on ajoutait ces mots à la dernière disposition, *ou qui* « *concouru à l'exécution.*

542. On a demandé si la disposition de l'art. 1325, sur la nécessité des doubles originaux, est applicable en matière de commerce.

Nous avons déjà vu que, suivant l'art. 109 du Code de commerce, elle ne s'applique point aux ventes et achats, qui peuvent être constatés par de simples lettres ou par la correspondance.

M. Pardessus (1) enseigne avec raison que la formalité des doubles originaux, dans les actes sous signature privée, n'est exigée dans le droit commercial qu'autant qu'une loi spéciale l'a prescrite.

Cela paraît en effet résulter de l'art. 59 du Code de commerce, qui porte « que les sociétés en nom » collectif ou en commandite doivent être cons- » tatées par des actes publics ou sous signature » privée, en se conformant, *dans ce dernier cas, à* » *l'art.* 1325 *du Code civil.* »

Si le législateur a cru nécessaire de faire aux sociétés l'application spéciale de l'art. 1325, on en doit raisonnablement induire que cet article n'est pas applicable, dans les autres cas, aux matières commerciales.

C'est aussi ce qu'a pensé la Cour de Trèves, par un arrêt du 30 mai 1810 (1), qui jugea « qu'il n'est » pas nécessaire que les actes sous seing privé, con- » tenant des conventions synallagmatiques en ma- » tière de commerce, soient faits en autant d'ori-

---

(1) Cours de droit commercial, tom. I, pag. 245.

(1) *Voy.* Sirey, tom. VII, 2ᵉ. part., pag. 924. On trouve un arrêt de la Cour de Colmar, du 28 août 1816, qui paraît contraire, si l'on s'en tient à la notice qu'en donne Sirey, an 1817, 2ᵉ. part., pag. 408. Mais dans l'espèce, il s'agissait d'un contrat de société, pour lequel l'art. 59 du Code de commerce exige spécialement la formalité du double, quand il est fait sous signature privée.

, ginaux qu'il y a de parties ayant un intérêt dis-, tinct. »

343. De là il résulte que le législateur n'ayant point, dans l'art. 332, fait aux contrats d'assurance sous signature privée l'application de l'article 1325, comme il l'a spécialement faite aux sociétés dans l'art. 59, la formalité des doubles originaux n'est point exigée pour la validité des contrats d'assurance. C'est aussi l'opinion de M. Pardessus (1).

344. C'est de la signature des parties que les actes sous seings privés tirent leur force (2); jusqu'à ce qu'ils soient signés de toutes les parties, ce ne sont que des projets ou des offres; l'acte reste imparfait. Mais est-il nécessaire, pour la perfection d'un acte fait en double, que chaque original soit signé des deux parties? Ne suffit-il pas que celui dont chacune d'elles est saisie soit signé de l'autre?

C'est un point de doctrine important dans la pratique, et qui fut, en 1738, soumis à la décision du Parlement de Bretagne, dans un procès entre madame Descartes et madame de Bavalan. Celle-ci

_____

(1) Cours de droit commercial, tom. I, pag. 347.

(2) Les croix et autres marques mises par l'un des contractans au pied d'un acte sous seing privé, quoique mises en présence de témoins, ne peuvent tenir lieu de signature, ni de commencement de preuve écrite. Sur ce point, assez évident par lui-même, il a été rendu plusieurs arrêts. *Voy.* entre autres celui de la Cour de Paris, du 13 juin 1807, Sirey, tom. VII, 2e. part., pag. 670; celui de la Cour de Bruxelles, du 27 janvier 1807, Sirey, *ibid.*, pag. 249; autre de la Cour de Paris, du 20 août 1808, Sirey, tom. VIII, 2e. part., pag. 284.

représentait l'original d'une transaction passée entre madame Descartes et M. de Bavalan. Cet original portait que la transaction avait été faite en double; mais il n'était signé que de madame Descartes et non de M. de Bavalan, alors décédé.

Madame Descartes eut la mauvaise foi de saisir cette circonstance pour demander la nullité de la transaction; elle disait que les ordonnances exigent la signature de toutes les parties sur la minute des actes notariés; que les signatures des deux parties sont nécessaires pour rendre synallagmatiques les traités sous seing privé; que le double représenté n'étant signé que d'elle, et non de M. de Bavalan, c'était un acte imparfait, qui n'avait point le caractère du traité synallagmatique nécessaire pour le rendre valide.

Notre savant maître Duparc-Poullain (1) répondait, pour madame de Bavalan, que la minute d'un acte notarié est le seul titre qui constate les conventions et les obligations de toutes les parties; c'est à cette seule minute que chacune d'elles a recours pour assurer et poursuivre ses droits. Il faut donc que cet acte unique soit signé de toutes les parties.

« De même, si les parties qui traitent sous seing
» privé ne font point l'acte double, si elles ne font
» qu'un acte seul et unique, il faut, pour la sûreté
» commune, que le billet soit non seulement signé

---

(1) *Voy.* le tom. II du Journal du Parlement de Bretagne, par Duparc-Poullain, chap. 6, pag. 586.

« de toutes les parties, mais encore qu'il soit dé-
« posé chez un notaire ou chez une personne en
« qui les contractans ont de la confiance, pour
« qu'ils puissent y avoir recours. »

Mais lorsque deux personnes traitent ensemble
par un acte en double, les conventions réciproques
sont écrites sur deux papiers séparés, et l'objet de
chaque double est de mettre chaque partie en état
de prouver contre l'autre la réalité des conventions
réciproques.

La minute d'un acte notarié, ou fait par un seul
acte sous seing privé, est le titre commun de toutes
les parties.

Au contraire, chaque double est le titre particulier de celui qui en est saisi. Les deux doubles
composent ensemble le traité commun et synallagmatique.

Pourquoi celui qui est saisi d'un double le signe-
rait-il ? Pour se faire un titre contre lui-même ?
Il serait absurde de le proposer.

Il n'est saisi d'un double que pour avoir contre
l'autre partie un titre égal à celui qu'il a lui-même
donné contre lui par l'autre double qu'il a signé.

Le bon sens et même la forme des billets doubles
annoncent l'inutilité de cette signature.

Les deux doubles font un tout indivisible signé
des deux parties. Il est donc évident que la signature de toutes les parties sur chaque double n'est
point essentielle, lorsque les deux doubles paraissent.

Si l'autre partie ne représente pas le sien, il est

prouvé qu'elle le recèle. Il y a contre elle une preuve écrite contre laquelle toutes ses dénégations viendraient échouer. Par l'original représenté, il est dit que l'acte a été fait double ; ce fait est attesté par la signature du contractant qui l'a souscrit. Il demeure constant que la forme ordinaire des traités en double a été observée, et que des deux doubles, qui font la perfection du traité, l'un est resté aux mains de l'autre contractant.

Ces raisons triomphèrent et devaient triompher. Chaque double de l'acte n'est en effet destiné qu'à servir de titre à celui qui en est saisi, contre celui qui l'a souscrit. Il est donc inutile que les deux signatures soient mises sur les deux doubles, qui forment par leur réunion un tout parfait. C'est ainsi que, dans l'ancienne forme des chartes-parties, la réunion de chaque moitié, délivrée à chacun des contractans, formait l'acte entier (1).

345. S'il faut que les actes sous seing privé soient signés de toutes les parties, il n'est pas nécessaire qu'ils le soient dans le même lieu ni dans le même tems ; ils peuvent être faits entre absens. L'un des doubles peut être signé à Nantes, par exemple, l'autre à Rennes ou à Paris. Le même double peut aussi être alternativement signé par l'une des parties à Nantes, et par l'autre à Rennes. C'est une conséquence du principe que les offres et l'acceptation peuvent être faits dans des tems et dans des lieux

(1) *Foy.* le Dictionnaire diplomatique, v°. *Charte-Partie* ; Valin sur l'ordonnance de la marine, préface du liv. 5, tit. 1

différens. (*Voy.* tom. VI, n°. 26, pag. 27). C'est
sur-tout lorsque l'acte se fait entre absens, qu'on
voit qu'il n'est pas nécessaire que chaque double
soit signé par les deux parties. Je rédige à Rennes
l'acte qui contient mes offres, et je le signe; je l'envoie à Nantes à une personne de confiance qui vous
le présente. Si vous l'acceptez, vous en faites faire un
double que vous signez et que vous m'envoyez, en
gardant celui que j'ai signé. Les deux doubles forment l'acte entier.

346. Si l'acte sous seing privé, dont les clauses
ont été convenues et définitivement arrêtées entre
plusieurs parties, se trouvait n'être pas signé de
l'une d'elles par inattention, par oubli, ou si elle
s'était retirée parce qu'elle n'était point encore décidée, elle pourrait réparer l'imperfection qui en résulte, en signant ou en offrant de signer, avant que
les signataires aient manifesté leur rétractation ;
elle le devrait même, si la convention que renferme l'acte avait été définitivement arrêtée avant
la rédaction de l'acte demeuré imparfait faute de
sa signature ; elle ne pourrait honnêtement profiter de cette imperfection, pour manquer à sa parole et pour la rétracter ; elle ne le pourrait même
pas aux yeux de la loi civile, qui, à défaut de la
preuve écrite que l'acte eût formée contre elle, si
elle l'avait signé, permet aux autres contractans
de lui déférer le serment sur l'existence d'une convention verbale.

347. Les signataires de l'acte demeuré imparfait,
par défaut de signature d'une des parties, peuvent
aussi se rétracter avant que celle-ci ait signé ou

offert de signer l'acte. Ils en ont incontestablement le droit, dans le cas où le défaut de signature provient de ce que celui qui n'a pas signé n'avait point définitivement donné son consentement.

Dans le cas contraire, si le défaut de signature de l'une des parties n'était qu'une simple omission, les signataires ne pourraient pas honnêtement profiter de cette omission pour se rétracter, avant de savoir si celui qui l'a commise n'est pas disposé à la réparer.

Nous avons déjà examiné ces principes, *suprà*, n°s. 135, 139, en parlant des actes notariés.

Pour achever de les développer par leur application à la pratique, il est bon de rapporter ici l'espèce d'un arrêt rendu par la Cour d'Amiens, le 24 prairial an XIII (1).

Alexandre, Toussaint Vestu, et leur sœur, femme Blampin de la Solle, vendirent solidairement avec leurs consorts, le 1er. ventôse an XII, une maison indivise entre eux, aux sieur Blanchard et femme, acquéreurs, qui s'obligèrent solidairement de remplir et d'exécuter les charges, clauses et conditions de la vente. Blampin de la Solle et Blanchard avaient signé l'acte, mais leurs femmes ne l'avaient pas signé.

Il s'éleva une contestation sur cette vente; la femme Blampin de la Solle non seulement y accéda, mais elle en requit expressément l'exécution,

---

(1) Rapporté par Sirey, tom. VII, 2e. part., pag. 767.

avant la demande en nullité qu'Alexandre Vestu, son frère, formait sur ce qu'elle n'avait pas signé.

La femme Blanchard était morte sans l'avoir fait; mais Blampin de la Solle, sa femme et les autres parties, excepté Alexandre et Toussaint Vestu, avaient déclaré se contenter de la seule obligation de Blanchard, acquéreur, et conclu formellement à l'exécution de l'acte de vente.

La Cour d'Amiens, considérant qu'un contrat synallagmatique n'obtient sa perfection que par la signature de toutes les parties contractantes; que, jusque là, le lien réciproque n'existant pas, les parties qui ont signé sont elles-mêmes autorisées à se retirer et à considérer le contrat comme non avenu;

Que, néanmoins, le défaut de signature d'une des parties contractantes *peut être réparé par une accession postérieure,* et par le consentement du non signataire à l'exécution de l'acte, *à son égard,* avant la demande en nullité;

Considérant que l'acte de vente dont il s'agit n'a été signé ni par la demoiselle Vestu, femme Blampin de la Solle, l'un des vendeurs, ni par la femme Blanchard, acquéreur, quoique nommées dans l'acte comme contractant ou devant contracter, savoir, la femme Blampin, propriétaire d'une des parties de la maison, l'obligation solidaire avec ses covendeurs...... de faire jouir les acquéreurs, et la dame Blanchard, l'obligation solidaire avec son mari de remplir les clauses et conditions de la vente;

Considérant néanmoins que la femme Blampin a accédé à l'acte de vente, et en a expressément requis l'exécution avant la demande en nullité formée par Alexandre Vestu, et fondée sur ce qu'elle n'avait pas signé; qu'ainsi le lien de droit s'est utilement réparé à son égard;

Mais qu'il n'en est pas ainsi à l'égard de la dame Blanchard, dont le décès a laissé l'acte imparfait par le défaut de sa signature;

Considérant que le défaut de signature de la dame Blanchard est un vice radical qui devrait emporter la nullité absolue de l'acte de vente dont il s'agit; mais que Blampin de la Solle, sa femme et autres parties, usant du droit qu'elles avaient de renoncer à cette nullité, et de se contenter de la seule obligation de Blanchard, acquéreur, ont formellement conclu à l'exécution de l'acte;

Met l'appellation au néant; au principal, sans avoir égard à l'acte de vente du 1er. ventôse an XII, qui est déclaré nul et de nul effet, à l'égard (seulement) d'Alexandre et de Toussaint Vestu, ordonne qu'à la poursuite du premier, il sera procédé, sur une simple affiche et publication, à la licitation de la maison dont il s'agit, pardevant, etc.

Cet arrêt est conforme aux principes: chacun des copropriétaires de la maison pouvait vendre séparément sa portion indivise.

Si le défaut de signature de la femme Blampin rendait la vente nulle quant à sa portion, ce n'était pas un motif pour annuler la vente dans l'intérêt de ses frères; d'ailleurs, elle réparait le défaut de sa signature par son accession.

Au contraire, le défaut de signature de la femme Blanchard, acquéreur solidaire, rendait la vente nulle à l'égard de tous les vendeurs, s'ils avaient voulu profiter de cette nullité. Mais plusieurs y avaient renoncé en consentant à prendre pour seul obligé Blanchard, qui, de son côté, consentait à rester seul acquéreur : Alexandre et Toussaint Vestu seuls n'avaient point renoncé à la nullité de l'acte. La vente était donc nulle à leur égard ; ils restaient propriétaires de leurs portions ; Blanchard demeurait seul propriétaire du surplus de la maison.

Or, elle ne pouvait être partagée commodément : la licitation était donc nécessaire entre eux et Blanchard (1).

548. Mais si l'acte passé entre plusieurs parties, et non signé par l'un ou par quelques-uns des contractans, n'oblige point les non signataires, et laisse aux signataires la faculté de se rétracter avant que les premiers aient accepté, on peut demander si ce même acte, imparfait entre les signataires et les non signataires, peut produire quelque effet entre les premiers, ou s'il est aussi imparfait dans leur intérêt respectif ? Éclaircissons la question par un exemple :

Les héritiers de Jeanne-Thérèse Clauss, morte depuis la loi du 19 nivôse an II, sur la transmission des biens par succession, firent un traité par lequel ils convinrent de partager la succession sui-

---

(1) On peut encore consulter un arrêt rendu par la Cour de cassation, le 4 juillet 1810, rapporté par Sirey, pag. 376.

vant l'ancienne loi. La succession étant échue, les
habiles à succéder étaient libres de choisir le mode
de partage qu'ils jugeaient à propos. Ceux à qui la
loi nouvelle donnait une portion plus forte que
l'ancienne pouvaient renoncer à cet avantage. Une
pareille convention n'avait rien d'illicite.

Tous les héritiers étaient dénommés dans l'acte
comme appelés au partage de la succession. Cependant il ne fut pas signé de tous, mais seulement
de la majeure partie.

Deux des cohéritiers non signataires du traité
provoquèrent le partage. Jean Clauss, l'un des signataires, y consentit. Il paraît que les autres signataires n'y consentirent point.

Néanmoins, le partage fut fait suivant la nouvelle loi, qui donnait à Jean Clauss une portion
plus forte qu'il n'eût eue en suivant l'ancienne.

Les autres signataires, qui en avaient une moindre que celle qu'ils eussent eue anciennement, lui
demandèrent une indemnité consistant dans l'excédant qu'il recevait, et auquel il avait implicitement renoncé par le traité.

Il répondit que l'acte n'étant pas revêtu de la signature de toutes les parties, rendait la convention
nulle même à l'égard des signataires, et qu'en conséquence il avait pu se dédire.

La Cour de Bruxelles jugea, avec raison, que le
traité contenant la mention expresse des personnes
entre qui devait être fait le partage de la succession
de Jeanne-Thérèse Clauss, suivant l'ancienne loi,
l'intention commune avait été qu'il se fît un partage uniforme, mais non pas de morceler les biens

par le concours de deux législations opposées; qu'ainsi le défaut d'accession de plusieurs des héritiers qui n'avaient pas signé, avait empêché la perfection du traité, et par conséquent laissé à Jean Clauss la faculté de se rétracter (1).

349. Il faut remarquer que les actes unilatéraux sous seing privé, écrits sur feuille volante, ne font point une preuve d'obligation contre celui qui les a souscrits, lorsqu'ils se trouvent en sa possession. (Pothier, n°. 714) (2). C'est en les remettant ou en les faisant remettre à ceux en faveur de qui ils sont écrits, qu'il leur confère un titre; c'est cette remise qui prouve qu'il a eu l'intention de s'obliger.

Par exemple si l'on trouve à ma mort, en faisant l'inventaire de mes papiers, un billet signé de ma main, par lequel je reconnais vous. devoir une somme de 1,000^f que vous m'avez prêtée, ce billet ne fera point une preuve de la dette; car. l'ayant toujours conservé en ma possession, rien ne prouve que j'aie eu la volonté de m'obliger et de vous conférer un titre contre moi (3). Je puis avoir écrit ce billet dans l'espérance d'un prêt qui n'a point été effectué; après avoir reçu la somme, je puis l'avoir rendue et avoir retiré mon billet, etc.

---

(1) L'arrêt est du 20 mai 1807, et rapporté par Sirey, tom. VII, 2°. part., pag. 766.

(2) Il faut voir sur cela Dumoulin, tom. III, *opp.*, pag. 634, col. A, *in fine*. Son opinion ne s'accorde pas avec celle de Pothier.

(3) Il en serait autrement si j'avais écrit à la marge, au dos ou sur l'enveloppe du billet, qu'il doit vous être remis. Cette apostille, quoique non signée, serait une preuve suffisante de ma volonté.

350. Il en est de même des actes de libération, quoique plus favorables.

Une quittance signée du créancier, et trouvée à sa mort parmi ses papiers, ne prouvera pas le paiement : il peut l'avoir écrite d'avance dans l'espérance qu'on viendrait le payer; par exemple pour la remettre au débiteur, en cas qu'il vînt, en son absence, apporter son argent.

351. Mais il nous paraît que cette quittance et autres semblables souscrites, par le défunt et trouvées dans ses papiers, peuvent, suivant les circonstances, être considérées comme des commencemens de preuve par écrit; car l'art. 1347 appelle ainsi « tout acte par écrit qui est émané de celui » contre lequel la demande est formée, ou de celui » qu'il représente, et qui rend vraisemblable le fait » allégué ».

Or on ne peut nier que la quittance, par exemple, trouvée dans les papiers du créancier, rend en général le fait du paiement assez vraisemblable; car il n'est pas rare qu'un fermier, plein de confiance dans le propriétaire, envoie ou laisse son argent pour venir ensuite prendre sa quittance.

Nous disons cependant que les écrits signés par le défunt et trouvés parmi ses papiers, ne forment un commencement de preuve écrite que *suivant les circonstances*; car il ne faut jamais oublier que les circonstances peuvent donner ou ôter de la force à une pièce de la même nature, tellement qu'elle doit être regardée tantôt comme suffisante, tantôt comme insuffisante pour former un commencement de preuve par écrit ; en sorte que c'est un point toujours abandonné à la prudence du magistrat.

352. Quoiqu'en général les *actes* sous seing privé ne tirent leur force probante que de la signature de celui qui s'oblige, il y a néanmoins des écrits qui, quoique non signés, font, en certains cas, une preuve même complète contre ceux qui les ont faits, quelquefois même en leur faveur.

Le Code contient quelques dispositions relatives à ces écrits, qu'on peut réduire à trois espèces : (*Voy.* Pothier, n°. 725).

1°. Les livres-journaux et tablettes ;

2°. Les écritures qui sont sur feuilles volantes, et non point à la suite, à la marge ou au dos d'un acte signé ;

3°. Les écritures qui sont à la suite, à la marge ou au dos d'un acte signé.

353. Commençons par les écrits de cette troisième espèce, dont parle l'art. 1332, qui exige une discussion approfondie.

Il formait l'art. 223 du titre des contrats et des obligations conventionnelles, dans le projet de la commission nommée par le Gouvernement, le 24 thermidor an VIII, pour la rédaction du projet de Code.

Cet article était ainsi conçu :

« L'écriture sous seing privé, mise à la suite, en » marge ou au dos d'un titre qui est toujours resté » en la possession du créancier, quoique non si-

» gnée ni datée par celui-ci, fait foi lorsqu'elle tend
» à établir la libération du débiteur.

» Il en est de même de l'écriture mise au dos ou
» en marge, ou à la suite d'un double d'un titre
» ou d'une quittance qui est entre les mains du dé-
» biteur. »

Cette rédaction, meilleure ou moins imparfaite
que celles qui furent successivement présentées,
était tirée de Pothier, qui enseigne, n°. 726, que
les écritures mises à la suite, en marge ou au dos
d'un écrit signé, lorsqu'elles tendent à la libération
du débiteur, font pleine foi du paiement, quoique non datées ni signées, non seulement lorsqu'elles sont écrites de la main du créancier, mais
encore de quelque main qu'elles soient écrites, fût-
ce même de celle du débiteur, *lorsque l'acte n'a jamais cessé d'être entre les mains du créancier*, parce
qu'il est plus que probable que le créancier n'aurait pas laissé écrire les reçus sur le billet qui était
en sa possession, si les paiemens ne lui avaient pas
été faits effectivement.

Voilà pourquoi les sages rédacteurs du projet,
MM. Portalis, Tronchet, Bigot de Préameneu et
Maleville, n'avaient point, comme on l'a fait depuis,
ajouté, dans la première disposition de cet article,
l'écriture *mise par le créancier* (1); et voilà pour-

_____

(1) Mais cette addition était nécessaire dans la seconde disposition;
car il n'y a que l'écriture *mise par le créancier* au pied d'un titre ou
acte resté en la possession du débiteur, qui puisse faire foi du paiement. Avec cette addition, dont l'omission n'était qu'une inadvertance, la rédaction du projet eût été parfaite.

quoi ils exigeaient que le titre ou acte au pied duquel se trouvaient les quittances, fût toujours resté aux mains du créancier.

C'est à ce qu'il paraît ce que ne comprirent point les auteurs de la nouvelle rédaction présentée au Conseil d'état et livrée à la discussion. Elle portait, art. 221 :

« L'écriture *sous seing privé*, mise *par le créancier* » à la suite, en marge ou au dos d'un titre *qui est* » *toujours resté en sa possession*, fait foi, quoique » non signée ni datée de lui, lorsqu'elle tend à éta- » blir la libération du débiteur.

» Il en est de même de l'écriture mise par le créan- » cier au dos, en marge ou à la suite d'un double » d'un titre ou d'une quittance qui est entre les » mains du débiteur. »

Cette rédaction ne diffère de la première que par l'addition des mots *mise par le créancier*, tant dans la première que dans la seconde disposition.

Elle était nécessaire dans la seconde, comme nous l'avons déjà remarqué; mais, dans la première, elle n'était pas seulement superflue, elle était nuisible; elle rendait inutiles les mots *sous seing privé*, parce que, « parlant d'une écriture *mise par le* » *créancier*, il était impossible que cette écriture ne » fût pas sous seing privé. » (1)

---

(1) C'est ce qu'observa le Tribunat, dans ses séances du 4 nivôse an XII et jours suivans. Sur cette observation, les mots sous seings privés furent rayés.

De plus, elle paraissait changer absolument le sens de la disposition, et la mettre en contradiction avec la seconde ; car si l'écriture mise par le créancier à la suite du titre resté en sa possession, fait seule foi du paiement, et non pas celle qu'il laisse ou fait écrire par un tiers, il n'est pas nécessaire que ce titre soit *toujours resté en sa possession.*

Cette dernière incise implique contradiction avec la seconde disposition, qui porte : *Il en est de même de l'écriture mise à la suite d'un titre qui est entre les mains du débiteur.*

S'il en est de même du cas où l'écriture est mise par le créancier à la suite d'un acte qui est aux mains du débiteur, il est faux qu'il soit nécessaire, pour que cette écriture fasse foi, que le titre soit *toujours resté en la possession du créancier.*

Cependant cette contradiction ne fut point aperçue, et la nouvelle rédaction fut adoptée sans discussion au Conseil d'état, dans la séance du 12 frimaire an XII.

Dans la rédaction définitive présentée au Conseil d'état, le 16 du même mois, les derniers mots de la seconde disposition éprouvèrent encore un changement léger : « Il en est de même de l'écri- » ture mise par le créancier, au dos, en marge ou » à la suite du double d'un titre, d'une quittance, » *lequel* double est entre les mains du débiteur. »

Enfin ceux qui furent chargés de réunir tous les titres du Code en un seul corps, rendirent louche la seconde disposition de l'art. 1352, qui était claire auparavant.

Elle porte aujourd'hui :

« Il en est de même de l'écriture mise par le créancier au dos, en marge ou à la suite du double
d'un titre ou d'une quittance, *pourvu que ce double* soit entre les mains du débiteur. »

Ces mots *pourvu que,* qui n'étaient point dans
les premières rédactions, et qui ne devaient pas
y être, font du fait que le double du titre ou la
quittance soit entre les mains du débiteur, une
condition de la libération de ce dernier. En prenant donc cette dernière rédaction à la lettre, il en
résulterait que, si le double du titre ou la quittance au pied de laquelle se trouve mise l'écriture
non signée, est en la possession du créancier ou
d'un tiers, le débiteur n'est pas libéré ; ce qui est
une évidente fausseté, et une contradiction avec la
première disposition ; c'est la considération que
l'écriture mise au pied du titre est de la main du
créancier qui opère la libération du débiteur, et
non pas le fait que ce titre soit en telle ou telle main.

Cette circonstance n'entre en considération que
dans le cas où l'écriture libératoire non signée ni
datée est de la main d'un tiers ou de celle du débiteur.

Alors il faut distinguer : suivant Pothier, elle
opère la libération, si le titre *est toujours resté* aux
mains du créancier, parce qu'on ne peut présumer qu'il eût laissé écrire ces reçus, si réellement il
n'avait pas reçu.

Au contraire, si le titre est en la possession du
débiteur, l'écriture mise au pied n'opère point sa

libération, si elle est d'une main étrangère et non de celle du créancier.

Il existe encore un autre vice, que les grammairiens appellent amphibologie, dans la construction de la seconde disposition de l'art. 1352 : « Il en est de même de l'écriture mise par le créan- » cier, au dos, en marge ou à la suite *du double* d'un » titre ou d'une quittance, pourvu que *ce double* » soit entre les mains du débiteur. »

Faut-il que l'écriture soit mise au pied du double d'une quittance, ou suffit-il qu'elle soit mise à la suite d'une quittance?

C'est évidemment dans ce dernier sens qu'il faut entendre la phrase; et pour éviter l'amphibologie, il fallait dire :

« Il en est de même de l'écriture mise par le créan- » cier, au dos, en marge ou à la suite d'une quit- » tance ou du double d'un titre, qui est en la pos- » session du débiteur. »

La mauvaise rédaction de l'art. 1332 a donc répandu de l'obscurité sur la matière. L'addition dans la première disposition des mots *mise par le créancier,* peut faire douter si l'écriture mise par un tiers ou par le débiteur, à la suite d'un titre toujours resté dans la possession du créancier, peut opérer la libération du débiteur, comme l'enseigne Pothier, et comme on l'induisait naturellement de la première rédaction proposée par les commissaires, dans laquelle on ne trouvait point l'addition des mots *mise par le créancier.*

Nous penchons invinciblement pour l'affirmative, ou plutôt nous n'en doutons pas, parce qu'autrement la condition que le titre soit *toujours resté en la possession* du créancier, devient non seulement inexplicable et oiseuse, mais que de plus elle implique contradiction avec la seconde disposition, comme nous l'avons déjà remarqué. Cette condition n'est nécessaire que pour donner la force probante à l'écriture mise par un tiers ou même par le débiteur, comme l'enseigne fort bien Pothier, de la doctrine de qui les rédacteurs du Code se sont rarement écartés.

Il distingue, n°. 726, les écritures qui tendent à la libération du débiteur, de celles qui tendent à une nouvelle obligation.

A l'égard des premières, il distingue encore le cas auquel l'acte à la suite duquel sont les écritures, n'a jamais cessé d'être en la possession du créancier; et alors ces écritures font preuve de paiement contre lui, quoique non datées ni signées, non seulement lorsqu'elles sont de sa main, mais encore de quelque main qu'elles soient, fût-ce même de celle du débiteur; parce que le créancier n'aurait pas laissé écrire des reçus sur un billet qui est en sa possession, si les paiemens ne lui avaient pas été faits effectivement. En laissant écrire ces reçus, il les approuve.

Telle est la doctrine de Pothier; elle nous paraît aussi celle du Code, malgré la mauvaise rédaction de l'art. 1332.

Au contraire, si l'acte est resté en la possession du débiteur, les reçus non signés mis au pied ne font foi contre le créancier, que dans le cas où ces reçus sont écrits de sa main. *Secùs* s'ils sont d'une autre main, parce que rien ne prouve que le créancier ait approuvé les reçus, et parce qu'il ne doit pas être au pouvoir du débiteur de se procurer la libération de sa dette, en faisant écrire, par une personne complaisante, des reçus à la suite de l'acte qui est en sa possession. C'est ce qui résulte de la dernière disposition de l'art. 1332, qui confirme la doctrine de Pothier.

354. La Cour de Metz a, par analogie, appliqué la disposition de l'art. 1332 au cas où l'écriture non signée, qui tend à la libération, a été mise au dos du titre par celui que le créancier en avait volontairement constitué dépositaire (1). Mais il ne faut pas prendre pour règle générale la décision de cet arrêt, qui pouvait être bien rendu dans l'espèce. Si le dépositaire du titre n'avait pas le pouvoir d'en recevoir le capital ou les intérêts, il est certain que l'écriture qu'il aurait mise au dos ou en marge du titre n'aurait pas la force de libérer le débiteur, qui aurait à se reprocher d'avoir payé à une personne sans pouvoir : il aurait seulement un recours contre le dépositaire qui aurait reçu.

Si le dépositaire n'avait de pouvoir que pour recevoir les intérêts ou les arrérages, le reçu d'une partie du capital, qu'il aurait mis à la suite du titre, pourrait-il libérer le débiteur ? Dans l'es-

---

(1) L'arrêt est rapporté par S'rey, an 1806, 2e. part., pag. 1.

pèce jugée à Metz, le billet déposé formait le seul titre de créance. Le dépositaire pouvait donc, en recevant le capital, donner la meilleure des quittances, le billet lui-même. Ce dépositaire était un homme d'affaires, un notaire.

Le dépôt du billet que le créancier lui avait confié pouvait être considéré comme un mandat tacite de recevoir.

355. Quant aux écritures non signées mises à la suite d'un titre, et qui tendent à rendre plus forte l'obligation du débiteur, ou à en former une nouvelle, le Code n'en parle point.

Ces écritures ne pouvant former qu'une présomption ou un commencement de preuve, c'est à la prudence des juges d'apprécier quelle force elles doivent avoir.

Pothier, n°. 728, fait une distinction très-sage tirée de Boiceau et de Danty. Si l'écriture non signée, mise au pied d'un acte signé, a une relation avec cet acte, elle fait foi contre le débiteur qui les a écrites.

Par exemple si, au bas d'une promesse signée de Pierre, par laquelle il reconnaît que Jacques lui a prêté 1,000ᶠ, il était écrit de la main de Pierre : *Plus, je reconnais que mondit sieur Jacques m'a encore prêté* 200ᶠ ; cette écriture, quoique non signée, ferait foi contre Pierre, parce que, par ces termes, *de plus, encore,* elle a une relation avec l'écrit signé de lui.

Pareillement si, au bas d'un acte de vente d'une métairie, signé des deux parties, il y avait un *post-*

scriptum écrit de la main du vendeur, quoique non signé, portant que les bestiaux sont compris dans la vente, ce *postscriptum* ferait foi contre le vendeur.

S'il était écrit d'une autre main, il ne ferait pas foi contre lui si l'acte était produit par l'acheteur; mais si ce *postscriptum* était au bas de l'acte, qui est toujours resté entre les mains du vendeur, il ferait foi contre lui, quoique écrit d'une autre main; car il n'aurait pas laissé mettre ce *postscriptum* au bas d'un acte qui était en sa possession, si le contenu n'eût pas été convenu entre les parties.

Rien de plus raisonnable que cette doctrine. Si le Code l'a passée sous silence, il n'en faut pas conclure que le législateur l'a rejetée, mais qu'il s'en est sur ce point rapporté à la prudence des juges, et qu'il a vu des inconvéniens à ériger cette doctrine en loi, dans son application aux écritures non signées, qui tendent à une nouvelle obligation, comme il l'a fait à l'égard des écritures qui tendent à la libération du débiteur.

Dans la réalité, ces écritures ne forment jamais que des présomptions fondées sur l'analogie, plus ou moins fortes suivant les circonstances, dont l'appréciation est nécessairemene abandonnée à la prudence des juges. C'est en faveur de la libération seulement que le Code les a érigées en présomptions légales.

356. Pothier portait si loin la force de ces présomptions libératoires, qu'il enseigne, n°. 729, que, quand même les écritures non signées, ten-

dant à la libération, mises au pied de l'acte resté
en la possession du créancier, se trouveraient bar-
rées ou rayées, elles n'en feraient pas moins foi,
parce qu'il ne doit pas être au pouvoir du créancier ni de ses héritiers de détruire, en barrant
cette écriture, la preuve du paiement qu'elle renferme.

Le Code n'a point adopté cette décision, qu'on
doit, à notre avis, rejeter absolument. Le créancier
qui, après avoir d'abord écrit un reçu à la suite du
titre resté en sa possession, raie ensuite le reçu,
est censé avoir eu de bonnes raisons de le faire. Il
est possible qu'il ne l'eût écrit que par distraction,
ou dans la vue d'un paiement qui ne s'est point
effectué : d'ailleurs le débiteur doit s'imputer de
n'avoir pas exigé une quittance. Il faudrait donc
des circonstances infiniment fortes pour faire adopter la décision de Pothier.

Tel serait le cas où le débiteur demanderait à
prouver, et prouverait effectivement que la radiation a été faite par les héritiers du créancier; car
alors la radiation serait censée frauduleuse; elle
équivaudrait à une soustraction des pièces.

357. Quant aux écritures non signées, mises à la
suite d'un acte avec lequel elles n'ont aucun rapport, elles sont comparables à celles qui sont écrites sur feuilles volantes, et qui forment la seconde
espèce d'écritures non signées que nous avons indiquées *suprà*, n°. 552.

Les écritures non signées, mises sur des feuilles
volantes, et non sur des registres, journaux, livres

ou tablettes, et non à la suite d'un acte signé, tendent aussi à obliger ou à libérer.

Celles qui tendent à obliger la personne qui les a écrites, quoiqu'elles se trouvent entre les mains de celui envers qui l'obligation serait contractée, ne peuvent néanmoins jamais prouver en sa faveur que l'obligation ait réellement existé; elles ne peuvent jamais être considérées que comme de simples projets restés sans exécution.

Il en est de même des écritures non signées tendant à la libération du débiteur.

Une quittance non signée, par exemple, restée en sa possession, et qu'il représente entièrement écrite par le créancier, ne peut opérer la libération du débiteur.

Ce cas est bien différent de celui où la quittance est écrite sur un registre ou journal, comme nous le verrons bientôt, ou bien à la suite de l'acte signé contenant l'obligation; car il n'est pas d'usage de signer les reçus inscrits sur un journal ou mis à la suite de l'acte, au lieu qu'il est absolument contraire à l'usage de ne pas signer les quittances écrites sur feuilles volantes.

Néanmoins si cette quittance volante est datée, de manière qu'il n'y manque que la signature; si c'est une quittance toute simple qu'on ne puisse regarder comme un modèle proposé; enfin, s'il ne paraît aucune raison pour laquelle cette quittance ait pu parvenir au débiteur avant le paiement, Pothier, n°. 725, pense qu'on doit présumer que ce n'est que par oubli que la quittance n'a pas été signée, et qu'elle doit faire foi du paiement, surtout en y ajoutant le serment supplétoire.

Si cette opinion était suivie, il faudrait dire aussi qu'une semblable quittance doit être considérée comme un commencement de preuve par écrit, qui autorise à admettre la preuve testimoniale de la réalité du paiement.

Cette décision de Pothier ne paraît devoir être admise qu'avec beaucoup de précaution de la part des juges, qui ne doivent admettre que des présomptions *graves, précises et concordantes.* (1353). La loi s'en repose sur leur prudence et sur leurs lumières.

358. Il nous reste à parler de la troisième espèce d'écritures non signées, des registres, livres, journaux, tablettes, etc. Commençons par les livres des marchands ou négocians.

Les questions qui peuvent s'élever sur le degré de confiance qu'on doit accorder en justice aux livres des marchands ou négocians, ont toujours paru très-difficiles (1).

Les interprètes et les docteurs n'étaient pas d'accord sur ce point (2).

---

(1) *Per difficilem,* dit Dumoulin, *in lib.* 4, *Cod. de reb. cred., tit.* 1.

(2) Si l'on désire voir tout ce qui a été dit sur ces questions, il faut consulter, outre Dumoulin ci-dessus cité, le Traité de la preuve, par Boiceau, liv. 2, chap. 8, avec les savantes Additions de Danty; Toubeau, Institutes du droit consulaire, liv. 2, chap. 4; les auteurs cités par Danty et par Toubeau; Klein, *de probatione quæ fit per libros mercatorum;* Heineccius, *Exercitatio de mercatorum qui foro cesserunt rationibus et codicibus.*

Il n'est pas douteux que ces livres ne sont que des écritures privées. Or, le principe général, en cette matière, est qu'on ne peut se faire un titre à soi-même, ni se constituer un débiteur de sa propre autorité.

Ce principe, fondé sur la raison, était consacré par les lois romaines : *Exemplo perniciosum est ut ei scripturæ credatur quâ unusquisque sibi adnotatione propriâ debitorem constituit. Loi 7, Cod. de probat., 4. 19.*

Cependant, si l'on considère combien le commerce est nécessaire dans la vie civile, la faveur qu'il mérite, la grande utilité, ou plutôt la nécessité des livres dont le commerce ne peut se passer; si l'on ajoute que tous ceux qui achètent ou font d'autres affaires avec un marchand ou négociant, ne sauraient ignorer qu'il est *obligé* d'écrire, jour par jour, tout ce qu'il vend, tout ce qu'il reçoit ou paie, tout ce qu'il doit et tout ce qui lui est dû; que, par conséquent, en achetant à crédit, ils sont censés s'en rapporter à ses livres, au moins jusqu'à un certain point, lorsqu'ils n'ont pas pris d'autres mesures, et, en quelque sorte, consentir tacitement à reconnaître ce qui s'y trouve écrit pour ou contre eux (1); si l'on considère enfin que

---

(1) Mascardus, *de jure mercatorum, lib. 3, cap. 9, n°. 16,* cité par Danty : *Qui cum iis contrahunt, scire debent mercatores necessitate teneri hos libros conficere, nec alias probationes habere quàm per scripturam proprii codicis rationum : undè videntur qui negociantur cum iis, mandare ipsis, ut data et accepta scribant.*

Ces raisons acquièrent beaucoup de poids sous l'empire du Code.

ces raisons acquièrent une force presque irrésistible, quand il s'agit d'affaires entre marchands ou négocians, respectivement *obligés* de tenir des livres qui se contrôlent réciproquement, et qui forment, pour ainsi dire, en les réunissant, un seul et même contrat en deux doubles, dont le premier contient les ventes faites par l'un, le second, les achats faits par l'autre, les prêts ou les emprunts, etc., on en vient à penser, et l'on est d'accord sur ce point, qu'il est nécessaire d'accorder aux livres de commerce un degré de confiance plus ou moins grand, et de faire à leur égard une exception au principe rigoureusement vrai, qu'on ne peut se faire un titre à soi-même; que ce principe n'est pas toujours et dans tous les cas applicable aux livres de commerce, et qu'ils doivent former, sinon une preuve complète, au moins une semi-preuve ou une présomption plus ou moins forte, suivant les circonstances.

359. Mais enfin dans quels cas ces livres peuvent-ils former une preuve? Quand et comment font-ils foi en faveur du marchand qui les a écrits ou fait écrire? Font-ils foi contre lui? Font-ils foi, à l'égard des tierces personnes, des choses que le négociant a été obligé d'écrire sur son livre de com-

---

qui ordonne si impérativement aux commerçans de tenir des livres. Elles ont une force beaucoup plus grande contre les personnes qui ne savent pas écrire, et qui achètent à crédit; le marchand ne peut pas les faire signer sur son registre : elles sont plus faibles contre ceux qui savent écrire ou signer. On peut alors imputer au marchand qui a vendu à crédit de n'avoir pas pris ses sûretés, en faisant signer l'article de son livre.

merce, comme les paiemens, les négociations faites par son entremise?

Sur ces questions et sur beaucoup d'autres analogues, les auteurs n'étaient pas d'accord, et notre ancienne législation ne donnait pas de lumières suffisantes pour les résoudre d'une manière sûre.

L'ordonnance sur le commerce de 1673, tit. 3, avait imposé aux négocians, marchands et banquiers, l'obligation d'avoir un livre-journal, qui devait contenir tout leur négoce, leurs lettres de change, leurs dettes actives et passives, et même les deniers employés à la dépense de leur maison (art. 1); de faire signer, parapher et coter ce livre, par premier et dernier feuillet, par l'un des juges-consuls, etc. (art. 3); d'écrire ce livre d'une même suite, par ordre de date, sans aucun blanc, et d'y rien mettre à la marge. (Art. 5).

Cette loi leur ordonnait encore de mettre en liasse les lettres missives qu'ils reçoivent, et en registre la copie de celles qu'ils écrivent.

Mais quelle foi devait-on ajouter à ces livres? L'ordonnance se taisait sur ce point. Elle se bornait à dire, art. 2, qu'on pouvait avoir recours, en cas de contestation, aux livres des *agens de change*.

Quant aux livres-journaux des marchands et négocians, elle disait, art. 10, qu'au cas qu'ils voulussent s'en servir, ou que la partie offrît d'y ajouter foi, la représentation pouvait en être ordonnée pour en extraire ce qui concernait le différent.

Cet article, comme on le voit, ne dit point tel degré de preuve pouvait opérer, en faveur du négociant qui voulait s'en servir, la représentation de ces livres ; et en s'attachant à la lettre du texte, ils ne faisaient preuve que dans un seul cas, celui où la partie offrait d'y ajouter foi.

L'article ne dit même pas ce qu'opérait, en faveur de celui qui offrait d'y ajouter foi, le refus de représenter les livres.

Cette loi laissait donc indécises à peu près toutes les anciennes controverses.

560. Le Code civil et le nouveau Code de commerce nous paraissent contenir des dispositions suffisantes pour les décider, soit par l'application du texte littéral, soit par les conséquences qui en dérivent.

Voyons d'abord quelle forme doivent avoir les livres des négocians ou marchands, et quels livres ils sont obligés d'avoir ; nous verrons ensuite quel degré de confiance la loi accorde à ces livres.

« Tout commerçant est tenu d'avoir un *livre-* » *journal* qui présente jour par jour ses dettes ac- » tives et passives, les opérations de son commerce, » ses négociations, acceptations ou endossemens » d'effets, et généralement tout ce qu'il reçoit et » paie, à quelque titre que ce soit, et qui *énonce* » mois par mois les sommes employées à la dépense » de sa maison (1) ; le tout indépendamment des

_____

(1) Ce qui comprend les frais relatifs à la tenue de son commerce tels que loyers, appointemens d'employés et frais de bureau.

» autres livres usités dans le commerce, mais qui
» ne sont pas indispensables.

» Il est tenu de mettre en liasse les lettres mis-
» sives qu'il reçoit, et de copier sur un *regitre* celles
» qu'il envoie. » (Art. 8 du Code de commerce).

» Il est tenu de faire tous les ans, sous seing privé,
» un inventaire de ses effets mobiliers et immobi-
» liers, et de ses dettes actives, passives, et de le co-
» pier, année par année, sur un registre spécial à
» ce destiné. » (Art. 9).

» Tous (ces livres) seront tenus par ordre de date,
» sans blancs, lacunes ni transports en marge. »
(Art. 10).

Ils doivent être « cotés, paraphés et visés, soit
» par un des juges des tribunaux de commerce,
» soit par le maire ou un adjoint, etc. » (art. 10),
et par conséquent sur papier timbré. (*Voy.* la loi
du 13 brumaire an VII).

De plus, « le livre-journal et le livre des inven-
» taires seront visés et paraphés *une fois par année*.
» Le livre des copies de lettre n'est pas soumis à
» cette formalité. » (Art. 10).

« Les commerçans sont tenus de conserver ces
» livres *pendant dix ans*. » (Art. 11).

361. « Les livres que les commerçans sont obli-
» gés de tenir, et pour lesquels ils n'auront pas ob-
» servé les formalités ci-dessus prescrites, ne peu-
» vent être représentés ni faire foi en justice, au
» profit de ceux qui les auront tenus. »

Cette disposition, qui ôte toute confiance aux

livres du commerçant, pour lesquels il n'a pas observé les formalités prescrites, est d'autant plus importante qu'il est, en cas de faillite, exposé à être déclaré banqueroutier simple, si ses livres sont *irrégulièrement* tenus, sans néanmoins que les *irrégularités* indiquent de la fraude, ou s'il ne les représente pas tous. (Art. 587 du Code de commerce).

Ou même à être poursuivi comme banqueroutier frauduleux, s'il n'a pas tenu de livres, ou si ses livres ne présentent pas sa véritable situation active et passive (594).

Outre les trois livres que tout commerçant ne peut se dispenser de tenir, sans contrevenir à la loi, et par conséquent sans s'exposer aux plus grands inconvéniens, il peut, il doit avoir d'autres livres auxiliaires, plus ou moins nombreux, selon l'étendue et le genre de son commerce.

562. Mais le premier de tous les livres, le livre *indispensable*, est le livre-journal, qui doit être la source de tous les livres auxiliaires.

L'art. 8 le fait suffisamment connaître par l'énumération de tous les objets qu'il ordonne d'y écrire.

La loi ne prescrit d'ailleurs aucune manière particulière de tenir le journal, soit en partie simple, soit en partie double (1) ; il suffit, pour obéir à la

---

(1) Ceux qui désirent connaître la différence des livres tenus en partie double ou en partie simple, doivent consulter le livre infiniment utile de *la Tenue des livres rendue facile*, par M. Edmond Degrange, 9ᵉ. édition in-8°., Paris, 1816.

loi, d'écrire jour par jour sur ce livre ses dettes actives et passives, ses négociations, acceptations ou endossemens d'effets, tout ce qu'il reçoit et paie à quelque titre que ce soit, les sommes employées à ses dépenses, ses pertes et bénéfices, et généralement toutes les opérations de son commerce, de suite, sans aucun blanc, rature ni interligne, et à mesure qu'elles ont lieu.

Mais il est réciproquement exigé que tous ces objets soient écrits dans le journal; autrement, il n'est point conforme à la loi, il perd sa confiance.

Cependant, soit routine ou paresse, plusieurs commerçans, d'ailleurs honnêtes, n'écrivent sur leur journal que les articles relatifs aux affaires à terme.

Les achats et les ventes au comptant, les paiemens des billets, les dépenses, etc., n'y paraissent point.

Les articles relatifs à ces derniers objets sont portés sur des livres auxiliaires, tels que le livre de caisse, le carnet des échéances, le livre des marchandises, etc.

C'est une véritable contravention à l'art. 8 du Code de commerce.

Le journal ainsi tenu, loin de pouvoir faire foi en justice, expose le contrevenant, en cas de faillite, à toute la rigueur des lois (1).

---

(1) M. Degrange en a déjà fait l'observation, *ubi suprà*, pag. 5 et 5, not. A.

563. Le livre de copies de lettres, que le Code prescrit à tout commerçant d'avoir, est nécessaire, afin de pouvoir justifier en justice les lettres qui ont été écrites à ceux qui refuseraient de les représenter, et aussi afin d'empêcher la contrariété qui pourrait arriver dans les différens ordres que les négocians donnent par écrit à leurs correspondans; autrement il serait difficile qu'ils pussent se souvenir de toutes les choses et de tous les détails contenus dans les lettres qu'ils ont écrites au sujet d'une négociation quelconque; car si l'une des parties refuse de représenter les lettres qu'elle a reçues de l'autre, et qui sont inscrites par celle-ci sur un livre régulièrement tenu, ce livre pourra faire foi en justice, et faire tomber la demande, s'il y en a d'ailleurs une preuve constante.

564. Enfin, le livre des inventaires est ordonné afin de mettre le commerçant en état de se rendre facilement compte à lui-même de l'état de ses affaires, et de proportionner en conséquence son commerce à ses facultés.

565. Ces trois livres suffisent pour satisfaire à ce que la loi prescrit.

Mais l'objet des négocians, qui tiennent des écritures régulières de toutes leurs opérations de commerce, est moins encore d'obéir à la loi que de connaître eux-mêmes promptement, et d'une manière distincte, la quantité de marchandises qu'ils achètent et vendent, l'argent qu'ils reçoivent et qu'ils déboursent, leur situation vraie en actif et en passif.

Pour y parvenir, ils sont obligés de tenir d'autres livres auxiliaires plus ou moins nombreux, suivant la nature et l'étendue de leur commerce; le plus usité, le plus important est celui qu'on appelle le *grand-livre*, parce qu'il est ordinairement du format le plus grand.

On l'appelle aussi *extrait*, parce qu'il n'est en effet qu'un extrait du livre-journal, un relevé, un dépouillement des différens articles qui y sont portés en débit et en crédit, concernant telle personne, tel objet ou telle classe d'affaires, et réunis dans un compte ou chapitre particulier.

On l'appelle encore, par ce motif, *livre de raison*, c'est-à-dire livre de *compte* (1), parce qu'il contient les comptes particuliers des différentes personnes avec lesquelles le commerçant est en relation d'affaires, et les comptes de chaque objet ou de chaque classe d'affaires qui entrent dans son commerce.

Enfin on l'appelle quelquefois *livre de débit et de crédit*, parce qu'on y porte en *débit*, d'un côté, les ventes faites, les lettres de change ou les paiemens faits à la personne que concerne le compte ou chapitre, et de l'autre, *en crédit*, les paiemens faits par cette même personne.

Car, dans le langage du commerce, *débiter* quel-

_____

(1) Les marchands appellent livre de *raison* un livre de compte. Dictionnaire de l'Académie, v°. *Raison. Voy.* le Glossaire du droit, de Vicat, v°. *Ratio.*

qu'un, c'est écrire qu'il doit, c'est le présenter comme débiteur de ce qu'on lui a payé, remis, livré, vendu, etc.

Le *créditer,* c'est écrire qu'on lui doit, c'est le présenter comme créancier de ce qu'il a payé, remis, vendu, etc.

Ainsi, sur le grand-livre, on ouvre un compte pour chaque personne et pour chaque objet, c'est-à-dire pour chaque classe d'affaires ou d'opérations commerciales.

Au bout de la page, à gauche, on écrit le nom de la personne ou de l'objet pour lequel on ouvre le compte, et en tête de la même page, on écrit le mot *doit,* pour indiquer qu'on y transportera tous les articles dont ce compte est débité au journal.

Au haut de la page, à droite, on écrit le mot *avoir,* pour indiquer qu'on y transportera les articles dont il est crédité au journal.

Et à mesure que l'on passe de nouveaux articles au journal, et que l'on y débite ou crédite d'anciens débiteurs ou de nouveaux, on ajoute ces articles aux comptes déjà existans sur le grand-livre, ou l'on en ouvre de nouveaux.

Au moyen de ces comptes portés sur le grand-livre, dont les articles sont extraits du livre-journal, chaque négociant connaît en un instant sa véritable situation avec les personnes qui sont en relation d'affaires avec lui, et le résultat exact de toutes opérations mercantiles sans exception, en ouvrant un compte à chacune des classes générales d'objets qui entrent dans son commerce.

Les négocians qui ne tiennent pas leur grand-livre en partie double, n'y ouvrent de comptes que pour les personnes avec lesquelles ils sont en relation d'affaires, et non pour les objets ou classes d'objets dont ils font le commerce, et pour chaque opération commerciale; c'est ce qui distingue le grand-livre tenu en partie simple, du grand-livre tenu en partie double. (*Voy.* la Tenue des livres rendue facile, pag. 4, n°. 11).

Ceux qui tiennent le grand-livre en partie simple, ont recours à d'autres livres auxiliaires, dont le nombre dépend de la volonté ou de la nature des affaires de chaque négociant; tels sont les livres de caisse, de marchandises, de profits et pertes, le carnet des échéances, etc.

La plupart de ces livres sont tenus par débit et crédit, c'est-à-dire qu'on écrit à la première page à gauche, sur le livre de caisse ou sur le livre de marchandises, etc., l'argent ou les marchandises qu'on reçoit, et sur la page à droite l'argent ou les marchandises que l'on fournit.

Ces notions générales sur les livres de commerce nous ont paru nécessaires pour mieux entendre les questions qui s'élèvent sur le degré de confiance qu'ils méritent, et quels sont ceux de ces livres qui peuvent faire preuve.

366. On voit, d'après ce que nous avons dit, que le livre-journal, qui doit contenir les élémens des autres, lesquels n'en sont que des ex-

traits; ce livre *indispensable* enfin, comme le nomme la loi, art. 8, est le seul, à proprement parler, qui fasse foi en justice (1).

Il faut y ajouter le livre des copies de lettres, qui n'est point extrait du livre-journal, et qui est souvent nécessaire pour résoudre les difficultés qui s'élèvent sur la correspondance d'un négociant, et pour connaître les détails d'une négociation.

M. Locré, sur l'art. 12 du Code de commerce, dit que les autres livres peuvent suppléer le journal à l'égard d'un *fait omis sur le livre-journal et consigné sur les autres,* qui pourraient alors faire foi en justice.

Il nous semble que c'est une erreur. Les articles consignés sur les autres livres, lorsqu'il n'en existe pas de preuves par ailleurs, doivent être rejetés, par cela même qu'ils sont omis sur le livre-journal.

M. Pardessus (2) dit fort bien qu'il ne faut pas « perdre de vue que si un commerçant n'a pas ses » livres indispensables (ceux que le Code lui pres-» crit d'avoir), ou si ces livres ne sont pas tenus » régulièrement, il ne sera pas admis à en produire » d'autres, qui, n'étant qu'auxiliaires, ne peuvent » suppléer à l'existence ou à la régularité de ceux » qui sont requis, et ne peuvent servir qu'à en ex-» pliquer ou en développer les énonciations ».

367. Voyons maintenant quelle foi les livres de commerce peuvent faire en justice.

---

(1) Jousse, not. 3, sur l'art. 1, tit. 5, ordonnance de 1675.
(2) Cours de droit commercial, tom. I, pag. 260.

Nos lois nouvelles distinguent d'abord entre les contestations élevées entre des commerçans et des personnes qui ne le sont pas, et les contestations de commerçant à commerçant, pour affaires de commerce.

Elles distinguent encore entre la foi que méritent les livres de commerce, pour ou contre le commerçant qui les tient.

368. Examinons d'abord ce qui concerne les contestations élevées par un commerçant contre des personnes qui ne le sont pas. Le principe général en cette matière est qu'on ne peut se créer un titre à soi-même.

C'est l'ancienne maxime tirée du droit romain, loi 7, *Cod. de probat.*, 4. 19, et consacrée par l'article 1329 du Code civil : « Les registres des mar- » chands ne font point contre *les personnes non mar-* » *chandes*, preuve des fournitures qui y sont por- » tées, *sauf ce qui sera dit à l'égard du serment.* »

Cette dernière disposition apporte à la règle une limitation remarquable qu'il faut développer. Ceux des docteurs qui accordaient le moins de force aux livres des marchands, pensaient néanmoins que si ces livres ne font point une preuve en leur faveur, ils peuvent, lorsqu'ils sont régulièrement tenus, former un commencement de preuve qu'on peut compléter par des présomptions.

Ils fondaient leur opinion sur la loi 6, *Cod. de probat.*, 4. 19, qui ne veut pas que les registres domestiques d'une personne morte, soient *seuls* suffisans pour faire preuve de ce qui lui est dû : *Solus sufficere non posse.*

On en concluait qu'ils peuvent suffire s'ils ne sont pas *seuls*, s'ils sont soutenus par d'autres preuves ou présomptions.

Les présomptions, comme on sait, naissent des circonstances antécédentes, concomitantes et subséquentes.

On ne peut qu'en indiquer quelques-unes : par exemple, si le marchand ou banquier qui produit son livre est connu pour une personne loyale et qui a des sentimens libéraux, *quem vocamus libe-ralem aut legalem*, dit Dumoulin (1), si sa vie est sans reproche, il en résulte déjà une forte présomption en faveur de l'exactitude de ses livres, et cette présomption s'accroîtra en raison des autres circonstances favorables.

Si la somme demandée est modique, les fournitures vraisemblables (2) et proportionnées à la fortune, à la dépense accoutumée du défendeur; s'il a coutume d'acheter à crédit, etc.; dans ce cas et autres semblables, Dumoulin pensait que le juge peut regarder les livres comme un commencement de preuve, et déférer le serment supplétoire au marchand demandeur, pour compléter la preuve.

---

(1) *Comment.*, *in lib.* 4, *Cod.*, *tit.* 1.

(2) Il faut citer ici un trait qui fait un grand honneur à la simplicité des mœurs de notre savant Pothier. Ce ne seraient pas, suivant lui, des fournitures vraisemblables, s'il était écrit sur le livre d'un marchand qu'il m'a vendu et livré dix aunes de drap noir dans l'année, parce que je n'ai pas besoin, dans l'année, de plus d'un habillement, pour lequel quatre aunes de drap suffisent. *Voy.* son Traité des obligations, n°. 721. Ce professeur, si justement célèbre, était pourtant un homme du dix-huitième siècle.

C'est aussi ce que permet l'art. 1329 du Code civil, qui, après avoir établi la règle que les registres des marchands ne font point foi *contre les personnes non marchandes,* ajoute : Sauf ce qui sera dit à l'égard du serment.

Or, l'art. 1367 exige, pour permettre au juge de déférer le serment supplétoire au demandeur,

1°. Que la demande ne soit pas pleinement justifiée ;

2°. *Qu'elle ne soit pas totalement dénuée de preuves.*

Du rapprochement de ces deux articles, il résulte que les livres d'un marchand font un commencement de preuve, qui réuni à d'autres présomptions favorables que la prudence des juges peut seule apprécier, l'autorise à déférer le serment supplétoire au marchand demandeur.

Mais il faut pour cela que ses livres soient régulièrement tenus, que le commerçant y ait observé les formalités prescrites par le Code de commerce, art. 8 et suivans ; faute de quoi, ces livres ne peuvent, suivant l'art. 13, être représentés en justice ni faire aucune foi en sa faveur.

Il faut encore que ces livres, quoique réguliers. soient soutenus par des présomptions favorables.

Sur la seule représentation du livre, et sans autres indices ou présomptions, le juge ne pourrait pas déférer le serment au demandeur.

369. Ces dispositions du Code civil nous paraissent entraîner la décision d'une question importante, savoir : si les livres de commerce forment un

commencement de preuve par écrit, qui autorise les tribunaux ordinaires à ordonner la preuve testimoniale contre le défendeur non marchand.

Boiceau (1) la résout par l'affirmative, mais seulement en faveur des marchands jurés, membres des anciennes corporations des marchands.

Danty, son annotateur, n°. 37 et suiv., y trouve beaucoup de difficultés sous l'empire des anciennes lois, quoiqu'il finisse par dire, n°. 46, *in fine, que la preuve par témoins peut être admise, quand certaines circonstances de bonne foi se rencontrent.*

Il nous semble qu'aujourd'hui cette question ne doit plus souffrir de difficultés, et qu'on peut conclure avec certitude que, si la loi permet aux magistrats de rendre le commerçant demandeur juge en sa propre cause, en lui déférant le serment, quand il existe à l'appui de ses livres des présomptions de bonne foi et de la vraisemblance, ils peuvent, à plus forte raison, lui permettre d'invoquer le témoignage de personnes désintéressées.

En vain objecterait-on que l'art. 1347 dit qu'on appelle commencement de preuve écrite tout écrit *qui est émané de celui contre lequel la demande est formée.*

Je réponds que cet article n'est point limitatif. Il ne dit pas qu'on ne pourra considérer comme un commencement de preuve aucun écrit s'il n'est

---

(1) Dans son **Commentaire** sur l'art. 54 de l'ordonnance de Moulins 2°. part., chap. 8, et *ibi* les additions de Danty.

pas émané de celui contre qui la demande est formée ; il dit seulement que tous les actes écrits émanés de lui sont appelés des commencemens de preuve écrite, ce qui est très-différent.

L'art. 1336 du Code nous présente, dans la transcription d'un acte sur les registres publics, un autre exemple d'un écrit qui forme un commencement de preuve, quoiqu'il ne soit pas émané de celui contre lequel la demande est formée.

Je réponds encore, et cette réponse me paraît péremptoire, que la loi permettant expressément de déférer au marchand demandeur le serment supplétoire à l'appui de ses livres, lorsqu'il y a en leur faveur vraisemblance et présomption de bonne foi, elle permet implicitement, par une raison *à fortiori*, l'admission de la preuve testimoniale ; car admettre le témoignage ou le serment du demandeur pour décision, dans sa propre cause, c'est infiniment plus que de lui permettre d'invoquer le témoignage de tierces personnes désintéressées qui ne lie point les juges, et qui d'ailleurs est balancé par les témoins que le défendeur peut toujours faire entendre ; en permettant le plus, la loi est toujours censée permettre le moins : c'est une exception à la disposition de l'art. 1347, laquelle, au reste, n'est point limitative.

Cette doctrine, d'ailleurs, est sans inconvéniens ; car il est toujours laissé à la prudence du magistrat d'apprécier le degré de confiance que méritent les livres ou autres écrits qu'on présente comme des commencemens de preuve, et de juger dans quelles circonstances on peut ou non les prendre pour tels, à l'effet d'admettre la preuve testimoniale (1).

570. Les livres du commerçant font preuve en sa faveur, lorsque l'autre partie offre d'y ajouter foi, mais elle ne peut alors diviser son offre en consentant de s'en rapporter aux livres, en ce qui lui serait favorable, et non en ce qui lui serait contraire.

C'est sans doute par cette raison que l'ordonnance de 1673, tit. 3, art. 10, ne permettait à la partie adverse de demander la représentation des livres du commerçant, qu'en offrant d'y ajouter foi; disposition qui pouvait être sage alors : il paraissait inutile de contraindre un commerçant à livrer ses registres à la critique de l'autre partie, qui ne voulait pas s'y rapporter.

371. Mais cette disposition ne pouvait plus s'accorder avec les nouvelles dispositions du Code de commerce et du Code civil.

Nous avons vu que cette dernière loi permet aux juges de déférer d'office au commerçant demandeur le serment supplétoire, lorsque ses livres sont soutenus par des présomptions assez fortes.

Si donc un commerçant forme contre un non commerçant un demande, dont les circonstances rendent l'objet vraisemblable, et qui soit d'ailleurs soutenue par des présomptions graves, précises et

---

(1) *Voy.* ce que nous avons dit *suprà*, n°. 287.

concordantes, les juges doivent, pour achever d'é-
clairer leur religion, avoir la faculté de demander
la représentation des livres, parce que s'ils ne sont
pas tenus régulièrement, et à plus forte raison s'il
n'en existe point, ou si l'on refuse de les présenter,
cette circonstance, qui constitue le demandeur en
faute, écartera sans retour ces présomptions qui,
sans suffire pour asseoir un jugement, ébranlaient
la croyance et ne permettaient pas à des juges, amis
de la vérité, de rejeter la demande sans des approfondissemens ultérieurs.

Si, au contraire, les livres sont réguliers, ils for-
meront, en les réunissant aux présomptions, une
preuve suffisante au moins pour autoriser à déférer le serment supplétoire au demandeur, et, à
plus forte raison, à admettre la preuve testimoniale.

C'est donc avec sagesse que l'art. 15 du Code de
commerce permet aux juges d'ordonner, *même d'office*, la représentation des livres de commerce. Cet
article est ainsi conçu :

« Dans le cours d'une contestation, la *représen-
» tation* des livres peut être ordonnée par le juge,
» même d'office, à l'effet d'en extraire ce qui con-
» cerne le différent. »

372. Si le juge peut, *même* d'office, ordonner la
représentation des livres, il s'ensuit, à plus forte
raison, qu'elle peut être ordonnée à la requête des
parties intéressées ; le demandeur peut l'offrir pour
faire en sa faveur un commencement de preuve.

M. Locré, sur l'article cité, pense qu'en ce cas
il n'est permis au juge d'ordonner la représenta-

tion des livres « qu'autant que la partie adverse est
elle-même un négociant, parce que si c'était un
particulier, les registres pourraient être invoqués
contre lui »

C'est une erreur : ils ne peuvent être invoqués
pour faire seuls une preuve complète, comme entre
commerçans (art. 12) ; mais ils peuvent être invoqués pour faire un commencement de preuve, qui
autorise le juge à déférer le serment supplétoire,
ou à admettre la preuve testimoniale.

La représentation des livres peut être demandée
par le défendeur, même sans offrir d'y ajouter foi,
afin de combattre leur régularité, et d'écarter par
ce moyen les présomptions qui paraissaient favoriser la demande du commerçant.

575. Bien plus : quand le commerçant, sans parler de ses livres, fonderait sa demande sur des actes
notariés ou écrits de la main du défendeur, celui-
ci n'en pourrait pas moins exiger la représentation
des livres du commerçant pour détruire l'effet des
actes sur lesquels il se fonde ; car il est de maxime,
et c'est un point de jurisprudence très-ancien, que
la représentation des livres de commerce ne peut
être refusée dans le cas même où la demande du
commerçant serait fondée sur un titre notarié sous
seing privé (1).

---

(1) *Voy.* Jousse, not. 1, sur l'art. 10 du tit. 5 de l'ordonnance de
1675. M. Pardessus dit fort bien, Cours de droit commercial, tom. I,
pag. 260, n°. 259 : « En aucun cas, un commerçant ne peut se refuser

374. Mais alors il faut, pour obtenir la représentation des livres, que celui qui la demande offre d'ajouter foi ; autrement il ne pourrait tirer une conséquence décisive du défaut de représentation; car ce n'est que dans le cas où la partie aux livres » de laquelle on offre d'ajouter foi refuse de les » représenter, que le juge *peut*, suivant l'art. 17 du » Code de commerce, déférer le serment à l'autre » partie » : disposition qui ne se trouvait point dans l'ordonnance de 1673, mais qui est conforme à l'opinion de son commentateur Jousse, sur l'art. 10, not. 1.

Si donc un commerçant forme une demande contre un particulier, en vertu d'un billet ou acte notarié, par lequel celui-ci a reconnu lui devoir une somme pour marchandises vendues, le défendeur qui soutient l'avoir payée peut, nonobstant le billet, demander la représentation des livres sur lesquels il prétend que doit se trouver inscrit le paiement de la somme.

375. Il faut remarquer que le défendeur qui demande la représentation des livres de son adversaire, en alléguant un paiement, doit en déterminer l'époque précise, afin qu'on puisse vérifier, sur le journal représenté, si le paiement allégué se trouve ou non porté à la date indiquée.

S'il demandait la représentation du livre, sans

» à représenter ses registres, quand même il ne les emploierait point, » et se fonderait sur une promesse écrite de la main de celui à qui les » marchandises ont été livrées, parce qu'il n'est pas impossible qu'il y » ait une mention de paiement. »

dire pourquoi, sans indiquer l'époque de l'article qu'il prétend ou espère y trouver écrit, sa demande serait rejetée, parce qu'on ne pourrait pas la vérifier sans vérifier et feuilleter le livre, au moins en grande partie; or, c'est ce qui est défendu par l'ancienne loi et par la nouvelle.

L'art. 14 du Code de commerce porte :

« La *communication* des livres ne peut être ordonnée en justice que dans les affaires de succession, » communauté, partage de société, ou en cas de » faillite. »

576. Par *communication*, la loi entend la remise même des livres pour être feuilletés et vérifiés en entier.

Dans les trois premiers cas, cette remise ne peut être refusée, parce que les livres sont des pièces communes aux héritiers ou associés. Elle est nécessaire, en cas de faillite, afin d'examiner les affaires et la conduite du failli.

Mais dans le cas d'une contestation entre le propriétaire des livres et un tiers, on ne peut ordonner la *représentation* du livre que pour *en extraire ce qui concerne le différent*, et non pour vérifier et lire les autres articles, et cela pour empêcher que des tiers ne prennent connaissance des autres affaires du commerçant; ce qui serait aussi contraire au vœu de la loi qu'à l'intérêt du commerce.

C'est pour cela que, suivant l'art. 16 du Code de commerce, « en cas que les livres dont la représentation est offerte, requise et ordonnée, soient » dans des lieux éloignés du tribunal saisi de l'af-

» faire, les juges peuvent adresser une commission
» rogatoire au tribunal de commerce du lieu, ou
» déléguer un juge de paix pour en prendre con-
» naissance, dresser un procès-verbal du contenu,
» et l'envoyer au tribunal saisi de l'affaire. »

Prenons donc pour certain que celui qui offre
de s'en rapporter aux livres d'un commerçant, et
qui en demande la représentation, doit déterminer le motif de sa demande, et indiquer la date à
laquelle l'article a dû être écrit sur le journal.

377. Il pourrait aussi demander la représentation du *grand-livre*, pour y vérifier le compte qui
a dû y être ouvert en son nom ; et si le commerçant refusait de le représenter, le serment décisoire
pourrait être déféré au défendeur, malgré les titres
sur lesquels son adversaire fonde sa demande.

378. Si le commerçant soutenait qu'il n'a point
tenu de grand-livre, comme la tenue n'en est point
ordonnée par la loi, non plus que des autres livres
auxiliaires, le défendeur ne pourrait se prévaloir
du défaut de représentation pour se faire déférer
le serment décisoire, à moins qu'il ne fût prouvé
par ailleurs que le demandeur a faussement avancé qu'il n'a point tenu de grand-livre.

Cette allégation, démentie par la preuve du contraire, qui pourrait être faite par tous les genres
de preuves, constituerait celui qui l'a faussement
avancée en mauvaise foi, et autoriserait le juge à
déférer le serment décisoire à son adversaire, malgré les actes représentés.

Ce qu'on vient de dire du grand-livre s'applique

au livre de caisse, dont le défendeur demanderait la représentation, afin de prouver qu'il a fait à telle époque un paiement qui a été versé dans la caisse.

579. Observons que, dans aucun cas, le commerçant ne peut avec succès alléguer qu'il n'a point tenu de livre-journal; car si son allégation est vraie, il est contrevenu à la loi, et cette contravention le constitue en mauvaise foi. Le serment décisoire peut être déféré à son adversaire.

580. Il faut encore observer que le défendeur qui a requis la représentation des livres de son adversaire, en offrant d'y ajouter foi, parcequ'il les croyait réguliers, n'est plus obligé de s'y rapporter, si leur représentation prouve que les formalités prescrites n'y ont pas été observées. C'est une conséquence directe de l'art. 13 du Code de commerce.

581. Mais si le défendeur, en offrant de s'y rapporter, peut requérir la représentation des livres d'un commerçant, afin de parvenir à détruire l'effet d'un billet consenti pour choses relatives au commerce du demandeur, par exemple pour marchandises vendues, et si le refus de les représenter autorise les juges à déférer le serment décisoire au défendeur, en est-il de même si la créance n'est point relative au commerce?

Le financier Mondor a vendu une terre, loué un hôtel à Caïus, qui ne l'a point payé. Mondor le traduit devant le tribunal civil, pour le faire condamner à lui payer le restant du prix de sa terre, ou les loyers de son hôtel; Caïus peut-il répondre : Je vous ai entièrement soldé le prix de votre terre, les loyers de votre hôtel; à défaut de quittance, je demande, en offrant d'y ajouter foi, la représentation de votre livre-journal et de votre livre de caisse, où vous avez dû inscrire, à telle et telle date, les paiemens que je vous ai faits?

Nous ne saurions le penser. « L'application de » chaque loi doit se faire à l'ordre de choses sur les- » quelles elle statue. Les objets qui sont d'un ordre » différent ne peuvent être décidés par les mêmes » lois, » disaient fort bien les commissaires-rédacteurs du projet de Code-civil, livre préliminaire, tit. 5, art. 4.

Le Code de commerce ne statue que sur les affaires commerciales : il ne faut donc pas en appliquer les dispositions aux affaires purement civiles.

C'est par cette raison que les livres de commerce régulièrement tenus, qui peuvent être admis pour faire preuve entre commerçans, ne le peuvent que *pour faits de commerce,* dit l'art. 12 du Code de commerce. Ils ne le peuvent plus, s'il ne s'agit pas de faits de commerce.

Ainsi, dans l'exemple proposé, quand même Mondor eût vendu sa terre à un autre commerçant, celui-ci ne pourrait ni offrir la représentation de ses livres, ni requérir celle des livres de Mondor, pour prouver que le prix de la terre et les loyers de l'hôtel ont été payés, parce qu'il ne s'agit point ici de fait de commerce. Caïus, non commerçant, ne peut donc pas plus exiger la représentation des livres de Mondor.

Inutilement insisterait-il, en disant que tout commerçant est rigoureusement obligé d'écrire sur ses livres *tout ce qu'il reçoit et paie, à quelque titre que ce soit.* (Art. 8 du Code de commerce).

Cela est vrai; mais la représentation de ces livres ne peut être exigée que dans les affaires commerciales.

382. L'arrêt de la Cour de cassation du 25 nivôse an X, souvent cité dans les affaires où il s'agit de la représentation des livres de commerce, ne contient rien de contraire aux principes que nous venons d'exposer.

Il en résulte seulement que le refus d'un commerçant de représenter ses livres, pour éclaircir une affaire où la demande est fondée sur des actes notariés, et non relatifs à des faits de commerce, peut, avec le concours de circonstances qui rendent suspecte la justice de ses prétentions, autoriser les tribunaux à rejeter la demande, ou à la déclarer non recevable.

Voici l'espèce :

En 1788, Tubeuf, marchand, avait prêté 7,200ᶫ à Morot, maître de pension, qui lui avait consenti deux obligations notariées. Il avait de plus retiré du commerce des effets de Morot pour 6,200ᶫ, total 13,400ᶫ, qu'il réclama vers d'Yvaudre, acquéreur des droits successifs de la femme Morot, solidairement obligée aux dettes.

A la mort de sa femme, Morot avait déclaré dans l'inventaire ne devoir que 4,600¹ à Tubeuf. Il mourut; et dans un état de ses dettes trouvé à son décès, il déclarait en avoir payé 4,300.

Il était reconnu que depuis l'action formée contre d'Yvaudre, Tubeuf avait réglé un compte avec Morot, sans y appeler d'Yvaudre, contre lequel il avait dirigé sa demande. Tubeuf disait avoir réduit les 6,200¹ à 3,400¹, au moyen de quoi il ne réclamait plus que 9,600¹; savoir, 6,200¹ pour le montant des obligations notariées, et 3,400¹ provenant du compte arrêté avec Morot. Mais Tubeuf reconnaissait qu'après cet arrêté, Morot lui avait remis des quittances par lui déchirées, comme désormais inutiles.

Tubeuf avait donc commis deux grandes fautes qui rendaient ses prétentions très-suspectes; l'une, de régler un compte avec Morot, sans y appeler d'Yvaudre, contre lequel il avait dirigé sa demande pour la totalité des créances; l'autre, de déchirer les quittances que Morot lui avait remises.

Dans ces faits, qui semblaient annoncer qu'il n'était plus dû que fort peu de chose ou peut-être rien à Tubeuf, puisque Morot, dans la note trouvée à sa mort, disait avoir payé 3,400¹ sur les 3,600¹ qu'il avait déclaré devoir dans l'inventaire rapporté à la mort de sa femme, d'Yvaudre prétendait trouver la preuve d'une collusion frauduleuse entre Tubeuf et Morot, pour grossir à son préjudice les dettes de la communauté.

Pour éclaircir les faits de la cause, il demandait la

représentation des livres de Tubeuf. C'est ce qu'ordonna le tribunal de Paris par un premier jugement. Cette représentation pouvait en effet donner bien des lumières, s'il se fût trouvé sur les livres de Tubeuf un compte ouvert avec Morot ; mais il déclara qu'il n'avait point de livres ; en conséquence, par un second jugement, le tribunal le déclara non recevable dans sa demande.

Sur l'appel, d'Yvaudre répara une omission faite en première instance, en déclarant positivement prendre droit par les livres de Tubeuf, et y ajouter foi.

Le 1er. nivôse an VIII, le tribunal de Seine-et-Marne donna acte de l'offre d'Yvaudre d'ajouter foi aux registres de Tubeuf, et de la déclaration de celui-ci de n'avoir point de registres ;

« Comme aussi des déclarations faites à l'audience par Tubeuf, que, lors du compte du 20 » messidor an V, Morot lui a remis des quittances » qu'il a détruites ;

» Comme aussi des déclarations faites respectivement par les parties, et le défaut de représentation des quittances et registres dont il s'agit ;

» Dit qu'il a été bien jugé, etc. »

Par arrêt du 25 nivôse an X (1), le *tribunal* de cassation, comme on l'appelait alors, confirma le jugement par les motifs suivans : « Attendu que » l'art. 1er. du tit. 5 de l'ordonnance de 1673, veut

---

(1) Rapporté par Sirey, an X, pag. 207.

» que les négocians et marchands aient un livre où
» ils doivent inscrire leurs dettes actives et passives,
» sans distinction des différentes causes d'où ces
» dettes peuvent provenir....

» Attendu que le tribunal de Seine-et-Marne *n'a*
» *pas uniquement fondé sa décision sur le défaut de re-*
» *présentation de registres;* qu'il lui a encore donné
» pour base les aveux et déclarations des parties,
» notamment la destruction par Tubeuf des quit-
» tances à lui remises, lors du compte fait entre lui
» et Morot, en messidor an V, sans y avoir appelé
» d'Yvaudre....; que quand le tribunal de Seine-et-
» Marne se serait trompé sur les inductions qu'il a
» tirées de ces faits, il n'a du moins contrevenu à
» aucune loi, en confirmant, par de semblables
» motifs, les jugemens du tribunal de la Seine, et
» en déclarant ainsi implicitement Tubeuf non re-
» cevable dans ses demandes. »

583. La confiance que la loi accorde aux livres
de commerce, dans les contestations de commerçant à commerçant, est beaucoup plus grande que
dans les contestations de commerçant à particulier.

L'art. 12 du Code de commerce porte :

« Les livres de commerce, régulièrement tenus,
» *peuvent* être admis par le juge pour faire preuve
» *entre commerçans pour faits de commerce.* »

L'obligation réciproque où sont les deux parties
de tenir un livre-journal, et d'y inscrire, jour par
jour, toutes les opérations de leur commerce, leurs
dettes actives et passives, et généralement tout ce
qu'ils reçoivent et paient; de mettre en liasse toutes

les pièces missives qu'ils reçoivént, et de copier sur un registre celles qu'ils envoient, cette obligation rigourèuse donne à leurs livres une force qu'ils ne sauraient avoir de commerçant à particulier.

Si les deux commerçans demandeur et défendeur ont des livres régulièrement tenus, l'accord de ces livres fait une preuve irrésistible; leur réunion forme comme un seul et même contrat en deux doubles, qui n'ont pas moins de force que s'ils étaient signés; car chacun de ces doubles est écrit de la main de celui qui le produit, ou de celle de son commis, et n'a pu être altéré par l'autre partie.

Si le demandeur a des livres régulièrement tenus, et si le défendeur déclare n'en point avoir, ou refuse de les représenter, il est en faute.

Les livres de son adversaire doivent être admis à faire preuve complète, sans autre adminicule, sans serment supplétoire, comme dans le cas où les livres sont opposés à un particulier non commerçant.

Il en est de même dans le cas où le défendeur, sans qu'on sache s'il a des livres ou s'il n'en a pas, ne les oppose point à ceux du demandeur; il est alors censé trouver ces derniers exacts et justes, puisqu'il n'allègue même pas que les siens y soient contraires.

Les livres du demandeur doivent donc encore, sans autre adminicule et serment supplétoire, être admis pour preuve complète, à moins que le défendeur n'ait d'autres preuves à leur opposer.

384. Si le demandeur et le défendeur ont l'un et l'autre des livres régulièrement tenus, mais qui ne s'accordent point; si ceux du défendeur présentent la suite de ses négociations, sans qu'on y trouve, comme sur ceux du demandeur, les articles qui fondent la prétention de celui-ci, les livres de l'un n'ont pas plus de droit à la préférence que ceux de l'autre (1).

La demande n'est donc pas prouvée; elle doit être rejetée avec dépens, suivant la règle *actore non probante, reus absolvi debet, licèt ille nihil prœstet.*

A moins que les circonstances ne présentent d'autres preuves ou présomptions assez fortes pour faire donner la préférence aux livres du demandeur.

La preuve testimoniale, admise dans les tribunaux de commerce, la correspondance, les soupçons d'ajustement contre les livres du défendeur, les présomptions, en un mot, que la loi abandonne aux lumières et à la prudence du magistrat, qui n'en doit admettre que de graves, précises et concordantes, peuvent venir à l'appui de la demande.

385. Il faut même remarquer que la loi abandonne également à la prudence des juges la question de savoir si les livres de commerce doivent être admis pour preuve complète : le Code dit qu'ils *peuvent,* et non pas qu'ils *doivent* être admis par le juge; c'est une faculté qu'il lui donne et non un devoir qu'il lui impose.

---

(1) Dit fort bien M. Pardessus, Cours de droit commercial, tom. 1, pag. 262.

Il peut donc, il doit même, sans s'arrêter aux livres, exiger d'autres preuves ou d'autres présomptions, si la réputation du demandeur est équivoque, s'il s'élève des soupçons contre lui, etc.

386. Remarquez encore que, pour admetre les livres de commerce comme preuve *entre commerçans,* le Code exige de plus que ce soit pour faits de commerce, art. 12 : l'application de la disposition est subordonnée à la qualité des personnes, réunie à la nature des faits. Il faut, 1.° que les deux parties soient des commerçans ; 2°. qu'elles plaident pour des faits de commerce : cette double condition est de rigueur.

Le texte est clair, et ce qui s'est passé lors de la formation de la loi dissipe toute espèce de doute.

Le projet communiqué au Tribunat portait que les livres de commerce peuvent faire preuve « entre » commerçans, *et* pour faits de commerce. »

Le Tribunat observa que cette rédaction induirait à penser que les livres pourraient être opposés pour preuve, 1°. entre négocians, pour contestations étrangères au commerce ; 2°. pour faits de commerce, à ceux même qui ne seraient pas commerçans de profession.

Le Tribunat, pour lever l'équivoque, proposa de retrancher le mot *et,* qui rendait les deux conditions cumulatives.

Cet amendement fut adopté par le Conseil d'état. (*Voy.* Locré, sur cet art. 12).

Mais il n'est pas nécessaire que le fait ou l'engagement de commerce, qui forme l'objet de la contestation, appartienne au commerce respectif des deux contendans.

Par exemple, si un banquier vendait les vins de son vignoble à un marchand de vins, cette vente, qui n'est acte de commerce que de la part de l'acheteur, serait susceptible d'être prouvée par les livres du demandeur (1).

Vice versâ, si un marchand de vins vendait à un banquier des vins pour sa consommation, la vente, qui n'est acte de commerce que de la part du vendeur, est susceptible d'être prouvée par les livres du demandeur; car la loi, pour les admettre à faire preuve, n'exige pas autre chose, si ce n'est que les deux parties soient des commerçans, et qu'il s'agisse d'un fait de commerce; elle n'ajoute point du commerce respectif des contendans.

D'ailleurs, l'un et l'autre sont obligés d'avoir des livres, et d'y porter tout ce qu'ils doivent, tout ce qui leur est dû pour quelque cause que ce soit.

387. Il est inutile de répéter que tout ce que nous venons de dire sur le degré de preuve que les livres de commerce peuvent former, en faveur du propriétaire de ces livres, ne s'applique qu'à ceux qui sont *régulièrement tenus*, c'est-à-dire dans lesquels ont été observées les formalités exigées par les lois. Il ne doit même pas être admis à représenter des livres irréguliers, pour en tirer des inductions favorables à ses prétentions, ou contraires à celles de

---

(1) Ainsi le pense M. Pardessus, Cours de droit commercial, tom. I pag. 260.

son adversaire, à moins que celui-ci n'en demande lui-même la représentation pour en tirer avantage ; car si les livres, même irréguliers, font preuve contre celui qui les a tenus, son adversaire ne peut, après en avoir demandé la représentation, les diviser en ce qu'ils contiennent de contraire à sa prétention.

L'art. 350 du Code civil porte :

« Les livres des marchands font preuves contre » eux (1) ; mais celui qui veut en tirer avantage » ne peut les diviser en ce qu'ils contiennent de » contraire à sa prétention. »

L'art. 12 du Code de commerce porte :

» Les livres que les individus faisant le com- » merce sont obligés de tenir, et pour lesquels ils » n'auront pas observé les formalités ci-dessus pres- » crites, ne pourront être représentés, ni faire foi » en justice au profit de ceux qui les auront te- » nus, etc. »

Si les livres que les commerçans *sont obligés de tenir,* c'est-à-dire le livre-journal, le livre des co- pies de lettres, et celui des inventaires, ne peuvent être par lui représentés lorsqu'ils sont irréguliers, à plus forte raison ne peut-il en ce cas représenter le grand-livre, ni les autres livres auxiliaires, qui ne peuvent jamais suppléer ni à l'existence ni à la régularité du livre-journal d'où ils tirent leur force. Si donc un commerçant n'a pas les livres que la

---

(1) *Voy.* Danty sur Boiceau, liv. 2, addition au chap. 8, n°. 51, et Dumoulin, qu'il cite.

loi l'oblige de tenir, ou si ces livres ne sont pas régulièrement tenus, sur-tout le journal, le livre
indispensable, dit la loi, il ne peut être admis à
produire ses livres auxiliaires (1).

388. Mais le commerçant ne peut refuser la représentation de ses livres, sous prétexte qu'ils sont
irréguliers, et pour obliger son adversaire à déclarer préalablement s'il y ajoutera foi, en cas qu'ils
soient irréguliers; celui-ci ne peut être contraint
de lier ainsi sa foi d'avance.

Nous avons dit, n°. 380, qu'après avoir déclaré
ajouter foi aux livres dont il a demandé la représentation, les croyant réguliers, sa foi n'est pas liée,
s'ils se trouvent irréguliers; mais s'il veut en tirer
avantage, il faut qu'il les prenne dans l'état où ils
sont, sans division, sans modification, pour tout
ce qu'ils énoncent, soit en sa faveur, soit contre lui.

389. L'art. 11 du Code de commerce n'oblige le
commerçant à garder ses livres que pendant dix
ans.

Mais on a supposé que, pour se mettre à couvert
des soupçons de fraude, un négociant conserverait
avec soin les registres qui constateraient les sommes
qu'il aurait reçues pour la dot de son épouse, et
l'emploi qu'il en aurait fait; il doit aussi conserver
les registres relatifs aux affaires qui ne sont pas encore terminées ou entièrement liquidées.

---

(1) Pardessus, Cours de droit commercial, tom. I, pag. 260. M. Lo
cré, sur l'art. 15 du Code de commerce, paraît d'une opinion contraire; mais son opinion ne doit pas être suivie.

390. Nos Codes nouveaux gardent le silence sur le degré de preuve que les livres d'un commerçant régulièrement tenus peuvent former en faveur des tiers, par exemple pour justifier d'un paiement fait par leur entremise.

L'ordonnance de 1673 ne contenait également aucune disposition à cet égard; l'art. 2 du tit. 3 en contenait seulement une particulière sur le livre-journal, que les agens de change étaient obligés de tenir, et où ils devaient insérer *toutes les parties par eux négociées, pour y avoir recours en cas de contestations.*

L'ordonnance ne dit point quel degré de preuve faisaient ces livres des agens de change; mais leurs fonctions étaient érigées en titres d'offices. On les regardait comme des personnes publiques, et l'article 27 de l'arrêt du Conseil d'état, du 24 septembre 1724, portant création d'une bourse à Paris, disposait que « les agens de change auront *foi et » serment devant tous les juges,* pour les négocia- » tions qu'ils auront faites; auxquels juges, ainsi » qu'aux arbitres qui pourront être nommés, ils » seront tenus, lorsqu'ils en seront requis, d'exhi- » ber l'acte de leur registre qui fera l'objet de la » contestation. »

Les commentateurs de l'ordonnance de 1673, Jousse et Bornier, sur l'article cité, enseignaient donc que le journal des agens de change faisait foi en justice, et qu'on en tirait des inductions en les conciliant avec les autres livres des banquiers et négocians qui ont entre eux des contestations.

391. Mais les offices des agens de change furent supprimés en 1791. Toute personne devint libre d'exercer la profession d'agent de change ou de courtier, en prenant une patente. Cette liberté illimitée fit naître une foule d'abus et de désordres dans les bourses de commerce; il fallut en revenir à réorganiser, sur de nouvelles bases, l'institution de ces agens intermédiaires, si nécessaires au commerce.

Ce n'est point ici le lieu de rapporter ni d'expliquer tous les arrêtés pris pour régler l'exercice de cette profession (1) : leurs dispositions sont puisées en partie dans les anciens réglemens.

Le nombre des agens de change et des courtiers est aujourd'hui, comme autrefois, limité dans chaque ville; ils sont encore seuls agens intermédiaires pour les actes de commerce, dans les villes où il existe une bourse. (Art. 74 du Code de commerce).

Ils tiennent beaucoup, au premier coup-d'œil, de leur ancienne qualité d'officiers publics.

Ils sont nommés par le Gouvernement, comme les notaires; ils prêtent serment à la justice; ils fournissent un cautionnement affecté à la garantie

---

(1) Ceux qui voudront connaître toutes les lois et réglemens faits sur l'exercice de la profession d'agent de change et de courtier, doivent consulter, pour l'ancienne législation, le parfait Négociant de Savary, 2e. part., liv. 3, chap. 7; le Répertoire de jurisprudence, v°. *Agent de change,* et pour la nouvelle, l'Esprit du Code de commerce, par M. Locré, art. 74 et suiv. On peut encore consulter le nouveau Denisart, v°. *Agent de change.*

des condamnations qui pourraient être prononcées contre eux par suite de l'exercice de leurs charges; ils forment une corporation qui homme des syndics, et qui fait des réglemens pour la police intérieure de ses membres; il leur est interdit de faire, en aucun cas, et sous aucun prétexte, des opérations de commerce ou de banque pour leur propre compte. (Art. 85 du Code de commerce).

Ils ont des fonctions particulières qui n'appartiennent qu'à eux; ils ont seuls le droit de faire les négociations des effets publics et autres susceptibles d'être cotés; de faire, pour le compte d'autrui, les négociations de lettres de change ou billets. (Art. 76 du Code de commerce). Les courtiers d'assurance ont même le droit de rédiger les contrats ou polices d'assurances, concurremment avec les notaires; *ils en attestent la vérité par leur signature* (79).

Enfin, les agens de change et courtiers sont tenus d'avoir un livre coté, paraphé et visé, soit par un des juges des tribunaux de commerce, soit par le maire ou adjoint.

« Ils sont tenus de consigner dans ce livre, jour » par jour, et par ordre de dates, sans ratures, » interlignes ni transpositions, et sans abrévia- » tions ni chiffres, toutes les conditions des ven- » tes, achats, assurances, négociations, et en gé- » néral de toutes les opérations faites par leur mi- » nistère. » (Art. 84 du Code de commerce).

392. Cet article est tiré de l'art. 11 de l'arrêté du Gouvernement du 27 prairial an X (16 juin

1802), qui contient de plus une disposition non
abrogée, par laquelle les agens de change et courtiers sont tenus de représenter aux juges ou aux arbitres, leurs registres et carnets; mais cette disposition, puisée dans l'art. 17 de l'arrêt du Conseil
d'état du 24 septembre 1724, ci-dessus cité, ne
porte point, comme cette dernière loi, *que les
agens de change auront foi devant tous juges.*

393. Il paraît cependant que l'ancien usage de
donner aux livres-journaux des agens de change et
courtiers la force de faire preuve des négociations
faites par leur entremise, s'était conservé sous la
nouvelle législation. La commission chargée de rédiger le projet du Code de commerce, proposa de
conserver le même usage.

L'art. 69 du projet portait que « les achats et
» ventes se constateraient *par le bordereau ou arrêté*
» *d'un agent de change* ou courtier, ou par *son livre*
» *authentique.* »

Presque toutes les villes de commerce se réuni-
rent contre le danger d'une pareille disposition,
qui pouvait mettre la fortune des commerçans à
la discrétion d'un agent de change ou d'un courtier infidèle, si son témoignage était admis comme
preuve irrécusable. On trouvait non seulement
dangereux, mais injuste, que le seul témoignage
d'un intermédiaire pût devenir une preuve juri-
dique.

C'était en effet donner à un agent de change ou
à un courtier un pouvoir exorbitant, et beaucoup
plus étendu que celui que la loi donne au notaire,
dont les actes ne font foi que lorsqu'ils ont été

passés en présence d'un second notaire, ou de deux témoins instrumentaires, tandis qu'un seul courtier, d'intelligence avec un prétendu vendeur, eût pu, d'intelligence avec un prétendu acheteur, consommer irrévocablement, par son témoignage unique, les marchés les plus ruineux pour un commerçant.

Le commerce demandait donc que le témoignage des agens et courtiers ne pût être admis, lorsqu'il y a dénégation du marché, mais seulement lorsque la contestation ne porte que sur les conditions du marché.

La commission retira son article, et lui en substitua un nouveau qui, gardant le silence sur les preuves et inductions qu'on peut tirer des livres-journaux, portait que le bordereau de l'agent de change ou courtier ne constate un marché que *lorsqu'il est signé par les parties.*

Cette condition de la signature des parties fut à son tour combattue par quelques membres du Conseil d'état,

1°. Comme impossible, là où il y a un grand mouvement d'affaires ;

2°. Comme dénaturant le ministère des courtiers : les marchés ne se consommeraient plus par eux, puisque les parties pourraient se rétracter ;

3°. Comme inutile : l'obligation imposée aux agens de change de tenir des livres de suite et sans blanc, suffit pour prévenir les fraudes.

Mais le Conseil d'état se rendit aux raisons alléguées par le commerce, et demeura persuadé qu'il n'eût pas été sans inconvénient de donner au témoignage des courtiers l'effet d'obliger les parties, lorsqu'il n'y a pas eu de livraison, parce qu'un agent de mauvaise foi pourrait seul constituer vendeur ou acheteur qui il voudrait, et le prétendu vendeur serait forcé de livrer ses marchandises à vil prix, ou le prétendu acheteur de les prendre à un prix exorbitant. Aucun officier public n'a un tel pouvoir sur la fortune des parties (1).

394. La nouvelle rédaction passa donc; elle fait partie de la disposition de l'art. 109, ainsi conçu :

« Les achats et ventes (2) se constatent,

» Par actes publics,

» Par actes sous signature privée,

» Par le bordereau ou arrêté d'un agent de » change ou courtier, *dûment signé par les parties,*

» Par une facture acceptée,

» Par la correspondance ,

» *Par les livres des parties,*

» Par la preuve testimoniale, dans les cas où le » tribunal croira devoir l'admettre. »

Cet article, comme on le voit, n'accorde qu'aux

---

(1) Sur toute cette discussion, *voy.* l'Esprit du Code de commerce, par Locré, art. 109.

(2) Quoique cet article ne parle que de la preuve des ventes et achats, M. Pardessus, Cours de droit commercial, tom. I, pag. 242, a fait bien observé qu'il faut l'appliquer par analogie à la preuve des autres conventions commerciales, à l'exception de celles pour la preuve desquelles une disposition spéciale exige une forme particulière, comme pour la société.

registres des parties, et non aux registres des tiers, tels qu'un agent de change ou courtier, la prérogative de faire preuve. Il ne faut pas s'en étonner. Chacune des parties étant également obligée d'avoir des livres qui se contrôlent réciproquement, ils forment, pour ainsi parler, en les réunissant, un seul et même contrat en deux doubles, comme nous l'avons déjà remarqué, tandis que le livre d'un tiers, d'un agent de change ou courtier, ne forme qu'un témoignage unique, qui ne peut, ainsi isolé, avoir la force d'une preuve.

595. Mais il faut remarquer que l'article ne défend point aux juges d'y avoir égard. Voici donc le système adopté par les rédacteurs de la loi (1).

Ils ont cru qu'il ne fallait pas établir une règle absolue, qui liât les juges de manière qu'il ne leur fût plus permis de suivre l'équité, sous peine de voir annuler leurs jugemens.

D'un côté, l'agent intermédiaire, agent de banque ou courtier, ne remplit, relativement aux parties, que les fonctions d'un mandataire, et les tribunaux ne sont pas forcés de s'en rapporter à sa déclaration, lorsqu'elle est isolée. La connaissance des personnes et des circonstances peut la rendre suspecte.

D'un autre côté, il ne leur est pas défendu d'y avoir égard, même pour constater l'existence d'un marché, puisqu'ils ont le droit d'admettre la

---

(1) *Voy*. Locré, *ubi suprà.*

preuve testimoniale, et que l'agent peut être entendu comme témoin.

A plus forte raison, les juges peuvent avoir égard à son livre-journal régulièrement tenu, dont les articles forment un témoignage plus sûr en général, et qui a plus de poids qu'une déclaration verbale.

En un mot, en matière de commerce, la loi remet à l'autorité discrétionnaire des tribunaux la faculté de chercher la vérité dans les livres des parties, dans ceux des tiers, comme les agens de commerce ou courtiers, dans la preuve testimoniale, et par conséquent de se déterminer par des présomptions. (*Voy.* l'art. 1353 du Code civil).

396. Revenons aux borderaux ou arrêtés des agens de change, *dûment signés par les parties.* Ils constatent en justice les ventes et achats, dit l'article 109 du Code de commerce, et l'on doit induire de l'art. 79 que la vérité des signatures est assurée par l'attestation de l'agent de change ou du courtier : d'où suit qu'il n'y a point lieu en ce cas à la vérification des écritures. Mais il n'en faut pas conclure que ces borderaux ou arrêtés ainsi signés soient des actes publics qui emportent *exécution parée,* comme les actes passés devant deux notaires, et qu'ils puissent, comme ces derniers, conférer un droit d'hypothèque.

397. Il faut en dire autant des contrats ou *polices* d'assurances, que les courtiers ont le droit de rédiger, suivant l'article 79. Leur droit se borne à en attester la vérité par leur signature, quand

les parties les ont faits par écrits privés, et à recevoir, concurremment avec les notaires, ceux des parties qui ne savent ou ne peuvent écrire (1).

Ces actes, ainsi que les bordereaux ou arrêtés signés des parties, quoique les signatures en soient légalement tenues pour vraies, par l'attestation des courtiers, n'ont néanmoins que la force d'actes privés.

C'est ainsi que l'observation des formes requises en pays étranger pour rendre un acte authentique, ne donne en France, à cet acte, ni l'exécution parée, ni le droit de conférer hypothèque (art. 2228 du Code civil), quoique l'un des contractans, ni ses héritiers, ne puissent demander la vérification des écritures.

398. S'il s'agissait de prouver un paiement fait par l'entremise d'un banquier ou d'un autre commerçant, leurs livres ne suffiraient pas pour faire preuve du paiement; il faudrait représenter le mandat où la lettre de change en vertu de laquelle il a été fait (2).

399. Après les livres ou registres des marchands, le Code s'occupe de ceux des particuliers.

L'art. 1331 porte :

« Les registres et *papiers domestiques* ne font
» point un titre pour celui qui les a écrits; ils font
» foi contre lui, 1°. dans tous les cas où ils énon-
» cent formellement un paiement reçu; 2°. lors-

---

(1) Pardessus, Cours de droit commercial, tom. I, pag. 117, n°. 135.
(2) *Voy.* Dauty sur Boiceau, 2e. part., chap. 8, n°s. 31 et 36.

» qu'ils contiennent la mention expresse que la
» *note* a été faite pour suppléer le défaut du titre
» en faveur de celui au profit duquel ils énoncent
» une obligation. »

Remarquons d'abord que, par les expressions
de *papiers domestiques,* ajoutées au mot *registres,*
il ne faut pas entendre tous les papiers écrits, toutes
les feuilles volantes signées ou non signées qu'on
trouve à la mort d'une personne; mais seulement
les registres, livres, tablettes, cahiers, etc., dont
le défunt avait coutume de se servir pour se rendre
compte de ses affaires domestiques , de ses revenus, de ses dépenses, de ses dettes ou crédits, de
tout ce qui regarde l'économie de sa maison, etc.;
pour conserver la mémoire des choses qui pouvaient l'intéresser, lui, sa famille ou ses enfans,
ses domestiques. Ce sont ces registres ou tablettes,
quelque nom qu'on veuille leur donner, dont notre
article entend parler sous les expressions *de registres*
et papiers domestiques.

Sa disposition ne s'applique donc point aux feuilles
volantes et papiers signés ou non signés trouvés à
la mort du défunt, et qui n'ont point la même stabilité que les livres ou registres destinés à écrire ses
affaires domestiques.

Pothier, où notre article a été puisé, distingue
fort bien, n°. 725, en trois espèces les papiers écrits
non signés qu'on trouve chez une personne : 1°. les
livres, journaux ou tablettes; 2°. les écritures qui
sont à la marge, à la suite ou au dos d'un acte signé; 3°. les écritures qui sont sur feuilles volantes

et non à la suite, à la marge ou au dos d'un acte signé.

Nous avons parlé des deux dernières espèces, n°s. 355—357. Nous avons ensuite examiné la foi que méritent les livres des commerçans; nous passons avec le Code à la foi que méritent les registres, livres-journaux, etc., des particuliers non commerçans.

Il est évident que ces livres, où le père de famille écrivait seul et librement, ou faisait écrire ses affaires, pour en conserver plus sûrement et plus facilement la mémoire; ces livres qu'il avait faits dépositaires de ses secrets, confidens de ses intérêts et de ses affaires domestiques, ont plus d'autorité, plus de stabilité, méritent plus de confiance que des papiers fugitifs, des feuilles volantes, même signées de lui, qui ne peuvent être regardés que comme des projets restés sans exécution, tant qu'il ne les a pas remis aux personnes qu'ils peuvent intéresser, ou qu'il n'en a point fait *note*, comme dit notre article, sur son registre et livre-journal.

400. Quant à la foi que mérite ce livre, Boiceau (1) distingue trois cas différens; ou la note écrite sur le livre est en faveur du propriétaire, ou elle est contre lui, ou elle lui est personnellement indifférente et ne concerne que des tiers : *Aut enim scripsit pro se, aut contra se, aut indifferenter.*

Si la note est en sa faveur, il n'est pas douteux

----

(1) Commentaire sur l'art. 54 de l'ordonnance de Moulins, 2e. part., chap. 8, n°. 14.

que ces registres, avec quelque attention qu'ils soient tenus, ne peuvent créer un titre contre un tiers en faveur de celui qui les a écrits ou fait écrire, ou en faveur de ses héritiers : *Exemplo perniciosum est ut ei scripturæ credatur, quâ unusquisque sibi adnotatione propriâ, debitorem constituit. Loi* 7, *Cod. de probat.,* 4. 19. Ce principe, commun aux livres des commerçans et à ceux des particuliers, est répété dans la première disposition de l'art. 1331. *Les registres et papiers domestiques ne font point un titre pour celui qui les a écrits.*

L'article n'ajoute point, comme l'a fait l'art. 1329, à l'égard des livres de commerce, *sauf ce qui sera dit à l'égard du serment.* Les livres et papiers domestiques des particuliers non commerçans, avec quelque régularité qu'ils soient tenus, ne peuvent donc jamais avoir l'effet de déférer le serment supplétoire au propriétaire de ces livres ni à ses héritiers.

401. Il n'y a pas même d'exception à cet égard en faveur des registres des pères et mères. Quelque respectable que soit leur témoignage, ce qui se trouve écrit sur leurs livres ne suffirait point seul pour obliger les enfans à rapporter les sommes ou les effets qui seraient dits leur avoir été remis.

Cela est vrai *in apicibus juris;* mais je ne pourrais jamais estimer un enfant qui s'oublierait au point de renier, après leur mort, le témoignage des auteurs de ses jours, pour se soustraire à un rapport, à moins que les raisons les plus fortes ne s'élevassent contre un témoignage si respectable et pour ainsi dire sacré.

402. Si la note est contre celui qui a écrit ou tenu les registres domestiques, le Code ne pose point en principe général qu'ils font preuve contre lui comme *les livres des marchands font preuve contre eux*, suivant l'art. 1330. Boiceau, *ubi suprà*, et après lui Danty et Pothier, n°. 724, distinguent entre les cas où la note écrite sur le livre tend à lui imposer une obligation, et celui où elle tend à libérer son débiteur.

Au premier cas, par exemple, si Titius, non commerçant, a écrit sur son livre-journal qu'il doit 300ᶠ à Caïus pour cause de prêt, les auteurs cités pensent que la note ne fait foi contre Titius que dans le cas où elle est souscrite de sa main; que si, au contraire, elle ne l'est pas, elle ne fait qu'un commencement de preuve auquel il faut joindre la preuve par témoins ou d'autres adminicules : on peut voir les raisons de ces auteurs.

Pothier ajoute que, dans le cas même où la note qui tend à obliger le propriétaire du livre ne serait pas signée, s'il a déclaré d'ailleurs ou fait connaître qu'il le faisait pour servir de preuve du prêt ou de titre au prêteur, qui n'en a point, en ce cas la note, quoique non signée, fait preuve contre lui ou ses héritiers.

Au second cas, si la note du registre domestique tend à la libération d'un tiers débiteur, elle fait preuve en sa faveur, quoique non signée, suivant la loi 5, *Cod. de edendo*, 2. 1.

Le Code a suivi la doctrine de ces auteurs. Il paraîtrait même, au premier abord, qu'il est allé plus loin qu'eux sur un point, en ce qui concerne la foi due aux livres domestiques. Le Code veut, comme Pothier, que les livres fassent preuve contre celui qui les a tenus, *lorsqu'ils contiennent la mention expresse que la note a été faite pour suppléer le défaut du titre en faveur de celui au profit duquel ils énoncent une obligation.*

Mais il veut de plus qu'ils fassent foi contre lui, *dans tous les cas où ils énoncent formellement un paiement reçu.*

Cette disposition paraît équivoque. D'un côté, on peut dire qu'elle est générale, qu'elle s'applique *à tous les cas* où la note énonce la réception d'une somme. En prenant l'article dans ce sens, si la note portait que Titius a reçu la somme de 300ᶠ que Caïus lui a prêtée, ou, ce qui revient au même, qu'il doit à Caïus la somme de 300ᶠ pour cause de prêt, cette note, quoique non signée, formerait une preuve complète contre Titius, sans qu'il fût besoin de recourir à la preuve testimoniale ou à d'autres adminicules, contre la doctrine de Boiceau, Danty et Pothier.

D'un autre côté, on peut répondre que la généralité des expressions *dans tous les cas*, est restreinte par les derniers mots de la disposition, qui ne parlent que *d'un paiement reçu;* ce qui annonce qu'il ne s'agit ici que d'une note libératoire, qui fait preuve dans tous les cas en faveur du débiteur; car, suivant la propriété des termes, on ne reçoit *paiement* que de ce qui nous est dû. Celui qui nous prête ne *paie* pas; il n'était pas notre débiteur; il devient notre créancier.

Si l'on ajoute à cela que les rédacteurs du Code se sont rarement écartés des opinions de Pothier, on en vient à penser que la dernière interprétation est la seule qui soit dans l'esprit du Code.

403. Il a passé sous silence la décision des auteurs cités, qui pensent que, hors le cas où le registre exprime que la note a été faite pour suppléer le défaut du titre, au profit de celui qui n'en a point, la note non signée, par laquelle le propriétaire du registre se reconnaît débiteur d'une somme, même en exprimant la cause, ne forme contre lui ou contre ses héritiers qu'un commencement de preuve, qui peut et doit être fortifié par la preuve testimoniale ou par d'autres adminicules. C'est donc une question abandonnée, par le silence du Code, à la prudence des juges, qui seuls peuvent apprécier quand un écrit doit ou ne doit pas former un commencement de preuve.

404. Mais il se présente une difficulté sérieuse dans la pratique ou dans l'exécution de l'art. 1331 du Code. Si le registre domestique d'un particulier fait preuve contre lui, lorsqu'il y a noté les paiemens qu'il a reçus, son débiteur peut l'invoquer contre lui. La loi 5, *Cod. de edendo*, 2.1, contient sur ce point une disposition formelle : *Non est novum eum à quo petitur pecunia implorare rationes creditoris, ut fides veri constare possit.* Mornac, sur cette loi, enseigne qu'elle ne s'applique pas seulement aux livres des marchands, mais encore aux registres domestiques des particuliers.

Si le débiteur peut invoquer les registres domes-

tiques de son créancier, il faut qu'il puisse les faire
représenter, sans quoi la loi serait imparfaite. Aussi
les lois romaines imposaient au créancier demandeur l'obligation de représenter son livre, quoiqu'il
ne voulût, quoiqu'il ne pût même pas s'en aider
pour établir sa demande. S'il en refusait la représentation, sa demande était rejetée, comme si, par
ce refus, il eût commis un dol envers le défendeur:
Doli exceptione summoveri poterat. (*Voy.* lois 1, 5
et 8, *Cod. de edendo*, et *ibi* Donellum).

Ces dispositions étaient dans les mœurs des Romains. Tous les citoyens, à Rome, avaient coutume de tenir des livres domestiques, des livres de
compte, où ils écrivaient toutes leurs affaires, l'argent qu'ils recevaient, celui qu'ils dépensaient, *ta-
bulas accepti et expensi.*

On regardait ces livres comme n'étant pas faits
seulement en faveur du créancier, mais encore en
faveur du débiteur, parce qu'ils contenaient ce
qu'on recevait et ce qu'on payait. La représentation
de ces livres paraissait donc conforme à la bonne
foi et à l'équité.

Mais il s'en faut beaucoup que cette sage coutume de tenir des livres domestiques, pour se rendre compte de ses affaires, soit aussi générale en
France qu'elle l'était à Rome. Assez peu de pères
de famille tiennent aujourd'hui des livres pareils
d'une manière régulière, et la demande de les leur
faire représenter pourrait paraître révoltante.

Cependant l'art. 1331 est positif; et puisqu'il
veut que les registres domestiques d'un particulier

fassent preuve de libération contre lui, il faut bien qu'il y ait des moyens pour faire exécuter cette disposition. A la vérité, nos Codes n'indiquent pas ces moyens, et ce n'est point à nous de suppléer à cette lacune de la législation. Sans doute on ne peut croire que la loi présente une disposition d'ailleurs sage et juste, sans qu'il existe des moyens de la faire exécuter. Il est possible qu'il se rencontre des cas où il soit prouvé qu'un créancier demandeur a des registres, qu'il en convienne même, et que le refus de les représenter au défendeur soit accompagné de circonstances qui rendent sa bonne foi tellement suspecte, que le juge lui ordonne de représenter ses registres.

Autre cas. Après la mort d'une personne, ses créanciers ont droit de requérir le scellé, ou d'y former leur opposition (art. 820, 821 du Code civil); ils peuvent assister à leurs frais à l'inventaire, et même intervenir dans les partages (865—882). Un créancier qui a prêté de l'argent au défunt, et qui n'a point retiré de billet, mais qui sait que son débiteur en a fait la note sur son registre pour tenir lieu de titre, pourrait donc, avec la permission du juge, requérir l'apposition du scellé, et s'il est déjà apposé, y former opposition sans permission; puis assister à la levée et à l'inventaire pour faire constater l'existence du registre, le faire coter et parapher par première et dernière feuille, en faire bâtonner les blancs, etc., conformément à l'article du Code de procédure.

Si cette ressource est accordée au créancier pour cause de prêt, comment pourrait-on la refuser au débiteur qui formerait une opposition fondée sur ce qu'il a payé au défunt une somme dont il n'a point de quittance, mais qui doit être inscrite sur le registre domestique de ce dernier?

405. Les notes libératoires qui tiennent lieu de quittances, et même les quittances en forme, peuvent faire naître, dans la pratique, des questions d'interprétation, dont Pothier s'est occupé n°s. 746 et suiv.

Il distingue quatre cas différens.

1°. La quittance, ou note libératoire, exprime la somme qui a été payée, sans exprimer la cause de la dette acquittée;

2°. Ou elle exprime la cause de la dette acquittée, sans exprimer la somme payée;

3°. Ou bien elle n'exprime ni la somme payée, ni la cause de la dette;

4°. Ou enfin elle exprime l'une et l'autre.

Premier cas. La quittance qui exprime la somme payée n'en est pas moins valable, quoiqu'elle n'exprime point la cause de la dette. *J'ai reçu de tel la somme de....... dont quittance, à Rennes, ce........* L'art. 1331 du Code déclare cette quittance valable, même dans une simple note libératoire, en disant «que les registres domestiques font foi contre ce- » lui qui les a écrits, *dans tous les cas où ils énon- » cent formellement un paiement reçu.* »

C'est au débiteur à imputer le paiement sur la dette la plus onéreuse, s'il en existait plusieurs. (*Voy.* tom. VII, n°s. 123 et suivans).

Second cas. La quittance qui n'exprime que la cause de la dette, sans exprimer la somme payée, est également valable. *J'ai reçu de tel ce qu'il me doit pour prix du vin de tel vignoble.*

Cette énonciation fait foi du paiement de tout ce qui m'était dû pour la cause exprimée dans la quittance; et non de ce qui m'était dû pour autre cause, même pour d'autres vins que j'aurais vendus à la même personne; il n'est pas nécessaire d'en faire la réserve.

Si la dette dont la cause est exprimée dans la quittance consistait en arrérages, rentes, loyers ou fermages, la quittance fait foi du paiement de ce qui était dû jusques et compris le dernier terme échu, jusqu'au jour de la quittance; elle ne s'étend pas aux termes échus depuis.

Si la quittance n'est pas datée, elle ne peut prouver que le paiement d'un terme, parce que le défaut de date empêche de savoir en quel tems la quittance a été donnée : mais l'époque précise de la quittance peut être prouvée par différentes circonstances.

Nous pensons même qu'elle peut être prouvée par témoins; car il ne s'agit que de prouver un fait, et le créancier est en faute de n'avoir pas daté sa quittance.

Si la quittance non datée était donnée par l'héritier du créancier, elle vaudrait pour tous les termes échus jusqu'à la mort du défunt; car ils ont nécessairement précédé l'époque de la quittance que l'héritier n'a pu donner en cette qualité que depuis la succession ouverte.

Si le paiement de la dette était divisé en plusieurs; si, par exemple, un père, en mariant sa fille, lui avait promis en dot 20,000^f payables en quatre termes, d'année en année, la quittance du gendre qui reconnaîtrait avoir reçu ce que son beau-père *lui doit pour la dot de son épouse,* ne comprendrait que les termes échus au moment de la quittance; car on ne présume pas qu'un débiteur paie d'avance, et les termes *ce qu'il doit* ne s'entendent, dans le langage ordinaire, que de ce qui est exigible, et dont le terme est échu. C'est le sens du brocard *qui a terme ne doit rien.*

Il en serait autrement si la quittance portait, *j'ai reçu la dot de ma femme.* Ces termes généraux et indéfinis comprennent toute la dot, même les termes non échus.

Troisième cas. Quand la quittance n'exprime ni la somme payée, ni la cause de la dette acquittée, comme si elle portait, *j'ai reçu de tel ce qu'il me doit, fait à, etc.,* c'est une quittance générale qui comprend tout ce qui était dû à l'époque de la quittance.

Mais si la quittance n'était pas datée, Pothier n'enseigne point comment on pourrait fixer la date Il nous semble encore que la preuve testimoniale pourrait être admise. Le créancier est en faute de n'avoir point daté sa quittance; c'était à lui de le faire. Il ne s'agit de prouver qu'un fait sur lequel les deux parties ne sont pas d'accord.

Si la quittance consistait dans une note écrite sur un registre domestique, la date pourrait en être fixée, au moins par à peu près, par les articles écrits depuis, s'ils étaient datés.

Dans le cas où la quittance est datée, s'il y avait des dettes exigibles, d'autres à un terme non échu, la quittance ne comprendrait que les premières; à plus forte raison, elle ne comprendrait pas les capitaux des rentes constituées, mais seulement les arrérages jusqu'au jour de la quittance.

Elle ne comprendrait point encore les dettes dont il est vraisemblable que le créancier n'avait pas connaissance; par exemple la dette provenue d'une succession échue, mais dont l'inventaire n'était point encore fait. En donnant quittance de ce que tel me doit, je ne donne pas quittance de ce que me doit la succession de tel autre dont il hérite.

La quittance de ce que *tel me doit* ne comprend que les sommes qu'il devait de son chef, et non de ce qu'il pouvait me devoir comme caution, parce qu'on ne saurait présumer que le fidéjusseur ayant un recours à exercer pour les sommes qu'il paie en cette qualité, il n'en ait pas retiré une quittance particulière et séparée de ce qu'il devait personnellement.

Si, après une quittance semblable à celle dont nous venons de parler, il était resté entre les mains du créancier le billet d'une somme exigible avant l'époque de la quittance, cette somme y serait néanmoins censée comprise. Vainement le créancier dirait-il que si cette somme eût été comprise dans le paiement dont la quittance fait preuve, il eût rendu le billet; car il est possible que le billet fût égaré au moment du paiement, ou que le débiteur, se fiant sur sa quittance générale, ait négligé de le re-tirer.

Quatrième cas. La quittance qui exprime la somme payée et la cause de la dette acquittée, ne peut guère faire naître de difficultés. Si la somme payée excède ce qui était dû pour la cause expri-mée, le débiteur, supposé qu'il ne dût rien autre chose, aurait la répétition de l'excédant, *condic-tione indebiti.*

S'il devait pour d'autres causes, l'excédant serait imputé sur les sommes qu'il avait le plus d'intérêt d'acquitter.

La question de savoir si les quittances d'une ou de plusieurs années font présumer le paiement des années antérieures, est traitée tom. VII, n°. 341.

§ III.

Des Tailles (1).

SOMMAIRE.

406. *Les tailles sont un moyen de suppléer à l'écriture.*
407. *Ce qu'on entend par tailles.*
408. *Les tailles corrélatives à leurs échantillons font foi, et tiennent lieu de preuve littérale.*
409. *Si l'une des parties nie avoir eu un échantillon, l'autre peut prouver le fait contraire par témoins.*
410. *Les tailles font foi, même contre les créanciers du débiteur commun, à l'effet de procurer un privilége pour les fournitures de subsistances, en cas de faillite ou de déconfiture.*

406. Nous avons dit souvent, et l'on ne peut trop le répéter, que l'écriture n'est point nécessaire pour la validité des contrats; qu'elle n'est employée que comme un moyen plus commode et plus stable d'en conserver la mémoire, et d'en prouver l'existence et les détails. Mais l'art de l'écriture s'est introduit tard chez la plupart des peuples. La nécessité fit donc inventer différens moyens d'y suppléer par certains symboles, par certaines marques, auxquelles on attachait une valeur de convention (2).

---

(1) *Voy.* Boiceau, Commentaire sur l'art. 54 de l'ordonnance de Moulins, 2ᵉ. part., tit. 9; les additions de Danty, et les auteurs qu'ils citent.

(2) On sait que les Péruviens suppléaient, quoiqu'imparfaitement, à l'écriture, dont ils ignoraient l'usage, au moyen de leurs quipos, qui n'étaient que des cordons de différentes couleurs, qu'ils nouaient de diverses manières. Chaque couleur, chaque nœud avait une valeur particulière. *Voy.* l'Histoire de l'Amérique, par Robertson, liv. 7.

Les tailles, dont parle ce paragraphe, sont l'un de ces moyens inventés pour se rendre compte de certaines fournitures minutieuses qu'il serait très-gênant de consigner par écrit dans le cours ordinaire de la vie civile; par exemple, s'il s'agit de constater le nombre de certaines fournitures de détail, qui se répètent journellement, souvent à chaque instant du jour, et pour lesquelles on emploie le ministère, tantôt d'une personne et tantôt d'une autre.

407. On prend un petit bâton ou baguette de longueur et grosseur convenables; c'est ce qu'on appelle une *taille* (1). On la fend en deux parties égales; l'une des moitiés, qui conserve le nom de *taille*, demeure à celui qui fait les fournitures; l'autre partie, qu'on appelle *échantillon*, est remise à celui qui les reçoit.

Au moment de chaque fourniture, on réunit les deux parties de la *taille*, et l'on y fait avec un couteau une coche transversale qui entaille les deux morceaux. Le nombre de ces coches indique le nombre de fourniture en pain, vin, viande, etc. Ce sont des témoins muets qu'on ne peut récuser; car, comme il faut que la taille et l'échantillon se rapportent, il ne peut y avoir de supercheries; on ne peut *cocher* l'une sans y réunir l'autre. Le Code leur accorde donc la prérogative de faire foi en justice. L'art. 1533 porte :

---

(1) *Taille*, du mot latin *talea* ou *talia : Est enim talea ramus incisus.* *Voy.* le Glossaire de Ducange, v°. *Talea.*

408. « Les tailles corrélatives à leurs échantillons » font foi entre les personnes qui sont dans l'usage » de constater ainsi les fournitures qu'elles font et » reçoivent en détail ».

Ainsi les tailles font preuve complète. Elles tiennent lieu d'écritures, et font une espèce de preuve littérale de la quantité des fournitures ; elles forment, en rapprochant la taille de l'échantillon, comme les deux doubles d'un acte sous seing privé, ou comme une charte-partie.

409. Celui qui a reçu les fournitures voudrait inutilement éluder l'effet de cette preuve, en niant qu'il ait eu l'échantillon, ou en alléguant qu'il l'a perdu. Au premier cas, on pourrait prouver par témoins l'existence de l'échantillon et l'habitude de s'en servir.

Au second, celui qui prétend avoir perdu son échantillon est en faute. Si la perte est réelle, c'est un fait qu'il ne peut imputer qu'à lui-même ; il devait aller sur-le-champ arrêter son compte, et faire une nouvelle taille. Celui qui a conservé la sienne peut, en la représentant, faire preuve du nombre des fournitures.

410. Ce n'est pas seulement entre les parties que les tailles font foi ; elles font également foi contre les autres créanciers du débiteur commun, en cas de faillite ou de déconfiture, quand même les autres créanciers auraient des titres notariés. Les fournisseurs à la taille viendront avec eux en concurrence et par contribution sur les meubles. (*Voy.* Boiceau, 2e. part., chap. 9).

Bien plus : ils peuvent avoir, de préférence aux

autres créanciers hypothécaires, un privilége sur tous les biens meubles et immeubles, en vertu des art. 2101 et 2104, « s'il s'agit de fournitures de sub-
» sistances faites au débiteur et à sa famille; savoir,
» pendant les six derniers mois, par les marchands
» en détail, tels que boulangers, bouchers et au-
» tres, etc. »

---

§ IV.

Des Copies de titres.

SOMMAIRE.

421. *A qui seulement une* expédition; *sa différence de la grosse. Le notaire rapporteur peut seul la délivrer, et pourquoi. Différence légale entre une expédition proprement dite et une copie. A la note.*

422. *Le porteur d'un acte en* brevet *peut-il, en le déposant ensuite pour minute au notaire qui l'a reçu, s'en faire délivrer une grosse ou première expédition?*

423. *Défense au notaire de délivrer de secondes grosses ou expéditions, si ce n'est du consentement des parties, ou elles dûment appelées?*

424. *Secret recommandé au notaire, qui ne doit pas donner connaissance aux étrangers des actes qu'il reçoit.*

425. *Il doit les communiquer à toute occurrence aux personnes interessées, et leur en délivrer des copies.*

426. *Nulle différence entre les premières grosses et les premières expéditions, quant à la foi qui leur est due. Elles font provisoirement la même foi que l'original.*

427. *On peut toujours exiger la représentation de l'original.*

428. *S'il a péri, elles ont définitivement la même foi que l'original.*

429. *Parce qu'elles sont une condition légale et nécessaire du contrat. Leur délivrance en est le complément.*

430. *Les copies tirées du consentement des parties, ou elles dûment appelées par autorité du magistrat, ont la même foi que l'original entre les parties présentes ou appelées, non contre les tiers.*

431. *Elles ne pourraient remonter à la date de l'original pour servir de fondement à la prescription de dix ou vingt ans.*

432. *Mais elles formeraient un commencement de preuve écrite, qui pourrait faire admettre la preuve testimoniale.*

433. *Les copies tirées sur la minute, depuis la délivrance des premières grosses ou expéditions, par le notaire gardien de la minute, sans le consentement des parties ou de l'autorité de justice, peuvent faire foi quand elles ont plus de trente ans, et commencement de preuve quand elles ont moins.*

434. *De quelle époque se comptent les trente ans.*

435. *Ces copies anciennes ne peuvent faire foi que lorsqu'elles sont soutenues de la possession.*

436. *Quand elles sont récentes, elles* peuvent *former un commencement de preuve, qui peut être complété par témoins, par des présomptions graves, précises et concordantes, par le serment supplétoire.*

437. *Les copies tirées sur la minute, par un notaire qui n'en est pas dépositaire, ne peuvent, malgré leur ancienneté, servir que de commencement de preuve écrite.*

438. *Ce principe s'applique aux copies de jugemens. Exemple dans un arrêt de la Cour de cassation, du 3 juin 1812, dans lequel les principes sont bien développés.*

439. *Des copies de copies tirées par un officier public, sans autorité de justice et sans le consentement des parties.*

440. *La copie d'une copie en forme, lorsqu'elle est tirée contradictoirement avec les mêmes parties, fait preuve entre elles.*

441. *A moins qu'il ne soit survenu de nouvelles causes de contester l'original. Exemples donnés par Dumoulin et par Pothier, examinés et comparés.*

442. *Cette copie de copie ne peut former qu'une présomption telle quelle, contre le tiers non appelé. Dumoulin pense que cette présomption peut faire présumer la bonne foi pour dispenser du rapport des fruits; mais qu'elle ne peut servir de fondement à la prescription.*

443. *Ce que nous avons dit sur les effets que peuvent produire les différentes copies, ne s'applique qu'à celles qui ont été tirées par une personne publique; les autres sont des copies informes.*

444. *L'aveu tacite, ou le silence de celui à qui on l'oppose, peut donner de la force à une copie informe.*

445. *Mais celui qui l'a produite peut la retirer, avant que l'autre partie en ait tiré ses inductions.*

446. *Pour conférer aux copies que le notaire délivre les différens effets que la loi leur attribue, il doit être assisté d'un second ou de deux témoins.*

411. La foi que peuvent mériter les copies des chartes, des diplômes, des rescrits et des anciens écrits en général, est un point de critique qui ne peut plus guères intéresser que l'histoire.

Les auteurs qui ont écrit sur la diplomatique (1), se sont montrés sur ce point moins sévères que les jurisconsultes; mais leur facilité est sans danger pour la société; car, quelle que soit l'opinion qu'on embrasse sur la foi que méritent ces vieilles chartes ou les copies qu'on en a faites, comme personne n'est obligé d'y soumettre son jugement, cette opinion est assez indifférente.

---

(1) *Voy.* le Dictionnaire diplomatique de dom de Vaines, et les auteurs qu'il cite, v^{os}. *Copies, Chartes, Renouvellement de Chartes, Vidimus,* etc.

Il n'en est pas de même en jurisprudence, où la foi qu'on doit ajouter aux copies des titres influe nécessairement sur la décision des questions les plus importantes pour la fortune des particuliers.

Le Code a donc voulu, pour servir de guide aux magistrats et pour les éclairer dans la recherche de la vérité, leur tracer des règles qui sont les résultats de la doctrine et de l'expérience des jurisconsultes.

Avant de les expliquer, nous tâcherons, pour plus de clarté, de fixer le sens des mots.

412. On appelle copie la transcription d'un titre ou d'un écrit quelconque, faite littéralement ou mot à mot sur l'original.

L'original d'un acte sous seing privé est l'écrit signé de toutes les parties qui s'obligent.

Si l'acte est unilatéral, il n'existe ordinairement qu'un seul original des actes sous seing privé, signé seulement de celui qui s'oblige. Cet acte est remis, pour lui servir de titre, à celui envers qui l'obligation est contractée.

Si l'acte contient des conventions synallagmatiques, il doit, conformément à l'art. 1325, y avoir autant d'originaux qu'il existe de parties ayant des intérêts distincts, un pour chacune d'elles.

L'original d'un acte notarié est l'écrit rédigé en présence des parties, des notaires et des témoins instrumentaires, revêtu de la signature des parties qui savent signer, ou qui contient leur déclaration de ne pouvoir ou de ne savoir signer, de la signature des notaires et des témoins. C'est cet original qu'on appelle *la minute* de l'acte.

4i3. On écrivait autrefois les originaux des actes en *notes* ou en petite écriture, pour aller plus vite. Le notaire ou le tabellion en faisait ensuite, pour délivrer aux parties, des copies sans abréviation et en caractères plus gros. De là l'origine du mot *minute*, dérivé du latin *minuta* (*scriptura*), par opposition aux copies ou expéditions délivrées aux parties, qu'on appelle *grosses*, parce qu'elles étaient toujours écrites en caractères plus gros et plus lisibles.

On appelait ainsi les minutes ou originaux des actes *briefs*, *brefs* ou *brevets* (1).

Anciennement, les notaires de France remettaient ces *briefs* ou originaux aux parties : il en résultait de grands inconvéniens, quand une partie perdait son brief.

Les notaires s'habituèrent donc insensiblement à transcrire les *briefs* des actes sur des registres qu'on nommait *protocoles*. Cet usage n'était point général, et les notaires du Châtelet de Paris continuaient de remettre les *briefs* des actes aux parties.

4i4. Mais, par une ordonnance du 1er. septembre 1437 (2), Charles VII ordonna « que dorénavant les notaires du Châtelet et autres, en quelque lieu que ce soit, fussent tenus de faire garder et

---

(1) *Voy.* le Glossaire du droit français de Ragueau, et le Glossaire de Ducange.

(2) *Voy.* les ordonnances du Louvre, tom. XIII, pag. 249.

retenir secrètement par-devers eux, registres et *protocoles,* où les *briefs* des contrats et autres actes par eux reçus, même les quittances, soient écrits et enregistrés, nonobstant que de ce ils baillent et puissent bailler aux parties leurs *briefs,* comme il est accoutumé, afin que, si la partie avait perdu son *brief* ou ses *lettres,* on pût avoir recours à la note du registre qu'en auraient faite les notaires. » Il ordonna aussi de noter sur le registre le nombre des grosses délivrées.

Les ordonnances postérieures, celle de 1539, art. 174 et 175, celle d'Orléans, art. 83, 84, et celle de Blois, art. 165, voulurent que la minute fût insérée tout au long sur le registre ou protocole, et que le nom du notaire, gardien de la minute, fût référé sur l'expédition.

Depuis long-tems il n'est plus d'usage que les minutes soient faites sur un registre ou protocole; mais les notaires qui les ont dressées sont tenus de les garder, à l'exception de certains actes simples, dont la loi les autorise à délivrer l'original ou le *brevet,* tels que les certificats de vie, les actes de notoriété, les quittances de fermages, etc. (Article 20 de la loi sur le notariat).

415. C'est l'original du titre qui régulièrement forme seul et par lui-même la preuve des conventions et des contrats. Les copies qu'on en tire n'ont point la même force ni la même authenticité.

Cependant il y a des copies qui, moyennant certaines formalités ou dans certaines circonstances, forment tantôt une preuve complète, tantôt un commencement de preuve. Et d'abord, puisque la minute ou l'original, signé des parties et des témoins, reste en dépôt chez le notaire qui a reçu les actes, sans qu'il puisse s'en dessaisir que dans les cas prévus par la loi, et en vertu d'un jugement (art. 22), il était indispensable de donner, au moins provisoirement, et jusqu'à la représentation de la minute, la force probante aux premières copies délivrées aux parties pour leur servir de titres. (*Vid. infrà,* n°. 429).

416. Il est presque inutile d'observer que les copies dont parle ici le Code, sont les copies faites par des personnes publiques; car il est bien évident que les prétendues copies, dont l'auteur n'est pas connu, ou n'est qu'une personne privée, ne méritent aucune considération en justice. Nous reviendrons sur ce point.

417. On peut, dans les principes de l'art. 1335 du Code, et quant à leurs effets ou à leur force, ranger les copies des actes ou titres sous l'une des classes suivantes :

1°. Les *grosses,* c'est-à-dire les copies authentiques délivrées en forme exécutoire;

2°. Les *premières expéditions* authentiques délivrées en forme non exécutoire, pour servir de titre aux parties;

3°. Les copies ou expéditions tirées sur la minute, sans l'autorité du magistrat ou sans le consentement des parties, depuis la délivrance des grosses et des premières expéditions, par le notaire qui a reçu l'acte, par l'un de ses successeurs ou par officiers publics, qui, en cette qualité, sont dépositaires des minutes ;

4°. Les copies tirées sur la minute d'un acte par des officiers publics qui ne sont pas en cette qualité dépositaires de la minute ;

5°. Les copies faites par des officiers publics, non sur la minute, mais sur d'autres copies de la minute. C'est ce que l'art. 1335 appelle, n°. 4, *copies de copies.*

418. Les grosses sont les copies authentiques de la minute, délivrées en forme exécutoire, c'est-à-dire dans la forme requise pour qu'on puisse mettre à exécution par voie de saisie, sans recourir aux tribunaux. C'est cette forme qui les distingue des autres copies authentiques qu'on appelle des expéditions, et qui en fait une classe à part. Ainsi, les *grosses* et les *expéditions* d'un acte ne sont point termes synonymes en jurisprudence. La grosse est une expédition ou copie authentique ; mais toute expédition n'est pas une grosse.

Les grosses seules sont délivrées au nom du roi, chef de l'Etat, chef suprême du pouvoir exécutif. C'est lui qui parle dans la grosse, qui atteste l'existence de la convention, qui la proclame comme *loi* des parties contractantes, et qui ordonne à toutes les autorités, chacune dans son ressort, de prêter main-forte et assistance pour l'exécution de l'acte.

419. Le notaire qui a reçu l'acte est seul revêtu du caractère légal pour en délivrer les premières grosses. Cette délivrance est une continuation de

ses fonctions, c'en est le complément. (*Vid. infrà*, nº. 429).

Les fonctions du notaire, quand il reçoit un acte et en dresse la minute, sont, comme nous l'avons dit ailleurs (1), différentes de celles qu'il exerce quand il en délivre une grosse.

Dans la rédaction de la minute, son ministère est purement passif; il n'est que le secrétaire ou le scribe des parties; ses fonctions se bornent à rendre leurs volontés par écrit, fidèlement et avec clarté. Il a de plus le caractère d'homme public, au témoignage de qui la loi veut qu'on ajoute foi pleine et entière.

Ainsi, l'acte où il consigne par écrit les conventions arrêtées en sa présence est authentique; il forme la loi particulière des contractans (1134).

Mais faute de promulgation, le créancier ne pourrait pas requérir la force publique de prêter main-forte à son exécution.

Le roi seul, ou ceux auxquels il délègue une partie de son autorité, ont le droit de commander à la force publique.

Le notaire, dans la délivrance des grosses, est un de ces délégués spécialement chargés de commander, au nom du roi, à tous huissiers requis, de mettre la loi du contrat à exécution, et à tous les commandans et officiers de la force publique d'y prêter main-forte, quand ils en seront légalement requis.

_____

(1) *Voy.* tom. VI, pag. 221, nºˢ. 209 et suiv.

420. Telles sont donc la vertu et l'efficacité de la grosse d'un acte, qu'en ce qui concerne l'exécution du contrat, elle a plus de force que la minute même ou l'original. C'est à la grosse qu'est attachée l'exécution parée du titre ; les obligations et contrats ne peuvent être mis à exécution sur la minute, même avec une ordonnance du juge (1).

L'art. 26 de la loi sur le notariat porte qu'il sera délivré une grosse *à chacune des parties intéressées,* et qu'il doit être fait mention de cette délivrance sur la minute. Mais quand la loi dit que le notaire doit délivrer une grosse à chaque partie intéressée, elle entend chaque partie qui a droit de poursuivre l'exécution de l'acte.

Ainsi, lorsqu'il contient de part et d'autre des obligations respectives, et que chaque partie peut contraindre l'autre à exécuter ses engagemens, le notaire doit délivrer une grosse à chacune d'elles, et en fait mention sur la minute.

421. Mais s'il s'agit d'un acte unilatéral, comme un prêt, un contrat de constitution de rente, etc., le notaire ne doit délivrer de grosse qu'au créancier et non pas au débiteur. Il doit se borner à délivrer à ce dernier une première expédition, c'est-à-dire une copie authentique qui ne diffère de la grosse que par le retranchement de la formule exécutoire, et qui consiste dans la transcription littérale de l'original, certifiée conforme à la mi-

---

(1) *Voy.* Bretonnier, Questions de droit, v°. *Grosse,* pag. 153 et 154.

nute par le notaire qui l'a dressée, et qui en reste dépositaire.

Cette première expédition fait provisoirement, ainsi que la grosse, la même foi que l'original, parce que le notaire atteste, par cette expédition, une chose qu'il est requis d'attester, une chose qui s'est passée en sa présence, et dont il a une connaissance personnelle; enfin, la délivrance d'une première expédition est une suite de ses fonctions.

Le notaire rapporteur a donc seul qualité pour délivrer les premières expéditions et pour leur imprimer la force probante et authentique.

La nature des choses a mis en effet une différence bien remarquable entre la foi due à l'expédition délivrée par le notaire qui a reçu l'acte, et la foi due à la copie (1) délivrée par tout autre dépositaire de la minute.

Lorsque le notaire qui a dressé la minute d'un acte en délivre la grosse ou l'expédition, il atteste deux faits.

_____

(1) Dans l'usage ordinaire, où l'on ne s'attache pas rigoureusement à la propriété des mots, on appelle *expéditions* les copies délivrées par tout notaire dépositaire de la minute, même par ceux qui n'ont pas reçu l'acte. Il y a néanmoins une différence essentielle entre *les expéditions* délivrées par celui qui a dressé la minute, et *les copies* délivrées par tout autre dépositaire. La loi sur le notariat indique cette différence, et ne donne point aux unes la même dénomination qu'aux autres. L'art. 20 dit que les notaires seront tenus de garder la minute *des actes qu'ils recevront.* L'art. 21 ajoute que le droit de délivrer des grosses et *des expéditions* n'appartiendra qu'au notaire *possesseur de la minute.* Or, ce possesseur, suivant l'article précédent, est le notaire qui a reçu l'acte : c'est donc lui seul qui peut délivrer *des expéditions* proprement

L'un, que l'acte a été passé en sa présence, qu'il en a dressé la minute, que les parties l'ont signée, etc.; .

L'autre, que la grosse qu'il délivre est conforme à l'original ou à la minute dont il est dépositaire;

Enfin, il la délivre en vertu de la réquisition que lui en font les parties au moment même où l'acte est passé : cette délivrance est donc une continuation de ses fonctions. (*Voy. infrà,* n°. 429).

Si c'est son successeur ou tout autre dépositaire de la minute qui en délivre une copie, il ne peut attester les premiers faits dont il n'a point une connaissance personnelle; il ne peut attester la vérité d'un acte auquel il n'a point été présent; en un mot, il ne peut attester autre chose, si ce n'est que, dans les minutes dont il est dépositaire, il se trouve un écrit en forme d'acte dont la teneur est conforme à la copie qu'il en donne, et qu'il certifie véritable; il ne peut certifier que la vérité de

---

dites. Les autres possesseurs de minutes n'en peuvent délivrer que des copies. « Néanmoins, ajoute le même art. 21, tout notaire pourra délivrer *copie* d'un acte qui lui aura été déposé pour minute. »

Les copies délivrées par celui qui n'a pas reçu l'acte, qui n'en est pas dépositaire dès le principe, ne sont donc point des *expéditions,* dans le sens propre et légal du mot.

Il serait bien à désirer que la loi fixât, d'une manière invariable, le sens légal et précis des mots qui ont plusieurs significations. L'abus des mots et la confusion des idées qu'on y attache causent, en jurisprudence, des erreurs bien préjudiciables à l'avancement de la science et à l'intérêt particulier. On trouve, dans le Corps du droit romain, un titre *de verborum significatione.* Un pareil titre en droit français exigerait beaucoup de réflexion et d'habileté. Mais combien il serait utile !

la copie, et non celle de l'original; enfin, il ne la délivre pas en vertu de la réquisition faite par toutes les parties au moment même où l'acte est passé.

C'est une distinction importante quand il s'agit de juger quelle est la foi que méritent les copies d'un acte. On peut avoir glissé parmi les minutes d'un notaire, dont un autre est devenu dépositaire, un acte faux, un acte dont les signatures ne sont pas sincères. Comment donc le dépositaire d'un pareil acte pourrait-il le certifier véritable, ou en ordonner l'exécution au nom du roi ? Il est donc conforme à la raison et à la nature des choses, que le notaire qui a reçu l'acte puisse seul en délivrer les premières grosses et les premières expéditions.

422. Mais si, après la délivrance d'un acte en brevet, le porteur vient ensuite le déposer pour minute chez le notaire qui l'a reçu, celui-ci peut-il en délivrer une grosse ou une première expédition ?

Nous ne le pensons pas; le notaire est alors obligé d'en dresser un acte de dépôt.

Or, l'art. 21 de la loi sur le notariat, qui donne au notaire possesseur de la minute le droit d'en délivrer *des grosses et des expéditions*, ajoute que tout notaire pourra délivrer *copie* d'un acte *qui lui a été déposé pour minute*.

Remarquez que le mot *copie* est ici mis en opposition avec les *grosses* et *expéditions*.

Le notaire ne peut donc pas délivrer des *grosses* des actes qui lui ont été déposés pour minute; or, le brevet rapporté au notaire qui avait reçu l'acte, est dans ce cas.

On peut objecter que le dépôt d'un acte chez le notaire qui l'a reçu, est différent du dépôt fait chez un notaire étranger, parce que le premier peut attester que l'acte est véritable, que c'est lui qui en a dressé la minute, que les parties ont signé en sa présence, etc.; faits que le notaire étranger ne peut attester, parce qu'il n'en a pas une connaissance personnelle : cela est vrai.

Mais si le notaire rapporteur peut attester la vérité d'une minute dont il est toujours resté gardien, il ne le peut plus, lorsqu'elle a passé en d'autres mains, et peut-être dans des mains infidèles; elle peut avoir été altérée, falsifiée par des faussaires adroits. Le notaire n'est point un expert chargé de décider si le brevet qu'il a délivré n'a subi, en changeant de main, aucune altération.

Nous pensons donc que, dans le cas proposé, le notaire, quoiqu'il ait dressé la minute, n'en peut plus, au termes de l'art. 21 de la loi sur le notariat, délivrer que des *copies* certifiées conformes à la minute déposée, et non des *grosses* (1) ou des expéditions ainsi proprement dites, en formes authentiques et probantes.

Il en résulte, à la vérité, que, dans le cas où l'acte a été délivré en brevet, il n'existe plus de moyen pour le rendre exécutoire Mais est-ce donc

---

(1) M. Loret, dans son Commentaire sur la loi du notariat, pag. 346, est d'un avis contraire. On peut voir ses raisons.

un inconvénient ? Le créancier qui s'est contenté
d'un titre en brevet, rentre alors, comme celui
qui n'a qu'un titre sous seing privé, dans le cas
ordinaire du recours à la justice par la voie d'action ou de simple demande. Il est possible qu'il ait
été dans l'intention du débiteur, qui a contracté
de cette manière, de ne pas lui en ouvrir une autre.

L'esprit de la loi n'est pas de rendre trop facile
la voie de l'exécution parée. Le créancier la perd
en perdant sa première grosse (1). Elle ne peut lui
être rouverte sans le consentement des parties intéressées, ou sans une ordonnance de justice.
(*Voy.* l'art. 26 de la loi sur le notariat.)

Il résulte encore de nos principes que le notaire,
même le notaire rapporteur chez lequel le brevet
d'un acte a été déposé pour minute, n'en peut pas
plus délivrer une expédition proprement dite,
qu'une grosse, et que la transcription qu'il en délivre n'est regardée par la loi que comme une *copie*, qui n'a pas, comme *l'expédition*, la même foi
que l'original.

Mais ce n'est point encore un inconvénient, puisque le déposant avait la faculté de garder le brevet
authentique pour s'en servir au besoin, au lieu

---

(1) C'était même autrefois une grande question de savoir si le créancier qui perdait sa grosse ne perdait pas son hypothèque. On était par-
tagé sur ce point. *Voy.* les Questions de droit de Bretonnier, v°. *Grosse;*
la nouvelle Collection de Denisart, v°. *Grosse*, tom. IX, pag. 512.
Cette question n'en peut plus être une sous l'empire du Code, qui n'a
point mis, art. 2180, la perte de la grosse au nombre des moyens d'extinction des privilèges et hypothèques.

de le déposer. S'il a des raisons pour désirer une expédition proprement dite qui fasse la même foi que l'original, il doit la faire collationner par forme d'ampliation, parties présentes ou dûment appelées, en suivant la marche tracée par l'art. 844 du Code de procédure. Nous en parlerons bientôt.

423. La première grosse délivrée au créancier lui suffit pour exercer ses droits. La première expédition suffit également au débiteur pour connaître les siens et pour les défendre. C'est donc avec sagesse que la loi, qui autorise le notaire à délivrer des grosses ou premières expéditions à chacune des parties, lui défend sévèrement d'en délivrer d'autres sans leur concours, ou sans autorité de justice.

L'art. 26 déjà cité de la loi sur le notariat porte :

« Il doit être fait mention sur la minute de la » délivrance d'une première grosse, faite à cha- » cune des parties intéressées ; il ne peut en être » délivré d'autres, à peine de destitution, sans une » ordonnance du président du tribunal de première » instance, laquelle demeurera jointe à la minute. »

Cette disposition, qui n'est qu'une répétition des anciennes ordonnances, et notamment de l'ordonnance de 1539, art. 178 et 179 (1), se rapproche, sous un certain point de vue, de l'ancien ordre de choses, où le notaire délivrait aux parties les minutes mêmes, ou les brevets originaux des

---

(1) *Voy.* aussi le Code du président Favre, liv. 4, tit. 16, *defin.* 2, 15, 26 et 28.

actes. Elles n'avaient alors qu'un seul titre et non deux ; elles n'en ont qu'un encore , quand les actes sont sous seing privé ; elles n'en peuvent obtenir un second que par la voie d'un collationné, fait parties présentes ou appelées.

Dans l'état actuel de la législation , il serait dangereux d'autoriser le notaire à délivrer de secondes grosses ou de secondes expéditions sans le concours de toutes les parties intéressées.

La loi attache une telle importance à la grosse , elle la considère tellement comme le véritable , et pour ainsi dire comme le seul titre du créancier, que la remise volontaire qu'il en fait au débiteur forme une présomption légale de la remise de la dette , même en faveur des débiteurs solidaires (1283, 1284) ; et l'existence de la grosse entre les mains du débiteur fait présumer que la remise en a été faite par le créancier (1).

De plus, les écritures mises par le créancier à la suite, en marge ou au dos de la grosse ou de la première expédition qui forme son titre, établissent la libération du débiteur, et font foi, quoique non signées ni datées. Il fallait prévenir leur suppression frauduleuse.

Nous verrons bientôt un autre puissant motif pour empêcher la délivrance des secondes grosses ou des secondes expéditions sans le concours des parties intéressées , ou sans les avoir appelées.

424. En ordonnant au notaire qui reçoit un acte

_____

(1) *Voy.* tom. VII , pag. 595, n°s. 526 et suiv.

d'en garder en dépôt la minute ou l'original, la loi lui ordonne d'en garder le secret.

L'art. 23 de la loi sur le notariat prononce des peines contre celui qui le violerait; elle statue que « les notaires ne pourront également, sans l'ordon-
» nance du président du tribunal de première ins-
» tance, délivrer expéditions ni donner connais-
» sance des actes à d'autres qu'aux personnes in-
» téressées en nom direct, héritiers ou ayant-droit,
» à peine de dommages et intérêts, d'une amende
» de 100ᶠ, et d'être, en cas de récidive, suspen-
» dus de leurs fonctions pendant trois mois. »

Cette défense n'est encore qu'une répétition des anciennes ordonnances.

L'art. 177 de celle de 1539 porte :

«Défendons à tous notaires et tabellions de ne
» montrer ni communiquer leursdits registres, li-
» vres et protocoles, fors aux contractans, leurs
» héritiers et successeurs, ou à autres auxquels le
» droit desdits contrats appartiendrait notoire-
» ment, ou qu'il soit ordonné par justice. »

Ces dispositions sont conformes à la raison et à la nature des choses. Le notaire remplit un ministère de confiance dans la rédaction de l'acte; il est l'homme des parties : il doit donc leur garder le secret. Non seulement il ne doit pas communiquer ses minutes aux personnes étrangères; il doit même régulièrement leur en laisser ignorer l'existence. Ce n'est point par lui que le public doit connaître qu'il a été passé un acte en sa présence, entre tels et tels.

425. Quant aux personnes intéressées en nom direct, leurs héritiers ou ayant-droit, la communication de la minute de l'acte leur est libre de droit (1).

Le notaire doit donc, à toute occurrence, la leur communiquer, et même leur en donner une *copie*, ou plusieurs s'ils le requièrent ; s'il refusait, il pourrait y être contraint même par corps, conformément à l'art. 839 du Code de procédure. La raison en est sensible : la minute de l'acte est leur propriété ; elle leur appartient. Le notaire doit donc la leur représenter, leur en donner même des *copies*, toutes fois et quantes, sans pouvoir s'en dessaisir ; car s'il n'en est que dépositaire, il est dépositaire légal.

Ce n'est qu'à l'égard des *grosses* et des *expéditions* proprement dites, qu'il est défendu au notaire d'en délivrer une seconde ou une troisième fois sans le concours de toutes les parties, ou sans l'autorité de la justice. Il en est autrement des *copies*. Le notaire peut en donner aux parties intéressées quand elles en demandent, et autant qu'elles en demandent.

426. Mais ces copies, comme nous le dirons bientôt, n'ont point en justice la même foi que les *grosses* et les premières *expéditions*. Il n'existe à cet égard aucune différence entre ces dernières. La loi les met sur la même ligne, en ce qui regarde la force probante, ou la foi qui leur est due. Il n'existe entre

_____

(1) Le nouveau Denisart, tom. V, v°. *Compulsoire*, pag. 66 et 67.

elles d'autre différence, qu'en ce qui concerne la formule exécutoire, et l'exécution parée qui en est la suite.

Cette différence entre deux copies d'ailleurs entièrement semblables, également authentiques, vient de la différence de leur destination. Les grosses ne sont pas seulement destinées à donner la preuve de la réalité des conventions, mais encore à donner au créancier le droit d'employer la force publique, s'il est nécessaire, pour contraindre le débiteur désobéissant à accomplir la loi du contrat.

Les premières expéditions, au contraire, ne sont destinées qu'à fournir la preuve authentique de l'existence de l'acte et de la réalité des conventions qu'il contient : elles ne peuvent servir à exercer aucune contrainte.

Mais quant à leur force probante, elle est la même ; les *grosses* et les premières *expéditions* font, les unes comme les autres, *la même foi que l'original.*

427. Cependant, comme elles ne tirent leur force les unes ainsi que les autres que de la présomption légale de leur conformité avec l'original, la foi qui lui est due n'est que provisoire, pendant qu'il subsiste. Celui à qui on les oppose peut toujours en exiger la représentation (1334).

428. Si l'original ou la minute a péri, sans la faute de celui qui fait usage de la grosse ou de la première expédition, perdra-t-il son droit par un accident qui ne peut lui être imputé? Ce serait une injustice. La foi provisoire qui était due à cette pre-

mière grosse ou à cette première expédition, devient définitive et absolue : la loi veut qu'elles forment une preuve complète ; en un mot, qu'elles
fassent *la même foi que l'original* (1335, n°. 1).

429. Elles n'ont pourtant pas été tirées par autorité de justice, parties présentes ou dûment appelées. Or, il est de maxime qu'un notaire ne peut
par son attestation faire foi que des choses qu'il est
requis d'attester par les parties, des choses qui se
passent en sa présence, au tems de la rédaction de
l'acte. (*Voy.* Pothier, n°. 736.)

Comment donc et pourquoi le notaire peut-il
conférer aux premières grosses et expéditions la
même foi qu'à l'original? Pourquoi? pour deux
raisons qu'il faut développer, et qui contiennent
toute la théorie de la matière :

1°. Parce qu'en arrêtant la convention, et en signant la minute qui doit rester chez le notaire, les
contractans le requièrent au moins tacitement d'en
délivrer à chacun d'eux une grosse ou une première
expédition, pour tenir lieu du titre original, dont
sans cela ils ne pourraient faire usage au besoin.
Cette réquisition est même quelquefois exprimée
dans l'acte, qui porte assez souvent qu'il en sera
délivré une grosse ou une expédition à chaque partie.

Le notaire est donc réellement requis de faire
cette délivrance; il en est requis au moment même
où la convention est consignée par écrit. : *Rogatur*
à partibus, rogatur tempore gesti instrumenti. Cette
grosse ou expédition première est une condition
légale, une condition nécessaire du contrat.

La loi ne voulant plus que le notaire qui reçoit un acte puisse en remettre la minute aux parties, il est juste, il est nécessaire de leur en donner un équivalent qui ait la même force, et qui leur tienne lieu de l'original même, que le notaire leur remettait autrefois. Cet équivalent, ce sont les premières grosses ou expéditions dont les parties requièrent la délivrance à l'instant même du contrat, et que la loi lui ordonne de délivrer à chacune d'elles, en même tems qu'elle défend de leur remettre la minute originale. Ces premières grosses ou expéditions sont donc réellement une condition nécessaire du contrat; leur délivrance en est le complément. C'est là que se terminent les fonctions du notaire qui reçoit l'acte (1).

2°. Parce que si la loi confère aux premières grosses et expéditions la même foi qu'au titre original, c'est dans le cas seulement où il n'existe plus.

Or, nous verrons, tom. IX, en expliquant la 2°. sect. du chap. 6, qu'il est toujours permis de prouver la perte d'un titre de créance, à quelque somme que pût monter l'obligation qu'il contenait. Le Code le permet expressément dans l'art. 1348.

La défense de recevoir la preuve testimoniale au-dessus de 150ᶠ reçoit exception, dit le n°. 4, « au » cas où le créancier a perdu le titre qui lui servait » de preuve littérale par suite d'un cas fortuit, im- » prévu et résultant d'une force majeure. »

---

(1) *Voy. infrà*, n° 447.

De ce principe, fondé sur la raison, il s'ensuit nécessairement que, quand la minute n'existe plus, les premières grosses ou expéditions doivent avoir la même force que l'original perdu ; car quel témoin plus respectable et plus digne de foi pourrait-on trouver que l'officier public, choisi par les parties pour recevoir et rédiger leurs conventions, et qui, presque immédiatement après la signature, atteste, sur leur réquisition, qu'il en a reçu l'acte, que la grosse ou expédition qu'il leur en délivre, par suite de son ministère, est conforme à l'original dont il est dépositaire ?

C'est sur la nécessité de la preuve testimoniale, en cas de perte du titre de créance, sur le plus ou le moins de confiance que méritent, selon les circonstances différentes, les officiers qui ont tiré des copies des actes, que le Code a, dans l'art. 1335, gradué la foi qu'on doit à ces copies.

450. Le n°. 1 de cet article met sur la même ligne que les premières grosses ou expéditions, en ce qui concerne la foi qui leur est due, les copies tirées par l'autorité du magistrat, ou du consentement réciproque des parties. Il porte :

« Lorsque le titre original n'existe plus...., les
» grosses ou premières expéditions font la même
» foi que l'original ; il en est de même des copies
» qui ont été tirées par l'autorité du magistrat, par-
» ties présentes ou dûment appelées, ou de celles
» qui ont été tirées en leur présence et de leur con-
» sentement réciproque. »

Ici encore, nous avons le témoignage d'un officier public, appelé par les parties, témoignage donné *en leur présence, et de leur consentement réciproque,* qui atteste que la copie est en tout conforme à l'original, fait que les parties ont vérifié ou pu vérifier par elles-mêmes. Comment donc se refuser à un témoignage aussi positif, lorsque l'original n'existe plus?

Si toutes les parties n'étaient pas présentes, c'est leur faute. Elles étaient appelées; l'autorité du magistrat supplée à leur défaut.

Il y a néanmoins, quant aux personnes contre lesquelles les copies font foi, une différence remarquable entre les premières grosses ou premières expéditions, et les copies tirées depuis les premières par l'autorité du magistrat, ou du consentement réciproque des parties.

Celles-ci font, comme l'original, une foi pleine et entière contre les personnes présentes ou appelées à la délivrance, contre leurs héritiers ou ayant-cause; elles font foi non seulement du fait de la convention ou du contrat, mais encore de sa date ou de l'époque à laquelle il a été passé, comme il est porté dans la copie : *Fidem facit de suo originali, et contentis in eo, et tantum probat quantum originale.* (Dumoulin, n°. 57).

Mais il en est autrement contre les personnes non appelées et contre les tiers : *Hanc conclusionem limito,* dit Dumoulin, *ut procedat contra eum cum quo, vel quo vocato solemniter facta est exemplatio, contra quem plenè probat, sicut originale, et retrotrahitur ad datam originalis. Secùs contra alium; quia non faceret fidem.*

La véritable raison (1) en est que le témoignage du notaire ne fait pleine foi contre les tiers que des faits passés en sa présence, et qu'il voit, *propriis sensibus,* des faits qui se passent au moment où il reçoit l'acte, *tempore gesti instrumenti.* (*Voy.* Pothier, tom. II, n°. 736, et ce que nous avons dit tom. VI, n°. 148 et suivans).

Or, les faits et la convention contenus dans l'acte, copié en présence des parties et de leur consentement réciproque, ne se sont point passés au moment où la copie a été faite : ils ne sont donc dans l'acte de délivrance de la copie que des énonciations qui, suivant l'art. 1320, ne font foi qu'entre les parties et leurs ayant-cause, et non contre les tiers.

Les faits et la convention contenus dans l'acte copié ne peuvent donc, à l'égard des tiers, être reportés au tems de la date de l'original, mais seulement au tems de la date de l'acte de délivrance de la copie.

Dumoulin en conclut que ces copies n'ont la force d'une preuve ni contre le cohéritier non appelé, ni contre le fidéjusseur, ni contre un créan-

---

(1) Dumoulin en donne encore une autre qui nous paraît moins bonne, quoique nous l'ayons rapportée dans la première édition. Les copies délivrées par l'autorité du magistrat ou du consentement réciproque des parties ne peuvent, suivant lui, tirer leur force que de l'autorité de la chose jugée ou de la convention des parties qui donnent leur consentement. La maxime *res inter alios judicata, res inter alios acta alteri non præjudicat,* ne permet donc pas d'accorder à ces copies la force d'un preuve contre les personnes non appelées, ni contre les tiers.

Aut enim est actus judicialis, autoritate judiciarii gestus, et non ac-

cier, ou tout autre étranger (1); et par une conséquence ultérieure, il en conclut qu'une pareille copie ne suffirait, ni pour établir la priorité d'une hypothèque, ni pour faire preuve du titre qui doit servir de fondement à la prescription de dix ou vingt ans.

431. Aujourd'hui que les hypothèques ne prennent rang que du jour de leur inscription, la question se présentera rarement relativement à la priorité des hypothèques, mais elle peut se présenter fréquemment relativement à la prescription.

Je revendique le fonds Cornélien, qui m'appartient, contre Caïus, qui s'en trouve possesseur; il prétend l'avoir acheté de bonne foi de Sempronius, par un contrat passé il y a quinze ans. Il ne représente point la grosse ou première expédition de ce contrat, mais seulement une seconde grosse ou expédition délivrée par autorité de justice, en présence et du consentement de Sempronius, il n'y a pas dix ans, et la minute du contrat se trouve perdue.

Je lui réponds avec Dumoulin, n°. 57, que cette seconde grosse ou expédition ne peut se reporter

---

tenditur ad eos qui non fuerunt in judicio, nec eis nocet; aut est actus extrajudicialis, ut cùm exemplatio, sine judice, solo consensu partium facta est; et tunc cùm non possit valere in vim pacti, multò minùs aliis præjudiciabit. Nous préférons la raison donnée dans cette seconde édition, et qui est aussi conforme à la doctrine de Dumoulin.

(1) Voici les termes de Dumoulin : *Hanc limitationem amplio, ut nedùm probet nec retrotrahatur contra alium, habentem principale vel æquè principale interesse, qualis fidejussor, vel posterior creditor, vel etiam omninò extraneus, cui posset indirecte præjudicari,* etc.

à une date antérieure au tems où elle a été délivrée. Le fait qu'il a été passé un contrat de vente
à une époque antérieure n'est qu'une énonciation
dans l'acte de délivrance de la seconde grosse ou
expédition.

Or, suivant l'art. 1320, l'acte authentique ne
fait pas foi contre des tiers de ce qui n'y est exprimé qu'en termes énonciatifs; qu'ainsi l'acte de
délivrance de la seconde expédition ne peut prouver autre chose contre moi que le fait passé à l'é-
poque où elle a été délivrée; c'est-à-dire qu'en
présence et du consentement de Sempronius, il
a été tiré copie d'un contrat de vente que Sempronius consentait à regarder comme original, et dont
il ne contestait ni la date, ni l'authenticité. Mais ce
même acte de délivrance ne prouve point et ne
peut prouver contre un tiers que cet original eût
les qualités nécessaires pour faire foi; qu'il ait été
passé à l'époque de sa date, etc. Ainsi, on ne peut
faire remonter la vente à une époque antérieure à
la délivrance de la seconde grosse.

La prescription n'est donc pas acquise contre
moi, puisqu'il ne s'est pas écoulé dix ans depuis
cette délivrance. Cette décision a lieu, suivant Dumoulin, quand même la copie serait tirée par le
notaire qui a reçu l'original, parce que, comme
nous l'avons dit dans le numéro précédent, le témoignage du notaire ne peut faire foi qu'à l'égard
des choses qu'il voit *propriis sensibus,* et qui se passent au moment où il reçoit l'acte, *tempore gesti
instrumenti.*

432. Mais la seconde grosse ou expédition tirée

du consentement de Sempronius, et qui m'est opposée par Caïus, pourra-t-elle du moins, toujours
en cas de perte de l'original, former contre moi
en sa faveur un commencement de preuve écrite,
à l'aide duquel il soit admis à prouver par témoins
qu'il a été passé en effet, à l'époque indiquée dans
la copie, un contrat de vente du fonds Cornélien
entre lui et Sempronius, et qu'il a depuis ce tems
continué de jouir paisiblement du fonds vendu?

Cette question doit être résolue affirmativement
par induction de l'art. 1335 du Code.

433. Il porte, n°. 2 : « Les copies qui, sans l'au-
» torité du magistrat ou sans le consentement des
» parties, et depuis la délivrance des grosses ou pre-
» mières expéditions, auront été tirées sur la mi-
» nute de l'acte par le notaire qui l'a reçu, ou par
» un de ses successeurs, ou par officiers publics,
» qui, en cette qualité, sont dépositaires des mi-
» nutes, *peuvent*, en cas de perte de l'original, faire
» foi quand elles sont anciennes.

» Elles sont considérées comme anciennes, quand
» elles ont plus de trente ans. »

Pourquoi ces copies, tirées par l'officier public
qui a reçu l'acte ou par un de ses successeurs, dépositaire de la minute, mais tirées sans le consentement des parties, peuvent-elles faire foi, c'est-
à-dire former une preuve complète quand elles
sont anciennes, c'est-à-dire quand elles ont plus
de trente ans? Pourquoi? Par la raison que nous
avons déjà donnée n°. 429 : c'est que, quand l'original d'un titre est perdu, la preuve testimoniale

est admise, et que les copies dont il s'agit ont en leur faveur le témoignage écrit ou authentique d'un officier public qui atteste avoir vu, lu et copié fidèlement l'original, dont il était alors dépositaire, et qui était revêtu des formalités requises, et dont la teneur était telle.

Ce témoignage, déjà très-fort par lui-même, achève d'acquérir la force probante par la circonstance de son ancienneté, qui écarte l'idée qu'il ait pu être donné par complaisance et pour favoriser l'affaire dans laquelle on l'invoque plus de trente ans après qu'il a été donné. L'ancienneté n'est point nécessaire pour écarter ce soupçon, si comme dans le n°. 1er. les copies ont été tirées en présence des parties, ou elles dûment appelées. Si ces copies ont moins de trente ans, continue le n°. 2 de l'article 1335, « elles ne peuvent servir que de commen- » cement de preuve par écrit. »

C'est qu'elles ont alors une circonstance de moins en leur faveur. Elles sont récentes, la perte de l'original est récente, on peut craindre quelque surprise à raison de ces deux circonstances ; mais le témoignage d'un officier public n'en existe pas moins : ce témoignage écrit peut servir de commencement de preuve.

Ces dispositions sont conformes à la doctrine de Dumoulin ; il enseigne, n°s. 38—40, que les copies dont nous parlons font une demi-preuve : *Semiplenam probationem.* La raison que Dumoulin en donne est qu'elles sont certifiées par un officier public, qui atteste qu'il a vu et examiné l'original authentique. Son témoignage fait donc au moins une semi-preuve, en cas de perte de l'original ; car, ajoute Dumoulin, on peut prouver la teneur d'une pièce perdue par les dépositions de deux témoins dignes de foi. Il appuie son opinion d'un nombre infini d'autorités (1).

D'après les principes que nous venons d'exposer, nous ne saurions douter que dans le cas proposé ci-dessus, n°. 452, la copie tirée du consentement du vendeur par le notaire rapporteur du contrat de vente consenti plusieurs années auparavant par l'usurpateur, ne puisse servir de commencement de preuve écrite à l'acquéreur, et le faire admettre à prouver par témoins la date de son contrat, en prouvant que sa possession continue remonte à cette date, contre l'ancien propriétaire, qui revendique son héritage. Si l'original existait, il ferait une preuve complète contre ce dernier, tant de la vente que de la date de la vente. Cet original se trouve perdu, sans la faute de l'acquéreur ; il doit être admis à la preuve testimoniale, conformément à l'art. 1348, n°. 4 (2).

---

(1) *Ratio cur semiplenam probationem faciat, est quia habet testimonium authenticum et solemne publicæ personæ attestantis se diligenter vidisse et discussisse originale authenticum, integrum, non vitiatum, talis tenoris ut in instrumento describitur ; et istud testimonium quantum ad hujusmodi testificationem est publicum et verum originale, et plenam fidem facit contra omnes, quia tabellio, qui est testis publicus et approbatus, ita attestatur. Igitur saltem semiplené probat, quia duo testes integri et probi, sic attestantes de tenore originalis plené probarent, deficiente originali, sine culpâ probare volentis amissi, probatâ etiam amissione et verisimilitudine. N°. 40.*

(2) *Voy. suprà*, n°. 240.

Si la copie du contrat de vente, consenti *à non domino*, était tirée sans son consentement et sans l'avoir appelé, elle pourrait, suivant l'art. 1335, n°. 2, faire contre lui une preuve entière, si elle avait plus de trente ans, et un commencement de preuve, si elle avait moins. Mais aurait-elle la même force contre l'ancien propriétaire auquel on oppose la prescription?

Il peut d'abord paraître étrange d'accorder à cette copie la même force contre un étranger, que contre celui qui était partie au contrat copié : néanmoins, il semble qu'il faut répondre affirmativement.

Le texte cité ne fait point de distinction entre les personnes qui étaient parties au contrat copié, et celles qui ne l'étaient pas. Il dit indistinctement que, quand ces copies sont tirées par l'officier public dépositaire de la minute, elles peuvent, en cas de perte de l'original, faire foi, quand elles ont plus de trente ans, et un commencement de preuve, si elles ont moins.

Nous ne devons pas faire une distinction qui n'est pas dans la loi. Il suffit que l'original soit de nature, s'il existait, à faire preuve contre une personne, pour que la copie puisse faire contre elle un commencement de preuve. (*Voy.* ce que nous dirons tom. IX, sur le commencement de preuve écrite).

434. Les trente ans se comptent, non pas du jour où le contrat a été passé, mais du jour où la copie a été tirée. Il ne suffirait pas que ce titre fût

ancien, si la copie était récente : *Non sufficeret originale esse, vel fuisse antiquum, si exemplum esset recens; sed requiro etiam exemplum esse antiquum. Et tunc ratione antiquitatis puto quod plenè probaret.......... Quia habet authenticum testimonium de autoritate et tenore originalis quondàm solemniter confecti qui antiquitas, loco cæterarum probationum quarum copiam sustulit, autoritatem fidei et probationis supplet.* (**Dumoulin**, n°. 41).

435. Avant de finir ce qui concerne les copies tirées parties non présentes ni appelées, il faut remarquer que, si elles peuvent faire foi, lorsqu'elles sont anciennes, c'est seulement lorsqu'elles sont soutenues de la possession (1). Par exemple, je suis en possession du droit de passage sur votre fonds Cornélien; vous prétendez me l'interdire, parce que cette servitude étant discontinue, ne peut s'acquérir sans titre par la prescription. Je vous représente la copie du titre constitutif, consenti par vos auteurs; mais cette copie est tirée parties non présentes ni appelées; elle fera néanmoins contre vous, si elle a plus de trente ans, une preuve complète du droit dont je suis en possession (2).

Si je n'étais pas en possession de la servitude,

_____

(1) *Voy. suprà*, n°. 164.

(2) Si elle a moins de trente ans, elle ne pourra former qu'un commencement de preuve écrite qui rendra la preuve testimoniale admissible. Mais alors que faudra-t-il que je prouve? Je pense qu'il me suffira de prouver que je suis depuis plus de trente ans en possession de la servitude.

je ne pourrais la réclamer en vertu de mon ancienne copie, qui se trouverait, comme mon droit, prescrite par le laps de trente années.

436. Si les copies tirées, parties non présentes ni appelées, sont récentes, c'est-à-dire si elles n'ont pas trente ans, les juges ne peuvent les admettre comme faisant seules et par elles-mêmes une preuve complète en cas de perte de l'original, mais ils peuvent les admettre pour servir de commencement de preuve par écrit. (Article 1335, n°. 2) (1).

Il en résulte que la preuve commencée peut être complétée par la preuve testimoniale (1347), et par conséquent par des présomptions, aux termes de l'art. 1353, qui porte :

« Les présomptions qui ne sont point établies » par la loi sont abandonnées aux lumières et à la » prudence du magistrat, qui ne doit admettre » que des présomptions graves, précises et con- » cordantes, et dans les cas seulement *où la loi ad-* » *met les preuves testimoniales.* »

Enfin, puisque les copies forment un commen-

---

(1) De là il résulte, comme nous l'avons déjà remarqué, que l'article 1347, qui porte qu'on appelle commencement de preuve par écrit, *tout acte émané de celui contre lequel la demande est formée,* n'est point une disposition limitative ; car la copie tirée, parties non présentes ni appelées, n'est point émanée de celui à qui on l'oppose, ni de ses auteurs, qui n'ont été ni présens ni appelés. Tout acte émané de celui contre lequel la demande est formée est un commencement de preuve par écrit. Voilà ce que dit l'art. 1347; mais il ne dit pas que tout commencement de preuve par écrit doit être émané de celui contre lequel la demande est formée.

cement de preuve, il en résulte que les juges ont le pouvoir, pour compléter la preuve commencée, de déférer d'office le serment supplétoire à celui qui en est porteur, et cela aux termes de l'article 1367, qui permet de déférer ce serment, lorsque la demande ou l'exception n'est pas pleinement justifiée, mais qu'elle n'est pas totalement dénuée de preuves.

457. Passons aux copies qui, parties non présentes ni appelées par l'autorité du magistrat, sont tirées sur la minute d'un acte, non par l'officier public dépositaire de la minute, mais par un autre officier à qui cette minute est représentée pour en tirer copie et la rendre ensuite.

Le n°. 3 de l'art. 1335 porte :

« Lorsque les copies tirées sur la minute d'un acte
» ne l'auront pas été par le notaire qui l'a reçu, ou
» par l'un de ses successeurs, ou par officiers pu-
» blics qui, en cette qualité, sont dépositaires des
» minutes, elles ne pourront servir, *quelle que soit*
» *leur ancienneté*, que de commencement de preuve
» par écrit. »

Autrefois, les notaires remettaient aux parties les minutes ou les *brefs* briefs des actes et contrats, après les avoir copiés au long sur les *régistres et protocoles* que les ordonnances les obligeaient de tenir (1).

_____

(1) *Voy.* l'ordonnance de 1539, art. 173 et suiv.; l'ordonnance d'Orléans, art. 85 et suiv.; le Glossaire de Ragueau et de Laurière, v°. *Notaires*, et *infrà*, n°. 457.

· L'art. 84 de l'ordonnance d'Orléans leur prescrivait même d'expédier « aux parties ce requérant, » lesdits contrats ou actes *en bref* et par eux soussi-» gnés, sans que lesdites parties soient tenues les » lever en forme, si bon leur semble. » C'est-à-dire d'en retirer une grosse.

Tant que dura cet ordre de choses, il pouvait arriver fréquemment que les parties saisies de la minute, la présentaient à un notaire autre que celui qui avait reçu l'acte ; ou qui était dépositaire du protocole, pour tirer une copie de la minute ou bref : aujourd'hui, qu'il est défendu aux notaires (1) de se dessaisir de la minute des actes qu'ils ont reçus, il est plus difficile que la copie d'un acte soit tirée par un autre notaire que le dépositaire de la minute ; car les notaires sont avec raison très-jaloux de leurs minutes, et se gardent bien de les confier à personne.

Cependant comme cela n'est pas impossible, et qu'il existe encore aujourd'hui des copies de cette nature, le Code a jugé à propos de décider la question agitée par les auteurs, de savoir quelle autorité ces copies doivent avoir. Il ne leur accorde que la force d'un commencement de preuve écrite, *quelle que soit leur ancienneté ;* mais aussi il ne la leur refuse pas, lorsqu'elles sont récentes.

Le cas ne peut guère arriver aujourd'hui que par des événemens extraordinaires, tels qu'un pillage

_____

(1) Art. 22 de la loi sur le notariat, du 25 ventôse an XI.

qui aurait dépouillé le notaire de ses minutes pour les faire passer aux mains d'un tiers, qui jugerait à propos d'en faire tirer des copies par officiers publics.

Mais alors celui qui aurait fait tirer ces copies ne pourrait les présenter comme commencement de preuve, qu'en prouvant qu'il les a lui-même perdues par accident, ou qu'il les avait déposées chez un notaire, dans les dépôts duquel elles n'existent plus.

438. La disposition du n°. 3 de l'art. 1335 s'applique à tous les officiers publics, quelque élevés qu'ils soient en dignités ; aux juges, aux magistrats des Cours souveraines, etc.

Par exemple, l'art. 1040 du Code de procédure porte :

« Tous actes et procès-verbaux du ministère du » juge seront faits au lieu où siège le tribunal ; le » juge y sera toujours assisté du greffier, qui *gardera* les minutes, et *délivrera les expéditions*, etc. »

Le greffier étant, par cet article, constitué *gardien* des minutes des actes de procédure et des procès-verbaux du juge, c'est à lui seul aussi que la loi donne caractère et qualité pour en délivrer copie ; ainsi les copies que tirerait le juge, les énonciations de ce qui est contenu dans ces actes, insérées dans les considérans d'un jugement, comme motifs de décision, ne font point preuve contre des tiers.

C'est ce qu'a fort bien décidé la Cour de cassation, dans une espèce où sont développés et appliqués les principes que nous avons exposés.

Caroillon Destillières, qui avait, en l'an X, acquis du sieur Livry le domaine du Raincy, le revendit le 20 octobre 1806, au sieur Ouvrard, pour 800,000ᶠ payables en lettres de change. Il avait été convenu entre eux que, si elles n'étaient pas acquittées à l'échéance, le vendeur pourrait rentrer dans sa propriété, en remboursant ce qu'il aurait reçu. Il paraît qu'Ouvrard était en possession dès l'an XII.

Seguin, à qui Ouvrard devait une somme considérable, prit une inscription hypothécaire sur le domaine du Raincy.

Mais les lettres de change n'ayant point été acquittées, Destillières demanda l'exécution de la clause résolutoire insérée dans l'acte de vente, et Ouvrard consentit à la résolution, le 2 septembre 1801.

Destillières revendit le domaine du Raincy à la princesse Borghèse, entre les mains de laquelle Seguin forma opposition. Il soutint que la résolution avait été faite en fraude de ses droits, et que la vente faite à Ouvrard avait reçu son entière exécution. Pour le prouver, il produisait deux actes :

1°. Un jugement du tribunal civil de la Seine, du 20 germinal an XII, intervenu sur une demande du serrurier Vincent, qui se plaignait qu'Ouvrard lui eût fait faire des ouvrages pour le domaine du Raincy, dont il n'était pas propriétaire. Ouvrard affirma qu'il l'était, et le tribunal donna acte au sieur Vincent « de la déclaration du sieur Ouvrard,

» qu'il est seul propriétaire du Raincy; que les tra-
» vaux faits le regardent seuls, sont absolument
» étrangers au sieur Caroillon Destillières; en con-
» séquence, il ordonna, avant faire droit, que les
» travaux seront vus et visités, etc. »

Le second acte était une déclaration de Destillières lui-même, énoncée dans une ordonnance du
4 janvier 1806, rendue par le directeur du jury
du même tribunal, à la suite d'une plainte en escroquerie, dirigée contre Ouvrard par le sieur Ay-
nard, qui prétendait qu'Ouvrard usait d'un faux
crédit, pour emprunter, sous prétexte qu'il était
propriétaire du domaine du Raincy, appartenant
au sieur Destillières.

On lisait dans cette ordonnance,

« Que si le Raincy a été acquis originairement
» par le sieur Caroillon Destillières, la déclaration
» qu'a faite ce dernier le 21 germinal an XIII, par
» laquelle il confesse positivement avoir transmis
» cette propriété au sieur Ouvrard, qui est resté
» son débiteur d'une somme d'environ 500,000ᶠ,
» celle que ledit Destillières a faite *pardevant nous,*
» le 22 frimaire dernier, par laquelle il avoue po-
» sitivement que depuis il a été désintéressé, pa-
» raissent suffisantes pour faire considérer désor-
» mais le sieur Ouvrard comme véritable proprié-
» taire du Raincy; que, d'autre part, le sieur Ou-
» vrard a déclaré formellement, par le ministère
» de son avoué, à l'audience du tribunal civil du
» 22 germinal dernier, qu'il est seul propriétaire
» du Raincy. »

Destillières soutint que la déclaration d'Ouvrard, dans son procès contre Vincent, ne pouvait lui être opposée; que celle qu'on attribuait à lui Destillières, n'avait point été exactement rapportée par le directeur du jury; que d'ailleurs, cette déclaration, faite dans un procès étranger à Seguin, ne pouvait être invoquée par lui, ni transférer au sieur Ouvrard la propriété irrévocable d'un domaine, vendu sous condition résolutoire.

Le 15 janvier 1809, jugement du tribunal de première instance de la Seine, qui maintient le sieur Destillières dans la propriété du Raincy.

En Cour d'appel, Seguin reproduisit ses moyens tirés de l'ordonnance du directeur du jury, du 4 janvier 1806. Ouvrard et Destillières soutinrent que les déclarations de Destillières, telles qu'elles sont référées sommairement et par extrait dans l'ordonnance du directeur du jury, ne sont point conformes à celles qu'il avait faites; ils demandèrent l'apport au greffe des minutes de ces déclarations, faites devant le tribunal de la Seine.

Par un premier arrêt du 6 juin 1809, la Cour de Paris ordonna cet apport; mais les minutes de ces déclarations ne se trouvèrent point parmi les pièces de la procédure.

Néanmoins, la Cour d'appel rendit le 12 juin son arrêt définitif, qui jugea que les aveux ou déclarations de Destillières, consignés par extraits dans l'ordonnance du 4 janvier 1806, constataient pleinement la propriété d'Ouvrard, relativement au domaine du Raincy.

En conséquence, le jugement de première instance fut réformé.

Mais cet arrêt fut cassé le 3 juin 1812, par un arrêt de la Cour de cassation, dont les considérans contiennent un développement très-utile des principes de la matière :

« Attendu, 1°. qu'il résulte de l'art. 1040 du Code » de procédure civile, que c'est au greffier que la » loi attribue, exclusivement à tous autres, le ca- » ractère nécessaire pour délivrer des expéditions » des actes dont il est dépositaire, et des art. 1334 » et 1335 du Code, que les copies, lorsque le titre » original subsiste, ne font foi que de ce qui est » contenu au titre, dont la représentation peut tou- » jours être exigée, et que, lorsque les copies tirées » sur la minute d'un acte dont l'original n'existe » plus, ne l'ont pas été par un officier public qui, » en cette qualité, soit dépositaire des minutes, » elles ne peuvent servir que de commencement de » preuve par écrit;

» Attendu, 2°. que la Cour d'appel de Paris, » après avoir reconnu elle-même cette vérité, lors- » que, par son arrêt préparatoire du 6 juin 1809, » elle avait ordonné l'apport au greffe des minutes » des déclarations faites par le sieur Caroillon Des- » tillières, dans le procès intenté par le sieur Ay- » nard au sieur Ouvrard, devant le tribunal de » police correctionnelle de la ville de Paris, s'en » est néanmoins écartée, lorsque, sur le défaut de » représentation desdites minutes, elle a pris pour » base de sa décision, dans son arrêt définitif, et

» regardé comme preuve complète , au préjudice
» du sieur Destillières , la relation qui en était faite
» dans l'ordonnance du directeur du jury, du 4
» janvier 1806, bien que ladite déclaration fût im-
» pugnée d'incertitude par ce dernier , qui avait
» constamment soutenu qu'elle ne rappelait pas
» tout le contenu dans sa déclaration : d'où il suit
» qu'elle a violé ledit art. 1040 du Code de pro-
» cédure, qui n'attribue qu'au greffier caractère
» et qualité pour délivrer des expéditions des actes
» dont il est dépositaire; qu'elle est également con-
» trevenue à l'art. 1334 du Code , en accordant
» pleine foi à la copie des déclarations dudit sieur
» Destillières, lorsque l'exactitude de cette copie ,
» et la conformité des déclarations y contenues ,
» avec ces déclarations elles-mêmes, étaient par lui
» méconnues et formellement contestées; qu'elle a
» encore violé les art. 1334 et 1335 du même Code,
» en accordant toute foi à une copie tirée par un of-
» ficier public, autre que celui qui était dépositaire
» de la minute, tandis que ledit article n'admettait
» une telle copie que comme commencement de
» preuve par écrit;

    » Attendu , 3°. que, dans la supposition où Des-
» tillières serait fondé à tirer avantage d'un aveu
» fait par sa partie adverse, dans un procès qui au-
» rait été parfaitement étranger à celui qui voudrait
» s'en prévaloir, toujours serait-il vrai de dire qu'un
» pareil aveu judiciaire serait indivisible, et qu'aux
» termes de l'art. 1326 du Code , il devrait être ac-
» cepté pour le tout, ou rejeté pour le tout : d'où
» il suit que de telles déclarations et acceptations

» d'icelles ne pouvaient être opposées au sieur Des-
» tillières, et qu'en les admettant la Cour a fait une
» fausse application dudit art. 1326, etc. » (1)

459. Il nous reste à parler des *copies de copies*,
c'est-à-dire des copies qui, sans autorité de justice, et parties non appelées ni présentes, ont été
tirées par un officier public, non sur la minute
d'un acte, mais sur une autre copie ou expédition délivrée, soit par celui qui a reçu l'acte, soit
par tout autre officier public, dépositaire de la
minute.

Il arrive quelquefois qu'une personne éloignée
de son domicile, pour ses affaires, se trouve avoir
besoin d'un double de la grosse ou de l'expédition
d'un acte dont elle est saisie, et qu'il est nécessaire
de produire en même tems en plusieurs endroits.

Elle s'adresse à un notaire du lieu, et le prie de
tirer une copie certifiée conforme à l'expédition
qu'elle lui présente, et dont elle se ressaisit ensuite,
ainsi que de la copie. Voilà ce que le n°. 4 de l'article 1335 appelle *les copies de copies;* il ajoute
qu'elles *pourront, suivant les circonstances,* être
considérées comme simples renseignemens. (*Vid.
infrà,* n°. 442).

Dumoulin, n°. 33, compare fort justement la
certification du notaire qui tire une copie sur une

---

(1) Cet arrêt si bien motivé est du 5 juin 1812. Il est rapporté par
Denevers, an 1812, pag. 577, par Sirey, an 1813, pag. 26. Il y a quelque différence dans la manière dont les deux arrêtistes exposent les
faits.

première copie, à la déposition d'un témoin qui ne dépose que sur la foi d'autrui, ou sur un ouï-dire (1).

En effet, le témoignage du notaire qui tire copie d'une précédente copie qu'on lui présente, se réduit à dire : Je certifie la présente conforme à une copie qu'on m'a présentée, au pied de laquelle se trouvait la signature de tel, se disant notaire en tel endroit, et qui certifiait cette copie conforme à l'original dont il se disait dépositaire.

Les lois, d'accord avec la raison, refusent d'admettre comme preuve un pareil témoignage.

Dumoulin ajoute qu'il ne peut faire preuve, quand même la copie serait tirée sur une première copie, tirée elle-même sur l'original authentique avec les formalités requises, et par autorité de justice : *Etiamsi esset sumptum de exemplo solemnissimè exemplato cum vero, et publico, et indubitato originali, et judice autore, etiam partibus præsentibus et expressè consentientibus. (Ibid.)*

440. Mais le porteur d'une copie en forme, d'une première expédition, ou, par exemple, d'une copie tirée sur l'original par autorité de justice, parties présentes ou dûment appelées, pourrait la faire collationner, aussi par autorité de justice, contradictoirement avec les mêmes parties, leurs héritiers ou ayant-cause, et ce collationné, tiré même

_____

(1) *Exemplum exempli nullo modo probat, sicut nec testimonium de auditu auditûs, vel de auditu alieno.*

malgré leur opposition, aurait contre eux la même force que le premier, *contra eos vocatos etiam invitos,* à moins que depuis la première copie tirée, il ne soit survenu de nouvelles raisons de contester l'original : *Secùs si qua justa causa contradictionis superesset fortè tempore primæ exemplationis omissa, vel posteà superventa.* (Dumoulin, n°. 34).

441. Voici l'exemple qu'il en donne : Dans une succession qui m'est échue, Pierre m'a demandé un legs de dix louis, en vertu d'un prétendu codicille du défunt, pour la confirmation duquel il a produit un prétendu testament, dont il a fait tirer copie en présence de mon procurateur, qui n'y a pas regardé de près, parce qu'il ne s'agissait que d'un legs modique : *Vocato meo procuratore, qui parùm advertit, neque etiam sollicitus fuit, quia tantùm de decem semel solvendis agebatur.*

Après ma mort, Pierre demande à mes héritiers tous les biens de la succession que j'avais recueillie ; il les demande en vertu du testament, dont il ne représente pas l'original, mais seulement la copie tirée contradictoirement avec mon procurateur, afin de se faire payer du legs de dix louis contenu dans le codicille. Il prétend qu'en vertu de ce testament, j'étais tenu de lui restituer tous les biens.

Dumoulin soutient que cette copie ne suffit point pour faire preuve contre mes héritiers, quoique Pierre affirme, sous la foi du serment, que le testament a été perdu sans sa faute.

Pothier, qui a toujours suivi pas à pas la doctrine de Dumoulin, pose, n°. 741; l'exemple auquel cet auteur en fait l'application d'une manière différente, qu'il est utile de rapporter et de comparer avec celui de Dumoulin.

Pierre, domestique d'un parent dont je suis héritier, a fait, en vertu d'une ordonnance du juge, en la présence de mon procurateur, et sur l'original déposé chez un notaire, tirer copie entière du testament de ce parent, en vertu duquel je lui ai payé un legs de 100 écus. Jacques vient depuis me demander la délivrance d'un legs de 10,000 écus porté dans le même testament, dont l'original est égaré. Il s'adresse au juge pour demander qu'il soit, en ma présence ou moi dûment appelé, tiré une copie sur celle qui avait été délivrée à Pierre.

Cette copie ne sera point contre moi une preuve entière, comme le faisait en faveur de Pierre la copie tirée sur l'original, parce que *nova contradicendi causa subest*. J'ai aujourd'hui des raisons de contredire et de contester l'original, que je n'avais pas lorsque Pierre fit tirer sa copie; il s'agissait alors d'un legs modique, qui ne valait pas la peine que je contestasse l'original du testament. J'ai donc pu négliger les moyens que j'avais pour le contester. Aujourd'hui qu'il s'agit d'un legs de 10,000 écus, j'ai un grand intérêt d'examiner si l'original est en règle. De ce que j'ai bien voulu payer le legs de Pierre sans examiner si ce testament était en règle ou sans m'en plaindre, il ne s'ensuit pas que je doive le reconnaître pour régulier, quand il s'agit d'un legs de 10,000 écus réclamés par Jacques.

Dans l'exemple, tel que Pothier le donne, il n'y a nulle difficulté. Ce n'est point la même personne qui demande l'exécution de la seconde disposition du testament.

La délivrance du premier legs peut avoir eu deux motifs bien différens, l'un la reconnaissance tacite de la validité du testament, l'autre d'aquitter un devoir imparfait en payant un legs modique fait à un pauvre domestique, quoique le testament ne fût pas régulier.

Le paiement volontaire de ce legs n'emporte donc point la reconnaissance de la régularité du testament, ni l'obligation de payer le second legs de 10,000 écus ; ma présence même à la délivrance de la copie faite au domestique, ni à plus forte raison celle de mon procurateur, n'emporterait point seule la reconnaisance de la régularité de l'acte.

Dans l'exemple tel que le pose Dumoulin, c'est la personne même à qui la copie a été délivrée en présence de mon procurateur, et qui a obtenu, en conséquence, le paiement du premier legs, qui demande l'exécution de la seconde disposition du même testament; c'est ce qui faisait le doute.

Néanmoins, Dumoulin décide que la copie ne fait point contre moi une preuve suffisante.

La décision peut néanmoins dépendre de la manière dont est conçu l'acte de délivrance de la copie du testament, soit en ma présence, soit en celle de mon procurateur. Si je n'ai fait que consentir purement et simplement à la délivrance de la copie ou de l'expédition, et à plus forte raison, si j'ai énoncé la réserve générale de mes droits , on n'en peut conclure que j'aie approuvé le testament comme régulier et renoncé à l'attaquer ; car il suffisait qu'il contînt des dispositions en faveur de Pierre pour que je ne pusse l'empêcher de s'en faire délivrer une copie , sauf à moi à l'attaquer, quand il voudrait s'en servir.

Le paiement que j'ai fait du legs de dix louis , contenu dans le codicille , n'est point encore une approbation du testament. Ce sont deux actes différens ; j'ai pu approuver l'un, l'exécuter même, quoique irrégulier, sans approuver l'autre ; et si Pierre m'oppose sa copie, je demande la représentation de l'original , afin de l'attaquer et de le faire déclarer faux ou nul.

442. Quant aux tiers non appelés à la délivrance de la seconde copie, tirée sur la première, Dumoulin pense qu'elle peut former contre eux une simple présomption telle quelle, *præsumptionem qualem qualem*, en faveur de celui qui invoque cette copie à l'appui de sa possession.

L'erreur où il était sur la force de ce titre peut servir à l'excuser, et à le faire considérer comme possesseur de bonne foi , à l'effet de le dispenser du rapport des fruits ; mais elle ne suffirait pas pour servir de fondement à la prescription. (Dumoulin, n°. 35).

Il paraît que c'est cette présomption telle quelle, dont parle Dumoulin, que les rédacteurs du Code ont entendue, quand ils ont dit, dans notre article 1335, n°. 4 : « Les copies de copies pourront,

» suivant les circonstances, être considérés comme
» simples renseignemens »; car il était inutile de
dire, dans une loi, que des copies, quelles qu'elles
soient, peuvent servir de *renseignemens*, en prenant ce mot dans son acception naturelle, pour
signifier une indication qui peut aider à rechercher des preuves et à se les procurer. (*Vid. supra,*
n°. 439).

Quelle est donc la force, quel est l'effet que peut
produire cette présomption *telle quelle?*

Celui que peuvent produire toutes les présomptions de l'homme, de faire nombre et de fortifier
d'autres conjectures, pour faire du tout un faisceau
de présomptions capable d'ébranler la croyance,
ou même d'entraîner en certains cas la persuasion,
lorsqu'il existe, comme dit l'art. 1353, des présomptions graves, précises et concondantes.

443. Dans tout ce que nous avons dit sur les différens degrés de preuve, ou sur les présomptions
que peuvent former les copies des actes ; nous
avons supposé, avec le Code, qu'elles ont été tirées
par une personne publique dans l'exercice de ses
fonctions. (*Vid. infr.*, n°. 446 et suiv.)

Quant aux copies qui sont tirées par des personnes privées, ou, ce qui est la même chose, par
des personnes publiques hors de l'exercice de leurs
fonctions, elles ne méritent aucune considération,
et ne peuvent former qu'un indice infiniment léger. Pothier appelle ces copies *absolument informes,*
n°. 740.

444. Néanmoins, si quelqu'un avait produit une
de ces copies informes, pour en tirer des inductions, l'autre partie pourrait s'en servir, et elle ferait foi contre lui, parce qu'en la produisant, il
est censé en avoir reconnu la vérité ; on ne doit
produire que des pièces qu'on croit vraies : *Quæ
probatio non oritur ex producto exemplo, sed ex confectione producentis qui eo ipso censetur confiteri omnia contenta in scripturâ quam producit, etiamsi esset merè privatâ.* (Dumoulin, n°. 36.)

Cet auteur ajoute que celui qui a produit une
pareille pièce, peut retirer sa production comme
erronée, et rétracter ainsi l'aveu tacite qu'on pouvait en induire.

Au soutien de cette assertion, il cite Guipape,
qui cependant énonce une opinion contraire,
quest. 243 ; car on tient pour maxime que les pièces produites deviennent communes par la production.

445. Mais on peut concilier facilement ces deux
auteurs par une distinction. Si les choses sont encore entières, si la partie adverse n'a encore tiré
aucune induction de la pièce, celui qui l'avait produite peut la retirer, en renonçant à s'en servir,
et rétracter ainsi l'erreur qui l'avait porté à la produire.

Mais si la partie adverse en avait déjà tiré des inductions, la pièce devenue commune ne pourrait
plus être retirée ; et si celui qui l'a retirée refusait
de la mettre au procès, l'autre partie pourrait tirer du défaut de remise telles inductions que de

droit. (*Voy.* Ranchin sur Guipape, quest. 245 ; Rodier, sur l'art. 17 du tit. 2 de l'ordonnance de 1667).

446. Nous avons dit que la loi n'attribue les différens degrés de force dont nous avons parlé, qu'aux copies tirées par des personnes publiques dans l'exercice de leurs fonctions. Il suit de là que le notaire qui les délivre doit être accompagné d'un notaire second ou de deux témoins.

447. Il nous paraît cependant qu'il faut excepter de cette règle les premières grosses et les premières expéditions qui forment une classe à part, et que la loi regarde, avec raison, plutôt comme des originaux que comme des copies. Ces premières grosses ou expéditions tiennent lieu en effet de la minute originale ou brevet que les notaires remettaient autrefois aux parties.

Ils ne gardaient que le brouillon ou les notes informes qu'ils avaient écrites avant de mettre au net la minute, qui n'étaient signées que d'eux seuls; car la signature des parties et des témoins n'était point alors nécessaire.

L'ordonnance de 1539, art. 173, ordonna aux notaires de tenir fidèlement registre et protocoles de tous les testamens et contrats qu'ils recevaient, et de garder ces registres pour y avoir recours au besoin.

Ils devaient, art. 174 et 175, insérer au long les minutes de contrats, et mettre à la fin de l'insertion le seing du notaire qui les avait reçus, et indiquer au dos de la minute le nom du notaire, en cas qu'ils fussent deux, ès livres duquel le contrat était enregistré.

Ainsi c'était la minute même, signée des deux notaires, qui était remise aux parties. Le notaire n'en gardait qu'une copie sur son livre ou protocole, et cette copie n'était signée que du notaire rapporteur.

L'ordonnance d'Orléans, art. 84, enjoignit aux notaires de faire signer les actes et contrats qu'ils recevront par les parties et par les témoins instrumentaires; mais ils n'en continuèrent pas moins *d'expédier,* c'est-à-dire de remettre aux parties *ce requérant,* les contrats ou actes en *bref,* et par eux soussignés : ils ne gardaient que le registre dans lequel ils les avaient enregistrés ou copiés.

On sentit dans la suite qu'il était plus à propos de laisser la minute même des actes en dépôt chez le notaire, qui en délivrait des grosses ou expéditions aux parties.

Le bien de la société exige en effet que les originaux des actes qui intéressent ou qui peuvent intéresser des tiers, soient conservés dans un dépôt public et inviolable. Cependant ce dépôt ne fut ordonné par aucune loi générale.

Seulement quelques lois particulières, comme l'art. 1 de l'ordonnance de 1731, relative aux donations, ordonnèrent que la minute de certains contrats serait conservée par le notaire qui les reçoit.

Ainsi, jusqu'à la nouvelle législation, tous les actes peuvaient être expédiés en brevet, à l'exception de ceux dont la loi ordonnait de garder la minute (1).

L'art. 20 de la loi du 25 ventôse an XI a rendu générale l'obligation de garder la minute de tous les actes notariés, à l'exception des actes simples qui, d'après les lois, peuvent être délivrés en brevet; mais elle ordonne, art. 26, au notaire rapporteur, gardien de la minute, d'en délivrer une première grosse ou expédition à chacune des parties intéressées.

Cette délivrance est aussi demandée, au moins tacitement, et quelquefois expressément par les contractans, comme une condition du contrat, et comme le complément de l'acte, qui porte souvent qu'il en sera délivré une grosse et une expédition à chaque partie. (*Vid. suprà,* n°. 429).

C'est au notaire qui dresse l'acte, et qui doit en demeurer dépositaire, que la loi fait un devoir de la délivrer; c'est à lui que les parties en font la demande. Cette délivrance est donc réellement une continuation de ses fonctions; c'est par elle seulement qu'elles sont terminées. Il ne nous paraît donc pas nécessaire de faire signer les premières grosses ou premières expéditions par le second notaire ni par les témoins; la loi ne l'ordonne pas, parce que c'est l'exécution de l'acte même.

Cependant il est d'usage à Rennes, et peut-être ailleurs, que le notaire second les signe; mais le

---

(1) *Voy.* le nouveau Denisart, v°. *Acte notarié*, §§ 5 et 6, tom. 1, pag. 184 et 185, et v°. *Brevet.*

notaire rapporteur les signe seul, quand il n'est assisté que de deux témoins, au lieu d'un notaire second.

Mais les fonctions du notaire qui a reçu l'acte étant absolument terminées par la délivrance des premières grosses ou expéditions faite à chacune des parties intéressées, il ne peut plus leur en délivrer d'autres qui aient la même foi que l'original, sans l'autorité du magistrat, ou sans le consentement des parties (1).

448. Cependant il ne lui est pas défendu, non plus qu'à tout officier public dépositaire des minutes, d'en délivrer des copies aux parties intéressées en nom direct, héritiers ou ayant-droit. (Art. 1335, n°. 2).

L'art. 839 du Code de procédure lui en fait même un devoir : il peut y être contraint même par corps; et ces copies, quoique délivrées sans l'autorité du magistrat et sans le consentement des autres parties, *peuvent*, en cas de perte de l'original, servir de commencement de preuve, si elles ont moins de trente ans, et faire une preuve entière quand elles sont anciennes, c'est-à-dire quand elles ont plus de trente ans.

Mais pour produire cet effet, il faut que le notaire, en dressant l'acte où il certifie la copie conforme à la minute dont il est gardien, soit assisté d'un second notaire ou de deux témoins. Il n'est considéré comme personne publique, eu égard aux

_____

(1) Art. 26 de la loi sur le notariat; art. 1335, n°. 2, du Code civil.

actes de son ministère, que lorsqu'il est accompagné des surveillans que la loi lui donne, d'un second notaire ou de deux témoins (1).

Le juge lui-même n'est considéré comme personne publique, que lorsqu'il est accompagné de son greffier (2).

La délivrance d'une copie des minutes dont le notaire est gardien, est, sans contredit, un acte de son ministère (5).

Or, tous ces actes doivent être reçus par un notaire assisté d'un second ou de deux témoins, sous peine de nullité. (Art. 968). Seul et isolé, son témoignage n'est d'aucun poids aux yeux de la justice.

La délivrance des copies qu'il peut faire aux parties intéressées, le collationné ou la comparaison qu'il doit faire de ces copies pour les certifier conformes à l'original, ne sont point exceptés de la règle générale. Pour conférer à ces copies l'effet que la loi leur attribue, il faut un acte rédigé suivant les formes ordinaires, un acte qui contienne la réquisition de celui qui demande la copie, et à qui elle est délivrée, le nom des notaires, ou du notaire et des témoins, l'an et le jour où elle a été délivrée, etc.

C'est un point de jurisprudence fixé par nos plus célèbres jurisconsultes, très-long-tems avant que la nouvelle législation eût érigé leur opinion en loi.

Il est attesté par Pothier, n°. 140 : « Lorsqu'une

---

(1) *Voy.* la loi sur le notariat.
(2) Art. 1040 du Code de procédure.
(3) Art. 1 de la loi sur le notariat.

» copie, dit-il, a été tirée, à la vérité par une per-
» sonne publique, comme est un notaire, mais qui
» ne s'est point fait assister de témoins ou d'un autre
» notaire, elle ne passe point pour être tirée par
» une personne publique; elle est aussi absolument
» informe que si elle eût été tirée par un particu-
» lier; car une personne publique, qui ne se com-
» porte point en personne publique, n'est point ré-
» putée pour telle. »

Il cite Dumoulin, qui dit : *Persona publica agens
contra officium personæ publicæ, non est digna spec-
tari ut persona publica.*

Voilà donc les deux grands oracles de notre jurisprudence française d'accord sur ce point; et il
est à remarquer que c'est dans leurs écrits qu'ont
été puisées les dispositions de notre législation nouvelle.

Comme notre art. 1355, Dumoulin, n°. 62, distingue les copies qui, sans être tirées par l'autorité
du magistrat, ou du consentement des parties, ont
néanmoins quelque solennité, *quæ habent aliquam
solemnitatem, sed non plenam;* il entend par copie
revêtue de quelque autorité, celle que le notaire,
assisté de témoins, *testibus adhibitis et inscriptis,*
atteste avoir collationnée ou comparée avec le véritable original, *cum vero et sano originali;* mais
non d'autorité de justice, ni parties présentes ou
appelées; il n'accorde à ces copies, et encore avec
beaucoup de précautions, que la force d'une demi-
preuve, si elles sont récentes.

449. Quant aux copies faites et certifiées par un
seul notaire, sans témoins, Dumoulin, n°. 70, leur

refuse toute espèce de considération aux yeux de la justice ; il ne veut pas même qu'elles puissent former une présomption telle quelle (1). Elle est, dit Pothier, *ubi suprà,* « aussi absolument *informe* que » si elle eût été tirée par un particulier. »

Prenons donc pour constant que, pour conférer la force probante aux copies tirées depuis la délivrance des grosses ou premières expéditions, le notaire, gardien de la minute, quel qu'il soit, doit être assisté d'un second notaire ou de deux témoins. Les copies certifiées conformes par la simple signature d'un seul notaire, de celui même qui a reçu l'acte, ne peuvent, même lorsqu'elles sont anciennes, former aucun degré de preuve. Nous avons insisté sur ce point, qui ne nous paraissait point assez connu.

450. Il y a donc deux choses à distinguer dans une copie, la copie elle-même, et l'acte qui la certifie conforme à l'original. La copie, quoiqu'informe, peut être exacte et fidèle ; mais elle n'est pas censée telle, si l'acte qui la certifie n'est pas

---

(1) *Sed quid si esset subscriptum et confectum per unum solum notarium peritum et notum, sed sine testibus? Et videretur quod saltem faceret indicium vel qualem qualem præsumptionem........ Contrarium puto, quod nullum gradum probationis facit, nec simplicem præsumptionem, cujus habenda sit in judicando ratio. quia solius notarii...... scriptura et subscriptio sine testibus nihil omninò probat, quia caret solemnitate et formâ substantiali, et est funditus nulla.* N°. 70.

M. Loret, dans son Commentaire sur la loi du notariat, sur l'art...., dit aussi : « Un notaire seul, et dépourvu du concours d'un second no- » taire ou de deux témoins, ne peut point exercer le ministère public » que la loi lui a confié. L'acte qu'il recevrait ainsi ne jouirait d'au- » cune foi, d'aucune authenticité, et ne serait tout au plus qu'un écrit » privé. »

dans la forme prescrite pour la validité des actes notariés.

451. Les copies tirées sur la minute, du consentement de toutes les parties intéressées, doivent également être délivrées dans la même forme; c'est alors qu'en cas de perte de l'original, elles ont la même foi que l'original même, entre les parties, leurs héritiers et ayant-cause.

452. Une pareille copie a même plus de force que n'en avait, dans le principe, l'original, s'il est sous seing privé; car l'original serait soumis à la reconnaissance ou à la vérification d'écritures, et l'on ne peut opposer à la copie le défaut de reconnaissance ou de vérification des signatures de l'original; car, en consentant à la délivrance de la copie certifiée conforme, les parties qui ont souscrit l'acte, ou leurs héritiers, reconnaissent authentiquement leurs signatures, ou celle de leur auteur.

Or l'acte sous seing privé, reconnu par celui auquel on l'oppose, a, entre ceux qui l'ont souscrit et entre leurs héritiers ou ayant-cause, la même foi que l'acte authentique (1322).

453. Dans le cas où les parties se présentent volontairement devant le notaire dépositaire de la minute, pour requérir la délivrance, à l'une d'entre elles, d'une seconde grosse ou expédition, ou pour y consentir, c'est de leur consentement que cette nouvelle expédition tire son autorité.

Il faut donc constater ce consentement d'une manière authentique : c'est pour cela que le notaire doit en dresser un acte dans la forme prescrite pour rendre authentiques les actes de son ministère.

454. Si les parties présentes étaient incapables de contracter, leur présence ne serait d'aucune importance pour la foi due à l'expédition ou copie.

Par exemple, la copie tirée en présence et du consentement d'un mineur, sans l'assistance de son tuteur ou curateur, d'une femme, sans l'autorisation de son mari, d'un interdit, d'une personne soumise à la direction d'un conseil judiciaire, ne feraient pas foi contre eux, contre leurs héritiers ou ayant-cause, même après trente ans.

La raison principale de cette décision est que, si le titre original venait à périr ou à se perdre, cette seconde expédition le remplacerait.

Or, comment, dit fort bien M. Delvincourt, tom. II, pag. 389, celui qui n'aurait pu passer le titre original, pourrait-il donner à une copie la force de le remplacer?

D'ailleurs, le consentement ou la présence sans réclamation de la partie à la délivrance d'une seconde grosse, détruit toutes les présomptions qui auraient pu naître en sa faveur de la remise de la première grosse.

Or, pour faire un acte qui entraîne une telle conséquence, il faut être capable de disposer.

455. Si toutes les parties ne se présentent pas pour consentir volontairement à la délivrance de la nouvelle expédition, celui qui la désire peut recourir à la justice, en suivant la marche tracée par l'art. 844 du Code de procédure, qui porte :

« La partie qui voudra se faire délivrer une seconde grosse, soit de la minute d'un acte, soit

» par forme d'ampliation sur une grosse déposée,
» présentera, à cet effet, requête au président du
» tribunal de première instance; en vertu de l'or-
» donnance qui interviendra, elle fera sommation
» au notaire pour faire la délivrance à jour et heure
» indiqués, et aux parties intéressées pour y être
» présentes; mention sera faite de cette ordon-
» nance au bas de la seconde grosse, ainsi que de
» la somme pour laquelle on pourra exécuter, si
» la créance est acquittée ou cédée en partie. »

L'art. 845 ajoute :

« En cas de contestation, les parties se pourvoi-
» ront en référé. »

Celui qui désire une seconde grosse ou une seconde expédition en forme, doit donc s'adresser
d'abord au président du tribunal civil dans l'arrondissement duquel demeure le notaire gardien
de la minute (1), pour lui exposer dans une requête les motifs de sa demande.

Par exemple, le créancier qui a perdu sa première grosse, ne doit pas perdre son droit par un
accident arrivé contre sa volonté, et peut-être par
force majeure. Le débiteur qui s'opposerait sans
motif légitime au rétablissement du créancier dans
son droit primitif, ou, pour parler plus exactement,

---

(1) *Voy.* l'ouvrage de M. Carré, sur le Code de procédure, question 2639. S'il s'agissait de la délivrance, par forme d'*ampliation*,
d'une grosse déposée, on pourrait s'adresser au président du tribunal
dans l'arrondissement duquel le dépôt a été fait, pourvu qu'il ne l'eût
pas été frauduleusement dans un lieu éloigné de celui où demeurent les
parties.

à ce qu'on. lui rendît la faculté de l'exercer, au moyen d'une seconde grosse, commettrait une véritable injustice que le magistrat doit réprimer.

Si la créance, constituée originairement sur une seule tête, se trouve dans la suite divisée entre plusieurs personnes, soit par succession, soit par des cessions partielles qu'a pu faire le créancier, il est juste que chacune de ces personnes puisse obtenir une grosse particulière pour l'exercice de son droit, et le débiteur n'a point à s'en plaindre, pourvu qu'on fasse mention de la somme pour laquelle chaque grosse pourra être mise à exécution.

456. Ces nouvelles grosses peuvent être délivrées sur la minute ou *par ampliation,* sur une première grosse déposée, comme le porte l'art. 844.

Le mot *ampliation,* dérivé du latin *ampliare,* augmenter, rendre plus ample, signifie proprement, en terme de palais et de finance, le *double,* le duplicata d'un titre, lorsqu'il est tel qu'il forme un second original de ce titre, lorsqu'il est signé des mêmes parties, à la différence de la copie, où l'on fait seulement mention des signatures dont l'original est revêtu.

Par exemple, l'art. 34 de l'édit du mois de mars 1716 voulait que les collecteurs des amendes relatives aux eaux, bois et forêts, donnassent une quittance et une *ampliation* signées d'eux (1). L'*ampliation* ou l'un des doubles était remis au greffier,

---

(1) *Voy.* le nouveau Denisart, v°. *Ampliation.*

l'autre demeurait pour sa sûreté à celui qui avait payé.

Dans le commerce, lorsqu'une lettre de change est tirée par 1ᵉ., 2ᵉ., 3ᵉ. ou 4ᵉ., etc., suivant l'article 110 du Code de commerce, les 2ᵉ., 3ᵉ., etc., sont de véritables *ampliations*, dans le sens que nous venons d'expliquer.

L'art. 844 dit qu'on peut, *par forme d'ampliation*, demander qu'il soit tiré une seconde grosse sur une première déposée, quoique la minute ne soit pas perdue, dans le cas où la créance, originairement constituée sur une seule tête, se trouve divisée entre plusieurs.

Il pourrait en être de même du cas où la dette serait divisée entre les héritiers du débiteur, qui n'en sont tenus personnellement que pour leur part virile. Le créancier n'ayant plus, après le partage, le droit de les assigner tous devant le tribunal du lieu où la succession s'est ouverte, peut se trouver forcé de plaider dans plusieurs tribunaux, peut-être éloignés les uns des autres.

Nul doute que, dans ce cas, quoique non prévu par l'art. 844, il ne puisse demander qu'il lui soit délivré plusieurs grosses, soit sur la minute, soit par forme d'*ampliation* sur la première grosse déposée; au bas desquelles grosses, mention sera faite de la portion de la dette pour laquelle chaque héritier peut être exécuté.

457. Chacune des nouvelles grosses ou des ampliations tirées par autorité du magistrat, parties présentes ou dûment appelées, est délivrée, en forme exécutoire, par le notaire dépo-

sitaire de la minute, quel qu'il soit, ou par celui chez lequel est déposée la grosse qui sert d'original aux ampliations ; car s'il est vrai, comme nous l'avons dit précédemment, que le notaire qui a reçu l'acte a seul le droit d'en délivrer des grosses, cela ne s'entend que des *premières grosses,* les secondes, ainsi que les ampliations, n'étant délivrées que parties présentes ou dûment appelées.

Si elles sont exécutoires, c'est que les parties intéressées y ont consenti expressément ou tacitement, ou que, sur leur refus injuste, la justice l'a ordonné ainsi.

L'ordonnance du président qui enjoint au notaire de délivrer une grosse, et d'appeler les parties intéressées pour y être présentes, n'est, pour ainsi dire, que de pure forme ; car, s'il s'élève chez le notaire quelques difficultés sur la délivrance, il doit renvoyer les parties en référé devant le président, qui prononce lui-même, ou qui renvoie les parties suivre l'audience du tribunal.

458. Si les parties présentes n'élèvent point de contestations, le notaire compare ou collationne, en leur présence, avec l'original, la nouvelle grosse qu'il s'apprête à délivrer. Il doit dresser du tout un acte ou procès-verbal, revêtu de toutes les formes prescrites pour l'authenticité des actes notariés, et, par conséquent, il doit être assisté d'un second notaire ou de deux témoins.

Cependant M. Pigeau, dans la formule qu'il donne, tom. II, pag. 529, du procès-verbal qui constate la délivrance de la seconde grosse, paraît

supposer que le procès-verbal peut être dressé par
le seul notaire gardien de la minute, sans l'assistance d'un second notaire ou de deux témoins. Si
telle est l'opinion de M. Pigeau, nous pensons que
c'est une erreur; nous en avons donné les raisons
suprà, n°. 448; elles nous paraissent concluantes.
On ne peut nier que le procès-verbal qui constate la délivrance d'une seconde grosse, ne soit un
des actes du ministère du notaire.

Or, tous ces actes doivent être reçus par deux
notaires, ou par un notaire assisté de deux témoins, sous peine de nullité (art. 9 et 68 de la loi
sur le notariat); et l'on ne trouve point de disposition qui excepte les actes ou procès-verbaux
dont il s'agit. Ils doivent donc rester soumis à la
règle générale; l'ordonnance du juge ne peut les
en dispenser.

M. Pigeau paraît encore supposer que le notaire
ne délivre à la partie requérante ni le procès-verbal en brevet, ni expédition de ce procès-verbal,
mais qu'il se borne à lui délivrer la seconde grosse,
au bas de laquelle il fait seulement mention de
l'ordonnance du président.

Nous pensons que cette mention ou énonciation
est insuffisante, quand même on y ajouterait la
mention du procès-verbal constatant la délivrance
de la seconde grosse. Le notaire doit délivrer à la
partie requérante, soit une expédition du procès-
verbal, soit le procès-verbal même, qu'il peut, ce
nous semble, délivrer en brevet, et mettre en tête
de la seconde grosse.

459. Il doit, dans tous les cas, faire mention sur la minute de l'acte, dont il délivre cette seconde grosse, tant de cette délivrance que de l'ordonnance du juge et des assignations données aux parties.

Il doit même y annexer cette ordonnance et les originaux des assignations, s'il délivre le procès-verbal en brevet; car ce n'est que quand la grosse est ancienne qu'on est dispensé de représenter l'ordonnance du juge et les assignations, pour prouver que les solennités ont été remplies. (Pothier, n°. 755).

Mais nous avons vu *suprà,* n°. 163, que le laps de dix ans suffit pour faire présumer l'observation des solennités : *Ad solemnitatem præsumendam.*

460. Les notaires de Rennes, qui délivrent de secondes grosses, en vertu d'ordonnance de justice, sont dans l'usage de ne point rédiger de procès-verbal ou d'acte pour constater cette délivrance; ils se bornent à écrire, au bas de la seconde grosse, qu'elle est délivrée à..... le....., en vertu d'ordonnance de M. le président du tribunal civil, en date du....., etc.

Les dispositions réglementaires des lois ne sont ni assez claires ni assez précises pour faire à ces notaires, d'ailleurs certainement très-honnêtes, un reproche de cette méthode vicieuse, laquelle au reste n'entraîne pas de très-grands inconvéniens pendant que la minute subsiste; parce qu'on peut toujours y recourir, et qu'ils ont soin d'y annexer l'ordonnance du président et les assignations données aux parties intéressées.

Mais si la minute venait à se perdre, la seconde grosse, ainsi délivrée par le seul notaire gardien de la minute, ne pourrait faire ni preuve ni commencement de preuve, parce qu'elle ne serait considérée que comme une écriture privée. Voilà ce qu'il faut que sachent les notaires, ce qu'il faut que sachent également ceux qui retirent de secondes grosses.

Ces grosses délivrées par un seul notaire peuvent encore avoir un inconvénient assez grand, même pendant que la minute subsiste.

Comme elles ne font point foi en justice, même provisoirement, celui qui veut s'en servir est obligé, si la représentation de la minute est demandée, de faire les frais de cette représentation, et il court le risque de n'en point avoir la reprise en définitive. (*Vid. infrà*, n°. 462).

Il est vrai que la rédaction d'un procès-verbal en forme, pour constater la délivrance d'une seconde grosse, entraîne quelques frais de plus, puisqu'il faut faire enregistrer cet acte; mais il n'est soumis qu'à un droit fixe très-modique, et l'on ne peut avec le fisc concilier ces deux choses, sûreté et économie.

461. Si les parties laissent défaut, et ne se présentent pas chez le notaire au jour et à l'heure indiqués dans l'ordonnance du président, on n'en passe pas moins à la délivrance de la grosse en leur absence, dont le notaire a soin de faire mention.

C'est sur-tout à l'égard des secondes grosses, délivrées par défaut, qu'il est important que le notaire constate les énonciations par un acte ou procès-verbal dressé avec l'assistance d'un second notaire ou deux témoins.

462. Quelle que soit la foi que la loi accorde aux grosses ou premières expéditions des actes, ainsi qu'à celles tirées par autorité de justice, parties présentes ou dûment appelées, cette foi n'est jamais que provisoire, tandis que le *titre original subsiste;* elles ne font foi que de ce qui est contenu au titre, dont la représentation peut toujours être exigée. (Art. 1334). C'est un principe évidemment conforme à la raison.

Mais aux frais de qui doit se faire cette représentation?

Le président Favre (1) dit que c'est aux frais de celui qui l'exige, soit le demandeur, soit le défendeur : *Sumptibus requirentis sive actor ille, sive reus.* Cela est juste, à l'égard des premières grosses ou expéditions, et de celles qui sont tirées parties présentes, ou par autorité de justice, parties dûment appelées; car ces grosses ou expéditions font provisoirement foi. C'est donc à celui qui prétend qu'elles sont inexactes de prouver la réalité de son soupçon ou de sa prétention.

Il en est autrement des expéditions postérieures à la délivrance des premières, lors même qu'elles

---

(1) *Cod. Fabr., lib.* 4, *tit.* 16, *definit.* 27. *Quotiès protocolli aut matricis scripturæ exhibitio desideratur, fieri debe sumptibus requirentis, sive actor ille, sive reus. Sed si neuter requirat, officioque judicis eam exhibitionem fieri oporteat, ejus sumptibus facienda est qui instrumento suspecto nititur. Ità senatus,* 7 mart. 1597, *quia præsumptio est contra cum qui utitur et nititur instrumento suspecto. Junge definit.* 6 *et* 16.

sont délivrées par un notaire assisté d'un second ou de deux témoins. Nous avons vu que ces expéditions ne peuvent faire foi que lorsqu'elles sont anciennes, encore la question est-elle abandonnée à la prudence du juge.

Il en résulte que celui qui fonde une action ou une exception sur une pareille expédition, lorsqu'elle a moins de trente ans, n'a point suffisamment prouvé sa demande, et que c'est à lui d'avancer les frais de représentation de la minute, si elle est exigée, sauf reprise en définitive, s'il y a lieu : c'est à lui de compléter la preuve que sa demande est bien fondée.

A plus forte raison celui qui fonde une demande sur une seconde expédition, délivrée par un seul notaire, est obligé de représenter la minute à ses frais, si la représentation est ordonnée ; il pourrait même, suivant les circonstances, n'avoir point reprise de ces frais en définitive.

Par exemple, si une pareille expédition était opposée non pas à la personne qui a signé la minute, mais à ses héritiers ou ayant-cause.

463. Le magistrat ne pourrait même pas, sans contrevenir à la loi, motiver un jugement de condamnation sur une pareille pièce (1) ; mais il pourrait d'office ordonner qu'avant faire droit, la minute sera représentée. C'est alors à celui qui a produit l'expédition ou copie irrégulière ou informe, d'avancer les frais de la représentation.

_____

(1) *Voy.* Dumoulin, sur l'art. 8 de la Coutume de Paris, n°. 72.

464. Mais si, au lieu de commencer par opposer les irrégularités des pièces qui servent de fondement à une demande, celui contre qui elle est formée n'en parlait point, et se défendait d'une autre manière, son silence sur les irrégularités de ces pièces pourrait être considéré comme une reconnaissance tacite qu'elles sont conformes à l'original, et, dans ce cas, elles feraient preuve contre lui; car on a toujours pensé en France qu'il faut proposer, dès le commencement du procès, toutes les exceptions relatives à la forme extrinsèque des actes (1).

Il n'est pas néanmoins nécessaire d'en spécifier les vices, il suffit de dire en général qu'ils ne sont pas en forme (2).

465. On peut quelquefois se faire délivrer expédition ou extrait d'un acte dans lequel on n'a point été partie; il faut prendre alors la voie du compulsoire dont parle le Code de procédure, articles 846, 852.

Il n'entre point dans notre plan d'en parler ici : on peut voir l'ouvrage de M. Carré sur le Code de

---

(1) *Instrumenti, quod ab alio notario exceptum sit, alius descriptionem facere, nisi mandante judice, non potest. Proindè si de mandato non appareat........ nullius planè fidei momentique erit descriptio, nisi quid aliud sit, quod adversarium, contra quem producitur, ab hujusmodi objectionis jure debeat summovere, ut putà si eo instrumento is ipse aliàs usus sit, aut in objiciendo judicialis mandati defectu fuerit negligentior.*

Nam apud nos intra primam dilationem hujusmodi objectiones omnes proponendæ sunt, quæ ad instrumenti formam extrinsecam labefactandam pertinent. Cod. Fabr., lib. 4, *tit.* 16, *definit.* 2.

(2) Dumoulin, *ubi supra,* n°. 74.

procédure; celui de M. Pigeau; le nouveau Denisart, v°. *Compulsoire,* et le Répertoire de jurisprudence.

466. Résumant ce que nous avons dit sur les principes relatifs aux copies de titres, il en résulte,

1°. Que les copies les plus solennelles ne font foi que de ce qui est contenu au titre, dont la représentation peut toujours être exigée tant qu'il subsiste;

2°. Que, s'il n'existe plus, les premières grosses et les premières expéditions font contre tous la même foi que l'original perdu, auquel elles sont présumées conformes en tout;

3°. Que les copies tirées du consentement des parties, ou d'autorité du magistrat, parties dûment appelées, font également, contre les parties présentes ou appelées, la même foi que l'original en tout; mais que, contre les tiers, cette foi ne remonte point à la date de l'original, mais seulement au jour où la copie a été tirée;

4°. Qu'après la délivrance des premières grosses et expéditions, le notaire n'en peut plus délivrer d'autres sans l'autorité du magistrat, ou le consentement de toutes les parties;

5°. Que néanmoins il peut et doit, quand elles le demandent, délivrer aux parties intéressées en nom direct, à leurs héritiers ou ayant-cause, des copies des minutes dont il est dépositaire;

6°. Que ces copies peuvent faire une preuve complète, quand elles ont plus de trente ans, à compter du jour de leur délivrance;

7°. Qu'elles ne peuvent faire qu'un commence

ment de preuve par écrit, quand elles ont moins de trente ans ;·

8°. Que les copies d'un acte tirées par un notaire autre que le dépositaire de la minute, ne peuvent, quelle que soit leur ancienneté, servir que de commencement de preuve par écrit ;

9°. Que les copies tirées sur une copie conforme, même sur une grosse ou première expédition, ne peuvent être considérées que comme simples renseignemens, et peuvent néanmoins faire présumer la bonne foi relativement au rapport des fruits, sans pouvoir servir de fondement à la prescription de dix ou vingt ans ;

10°. Que la délivrance des premières grosses et premières expéditions est une condition du contrat ; que cette délivrance n'est que la continuation et le complément des fonctions du notaire qui a reçu l'acte, et qu'il n'est pas nécessaire qu'elles soient signées du notaire second ;

11°. Mais que, pour produire les effets que la loi leur attribue, toutes les autres grosses, expéditions ou copies, celles même tirées par autorité de justice, doivent être tirées par un notaire assisté d'un second ou de deux témoins ; que les copies tirées par un seul notaire, par celui même qui a reçu la minute, n'ont pas plus de force que les copies tirées par des personnes privées, et ne font ni preuve ni commencement de preuve, malgré leur ancienneté ;

12°. Qu'il faut, aussitôt qu'elles sont produites, opposer les irrégularités et les vices des copies sur

lesquelles se fonde une demande ou une exception, parce que le silence, sur ces irrégularités,
pourrait être considéré comme une approbation ou
comme une reconnaissance que la copie est exacte
et fidèle.

467. Dans l'ancienne jurisprudence, les actes de
donation devaient être insinués, c'est-à-dire transmis ou copiés sur un registre public à ce destiné,
qu'on appelait registre des insinuations (1).

Les lois ne contenaient point de dispositions relatives au degré de preuve que pouvaient former
les *copies* littérales consignées sur un registre public. Boiceau, *ubi suprà,* n°. 8, pensait qu'elles devaient former un commencement de preuve par
écrit. Son annotateur Danty y trouvait de la difficulté.

Pothier, n°. 738, exigeait deux conditions pour
accorder au registre des insinuations la force de
faire admettre supplétivement la preuve testimoniale de la donation.

468. L'insinuation est abrogée depuis la promulgation du Code civil.

Mais l'art. 2181 porte que, non seulement les
donations, mais encore tous les contrats translatifs de la propriété d'immeubles ou de droits réels
immobiliers, que les tiers détenteurs voudront purger de priviléges et hypothèques, seront transcrits

---

(1) Il fallait aussi, dans certaines coutumes, insinuer les contrats
de vente pour faire courir le délai du retrait lignager. De là plusieurs
questions. *Voy.* Boiceau, liv. 1, chap. 11, et les additions de Danty.

en entier par le conservateur des hypothèques, dans l'arrondissement duquel les biens sont situés.

Cette transcription se fait sur un registre à ce destiné, dont le conservateur est tenu de donner connaissance à tout requérant.

469. Pour accorder au registre des transcriptions la force d'un commencement de preuve par écrit, l'art. 1336 ajoute une troisième condition à celles qu'exigeait Pothier, relativement au registre des insinuations. Cet article porte :

« La transcription d'un acte sur les registres pu-
» blics ne pourra servir que de commencement de
» preuve par écrit, et il faudra même pour cela,

« 1°. Qu'il soit constant que toutes les minutes
» du notaire, de l'année dans laquelle l'acte paraît
» avoir été fait, soient perdues, ou que l'on prouve
» que la perte de la minute de cet acte a été faite
» par un accident particulier ;

» 2°. Qu'il existe un répertoire en règle du no-
» taire, qui constate que l'acte a été fait à la même
» date ;

» 3°. Lorsqu'au moyen du concours de ces deux
» circonstances, la preuve par témoins sera ad-
» mise, il sera nécessaire que ceux qui ont été té-
» moins de l'acte, s'ils existent encore, soient en-
» tendus. »

La transcription sur les registres du conservateur des hypothèques n'étant point signée des parties, qui n'y sont pas même ordinairement présentes, on ne pouvait lui accorder la force de prouver l'existence du contrat contenu dans l'acte. Ou

peut présenter un acte faux, le faire transcrire et tromper ainsi le conservateur, qui n'est pas chargé de vérifier les actes présentés à la transcription, puis éluder ensuite la preuve de la fausseté, en supprimant l'original.

C'est pour cela que Pothier exigeait qu'il fût constant que les minutes de tous les actes reçus par le notaire, dans l'année où l'on prétend que la donation a été faite, ne se trouvent point ; car ; ajoute-t-il, s'il n'y avait que la minute de cette prétendue donation qui ne s'y trouvât pas, il en résulterait des soupçons d'affectation dans la suppression de cet acte, qui feraient douter de sa vérité ou de sa forme, et empêcheraient qu'on en dût admettre la preuve par témoins.

Le Code modifie cette condition, en permettant de prouver la perte de la minute de l'acte *par un accident particulier.* Mais il ajoute à cette modification, la condition qu'il existe un répertoire en règle du notaire, qui constate que l'acte a été fait à la même date.

470. Le répertoire des notaires est un registre ou cahier à colonnes, sur lequel ils inscrivent, jour par jour, sans blanc ni interligne, et par ordre de numéro, tous les contrats et actes qu'ils reçoivent, même ceux passés en brevet.

Chaque article du répertoire doit contenir, 1°. son numéro ; 2°. la date de l'acte ; 3°. sa nature ; 4°. les noms, prénoms des parties et leur domicile ; 5°. l'indication des biens, leur situation et le prix, lorsqu'il s'agit d'actes qui ont pour objet la propriété, l'usufruit ou la jouissance des biens fonds ; 6°. enfin, la relation de l'enregistrement. (Art. 149 de la loi du 22 frimaire an VII, sur l'enregistrement).

L'obligation de tenir un répertoire fut imposée aux notaires comme un moyen d'empêcher les antidates et de prévenir la soustraction des actes. Les répertoires furent substitués aux registres et protocoles que les notaires devaient tenir, suivant les ordonnances de Louis XII et de François Ier., des années 1512 et 1539.

La loi du 29 septembre 1791, sur le notariat, tit. 3, art. 16, enjoignit aux notaires, non par mesure fiscale, mais comme mesure d'ordre public, de déposer dans les premiers mois de chaque année, au greffe du tribunal de leur immatriculation, aujourd'hui de l'arrondissement de leur résidence, un double par eux certifié du répertoire des actes qu'ils auront reçus dans l'année précédente, etc.

Cette disposition fut répétée, art. 1 de la loi du 16 floréal an IV; et la loi du 25 frimaire an VII, art. 49 et suiv., acheva de régler la forme des répertoires.

La loi du 25 ventôse an XI, sur le notariat, article 50, y ajouta l'obligation de faire viser, coter et parapher les répertoires par le président du tribunal civil.

Toutes ces dispositions sont en pleine vigueur. Tels sont les répertoires dont l'art. 1336 du Code civil exige l'existence, pour accorder aux transcriptions des actes la force d'un commencement de preuve écrite.

En effet, si les papiers et les minutes du notaire ont péri par force majeure, le double de son répertoire, signé de lui, se retrouve au greffe du tribunal; et si ce répertoire, qui n'a pu être altéré, s'accorde avec le registre du conservateur, avec celui de l'enregistrement, qu'on peut aussi consulter, il en résulte au moins des présomptions graves, précises et concordantes, bien suffisantes pour admettre la preuve testimoniale, puisqu'elles résultent de faits consignés dans des écrits non suspects.

471. Cependant le Code exige, pour dernière condition, que, lorsqu'au moyen du concours de la perte des minutes et de l'existence d'un répertoire, la preuve aura été admise, on fasse nécessairement entendre ceux *qui ont été témoins de l'acte;* c'est-à-dire les témoins instrumentaires (1), s'ils existent encore.

---

(1) Remarquons ici de nouveau le déplorable aveuglement des notaires qui s'obstinent, au risque d'être poursuivis comme faussaires, à recevoir les actes ordinaires, excepté les testamens, hors de la présence des témoins, auxquels ils les font ensuite signer de confiance. Comment ces témoins pourraient-ils, en cas de perte de la minute, déposer des clauses et conditions d'un acte auquel ils n'ont point assisté, dont ils n'ont point entendu la lecture, quoique l'acte le porte, passé enfin entre des personnes que le plus souvent ils n'ont pas vues? Il faut en dire autant des notaires seconds, qui, au risque également d'être poursuivis comme faussaires, ont la faiblesse de signer par complaisance des actes auxquels ils n'ont point assisté, et dont ils ignorent la teneur.

Et cependant M. Loret, dans son Commentaire sur la loi du 25 ventôse an XI, sur le notariat, approuve cet usage vicieux sur la foi d'anciens réglemens qu'il exhume; et cependant on rencontre encore des magistrats assez faibles pour tolérer, au moins en conversation, ce même usage si formellement contraire aux lois qu'ils doivent faire observer!

En revoyant cette note, nous venons d'avoir connaissance d'un fait

S'ils n'existent plus, Pothier pense avec raison qu'il ne suffit pas de faire entendre des témoins qui aient seulement vu l'acte dont il s'agit, soit entre les mains du notaire, soit en celles des parties intéressées ; car les témoins qui ne font que voir un acte ne savent pas s'il est véritable, s'il est revêtu de ses formes : il faut donc faire entendre des témoins qui aient lu l'acte, ou qui en aient appris les clauses et conditions de la bouche même de la partie intéressée à le combattre. C'est au magistrat, dans sa sagesse, à peser leurs dépositions.

---

bien important. Un arrêt de la Cour royale de Limoges, du 18 juin 1819, avait déclaré n'y avoir lieu à l'accusation de faux contre un notaire qui avait énoncé, dans un contrat de vente, que l'acte en avait été passé à Villedieu, quoiqu'il l'eût été à Felletin ; qu'il avait été reçu en présence de *deux témoins*, quoiqu'un seul eût été présent. Le procureur général se pourvut contre cet arrêt, qui fut annulé le 15 juillet 1819, par le motif que toutes les énonciations qui déclarent faussement que les formalités exigées pour donner aux actes le caractère d'authenticité, ont été observées, *constituent un faux* ;

Que, d'après les art. 9 et 68 de la loi du 25 ventôse an XI, un acte notarié est nul comme acte public, si le notaire n'a pas été *assisté de deux témoins* ;

Qu'une fausse déclaration sur cette assistance *de deux témoins* a donc pour objet de donner à cet acte une validité que la loi ne lui accorde pas ; qu'elle certifie comme vrai un fait faux, dont la vérité était substantielle à l'acte ; qu'elle forme donc le faux prévu par l'art. 146 du Code pénal, etc.

L'arrêt est rapporté par Sirey, tom. XIX, pag. 380 et suiv.

Honneur et respect soient rendus à la Cour de cassation, l'ancre la plus solide de nos lois et de nos libertés !

Mais son arrêt corrigera-t-il les notaires ? Non. Depuis qu'ils ont connaissance de cet arrêt, ils continuent ouvertement d'être en contravention habituelle aux lois, sans même le dissimuler, au vu et su des magistrats, du ministère public spécialement chargé de veiller à l'exécution des lois.

472. Si, contre l'usage ordinaire, la copie transcrite sur le registre du conservateur était signée du donateur, du vendeur, de l'acquéreur, etc., Pothier, d'après Boiceau, décide qu'elle ferait foi contre eux.

---

§ V.

Des Actes recognitifs et confirmatifs.

SOMMAIRE.

Tom. VIII. 43

497. 2°. *Mention du motif de l'action en rescision.*

498. *Quid, si la convention renferme plusieurs vices? La mention de l'un d'eux seulement ne répare pas les autres, auxquels rien n'annonce qu'on ait songé. Exemple. Loi romaine qui le décide.*

499. 3°. *Intention de réparer le vice sur lequel pouvait être fondée l'action en rescision.*

500. *L'acte de confirmation, insuffisant par l'omission de l'une des trois énonciations, pourrait servir de commencement de preuve par écrit.*

501. *Il n'est soumis à aucune forme intrinsèque. Il n'est pas besoin qu'il soit fait double.*

502. *Les trois conditions requises pour la confirmation des contrats auxquels nous avons concouru, ne s'appliquent point à la ratification des actes faits dans notre nom, sans mandat. Arrêt qui le décide.*

503. *Disposition de l'art. 1338 sur les ratifications tacites. Sur quoi elles sont fondées.*

504. *Quand commence l'époque à laquelle une obligation peut être ratifiée expressément ou tacitement.*

505. *Elle est indiquée dans l'art. 1304, du jour où la violence a cessé, où l'erreur ou le dol ont été découverts; du jour du contrat, s'il s'agit d'une lésion énorme; du jour de la majorité, pour les mineurs; du jour de la dissolution du mariage, pour les femmes non autorisées, et du jour de la levée de l'interdiction, pour les interdits.*

506. *Tous les actes d'exécution qui caractérisent l'approbation de l'obligation ou qui la supposent, opèrent la ratification tacite.*

507. *Actes qui ne la caractérisent point, en ce qui concerne l'acceptation d'une succession. Disposition du droit romain, conforme à l'art. 778 du Code.*

508. *S'il s'agit d'une obligation contractée en minorité, tout acte fait en minorité opère la ratification, s'il suppose l'approbation. Exemples.*

509. *La ratification tacite s'opère même hors de la présence de celui avec qui l'acte nul a été passé.*

510. *Examen de la distinction entre les actes du majeur qui emportent la renonciation tacite à l'action en nullité, et ceux qui emportent la renonciation à l'action en rescision.*

511. *Cette distinction est rejetée par l'art. 1311 du Code.*

512. *Il y substitue la distinction entre les actes volontaires qui emportent toujours la renonciation, tant à l'action en nullité qu'à l'action en rescision, et les actes forcés, qui n'emportent cette renonciation ni à l'une ni à l'autre action.*

513. *Principes communs aux ratifications, tant expresses que tacites. 1°. Elles ont toujours un effet rétroactif, relativement à la personne qui ratifie; 2°. cet effet rétroactif ne peut nuire aux droits acquis à des tiers.*

514. *Preuve et développement du premier principe.*

515. *Les actes infectés d'une nullité fondée sur l'intérêt public ne peuvent être ratifiés.*

516. *A moins que les choses n'en soient venues au point où la convention cesserait d'être illicite.*

517. *Si la nullité n'est établie que pour l'intérêt particulier, la nullité peut toujours être ratifiée.*

518. *Si l'on peut ratifier ou confirmer les contrats dont la loi ne connait pas l'existence. C'est une dispute de mots.*

519. *Si, quand un contrat a été tacitement ratifié par l'exécution volontaire, il faut prouver que celui qui l'a exécuté en connaissait le vice.*

520. *Si le contrat non signé de l'une des parties peut être ratifié.*

521. *L'obligation consentie sur une cause fausse peut être ratifiée par l'exécution volontaire.*

522. *La ratification des nullités absolues n'a point d'effet rétroactif au préjudice des droits acquis à des tiers. Exemple.*

523. *Secùs de la ratification des nullités relatives. Exemple dans la ratification en majorité du contrat fait en minorité.*

473. Ce paragraphe traite des actes recognitifs et confirmatifs, qu'il ne faut pas confondre, parce qu'ils sont d'une nature très-différente.

Les actes recognitifs sont ceux par lesquels le débiteur d'une rente ou autre redevance annuelle quelconque, en donne au créancier un nouvel acte contenant une nouvelle reconnaissance, afin que le titre primordial ne s'éteigne pas par la prescription.

Les actes confirmatifs sont de plusieurs espèces. Confirmer signifie en général corroborer, donner de la force, *firmum reddere,* rendre ferme, affermir, ajouter plus de force à ce qui en avait déjà, ou lui donner la force qu'il n'avait pas.

De là deux sortes de confirmations, celle par laquelle on donne à un acte une force nouvelle, celle par laquelle on lui donne la force qu'il n'avait pas.

474. Les princes souverains confirmaient autrefois les concessions, les donations faites par leur prédécesseur; les seigneurs confirmaient les concessions de terres données en fief par leurs auteurs; les papes, sur-tout, confirmaient les pri-

viléges et les grâces accordés par leurs devanciers, les coutumes, les élections de prélats, etc.

475. C'est à cette occasion que les papes, devenus par leurs rescrits comme les législateurs de presque toute l'Europe, dans les siècles douzième et treizième, etc., établirent, relativement aux actes confirmatifs, des principes (1) qui, développés avec beaucoup de subtilité par les interprètes du droit canonique, s'introduisirent dans notre ancienne jurisprudence, et qu'il est d'autant plus nécessaire de connaître, que leurs conséquences ont servi de fondement à quelques dispositions du Code, comme s'en est plaint M. Maleville, peut-être avec raison.

476. Le principe des canonistes est que toute confirmation suppose un droit déjà acquis; qu'elle a un rapport nécessaire avec le titre confirmé; qu'elle ne peut ni étendre ni diminuer, parce que celui qui confirme n'est pas censé faire une concession ou disposition nouvelle, mais seulement en approuver une précédente telle qu'elle existe.

La confirmation est donc censée conditionnelle. Si le titre confirmé est valable et légitime, elle le rend plus solennel et plus authentique.

S'il est absolument nul, ou surpris dans son

---

(1) *Voy.*, dans les Décrétales de Grégoire ix, le titre *de confirmatione utili vel inutili, lib.* 2, *tit.* 30, sur lequel, outre la Glose, *voy.* Pyrrhing, Boehmer; *voy.* encore le 26ᵉ. plaid. de d'Aguesseau, tom. II. des ses Œuvres, pag. 606, édition in-4°.

principe, elle ne le rend pas valable; elle le suppose sans rien ajouter à sa validité : de là la maxime commune, *qui confirmat nihil dat.*

477. Cependant celui qui confirme, s'il a le pouvoir de disposer, peut valider une disposition absolument *nulle,* et par conséquent considérée comme non existante. Il peut, par l'effet de sa volonté, lui donner la force et l'existence qu'elle n'avait pas.

478. Les canonistes appelaient confirmations en forme commune, *in formâ communi,* celles qui ne donnaient aucun droit nouveau, aucune valeur nouvelle à l'acte confirmé.

Et confirmations en forme spéciale, *in formâ speciali* ou *ex certâ scientiâ,* celles qui conféraient un droit nouveau, et qui rendaient valide l'acte confirmé, s'il ne l'était pas.

On sent combien cette distinction peut fournir de prétextes pour annuler un acte auquel on en fait l'application; car un second principe fondamental de la doctrine des canonistes, est que toute confirmation est censée faite *in formâ communi,* si on n'y trouve pas la preuve qu'elle a été faite en connaissance de cause. Cette preuve, ils la tirent :

479. 1°. De ce qu'on a inséré en entier, dans l'acte de confirmation, la teneur de l'acte confirmé. Cette circonstance rend constant à leurs yeux que celui qui confirme a une pleine connaissance des faits, et qu'il a voulu confirmer l'acte malgré ses vices ou ses défectuosités;

2°. De ce qu'il est énoncé dans l'acte que la con-

firmation est faite en connaissance de cause (1);
car alors, quoique la teneur en entier de l'acte n'y
soit pas référée, on doit en croire celui qui confirme, quand il assure qu'il a eu une connaissance
suffisante des faits et des circonstances de l'acte
confirmé, qu'il n'en a pas ignoré les vices, et qu'il
a eu l'intention de les réparer; en un mot, de rendre l'acte valide.

Les canonistes n'exigent même pas que ces mots,
en connaissance de cause, soient insérés dans l'acte
de confirmation; il suffit que d'autres expressions
le fassent suffisamment entendre.

Il est évident qu'une pareille confirmation ne
peut avoir d'effet réotractif à l'égard des tiers, ni
préjudicier aux droits acquis, puisqu'elle est une
concession nouvelle.

Il résulte de ces principes qu'alors que le titre
primordial est représenté, les actes de confirmation en forme commune, quelque nombreux qu'ils
soient, peuvent toujours être réduits à ce qu'il contient : ils n'y peuvent rien ajouter, en rien retrancher.

480. Dumoulin appliqua ces principes aux renovations d'investitures ou de concessions en fief,
qui se faisaient par l'admission du vassal à la foi et
hommage : le vassal était ensuite obligé de donner

---

(1) Bœhmer, *Jus ecclesiast. protest.*, *lib.* 2, *tit.* 30, a fort bien observé que ni l'une ni l'autre de ces prétendues preuves ne sont concluantes.

un dénombrement ou aveu des terres et autres droits qu'il possédait en fief.

Le seigneur pouvait demander au soutien, comme aussi réciproquement le vassal pouvait demander au seigneur, la communication de la concession primitive ou du titre primordial, et des renovations ou confirmations et dénombremens qui l'avaient suivi.

Ils ne pouvaient se dispenser de cette communication qu'en affirmant par serment qu'ils n'avaient point le titre primordial, et qu'ils ne le retenaient point frauduleusement.

C'est à ces dénombremens et à l'acceptation qu'en faisait le seigneur, que Dumoulin fit l'application des principes établis par les canonistes sur les effets et la nature des confirmations.

Il enseigna que toutes les renovations ou confirmations ne donnaient, ni au vassal, ni au seigneur, plus ou moins de droits que le titre primordial, auquel il fallait toujours en revenir.

Cependant il exceptait le cas où il existait *plusieurs* renovations conformes, dont l'une au moins était ancienne et soutenue de la possession. (*Voy.* n°. 90).

481. En Bretagne, nous n'admettions point la subtile doctrine des canonistes sur les effets des actes confirmatifs. Nous tenions pour maxime qu'un seul aveu du vassal dûment reçu ou accepté, suivi d'une possession conforme pendant trente ans, était un titre hors d'atteinte *pour et contre lui.*

Le silence de l'aveu sur les rentes et autres droits accidentels suffisait pour libérer le vassal, qui n'était obligé de représenter ni le titre primordial, ni les aveux ou dénombremens précédens (1).

Notre docte Hévin, Questions féodales, pag. 266, n°. 8, dit que « tout aveu qui passe trente ans con-
» tient et supplée tous les titres imaginables...; de
» sorte que si, dans un aveu fourni il y a trente
» cinq ans, il était fait mention de rachat, et que
» dans un autre fourni quatre ans après, il n'en
» fût pas mention, ce dernier ferait une preuve
» invincible qu'il y aurait eu intermédiairement
» un amortissement du rachat; vu qu'autrement
» le seigneur n'eût pas omis de blâmer l'aveu dans
» le tems. »

Il ajoute dans le Commentaire sur l'art. 332 de la Coutume de Bretagne, pag. 539, n°. 9 :

« J'estime que les aveux hors de blâme, *respectu*
» *jurium accidentalium,* l'emportent sur les inféo-
» dations primitives, car le changement, même
» l'amortissement entier de tels droits, étant au
» pouvoir des parties, *sine interitu feudi,* les aveux
» font foi de ce changement. »

482. Cette doctrine simple nous paraît plus rai-sonnable que les subtilités des canonistes; ima-ginées pour donner aux papes des prétextes de re-venir sur des concessions antérieures. Pourquoi, quand il peut être survenu des traités postérieurs sur les changemens faits au titre primitif, supposer

---

(1) *Voy.* Duparc-Poullain, Principes du droit, pag. 351, n°⁵. 224, 225 ; le Commentaire du même auteur, sur l'art. 36 de la Coutume de Bretagne.

surprises et erronées toutes les confirmations anciennes, quelque nombreuses qu'elles soient, uniquement parce qu'elles ne sont pas conformes à un vieux titre qu'on sera parvenu à exhumer? Pourquoi exiger *plusieurs* confirmations conformes, pour y déroger en faveur du débiteur, quand une seule remonte à un tems suffisant pour opérer la prescription? Il est certain qu'appliqués aux affaires des particuliers, ces principes sont une source de procès longs et ruineux; aussi ces principes n'étaient pas suivis dans l'Anjou ni dans le Maine (1).

483. Mais Pothier, qui vivait sous l'empire de ces principes, reçus à Orléans comme à Paris, les appliqua, dans son Traité des obligations, nᵒˢ. 742 et suivans, à tous les titres recognitifs.

Il distingua ceux où *la teneur du titre primordial est référée,* et qu'il appelle *in formâ speciali ex certâ scientiâ*, de ceux où elle ne l'est pas, et qu'il appelle *in formâ communi.*

Les premières équipollent au titre primordial, en cas qu'il soit perdu; elles en prouvent l'existence, et dispensent le créancier de les représenter.

Les secondes ne prouvent point l'existence du titre primordial; elles ne dispensent point le créancier de le rapporter, quoiqu'il soit perdu, à moins qu'il n'y ait plusieurs reconnaissances conformes,

(1) *Voy.* Pocquet de Livonière, Traité des fiefs, liv. 6, chap. 1, pag. 527.

ou même une seule ancienne et soutenue de la possession. (N°. 743).

Les unes et les autres, tant celles où la teneur du titre primordial est référée, que celles où elle ne l'est pas, ont cela de commun que, si le titre existe, elles n'ajoutent rien à la première obligation, parce que le reconnaissant n'est censé en vouloir contracter aucune nouvelle, mais seulement reconnaître l'ancienne, telle qu'elle a été contractée par le titre primordial, auquel il faut toujours en revenir, quand même l'erreur se trouverait dans une longue suite de reconnaissances. (N°. 744).

Pothier fait une exception dans le cas où la reconnaissance porte moins que le titre primordial. Il pense que s'il y avait *plusieurs* reconnaissances conformes remontant à trente ans, le débiteur aurait prescrit le surplus, et que le créancier, en rapportant le titre primordial, ne pourrait prétendre le surplus.

484. Comparons maintenant les dispositions du Code à la doctrine de Pothier, où elles ont été puisées.

L'art. 1337 contient trois dispositions. La première porte :

« Les actes recognitifs ne dispensent point de la » représentation du titre primordial, à moins que » *sa teneur n'y soit spécialement relatée.* »

Qu'entend le Code, par la *relation spéciale* de la teneur du titre primordial? Est-ce la copie littérale et au long du titre même ou de ses dispositions, comme l'exigeaient les canonistes et Dumoulin, *ad longum tenor..... enarrato toto tenore?*

Nous ne le pensons pas. Pothier même ne paraît pas l'exiger ; il se borne à dire que les reconnaissances *in formâ speciali* sont celles où *la teneur du titre primordial est relatée* : le Code ajoute le mot *spécialement*. Or, référer la teneur d'un titre, ce n'est pas le copier.

Mais aussi le Code n'exige pas seulement la relation *du titre*, il exige, ainsi que Pothier, la relation de sa *teneur ;* ce qui est très-différent. Pour rendre cette différence sensible, supposons qu'un titre recognitif porte que Caïus reconnaît devoir à Séïus une rente foncière de vingt mesures de froment, créée par acte du......., au rapport de Laumailler, notaire à Rennes, y enregistrée le...... Voilà la relation du titre, mais non sa teneur.

Si l'acte recognitif ajoute : Par lequel le père de Séïus transporta le fonds Cornélien au père de Caïus, moyennant la rente annuelle et perpétuelle de vingt mesures de froment, voilà la relation spéciale de la teneur du titre, à ce qu'il nous paraît : il n'est pas nécessaire de la copier tout au long.

485. Il résulte de cette première disposition, que les actes recognitifs où la teneur du titre primordial est spécialement référée, dispensent le créancier de le représenter, s'il est perdu ; ils font preuve en ce cas.

Le Code n'exige même pas que l'acte recognitif soit ancien. Il ne pouvait l'exiger sans tomber dans une contradiction manifeste avec l'art. 1335, n°. 1, qui donne à la copie tirée en présence du débiteur, par le dépositaire de la minute, la même foi qu'à l'original, s'il est perdu, quoique la copie ne soit pas ancienne.

A plus forte raison, on ne pouvait refuser à l'acte recognitif, qui est un véritable original, la force de suppléer le titre primordial qu'une simple copie peut suppléer ; par exemple, le titre constitutif d'une servitude imprescriptible et suppléé par le titre recognitif (607).

Ainsi donc un seul acte recognitif, signé le 1er. juin, suppléera le titre primordial qui aura péri le lendemain ou surlendemain, pourvu que cet acte réfère la teneur du titre, comme nous l'avons expliqué.

486. S'il ne référait que le titre et non sa teneur, il ne suffirait pas pour suppléer le titre primordial, et pour dispenser de le représenter.

Néanmoins, porte la troisième disposition, qui devrait être la seconde, puisqu'elle n'est qu'une suite et une exception de la première, « néan- » moins, s'il y avait plusieurs reconnaissances con- » formes soutenues de la possession, et dont l'une » eût trente ans de date, le créancier pourrait être » dispensé de représenter le titre primordial. »

Cette disposition, qui paraît un peu obscure, parce qu'elle n'est point à sa place, ne doit s'entendre que des reconnaissances où la teneur spéciale du titre n'est pas référée ; autrement elle serait en contradiction avec la première disposition, dont elle n'est qu'une exception.

D'ailleurs, le passage de Pothier, d'où elle est presque littéralement copiée, ne laisse aucun doute sur ce point.

487. Ainsi donc, suivant le Code, les actes reco-gnitifs où la teneur du titre est spécialement ré-férée, dispensent le créancier de le représenter s'il est perdu, quoique ces actes ne soient pas anciens, quoiqu'il n'y en ait pas plusieurs, car le Code ne l'exige point.

Les reconnaissances où la teneur du titre n'est pas spécialement référée, ne dispensent point le créancier de le représenter, quoiqu'il soit perdu, à moins qu'il n'y ait plusieurs de ces reconnais-sances conformes, suivies de la possession, et dont l'une ait trente ans de date.

S'il n'y a pas plusieurs reconnaissances, ou si l'une d'elles n'a pas trente ans, le créancier n'est pas dispensé de représenter le titre, quoiqu'il soit perdu.

Quelle ressource lui reste-t-il donc? Celle de l'a-veu de son débiteur, celle du serment, celle de prouver par témoins la perte du titre primordial, ainsi que sa teneur. Nous en parlerons au chapitre de la preuve testimoniale.

488. Passons à la seconde disposition, qui de-vrait être ou la troisième, ou la première. Elle porte :

«Ce qu'ils (les actes recognitifs) contiennent de » plus que le titre primordial, ou ce qui s'y trouve » de différent, n'a aucun effet. »

Le nombre ni l'ancienneté des actes recognitifs ne changent rien au titre primordial ; il faut tou-jours y revenir. Ce qu'ils contiennent *de plus* ou *de différent* ne produit aucun effet.

Il faut néanmoins excepter le cas où l'acte recognitif contiendrait une novation au titre primordial. Cette exception, fondée sur la nature des choses, l'est aussi sur la jurisprudence de la Cour de cassation (1).

489. Au principe qu'il faut toujours en revenir au titre primordial, lorsqu'il est représenté, Pothier faisait une exception en faveur du débiteur, dans le cas où les actes recognitifs portent moins que le titre primordial; il pensait que s'il y avait plusieurs reconnaissances conformes, qui remontassent à trente ans, le débiteur avait prescrit la libération du surplus, malgré la représentation du titre primordial.

Pothier ne cite aucunes autorités, il ne donne aucune raison au soutien de cette exception, qui est contraire aux principes du droit. Tout est réciproque entre le créancier et le débiteur d'une rente.

Si celui-ci peut prescrire le surplus de ce qu'il n'a pas reconnu dans des actes qui ont plus de trente ans, pourquoi celui-là ne pourrait-il pas prescrire ce que le débiteur a volontairement reconnu devoir de plus ou de différent? Dans l'un comme dans l'autre cas, n'est-il pas à présumer qu'il a existé entre les parties une convention dérogatoire au titre primordial?

Le Code n'a donc point adopté l'exception pro-

---

(1) *Voy.* ce que nous avons dit, tom. VI, n°. 186; et sur les cas où il y a novation, ce que nous avons dit tom. VII.

posée par Pothier, et par conséquent les juges ne pourraient peut-être pas l'admettre sans exposer leur jugement à la censure. Si le débiteur peut retrancher ce qui se trouve dans l'acte recognitif de différent ou de plus que dans le titre primordial, le créancier peut aussi corriger ce qui s'y trouve de différent à son préjudice, ajouter ce qui s'y trouve de moins.

Le Code paraît avoir laissé leur condition égale sur ce point.

En faveur de l'exception proposée par Pothier, on pourrait dire que les lois ont plus de penchant à la libération; mais est-ce une raison suffisante pour introduire une exception que n'ont point reproduite les législateurs, quoiqu'ils eussent sous les yeux le texte de Pothier?

Il ne faut pourtant pas se dissimuler que la rédaction de l'art. 1337 est fort obscure.

On pourrait peut-être induire qu'il a voulu conserver l'exception proposée par Pothier en faveur du débiteur, en disant, dans la seconde disposition : « Ce qu'ils (les actes recognitifs) contiennent » *de plus* ou ce qui s'y trouve *de différent,* n'a aucun » effet, » et en n'ajoutant pas ce qu'ils contiennent de plus ou *de moins;* omission qui semble laisser le cas *du moins* soumis à la règle générale, qu'il faut toujours en revenir au titre primordial, s'il est représenté.

On pourrait appuyer ce raisonnement d'une observation assez frappante; c'est que les rédacteurs du Code, qui ont, dans cet article, comme en bien d'autres, suivi pas à pas la doctrine de

Pothier, ne sont pas facilement censés s'en être écartés, et que, dans le doute, leur obscure rédaction doit être expliquée dans le sens du texte où elle a été puisée.

· 490. L'acte recognitif doit être donné avant que le tems nécessaire pour opérer la prescription soit écoulé.

L'art. 2263 porte :

« Après vingt-huit ans de la date du dernier titre,
» le débiteur d'une rente peut être contraint à four-
» nir à ses frais un titre nouvel à son créancier ou
» à ses ayant-cause. »

491. Après les actes recognitifs, le Code passe aux actes de ratification et aux actes de confirmation, entre lesquels il existe quelque différence.

Le mot de ratification, en général, est synonyme d'approbation : nous pouvons approuver ce qui a été fait en notre nom, sans ordre ou sans mandat; ce que nous pouvions, par conséquent, désapprouver.

Dans ce cas, la ratification est l'acte par lequel nous manifestons expressément ou tacitement la volonté ou le consentement d'approuver et de nous rendre propre ce qui a été fait en notre nom, comme si nous l'eussions fait nous-mêmes. Les jurisconsultes romains comparaient cette ratification au mandat (1).

Nous pouvons aussi approuver ou ratifier un con-

---

(1) *Ratihabitio mandato æquiparatur. Loi* 12, § 4, *ff de solut.*, 46. 3; *loi* 1, § 14, *ff de vi et vi armatâ*, 43. 16.

trat ou acte quelconque auquel nous avons concouru, mais qui se trouve nul, ou du moins susceptible d'être attaqué faute de quelques-unes des
conditions nécessaires pour sa validité, ou pour
autres vices ou irrégularités. Dans ce sens, la ratification est proprement appelée la confirmation.

Ainsi, deux sortes de ratifications : celle par laquelle nous approuvons ce qui a été fait dans notre
nom, sans ordre et sans pouvoir :

Celle par laquelle nous approuvons un contrat
ou autre acte auquel nous avons concouru, ou auquel nous avons été appelés, mais qui était susceptible d'être attaqué pour des vices réels ou ap-
parens de nature à en faire prononcer la nullité ou
la rescision.

Le Code ne parle point en cet endroit de la première sorte de ratification, qui a ses règles particulières dans l'art. 1998 du Code, et qui n'est point
soumise aux mentions et énonciations exigées par
l'art. 1338, pour la validité des ratifications ou confirmations des obligations, comme nous le dirons
bientôt.

Ces deux espèces de ratifications ont cela de
commun qu'elles peuvent être faites expressément
ou tacitement, verbalement, par écrit ou par des
faits qui manifestent clairement notre volonté,
quelquefois même par le silence.

492. Nous avons dit souvent qu'il faut soigneu-
sement distinguer les *actes* qui contiennent les conventions ou les contrats, qui ne sont faits que pour
en conserver la mémoire et en rendre la preuve fa-
e, des *contrats ou conventions* contenus dans les

actes ; que les *actes* peuvent être valides, quoique les contrats qu'ils contiennent soient nuls ou susceptibles d'être rescindés ; *vice versâ,* que les contrats ou les conventions contenus dans les *actes* peuvent être valides, quoique les *actes* qui les contiennent ne le soient pas, parce que les conditions requises pour la validité des contrats ne sont pas les mêmes que les conditions ou les formalités prescrites pour la validité des actes. Il peut arriver aussi que l'acte soit ou ne soit pas valable pour quelque vice de forme, et le contrat susceptible d'être attaqué à défaut de l'une des quatre conditions essentielles requises pour sa validité (1108).

Il faut donc bien distinguer l'approbation ou ratification de *l'acte,* de l'approbation du contrat ou de la convention.

On peut approuver un acte nul pour vice de forme, et renoncer expressément ou tacitement à opposer ces vices, sans renoncer pour cela à faire valoir les vices de la convention et ceux qui résultent de l'incapacité des parties.

Mais on ne peut pas ratifier le contrat ou la convention et renoncer à l'attaquer, sans renoncer implicitement à faire valoir les vices de forme que l'acte présente ; car ratifier le contrat, c'est en reconnaître l'existence : il n'est donc plus besoin de recourir à l'acte pour la prouver.

Ainsi, deux espèces de confirmations ou ratifications : celle de l'acte et celle de l'obligation ou du contrat contenu dans l'acte. Cette distinction, prise dans la nature des choses, est indiquée dans l'art. 1338.

493. On présume facilement la ratification de l'acte, ou la renonciation à opposer les vices de forme. Ces moyens ou exceptions ne sont que trop souvent les ressources de la chicane pour défendre une mauvaise cause. L'homme vraiment juste et loyal les dédaigne.

Aussi remarquons bien que ce n'est qu'à l'égard de la confirmation ou ratification des obligations conventionnelles, que le Code exige les conditions dont parle l'art. 1338.

Pour qu'elle soit valable, il exige qu'on y trouve la substance de l'obligation, la mention du motif de l'action en rescision, l'intention de réparer le vice sur lequel elle est fondée.

Rien de cela n'est exigé pour l'approbation de l'acte; il suffit qu'on n'ait point opposé d'abord le vice de forme dont on le prétend infecté, pour qu'on ne soit plus recevable dans la suite à l'opposer.

Nous avons déjà observé, n°. 464, que toutes les exceptions relatives à la forme extrinsèque des actes doivent être proposées dès le commencement de la contestation. En ne les opposant point, on est censé y renoncer. C'est un point de jurisprudence très-ancien en France : *Nam apud nos*, dit le président Favre, *intrà primam dilationem hujusmodi objectiones omnes proponendæ sunt, quæ ad instrumenti formam extrinsecam labefactandam pertinent. Cod. Fabr., lib.* 4, *tit.* 16, *definit.* 2.

Ainsi, supposons que des actes soient irréguliers ou nuls, à défaut de quelques-unes des formalités exigées par la loi sur le notariat; supposons encore

qu'un acte sous seing privé contenant des conventions synallagmatiques n'ait pas été fait double;
que la somme d'argent exprimée dans un billet n'ait
pas été approuvée en toutes lettres par le débiteur;
tous ces moyens, toutes ces exceptions et autres
semblables, qu'on pourrait opposer contre l'acte,
s'évanouissent, s'ils ne sont pas proposés *in limine
litis,* et si l'on a procédé sans en excepter.

Le silence suffit pour la ratification ou approbation des actes. Pourquoi cela? Parce que l'obligation conventionnelle contenue dans l'acte destiné à lui servir de preuve, peut très-bien être valable et légitime, quoique l'acte qui la contient
soit irrégulier. Vainement voudrait-on opposer que
l'on n'en connaissait pas les vices, car ils sont ap-
parens et extrinsèques.

494. Il en est autrement de la confirmation de
l'obligation ou de la convention contenue dans
l'acte. Les vices intrinsèques de cette convention
peuvent être latens; on ne présume pas qu'ils
soient connus, quand rien n'annonce qu'on y ait
songé : et lors même qu'ils ne sont pas cachés, la
loi ne veut pas que la volonté de les réparer et de
renoncer à les opposer soit présumée, si elle n'est
pas manifestée clairement et sans équivoque.

Cette manifestation peut se faire de deux manières : 1°. expressément, soit verbalement, soit
par écrit; 2°. tacitement, par des faits ou des actions qui supposent nécessairement la volonté ou
le consentement de confirmer.

Ainsi deux espèces de confirmations, l'une expresse, l'autre tacite. Les règles relatives à ces deux espèces de confirmations sont tracées dans l'article 1338.

Sa première disposition contient les règles de la confirmation expresse ; la seconde , celles de la confirmation tacite ; la troisième , des principes communs aux deux. La première porte :

« L'acte de confirmation ou ratification d'une » *obligation ,* contre laquelle la loi admet l'action » en nullité ou en rescision , n'est *valable* que lors- » qu'on y trouve la *substance* de cette obligation , » la mention du motif de l'action en rescision , et » l'intention de réparer le vice sur lequel cette ac- » tion est fondée. »

495. Ainsi, trois conditions requises pour la validité de l'acte de confirmation expresse d'une obligation :

1°. Qu'on y trouve la substance de l'obligation ;

2°. La mention du motif de l'action en rescision ;

3°. L'intention de réparer le vice sur lequel cette action est fondée.

A défaut de l'une de ces trois conditions , le Code dit que l'acte de confirmation n'est pas *valable.* Il ne dit point qu'il soit *nul ;* ce qui est fort différent , comme nous l'avons déjà remarqué à une autre occasion , n°. 320.

496. La première condition, la relation de la substance de l'obligation , est requise pour faire connaître l'obligation qu'il s'agit de confirmer.

Mais qu'entend ici le Code par la substance de

l'obligation? C'est ce en quoi elle consiste, ce sans quoi elle n'existerait pas, ce sans quoi on ne la contrait pas suffisamment.

Par exemple, s'il s'agit de confirmer un contrat de vente, l'acte de confirmation doit faire mention du prix, et désigner la chose vendue de manière à ne pouvoir la méconnaître; il peut quelquefois suffire de la nommer.

Du reste, pourvu qu'on ne puisse se méprendre sur l'obligation qu'on a l'intention de confirmer, il serait hors de raison de subtiliser sur ce qui forme la substance du contrat. Remarquons qu'à la différence de l'art. 1337, qui exige dans l'acte recognitif la relation *de la teneur* du titre primordial, l'art. 1338 se borne à exiger qu'on trouve dans l'acte de confirmation la substance de l'obligation confirmée.

497. Il exige, 2°. la mention du motif de l'action en rescision, afin qu'il soit constant que le vice du contrat ou de l'obligation a été connu de celui qui confirme.

498. De là peut naître une question importante, lorsque le contrat renferme plusieurs vices intrinsèques. Par exemple, après avoir vendu le fonds Cornélien à Caïus, j'ai formé une action en rescision, fondée sur ce que mon consentement a été extorqué par violence..

Mais faute de preuve de mon allégation, je passe une transaction dans laquelle, après avoir fait mention du motif de ma demande en rescision, je reconnais qu'elle est mal fondée; en conséquence j'y renonce, et consens que le contrat ait sa pleine et entière exécution. Puis-je ensuite attaquer le contrat pour lésion de plus des sept douzièmes dans le prix de la vente ?

Le cas où le contrat renferme plusieurs vices, dont l'un se trouve purgé par la ratification expresse, est prévu dans la loi 1, *Cod. si major factus*, *etc.*, 5. 74, qui est le siège de la matière, et dont voici l'espèce :

L'immeuble d'un mineur avait été vendu, sans observer les formalités prescrites par la loi. La vente était nulle. Mais, parvenu à sa majorité, le mineur la ratifia : *Ratam habuit venditionem.* Il mourut laissant un fils qui, s'apercevant qu'outre le vice de nullité, effacé par la ratification de son père, il y avait lésion d'outre moitié dans le prix de la vente, demanda la rescision pour cause de lésion.

L'empereur Gordien décide que la demande est bien fondée, s'il est constant que le père, en ratifiant la vente nulle, n'avait pas connu le vice de lésion : *Si minore pretio distractum est prædium, et inconsultò errore lapsum patrem tuum perperam, venditione consensum dedisse constiterit.*

De ce texte les interprètes concluent que, si le contrat renferme deux vices, l'un de nullité, l'autre de lésion ultramédiaire, le mineur devenu majeur, qui renonce par une ratification *expresse* à opposer la nullité, peut néanmoins en demander la rescision pour lésion ultramédiaire (1).

_____

(1) *Collige ex hâc lege, quandò duo sunt vitia contractûs, scilicet nullitatis et læsionis, licèt sublatâ causâ ex cursu nullitatis temporis, vel ex-*

Cette décision est conforme à la raison. La ratification ne peut tirer sa force que de la volonté de celui qui ratifie. Quand un contrat contient deux vices qui peuvent donner lieu à deux actions, l'une en nullité, l'autre en rescision, ou à deux actions en rescision fondées sur différens motifs, sur la violence, sur la lésion énorme, sur le dol, il est évident que je puis renoncer à l'une des actions sans renoncer à l'autre; tout dépend de ma volonté. Si ma renonciation est bornée à une action, on ne peut l'étendre à une autre à laquelle je n'ai pas renoncé, et qui a pour fondement un vice auquel il ne paraît pas que j'aie songé en renonçant à la première action.

Ainsi, dans l'exemple ci-dessus posé, la transaction passée sur la demande en rescision pour cause de violence, ne peut m'être opposée comme fin de non-recevoir contre l'action en rescision pour cause de lésion : c'est même une conséquence des dispositions du Code. Nous n'avons transigé que sur le vice résultant de la prétendue violence; il n'a pas été dit un mot de la lésion, à laquelle on ne paraît pas avoir songé.

Or, « les transactions, dit l'art. 2048 du Code, » se renferment dans leur objet. La renonciation, » qui est faite à tous droits, actions et prétentions, » ne s'entend que de ce qui est relatif au différent » qui y a donné lieu. »

---

pressâ ratificatione, non tamen esset sublata causa læsionis. Brunneman, sur cette loi, et les auteurs qu'il cite.

La transaction que nous avons faite sur la demande en rescision, fondée sur le vice de la prétendue violence, ne peut donc m'être opposée dans une demande formée sur un autre objet.

Cette observation peut s'appliquer à d'autres cas. Par exemple, si la femme, après avoir vendu un de ses immeubles, sans être autorisée de son mari, déclare dans son veuvage qu'elle renonce à se prévaloir du défaut d'autorisation, elle peut néanmoins demander la rescision de la vente pour cause de dol et de fraude, pour cause de lésion de plus des sept douzièmes dans le prix.

499. 3°. Enfin, pour la validité des actes de confirmation, le Code exige que l'intention de réparer le vice sur lequel est ou pourrait être fondée l'action en rescision, soit exprimée : c'est en cela que consiste proprement la substance de la confirmation.

Les deux premières conditions ne sont que préparatoires; elles ont pour but de constater que la volonté de réparer le vice de l'obligation a été donnée en pleine connaissance de cause.

Si cette preuve pouvait être acquise par d'autres écrits, insuffisans chacun par eux-mêmes, mais formant un corps de preuve en les réunissant à l'acte de confirmation dans lequel les conditions et énonciations exigées par l'art. 1338 ne se trouvaient qu'imparfaitement contenues, la confirmation ne pourrait être attaquée avec succès.

500. Il nous paraît même qu'on pourrait regarder l'acte de confirmation, quoiqu'imparfait à rai-

son de l'insuffisance des énonciations, comme un commencement de preuve écrite qui autoriserait l'admission de la preuve testimoniale.

501. Au reste, les actes de confirmation expresse, lorsqu'ils sont faits par écrit, ne sont soumis à aucune forme extrinsèque particulière. Ils peuvent être faits devant notaires ou sous seing privé, et ils ne sont point soumis à la formalité du double original, prescrite par l'art. 1525 pour les actes synallagmatiques.

502. Nous avons déjà dit en passant, n°. 491, qu'on ne doit point appliquer aux actes de ratification ou d'approbation de ce qui a été fait en notre nom, les dispositions de l'art. 1338, sur les conditions et énonciations que doivent contenir les actes de confirmation des obligations auxquelles nous avons concouru. Les premières ont leurs règles particulières dans l'art. 1998. C'est ce qu'a décidé la Cour de cassation, dans une espèce où il s'agissait de la ratification de ce qu'avait fait un mandataire, en excédant manifestement ses pouvoirs. Voici l'espèce et les motifs de cet arrêt, qui répand beaucoup de jour sur la matière :

Le 23 juin 1811, Lapierre Beaupré, stipulant au nom de son père, en vertu d'une procuration générale très-étendue, fit avec Lapierre Dulard, son frère aîné, une transaction qui contenait quelques aliénations des droits et même des biens du père commun.

Le 24 juillet suivant, le père ratifia cette transaction de la manière la plus formelle, et donna

à Lapierre Dulard, son fils aîné, un acte sous signature privée, par lequel il déclara approuver,
ratifier et confirmer en tout son contenu la transaction passée entre eux le 25 juin précédent, en
exécution de laquelle il reconnut avoir reçu pré-
sentement 350¹ pour premier terme de sa pension
viagère de 700¹, stipulée audit acte, qui devrait
échoir le 1ᵉʳ. août suivant, dont quittance, sans
préjudice des termes à échoir.

Le père prétendit ensuite que la procuration générale qu'il avait donnée à son fils ne contenant
point le pouvoir d'aliéner, comme l'exige l'article 1388, la transaction était nulle, et que la ratification l'était également, parce qu'elle ne contient pas la mention du motif de l'action en rescision, et l'intention de réparer le vice de sa transaction, comme l'exige l'art. 1338.

La Cour de Nîmes le jugea ainsi; mais son arrêt
fut cassé le 26 décembre 1815, pour fausse application de l'art. 1338 du Code civil, et violation de l'article 1998. Voici les motifs de la Cour de cassation (1):

«Considérant que l'art. 1338 ne parle que *des*
» *obligations*, et qu'il est facile de concevoir que
» la ratification d'une *obligation* dépourvue des men-
» tions qu'exige cet article, n'ajoute rien à l'obliga-
» tion même; qu'elle laisse subsister les vices, les
» nullités dont cette obligation peut être infectée,

---

(1) L'arrêt est du 26 décembre 1815, et rapporté par Sirey, an 1816,
2ᵉ. part., pag. 243.

» vices et nullités auxquels rien n'annonce que l'on
» ait songé, et qu'on ait voulu les réparer ;

» Qu'il en est autrement de la ratification don-
» née par un commettant à l'acte fait par son man-
» dataire ; en ratifiant, le commettant s'approprie
» l'acte ; il l'adopte, et il se met au même état que
» s'il l'avait consenti et souscrit lui-même.

» La ratification seule tient lieu de tous les pou-
» voirs ; et tant que la ratification subsiste, on ne
» peut être écouté à attaquer l'acte, en alléguant
» que le mandataire n'avait pas de pouvoirs suffi-
» sans.

» L'art. 1998 du Code a statué sur l'effet de la ra-
» tification par les mandans ; il déclare les man-
» dans tenus de tout ce qu'ont fait les mandataires
» au-delà de leur mandat, s'ils l'ont ratifié expres-
» sément ou tacitement ; il ne soumet point, dans
» l'espèce, les ratifications aux formes et aux énon-
» ciations exigées par l'art. 1338 pour la ratification
» des obligations : d'où il résulte que l'arrêt atta-
» qué a fait une fausse application de l'art. 1338, et
» a contrevenu à la seconde partie de l'art. 1998. »

503. Passons maintenant aux ratifications tacites dont parle la seconde disposition de l'art. 1338 ;
il porte :

« A défaut d'acte de confirmation ou ratification,
» il suffit que l'obligation soit exécutée *volontaire-*
» *ment, après l'époque à laquelle l'obligation pouvait*
» *être valablement confirmée ou ratifiée.* »

Ce n'est pas seulement par des paroles ou des écrits, mais encore par des faits ou des actions, que l'on peut manifester sa volonté, pourvu que ces faits et ces actions soient tels qu'on puisse en conclure avec certitude que telle était l'intention de leur auteur.

C'est à distinguer ces sortes de faits clairement et sans équivoque, que consiste toute la difficulté ; elle cesse lorsque la loi prend soin de fixer elle-même la conséquence qu'on doit tirer de tel ou de tel fait.

Notre art. 1338 veut avec raison que l'exécution volontaire d'une obligation conventionnelle, susceptible d'être attaquée par voie de nullité ou de rescision, en soit considérée comme la confirmation ou ratification. En effet, quand un homme capable de disposer connaît les vices d'une obligation qu'il a contractée, et que, nonobstant cette connaissance, il se détermine néanmoins *volontairement* à l'exécuter, il est impossible de n'en pas conclure qu'il a eu la volonté de la confirmer ou ratifier.

Or, cette connaissance des vices de l'obligation, et des causes qui la rendaient susceptible d'être attaquée, le Code la présume, quand l'exécution *volontaire* est postérieure *à l'époque à laquelle l'obligation pouvait être valablement confirmée ou ratifiée.*

504. On ne peut se dissimuler que la rédaction de cette disposition est peu satisfaisante. On demande naturellement quelle est l'époque *où l'obli-*

gation pouvait être valablement confirmée? Or, l'article 1558 garde le silence sur ce point décisif.

La raison dit que c'est l'époque,

1°. Où l'obligé a connu les vices de l'obligation;

2°. Où il a acquis ou recouvré le pouvoir et la capacité de les réparer et de confirmer les vices de l'obligation.

Sans le concours de cette double condition, il est évident que la personne obligée ne peut valablement confirmer ou ratifier l'obligation; au premier cas, parce qu'on ne peut réparer des vices et des défectuosités qu'on ne connaît pas; au second, parce qu'on ne peut confirmer une obligation nulle sans avoir la capacité de s'obliger.

505. L'époque du concours de ces deux conditions est aussi celle où commence à courir la prescription de l'action en nullité ou en rescision.

Cette époque est indiquée dans l'art. 1304, et dans quelques autres dispositions du Code : elle n'est point et ne pouvait être la même pour toutes les obligations.

Si l'obligation conventionnelle a été dans son principe extorquée par violence, l'époque à laquelle commence le tems de la prescription de l'action en rescision, commence à courir du jour où la violence a cessé.

C'est aussi de ce jour que commence l'époque à laquelle l'obligation peut être valablement confirmée.

Si l'obligation a été consentie par erreur ou surprise par dol et fraude, c'est du jour où ils ont été découverts.

S'il s'agit d'une vente susceptible d'être rescindée pour lésion de plus des sept douzièmes dans le prix d'un immeuble, le tems de l'action court dès le lendemain du contrat (art. 1676) ; dès le lendemain aussi, le contrat peut être valablement confirmé ou ratifié.

Ainsi l'exécution *volontaire* d'un contrat, le lendemain du jour où la violence a cessé, le lendemain du jour où l'erreur, où le dol ont été découverts, emporte la renonciation aux moyens et exceptions que l'on pouvait opposer contre cette obligation.

Ainsi, un vendeur lésé de plus des sept douzièmes dans le prix d'un immeuble ne pourra plus demander la rescision du contrat, s'il l'a exécuté le lendemain ; car il est certain que le lendemain du contrat, il pouvait demander la rescision pour cause de lésion. Ce n'est que *dans le contrat* que l'art. 1674 lui défend d'y renoncer.

Quant aux obligations contractées par des femmes mariées non autorisées de leurs maris, par des mineurs ou par des interdits, le tems de la prescription de l'action en nullité court, et l'époque à laquelle ces obligations peuvent être valablement confirmées ou ratifiées commence, savoir : à l'égard des premières, du jour de la dissolution du mariage ; à l'égard des secondes, du jour de la majorité de l'obligé, et à l'égard des troisièmes, du jour où l'interdiction a été levée.

506. Mais tous les actes d'exécution postérieurs à l'époque où l'obligation pouvait être valablement confirmée ou ratifiée, contiennent-ils sans exception la renonciation aux moyens de rescision ou de nullité qu'on pouvait y opposer? Oui, sans doute, pourvu qu'ils soient *volontaires,* et de nature à caractériser clairement l'approbation de là convention nulle ou soumise à la rescision.

507. Mais il y a des actes équivoques de leur nature, qui ne caractérisent point suffisamment une ratification ou approbation.

Le droit romain nous en donne (1) un exemple, dans le cas d'un mineur qui, ayant accepté en minorité la succession de son père, avait, depuis sa majorité, exigé le paiement de quelques débiteurs de la succession : *Exegerat aliquid à débitoribus paternis.* Il demanda ensuite à être restitué contre son acceptation faite en minorité. On lui opposait l'approbation tacite résultant de la demande qu'il avait formée aux débiteurs de la succession. Cependant Ulpien pense qu'on pouvait admettre la restitution.

Cette loi n'était reçue qu'avec précaution dans

---

(1) Dans le § *scio* 2, loi 3, ff *de minor.,* 4. 4. *Scio etiam illud aliquandò incidisse : minor viginti quinque annis miscuerat se paternæ hæreditati, majorque factus exegerat aliquid à debitoribus paternis; mox desiderabat restitui in integrum, quo magis abstineret paterná hæreditate. Contradicebatur ei, quasi major factus comprobasset, quod minor sibi placuit. Putavimus tamen, in integrum restituendum, initio inspecto. Idem puto, si alienam adiit hæreditatem.* Ulpien. *Voy.* l'observation que fait, sur cette loi, Meslé, dans son Traité des tutelles, pag. 537.

notre jurisprudence française. Pour en faire l'application, Domat (1) exige que les circonstances soient telles qu'elles puissent faire juger que ce qu'a fait le mineur depuis sa majorité soit moins une approbation de sa qualité d'héritier, *qu'un acte nécessaire pour le bien de l'hérédité;* par exemple, s'il avait reçu une somme, *pour en prévenir la perte, ou pour acquitter une dette pressante,* qui pouvait occasionner des frais.

Malgré ces circonstances, Domat avertit, à la note, qu'il serait plus prudent, pour se conserver le bénéfice de la restitution, que le mineur devenu majeur fît *une protestation par quelque acte,* afin qu'on ne pût se méprendre sur son intention.

Ce que dit ici Domat, sur les actes qui ne caractérisent pas suffisamment la ratification de l'acceptation d'une succession en minorité, est conforme à l'esprit et même aux dispositions du Code civil. Le mineur devenu majeur ne peut confirmer son acceptation que par des actes qui caractériseraient une adition d'hérédité de la part d'un majeur; et, suivant l'art. 778, l'acceptation tacite n'est caractérisée que par des actes qui supposent *nécessairement* l'intention d'accepter.

Or, les actes d'administration, faits pour le bien de l'hérédité, tels que de recevoir d'un débiteur qui pouvait devenir insolvable, de payer une dette pressante pour éviter des frais, ne supposent pas

---

(1) Part. 1, liv. 4, tit. 6, sect. 2, n°. 23.

nécessairement l'intention d'accepter. (*Voy.* ce que nous avons dit à ce sujet, tom. IV, n°. 314, pag. 527).

508. Mais, au lieu de ratification de l'acceptation d'une succession en minorité, s'il s'agissait de quelque acte particulier, comme d'une obligation conventionnelle contractée en minorité, Domat, *ubi suprà,* enseigne avec raison que « toute » approbation faite par un majeur de ce qu'il a » fait en minorité, fait cesser la restitution. Ainsi, » dit-il, celui qui, pendant sa minorité, avait ap- » prouvé le testament de son père qu'il pouvait » faire annuler, et qui aurait pu être relevé de » cette approbation, n'y sera pas reçu si, après sa » majorité, il reçoit ou demande un legs que son » père lui avait fait par le testament.

» Ainsi, dit encore Domat, celui qui, pouvant » se faire relever d'une obligation qu'il avait con- » sentie dans sa minorité, étant devenu majeur, » fait un paiement à son créancier du tout *ou d'une* » *partie,* ne peut plus demander la restitution. »

Ainsi, la Cour de cassation a décidé, par arrêt du 4 thermidor an IX, qu'un mineur dont le bien a été vendu illégalement, ne peut plus attaquer la vente, lorsque, parvenu à l'âge de majorité, il en a reçu le prix (1).

Voici un autre exemple plus frappant, tiré des

_____

(1) Le considérant porte : « Attendu que Marie Bordenave........ a » ratifié ladite vente par la quittance qu'elle a donnée en majorité, de

lois romaines : La vente sans formalités, faite par le tuteur, des immeubles de son pupille, est absolument nulle.

Cependant si, dans le compte rendu au mineur devenu majeur, le prix de la vente a été employé et payé, l'approbation du compte est une ratification de la vente, et l'acquéreur de l'immeuble vendu ne peut plus être inquiété (1).

509. Ainsi, non seulement la ratification tacite a, pour couvrir la nullité d'un acte fait en minorité, la même force que s'il était fait dans les termes les plus positifs ; mais il n'est pas même nécessaire, pour produire cet effet, qu'elle intervienne en présence de la partie avec laquelle l'acte nul a été passé (2).

» la partie du prix qui restait à payer à l'époque où elle est devenue » majeure, etc., rejette. » L'arrêt est rapporté, avec les conclusions données par M. Merlin, dans ses Questions de droit, v°. *Mineurs*, § 3.

(1) Loi 10, *ff de reb. eor.*, etc., 27. 9. *Illicité post senatus-consultum pupilli vel adolescentis prædio venumdato, si eo nomine apud judicem tutelæ, vel utilis curæ actionis, æstimatio facta est, eaque soluta, vindicatio prædii ex æquitate inhibetur.*

(2) Pourquoi ? Parce que, quand le mineur ratifie le contrat, même en l'absence de la personne avec laquelle il a traité, il ne fait que joindre un consentement, que sa majorité rend obligatoire pour lui-même, au consentement donné précédemment par l'autre contractant ; en sorte que, dès ce moment, il existe un concours de deux consentemens qui ne forme pas un nouveau contrat, mais qui se reporte au contrat primitif, et le consolide irrévocablement. C'est la raison donnée par Tulden, sur le titre du Code *si major factus, alienationem sine decreto ratum habuerit.* 5. 74.

Quia ab unâ parte consistit obligatio, isque qui contraxerat cum minore, nisi eo consentiente, revocare consilium non potuit : is igitur eum

510. Cependant, de savans jurisconsultes faisaient, à l'égard de cette ratification tacite, une distinction qu'il faut expliquer, pour bien entendre la disposition du Code qui l'a rejetée.

Rappelons d'abord le principe que nous avons exposé n°. 498, au sujet de la ratification expresse. Quand un contrat est infecté de deux vices qui peuvent donner lieu à deux actions différentes, l'une en nullité et l'autre en rescision, la renonciation à l'action en nullité n'emporte pas la renonciation à l'action en rescision.

Ainsi le mineur dont le bien a été vendu sans formalités, mais qui, par une ratification *expresse*, faite en majorité, a renoncé à l'action en nullité, peut néanmoins, et son héritier peut même après sa mort, demander la rescision du contrat pour cause de lésion ultramédiaire. Rien de plus évident à l'égard de la ratification expresse, bornée à l'un des vices du contrat.

Mais, appliquant aux ratifications tacites cette distinction entre l'action en nullité et l'action en rescision, de savans jurisconsultes pensaient que les actes approbatifs de ce qui avait été fait en minorité, lorsqu'ils n'en étaient que les suites et l'exécution, *implementum,* ne couvraient que l'action en nullité, et non pas l'action en rescision : l'action en

---

ratihabitione concurrit et conspirat, adeoque, quia eo hoc casu retrotrahitur, non est novus contractus.

Cette raison est adoptée par M. Merlin, dans les conclusion ci-dessus citées.

nullité était éteinte par cette approbation, l'action en rescision subsistait.

Ainsi, par exemple, après avoir vendu ses immeubles sans formalités, le mineur qui en recevait volontairement le prix en majorité effaçait, par cette ratification tacite, le vice de la nullité de la vente, et la faisait considérer comme régulière; mais il n'en pouvait pas moins demander la nullité pour cause de lésion.

La raison qu'en donne Voët, l'auteur qui a le mieux résumé cette doctrine, dans son Commentaire sur les Pandectes, *lib.* 4, *tit.* 4, n°. 44, est qu'on ne pouvait contraindre le mineur devenu majeur à exécuter un contrat nul de plein droit: on ne pouvait donc considérer ce qu'il faisait par suite de ce contrat, ni l'exécution de ce contrat, *implementum,* autrement que comme une ratification ou approbation volontaire (1).

Au contraire, si, au lieu d'être nul, le contrat était seulement soumis à la rescision pour cause de lésion, il est valable *summo jure.* Il doit être exécuté provisoirement, avant que la rescision soit prononcée. Le mineur devenu majeur pouvait être contraint de l'exécuter, jusqu'à ce qu'il eût obtenu la restitution en entier, et les lois romaines lui accordaient quatre ans pour la demander.

---

(1) *Cùm enim nemo ex negotio quod ipso jure nullum est ad implementum ejus judiciali autoritate constringi possit...... videri non potest solius damni avertendi causâ fecisse implementum negotii, quod nullum erat, cui proindè consequens fuit, ut ex implemento non alia quàm ratihabitionis praesumptio caperetur, aut capi posset.*

De là, Voët conclut qu'il ne faut pas prendre les actes d'exécution faits en majorité, pour une renonciation à l'action en rescision, mais qu'il est plus juste et plus conforme à la règle, *justius ac rectius*, de présumer que ces actes n'ont été faits que pour éviter les contraintes et les frais qu'on aurait pu faire en attendant la restitution (1).

Cette doctrine paraît adoptée par M. Merlin, dans les conclusions qu'il donna sur l'affaire de Marie Bordenave et du sieur Vignalet, le 4 thermidor an IX, c'est-à-dire plusieurs années avant la publication du Code civil. Ces conclusions sont imprimées dans ses Questions de droit, v°. *Mineur*, § 3.

« Il faut donc bien prendre garde, disait-il, de confondre les actes qui emportent ratification, à l'effet d'exclure la demande en nullité, avec les actes qui emportent ratification, à l'effet d'exclure la demande en rescision. »

C'était en effet une chose très-difficile à distinguer, et rien n'est moins satisfaisant que ce que disent les auteurs sur ce point. En somme, cette

---

(1) *Cùm summo jure validum erat quod à minore gestum est, atque adeò minor jam major factus efficaciter ad negotii in minorennitate perfecti implementum cogi posset, quamdiù reipsâ restitutionem non impetraverat, neque tamen protinùs ab impleto vicesimo quinto ætatis anno disceptationem super restitutione ordiri obstrictus fuerit, sed integrum ad id quadriennium à lege datum sit; sequebatur perperàm ex implemento contractûs deduci ratihabitionis præsumptionem; sed ex adverso longè rectius justiusque conjiciendum fuit illum et judicati, et contractûs implementum fecisse, uti æris alieni hæreditarii solutionem, ne lite alioquin ab adversario conventus, ac procul dubio condemnandus ex hisce causis per restitutionem necdùm infirmatis, insuper impendia litis tanquàm temerarius litigator cogeretur sustinere, etc.*

doctrine conduisait à dire que l'action en nullité est couverte par le moindre acte d'approbation fait en majorité, mais que l'action en rescision ne peut guère être éteinte que par une ratification expresse. Pour exclure l'action en rescision, disait M. Merlin, « il faut des actes *exprès et formels*. Un mineur devenu majeur aura beau faire des actes *conséquens* à celui dans lequel il a été lésé ; dès qu'il ne l'approuve pas directement, la voie de la rescision lui demeure ouverte. »

511. Le Code a proscrit cette doctrine trop subtile, dont l'obscurité, laissant l'esprit dans l'incertitude, était plus propre à occasionner des procès qu'à les prévenir. Il a rejeté la distinction entre l'extinction de l'action en nullité, et l'extinction de l'action en rescision.

L'art. 1311 porte :

Le mineur « n'est plus recevable à revenir contre » l'engagement qu'il avait souscrit en minorité, » lorsqu'il l'a *ratifié* en majorité, soit que cet engagement fût nul en sa forme, soit qu'il fût seulement sujet à restitution. »

Cet article, qui parle de la ratification en général, s'applique principalement à la ratification tacite, qui se fait par l'exécution volontaire de l'obligation, après l'époque à laquelle elle pouvait être valablement confirmée ou ratifiée, c'est-à-dire après la majorité.

Quant à la ratification expresse qui se fait par écrit, comme elle doit être spéciale, suivant l'article 1338, comme elle doit, pour être valable, contenir la mention du motif de l'action en rescision, et l'intention de réparer le vice sur lequel cette action est fondée, elle ne peut exclure les deux actions que dans le cas où il est fait mention de ces deux actions et de leurs motifs, ainsi que de l'intention de réparer les vices qui pouvaient y donner lieu.

Ainsi, par exemple, un mineur âgé de vingt ans onze mois vingt-neuf jours, vend son bien sans formalités ; mais peu de jours après sa majorité, il ratifie le contrat par un acte exprès, dans lequel il est dit seulement que la vente pouvait être annulée par défaut de formalités, et pour avoir été faite avant sa majorité ; mais il déclare renoncer à cette exception, et ratifier le contrat.

Il découvre ensuite qu'il a été lésé de plus des sept douzièmes dans le prix. La renonciation qu'il a faite à l'action en nullité ne l'empêchera point, comme nous l'avons dit *suprà,* n°. 498, de former l'action en rescision, à laquelle il n'a pas renoncé.

Au contraire, si, depuis sa majorité, il a volontairement reçu ou demandé le prix du contrat, il ne pourra plus former ni l'action en nullité, ni l'action en rescision.

L'art. 1311 le déclare également non recevable dans ces deux actions.

Ainsi la ratification tacite est générale de sa nature, à moins que le majeur ne prouvât qu'il existait dans le contrat un vice qu'il ne connaissait pas, quand il l'a volontairement exécuté ; par exemple le vice de dol et de fraude ; car l'action en rescision ne court que du jour où ils ont été découverts.

512. Mais en rejetant la distinction ancienne

entre l'extinction de l'action en nullité, et l'extinction de l'action en rescision pour la ratification de l'acte, le Code civil consacre comme règle unique une autre distinction plus claire, la distinction entre l'exécution *volontaire* et l'exécution *forcée*, qu'il applique également à tous les cas, soit que le contrat pût être attaqué par voie de nullité, soit qu'il ne pût l'être que par voie de rescision, quel qu'en puisse être le motif.

La seconde disposition de l'art. 1338 porte :

« A défaut d'acte de confirmation ou ratifica-
» tion, il suffit que l'obligation soit exécutée *volon-*
» *tairement* après l'époque à laquelle l'obligation
» pouvait être valablement confirmée ou ratifiée. »

L'obligation n'est donc confirmée ou ratifiée que dans le cas où l'exécution du contrat est libre et *volontaire*, et non lorsqu'elle est *forcée*, c'est-à-dire lorsqu'elle est la suite d'une poursuite judiciaire, ou d'une contrainte exercée contre l'obligé.

C'est ainsi que la jurisprudence constante de la Cour de cassation et celle des Cours souveraines, ne donne aucun effet aux reconnaissances même authentiques d'enfans naturels, qui, dans le tems où la recherche de la paternité non avouée était permise, ont été faites à la suite d'un procès déjà commencé ou près de l'être. (*Voy.* ce que nous avons dit tom. II, pag. 286; et le nouveau Répertoire, v°. *Bâtard*, sect. 2, § 3, et v°. *Filiation*, pag. 248, n°. 4.)

De même, pour opérer la ratification tacite, ou la renonciation aux moyens et exceptions qu'on peut

opposer contre un contrat, il faut que l'exécution
en soit parfaitement *volontaire*, et entièrement dé-
gagée de l'influence que peut avoir sur l'esprit de
celui qui exécute, la frayeur d'une contrainte ou
d'un procès. Voilà ce que le Code appelle exécution *volontaire*.

Au reste, on peut voir que cette distinction entre
les effets de l'exécution *volontaire* et de l'exécution
forcée, prend sa source dans les motifs que donne
Voët, pour établir la distinction entre l'extinction
de l'action en nullité, et l'extinction de l'action en
rescision.

La règle tracée par le Code civil, la distinction
entre l'exécution volontaire et l'exécution forcée,
est beaucoup plus juste et beaucoup plus claire;
car il est toujours facile de distinguer l'exécution
forcée de l'exécution *volontaire*. Passons à la troisième disposition de l'art. 1538.

513. En expliquant les effets des ratifications en
général, cette troisième disposition rappelle des
principes communs aux ratifications expresses et
aux ratifications tacites. Il porte :

« La confirmation, ratification ou exécution vo-
» lontaire dans les formes, et à l'époque déterminée
» par la loi, emporte la renonciation aux moyens
» et exceptions que l'on pouvait opposer contre cet
» acte, sans préjudice néanmoins du droit des tiers. »

De cette disposition dérivent deux principes certains, deux principes anciens qu'il faut développer.

L'un, que la ratification a, de sa nature, un effet rétroactif relativement à la personne qui ratifie;

L'autre, que l'effet rétroactif de la ratification ne saurait préjudicier aux droits acquis à des tiers antérieurement à la ratification.

514. Le premier principe est évident à l'égard de la ratification des actes faits en notre nom, mais sans notre ordre.

Les lois romaines la comparent au mandat : *Ratihabitio mandata æquiparatur* (1). Elle se reporte donc naturellement à l'époque où le contrat ratifié a été passé : *Ratihabitiones negotiorum gestorum ad illa tempora reduci opportet in quibus contracta sunt.* Loi 25, in fin., Cod. de donat. inter vir. et ux., 5.16.

Quant aux contrats auxquels nous avons concouru, puisque l'effet de la confirmation ou ratification, soit expresse, soit tacite, est tel qu'elle emporte la renonciation aux moyens et aux exceptions que l'on pouvait opposer contre l'acte qui les contient, cet acte devient irréfragable à l'égard de la personne qui le ratifie; car elle n'a plus aucun moyen de l'attaquer au fond ni dans la forme. La validité du contrat demeure donc naturellement fixée à l'époque où il a été passé.

Ainsi, de même que la ratification des actes faits en notre nom, mais sans notre ordre, la confirmation des actes auxquels nous avons concouru

---

(1) *Loi 12, § 4, ff de solut., 46. 3; loi 1, § 14, ff de vi et vi armata, 43. 16.*

a, par sa nature même, un effet rétroactif relativement à la personne qui confirme ou ratifie.

Ce n'est point à son égard un contrat nouveau, c'est l'ancien qui conserve ou reprend sa force, et qui produit son effet du jour de sa date, et non pas seulement du jour de la confirmation (1).

Les vices dont il était originairement infecté, la nullité, même absolue, dont il était frappé, sont entièrement réparés, entièrement effacés par l'approbation, comme s'ils n'avaient point existé : elle rend à la vie ou à l'existence légale un contrat que la loi considérait auparavant comme s'il n'avait point existé.

515. Il y a cependant une distinction importante à faire relativement aux nullités absolues, qui sont de deux espèces très-différentes. (*Voy.* tom. VII, pag. 664). Les unes sont fondées sur des motifs d'ordre ou d'intérêt public, les autres établies pour le seul intérêt des particuliers.

Si la convention est infectée de quelques nullités fondées sur des motifs d'ordre public, sur l'intérêt général de la société, ou qui prennent leur source dans le respect dû aux mœurs, elle ne peut être confirmée par aucune espèce de ratification, soit par l'un ou l'autre des contractans,

---

(1) Ceci doit servir à rectifier quelques inexactitudes qu'on trouve dans le tom. VII, pag. 563, 666, où j'ai dit que la ratification des actes frappés d'une nullité absolue n'a point d'effet rétroactif. Je n'ai fait l'application de cette proposition qu'aux droits acquis à des tiers; en cela j'ai eu raison; mais il n'en est pas moins vrai que j'ai dit d'une manière trop générale que la ratification n'a point d'effet rétroactif.

soit par tous les deux de concert. La ratification serait infectée des mêmes vices que l'acte ratifié ;

516. A moins que les choses n'en fussent venues au point où la convention cesserait d'être illicite ; car alors elle pourrait être ratifiée, soit expressément, soit tacitement.

Par exemple, on regarde la nullité des conventions faites sur une succession future, comme prenant sa source dans le respect dû aux bonnes mœurs et à la morale publique. Loi 50, *Code de pact.*, 2. 3. Le partage anticipé d'une succession, fait avant son ouverture, est donc nul et d'une nullité absolue (1). Mais aussitôt que la succession est ouverte, les choses se trouvant venues au point où la convention pouvait prendre naissance, elle peut être ratifiée, soit expressément, soit tacitement.

517. Relativement aux nullités absolues établies pour le seul intérêt des particuliers, ils peuvent y renoncer, quand le droit de les proposer leur est acquis (2), suivant la règle qu'on peut toujours renoncer au droit établi en sa faveur : *Regula est juris antiqui omnes licentiam habere his quæ pro se*

---

(1) *Voy.* l'arrêt du 9 nivôse an IX, rapporté dans les Questions de droit de Merlin, v°. *Partage*, § 2 ; autre arrêt du 50 messidor an XI, rapporté *ibid.*, v°. *Succession future*, § 1.

Les lois romaines ne regardaient pas les conventions sur la succession d'une personne vivante, comme contraires aux bonnes mœurs, lorsqu'elles étaient faites de son consentement. *Voy.* tom. VI, n°. 115.

(2) *Regula est juris antiqui omnes licentiam habere his quæ pro se introducta sunt renuntiare. Loi* 29, *Cod. de pact.*, 2. 3.

introducta sunt renuntiare. Loi 29, *Code de pact.*, 2. 3.

C'est donc un principe constant que tout homme en faveur duquel est ouvert le droit d'attaquer un acte dont la loi prononce la nullité pour son intérêt privé, valide cet acte et le rend, à son égard, pleinement obligatoire par la ratification expresse ou tacite. Les lois romaines nous offrent sur ce point une foule de décisions claires et positives, d'autant plus respectables qu'elles sont confirmées par les art. 1338 et 1340 du Code civil. Nous en avons déjà donné un exemple dans la vente faite sans formalités, par le tuteur, des immeubles de son pupille. Cette vente est nulle, absolument nulle ; cependant le mineur peut la ratifier, non seulement expressément, mais même tacitement. Loi 10, *ff de reb. eorum, etc.*, 27. 9.

En un mot, nous ne connaissons point de nullité fondée sur l'intérêt privé, qui ne puisse être réparée par la ratification expresse ou tacite (1). Le vice le plus absolu des conventions, le défaut ou la non existence du consentement, peut néanmoins être réparé par la ratification, soit expresse, soit tacite.

518. Cependant M. Merlin, dans les conclusions qu'il donna (2), le 27 août 1812, sur l'affaire des

---

(1) *Voy.* un arrêt de la Cour royale de Pau, du 17 décembre 1821, qui confirme notre opinion, Sirey, tom. XXII, 2e. part., pag. 142 et suiv.

(2) Elles sont imprimées dans le nouveau Répertoire, 4e. édition, vo. *Ratification.*

demoiselles Crespin contre les sieur et dame Fillon, soutint qu'un contrat qui n'existe pas aux yeux de la loi, n'est pas susceptible de ratification ou de confirmation ; mais il paraît que ce n'est ici qu'une dispute de mots à laquelle il faut prendre garde.

Il s'agissait d'un contrat notarié passé en 1807, par lequel la veuve Crespin avait vendu son bien aux sieur et dame Fillon, pour 2,100f de rente viagère, etc. L'acte était signé de toutes les parties, à l'exception de la dame Fillon, qui avait déclaré ne savoir signer. Le contrat fut exécuté pendant la vie de la dame Crespin. Après sa mort, ses filles soutinrent qu'il était nul, comme acte notarié, à défaut de date, attendu que, dans la minute, la date du jour et du mois, les mots 19 *juin* étaient surchargés ; surcharge qui les annule suivant les art. 16 et 68 de la loi sur le notariat (*vid. suprà,* n°. 14) : donc l'acte n'étant point daté était nul comme acte notarié.

Elles soutenaient qu'il était nul, comme acte sous seing-privé, parce qu'il n'était pas signé de toutes les parties.

M. Merlin adopta d'abord le moyen de nullité fondé sur la surcharge de la date. (*Voy.* ce que nous avons dit *suprà,* n°. 14).

Il adopta encore le second moyen de nullité, fondé sur le défaut de signature de la dame Fillon, et posa en principe que ce contrat étant nul à l'égard de la dame Fillon, qui n'était point engagée faute de signature, il était également nul à l'égard de la veuve Crespin, qui avait voulu avoir le mari et la femme pour obligés.

Partant de là, il soutint qu'un contrat qui n'existe pas aux yeux de la loi, n'est pas susceptible de la confirmation et de la ratification, qui sont l'objet de l'art. 1338, parce que cet article ne parle que des obligations contre lesquelles la loi admet l'action en nullité ou en rescision.

Il citait, sur ce point, les deux rapports faits au Tribunat par M. Jaubert, qui dit que l'art. 1314 (aujourd'hui 1338) ne s'applique qu'au cas où la convention peut produire une action, qui néanmoins est susceptible d'être repoussée par une exception; c'est-à-dire, 1°. au cas de l'incapacité; 2°. au défaut de consentement, lorsqu'il provient de la violence, de l'erreur et du dol.

M. Jaubert dit encore : « Une idée vraie et simple, c'est qu'on ne peut confirmer et ratifier que ce qui a réellement existé, quoique manquant de force par quelque vice, et qu'il résulte de là *qu'on ne peut en aucune manière confirmer de prétendues conventions dont la loi n'a jamais reconnu l'existence.* »

Cette proposition nous paraît manifestement erronée. Qu'entend-on par une convention qui n'existe pas aux yeux de la loi? Celle sans doute dont la nullité est telle qu'elle n'a besoin d'être proposée ni par voie d'action, ni par voie d'exception; en un mot, une convention qui n'existe pas. Par exemple, Caïus, se disant agir pour moi, vend ma maison pour 30,000', sans mandat, sans ordre de ma part; il est évident que cette convention est nulle; elle n'existe pas aux yeux de la loi. Si le prétendu acquéreur agit contre moi pour me contraindre à recevoir le prix et à lui livrer ma maison, je n'ai pas besoin de me présenter pour opposer la nullité du contrat. Si je laisse défaut, le juge ne pourra pas me condamner sur la représentation du contrat, parce que la loi n'en reconnaît pas l'existence.

Cependant il est certain que ce contrat peut être ratifié; il peut l'être expressément ou tacitement. (Art. 1998 du Code civil). Cette ratification a même un effet rétroactif à mon égard, *mandato æquiparatur;* elle se reporte au tems du contrat ratifié. (*Vid. suprà,* n°. 514). Ce n'est qu'au préjudice des tiers, comme nous le dirons tout à l'heure, que la vérification n'a point d'effet rétroactif.

Que signifie donc cette proposition, « qu'on ne » peut *en aucune manière* confirmer de prétendues » conventions, dont la loi n'a jamais reconnu l'exis- » tence ? »

Si l'on veut dire par là que les conditions prescrites par l'art. 1338, pour la confirmation expresse, ne sont point applicables à la confirmation des contrats de la nature de ceux dont nous venons de parler, cela est très-vrai; nous l'avons dit, et nous avons prouvé, n°. 502, que telle est la jurisprudence de la Cour de cassation.

Après cela, qu'on dise tant qu'on voudra que les contrats qui n'existent pas aux yeux de la loi, ne sont pas susceptibles de la confirmation et de la ratification, qui sont l'objet de l'art. 1338; qu'importe cela, puisqu'ils sont réellement susceptibles d'être ratifiés, puisqu'ils peuvent l'être même tacitement, suivant l'art. 1998, c'est-à-dire par l'exécution volontaire?

519. Finissons par observer qu'il nous paraît que M. Merlin ne s'est point exprimé avec son exactitude ordinaire, quand il a fait entendre que, pour qu'un contrat fût ratifié par l'exécution volontaire, il fallait prouver que la partie obligée avait, en l'exécutant, connaissance du vice qui pouvait le faire annuler. *Autrement,* dit-il, et à défaut de *cette preuve, elle est censée ne l'exécuter que parce qu'elle en ignore le vice.*

Cette proposition nous paraît contraire à l'article 1338, qui porte expressément qu'à défaut d'acte de confirmation ou ratification, *il suffit* que l'obligation soit exécutée volontairement.

Si l'exécution volontaire *suffit,* celui au profit de qui le contrat est ratifié par l'exécution n'a donc rien autre chose à prouver. Il n'est pas tenu de prouver que le ratifiant connaissait le vice du contrat, quand il l'a volontairement exécuté; c'est, au contraire, à ce dernier de prouver qu'il ne le connaissait pas, s'il croit pouvoir le faire. La proposition contraire tendrait à fomenter des contestations que le Code a voulu prévenir.

520. Au reste, ce que nous avons dit du contrat fait en notre nom, mais sans notre ordre, qui peut être ratifié expressément ou tacitement, s'applique à un contrat sous seing privé non signé par l'une des parties; elle peut le ratifier expressément, soit en réparant l'omission de sa signature, soit par un acte exprès de ratification, soit même tacitement; par exemple, par l'exécution volontaire.

(*Voy.* l'arrêt rendu par la Cour de cassation, le 19 décembre 1820; Sirey, an 1822, pag. 198). Par exemple, si plusieurs copropriétaires avaient vendu conjointement, et que l'un n'eût pas signé, il n'est pas douteux qu'il ratifierait le contrat en recevant la portion du prix qui lui revient, en donnant quittance, en formant action pour demander cette portion du prix, etc.

Aussi M. Merlin convenait, pag. 716 et 718, que la femme Fillon, qui n'avait pas signé, aurait pu ratifier le contrat, en notifiant son adhésion à la veuve Crespin; que celle-ci aurait pu confirmer le contrat en acceptant le sieur Fillon pour seul obligé.

521. Posons donc en principe qu'il n'y a point de nullité, même absolue, qui ne puisse être couverte par la ratification, lorsque cette nullité n'est fondée que sur l'intérêt privé; mais on a prétendu que les obligations consenties sur une fausse cause ne pouvaient être ratifiées par l'exécution volontaire du contrat. C'est une erreur que nous avons combattue tom. VI, n°. 180, où nous renvoyons le lecteur.

522. Mais si les nullités absolues peuvent être ratifiées, leur ratification n'a point d'effet rétroactif au préjudice des droits acquis à des tiers. Le contrat ratifié ne tire sa force que de l'acte même de ratification. C'est donc de ce jour seulement qu'il peut être opposé aux tiers, puisqu'avant ce jour, il était considéré comme n'existant point aux yeux de la loi : cela résulte de la nature même des nullités absolues.

Vous avez vendu le fonds Cornélien par un contrat nul dans la forme, et qui ne peut valoir même comme acte sous seing privé. J'obtiens ensuite contre vous un jugement qui vous condamne de me payer une somme de 10,000ᶠ. J'acquiers par ce jugement un droit d'hypothèque judiciaire sur tous vos biens, et même sur le fonds Cornélien, qui n'a pas cessé de vous appartenir, puisque la vente en est nulle. Mais avant que j'aie fait inscrire ma créance au bureau de la conservation des hypothèques, vous ratifiez le contrat. Je n'en conserverai pas moins le droit de prendre inscription sur le fonds Cornélien pendant quinze jours, depuis la transcription de l'acte de ratification (1).

A plus forte raison mon hypothèque subsisterait si j'avais inscrit ma créance avant l'acte de ratification.

Au contraire, la ratification des actes dont la nullité n'est que respective a un effet rétroactif qui remonte au jour de l'acte. C'est ce qui résulte de la nature même des nullités respectives et de la ratification.

525. La nullité qu'on appelle *relative* est celle qui ne peut être opposée que par ceux en faveur de qui elle est prononcée : elle n'est donc point nullité à l'égard des autres personnes; c'est plutôt une faculté à l'une des parties de revenir contre un contrat par sa seule volonté, et sans prouver aucune lésion. Prenons pour exemple les contrats faits par

---

(1) Par argument de l'art. 854 du Code de procédure.

un mineur. La nullité n'en est que relative; mais peut-on dire que ces contrats soient nuls, suivant la force de ce mot? Non, certes, suivant le droit romain, qui pose en principe général que le mineur peut faire toute espèce de contrat : *Pupillus omne negotium rectè gerit.* § 9, *instit. de inut. stip.*

Quant à la force et à l'effet du contrat, le droit romain distinguait : si le mineur était autorisé de son tuteur, le contrat était obligatoire de part et d'autre. Ainsi que l'autre partie, le mineur était obligé, sauf la restitution, s'il avait été lésé.

Si le mineur n'avait pas été autorisé, le contrat n'était obligatoire que pour l'autre partie, qui ne pouvait se dégager sans le consentement du mineur. Au contraire, le mineur n'était engagé qu'autant qu'il lui plaisait; il pouvait se dégager par sa seule volonté, sans donner aucun motif de ce changement, sans prouver aucune lésion. Le lien était imparfait de son côté; le contrat était soumis à la condition résolutoire : *Si minori displicuerit.* C'est ainsi que les lois permettent de contracter une vente sous la condition qu'elle sera résolue, si sous tel tems elle déplaît à l'acquéreur : *Si emptori displicuerit.* C'est précisément le cas où la loi place celui qui contracte avec un pupille sans l'autorité du tuteur, comme nous l'avons observé tom. VI, pag. 102.

Le Code n'a point porté d'atteinte à ces principes, quoiqu'il se soit exprimé d'une manière moins exacte. Il a déclaré les mineurs incapables de contracter (1129); mais il a voulu que cette incapacité ne pût être opposée que par eux seuls. Ainsi cette prétendue incapacité n'est ni réelle ni absolue ; elle dépend uniquement de leur volonté. Les personnes avec lesquelles ils ont contracté sont obligées, et le contrat subsiste s'ils le veulent, il s'évanouit s'ils changent de volonté.

Si donc, parvenus à leur majorité, ils déclarent persister dans la même volonté qu'ils ont manifestée pendant leur minorité, ou même s'ils gardent le silence, le contrat reste le même : il devient irréfragable par l'approbation de la seule personne qui eût le droit de l'attaquer. Ainsi la ratification, qui n'est pas autre chose que cette approbation, ou, si l'on veut, que la renonciation à changer de volonté, se reporte naturellement au tems où le contrat a été passé.

524. Tels sont les principes que nous avons établis tom. VII, n°. 564, et dans lesquels, après nouvel examen, nous persistons avec une entière conviction. Nous en avons conclu que l'hypothèque, constituée comme un accessoire de l'acte passé en minorité, mais ratifié en majorité, prend date du jour du contrat, aujourd'hui du jour de l'inscription sur les registres publics, et non du jour de la ratification.

Nous avons défendu cette ancienne maxime du Parlement de Paris, contre toutes les objections, contre les auteurs qui ont écrit sous les autres Coutumes, et contre M. Merlin, qui a écrit depuis la promulgation du Code. Nous ne rapporterons point ici cette discussion, pour éviter les répétitions.

Nous avons encore prouvé, *ibid.*, n°. 566, que les créanciers ne peuvent, malgré leur débiteur, exercer l'action en rescision, ou l'action en nullité, lorsque la nullité n'est que respective.

525. Enfin, nous avons prouvé, *ibid.*, n°. 571, que, sous l'empire du Code, la ratification faite par la veuve, des obligations qu'elle avait contractées pendant le mariage sans l'autorisation de son mari, a un effet rétroactif, et nous avons à cette occasion rétracté une erreur qui nous était échappée dans notre second volume. Nous osons prier le lecteur de recourir aux numéros indiqués du VII, pour ne point rapporter ici ce que nous ne pourrions que copier.

526. Il nous reste à expliquer quelques dispositions particulières sur la ratification des donations entre vifs. L'art. 1339 dit :

« Le donateur ne peut réparer, par *aucun acte* » *confirmatif*, les vices d'une donation entre vifs, » *nulle en la forme ;* il faut qu'elle soit refaite en la » forme légale. »

En voici la raison : Les donations sont assujetties, sous peine de nullité, à certaines formes extrinsèques qui ne sont point exigées pour les autres contrats. Si ces formes n'ont pas été observées, on ne peut donc réparer ce vice par un simple acte confirmatif, à moins que cet acte ne contienne lui-même les formes prescrites pour les donations, et dans ce cas il devient un nouvel acte de donation : la donation est *refaite dans la forme légale.*

Les formes extrinsèques particulières aux donations sont, 1°. la nécessité d'un acte notarié dont il reste minute ;

2°. La nécessité d'une acceptation exprimée en termes exprès.

Si la donation a été faite par un acte sous seing privé, le donateur déclarerait vainement, par un autre acte sous seing privé, qu'il confirme la donation; ce nouvel acte contiendrait le même vice que le premier. Si une pareille confirmation était admise, la disposition de la loi, qui exige que l'acte de donation soit notarié, deviendrait parfaitement illusoire.

Si le nouvel acte est notarié avec minute, mais non accepté par le donataire, il ne peut encore valider le premier acte, parce qu'il est lui-même imparfait jusqu'à ce qu'il soit accepté; mais, par l'acceptation, la donation se trouve refaite dans la forme légale. (*Voy.* ce que nous avons dit tom. V, n°. 174).

Quant au défaut d'acceptation, il est bien évident que le donateur ne peut le réparer par aucun acte confirmatif.

Mais remarquez que c'est par la confirmation expresse, par *aucun acte confirmatif,* dit l'art. 1339, que le donateur ne peut confirmer ou ratifier la donation nulle dans la forme : il peut donc la confirmer par la ratification tacite, qui résulte de l'exécution volontaire. Nous l'avons prouvé, tom. V; pag. 204, n°. 189, par la comparaison du texte de l'ordonnance de 1731 avec les dispositions du Code.

L'art. 6 de la première loi exigeait, comme le Code, l'acceptation *expresse du donataire,* et défendait aux juges d'avoir égard à l'acceptation tacite, et ce, *quand même le donataire serait entré en pos-session des choses données.*

Mais le Code n'a point répété la nullité pro-noncée par l'article cité, pour le cas où le dona-taire *serait entré en possession ;* et en ne la répétant pas, il l'a rejetée avec beaucoup de raison ; car il est de principe que l'exécution volontaire d'un acte nul en couvre la nullité, et rend non recevable à l'attaquer, lorsque la nullité n'est pas fondée sur l'intérêt public ou sur le respect dû aux bonnes mœurs. « A défaut d'acte de confirmation ou rati-» fication, *il suffit que l'obligation soit exécutée pro-* » *visoirement.* »

Telle est la règle générale établie par l'art. 1338, sur la ratification tacite ; et l'art. 1339 n'a fait d'ex-ception à ses dispositions à l'égard des donations, qu'en ce qui concerne *les actes confirmatifs,* c'est-à-dire les actes de confirmation exprès consignés par écrit, et non en ce qui concerne la ratification tacite qui s'opère par l'*exécution volontaire* de l'o-bligation.

Ainsi, comme nous l'avons déjà remarqué à une autre occasion, la ratification tacite, qui consiste dans l'*exécution volontaire,* a plus de force à cer-tains égards qu'un acte de confirmation expresse ; elle n'est point assujettie aux conditions exigées pour la validité des ratifications expresses.

Quant à la question de savoir si la ratification tacite, qui résulte de l'exécution volontaire faite par le donateur, lie ses héritiers et les rend non recevables à opposer la nullité d'une donation, il faut distinguer si la nullité ou l'action en rescision est introduite pour leur intérêt ou pour celui du donateur. Au premier cas, l'exécution volontaire faite par le donateur ne lie point ses héritiers ; par exemple, si la donation est faite à un incapable, si elle excède la quotité disponible, si elle est révoquée par la survenance d'enfans, dans tous ces cas, la ratification tacite du donateur ne lie point ses héritiers, qui n'ont d'action ouverte que du jour de sa mort.

Au contraire, si la nullité ou l'action en révocation est établie en faveur du donateur, sa ratification tacite, qui résulte de l'exécution volontaire, lie ses héritiers, qui ne peuvent en ce cas avoir d'autres droits que ceux qu'il avait lui-même.

Ainsi, s'il a pardonné à l'ingrat, ses héritiers ne sont pas recevables à attaquer la donation pour cause d'ingratitude.

Ainsi, le défaut d'acceptation expresse étant une nullité établie en faveur du donateur, comme le prouve l'art. 932, si, malgré l'omission de l'acceptation expresse, le donateur exécute volontairement la donation, ses héritiers ne sont plus recevables à opposer ce vice de forme.

Il en est de même des vices de forme qui se seraient glissés dans l'acte de donation passé devant notaire. Si, nonobstant les défectuosités, le donateur exécute volontairement la donation, ses héritiers ne sont plus recevables à l'attaquer.

A plus forte raison s'ils ont eux-mêmes confirmé ou exécuté la donation depuis la mort du donateur, ils ne peuvent plus l'attaquer pour quelque cause que ce soit. L'art. 1340 contient une disposition expresse sur ce point ; il porte :

« La confirmation, ou ratification, ou exécu-
» tion volontaire d'une donation par les héritiers
» ou ayant-cause du donateur, *après son décès,* em-
» porte leur renonciation à opposer soit les vices
» de forme, soit toute autre exception. »

Toutes les confirmations qu'ils pourraient donner, toutes les renonciations qu'ils pourraient faire pendant la vie du donateur, ne pourraient leur être opposées après sa mort. C'est une conséquence des dispositions de l'art. 1130, qui défend toute espèce de renonciations et de stipulations relatives aux successions futures, même avec le consentement de celui de la succession duquel il s'agit.

FIN DU HUITIÈME VOLUME.

TABLE

DES CHAPITRE, SECTION ET PARAGRAPHES.

SUITE DU LIVRE TROISIÈME.

TITRE III.

Des Contrats et Obligations convention-nelles.

CHAPITRE VI.

De la preuve des Obligations et de celle du Paiement.